叢書・ウニベルシタス　115

暴力と聖なるもの

ルネ・ジラール
古田幸男 訳

法政大学出版局

ポール・トゥールーズ　に

目次

グゲンハイム財団およびニューヨーク州立大学バッファロー校（文芸学部）は、著者が本書を執筆するのに必要な研究費と自由な時間をあたえてくださった。心からの謝意を捧げる。また、著者のすべての友人たち、とりわけエウヘニオ・ドナト氏およびホスエ・アラリ氏にも感謝する。ふたりの不断の協力と多くの示唆はきわめて有効なもので、本書のいたるところで役立っている。

第一章　供　犠

数多くの儀礼の中で供犠は対立する二つの形で姿をあらわしている。ある時には、そうしないことが重大な手落ちになる《きわめて神聖な事柄《つとめ》》であり、ある時は逆に、そうすることが一種の犯罪行為で、これまたきわめて重大な災厄に身をさらすことになりかねないのである。

儀礼における供犠のこうした二重の面、正当でありながら不当な、公然としていながら人目をはばかるこうした二重の面を理解しようとして、アンリ・ユベール[一]とマルセル・モース[二]は、その論文『供犠の本性と機能に関する試論[1]』の中で、いけにえの神聖な性格を援用している。いけにえを殺すということは、それが聖なるものであるが故に犯罪的である……けれども、いけにえが殺されなければ、それは聖なるものとならないだろう。ここには或る循環的推理があるのであって、それがやがて「アンビヴァレンツ（両価性）[三]」という響きのよい名を得ることになり、現代にもなおその名を保存することになるのである。二十世紀におどろくほど濫用された後でもなおこの用語が、今でもきわめて説得的で信頼できそうにどれほど見えようとも、おそらくいまこそわれわれは、そうした用語が事柄について何らの理解をもたらすものでも、真の説明になり得るものでもないことを認識すべきであろう。こうした用語は、いまなお解決を待ち望んでいる問題の所在を指し示しているだけなのだ。

供犠がどんなに犯罪的な暴力のように見えようとも、逆に、供犠という言葉で描写できない暴力は。例えばギリシア悲劇の中にほとんど存在しない。こう言うと、ギリシア悲劇の詩人が、はるかに醜い現実に、詩的なヴェールをかぶせているのだと指摘なさるだろう。たしかにその通りかも知れない。しかし、供犠と殺人との間に何らの関係もないとしたら、両者の間でこうした相互置換のゲームがおこるはずはないであろう。こうした相互置換の事実は、あまりにも明白な事柄だから、強調するのもいささか滑稽ではあるが、しかし無駄ではあるまい。なぜなら、供犠に関する領域では、最初から自明な事柄も、軽視され、あっさり片付けられてしまうからである。ひとたび供犠が、《完全に》象徴的でないにしても《本質的に》象徴的な一つの制度であると決めこんでしまうと、ほとんど大したことは言えなくなる。そうなればこの主題は、ある種の非現実的な思弁にすっかり委ねられることになるのである。

供犠の玄義というものがある。古典主義的人間主義への信仰がわれわれの好奇心を眠りこませてしまっているけれども、古代の著作家たちの書いたものをしばしば読むことによって、われわれの好奇心は目覚めさせられる。今日でもなお、そうした玄義は、かつてと同じように不可解なままにとどまっている。供犠の主題を扱う現代人の扱い方の中で支配的なものが、お遊びなのか、無頓着なのか、あるいは一種のひそかな慎重さであるのか、よくわからない。そこにあるものは第二の玄義であろうか？　それともやはり同一の玄義なのだろうか？　たとえば、これまで人々は、供犠と暴力との間の関係について、なぜ考えようとしなかったのだろうか？

最近のさまざまな研究の示唆するところによれば、暴力の生理的メカニズムは、ある個体と別な個体の間で、ある文化と別な文化の間でさえ、ほとんど変りがないということである。アンソニー・ストー(四)は、『人間の攻撃』(アゼニウム社刊、一九六八年)の中で、怒りくるっている猫同士、あるいは人間同士ほど酷似しているものはないと言っている。もしも暴力というものが供犠の中で一つの役割を演じているとすれば、あるいはすくなくともそうした儀礼のある種の段階で一定の役割を演じているとすれば、われわれはそこに興味ある分析対象の一要素を手に入れたはずである。なぜなら、そうした要素は、しばしば未知の、あるいは十分にわかっていない、あるいはおそらくわれわれが想像しているほどにはよく知っていないさまざまな文化的変異体《ヴァリアント》とは、すくなくとも部分的に切り離されている共通要素であるはずだからである。

暴力への欲求がひとたびかりたてられると、いくつもの肉体的変化がひきおこされ、それらが人間を闘争に準備させる。こうした暴力的身構え《ディスポジション》は一定の持続時間を持っている。このような肉体的心的傾向の中に、刺戟が作用しなくなるとすぐに中断してしまうような単なる反射運動を見てはならない。ストールは、暴力への欲望の引き金を引く以上に、それを鎮静化することは困難であり、とりわけ、社会生活の普通の諸条件においては尚更であると指摘している。

暴力は《理由のないもの《イラショネル》》であるとしばしば言われる。けれども、暴力は荒れ狂う理由に事欠かない。暴力がひとたび荒れ狂おうとする時、きわめて恰好な理由を見つけ出しさえする。けれども、そうした理由がどんなに都合のよいものであろうと、それらは、人が真面目に取りあげるのに値しないものだ。暴力それ自身でさえ、最初に狙った対象が手の届く範囲から遠ざかっていて、相変らず遠くから嘲弄しつづけさえすれば、そんな理由なぞ、すっかり忘れてしまうだろう。鎮静化されない暴力は、身代りの犠牲を探しもとめ、いつもそれを見つけ出すのである。暴力は、その激怒を誘った当の相手の代りに、たまたま手近に来た、叩きのめすことのできる生き物だということ以外、何ら激怒を買う特別な資格をもたない生き物を身代りに仕立ててしまうのである。

身代りの犠牲を手に入れようとするそうした性向が、人間の暴力の場合にも例外でないことは、あまたの証拠が示すところである。ローレンツ[五]は『攻撃』（フラマリオン社、一九六八年）の中で、ある種の魚について語っているが、その種の魚は、ある場所の縄張りを守って自分の習慣的な敵、同種の雄と争い、もし彼からその敵を取りあげてしまうと、自らの攻撃的な性向を彼自身の家族に向け、遂にはその家族をずたずたに殺してしまうと言っている。

儀礼における供犠はその種の代替作用に根拠を持つのではなくて、その逆であると考える方がよいだろう。たとえば、動物をいけにえに捧げるということは、保護したいと思う生き物から、死んでも大して惜しくない別な生き物、あるいは死んでも一向にかまわない別な生き物に、暴力の鉾先きを向けさせることだということは理解できる。

ジョゼフ・ド・メストル[六]は、『供犠の解明』の中で、動物をいけにえに選ぶことは、暴力をうまくごまかすようなもので、常に、ある意味で人間的なものだと論じて次のように言っている。

> 人々は常に、動物の中でも、その有効性から言って最も貴重なもの、その本能とその習性から言って最も温和で、最も無邪気なものをいけにえに選んできた……。
>
> 人々は、動物の種の中で、こう言ってよければ、もっとも人間的ないけにえを選んでいたのである。

現代の民族学《エトノロジー》もしばしば、こうした直感を裏付ける確証をもたらしている。供犠をおこなういくつもの田園地域の共同体《コミュノテ》では、家畜は、人間の生活に緊密に結びついている。たとえば、ナイル河上流地域の二つの種族、E・E・エヴァンズ＝プリッチャード[七]が調査したヌエル族やゴドフリー・リーンハート[八]が調査したディンカ族では、人間の社会に類似した、同じように構造化された牛の社会が実在する。[2]

(九)牛類に関する一切の事柄について、その管理や実際的取扱いの分野でも、その儀礼や詩文の分野でも、ヌエル族の語彙はきわめて豊富である。こうした語彙は、家畜と人間の共同体との間の、きわめて精密にニュアンスに富む関係を作りあげることを可能にする。さまざまな動物の色、角の形態、年齢、性別、時には五世代前にまでさかのぼって、弁別され、記憶される血統といったものは、家畜の個体を互いに区別することを可能にして、まさしく文化的差異化を再生産し、人間社会の引き写しを作りあげることになる。人間各個人の名前の中には、家畜の群れの中で占める地位が、人間の集団の中でその動物の持ち主の占める地位と同等な動物を指し示す名前が、常にふくまれている。

一つの集団に属するさまざまな部族間の争いは、しばしば家畜を巻きこむ。損害の賠償は、家畜の頭数で決済されるし、婚姻における持参金は、家畜の群れで成り立っている。エヴァンズ＝プリッチャードが断言するように、ヌエル族を理解するためには、《牝牛に目をつけろ》という金言を採用しなければならないのである。これらの人々とその家畜の群れとの間に、一種の《共生（symbiose）》が存在するのである（これもまたエヴァンズ＝プリッチャードの表現である）。これこそがわれわれに、田園の人々と彼らの家畜との間のつながりの特徴的な親近性――さまざまな段階における親近性――の極端で、ほとんど滑稽でもある例証を提供しているのである。

野外調査《フィールドワーク》と理論的考察は、供犠の説明に関して、身代りという仮説にわれわれを引きもどす。身代りというこの観念は、古代の文学の中で主題としていたるところに現われている。それだからこそ、多くの現代人はその観念を斥けたり、きわめて僅かな地位しか与えなかったりする。たとえば、ユベールとモースはそうした観念を信用していないが、それはおそらく、そうした観念が、科学とは両立できない道徳的宗教的価値の世界を引き寄せるように思えるからである。そしてたしかに、ジョゼフ・ド・メストルのような人は、儀礼における供犠の中に、誰か《罪ある者》の代りに犠牲になる《罪なき者》としての生き物をいつも見ている。われわれが提起している仮説は、そうした道徳的差異を除去するものだ。いけにえにされてしかるべきものと、実際のいけにえとの間の関係は、有罪性と無辜《むこ》という言葉で定義されるべきではない。

《償わなければならない》ものは何も存在しないのだ。むしろ社会はその社会自身の成員、つまりその社会が是非とも保護したいと望む人々に襲いかかる危険性のある暴力を、相対的に無関係ないけにえ、《犠牲にしてもかまわない》いけにえの方へ振り向けようとつとめるのである。

暴力を恐るべきものにし、その凶暴さを盲滅法なものにし、その堰を切ったような暴発の理不尽さを産み出す特質のすべては、裏返しの側面を持っている。つまりそうした特質は、身代りのいけにえに襲いかかろうとする奇妙な性向と一体をなしている。そうした特質のおかげで、荒れ狂うその敵の目をくらまし、うまい時に、その敵にむかって取るに足りないものでも何か手がかりを投げてやれば、敵を満足させてやることができるのである。よだれを流して欲しがっている子供の代りに、大きな石をがつがつと呑みこむ狼や人食い鬼や龍をわれわれに見せてくれる童話は、まさしく、供犠にまつわる一つの性格を持つものであろう。

***

もちろん暴力から一切の捌け口を奪ってはならず、その暴力の歯の下に（一〇）何らかのものを置いてやらない限り、暴力をごまかすことはできない。おそらく、何よりもカインとアベルの物語が意味するものはその事である。聖書のこのテキストは、それぞれの兄弟について、たった一つの簡潔な事実しか示していない。

カインは大地を耕して、その収穫を神に捧げる。アベルは牧夫で、家畜の群れで生まれた初《は》つ仔をいけにえとして神に捧げる。二人の兄弟の一方が、もう一方を殺すけれども、それは、動物をいけにえに捧げるということで成り立っている「暴力の目をごまかすこと」を、手段として持たない者の方である。供犠をおこなうことによって神を崇拝することと、そうでないこととの間の相違は、実のところ、アベルを義とする神の裁きと表裏一体なのである。神がアベルの供犠を嘉納し、カインの捧げ物をよろこばないということは、別な言葉、つまり神の言葉でいいかえれば、カインは兄弟を殺すが、その弟は殺さないということである。

旧約聖書やギリシア神話の中では、兄と弟はほとんどいつも、敵対し合う兄弟である。彼らが宿命的に行使し合うように見える暴力は、第三のいけにえ、犠牲になるいけにえに及ばなければ決して解消しない。カインが弟にたいして抱いた《嫉妬》は、彼の役割を定めている「動物をいけにえとして神に捧げるという捌け口の欠如」と一体である。

イスラム教のある伝承によれば、息子のイサクの代りにいけにえとして殺すよう、神がアブラハムに送ったのは、すでにアベルが供犠した牡羊であるということである。最初に人間の生命を救った同じ動物が、第二の人間の生命を救うのである。ここでわれわれが関わっているのは、何かの神秘的な夢想ではなくて、供犠の機能に関わる現実的直観であり、自らを表現するのに、もっぱら聖書それ自身から引き出された諸要素だけに基づく現実的直観なのである。

聖書のもう一つの重要な場面は、いけにえを身代りにすることが暴力の目をくらますことを目的にしていることを考え合わせればあきらかになる。そしてその場景は、こんどは、そうした考え方の新しい側面を照らし出す。つまり、父となったイサクによる次子ヤコブの祝福である。

イサクは年をとる。間もなく死ぬだろうと考えて彼は、自分の長子エサウを祝福したいと望む。そこで彼はエサウに、自分のために狩に行って、《好物の料理》をつくって持って来てくれと願う。下の子のヤコブはその話をすべて聞いて、母親リベカに告げる。リベカは飼っている羊の群れから二匹の上等の仔羊を取って来て、おいしい料理をつくり、ヤコブはエサウになりすまして、いそいで父親にその料理を差し出す。（一一）

イサクは目が見えない。ヤコブは、兄のように毛が生えていないすべすべした自分の手首や首すじで、見破られるかも知れないとはおそれない。リベカがうまい考えを思いついて、手首や首すじを仔羊の毛皮で覆ったからである。老いたイサクはヤコブの手首と首すじをなでるが、自分の下の子だとは解らない。かくしてヤコブに祝福を与えることになる。

仔羊たちは、異なる二つのやり方で、父親をだますのに役立っている。つまり、その息子から、彼をおびやかす暴力をそらせるのに役立つのだ。祝福を受け、呪いを受けないために、この息子は、たったいま殺して食べさせようとする動物を使って、父親のそばに近寄らなければならない。そしてその息子は、文字通り、いけにえにした動物の毛皮の下に身をかくすのである。動物は、父と子の間に常に介在する。それが、暴力を駆りたてるかも知れない直接の接触を妨げているのだ。

ここでは、二つの型の置き換えが互いに重なり合っている。つまり、弟と兄の置き換えと、動物と人間の置き換えである。このテキストでは、最初の置き換え〔身代り〕しかはっきりと見えないが、実のところそれは、第二の置き換えが投影されているいわば一種のスクリーンのように用いられているのだ。

身代りのいけにえの方に持続的に目を向けていることによって、暴力は、最初ねらった対象から目をそらしてしまうのである。供犠における身代りということの中には、ある種の誤認がふくまれている。供犠が有効に働いている限り、供犠は、それが基盤としている転移をあからさまにすることはない。供犠は決して、元来の対象を忘却するはずもなく、その対象から、実際に犠牲として殺されるいけにえに向かわせる横すべりを忘却するはずもない。そうでなければ、もはやいかなるものの身代りも存在しないだろうし、供犠はその有効性を失ってしまうだろう。われわれがいま読んだ場景は、そうした二重の要請に完全に応えている。このテキストは、供犠における身代りを定義する奇妙な瞞着を、必ずしも直接的には示していないが、それでもやはり隠しおおせてはいない。テキストは、それと、もう一つの置き換えとを混ぜ合わせている。われわれはそうした奇妙な瞞着を、間接的かつ瞬間的にではあるが垣間見ることができるのだ。ということは恐らく、このテキスト自身が供犠というものの性格の一つを持っているということである。このテキストは、一つの置き換え現象を示そうとしているけれども、そこには、第一の置き換え現象の背後に半ばかくされた第二の置き換え現象があるのである。このテキストの中に、供犠という体系を創設する神話の原型をとらえられると信じてよかろう。

ヤコブの役割は、しばしば、供犠を望む暴力の狡猾なやり方と結びついている。ギリシア的世界でオデュッセウスは、時として、きわめてよく似た役割を演ずる。「創世記」の中のヤコブ祝福の物語に、『オデュッセイア』の中のキュクロープス人〔一眼巨人〕の物語を対比してもよいだろう。とりわけ、主人公オデュッセウスが結局、その怪物からのがれることになった見事な策略が比較できるだろう。

オデュッセウスとその仲間はキュクロープス人の洞窟に閉じ込められる。その一眼巨人は毎日オデュッセウスの仲間をむさぼり食う。生き残っていた者たちは、力をあわせて、焼いた棒杭で彼らの死刑執行人の目を突いて盲にしようと相談する。憤怒と苦痛に気狂いのようになったそのキュクロープス人は、中にいるオデュッセウスたちの通路を塞ごうと、洞窟の入口に柵をする。外に牧草を食べに行かなければならない羊の群れしか通さないのだ。盲目のイサクが息子の手首と首すじを手さぐりで探っても仔羊の毛皮しか探りあてなかったように、そのキュクロープス人も、通りすぎてゆく羊の背中をさわって、羊だけが外に出るのだと確かめるのである。彼よりもはるかに抜け目のないオデュッセウスは、雄羊の下にかくれようと思いつく。腹の下のふさふさとした毛にしがみついてオデュッセウスは、生存と自由にむかって運ばれてゆくのである。

「創世記」と『オデュッセイア』のこの二つの場面をつき合わせてみると、供犠というものの解釈がいっそうはっきりしてくる。決定的な瞬間に、暴力と、暴力がねらう人間との間に、動物がいつも介入している。一方の場面が他方の場面を照らし出す。『オデュッセイア』におけるキュクロープス人は、「創世記」ではっきり見てとれない主人公にのしかかっている脅威を強調している。「創世記」における仔羊のいけにえとしての屠殺と、美味な料理の提供は、『オデュッセイア』では気づかれずにおわる惧れのある供犠の性格をあきらかにしている。

**

これまで人々は常に、供犠を、供物を捧げる者と《神《ディヴィニテ》》との間の媒介としてきた。神がもはやわれわれ現代人にとって、すくなくとも流血の供犠というものが何らの現実性を持たなくなった現在、伝説の読解はそうした制度全体を空想の領域に投げすててしまっている。ユベールとモースの観点は、『野生の思考』におけるレヴィ＝ストロースの判断をさしまねいているのである。供犠は、現実のいかなるものにも対応していない、供犠というものが《虚構である》と躊躇なくきめつけてよろしい、というわけである。(一二)(一三)

供犠と、存在しない神とを結びつけるこの定義は、ポール・ヴァレリーによって定義された詩を連想させる。つまりヴァレリーによれば、詩は、才能ある者が、誰かと連絡し合えるという幻想は愚直なものにまかせて、芸術への愛のためにおこなう唯我論的活動だということである。

われわれがさきほど見てきた二つのテキストは、たしかに供犠について語ってはいるが、どちらも、神《ディヴィニテ》についていささかも言及していない。たとえ神をそこに導入してみても、わかりやすくなるどころか、かえってわかりにくくなるだけだ。読者は、古代後期や現代世界に共通な、供犠というものは社会における何らの現実的な機能も持たないという観念におちこむことになろう。そうなれば、われわれが垣間見た恐るべき遠景は、それがはたす暴力の処理と共に、完全に消滅してしまうだろう。そしてわれわれは、理解したいという気持を満足させ得ない純粋に形態主義的な読解に終始することになるだろう。

すでに見たように、供犠という行為はある種の無知を前提にしている。神を信ずる者は、暴力が演ずる役割を知らないし、知るべきでもない。こうした無知の中では、供犠に関する神学があきらかに本源的なものである。いけにえを要求すると見做されるのは神である。原則的に言って、神だけが全燔祭の煙をよろこびたもう。肉が祭壇の上に積み上げられることを要求するのは神である。神の怒りを鎮めるために、人々はさまざまの供犠をおこなうのだ。神性に触れることのないこうした読解は、結局のところ、そうした読解が一切合切、想像界の中に移し変えてしまう神学、しかも実際的に分析を加えようともしない神学に、捉われたままになっているのだ。人々は、まったく架空の実体《アンティテ》のまわりに、一つの現実的な制度を構成しようとつとめる。たとえ幻想が、この制度のもっとも具体的な諸相を徐々に破壊しながら、結局はその制度を押し流してしまうとしても、おどろくにはあたらない。

そうした神学を、一括して抽象的に否定するのではなくて――それは、おとなしくその神学を受け入れることと同じことだ――その神学を批判しなければならない。つまり、供犠と、供犠の神学が包みかくすと同時に柔らげてもいるさまざまの葛藤関係を見つけ出さなければならないのである。ユベールやモースが始めた形態主義的伝統と手を切るべきだ。身代りの暴力という供犠の解釈は、野外調査《フィールドワーク》との関係でごく最近の考察にあらわれてきている。『神性と体験』におけるゴドフリー・リーンハートや、多数の著述とりわけ『災厄の太鼓《ドラム》』（オックスフォード、一九六八年）のヴィクター・ターナー[一四]は、前者はディンカ族、後者はヌデンブー族について調査した結果、供犠の中にまさしく集団的転移《トランスフェール》[一五]作用をみとめている。それは、いけにえを使うことによって共同体内の内的緊張、怨恨、敵対関係といった一切の、相互間の攻撃的傾向を吸収するのだ。

ここでは供犠が現実的機能を持ち、身代りの問題が集団全体のレベルに位置づけられている。いけにえは、個別的におびやかされた何らかの個人に代替されず、個別的に残忍な何らかの個人に提供されるのでもない。いけにえは、その社会の成員全部の身代りとなり、同時に、その社会の全員によって、その社会の全員に提供されるのである。供犠がその共同体自身の暴力から保護するのは、共同体全体であり、供犠がその共同体にとって外的なものであるいけにえの方へ振り向かせるのは、その共同体全体である。供犠はいけにえの上に、いたるところに拡がったさまざまな軋轢のたねを偏在させ、それらに部分的な満足感を与えることによって軋轢のたねを解消するのである。

そうした供犠の神学、つまり供犠が供犠自身について知らせている解釈の中に、供犠の究極を見ることをいくら拒んでみたところで、そうした神学の傍らに原理的にはそれに従属しているが実際的には独立した——すくなくともある点までは独立した——供犠に関する別な宗教的言説《ディスクール》が存在することにたちまち気づくはずである。それは供犠の社会的機能と関わり、いっそう興味深い言説である。

信仰者の虚妄を立証しようとして、もっとも突飛《エクセントリック》な〔核心から離れた〕儀礼、たとえば雨乞いや好天の祈願のための供犠といったものがいつも引き合いに出される。そうしたものは確かに存在する。そこではいかなる目標や企図の名において供犠を捧げるのかわからない。とりわけ、供犠という制度の社会的性格がぼやけ始めた瞬間からそんな目標も企図も存在しなくなる。それにもかかわらず、そうした供犠の効果には共通点がある。それは供犠という制度が生きていればいるだけ、それだけいっそうはっきりと見え、いっそう優勢なものだ。こうした共通点、それは内的暴力である。つまりそれは、軋轢であり、敵対関係であり、嫉妬であり、近隣者間の争いであって、供犠はそれらをただちに除去しようとするのである。供犠が修復するものは共同体の調和であり、供犠が強化するものは社会的統一性である。そのことから、他の一切が展開してゆく。もしわれわれが、こうした本質的な相、われわれの前に開けた暴力のこうした王道から供犠というものに接近してゆけば、供犠というものが、人間存在のいかなる相とも無関係でなく、物質的繁栄とさえ無関係ではないということをたちどころに理解するだろう。人間がもはやお互い同士理解しあえなくなったとしても、太陽はやはりいつもの通り輝き、雨もやはり降りはする。それは確かだが、そうなれば田畑は同じようには耕されず、収穫はその影響を受けざるを得ない。

　中国のいくつもの偉大な古典はあきらかに、いま言ったような機能を供犠にみとめている。供犠のおかげで、民衆は平穏にくらし、動揺することがない。供犠が国家の統一を強化するのである（『楚語』[一六]下巻、第二章）。『礼記』[一七]は、供犠、音楽、懲罰、法律は、人心を統合し秩序を確立するという唯一にして同じ目的を持つと断言している。[3]

供犠の根本原理を、供犠が位置づけられている宗教的儀礼の枠組みの外に設定しながら、しかもなおそうした儀礼の中に位置づけることがどうして可能なのかを示さなければ、便宜主義のそしりをまぬかれない。《心理主義》に毒されているように思われるだろう。祭儀における供犠というものは、妻や上司には決してすることのない足蹴を、自分の飼っている犬にするような男の衝動的な振舞いにくらべるわけにはいかない。たしかにその通りだ。けれどもギリシア人たちは、そうした取るに足りない話の、途方もなく巨大なヴァリアントとしか言いようのない神話を持っているのである。アキレウスの武具を自分に与えることを拒んだギリシア軍に腹をたてたアイアースは、(一八)ギリシア軍の糧食用の羊の群れをみな殺しにする。逆上のあまり、おとなしい動物たちと、復讐したいと思う戦士たちとを混同するのである。屠殺された動物は、伝統的にギリシア人たちに彼らの供犠用のいけにえを提供している種属なのである。このいけにえの屠殺は、供犠の祭儀の枠外でおこなわれたが故にアイアースは精神錯乱者と見做されるのだ。この神話は、厳密な意味で供犠の神話ではないが、さりとて決して供犠と無縁なものでもない。制度化された供犠というものは、このアイアースの憤怒にきわめて酷似してはいるが一定の確固とした枠組みで整合され、導かれ、方向づけられた諸現象に対置されたものである。

われわれにとって多少とも親しいユダヤ世界や古代ギリシア・ローマ世界のそれのような、まさしく儀礼的な体系では、いけにえは、ほとんど常に動物である。けれどもまた、暴力におびやかされた人間に、別な人間を取って代えるような儀礼体系もあるのである。(一九)

前五世紀のギリシア、大悲劇詩人たちのアテーナイでも、人間を供犠することが完全には消滅していなかったらしい。人間の供犠はパルマコス（二〇）(pharmakos) の形で存続しつづけ、都市《ヴィル》は出費を覚悟でパルマコスを養い、いつの時代にも人間をいけにえとして捧げ、とりわけ、災厄の時期にはしばしば人間の供犠がおこなわれたのである。もし、主題について仔細に検討する気になれば、ギリシア悲劇はわれわれに、きわめて注目すべき詳細をもたらしてくれるだろう。たとえば、メーデイア（二一）にまつわる神話のような神話は、人間供犠の分野で、動物供犠についてのアイアースの神話と比肩するものだ。エウリーピデースの『メーデイア』では、人間による人間の身代りの原理が、もっとも野蛮な形であらわれている。恋人イアーソーンに見捨てられたメーデイアの憤怒に恐れをなした乳母は、保育係に子供たちを母親から遠ざけておくようにたのんでこう言うのである。

「あの方のお怒りは、いけにえを打ち殺さないうちは静まることはありません。ああ！　それがわれらの敵の一人であったらよいのに！」

手のとどくところにはいない彼女の憤怒の本当の対象の代りに、メーデイアは自らの子供たちを身代りにするのである。こうした狂気と、われわれの目から見て《宗教的な》という形容詞に値する一切のものとの間には、なんらの共通な公約数もないと言われるかも知れない。けれども子殺しもまた同じように儀礼という枠内に登録され得る。そうした事実は、それを考慮に入れないでおくわけにはいかないほど、あまりにも数多く、ギリシアやユダヤの文化を含めて多数の文化の中で実証されるのである。メーデイアの行為と儀礼における子殺しとの関係は、アイアースの神話における羊の群れの大量屠殺と動物供犠との関係と同じである。メーデイアは、供犠の準備をする司祭と同じやり方で、自分の子供たちの死を準備する。

いけにえを殺す前に、彼女は、習慣にしたがって儀礼の通告をする。つまり儀式が無事におこなわれるのを妨げる恐れのある者たちの立ち合いを退けるために、立ち去れと命ずるのである。

アイアースと同じくメーデイアも、われわれを暴力のもっとも基本的な真実に立ちもどらせている。暴力の欲求が満たされなければ、暴力は、それがあふれ出て周囲に最悪の結果をもたらすまで、蓄積しつづけるのだ。供犠は、その時おこる自然発生的な氾濫と代替を制御し、《良い》方向へ流し出す道をつけようとつとめるのである。

ソポクレースの『アイアース』の中ではいくつもの細部が、身代りとしての動物供犠と人間供犠の緊密な近親関係を強調している。羊の群れに襲いかかる前にアイアースは、一瞬、自分の息子をいけにえにする気持をあらわす。子供の母親はその言葉を深刻に受けとめて、子供をかくしてしまうのである。

供犠についての総括的研究においては、人間をいけにえにすることと動物をいけにえにすることを分けて考えるいかなる理由も存在しない。もし供犠における身代りの原理が、現実にいけにえにされるものと、本来暴力の犠牲になるはずのものとの間の類似に基礎づけられているとすれば、いずれも人間の場合にその条件が満たされないということはないのである。さまざまな社会がある範疇の人間を保護するために、別な範疇の人間をいけにえにすることを体系化しようと企てたからといって驚くには当らないのである。

わたしは、人間供犠を実行する社会と実行しない社会との間の懸隔を縮小しようなどとは思っていない。けれどもそうした懸隔は、両者の共通点をおおいかくすはずもないのである。実を言えば、人間供犠と動物供犠の間には何ら本質的な相違はないのだ。事実、多くの場合、それらはどちらにも代替可能なのである。供犠という制度の中で、ほとんど現実には存在しない相違を維持しておきたいというわれわれの気持。たとえば、動物供犠と人間供犠とを同一の場に置くことにたいするわれわれの嫌悪は、現代においてもまだ、人間の文化のそうした本質的様相を包み隠している極度の誤認と、おそらく無縁ではないだろう。

供犠の一切の形態を全体として考察することにたいするこうした嫌悪は、別段、今はじまったことではない。たとえばジョゼフ・ド・メストルは、身代りの理論を定義した後で、いきなり、何らの説明もなく、その原理は人間供犠には当てはまらないと断言している。人間を救うために人は人間を供犠することはできない、とこの著者は断定するのだ。こうした見解は、『メーデイア』のような作品では暗黙に、別な、エウリーピデースの作品ではきわめて明瞭に、ギリシア悲劇によって常に否定される。

エウリーピデースのクリュタイムネーストラー(二二)では、彼女の娘イーピゲネイア(二三)の供犠は、それが多くの人間の命を救うために宣告されたとすれば、正当化されるであろう。このように、一人の登場人物を介入させることによって、この悲劇詩人はわれわれに、メストルが許容しがたいと言う、人間供犠の《正常な》機能についてあきらかにしているのである。クリュタイムネーストラーはこう叫ぶのである。もしもアガメムノーンが自分の娘の死を見るとも悔いないというのが

「市《まち》の荒廃をふせぐため、
彼の家のため、彼の子供たちを贖うため、
すべての人々を救うために一人をいけにえにするというのなら
夫を許しもしよう。
そうではないのだ！　あのけがらわしいヘレネー(二四)のような女のせいなのだ……」

現代の研究者たち、とりわけユベールやモースは、彼らの研究から人間供犠をことさらはっきりと排除

してはいないが——実際、そうした排除を正当化できるようないかなる名目があろう——彼らの理論的な報告の中で人間供犠を、ごくまれにしか援用していない。逆に他の研究者たちがもっぱら人間供犠に関心を抱いているにしても、彼らはその《サディスティックな》、《野蛮な》などといった面をいつも強調していて、一再ならず、供犠制度の他のものから人間供犠を切り離しているのである。

　人間と動物という二つの範疇に供犠を分割することそれ自体、供犠というものの一つの性格、厳密な意味で言えば儀礼というものの一つの性格をあらわしている。事実、こうした分割は、一つの価値判断に根ざしている。つまり、人間というある種のいけにえは供犠にまったく相応しくない、動物という別ないけにえこそ、すぐれて供犠に向いているという観念に根ざしているのだ。こうして供犠が生きのび、それが供犠制度についての誤認をいつまでも存続させるのである。そうした誤認のもとになる価値判断を否認することが問題なのではない。問題は、そうした価値判断を俎上にのぼせて、それ自体としてではなくて、全体として考察された供犠という制度の領域で、それが恣意的なものであることを認識することである。暗黙なものであれ、明白なものであれ、そうした分離を除去しなければならない。もしそれらが存在するならば一切のいけにえの選択がおこなわれるさまざまな基準を把握し、もしそれが存在するならば普遍的な選択原理を引き出すためには、人間をいけにえにすることと動物をいけにえにすることを同一面上に置かなければならないのである。

　さきほどわれわれは、暴力の欲求に、それにふさわしい餌を提供するためには、動物であれ一切のいけにえは、それが身代りを果たす者たちに類似していなければならないということを見てきた。けれどもそうした類似は、完全な同一化にまで進む必要はないし、破局的な混同に到る必要もない。動物のいけにえの場合、違いは常に目に見えているし、いかなる混同もあり得ない。ヌエル族の人々は、彼らの家畜が自分たちに似るように、そしてまた自分たちが家畜に似るようにさまざまな工夫をこらすとはいえ、人間と雌牛とを本当に混同するようなことはない。その証拠にいつもいけにえとして殺すのは雌牛であって、人間であったためしはない。われわれは、「原始心性」(二五)といった落し穴におちこみはしない。われわれは、未開人がわれわれ以上に、ある種の弁別をすることができないと言うつもりはないのである。

生きているもの（人間であれ動物であれ）の一定の種属あるいは一定の種類がいけにえとして供犠できるもののように見えるためには、そうした種属に、供犠に適さない種類（つまり人間）とできる限り際立った類似点を見出さなければならない。もちろん違いがおぼろげにならなくてもよいし、混同がおこらなくてもかまわない。くり返して言えば、動物の場合には、違いは歴然としているが、人間の場合にはそうはいかない。人間供犠を全体的に展望すると、そのいけにえたちが形成する幅の広さはおどろくべきもので、異質なものの寄り集まりを見る思いがするだろう。戦争による捕虜あり、奴隷あり、子供あり、未婚の若者あり、心身障害者あり、ギリシアのパルマコスのような社会の落ちこぼれありである。いくつかの社会では、王さえもいけにえとなるのである。

こうしたいけにえのリストは、共通点を含んでいるのだろうか？　このリストを、唯一の基準に還元できるだろうか？　だいいち、このリストの中には、戦いの捕虜、奴隷、パルマコスといった、その社会に属さない、あるいはほとんど所属していない人間たちが見られる。大部分の原始社会においては、子供や、まだ成人式を経過していない若者もまた、共同体に所属していないのである。彼らの権利も彼らの義務も、ほとんど、現実的に存在しないのだ。したがって、さしあたりわれわれは、共同体の成員同士を結びつけている関係と同じ関係を共同体と結ぶことのできない外的な種属《カテゴリー》、あるいは縁辺部的《マージナル》種属しか問題にし得ない。やがていけにえにされる者たちが、その共同体の中に十全に同化するのを妨げているのは、ある場合は、異国人であるとか敵であるとかいった彼らの資格であり、ある時は彼らの年齢であり、ある時は彼らの奴隷としての境遇である。

だが、王とはどういうことだろう。王は共同体の中心にあるものではないだろうか？ おそらくはその通りであろう。だが、王の場合、彼を他の人々から分離し、彼をまさに社会の除け者《オール・カスト》にしているのは、そうした中心的かつ基本的地位そのものなのである。パルマコスが社会の《下部から》社会を逸脱するように、王は《上部から》社会を逸脱するのである。さらに王には、道化という人物の姿の引き立て役がいる。道化は、主人である王と共に、外在性という立場を共有している。外在性とは事実上の孤立であって、それは、孤立に与えることのできる積極的《ポジティヴ》な価値、あるいはネガティヴな価値（その両者は容易に反対のものになり得る）によってよりも、それ自体、きわめて重要なものである。いかなる関係から見ても、道化は、すぐれて《供犠に適するもの》であり、王は道化に自らのいらだちをぶつけて気を晴らすこともできるが、同時に、王自身がいけにえにされることもおこるのである。時にはそれが、いくつかのアフリカの君主制部族社会におけるように、もっともあたりまえの儀礼となっていることもある。(4)

いけにえに供し得るか供し得ないかの違いを、その社会への完全な所属によって定義するということは必ずしも不正確とは言えないが、定義はまだ抽象的であって大して役に立たない。数多くの文化において、女性は必ずしも社会に所属しているとは言えないがそれでも女性は、まったくと言っていいほどほとんどいけにえに供されていない。そうした事実には、おそらくきわめて簡単な理由があると思われる。結婚した女性は、さまざまな点で夫の所有物となり、夫が属する集団の所有物になるとはいえ、それでもなお、自分の血のつながる血縁集団と、いくつかのつながりを保持する。そうした女性をいけにえとして殺すことは、他方の集団が供犠を殺人と解釈し、それに復讐しようと企てることになる危険性をおかすことになろう。ちょっと考えてみれば、復讐の主題がここで問題に新しい光をもたらすことに気づくだろう。さきほど列挙した供犠されるさまざまな人間の範疇にしろ、まして動物はなおさらのこと、いけにえにすることのできる生き物はすべて、本質的な資格によって、いけにえにできない生き物と区別されるのであり、供犠をおこなうすべての社会において、その点で例外はない。共同体と、儀礼におけるいけにえとの間には、何らかの型の社会関係が存在しないのである。つまり、ある個人に暴力をふるう限り、身内の者の復讐を自己の義務とする近親者たちの報復に身をさらさざるを得ないようにする社会関係が不在なのだ。

　供犠というものが報復の危険性を持たない暴力だということを納得するためには、儀礼が供犠にみとめている著しい重要性を検討するだけで十分である。それにまた、たとえば、次のテキストに見られる羊の屠殺者のように、復讐の懼れはいささかもないのに絶えず復讐について言及し、まさしく復讐の固定観念につきまとわれている、時としていささかコミカルな逆説を引用すれば十分であろう。

　その男は、いままさにやり終えようとしている行為について言い訳をしていた。彼はその動物の死を歎き、まるで肉親のように涙をながしていた。その動物を撲つ前に動物に許しを乞うていた。まるで厖大な人数を擁する氏族《クラン》に所属するかのようにその動物が属する種の他の成員にむかって、その種の成員の一匹の生命を断つことによって与えることになる損害について、どうぞ報復なぞしないで欲しいとひたすら懇願の言葉を述べたてていた。まったく同一の考え方から、人を殺した男が罰を受けることがあるからで、殺人者は笞でたたかれたり、追放されたりするのである。(5)

いけにえを殺す者たちが、そのいけにえの死に報復をすることのないように懇願するのは、厖大な人数を擁する氏族のように見做しているその動物の種の全体にたいしてである。供犠の中で、殺人者がおそらくは報復を受けるように運命づけられているということを叙述することによって、儀礼書はわれわれに、儀礼というものの機能、儀礼というものが身代りをするように運命づけられている行為の種類、それに、いけにえの選択を決定する基準といったものを指し示している。暴力への欲求がわれわれの手近な者に向かった場合、あらゆる種類の葛藤をひきおこさずにその欲求を満足させることはできないのである。したがってその欲求を供犠のためのいけにえの方に向けなければならないのだ。つまり、暴力への欲求の根拠を支持する者は誰もいないのだから、報復の危険をおかすことなく叩き殺すことのできる唯一のものに向けなければならないのである。

　供犠の現実的な本質に関わる一切の事柄と同様、いけにえにできるものとできないものの区別の本質も、決して直接的に表現されることはない。ある種の奇妙さ、ある種の説明しがたい例外が、そうした区別の合理性をわれわれにかくすだろう。たとえば、いくつかの動物の種は明白に除外されるが、共同体の成員を供犠から除外することについては言及されないだろう。それは言うまでもないことだ。供犠の実行の、文字通り偏執狂的な面にのみ、あまりにも執着するが故に現代的思考はそれなりに思い違いを存続している。人間たちは、自らが分泌する暴力への欲求の排泄過程《プロセス》を、自らのものとしてではなく、絶対的命令として、恐ろしくもまた綿密な、気むずかしい要求をする神の命令と見ることによって、彼らの暴力を排泄することに成功しているのである。現代的思考は、供犠の全部を、現実の外に投げ返すことによって、供犠の暴力を誤認し続けているのだ。

⁂

供犠の機能は、内部の諸暴力を鎮静化し、諸葛藤の爆発を妨げることである。けれども、たとえばわれわれ自身の社会のような、いわゆる供犠といった儀礼を持たない社会は、きわめて巧妙に供犠なしにすましている。おそらく内的な暴力が存在しないのではない。けれども内的暴力が社会の存立を危くするほど荒れ狂うことはない。供犠やその他の儀礼の形が破局的な結果をもたらさずに消滅し得るという事実は、そうした事柄についての民族学や宗教科学の無能力を部分的に説明するはずであり、そうした文化現象に一つの実際的機能を認めることのできないわれわれの不適格さを説明するはずである。われわれには、自分たちに必要がないように見える諸制度を、必要不可欠なものと考えることができないのである。

われわれの社会のような社会と、宗教的社会の間には、おそらく、差異が存在するのだろうが、儀礼、とりわけ供犠といったものが補整的役割を演じているとすれば、それらによってその差異の決定的な性格は覆いかくされて、われわれには見えないに違いない。供犠の機能がいつもわれわれの目から逸してしまったことは、こんな風に説明がつくであろう。

供犠によって昇華された内的暴力が、その本性をいささかでも現わすや否や、さきほど見たように、血の復讐といった形で姿を見せるのである。それが血讐[二六] (blood feud) であるが、それはわれわれの世界では取るに足りない役割しか演じていないし、あるいは何らの役割も演じていない。おそらくはそうしたところに、われわれの社会と原始的社会の差異を求める方がよいのであって、われわれが捉われずにすんでいるそうした特殊な宿命を、供犠も遠ざけることができないのは明らかだが、しかし供犠はそれを許容し得る限界にとどめているのである。

血の復讐は、それが猛威をふるういたるところで、何故、このように耐え難い脅威となるのか？ 流された血を前にして復讐が満たされるたった一つのことは、殺人者の血を流させることである。復讐によって罰する行為と復讐それ自身との間に差異はない。復讐は報復を求め、報復はあらたな報復を呼ぶ。復讐が罰する犯罪が、それ自体、最初の犯罪であると自ら認めることはほとんどない。いつだって、それ以前の犯罪にたいする復讐であろうとする。

したがって復讐は、無限の終りなき過程《プロセス》を構成する。復讐が共同体の何らかのある一点にうかびあがる度ごとに、それは拡大して社会体全体を掩おうとする。それは、一連の反応をひきおこして、小規模の社会なら致命的な結果を急速にもたらすのである。報復の増殖は社会の存続それ自体を危うくする。これが、いたるところで復讐がきわめて厳格に禁止される対象となる理由だ。

けれども、奇妙なことに、そうした禁止がもっとも厳格であるところこそ、復讐が支配するところである。それが陰にかくれ、その役割が一見、無にひとしい時ですら、復讐が人間同士の諸関係の中でさまざまな事柄を決定している。ということは、復讐を対象としている禁止が、実のところひそかに軽んぜられていると言う意味ではない。復讐の義務が幅をきかせるのは、殺人が恐怖をよびさますからであり、人間たちが人を殺すのを妨げなければならないからである。けっして血を流してはならないという義務は、流された血について復讐しなければならないという義務と必ずしも区別されない。復讐をやめさせるためには、結局のところ、現代において戦争をやめさせるためと同様、暴力が憎むべきものであることを人間に説得するだけでは十分でない。人間たちが暴力に復讐する義務があると思うのは、暴力が憎むべきものだと彼らが確信するからにほかならない。

いまだ復讐につきまとわれている世界では、その主題について明確な観念を育てることができないし、その事に関して矛盾なく語ることができない。たとえばギリシア悲劇においては、復讐の主題に首尾一貫した態度は存在しないし、存在することもできないのである。復讐についての積極的な、あるいは否定的な理論をギリシア悲劇から引き出そうと全力を傾けること自体、すでに、悲劇的なものの本質を見誤ることである。どの登場人物も、暴力の将棋盤《チェスボード》の上で時々刻々占める位置に応じて、同じ激しさで復讐を胸にいだき、復讐を断罪するのである。

そこには復讐の悪循環がある。われわれはそれがどの程度に原始的社会にのしかかっているか推測しようともしない。そうした悪循環はわれわれにとって存在しないのである。こうした特権の理由は何であろうか？ その疑問にたいしては、諸制度の面に関する明確な返答を与えることができる。復讐の脅威を退けるものは法体系である。法体系は復讐それ自体を消滅させはしない。それは復讐を、支配領域における至高の、特殊化された一つの権威に実行を委ねられた唯一の報復にのみ限定するのである。法の権威の決定は、つねに、復讐の最終の言葉《デルニエ・モ》として確認される。

ここでいくつかの表現が、さまざまな法理論よりはるかに啓示的である。際限もない復讐がひとたび退けられると、それは私的復讐 (vengeance *privée*) と呼ばれるようになる。この表現は他方に公的復讐 (vengeance *publique*) を想定しているわけだが、対立するそうした言葉は決して明瞭に表明されることはない。定義から言えば、原始的社会には私的復讐しか実在しない。したがって、公的復讐を探すとすればそうした原始的社会の中ではなく、治安が維持された社会の中においてであり、法体系のみが、求める答を提供できるのだ。

刑法体系の中には、復讐の原理と現実的に抵触するような裁判の原理は存在しない。両者において働いているのは同一の原理であって、それは、暴力の相互性の原則、応報の原則である。この原理が正当で、復讐の中にすでに正義が存在しているのか、それとも、正義はどこにも存在しないのかのどちらかである。自分自身の手で復讐を遂げる者について、英語では He takes the low into his own hands. (彼は自分の手の中に法をつかむ）と言う。私的復讐と公的復讐の間に原理的な相違はないが、社会的な面では大きな差があるのだ。つまり、復讐はもはやそれ以上に復讐されることはない。過程《プロセス》は終結する。それ以上段階《エスカ》をすすむ《レート》危険は遠ざけられるのである。

多くの民族学者たちは、原始的社会の中には法体系が存在しないという点で、意見が一致している。（二七）『未開社会における犯罪と慣習』（*Crime and Custom in Savage Society*, London, 1926）の中でマリノフスキーは「原始的共同体の中では、刑法の概念《ノシヨン》は民法のそれよりはるかにとらえ難い。われわれの感覚における正義の観念は、ほとんど適用することができない」という結論に到達している。（二八）『アンダマン島の島民たち』（*The Andaman Islanders*, Cambridge, 1922）の中でのラドクリフ＝ブラウンの結論も同様で、際限もない復讐の脅威がいたるところで強調され、結論のために利用されている。

> アンダマン島民は発達した社会意識、つまり善と悪についての道徳的観念は持っていたが、犯罪にたいする集団による懲罰は彼らの中に存在していなかった。個人が損害を蒙ると、それを望み、自ら行なうという条件で、報復を行うのは彼自身であった。おそらく常に、罪を犯した者の言い訳に賛同する人間がいて、犯罪行為にたいする嫌悪よりもはるかに強い個人的なつながりがあったからであろう。

『未開社会』（*Primitive Society*, New York, 1947）におけるロバート・ローイー（二九）のような何人かの民族学者は、原始的社会に関して《正義の管理》を語っている。ローイーは《中心的権威》を持つ社会と、それを持たない社会との二つの型の社会を区別し、《中心的権威》を持たない社会では、法的権力を保持するものは血族集団であって、その集団は、あたかも「主権国家」が他の一切の国家と対決するようなやり方で、他の集団と対決すると述べている。そこには《正義の管理》も存在しなければ、強力な集団間で至上権をもって裁決できる、上級審なき法体系も存在しない。血族集団による決定という唯一の最高審判が、際限もない復讐《ヴエンデツタ》、血の報復の一切の可能性をさえぎることができるのである。ローイー自身、そうした条件が必ずしも満たされないことを認めて次のように言っている。

ここでは集団の連帯性が最高の法である。他の集団に属する人間にたいして何らかの虐待を行なった個人は、普通の場合、自分の集団によって保護されるが、その別の集団は、復讐ないし補償を要求する被害者の肩を持つだろう。したがって係争はつねに復讐の循環あるいは内乱を惹起しかねない……。チュクチ族は、一般的に言って、ただ一度の報復行為の後に和解するが、イフガオ族の間では、闘争が際限もなく後をひくことがある。

ここで正義の管理について語るのは、言葉の意味の濫用である。原始的社会に、暴力の制御についてわれわれの社会と同等あるいはそれ以上の美質を認めようという気持も、本質的な差異をわれわれに過小評価させることはできない。ローイーが語るように語ることは、法体系を欠いているところでは自由な復讐がその代りをするといった、きわめて流布している考え方を存続することである。良識に叶うように見えるこの理論も、実のところまったく誤りであって、無限の誤謬に言い訳を与えるのに役立つのである。この理論は、われわれの社会のような、ずいぶん以前から一つの法体系を享受してもはやその効果を意識しなくなっている社会について、何ら知ることのない無知を反映している。

復讐が無限の過程《プロセス》であるとしても、暴力を復讐の中に包含することはできない。実のところ、復讐の方が暴力にふくまれるのである。そうである証拠にローイー自身、《正義の管理》の例をあげるたびに、彼の言葉によれば《中心的権威》を所有する社会においてさえ、復讐が暴力に含まれることを示している。重要なのは、抽象的な法原理が存在しないということではない。そうではなくて、いわゆる《合法的《レガール》な》報復行為が常に被害者《ヴィクチーム》それ自身およびその近親者の手中にあるという事実である。被害者《パルティ・レゼ》〔傷つけられた部分〕を代理し、復讐の権利を自らのうちに留保するための、至高の独立した機関が存在しない限り、無限にエスカレートする危険が存続する。復讐を調整し、それを制限するための努力は不確かなままにとどまる。そうした努力は、つまるところ、たしかに存在はするが同時にまた十分なものではあり得ないある程度の和解への意志を必要とする。したがって、もう一度言うが、補償（三〇）(composition) とか、あるいは種種さまざまの裁きの決闘（三一）のような制度まで、《正義の管理》と言うのは不正確である。まさしくその点から、マリノフスキーの結論に固執しなければならないように思われる。マリノフスキーは次のように言う。「かきみだされた部族の均衡を回復するためには、ゆっくりとした複雑な手段しか存在しない……。われわれは、法典と時効なき法規に応じて、われわれの正義の管理を想起させるようないかなる慣用も方式も見出さなかった。」

原始的社会において、暴力にたいする決定的な治療薬がなく、社会的均衡がかきみだされた時に確実な治療法がないとすれば、治療手段と対照的に、予防手段が前面に立って重要な役割を演ずることになるだろうと推測できる。ここに、前に申し述べた供犠の定義を再び見出す。つまり、暴力との戦いにおいて供犠が予防手段の一つであるという定義である。

ほんの些細な不和も、あたかも血友病における出血のように、重大な災厄をさまざま惹起するような世界では、供犠というものが、現実のものであれ観念的なものであれ、生きたものであれ生きていないものであれ、しかし報復を受ける惧れの常にないいけにえ、復讐という点について一様に局外中立で増殖不可能ないけにえの上に、攻撃的性向を集中させるのである。供犠は、いかに禁欲的な意志でもそれだけでは打ち克つことのできない暴力への欲望に、部分的な捌け口を提供する。それは部分的なものであり、たしかに一時的なものではあるが、無限に更新可能な捌け口であって、その効果については、無視できないあまりに多くの一致した証言がある。供犠は、暴力の芽が生長するのを妨げる。供犠は、人間たちが復讐を抑えこむ助けとなるのだ。

供犠を実行する社会では、いかなる危機的な情況にも供犠が対応する。けれども、とりわけ供犠に従属するいくつかの危機がある。そうした危機は常に共同体の統一を巻添えにする。それは常に紛争と不和に翻訳される。そうした危機が深刻であればあるだけ、いけにえは《高価なもの》でなければならない。

法体系が確立する場所、とりわけ古代ギリシア・ローマにおいて供犠が衰退したという事実の中に、供犠が果たす働きについての補足的な徴しを見ることができる。供犠の存在理由が消滅するのである。供犠がきわめて長期間にわたって存続することは確かだ。けれども、しだいに中味を欠いた形態になる。一般的に言ってわれわれが供犠を捕捉するのはそうした状態においてである。したがってわれわれの頭の中で、宗教的諸制度は何ら現実的な機能を持たないといった観念が強まるのだ。

前に述べた仮定が裏書きされる。つまり、供犠や、一般的に言って儀礼が本質的な一つの役割を演ずるのは、法体系を欠き、したがって復讐におびやかされる社会においてである、という仮定である。けれども、供犠が法体系の《代理をつとめる》と言うべきではない。だいいち、おそらく決して実在しなかったであろうものの代理をすることなど、問題にならないからであり、それにまた、一切の暴力を全員一致で自発的に放棄しない限り、物の順序として、法体系が他のものに取って代られるはずはないからである。

復讐のもたらす危険性を過小評価するが故に、われわれは、供犠が何に役立っているかを知らないでいるのだ。われわれは、法による懲罰を欠いた社会が、現在われわれの目にはもはや入らない暴力を、どのようにして抑制するのか考えてみようともしない。われわれのこうした誤認が閉じた思想体系を形成している。いかなるものもそうした誤認を打破しようとしない。所在そのものがわれわれの目には見えない問題を解決するのに、宗教的なものは必要でないというわけだ。したがってわれわれの目から見れば、宗教的なものはばかげたものに見えるということになる。問題の解決は、当の問題をわれわれの目から隠し、問題の消滅はわれわれの目から、問題の解決としての宗教的なものを覆いかくしてしまうのである。

われわれにとってさまざまな原始的社会が神秘なのは、たしかに、そうした誤認と関わりがある。それらの社会についてわれわれがいつも極端な見解を抱くのは、そうした神秘のおかげである。ある時にはわれわれは原始的社会をきわめて優れたものと判断し、ある時には逆に、現在あるわれわれ自身の社会よりはるかに劣ったものと思う。極端から極端へのこの揺れ動き、いつだって行き過ぎたこの判断を惹きおこすのは、唯一の同じ事実、つまり、法体系の不在という事実である。おそらくは誰も、それら個人、ましてそれら社会の暴力の多寡を論ずることはできまい。逆に人が判断できるのは、法体系を欠いたある社会での暴力は、必ずしもわれわれの社会と同一の場所に位置づけられるものではなく、同一の形であらわれるものでもない、ということである。注意を引きつけるさまざまな相貌に応じてそれらの社会が恐るべき野蛮の中に捨て置かれた社会であると考えたり、反対に、理想化して、見習うべき手本、現在の人類の唯一の模範のように示したりする傾向がある。

こうした社会では、暴力によって口火を切られる危険性のある災害はきわめて大きく、その災害を食い止める特効薬は僥倖にたよるほかないから、予防に重点が置かれる。そして、予防の方策が求められるべき領域は、何よりも、宗教的領域である。災厄にたいする宗教的予防には何らかの暴力的性格がつきものだ。暴力と聖なるものは不可分である。暴力のある種の特質を《抜け目なく》利用していること、とりわけ、ある対象から別な対象に目移りする暴力の特質を《巧みに》利用している点は、儀礼における供犠の厳格な仕組みの背後に隠されてしまう。

原始的諸社会は、暴力に委ねられてはいないのである。それらはまた、われわれ自身の社会以上に必ずしも暴力的でもなければ《偽善的》でもない。もちろん、何もかもすっかり理解しようとすれば、脅威を手近なものから遠くにあるものに振り向ける多少とも儀礼化された暴力形式の一切、とりわけ戦争といったものを問題にしなければならないだろう。戦争というものが、ある一つの型の社会だけにあてはめられるものでないことはあきらかである。技術的手段のおどろくべき増加が、未開と現代とを分ける本質的相違でもない。逆にわれわれは、法体系と供犠をともなう儀礼の中からいくつかの制度をとりあげて考察し、そうした諸制度の存否が原始的社会と、ある型の《文明》とを分かつものであるかも知れないと考えてみることができる。何らかの価値判断に到達するためではなくて、何らかの客観的認識に到達するために問うてみなければならないのは、そうした諸制度にたいしてである。

原始的社会における、治療的なものにたいする予防的なものの優越は、単に宗教的生活においてだけではない。ヨーロッパからやって来た最初の観察者たちをおどろかした未開人の行動や心理の全般的な諸特徴は、そうした治療的なものと予防的なものの差に関連しているということができる。彼らのそうした諸特徴はおそらく普遍的なものではないに違いないが、さりとて必ずしも架空のむなしいものでもないであろう。

ほんの些細な過失もさまざまの恐るべき結果を惹起する世界では、人間関係が、われわれには過度と見えるほどの慎重さを帯び、われわれに理解し難いほどの用心深さを要求しているであろうことは理解できる。慣習が予想できない企ての一切に、長々とした話し合いを先立てるということもわかる。われわれには当り障りもないように思えるさまざまな形のゲームや競技に参加を拒む気持も、苦もなく説明できる。四方八方から、取り返しのきかないことが人間を包囲している時、人間は時として、そうした《高貴な謹厳さ》のあることを示す。その謹厳さの傍らでは、われわれの忙《せわ》しい挙動など、いつだっていささか滑稽である。われわれの心を悩ます、商業、行政、イデオロギーなどといったものへの関心は、無価値な、くだらぬものとなる。

原始的社会では、非暴力と暴力の間に、われわれの社会でその役割が忘れられているほどがっしりとわれわれを限定している自動的で全能な、制度による抑制《ブレーキ》が存在しないのである。われわれがそれと知らずに、未開人に禁じられている限界を何の不都合もなく乗りこえることを可能にしているのは、常にわれわれの前にあるこの抑制《ブレーキ》である。《治安が維持された》社会では、さまざまな関係が、たとえ全く見ず知らずの人間同士の間でさえ、比較にならぬ親密さ、流動性、あけっぱなしといったものに特徴づけられている。

宗教的なものは常に、暴力を鎮静化し、それが荒れ狂うのを防止することをねらっている。さまざまの宗教的道徳的行動は、日常生活では直接的に、儀礼の場ではしばしば暴力の逆説的な介入を通して間接的に、非暴力を目的にしている。供犠は、道徳的宗教的生活の全体に結びつくが、それは、かなり異様な迂回の末においてである。他方、忘れてならないのは、供犠が有効なものであり続けるためには、宗教的生活のあらゆる面を特徴づける敬虔の心 (esprit de *pietas*) で実行されなければならないということだ。われわれは、供犠が何故に罪ある行為であると同時にきわめて聖なる行為であり、不当な暴力であると同じく正当な暴力でもあるように見えるかが、ようやくわかりかけてきた。けれどもまだ、本当に満足のゆく理解には程遠いのである。

原始宗教的なものは、暴力を手なずけ、規制し、制御し、うまく導き、結局のところ、まさしくあらゆる形の堪え難い暴力にたいして、非暴力と鎮静化の全般的な雰囲気の中でそれを利用する。原始宗教的なものは、暴力と非暴力の奇妙な組合せをあきらかにする。それは、法体系とほとんど同一物と言ってよいくらいである。

際限もない復讐から身を守るために人間がかつて使った一切の方策は、どれもきわめて似通ったものと言えるだろう。それらは三つの範疇に分類できる。

その第一は、復讐の気持をいけにえの方にふり向けることに役立つ予防的手段

第二は、その治療作用が依然不確かな補償《コンポジション》とか裁きの決闘などのような復讐の緩和あるいは拘束

第三は、治療的効果がそれらと比較にならないほど大きい法体系の確立、である。

いまあげた順序でそれらの方策の有効性が増大する。予防的手段から治療的手段への移行は、実際の歴史と対応している。すくなくとも、西欧世界においてはそうである。最初の治療的諸方策は、あらゆる点で、もっぱら宗教的な状態と法体系の極度の有効性との間をつなぐものである。それ自体、儀礼的性格を持ち、しばしば、供犠と組み合わされている。

原始的社会においては、治療的方法が基本的であるようにわれわれには見える。われわれはその方法の中に、法体系への素朴な《手さぐり》を見てとる。なぜなら、そうした方法の実際《プラグマティック》的な面が目だっているからである。犯人の方よりも、報復してもらえない被害者の方に関心を寄せている。もっとも直接的な危険がもたらされるのは、そうした被害者の側からである。そうした被害者に、厳密に見積った満足感を与えなければならない。つまり、別なところで噴出することなく、被害者の復讐の欲望が鎮静化するよう

な満足を与えなければならないのである。善悪の問題に関して立法化することも、抽象的な正義を尊重させることも問題ではない。肝心なのは、むしろ補償《コンポジション》にもとづく和解、あるいは和解が不可能ならば暴力が周辺に波及しないように計画された軍事的な衝突によって、復讐にブレーキをかけながら集団の安全を護ることである。そのような軍事的衝突は、限られた場所で、きめられた形で、特に限定された戦い手の間でおこなわれる。しかも、たった一回しか行われない。

　このような治療的手段がそれ自体すでに、法体系への《途上にある》ものだということは認められる。けれども、発展というものがあるとしても、そうした発展は連続的なものとは言えない。独立した法的権威の介入が一切を拘束するものとなる瞬間、断絶がおこるのである。まさにその瞬間においてのみ、人々は復讐の恐るべき義務から解放されるのだ。法の介入は、もはや、そうした恐るべき緊急の性格を持たない。それが意味するものは同じでも、その意味はかすみ、むしろ完全に消滅してしまいさえする。法体系は、人々がその機能を意識しなくなればなるほどうまく機能することになるだろう。したがってこの体系は、犯罪者や有罪の原理をめぐって再構成されるし、それが可能になるやいなやすぐさま、そうされるはずである。事実、法体系はいつだって、結局のところ懲罰をめぐって組織されてきたのである。けれども、そうした懲罰はやがて抽象的な、正義の原理に昇格されて、人々はそれを尊重する義務を負うことになるだろう。

　はじめはあきらかに復讐を抑制するためのものであった《治療的》方策が、ごらんの通り、効果の点で実をあげるにつれて、神秘を身にまといはじめる。法体系の焦点が、宗教的な予防から法的懲罰のさまざまな機構《メカニズム》に移るにつれて、常に供犠という制度を護ってきた誤認も、そうした機構《メカニズム》にむかって進み、こんどはそれらを包みこもうとする。

法体系が唯一の主権者となった時から、それは自らの機能を人の目から隠す。供犠と同様に法体系は、それが復讐と同一物であり、ほかの一切の復讐とよく似た一つの復讐で、異なるところといえば後続を持たず、それ自身は仕返しを受けることがないという点だけだということを隠蔽するのである——同時にそうであることをあきらかにするとはいえ——。供犠の場合にいけにえが復讐をしてもらえないのは、それが《正当《ボン》な》いけにえではないからであり、法体系の場合には、暴力が襲いかかるのは、まさしく《正当な》いけにえの上にだからである。暴力は、いかなる反撃も許さぬ圧倒的な力と権威をもって襲いかかるのである。

法体系の機能は必ずしも隠蔽されていないと異議が出るかも知れない。なるほど、われわれも、裁判《ジュスティス》が、抽象的な正義《ジュスティス》よりも全般的な治安に関わりがあるということを知らないわけではない。それでもなおわれわれはこの法体系が、それに独自な、原始的社会には欠けている正義の原理に依拠したものだと信じている。そのことを納得するためには、その問題に関するいくつかの文献を読んでみるだけで十分だ。われわれはいつでも、未開人と文明人の決定的な相違は、未開人が犯罪人を特定し罪責性の原則を尊重することができないというある種の無能力にあると考えている。まさにその点でわれわれは自分自身をごまかしているのだ。もしも未開人が、われわれから見て馬鹿げた、あるいはひねくれていると思えるようなかたくなさで、犯人から頑固に目をそらしているとすれば、それは復讐を養なうことを恐れているからである。

われわれ自身の体系がそれよりもはるかに合理的であるかのように見えるとすれば、それは、実のところ、われわれの体系がいっそう厳密に復讐の原理に適合しているからである。犯人の懲罰に固執するのに、それ以外の意味はない。復讐をさまたげ、復讐を抑制し、復讐を避け、あるいは、いわゆる宗教的手段の一切がそうしたように、副次的な目標に復讐の目をそらせようとつとめる代りに、法体系は、復讐を合理化し、思い通りにそれを切り取り、限定することに成功する。法体系は復讐を、何らの危険を派生させることなく操作する。法体系は復讐を、極度に有効な暴力の治療技術とし、さらに進んで暴力の予防技術にしてしまうのである。

このような復讐の合理的処理は、法体系が共同体の中に直接的かつ深く根づいているということを意味しない。逆にそれは、全権を委託され、共同体のいかなる集団、満場一致の総意を結集した集団でさえも、すくなくとも原理的には、その決定を覆えすわけにはいかない法体系の至上の独立性に根ざしているのだ。いかなる特別な集団も代表せず、それ自身以外の何者でもない法の権威は、特別ないかなる人間にも所属しない。したがってそれは、すべてのものに奉仕し、すべてのものはその決定の前に身をかがめるのである。法体系のみが、復讐にたいする絶対的な独占権を所有するが故に、大胆に暴力を叩きふせようとする。そうした独占権のおかげで、一般的に言って、原始的社会における同じ型の管理と同様に、復讐を激化したり、拡大したり、増殖したりせず、それを根だやしにするのである。

したがって結局のところ、法体系と供犠は同じ機能をもっているが、法体系の方がはるかに有効である。けれどもそれは、まさに強力な政治権力と結びついてしか存在できない。すべての技術的進歩と同様、法体系は抑圧と自由という両刃の剣である。その点ではおそらくはわれわれよりもはるかに客観的な目をもった未開人には、そう見えるに違いない。

法体系の機能が現在はっきり見えているとすれば、それは、その機能が有利に働くのに必要な韜晦から抜け出しているからである。現在においても、すべてをはっきり理解するということは批判《クリティック》を意味する。つまりそれは、法体系の危機《クリーズ》（三二）、崩壊の恐れと符合する。それがどんなに厳しいものであっても、違法な暴力と合法的な暴力が実際には同一であることを隠蔽している装置は、結局は鍍金《メッキ》がはがれ、ひびが入り、遂には崩壊する。下にある真実が露出する。学者たちの目にあらわれてくる純粋に知的な真理のように単に理論的なものとしてではなく、人々が抜け出したと信じていた悪循環、再び己れの支配権を要求する悪循環という不吉な現実として再び姿をあらわしてくるものは、あの報復というものの相互性である。

自らの暴力を制御することを人間に可能にする方法は、それらのいかなるものも暴力と無縁ではないという点で、どれも似たりよったりである。それらがすべて宗教的なものに根ざしていると考えるのは当然のことである。いわゆる宗教的なものは、すでに見た通り、予防のさまざまな様式と一体をなしている。治療的な方法それ自身が、ほとんど常に供犠という儀礼をともなう基本的形式のもとでも、法律という形式のもとでも、共に宗教的な要素を帯びている。拡大した意味で言う宗教的なものとは、おそらくは、自分自身の暴力と戦う人間の、治療的であれ予防的であれ一切の手段を結局のところ包みこんでいるこの難解さ、法体系が供犠を引継いだとき法体系に取り付いたあの難解さと一体をなしているのである。この難解さは、罪ある違法な暴力の内在性に対する、合法的で正統な、聖なる暴力の効果的な超越性と一致する。

供犠におけるいけにえが、原則的に、神に捧げられ、神に嘉納されるのと同様に、法体系は、その裁判の正しさを保証する神学に準拠する。そうした神学は、それがかつてわれわれの世界から姿を消したように、消滅することもあり得るが、それでも法体系の超越性は無疵のままにとどまる。数世紀が流れ去るのである。人間が自分たちの正義の原理と復讐の原理の間に何の相違もないことを理解する前に。

たとえそれを具体化する諸制度がいかなるものであれ、たしかに万人に承認された法体系の超越性のみが、聖なる正統な暴力を特別扱いし、それが再非難や異議申し立ての対象になること、つまり復讐の悪循環に再び落ちこむことを妨げることによって、法体系の予防的効果あるいは治療的効果を保証できるのである。

神学的な意味よりももっと深遠な意味で宗教的なものと名づけなければならない唯一の根元的な要素、たとえそれが次第にあらわになり、それを基盤とする構築物が次第に大きく揺れだそうとも、依然として底に隠されているが故にわれわれの間で常に根元的である要素だけが、暴力と宗教的なものにたいするわれわれの目下の無知を判定することを可能にする。宗教的なものは暴力からわれわれを保護し、暴力が宗教的なものの背後に隠れるように、宗教的なものは暴力の背後に隠れているのである。したがって、もしわれわれが、宗教的なものを相変らず理解しないとすれば、それは、われわれが宗教的なものの外側にいるからではなく、むしろまだその内側にいるからである。すくなくとも、本質的にそうである。神が死んだとか、人間が死んだとかいった、大袈裟な言葉のやり取りに、急進的《ラジカル》な何物もありはしない。そんな論議は相変らず神学上の問題にとどまっているのであり、結局のところ、そうした論議が復讐の問題を隠蔽しているという点で、広義の供犠に関わる問題にとどまっている。いまや復讐の問題は、今度こそ完全に具体的なものであり、もはや決して哲学的な問題ではないのだ。なぜなら、一切の神を殺してしまった後、人間の上に再び落ちかかって来ているのは、以前にわれわれに語られたごとき、際限もない復讐だからである。正統な暴力を決定し、一切の不当な暴力に対立するその特殊性を保証するための、宗教的、人間主義的、あるいはその他一切の超越性が、ひとたび存在しなくなった時、暴力の正当性と不当性は、結局、個々の見解に委ねられてしまう。つまり、目くるめく動揺と消滅に任されるのである。爾来、暴力があるところ、それだけの数の正統な暴力が存在することになる。ということは、正当な暴力は一切存在しないと言うことにひとしい。何らかの超越性だけが、供犠と復讐の間、あるいは法体系と復讐の間に相違があると信じさせることによって、暴力を持続的にだましとおすことができるのである。

まさしくこれが、法体系についての洞察、法体系にたいする盲信からの脱却が、法体系の崩壊と必然的に一致する理由である。こうした盲信からの脱却《デミスティフィカシヨン》にしても、なおまだ供犠の特質を含んでいる。それ自身が自らを非暴力的であるとか、法体系よりも暴力的ではないとか思いこんでいるという意味で、すくなくともそうした盲信からの脱却を完全に成し得ないかぎり、依然として宗教的なものにとどまっているのである。実際には、盲信からの脱却も、次第に暴力的なものとなるのだ。もしその暴力が《偽善的で》なければ、それだけいっそうその暴力は積極的で、いっそう辛辣であって、もっと悪い暴力、一切の限界を欠いた暴力を常に告知するのである。

実際的であると同時に神話的なものでもある差異の背後に、復讐と供犠と法による懲罰との間には差異がないこと、それら三つのものが明確に同一であることを認めなければならない。まさに、この三つの現象が同一のものの三つのあらわれであるが故に、それらはどれも、危機に際して、非差異化された同一の暴力にいつも再びおちこみがちなのである。こうした同一視は大袈裟な誇張のように見えるかも知れないし、抽象的にそのことを公式化する限り、ほとんど真実だとは見えないだろう。三つの現象が同一であるということを、具体的な例証から考察しなければならない。そのことがいかにうまく一切を説明し得るかを検討してみなければならないのだ。いまだ理解できず、分類できず、説明できるものがないままに《常規を逸したもの》であり続けている数多くの慣習や制度が、そうした同一視の光のもとであきらかにされるのだ。

その著『未開社会』の中でローイーは、暴力的行為にたいする集団的反応について常に、われわれの好奇心を刺戟するに足る一つの事実を語っている。

概してチュクチ族は一回だけの報復行為の後に和を結ぶ……。イフガオ族がほとんどいかなる状況においても自分の親族の肩をもつ傾向があるのに対して、チュクチ族はしばしば、家族の一員を犠牲にして争いを避けようとつとめるのである。

一切の供犠におけるいけにえの殺害、あるいは法による懲罰における同様に、ここで問題となっているのは、復讐の循環の回避である。ローイーが理解するのはそのことである。自分の家族を殺すことでチュクチ族は先手を打つのだ。彼らは敵になるかも知れない相手側にいけにえを差し出し、そうすることで相手が復讐をしないように導き、新たな侮辱となるであろう行為、更に復讐を余儀なくされるであろう行為を相手が犯さないように導くのである。こうした償いの基本的原理は供犠の場合とそっくりである。いけにえの選択、つまりいけにえが犯人とは別であるという事実がなおさら、供犠との類似を強化している。けれども、チュクチ族のこの慣習を、供犠と同列に置くことはできない。事実、儀礼に特有ないけにえの殺害が、異常な性格の最初に流された血と、直接、公然と関係づけられることは決してない。それがある一つの決定的な行為の代償として姿をみせることは決してないのである。そうしたつながりがないからこそ、供犠というものの意味がわれわれの目には常に見えなかったし、供犠と暴力との間の関係が認識されないままになっていたのである。いまやその意味がはっきりする。それも、こうした行為を儀礼的なものとして定義するにはあまりにも目立った形であらわれている。

それではこの行為を、法による懲罰と同列に置くことができるだろうか？　この問題に関して、《正義の管理》を語ることができるだろうか？　それはできない相談である。二番目の殺人行為の被害者は、第一の殺人の犯人ではないからである。ローイーのように、もちろん、《集団的責任》を持ち出すことはできるが、それだけでは十分ではない。集団的責任がその役割を演ずるべく招来されるのは、常に、本当に責任を負わなければならない者が欠けているか、それだけでは不十分な場合であり、あるいはまた、一切の個人的責任と完全に無縁な場合である。集団的責任が真の犯人を組織的に除外するようなことは決してない。いま問題になっているのは、そうした除外である。たとえ、ある特定の例で犯人の除外がはっきりしていないにしても、そうした除外はあまりにも多く証明されているように思えるのだから、そのことの中に、意味のある現象、文化的な態度を見てとらないわけにはいかない。それを理解しなければならないのである。

ここで何らかの《原始心性》に逃げ込み、《個人と集団の混同の可能性》を引き合いに出すべきではない。チュクチ族が犯人の命を助けるとすれば、それは、彼らがその犯した罪を十分に識別しないからではない。そうではなくて逆に、それを完全に識別しているからである。別の言葉で言えば、犯人の命を助けるのは犯人だからこそである。チュクチ族は、そのように行動するのに十分な理由があると考えている。しっかり見定めなければならないのは、そうした理由である。

犯人をいけにえにするとすれば、復讐が求める行為それ自体を遂行することになる。それは、暴力的精神が抱く諸要求に厳密に従うことだ。犯人ではなくて、その近親者の一人をいけにえとして殺すことによって、人々は、あまりにも公然と復讐であることをあらわすが故に、望ましくない完璧な復讐の相互性から身を引きはなすのである。逆‐暴力が、暴力を行使した者それ自体に向かって襲いかかるとすれば、その行為そのものから、逆‐暴力は犯人の暴力と似たものになる。逆‐暴力は、もはやそれと区別できない。すでにして逆‐暴力は、一切の節度を失いつつある復讐そのものである。逆‐暴力は、それが予防したいものと思っていることとそれ自体の中に身を投ずるのだ。

暴力に終止符を打つためには、暴力なしではすまない。けれども、暴力が際限もなくくり返されるのはまさしくその所為である。誰も彼も、暴力はこれで終りだと言いたいのだが、いかなる真の終結も割って入ることなく、報復から報復へととめどなく往復するのである。

一切の報復から犯人そのものを排除することによって、チュクチ族は、復讐の悪循環に堕ちまいとつとめるのだ。彼らは自分たちの意図をほんの少し隠そうとする。しかし、あまりひどく隠しはしない。彼らは自分たちの行為から、第一の殺人にたいする応答という意味、自分たちの仲間の一人が負うた負債にたいする本当の支払という意味の、本源的な意味を取り去ろうとは思っていないからである。殺人によって掻きたてられた情念を鎮めるためには、その情念にたいして、相手が望む復讐にそれほどはそっくりでないが、さりとてそれとひどくかけ離れてはいない行為を対置してやらなければならない。したがってその行為は、法的懲罰とも供犠とも似たものになるけれども、どちらとも同一視することはできないのである。その行為は、ある種の損害賠償、ある種の暴力的報復が問題になっているという点で、法による懲罰に似ている。チュクチ族は、自分たちが他の共同体に与えた損害と同じ損失を受けることを認め、自分たちにそれを課する。この行為はまた、第二の殺人行為の犠牲者が最初の殺人行為の犯人ではないという点で、供犠に似ている。不条理である、理屈に合わないとわれわれに見えるのは、まさにその点である。つまり、罪責性の原則が尊重されていないのだ！　罪責性の原則はわれわれにとって、それを投げ捨てようなどとは考えもできないくらい感歎すべき絶対的なものに見える。そうした原則がないということになれば、知覚における何らかの欠如、何らかの知的欠陥であろうとわれわれは想像しがちである。

いまここで退けられているのはわれわれの理性なのである。われわれの理性は、それが復讐の原理のあまりにも厳密な適用と表裏一体をなし、そうである限り、やがておこるであろう災厄をはらんだものであるが故に、拒否されるのだ。

罪責性と懲罰との間に直接的な関係を求めることによってわれわれは、未開人の目には入らない真理を捕捉するような気になっている。原始的世界におけるきわめて現実的な脅威、つまり復讐の《エスカレーション》、節度のない暴力といったものにたいして盲目なのは、われわれの方なのである。おそらくはそうしたものを、一見奇妙に見える原始的習慣や宗教的暴力(三三)は祓いきよめようとつとめるのだ。

とりわけギリシア世界において、呪われた者(anathème)と肉体を接触することを忌むという奇妙な拒否反応の底には、チュクチ族の慣習を理由づけるものと、おそらくは類似した恐怖感があるのであろう。暴力を用いた者にたいして暴力を以て報いるということは、その男の暴力に身を汚すことなのである。人人は、呪われた者が生きのびることができない状況にその男を置こうと手筈をととのえる。その男以外に誰も、彼の死に直接の責任はない。誰も彼に暴力を加えはしなかった。その不運な男は、食い物もなく、絶海の孤島か、けわしい山の頂上に置き去りにされる。彼は絶壁の上から身を投げるように仕向けられるのだ。たとえば畸型のような、不運な星のもとに生まれた子供を遺棄するということも、おそらくは、同じ類いの気遣いにもとづくことであろう。

こうした一切の慣習がわれわれに不条理で理屈に合わないように見えようとも、理由がないどころではないのだ。そしてその理由は、首尾一貫した論理に従っている。常に問題なのは、暴力の連鎖のなかで、それ以前の暴力にも連続せず、それ以後の暴力をひきおこすことのない一つの暴力を思いうかべ、その暴力を行使することなのだ。彼らは、根源的《ラジカルマン》に他とは異なる暴力、まさしく決定的で最終的な暴力、今度こそ暴力に終止符を打つであろう暴力を夢みているのである。

未開人たちは、形態《フォルム》上の、報復の対称性を打ちこわそうとつとめる。彼らは、その同一形態のものの反復を十分に知覚し、異なったものを導入することによって、そうした反復に限界をおこうとつとめるのである。現代人は、そうした暴力の相互性を恐れない。あらゆる法による懲罰を構成しているのは、まさにその相互性である。法の介入の圧倒的な性格は、法の介入というものが報復の悪循環における第一歩となることを妨げているのである。われわれにはもはや、復讐の純粋な相互性に関して未開人をおびやかすものが見えないのである。だからこそ、チュクチ族の行動の理由や、呪われた者にたいするギリシア人の警戒心の理由が目に入らないのである。

チュクチ族のような解決は、もちろん復讐と同一視されることはないし、儀礼における供犠とも、法による復讐とも混同されない。けれどもまたそれは、その三つの現象と無縁ではないのである。それは、復讐と供犠と法による懲罰が互いに交わるように見えるある場所に位置しているのだ。もし現代のいかなる思想もそうした現象を交叉し得るものと考えることができないとすれば、われわれの関心を惹きつける諸問題に、現代の思想が多くの光を投げかけるだろうなどと期待してはならない。

***

チュクチ族の慣習の中には、数多くの心理学的な言外の意味、特別な関心が読みとれる。たとえば、犯人ではなくて、犯人の近親者の一人を殺すことによってチュクチ族は《体面を失う》ことなく、しかも相手と協調したいと願っているのである。たしかにそういうこともあるがまた同時に、別なことも想像できる。つまり、無数のさまざまな、時には矛盾した可能性も数えあげることができるのである。そうした迷宮にまよいこむことは無意味である。宗教上の表現はさまざまな心理学的解釈のすべてを覆うものである。

それは、その中のどれが必要で、どれが要らないといったようなものではない。

いまここで本質的な宗教概念は儀礼における穢《けが》れの概念である。これまでの諸考察はこの概念についての研究への導入部をなすといっていいだろう。儀礼における穢れをひきおこすものは暴力である。多くの場合、ここで問題になっているのは、明白な、疑いようのない一つの真理である。

二人の人間が腕力に訴えて争う。おそらく血が流れることだろう。この二人の人間は、すでに穢れたものである。彼らの穢れは四囲に伝染する。彼らのそばにとどまるということは、彼らの争いに巻き込まれる危険を冒すことである。穢れ、つまり暴力との接触、その暴力の伝染を避ける確実な方法は一つしかない。それは遠ざかることだ。いかなる義務の観念、あるいは道徳的禁止の観念も存在しない。穢れの感染こそ恐るべき危険なのであって、実際その危険に身をさらしても恐ろしくないのは、すでに穢れの浸みこんだ者、すでに感染してしまった者だけである。

もしも偶然に、穢れた者と接触しただけでも穢れてしまうとすれば、まして暴力的な、敵意を含んだ一切の接触はなおさらである。どうあっても暴力に頼らなければならないとすれば、すくなくともいけにえは穢れのないものであってほしい。不吉な争いに荷担しなかったものであってほしい。これこそがチュクチ族の考えることなのだ。われわれの例はあきらかに、穢れとその伝染の観念がさまざまな人間関係の領域に、それに対応するものを持っていることを示している。そうした観念の背後には、恐るべき現実が隠されているのである。ところで、この恐るべき現実こそ、これまで宗教民族学が長い間否認してきたものである。現代の観察者たちにも、とりわけフレーザー（三四）やその弟子たちの時代には、その現実が決して目に入らなかったのである。第一に、彼らにとってそんな現実は存在しなかったからであり、それに、原始的宗教がそれを隠蔽するように成り立っているからである。穢れとか感染とかいった観念は、それらが前提としている具体性によって、そうした隠蔽の本質的な仕方をあきらかにしてくれる。人間同士の関係にのしかかり、もっぱらそうした人間関係に関わっている脅威は、完全に物化された形で提示されている。儀礼における穢れの観念も、もはやそれが、肉体的接触の不吉な効力にたいする恐怖の信仰でしかないといった程度にまで変貌し得る。暴力にしても、物の中に浸みこむ一種の流体で、いささか電流やバルザック流の《磁力》(三五)に似て、その伝播は純粋に物理的法則に従うものに変形されてしまっている。現代的思考は、誤認を払いのけ、そうした歪曲の背後にかくれている現実を再発見するどころか、むしろ誤認をさらにひどいものにし、強化しているのだ。現代的思考は、宗教から一切の現実性を切り離し、宗教を退屈なお話にしてしまうことで、暴力隠しに協力しているのである。

ある男が首を吊る。その屍体は穢れている。首を吊るのに使われた縄、その縄をかけた木、その木のまわりの土も穢れている。そういった穢れは、屍体から遠くにゆくほど少なくなる。暴力が振われた場所、暴力が直接作用した物から微細な発散物が放射されて、周囲のあらゆるものに浸みこむが、時間と空間のへだたりに応じてその度合が弱まってゆくようだ。

ある市《まち》で恐ろしい殺戮がおこなわれる。その市は別な市に使者を送る。使者たちは穢れているのである。人々はできる限り、彼らと接触したり話をしたりすることを避ける。彼らの目の前にいることすら避ける。使者たちが去った後で、浄めの水の撒布、供犠などといった浄化のための儀礼がさかんにおこなわれる。

フレーザーとその流派の人々が、穢れの感染にたいする恐怖の中に、宗教的思考における《不合理》と《迷信》の恰好な例を見ているとすれば、別な観察者たちは逆に、それを科学の走りのように見たのである。こうした見方は、ある種の科学的な感染の防止と、儀礼における穢れの防止との間の際立った類似にもとづいている。

天然痘のような伝染病にはそれ自身の特別な神があると信ずる社会が実在する。病気が続いている間中、病人たちはその神に捧げられる。彼らは共同体から切り離され、一人の《巫子》《みこ》、あるいは、望みとあらばその神の司祭、つまりかつてその病気にかかり死なずにすんだ人間の看護に委ねられる。こうした人間はそれ以後、幾分かの神の力を持っていて、神の暴力のさまざまな効力にたいして免疫になっているのだ。おわかりのように、こうした種類の事実に感動して何人もの観察者は、儀礼における穢れの源に、細菌学的理論にたいする漠然とした、しかし現実的な直観を見出すような思いにとらわれたのである。全般的には、こうした観点は、儀礼における穢れから身を守るための努力が現代の衛生学と同じ方向には行かない、まったく逆であるという口実のもとに投げ捨てられる。けれども、そうした批判では不十分である。実際、そうした批判があったところで、儀礼における穢れの防止の配慮を、まだ手探りではあるが部分的には有効な医学、たとえば十九世紀の公衆衛生学と比べてみたい気持を抑えるわけにはいかない。

宗教的な恐怖の中に一種の前‐科学を見ようとする理論は、なるほど、なかなかに興味のある何物かを言い当ててはいるが、しかしその理論を誤りだと言わなければならないほど、それは部分的で断片的なものである。そのような理論は、病気が爾来人間にのしかかる唯一の宿命、征服すべき最後の脅威として姿をあらわす社会および環境においてしか生れることのできなかった理論である。感染についての原始的観念の中に、たしかに伝染病が存在しないわけではない。儀礼における穢れというものの全体図《タブロー》の中には、あきらかに病気が姿を見せている。けれども病気は、他のさまざまなものの間の一つの領域でしかない。われわれは、それが感染についての現代の科学的概念、もっぱら病理学的概念が原始的概念と符合する唯一の領域であるが故に、その領域を切り離して問題にするのだが、実はその原始的概念ははるかに広大な拡がりをもっているのである。

宗教的な見方《パースペクティヴ》の中では、現在でもわれわれにとって感染というものが現実的であり続けている領域と、われわれにとってもはや現実的なものであることをやめてしまった他の諸領域とは切り離せない。そのことは何も、原始的宗教が、かつてフレーザーやレヴィ＝ブリュール(三六)のような人々が咎めた《混同《コンフュジョン》》したものという意味ではない。伝染病と、それ自体一様に伝染するものと見做される一切の形態をそなえた暴力との同一視は、異常なまでに筋道の通った表《タブロー》をつくりあげる、互いに符合するさまざまの手掛りの全体に支えられているのだ。

すでに申し上げたように、未開社会、法体系を持たない社会は、復讐のエスカレーション、これから先、われわれが本質的暴力と名づける完全な絶滅の危険にさらされている。こうした社会は、そうした暴力にたいして、われわれには理解しがたいある種の対応をしなければならないように強いられている。われわれが理解できないのは、二つでありながら実は一つでもある理由からだ。その第一の理由は、われわれが本質的暴力について決して何も知らず、そんなものが実在することさえ知らないことである。その第二は、未開人たち自身が、ほとんど完全に非人間化された形でしか、つまり、聖なるものという、一部分、人をあざむく外見でしかそうした暴力を認識していないからである。

ある種のものがわれわれにどんなに不条理に見えようとも、暴力を避けるために用いられる儀礼上の防衛措置は、全体として考察すれば、決して幻想に依存するものではない。それは、結局のところ供犠に関してすでにわれわれが確かめたことだ。もしも供犠における浄化(catharsis)が、暴力の無秩序な蔓延を防ぐのに成功するとすれば、まさしく、それが一種の伝染を停止させることに成功するということである。

本書の冒頭にもどって再読していただければ、最初から暴力というものが、きわめて伝染性の強いものとして示されていたことに気づかれるだろう。最初にねらったものが手近になければ、代りのものに襲いかかるという暴力の性向は、一種の伝染として描くことができる。長い間、抑圧された暴力は、常に、その周囲にあふれ出てしまうのだ。そうなれば、その手のとどくところをよぎる者こそ不運なのだ。儀礼におけるさまざまな防衛措置は、一方では、暴力のそうした氾濫を予防することを目指し、他方では、儀礼における穢れ、つまり暴力の状況にいきなり引きこまれる人々を、できる範囲で守ることをねらっている。

ほんの僅かな暴力でも、大動乱をひきおこすエスカレーションの源になり得る。断じて古びることのないこの真理が、たとえ今では、すくなくともわれわれの日常生活においてほとんど見えにくくなっているとはいえ、われわれは誰でも、暴力を目の前にした時、何か《伝染する》ものがあることを知っている。実際、時には、そうした感染からほとんど身をかわすことができないのである。暴力にたいする非許容も、結局のところ、暴力を許容することと同様、持って生まれた運命的なものであることがわかる。暴力がはっきりとした姿をあらわした時、進んで、むしろ嬉々として身をまかせる人々がいる。逆に暴力の展開に抗する他の人々がいる。だが、暴力が席捲することを可能にするのは、しばしば彼らである。いかなる規範も普遍的に妥当ではないし、いかなる原理も結局は対抗することができないのだ。決して妥協しないことも、妥協することも、一切の対処の方法がすべて有効な瞬間もあれば、逆にすべてが無駄な瞬間もあるのである。そんな時には、そうしたやり方が、制圧しようと思う悪をむしろ増大することしかしないのだ。

他の暴力によってしか暴力に対抗できない瞬間が、いつもやってくるように思われる。そんな時、それに成功するか失敗するかなど問題にならない。勝利を収めるのは常に暴力である。暴力には、ある時は直接的で積極的《ポジティヴ》な、ある時には間接的でネガティヴな、異常な模倣効果 (*effets mimétiques*) がある。人々が暴力を制御しようとつとめればつとめるほど、彼らは暴力に餌を与えることになる。暴力は、人がそれに対置する障害物を、行動の手段に変えるのである。暴力は、消そうとして投げ込むもの一切を貪り食って激しく燃え上る焔に似ているのだ。

いま、火を隠喩に用いたが、われわれは嵐とか、大洪水とか、地震を隠喩にすることもできただろう。実のところ、ペストと同じくそれらは決して隠喩ではない。単なる隠喩とは違うのだ。このことは、聖なるものを単なる自然現象の変容だとする命題にわれわれが立ち戻ることを意味しない。

聖なるものとは、人間がそれを制御できると思いこめば思いこむほど、それだけ確実に人間を制圧する一切のもののことだ。したがって人々をおびやかすのは、何よりも、しかし副次的に、嵐であり、山火事であり、伝染病である。だが、それはまたなかんずく、たとえはるかに目立たないとはいえ、人間それ自身の暴力なのだ。人間自身の暴力は、人間の外にあるものとして措定され、爾来、外から人間にのしかかって来る他の一切の力と混同されている。聖なるものの真の核心、ひそかなる中心を成すものは、そうした暴力なのだ。

われわれは、いかにして人間たちが自分自身の暴力を、彼ら自身の外部に措定することに成功するのか、いまだに知らないでいる。けれども彼らがひとたびそうすることに成功し、聖なるものが彼らのまわりをさまようあの神秘的実体――まさしく彼らそのものと成ることなく外部から彼らを包囲し、いささか伝染病や自然の大異変にも似て彼らを苦しめ虐待するあの神秘的実体――と化した時から、人間たちは、われわれ現代人の目から見れば異質ではあるが、実際的にはきわめて顕著な類似性を持つあらゆる現象を目の前にすることになったのである。

人がもし病気を避けたければ、病人との接触を避けるのが賢明である。同様に、人殺しの狂気に自分自身が巻き込まれたり、殺されたりしないように気をつけるとすれば人殺しの狂気と接触しないように気をつけた方がいい（人を殺すことと、自分が殺されることとは結局のところ同じことで、人殺しの結果は、ほとんど常に自分が殺されることになるからだ)。
われわれから見れば、ここには、はっきりと異なる《感染》の二つの型がある。現代の科学は、第一の形にしか興味を持たず、第一の型の真実《レアリテ》を見事に検証している。けれどももしかしたら、原始的なものとして前に定義した諸条件、つまり、一切の法体系を欠いたところでは、感染の第二の型の方がはるかに重要であったのではなかろうか。

儀礼における穢れを筆頭にして、宗教的な思考は、現代の科学的な見方からすれば不調和で不条理な諸現象、しかし、その体系全体の主要な成分と終極的基盤を提供している本質的暴力の周囲に配分してみれば、その真実のあり方や類似性がはっきり見えてくる諸現象の総体を包含しているのである。

たとえば病気と、敵が故意に仕掛けた暴力の間には、否定することのできない関連がさまざまある。病人の苦しみは、受けた傷がひきおこす負傷者の苦痛とそっくりである。病人は死に瀕する。同様に、どんな形であれ、能動的あるいは受動的にでも暴力に巻き込まれた人々を、死はおびやかすのだ。死は断じて、人間におこる最悪の暴力以外の何物でもない。結局のところ、死をひきおこす多少とも神秘的で伝染性のすべての原因を同一の項目のもとに考察することも、病気の場合にわれわれ現代人がするように、それらの原因中の唯一つのもののために特別な範疇《カテゴリー》をつくることも、どちらもすくなからず合理的なことである。

宗教的な思考を理解するためには、ある種の形の経験主義に助けを求めなければならない。宗教的な思考はまさしく、現代の技術的科学的研究と同じ目標を持っている。それは実践的活動なのである。人間が真実、具体的な諸結果に到達したいと望み、人間が現実によって苦しめられる時にはいつも、人間は抽象的な思弁を放棄し、自分が制御しよう、あるいはすくなくとも遠ざけようと思う諸力がじりじり近くまで迫って来れば来るほど、いっそう用心深く厳密な経験主義に立ち戻るのである。

もっとも単純な形態、おそらくはもっとも基本的な形態で把握された宗教的なものは、人間をとりまくさまざまな恐ろしい力の背後にある本性《ナチュール》というものについて、考えてみようともしない。宗教的なものは、それらの諸力を観察して規則的な類型の連続《シークエンス》を見定め、人間がいくつかの結果を予想してその後の行動を決定できる基準点を提供するような確かな《諸特質《プロプリエテ》》を見きわめることだけで満足するのである。

宗教的経験主義は常に同じ結論に到達する。つまり、聖なるものの力から、できる限り遠ざかっていなければならない、一切の接触を避けなければならない、という結論である。したがって宗教的経験主義は、いくつかの点で、医学上の経験主義、一般的に言って科学的経験主義と交叉せずにはいないのである。これが、多くの観察者が宗教的経験主義の中に、科学の初期的形態をみとめる理由である。

けれども、この同じ経験主義が、心理現象の何らかの乱れによってそれを説明したくなるほど、われわれの目から見てひどく異常な結果に到達することがあり、ひどく硬直した、ひどく厳格な、ひどく近視眼的な姿を呈することがある。人々は、このように、あたかもわれわれ《文明人》が、その傍らではすべて《健康人》に見えてしまうような《病人》の姿に原始的世界全体を変えて見ることになるのである。

このような見地でさまざまな事柄を提示する同じ精神病学者たちが、その気になれば、ためらわずに自分たちのさまざまな範疇《カテゴリー》を転倒させる。かくして、場合に応じて、病んでいるのは《文明》であり、文明は未開との対比においてのみ病気でしかあり得ない、ということになる。未開は、そうした転倒のおかげで、《健康》の原型として姿をあらわしているのだ。どんなやり方でこねくりまわそうとも、健康と病気の概念は、原始的社会とわれわれの社会との間の関係をあきらかにするのに不向きである。

現代的文脈《コンテクスト》の中では錯乱したものに見えたり、あるいはすくなくとも、《ひどく誇張されたもの》のように見える儀礼における防衛措置は、実は、それ自体の文脈においては合理的なものである。つまり、自らが聖化する暴力について宗教的なもの自身がまったくわかっていないという極度の無知の状態では、きわめて合理的なものなのである。人間たちが首筋に『オデュッセイア』の一眼巨人《キュークロープ》の息づかいを感じたと思った時、彼らは緊急に回避する。彼らには、そうした危機的情況が必要とする類いの手段を気にせず気楽にふるまう贅沢なぞありはしない。不十分な方策を講ずるより、過度な手立てを尽くす方がはるかによいのである。

こうした宗教的態度は、未知の病気に突然立ち向うことになった医学が採るやり方に比較できる。ある伝染病が突然蔓延しはじめる。医者たちはその病原菌を特定することができない。そうした場合、いわゆる科学的な態度はどんなものであり、何をすることが適切であろうか？　既知の病気のさまざまな形態から必要とされる予防措置のいくつかのものだけを実施するだけでなく、何一つ残さずにすべての措置を講じなければならない。理想的に言えば、排除すべき敵について何もわかっていないのだから、いくつもの新しい予防措置を考え出さなければならないはずである。

その伝染病の病原菌がひとたび突き止められれば、それ以前に採用されたいくつもの措置が無駄であったことがわかる。そうなれば、そうした措置をなおも続けることは馬鹿げたことになるだろう。だが、病原がわからない限り、そうした予防措置を講じようとしたことは、合理的なことだったのである。

こうした比喩も、最後まで有効ではない。未開人も現代人も暴力というこの疫病の病原体を決して突き止めることはできないのである。西欧文明は、そうした病気のもっとも激烈な形態について、今日まで、まさにきわめて神秘的な庇護、ある種の免疫を享受したが故に、それだけいっそうその病原体を分離分析することができず、それだけいっそう、その病気についての皮相的な観念を抱くことになるのである。そうした庇護、そうした免疫はあきらかに西欧文明の功績ではない。おそらく西欧文明自体が、そうした免疫の作り出した結果なのだ。

＊＊

さまざまな原始的《禁忌《タブー》》の中でもっともよく知られたものの一つ、おそらくはもっとも多くのインクを流させたものは、月経の血に関わるものだ。月経の血は穢れているのである。月経期間中の女性は、人人から離れていなければならない。彼女らには、日常的に共用するものに触れること、時には、彼女らが汚染する惧れがあるために彼女ら自身の食べ物に触れることも禁じられる……。

こうした月経に関する穢れは何故なのか？　月経を、もっと全般的な流血という枠の中で考察する必要がある。大部分の未開人の男たちは、血と接触しないために、異常なまでの用心をする。たとえば事故で、あるいは暴力行為で、儀礼の供犠以外で流された血は穢れているのだ。流された一切の血というものに普遍的に適用されるこの穢れという観念は、たった今われわれが提示した定義に、きわめて直接的に結びついている。つまり、儀礼における穢れは、暴力が人々を恐れさせるいたるところに存在するということである。人間たちが静謐と安寧を享受する限り、血を見ることはない。暴力が荒れ狂うやいなや、血が見えてくる。それは流れはじめ、もはやそれをとどめようもない。それはいたるところに滲み出てあふれ、乱脈にひろがる。血の流動性は、暴力の伝染的な性格を具体的に示すものだ。血の存在は殺人を告げ、あらたな惨劇をさしまねいている。血は、それが触れる一切のものを、暴力と死の色彩で染めるのである。これが、血は《復讐を叫ぶ》という理由である。

一切の流血は恐怖をよびさます。したがって、先天的《ア・プリオリ》に、月経の血が人をおびえさせるとしても、おどろくにはあたらない。けれどもこれには、単なる原則の適用以外のことがある。たしかに以前だって人々は、月経の血と、殺人や事故で流された血を区別することができなかったのではない。ところで、多くの社会で、月経の血の穢れは、穢れの中でも極端なものとされている。この穢れは、あきらかに性と関係しているのだ。

性は、人間がそれを自由にできると思いこめば思いこむだけ、きわめてやすやすと人間を思いのままに操るさまざまな力の一部である。

暴力のもっとも極端な諸形態は、直接的に性的なものではあり得ないだろう。それらが本来、集団的なものであるという事実から見てそうである。集団というものは、単一の首尾一貫した暴力、そして一切の個人的な暴力がそれに加わることがあるが故に限りなく増幅される暴力を行使できるだけだ。逆に、本当に集団的な性といったものは存在しない。性を基準にして聖なるものを説明することが、常に、暴力の本質的なものを見落したり、過小に評価したりすることになる理由はそこにある。これに反して、暴力に基づいて聖なるものを説明する場合、何の苦もなく、未開の宗教的思考の中で本来それが占めている地位を、性に与えるだろう。われわれは、暴力が性と関わりを持つが故に、暴力が穢れていると信じたがる。そうではなくて、それとは逆の命題の方が、具体的な解釈の場面では有効であることがわかる。性は、それが暴力と関わりがある故に穢れているのである。

ここには、死の本能といった味付けがしてあるとはいえ精神分析の例の性全能主義《パン・セクシュアリスム》と結局のところ仲よくつき合っている現代の人間中心主義《ヒューマニズム》とは、全く逆なものがあるのだ。その証拠になる手がかりは、無視するにはあまりに数多く、あまりに集中的に存在する。われわれは、月経の血の穢れは性と直接に関係していると言った。それは確かだが、非差異化された暴力との関係の方がはるかに直接的なのである。殺された人間の血は穢れている。この穢れを月経の血の穢れに関連づけることはできない。けれども、月経の血の穢れを解釈するには、それを、犯罪によって流された血の穢れと性とに、同時に関連させなければならないのである。女性の性的器官が周期的な出血の場所であるという事実は、世界のいかなる場所でも男たちに、常におどろくべき印象を与えてきた。なぜなら、それが、性と、暴力の多様な諸形態との間の、彼らの目には明白な類似性を裏書きするように見えたからである。暴力の諸形態もまた、すべて、流血をひきおこす可能性をもっているのだ。

　この類似の本質と影響力を把握するためには、われわれがさきほど話した例の経験主義、それに、現在流行の諸理論が気づかせもしないが、はるかに大きな役割を一切の宗教的思考の中で演じている《大まかな常識《グロ・ボン・サンス》》(三七)といったものにさえ、立ち戻る必要がある。人間たちは、いつだって、同じやり方で推理してきたのである。全人類が抱いた信仰というものはどれも巨大な瞞着《ミスティフィカシヨン》であって、われわれ現代人だけがようやくそれから脱け出せるようになったものだという考え方は、すくなくとも、まだ早すぎる。当面の問題は、西欧的な知の尊大なひけらかしでもなければ、その《覇権主義《アンペリアリスム》》の強行でもない。それは西欧的知の無能さを問題にすることである。理解したいという願望がもっとも激しく、もっとも切羽つまっているところでは、これまで提示された説明は最大限にくだらないものである。とりわけ宗教的なものの分野においてはそうである。

　性と暴力の緊密な関連は、あらゆる宗教の共通した遺産であり、それは、多くの類似現象の全体を土台にしている。そうした類似現象の全体はきわめて印象的である。性はしばしば、婦女誘拐、強姦、処女凌辱、サディズムなどといった直接的なあらわれ方においても、さらにもっと間接的なさまざまの結果においても、暴力と競い合う。性は、現実的なものであれ想像的なものであれ、さまざまな病気をひきおこすのだ。それは、常に母体や産児や、あるいは同時にその両者の死をひきおこす可能性のある産褥の血まみれの苦痛に到達する。婚姻に関する儀礼の枠内でさえ、あらゆる婚姻の誓約とその他の禁止が尊重される時、性は暴力を伴うのである。姦通、近親相姦などといった非合法の愛において、そうした儀礼の枠を逸脱するやいなや、そうした暴力と、暴力から発生する穢れとは極端なものになる。性は、無数の不和、嫉妬と恨み、争いをひきおこす。それは、もっとも調和のとれた睦まじい共同体においてさえ、混乱の不断のきっかけである。

　けれども現代人は、こうして数千年来、人間たちが常に性と暴力の間に認めて来た殆ど疑いようもない結びつきを許容することを拒んで、自分達の《自由闊達な精神の拡がり》を証明しようとつとめる。これこそが誤認の源であって、そのことを十分考慮すべきであろう。暴力とまったく同様に、性的欲望は、それをあおり立てる対象が手のとどくところにない場合には、その身代わりのもので間に合わせる傾向がある。それは容易に、あらゆる種類の代替物を受け入れるのだ。暴力とまったく同様に性的欲望は、蓄積に蓄積をかさねて、あまりにも長いこと圧縮され続ければ遂には無数の混乱をひきおこすエネルギーに似ている。一方、暴力から性へ、そして性から暴力への移行が、きわめて《正常《ノルマール》な》人々においてさえ、何らの《病的倒錯《ペルヴェルシヨン》》に手を借りる必要もなしに、容易におこなわれるということに注目しなければならない。妨害された性は暴力に捌け口をみつけるのだ。逆に、恋人同士の諍いは抱擁の中で終るのである。最新の科学的研究は、多くの点について、未開人のものの見方が正しいことを立証している。性的な興奮と暴力は同じような形であらわれるのだ。両者とも、その大部分の測定可能な肉体上の反応は同じである。[6]

　月経の血のタブーのような禁忌を前にして、すべてに妥当する合鍵のような説明に助けを求める前に、たとえばわれわれの思考の中で、ドン・キホーテの思考における《魔法使いたちのいたずら》の役割を演じている《幻覚》《ファンタスム》に助力を求める前に、絶対的な準則として、直接的な理解の可能性をすべて検討し尽くしたと言い切れなければならないはずだ。一切の性的暴力の具体的表現として月経の血に固執する思考の中では、結局のところ、理解できないようなものは何も存在しない。そうではなくて、それ以上に、そうした象徴化の過程が専ら女性に一切の暴力を転嫁しようというひそかな《意志》に対応してはいないかどうか、よく考えてみる必要があるのだ。月経の血を巧みに利用して暴力の転移《トランスフエール》がおこなわれ、女の性を犠牲にして事実上の男性の特権が確立されるのである。

＊＊＊

人は必ずしも穢れを避けることができるとは限らない。もっとも細心の用心をしても裏をかかれることがあるのだ。ほんのちょっとした接触も穢れのもとになり、自分自身のためばかりでなく、全体として感染の脅威にさらされる集団のためにも、その穢れを取り除かなければならない。

それでは、その穢れを何をもって潔めようとするのか？　普通ではない、前代未聞のいかなる物質が、穢れた血の汚染に抗し、それを潔めることができるのだろうか？　それは血それ自体である。ただし、供犠されたいけにえの血、こんどは、儀礼に従って流されたとすれば純潔なままである血なのだ。

このおどろくべき逆説の背後で、われわれの目に姿をあらわしてくるのは、相も変らず暴力の働きである一つの作用だ。一切の穢れは、結局のところ、唯一の同じ危険、際限のない暴力が集団の内部に居坐ることに帰着する。その脅威は常に同一のものであり、大して重要でないいけにえの上に暴力の目を向けさせるために、同じような盛儀をとりおこない、同じような供犠の操作をおこなうことになる。儀礼による潔めの観念の下には、単なる幻想以上のものがある。

儀礼はその機能として、暴力を《潔める》こと、つまり、暴力を《だまし》、復讐される惧れのないいけにえの上に暴力の《目を向けさせる》ことを狙っている。自らの効力の秘密が目に入らないので、儀礼は、象徴としての目印を与えてくれる素材や物の段階で、自分自身の活動をとらえようとする。あきらかに血は、暴力の働き全体を見事に説明しているのだ。すでにわれわれは、不注意やいたずらから流された血については語ったが、それはいけにえの上で乾いた血であり、その血は急速に清澄さを失い、くすんできたなくなり、かさぶたを作り、板状にはがれ落ちる。その場で古びる血は、暴力や病気や死の穢れた血と同じものでしかないのだ。すぐさま変質するこうした悪しき血にたいして、供犠したばかりのいけにえの新鮮な血が対置される。その血は、常に、粘ってはいないし真紅の色をしている。なぜなら、儀礼はそれを、流された瞬間においてしか利用しないし、その血はすぐさま拭きとられるだろうからである……

流された血の物質的な変化は、暴力の二重の本性を意味し得る。ある種の宗教形式は、血が暴力の二重の本性を意味し得るということから、おどろくべき効用を引き出している。血は、唯一の同じ物質が汚染するものであると同時に清潔にするものであり、穢すものであると同時に潔めるものであり、人間たちを激昂と錯乱へ押しやるものであると同時に彼らを鎮め、彼らを蘇らせるものであるということを、文字通り人々に見させているのである。

ここでは、ガストン・バシュラール（三八）の言う意味での単なる《物的隠喩》（三九）、取るに足りない詩的な慰みを見てはならない。それにまた、血の両義性の中に、ローラ・マカリウス夫人（7）が見るように、未開宗教の不断の転倒の背後にかくれた究極的現実といったものを見てはならないのである。どちらの場合にしても、暴力の逆説的な働きという本質が消滅してしまっているのだ。宗教的なものは、血や、その他の同種の象徴的物体を通してのみ、そうした働きに接近することによって、不完全ではあるがその暴力の逆説的活動を把握して、決してそれを全面的に除外しないのである。現代的思考と異なるのはそこである。現代的思考はいつも、原始的な宗教生活の主要なさまざまの事実を前にして、《幻想《ファンタスム》》とか《詩《ポエジー》》といった言葉を乱発する。なぜなら現代的思考は決して、そこに現実的な何かを見出すことができないからである。

宗教的思考のきわめて奇怪なさまざまの非常識さえ、それでもなお、暴力の秩序においては悪と悪にたいする治療薬とが同じものであるという真理を証明しているのだ。ある時には暴力は人々に恐ろしい顔を見せる。暴力は狂ったように猛威をふるう。ある時には逆に、平和をもたらす光のもとに姿をあらわし、まわりに、さまざまな供犠の恩恵をふりまくのだ。

人々はこの二重性の秘密を見抜かない。彼らには、善なる暴力と悪しき暴力を区別する必要があるのだ。彼らは絶えず、悪しき暴力を除去するために善き暴力を反復更新しようとのぞむ。儀礼とは、それ以外の何物でもないのだ。すでに見たように、供犠に関する暴力が有効であるためには、それが、供犠とは無縁な暴力とできる限り似たものでなければならないのである。それが、われわれにはさまざまな禁忌の説明しがたい逆転でしかないように見える儀礼が存在する理由である。たとえばいくつかの社会では、月経の血が儀礼の最中では、儀礼以外において呪われたものであるのと同じように、むしろ祝福されたものとして扱われるのである。

二重にして単一のこの血の本質、つまり暴力の本質は、エウリーピデースの悲劇『イオーン』(四〇)の中で感動的に描かれている。女王クレウーサ(四一)は不思議な力をもったものの助けを借りて主人公を殺そうと考える。それは同じ一つの血、ゴルゴーンの血の二滴である。その一滴は致命的な毒薬であり、もう一滴は治療薬になるのである。老いた奴隷は女王にその時こうたずねる。

老奴隷　それで、女神さまのその二重の贈り物は、どのようにして二滴の血の中にこめられたのでございましょうか？
クレウーサ　ゴルゴーンの命を断つ一撃で、からっぽな血管から、一滴の血がふき出したのです……
老奴隷　それは何の役に立つのでございましょう？　その効力はどんなでしょう？
クレウーサ　さまざまな病いを遠ざけ、逞ましさを育てるのです。
老奴隷　で、第二の血の滴は、どのように働きましょうか？
クレウーサ　人を殺すのです。それはゴルゴーンの蛇の毒液です。
老奴隷　あなたはその二滴の血をいっしょにしてお持ちなのでしょうか、別々にしてお持ちなのでしょうか？
クレウーサ　別々に。体に良いものと悪いものとを混ぜ合わせるだろうか？

この二滴の血ほど相違するものはなく、しかも、それ以上に相似しているものもないのだ。したがって、両方の血を混ぜ合わせることは容易なことであり、おそらくは心をそそることであろう。ひとたびそうした混合がおこなわれれば、純潔と穢れの間の一切の差異は消滅する。もはや、善なる暴力と悪しき暴力の間の違いは存在しなくなる。純潔と穢れが異なったままである限り、実際、最大の穢れも洗いきよめることができるのだ。だがひとたびそれらが混じり合ったとき、もはやいかなるものも潔めることができなくなるのである。

第二章　供犠の危機

すでに見たように、供犠が適切に働くためには、現実に供犠されるいけにえと、そのいけにえが身代りとなる人間との間が完全に分離されなければならないだけでなく、その両者の間に見掛け上の連続〔類似(continuité)〕が存在する必要がある。こうした二つの要求を同時に満たすためには、必然的に微妙な均衡に基づく一つの接近(contiguïté)[四二]に頼るしかない。

たとえ微細なものであれ、生物や人間を分類し位階づける仕方における一切の変化は、供犠の体系を狂わせるおそれがある。供犠の連続的実行、つねに同じ種類のいけにえを供犠するという行為は、それだけで、そのような諸変化を引きおこすはずである。多くの場合われわれが、まったく無意味なものとして供犠をとらえるとすれば、それは、すでに供犠それ自体がいちじるしい《磨滅》を蒙ってしまっているからである。

供犠の中には、慣習によって厳しく固定されていないものは何もない。新しい諸条件に順応することができないということが、一般的に宗教的なものの特徴である。

供犠されるいけにえと、それが身代りをつとめる人間との間のずれが、《あまりにもひどい》場合でも、《十分ではない》場合でも、結局のところ、同じ結果に到達する。つまり暴力の除去はおこなわれず、葛藤は増大し、連鎖反応の危険は大きくなる。
いけにえと共同体との間の断絶がひどすぎるとすれば、いけにえは暴力をもはや自分の方に引きつけることはできないだろう。供犠は、金属が電気の良導体《ボン・コンデュクトール》と言われる意味で《よく導くもの》であることをやめるだろう。逆にもし、両者の間にあまりに多くの連続性があるとすれば、暴力は、いともやすやすといずれの方にも行きつくことになろう。供犠は聖なる暴力の性格を失い、穢れた暴力に《混じり合い》、その恥ずべき共犯者、その反映、あるいは一種の起爆剤にさえなるのである。

これらは、われわれのいくつかの最初の結論から、いわば先験的《ア・プリオリ》に導き出せる可能性である。同時にわれわれはまたそれらの可能性を、文学的テキスト、ギリシア神話の悲劇的脚色、とりわけヘーラクレースの神話の悲劇的脚色に照らして検証することができる。

エウリーピデースの『狂えるヘーラクレース』(四三)の中では、悲劇的な葛藤も、立ち向かう敵たちとの論戦もない。実際の主題は供犠の失敗である。それは、うまい方向に向かわない供犠の暴力である。多くの功業を達成した後、ヘーラクレースは自分の家にもどって来る。彼は、自分の妻と子供たちが王位簒奪者リュコスの手に握られているのを見出す。リュコスは彼らをまさにいけにえにしようとしているところである。ヘーラクレースはリュコスを殺す。町《シテ》の内でこの暴力を犯した後では、ヘーラクレースは以前にもまして身を潔める必要がある。彼は供犠を捧げる準備をする。妻と子供たちが彼の傍らにいる。ヘーラクレースは突然、彼らが、新しい敵、あるいは旧敵であると信じこむ。狂気の衝動にかられて、彼らを全部、いけにえにするのだ。

この惨劇は、主人公を憎む二人の女神イーリスとヘーラー(四四)から送りこまれた「狂気《ラージュ》」の女神リュッサ(四五)の仕業としてわれわれに示されている。けれども、劇のプロットから言えば、殺人の狂気の引き金となったのは、供犠のための準備である。それが、この詩人も気づかない単なる符合であるとは思えない。狂乱のみなもとに儀礼があることにわれわれの注意を引きつけたのは当の詩人である。妻や子供たちの殺害の後で、正気をとりもどしつつあったヘーラクレースに、彼の父アムピトリュオーンはこうたずねる。

「わが子よ、お前はどうしたのだ？　この錯乱はどういう意味だ？　お前の心を狂わしたのは、おそらく流された血だ。」

ヘーラクレースは何も覚えていない。そこで今度は彼がたずねる。

「熱狂がわたしを捉え、わたしをめちゃくちゃにしたのはどこでしょう？」

アムピトリュオーンはこたえる。

「祭壇の傍らだ。お前は聖なる火で両手を潔めていた。」

主人公が計画した供犠は、十分すぎるほどうまく暴力をそこに集中させることに成功する。ただその暴力があり余り、強すぎただけである。アムピトリュオーンが示唆するように、恐ろしいさまざまな功業の中で流された血と、町それ自体の中で最後に流された血がヘーラクレースの精神を狂わせるのである。暴力を吸収し、それを外に散らす代りに、供犠は、暴力があふれ出て、まわりに災厄を与えながら拡がるためにしか、その暴力をいけにえの方にひきよせないのだ。もはや供犠はその役目を果たすことができない。もはや自らが道筋をつけることのできない穢れた暴力の奔流を、いっそう大きくすることになる。置き換えのメカニズムが狂い、当の供犠が保護しなければならなかったはずの人間たちがいけにえと化してしまうのである。

供犠の暴力と、供犠でない暴力の間の差異は決して絶対的なものではない。すでに見たようにその差は、恣意的要素を含んでいる。したがって、いつだってその差は消滅してしまう惧れがある。まったく無垢な暴力など存在しないのだ。供犠は、最良の場合でも、浄化的暴力として定義され得る。それ故に、供犠をおこなう人々自身、供犠の終りに自らを潔めなければならないのだ。こうした供犠の過程《プロセス》は、原子力敷設の放射能汚染除去に比較できる。専門の技師が仕事を終えた時、自らの汚染を取り除かなければならない。それだからといって、事故のおきる可能性は相変らずあるのだ……。

供犠の破局的な転倒は、ヘーラクレース神話の本質的特徴のように思われる。それは、ヘーラクレースの別な挿話の中でいくつもの副次的なモチーフに隠されてはいるがそれでもなおやはり見出されるものだ。つまり、ソポクレースの『トラーキースの女たち』(四六)の中で描かれているような、ネッソスの袍衣《チュニック》の神話である。

〔ヘーラクレースは、デーイアネイラにつきまとうケンタウロスのネッソス(四七)に瀕死の重傷を負わせた。断末魔にネッソスはその若い女に、自分の精液を塗った袍衣、あるいは、ソポクレースによれば、レルネーのヒュドラー(四八)〔水蛇〕の血に混ぜ合わせた自分の血を塗った袍衣を差し出すのである。(ここでも、『イオーン』の中で二つに分けられた唯一の血ときわめて近い、一つのものでしかない二つの血の主題があることに気づく。〕

この悲劇の主題は『狂えるヘーラクレース』のそれと同一である。それは主人公の帰還であるが、今度は主人公は美しい女の捕虜を連れ帰り、それにデーイアネイラが嫉妬するのだ。妻は忠実な召使いを夫のもとに送り、ネッソスの袍衣を贈物として持たせる。死ぬ前にそのケンタウロスがデーイアネイラに、夫の永遠の貞節を確保するためには、ヘーラクレースにその袍衣を着せさえすればいいと保証したからである。ネッソスはまたその若い女に、袍衣を用いなければならない日まで、それを火から遠ざけ、一切の熱の源から離しておくようにと命じていたのだ。

袍衣を着たヘーラクレースは、潔めの供犠をおこなうために明々と火をともす。焔は毒の活性を目覚めさせる。袍衣に塗りつけた液を吉なるものから凶なるものに変えたのはこの儀礼だったのだ。ヘーラクレースは苦痛に身をよじり、やがて、息子に命じて用意させた薪の上で死ぬことになる。死の直前に彼は、忠実な召使いリカースを岩に投げつけて叩き潰す。デーイアネイラの自殺もまた、ヘーラクレースの帰還と供犠の失敗によって口火をきられた暴力の循環の中に書きこまれる。今度もまた、供犠が保護するはずの人間たちにたいして暴力が荒れ狂うのである。

この二つの戯曲の中では供犠に関する多くの重要なモチーフが混在している。きわめて特殊な穢れが、自らが関与した殺戮にまだ酔いしれながら凱旋した戦士につきまとっているのである。あの恐るべきさまざまの功業がヘーラクレースの上に、無限の量の穢れを積み重ねているということは、誰の目から見ても苦もなくわかることである。

我が家にもどった戦士は、体にしみこんだ暴力を、共同体の内部に持ちこむ惧れがあるのだ。デュメジル(四九)が研究したホラティウスの伝説(五〇)は、その主題の一つの雛型である。ヘーラクレースの場合は、穢れが儀礼そのものを凌駕する。二つの悲劇における暴力のメカニズムを注意深く見れば、供犠が《うまくいかない》場合には、その度ごとに供犠自体が、第一章であきらかにしたような意味での連鎖反応を引きおこすということに気づかれるだろう。エウリーピデースの戯曲の中でリュコスの殺害は、ヘーラクレースの最後の功業、流血の狂気に先立つ、まだ理性的な武勲としてあらわれている。だが、いっそう厳密な儀礼という観点からすれば、そのリュコスの殺害は穢れた暴力の〔連鎖の〕最初の環を成すものと言ってもよいだろう。すでに述べた通り、暴力はこの挿話と共に町《シテ》の内部に侵入するのだ。この最初の殺人は『トラーキースの女たち』における召使いリカースの殺害に対応するものである。

注意しなければならないことは、この二つの挿話において、いわゆる超自然的な仲介が、《うまくゆかない》供犠の現象を表面的に隠蔽すること以外に役立っていないということである。女神リュッサもネッソスの袍衣も、二つのテキストの理解に何らのものもつけ加えない。原則的に吉である暴力が凶に変ることを見出すためには、この二つの遮蔽幕をとり払ってみればいい。いわゆる神話的要素には、余分な追加的性格がある。「憤怒」の女神リュッサは、事実、本当の女神というよりは隠喩に類するものであるし、ネッソスの袍衣は、気の毒なヘーラクレースの皮膚に文字通りへばりついた過去のさまざまな暴力にほかならないのである。

戦士の帰還は、いわゆる神話的なものではない。それはただちに社会学的あるいは心理学的言葉に翻訳される。帰還することによって祖国のさまざまな自由をおびやかす勝ち誇った兵士、それはもはや神話ではなくて、歴史に属する。たしかにその通りである。そして、まさしくそれは、逆転した解釈をわれわれに提示している点を除いてコルネイユが、彼の戯曲『オラース〔ホラティウス〕』の中で考えていることである。祖国を救った者は、戦わなかった者たちの敗北主義に憤慨する。ホラティウスやヘーラクレースの《場合《ケース》》について、互いに矛盾するようなさまざまに多くの、心理学的ないし精神分析的読解をすることができるだろう。けれども、解釈をしたいという誘惑に負けてはならない。つまり、さまざまな解釈の矛盾の中に再び足をとられることは避けなければならないのである。そうした矛盾こそは、われわれに、その矛盾の手前に位置する儀礼にふさわしい場所を、隠蔽してしまっているのだ。儀礼にふさわしい場所はやがてわかるように、もっとも優先されるべき解釈を前提としている。儀礼に関係づけた読解は、イデオロギー的な一切の解釈に寛大であるが、そのどれをも頼りにすることはない。儀礼に関係させた読解は、単に、戦士の中に満ち満ちた暴力の伝染的性格を主張するにすぎない。それは、儀礼によってさまざまな潔めを処方するにとどまる。それは、暴力が共同体の中で再び荒れ狂い、氾濫することを妨げるという目的しか持っていないのである。

さきほど取りあげた二つの悲劇は、特別な個人にしか当てはまらないかのように、逸話的形式でわれわれに、共同体の段階においてのみ意味を持つ諸現象を提示しているのである。供犠というものは社会的行為なのだ。その行為の乱れの諸結果は、《運命》が特定した何某という一人の登場人物に限定されることはあり得ないのである。

歴史家たちは、ギリシア悲劇を、古代的《アルカイツク》宗教的秩序とそれに引き続くもっと《近代的な《モデルヌ》》法的国家的秩序との間に位置づけることに賛成する。古代的秩序は、その衰退期に入る前に、ある種の安定を識ったはずである。そうした安定は、宗教的なもの、つまり供犠という儀礼の上にのみ基盤を得ることができたのだ。

年代的にギリシアの大詩人たちに先立つ前ソクラテス派の哲学者たち(五一)も、やはり、悲劇についての哲学者と見做される。いくつものテキストは、いまわれわれが決定しようと試みている宗教的なもの(五二)の危機のきわめて明確な反響をわれわれにもたらしているのである。たとえばヘーラクレイトスの『断章五』の中では、あきらかに、供犠の頽廃、穢れを潔めることの供犠の無能さが問題になっている。宗教的信仰は、儀礼的なものの崩壊によって危険にさらされるのだ。

泥で湯浴みした後で、泥で体を洗おうとする人のように、血で汚れながら身を潔めようと彼らが試みるのは無駄なことだ。そんなことは、彼の行為を注意深く見る人なら誰でも馬鹿げたことだと思うだろう！　それに、まるで壁に向って語るように、神々や英雄たちの本性も知らずに彼らが祈願するのは、神のそうしたさまざまの像に向かってである。

儀礼で流された血と犯罪によって流された血の間には、もはや違いは存在しないのである。ヘーラクレイトスのこのテキストは、旧約聖書の、バビロニア捕囚以前の予言者たちにおける類似のテキスト(五四)にそれを近づけてみれば、なおいっそうはっきりと浮彫りになる。つまり、アモスやイザヤやミカは、ある種の極度に暴力的な言葉で、供犠や一切の儀礼的なものの無効性をあばいている。彼らはこの宗教的解体の中に、人間関係の頽廃を明確な形で読みとるのだ。供犠の体系の衰退は、いつでも、相互的暴力の中への墜落としてあらわれる。かつて一緒に第三者的ないけにえを供犠していた隣人たちは、互いにいたわり合っていた。だが爾来彼らは、相手を供犠しようと目ざすことになる。エンペドクレース(五五)の『浄め』は、それときわめてよく似た事柄を物語っている。

一三六――結局のところあなた方は、不吉な音をたてるそうした殺戮をやがてやめるのだろうか？　あなた方は、非情にも自分たちが互いに相手をむさぼり食っていることに気づかないのか？

一三七――父親は、姿を変えた息子を捉え、神に祈りながら、気も狂って息子を殺す。息子は、狂った死刑執行人に懇願しながら叫び声をあげる。だが、彼は耳をかたむけようとはせずに、息子の喉をかききって、自らの宮殿で恐るべき祝祭の準備をととのえる。同じように、息子は父親を捕え、子供らは母親をおさえつけて彼らの生命を奪い、自らのものである肉をむさぼり食うのだ。

ギリシア悲劇のいくつかの相を、「供犠の危機《クリーズ》」の概念が説明し得るように思われる。これらの悲劇に言葉を提供しているのは、大部分が宗教的なものである。したがって殺す者は、処刑者よりはむしろ供犠執行者と見做されている。悲劇の激発《クリーズ》は常に、まさに生まれつつある秩序の観点から考察されるのであって、崩壊しつつある秩序の観点から考察されたことはないのである。そうした旧き観点の欠如の理由は明白なことで言葉を要しない。現代的思考は供犠に何らかの現実的な機能を振り当てることがどうしてもできなかったし、おそらく、その本性《ナチユール》が自らの目に入らないある一つの秩序が崩壊するのを知覚することもできないだろう。悲劇の時代の、いわゆる宗教的な諸問題をはっきり見るためには、なにがしの秩序が実在したということを納得するだけでは十分でないのだ。さまざまな全体図を絵具刷毛で描きあげ、まさに歴史的な展望を持ったユダヤの予言者たちとは異なって、ギリシアの悲劇作家たちは、伝承が輪郭を固定した伝説上の諸人物《フイギユール》を通してしか、彼らなりの供犠の危機を描きださないのである。

人間の血に渇くこれら一切の怪物たち、多様なこれらの悪疫と害毒、悲劇的行為がそこに浮きあがる模糊とした背景を成す内憂外患、そうしたものの中にわれわれは、確かにその時代のさまざまな現実の反映を見抜きはするが、正確な標識は欠けている。たとえば、『狂えるヘーラクレース』、『タウロス人の国のイーピゲネイア』、『バッカイ』(五六)といったエウリーピデースの作品において、王の宮殿が崩壊するごとに、この詩人がわれわれに、それらの主役たちのドラマは氷山の一角でしかない、まさに演じられているものは共同体全体の運命そのものだと暗示しているように、われわれには感じられるのである。『狂えるヘーラクレース』の中で主人公が自らの家族を殺戮する時、合唱隊《コーラス》はこう叫ぶのである。

「だが、ご覧あれ、嵐は家を揺すり、屋根は崩れる。」

こうした直接的な指摘は問題の所在をあきらかにしているが、問題解決の助けにはならない。たとえ、悲劇の激発《クリーズ》がまず最初に「供犠の危機《クリーズ》」として定義づけられるべきであるとしても、ギリシア悲劇の中には、それを反映するはずの何物も存在しない。「供犠の危機」を明確に指し示す文言の中で直接それを把握できなければ、もっと大きな次元でとらえた悲劇の実体それ自身を通して間接的に「供犠の危機」を把握した方がいい。

悲劇の技法を一言にして定義しなければならないとしたら、たった一つの根本的主題しか名ざすことができないだろう。つまりそれは、対称的な諸要素の対立ということである。そうした対称が本質的な役割を演じていない悲劇の筋、形式、せりふのいかなる面《アスペ》も存在しない。たとえば第三の登場人物の出現も、かつてそう言われたような決定的な役割を果しはしないのである。依然として劇的本質は悲劇的な葛藤である。つまり、二人の主役の対決だけであり、同じ非難と同じ侮辱のますます急速になるやりとりである。それはまさしく言葉による騎馬槍試合(五八)であって、観客は、あたかもフランス古典劇の観客が『ル・シッド(五七)』の詩節《スタンス》か、あるいはテラメネースの演説を聞き分けるようなやり方で聞き分け、評価しなければならなかったはずである。

こうした悲劇の論争の完璧な対称性は、形式の面で、二人の主役たちがつぎからつぎに詩句をやりとりする「隔行対話法《スティコミティ》」に具体的にあらわれている。

悲劇の論争は、一騎打ちにおける武器を、言葉に取り替えたものだ。暴力が肉体に及ぶか、言葉のやり取りであるかのいかんに関わらず、悲劇としての緊迫感は同じである。敵対者たちは丁丁発止と渡り合い、あい半ばする力がわれわれに、彼らの戦いの行きつく果てを見通すことを困難にしている。こうした構造の同一性を把握するために、われわれはまず、『フェニキアの女たち』(五九)の中のエテオクレースとポリュネイケースの一騎打ちの物語を提出することができる。この物語の中には、同時に二人の兄弟に適用されないものは何もない。一切の身振り、一切の受け答え、一切の見せかけ、一切の誇示は、戦いの最後まで互いにそっくりのものを産み出しつづけるのだ。

一方の者の眼が楯の角を超えれば、他方の者は、攻撃に先んじようと槍をあげた。ポリュネイケースが槍を失えば、エテオクレースもまた、自らの槍を手放すのである。ポリュネイケースが負傷すると、エテオクレースもまた手傷を負う。どんな新たな暴力もある不均衡をひきおこし、その不均衡は、反撃が単にそれを修復するだけでなくてある種の対称的な不均衡、逆にそれもまた当然束の間のものである不均衡を創り出す瞬間まで、決定的なものとして通用することになる。悲劇の緊迫感《サスペンス》はたちまちに埋め合わされるが、常に苛立たせるそうしたずれと一体となっている。事実、ほんの僅かなずれも決定的な結末をもたらすように見えるが、決定的な結末が実際にやって来ることは決してない。

それぞれの腕が槍を失くしているとすれば、目下の戦いは互角である。この時、彼らは剣を抜き、大きな音をたてて楯と楯を打ち合わせ、身を寄せながら互いに攻め合うのである。

死それ自体、二人の兄弟の相互性をこわそうとはしないだろう。

土埃を巻きあげつつ、互いの殺人者である彼らは、枕をならべて横たわる。二人の力量は優劣をつけがたい。

二人の兄弟の死は何らの解決ももたらさないのである。それはただ、二人の戦いの対称性を永続化する。二人の兄弟は二つの軍勢の代表選手であったのであり、こんどはその二つの軍勢がそれなりに対称的に、奇妙にもまったくの言葉の上での葛藤、まさしく悲劇の論争を成す葛藤の中で、互いに対決し合ってゆくのである。われわれはここに、肉体的戦闘の言語的延長としてのいわゆる悲劇、それに先立つ暴力の無限に曖昧な性格がひきおこす果てしない論争としてのいわゆる悲劇が生まれ出るのを目撃するのである。

この時兵士たちは、いっせいに立ちあがって跳びあがり、論争しはじめた。
われらの王が勝ったのだとわれわれは言い、彼らは、いやポリュネイケースさまこそ勝ったのだと言う。隊長たちの意見もまちまちで言い争った。
ある者たちは、最初に太刀をあびせたのはポリュネイケースだと言い
それにこたえてある者たちは、二人とも死んだのだから勝負なしだと言った。

まったく当然のことながら、最初の争いの勝負なしは、最初の争いの反復であり、さらに多くの戦いにそれをおしひろげる第二の戦いに発展してゆく。悲劇の論争は解決のない論争である。どちらの側にも常に、同じ欲求、同じ立論、同じ重みがある。ヘルダーリン(六〇)の言うように、均勢 (Gleichgewicht) があるのだ。悲劇とは、正義のそれではなくて暴力の天秤《バランス》の一つの均衡なのである。もう一つの天秤皿にすぐさま姿を見せないようなものは一方の皿の上に見つからない。やり取りされるのは同じ悪態であり、まるでテ

ニスの二人の競技者の間にボールが飛び交うように、同じ悪罵が敵対者の間で飛び交うのだ。諍いがいつまでも持続するとすれば、それは、敵対者の間に何らの差異もないからである。

葛藤の均衡はしばしば、悲劇の公平無私《アンパルシアリテ》〔無偏重〕と名づけられるもののせいにされる。ヘルダーリン自身がどちらも偏重しないこと（Impartialität）という言葉を用いている。けれどもこうした解釈は、わたしには不十分であるように思える。公平無私ということは、一方に加担することへの慎重な拒否であり、敵対者たちをまったく同等にあつかうことへの確乎とした決意である。どちらかに偏る解決をのぞまず、解決できるかどうかを知りたくもないのだ。どちらかに偏った解決が不可能であるとも断言しない。ここには、誤った優越性でしかない「いかなる犠牲を払ってでも公平さを！」といった誇示がある。実際のところ、二つのもののうちどちらかである。つまり、敵対する者のうちの一方が正しくて、他方が間違っているのである。そうしてどちらかに加担しなければならないのだ。さもなければ、間違いも正当さも同じように両方に配分されているので、どちらかに加担することが不可能なのである。自らをひけらかす公平無私は、そうした二つの解決のどちらも選ぼうとしないのである。もし、一方の解決を選ぶように強いられれば、それは他方の解決の側に身を寄せてゆくだろう。逆の場合もそうである。人間というものは、《道《レゾ》理《ン》》がどちらの側にも同じようにある、同一のものである、ということを認めようとはしないものである。つまり、「暴力は理由のないものである」ということを認めたがらないのだ。

悲劇はまさしくそこのところ、敵対する両者の幻想と公平無私の幻想が共に崩壊するところから始まるのだ。たとえば『オイディプース王』(六一)では、オイディプース、クレオーン、テイレシアースは順繰りに、それぞれ自分は公平無私に裁定できると思いこんでいた葛藤の中に吸いこまれてゆくのである。

悲劇の作者たちが公平無私であることをいつも示しているとは言い難い。たとえばエウリーピデースは、『フェニキアの女たち』の中で、エテオクレースに特別の好意を抱いていることをわれわれに隠しはしない。逆におそらく、そうであることを観客に納得させたがっているのではなかろうか。けれどもそうした、目立った不公平、偏重は、皮相にとどまる。一方の方向に誇示された偏愛も、悲劇の作者たちが、あらゆる主役たちの対称性をいつも強調することをけっして妨げはしないのだ。

公平無私の徳に違背するように見える場合でさえ、詩人たちは全力をつくして観客から、彼らがどちかに加担することを許すようなさまざまの要素を奪い取ろうとする。そして、そうした対称性、同一性、相互性をわれわれに知らせるために、アイスキュロス、ソポクレース、エウリーピデースといったギリシアの三大悲劇詩人は、公式と言ってもよいほどのきわめて類似したやり方を用いている。それこそ、悲劇芸術の一つの相《アスペ》であるが、現代的批評はその点についてはほとんど触れることがないのである。時には完全に無視して通り過ぎてしまうのだ。現代の諸観念の影響によって、現代批評は、芸術作品の特異性だけをその優秀性の唯一の基準だとする傾向を持っている。現代批評は、個別的な一人の作家だけに限定されない主題、文体的特徴、美的効果を認めるだけでは、何か、的はずれであるような気がするのである。美的領域においては個人的な特質は、宗教的ドグマの力を持っている。

もちろんギリシア悲劇をもってしても、なににもまして差異のゲームをそれ自体演じている現代の作家たちと同じ程度にしか問題を推し進めることができないだろう。けれども、いらだった個人主義もまたすくなからず、悲劇の読解に有害な影響力を及ぼしているのである。

たしかに、ギリシア悲劇の大詩人たちの間に共通の特徴があることも、さらにはこれら三大詩人たちが創造した多様な作中人物たちの間に共通点があることも否定することはできない。われわれは、常に差異を語ることはできないのに、類似をみとめるとすぐに貶して常套的型《ステレオタイプ》だと見做すのである。常套的型をうんぬんするということ自体、多くの作品あるいは多くの登場人物が共有する特徴がいささかも本当の重要性を持っていないと考えていることを示している。わたしは逆に、ギリシア悲劇においては、いわゆる常套的型こそ、本質的なものを明らかにするものだと考える。もしギリシア悲劇作家がわれわれの目をうまくごまかすとすれば、それは型通りにいつも同一的なものからわれわれが顔をそむけるからである。

悲劇作家たちはわれわれに、暴力の力学と格闘している登場人物を見せてくれる。暴力のメカニズムの機能はあまりにも仮借ないもので、いささかの価値判断にも手がかりを与えないし、《善人》と《悪人》のいかなる区別、大まかであろうと微妙であろうと一切の区別も許さない。これが、大部分の現代的解釈がひどく不正確で、ひどく貧弱なものとなる理由である。現代的解釈は、すでにロマン主義演劇と共に勝利を収め、日増しにはげしくなっているこうした善玉悪玉という区別をしたがる《マニ教》（六二）から決して完全には自由になれないのである。

悲劇の対立者たちの間に何らの差異がないとすれば、それは、暴力がそうした差異の一切を消滅させているからである。異なったものであることができないということが、エテオクレースとポリュネイケースの激昂をますます増大させる。先に見たように『狂えるヘーラクレース』では主人公は、簒奪者がいけにえにしようとしている自分の家族を守るためにリュコスを殺す。《運命》は、つねに皮肉で――それは暴力と一体である――ヘーラクレースに、敵の不吉な計画を完成させてしまう。結局のところ、彼自身が自らの家族をいけにえにしてしまうのである。悲劇の（六三）敵対関係が続けば続くほど、それだけいっそう、暴力の模倣《ミメーシス》に有効に作用するし、敵対者同士の鏡像効果を増大する。前にも見た通り現代の科学研究も、原理的にもっとも異なった個人に暴力がひきおこす諸反応が同一であることを確認している。

悲劇の筋書を性格づけているものは報復である。つまり、暴力的模倣の再三のくり返しである。差異の消滅は、位階的へだたりや敬意が、たとえば、息子とその父親との間のように、原理的にもっとも大きな場合に、とりわけ目覚ましくみえる。そうした顰蹙させるような差異の消滅は、エウリーピデースの『アルケースティス』(六四)に顕著にみえている。どちらも、自分自身が死からのがれながら、女主人公を死なせたことでお互いに非難し合うのである。対称性は完璧である。合唱隊の首唱歌手が、それ自体対称的な間唱でそうした対称性を強調する。最初の間唱は、父にたいする息子の非難をやめさせる。《若き人よ、なんじは父に語っているのだ。父を苛ら立たせるのはやめなさい》。そして第二の間唱は、子にたいする父の非難をやめさせる。《そのことについては、あまりにも多く語られたのだ。願わくは、なんじの子を罵るのはやめなさい》。

『オイディプース王』の中でソポクレースは、オイディプースが、その欲望、その疑惑、彼が企てる行為において、いかに彼がその父に瓜二つであるかをあきらかにする言葉を彼に喋らせている。主人公が、やがて彼の破滅をひきおこすことになる探索に無分別に乗り出すのは、彼の父〔ラーイオス王〕が同様の知らせに反応するのとまったく同じやり方で反応するからである。つまり彼の父が受けとったのは、テーバイの王国のどこかに、やがて自分を殺す者、テーバイの王座の上とイオカステの寝台の中で君臨する王の地位を奪おうと欲する男が身をかくしている、という知らせだったのである。

オイディプースがラーイオスを遂に殺してしまったとしても、最初に彼を殺そうと躍起になったのはラーイオスの方である。父殺しの場面で、最初に手をあげたのはラーイオスである。構造的に言って、父殺しは、お互いの剣のやり取りの中に挿みこまれる。それは、報復また報復の世界の中の一つの報復を構成する。

ソポクレースが解釈したようなオイディプース神話の中では、人間と人間の一切の関係は相互的暴力の関係である。

神託によって啓示されたラーイオスは、その息子がテーバイの王座とイオカステの寝台で彼の地位を奪うことを恐れて、オイディプースを暴力的に遠ざける。

神託に啓示されてオイディプースはラーイオスを暴力をもって死に追いやり、ついでスピンクスを遠ざけ、彼らの地位を奪うのである。

神託に啓示されてオイディプースは、おそらくは彼から地位を奪おうと夢みる男の破滅を企てる……オイディプース、クレオーン、テイレシアースは、神託に啓示されて、互いに相手を遠ざけようとつとめるのだ……

こうした一切の暴力は、単に家族においてのみならず、その共同体《シテ》全体を通して、さまざまな差異の消去に到達する。オイディプースとテイレシアースが対決する悲劇の論争は、われわれに、戦う二人の偉大な精神的指導者を示している。怒り狂いながらもオイディプースは、相手の《神秘的な仮面《デミスティフィエ》をはぎとり》、彼が偽りの予言者でしかないことを証明しようと躍起になる。

「さあ、言え！　それではいつお前が本当の予言者だったことがあるのだ？　あの下劣な歌姫〔スピンクス〕がわれわれの城内にいた時、なぜお前は市民たちに、彼らを救うかも知れない一言を言おうとはしなかったのだ？　あの謎を解くのは、何も初めてやって来た者でなくてもよかったのだ。一人の予言者の術が必要だったのだ。その術を、お前は、自分が鳥たちからか神からか学び覚えたということを示したことがなかった。」

今度はテイレシアースが反撃してゆく。オイディプースが探索をすすめることができずに、ますますいらだちをつのらせていくのを前にして、テイレシアースは、オイディプースと同じ手を用いてゆくのである。彼は自分の権威を再確認するために、相手の権威を攻撃する。《あなたは、謎を解くあなたの智略を何に使ったのです？》と彼は叫ぶ。

この悲劇の論争において、どちらも同じ戦術に助けを借り、同じ手段を利用し、同じように相手を撃破しようと狙う。テイレシアースは伝統の擁護者としてのポーズをとる。彼がオイディプースを攻撃するのは、オイディプースが無視する神託の名においてである。それから進んで、王の権威に不敬な打撃を与える。個人が狙われてはいるが、打撃を受けるのは諸制度《アンスティテュシヨン》である。一切の法的な権力が基盤からぐらつくのである。どちらの敵対者も、彼らが強化しようと望んでいる秩序の破壊に一役かっているのだ。合唱隊が語る不敬虔、神託の忘却、宗教的頽廃は、家庭が持っている諸価値、宗教的社会的位階《イエラルシー》の、まさしくそうした風化と一体を成すものである。

供犠の危機、つまり供犠の衰退は、穢れた暴力と浄化作用としての暴力の差の消失である。そうした差異が失われた時、もはや可能な浄化は存在しないし、穢れた、伝染性の暴力、つまり相互的暴力が共同体の中にひろがってゆくのである。

供犠としての差異、穢れなきものと穢れたものとの間の差異は、それだけが消滅するわけにはいかず、その他もろもろの差異の消滅をひきずってゆく。そこには、暴力の相互性の唯一にして同一の侵入過程《プロセス》があるだけだ。供犠の危機は、さまざまな差異の危機、つまり文化的秩序の全体的な危機として定義されるべきである。事実そうした文化的秩序は、さまざまな差異の組織化された体系以外の何物でもない。つまりそれは、個人個人にそれぞれの《それがそれである特質《イダンティテ》》を与え、それぞれに他の人々との関係において位置すべき所を与える差異的へだたりにほかならない。

第一章では、供犠が衰退した時に共同体におそいかかる脅威が、ただ、肉体的な暴力、際限のない復讐、連鎖反応の言葉でわれわれに示されていた。いまこそわれわれは、同じ災厄の、もっと狡猾な形態を発見することになる。宗教的なものが崩壊した時、おびやかされるのは、ただ単に、あるいは直接的に、肉体的安全ではない。それは文化的秩序そのものである。諸制度はその活力を喪失する。社会の骨組は弱体化して分解する。はじめはゆっくりとだが、一切の価値の腐蝕が急速に加速してゆく。文化の全体が瓦解の危機にさらされ、やがていつか、まるでトランプのお城のように崩壊するのだ。

はじめは供犠の危機に隠されている暴力が差異を破壊し、その破壊が、お返しに暴力を前進させる。結局のところ、共同体の均衡と調和が依存する根本的諸原理を巻きこまない限り、供犠に触れることはできないのである。供犠に関する古代中国の考察が確認するのは、まさしくそのことである。多数の人々が彼らの平穏を得ているのは供犠によってである。『礼記』(8)がわれわれに語るこの関係がひとたび取り除かれれば、全般的混乱が引き続きおこる結果におちいるのだ。

＊＊

原始的宗教においてもギリシア悲劇においても、常に暗黙のうちに、しかし根本的な、同一の原理が働いている。秩序と平和と豊饒は、文化的なさまざまの差異に依拠しているのである。同一の家族あるいは同一の社会の人間同士の間に、気違いじみた敵対関係、無制限な争いをひきおこすのは、差異ではなくて差異の消失なのである。

現代世界は人間同士の平等を熱望し、たとえ差異が個人の経済的社会的身分と何ら関係がない場合でも、差異の中に、人間同士の調和を乱す多くの障害を、本能的に見ようとする傾向がある。

こうした現代的理想は、明白な原理の段階以上に、しばしば、無意識的な習慣の段階に関する民族学的観察に影響を及ぼすのである。ほのかにみえてくるこうした対立関係は、あまりにも複雑で、あまりにも解りにくいものだから、その大凡の輪郭を描きだすこともできない。ここでは、≪反-差異的《アンチ・ディフェランシエル》≫偏見がしばしば、軋轢や葛藤に関する民族学的な展望ばかりでなく、一切の宗教的諸問題に関する民族学的な展望さえも誤らせるということを確かめるだけで十分だろう。こうした原理は、きわめて暗黙のうちにではあるが、ヴィクター・ターナーの『儀礼の過程』の中で明らかに認識され、受けとめられている。

> 垂直的であれ水平的であれ構造的差異化は、争いと派閥主義の根拠であり、そして、地位の保持者間の、あるいは地位を望む競争者間の二元的関係における闘争の根拠である。

> さまざまな差異がばらばらに分解された時、それらはほとんど必然的に、それが賭金となっている敵対関係の原因と見做されることになる。けれども差異は、かつて必ずしも、そうした役割を演じなかったのである。供犠と同じく、一切の差異は、もはや暴力のうねりをせきとめられなくなった時、それをむしろ助長することになる……。

別な分野でならそれでもきわめて正当で知的な習慣から遠ざかるために、『トロイラスとクレシダ』(六五)のシェークスピアに赴いてもよい。『トロイラスとクレシダ』の中のユリシーズ〔オデュッセウスのラテン名〕の、あの有名なせりふは、差異の危機以外の主題をもっていないのである。そしてわれわれは、暴力と差異に関する原始的宗教ならびにギリシア悲劇の観点が、かつてなく、明らかにされ発展させせられているのを発見する。
トロイの城壁の下に露営して、無為のうちにすっかり軍規を乱したギリシア軍が口実となっている。語り手の言葉は、人間の企てにおける、位階《ディグリー》（Degree）、つまり「差　異《ディフェランス》」の役割についての全般的考察に発展する。「位階《ディグリー》」、ラテン語のグラデゥス gradus〔立場、階級、地位〕は、自然的で文化的な一切の秩序に属する原理である。人間を社会の中で、それぞれの関係に応じて位置づけるものはそれであり、事物が、組織され位階づけられた全体の中で一つの意味を持つようにさせているのもそれである。人間が変形し、交換し、取扱うさまざまな物や価値を組織立てているのもそれである。弦楽器の隠喩を用いれば、この秩序は、言葉の現代的意味における構造として定義される。それは、相互的暴力が共同体の中に座を占めれば一瞬にして調子を乱してしまう差異的へだたりの体系である。危機は、ある時は差異のぐらつきとして示され、ある時は差異の骨抜きとして示される。

……ああ、上下《ディグリー》の別がくずれ去れば、
一切の偉大な計画へ通ずる梯《はしご》がなくなれば、
事業は終りです。社会《コミュニティ》の交わりが、
学校の編成《ディグリー》が、都市の組　合《ブラザーフード》が、
海をへだてた国々の平和な貿易が、
長子の相続権や長上の特権が、
王冠や王笏や月桂冠の特権が、これら一切、上下の別がなくて、
どうして正統な地位を保つことができましょうか？

差別を排し、その弦の調子を狂わせれば、
一切めちゃめちゃです。あらゆるものが対立し、
抗争します。陸地にかこまれた大海は、
脹れあがって岸をのりこえ、
硬い地球全体を水びたしにします。
体力の強いものが弱いものを支配し、
乱暴な息子は父親をなぐり殺す。
力が正義となります。いやむしろ正、不正
いずれも区別がなくなり、この二つのたえざる対立を
裁く正義もまた亡びます。　（三神勲訳）

したがって、ギリシア悲劇や原始的宗教におけるように、暴力的混乱をひきおこすものは差異ではなくて差異の消滅である。差異の危機は人間たちを、彼らから一切の弁別的性格、一切の《それがそれである《イダンティテ》特質》を奪ってしまう永劫の顔のつき合わせ《アフロントマン》に投げこむのである。言語それ自体がおびやかされる。《あらゆるものが対立し抗争する》のである。もはや言葉の十全の意味での敵対者と言うことはできず、嵐に打たれた船のデッキに、繋索から離れて投げ出された積荷のように、馬鹿げた執拗さでぶつかり合っている名づけようもない《物》であるにすぎないのだ。一切の事物を液化させて、堅固な世界をぶよぶよとした粥のようなものに変形させる大洪水の隠喩《メタフォール》は、「創世記」におけると同じ狂暴な非差異化、つまり供犠の危機を指摘するのに、シェークスピアにしばしば現われてくるのである。

いかなる物も、いかなる人間も免れることはできない。もはや筋道の通った企ても、合理的な活動も存在しない。あらゆる結合形式は解体するか、大混乱におちいり、一切の精神的および物的価値は絶滅する。学位号なぞ、それ自体「位階《ディグリー》」でしかなく、その効力を普遍的な差別的原理から得ているので、その原理が消え失せた時には効能をなくすのだから、その他のものと共に押し流される。

権力的で保守的な戦士ではあるが、シェークスピアの描くユリシーズも、自分がもっぱら擁護しようと腐心するそうした秩序について、それでもやはり奇妙なものだということは認める。差異の終局は弱肉強食であり、父親を死ぬまでなぐりつける息子は、したがって一切の人間的正義の終局である。人間の正義にしたところで、論理的であると同時に意外でもあることだが、差異という言葉で定義されるのである。もしもギリシア悲劇の中でのように、均衡が暴力であるとすれば、人間的正義によって保証された相対的な非暴力は、供犠における《穢れなきもの》と《穢れたるもの》の差異と同じ、《善》と《悪》の間の差異、不均衡として定義されなければならない。この考えからすれば、常に平等な釣り合い、決して乱されない公平無私のような正義の観念以上に奇妙なものはない。人間の正義は差別的秩序に根づいていて、その秩序と共に消滅する。悲劇的葛藤の際限もない恐るべき均衡が位置するいたるところで、義人と悪人の言葉が欠落する。実際、そんなところに立ち到った人間たちには、「仲直りをしたまえ、さもなければお互いに死ぬまで懲らしめ合え」ということ以外に、何を言ったらいいのか。

***

われわれがたった今定義した二重の、そして一つのものである危機が、根元的な民族学的現実を構成しているとすれば、さらに、文化的秩序が相互的暴力の中で崩壊し、その崩壊が逆に暴力の蔓延に有利に働いているとすれば、われわれはそうした民族学的現実に、ギリシア悲劇あるいはシェークスピア劇とは別の道筋を通して到達することもできるはずである。

われわれ現代人が未開社会と接触するにつれて、それら未開社会は姿を消してゆくが、そうした消失それ自体、すくなくともいくつかの場合、供犠の危機を通して産み出されるのかも知れない。そうした供犠の危機が直接的な観察の対象となっているということもないことはない。民族学的文献を検討してみればそうした観察が実際にあることがわかる。そのような観察調査はそれ自体きわめて広く行きわたっていることであるけれども、それらが本当に筋道の通った表《タブロー》を作り出していることは稀れである。きわめて多くの場合、断片的なものにとどまっていて、いわゆる構造に関する記述に補足的に挿入されている。ブラジルのサンタ・カタリナ州のカインガング族（ボトクド）にあてられたジュールズ・ヘンリーの著作『ジャングル・ピープル』[9]は稀れなる例外である。少しのあいだ、それに足をとめるのは適切なことであろう。この民族学者は、カインガング族が指定居住地に移住した直後、そうした生活の変化がまだある程度の限られた影響しか彼らに及ぼさなかった時期に、彼らの中で生活した。したがって彼は、われわれがいまここで供犠の危機と呼んでいる事柄に関して、彼自身が観察し得たし、きわめて直接的な証拠証言を得ることができたのである。

宗教的領域についても技術的領域についても、その他さまざまな領域においても同じようなカインガング族の文化の極端な貧困さが、ジュールズ・ヘンリーの心をひどく打った。彼はそこに、血讐 (blood feuds)、つまり、近親者間の連鎖的復讐の結果を見てとるのである。こうした相互的暴力の効果を描写するためにこの民族学者は、本能的に、いくつかの神話的イメージ、とりわけペストに助けを求めている。《復讐《ヴァンデッタ》は、あたかも恐るべき斧のように社会を分断し、まるでペストの伝染のように社会の成員を殺戮しながら蔓延していた》（引用原書五〇ページ）。

本書に見出されるのは、われわれが供犠の危機、あるいは差異の危機という概念の中に蒐集しようと試みている徴候のすべてである。カインガング族は、もっぱら復讐の循環に基づく一見きわめて忠実なできごとの叙述のために、もっと以前の神話をすっかり忘れてしまったように思われる。彼らが身内の殺人を論議する時、あたかも《彼らが、複雑な機構をすっかり知っている機械の歯車の噛み合わせを調整しているかのように見えるのだ。《彼ら自身をうちこわす破壊の歴史は、あたかも暴力の無数の交錯が異様なきらめきと共に彼らの精神に焼きつくかのような魅惑を、彼らに与えている》（同五一ページ）。

カインガング族の血の復讐は、かつてのはるかに安定した体系であるものの堕落でありながらも、なおまだ《供犠的な》何物かを保存している。彼らの復讐は、調整をはかり共同体を支配し保護する《善なる》暴力を保持するための、いつもいっそう暴力的に、したがっていつもいっそう空しいものとなってゆく努力にほかならない。事実、悪しき暴力は、《いっしょに旅をする〔狩のための〕》人たちといったきわめて小人数の集団の外側に長い間とどまっている。そうした比較的安全な地帯は、そのむこう、つまり集団と集団の間を支配する暴力の、別な顔、相対物と考えるべきである。

一つの集団の内部では、協調の意志がぎりぎりの線にまで押し進められる。もっとも大胆な挑戦も見過ごされる。姦通は、もし敵対関係にある二集団の成員の間におこれば忽ちに流血の惨事をよぶのだが、集団内では大目にみられる。暴力がある限界を超えない限り、それは供犠的なもののままにとどまり、本質的な諸社会機能の十全な活動に欠くべからざる、言いかえればその社会の存続に欠くことのできない非暴力の内部循環を保証するのである。けれども、基本的な一集団の内部さえも暴力に感染する瞬間がやってくる。指定居住区にひとたび腰をおちつけた同一集団の成員たちは、互いに反目しあう傾向をもつ。彼らはもはや、外界の敵、《別な者たち》、《違った者たち》に、自らの暴力を集中させることができない。

(《違った者たち hommes différents》という言葉は、カインガング族が、

(a)あらゆる種類の差異

(b)例外なく近親者であるが、敵対する集団に属する人々

(c)同様に敵であるブラジル人たち

(d)まとめて《違ったもの《ディファレント・シングス》》という表現で言われる死者たち、聖なるものと悪魔的なものの両者を含む

一切の神話的存在

を指す唯一の用語である。)

こうして連鎖的な謀殺がついには基本集団の内部に侵入する。この段階で、一切の社会生活の原理そのものが危殆に瀕する。けれどもカインガング族の場合では、そうした過程と共に外部的要因の介入、とりわけ、もちろんブラジル当局の影響が、最後のカインガング族の存続を、見た目では保証していると同時に、彼らの文化の全体的消滅に手を貸しているのだ。

われわれは内的自壊過程の存在を確認するとしても、こうした悲劇において果す白人世界の役割を見誤ったり、過小評価してはならない。インディアンたちがかなり急速にお互いに殺し合わないからといって、殺し屋をやとって彼らを殺させるようなことを移住民たちが差し控えたとしても、ブラジル当局の責任の問題はなくならないであろう。実際、カインガング族文化の乱脈化のみなもと、宿命的なメカニズムのいかんとも為し難い性格において、異質な文化の圧力がある種の役割を演じていないかどうかを考えてみるべきである。しかしながら、たとえそうであるにしても、われわれの心をとらえるこうした例において、連鎖的暴力がこの社会全体にたいして一つの脅威であって、その根源は、けっして、ある一つの支配者側

の文化の圧力や、その他もろもろの形の外的圧力とも関係しないのである。その原理は内在的なものである。

カインガング族が提示する恐るべき光景を前にして、ジュールズ・ヘンリーが下した結論はそうしたものである。彼は、カインガング族の社会的自殺という主題で語っている。そうした自殺行為の可能性が常に存在するということを認めなければならない。人間の歴史の流れの中で、多くの共同体が、ほかの原因ではなくて、彼ら自身の暴力のために亡び、僅かな痕跡もとどめずに姿を消したであろうことは十分に推測できる。たとえこの民族学者がわれわれに提示するこの正確な例にある程度の留保を設けるとしても、彼の結論は、われわれが何も知ることのできない多くの人間集団に適応するに違いない。

肉体的心理的特質によって厳しい自然環境に打ちかつことのできたこの集団も、その文化をばらばらに解体させる内的な力には抵抗できなかったし、その力を制御するいかなる恒常的《レギュリエ》な方策ももたずに、まさしく社会的自殺をおこなっていたのである。(同七ページ)

自分が殺さなければ自分が殺されるという恐怖、《先手をとろう》とする性向は、現代人の《予防戦争》と同じように、心理学的用語では説明がつかない。供犠の危機という概念は心理学的幻想をはらす為のものである。彼の言葉遣いが心理学の用語であるにしても、ジュールズ・ヘンリーはそうした幻想を持っていない。法的な超越性をなくして暴力に委ねられた世界では、誰もが当然、最悪の場合を恐れている。一切の差異は《パラノイア的投射》(六六)と、状況《シチュアシヨン》の冷静な客観的評価の間で消滅する(同五四ページ)。

そうした差異がひとたび失われれば、心理学と社会学の全部が力を失う。個人や文化に、それらがどの程度に《正常》であり《異常》であるかの点数をつける観察者は「自分は殺される危険のない」観察者であると自らを定義づけなければならない。ありきたりの展望のもとで心理学やその他多くの社会科学は、その存在すら見逃してしまうほど現代の研究者たちにとって当然な、ある平和の基盤を前提としている。したがって自らが徹底的に《迷信から覚めた》ものでありたいと望み、鉄のように堅固で、一切の観念論上の慎重さとは無縁な彼らの思考の中では、ジュールズ・ヘンリーの語る次のような基盤の存在を認めたり、許容したりできないのである。

閉鎖的な社会体系の中に殺人者が入りこむにはたった一つの殺人で十分である。殺人者は、いつか、親族の死に復讐するかも知れないすべての人々を、つぎつぎに殺し、まさに大量虐殺を実行しなければならないのである。(同五三ページ)

この民族学者は、カインガング族の中で、とりわけ血を流すことを好む何人もの人間に出会ったが、同時に、平和的で見通しの利く人々にも出会っている。けれどもそうした人々も、破壊的なメカニズムから逃れようとつとめながら、そうできないでいた。「カインガング族の殺人者たちは、ひとたび口火が切られたら、その効果を断ち切ることのできないまさしく自然の掟の捕われ人であるギリシア悲劇の登場人物に、きわめてよく似ている。」(同五三ページ)

**

ジュールズ・ヘンリーほどに直接的に語っていないにしても、ギリシア悲劇もまた常に、文化的秩序の崩壊について語っている。この崩壊は、悲劇の主人公たちの暴力の相互性と表裏一体をなしている。われわれの供犠に関する問題体系《プロブレマテイック》は、儀礼と一切の差異の危機の中にギリシア悲劇が根づいていることを指摘する。お返しにギリシア悲劇は、われわれがそうした危機および、そうした危機と不可分な原始的宗教の問題一切を理解する助けになり得るのだ。事実、宗教は唯一の目的しか持っていない。そしてそれは、相互的暴力の回帰を防ぐことである。

かくしてわれわれは、ギリシア悲劇が民族学の重大問題に近づく特権的な道筋を提供していることを確認できる。このことを肯定することは、言うまでもなく、科学的だと自負している研究者たちからも、人《ユ》間主義《マニスム》の伝統的な擁護者からニーチェやハイデッガーの弟子たちに到る古代ギリシアの熱狂的ファンからも等しく排斥される破目に身をさらすことになる。科学者たちは、厳密さの精神がいっそう理論的であればあるだけ、それだけいっそう、文学作品の中に《いかがわしい交友関係》を見ようとする傾向があり、ギリシア讃美者たちは、古典ギリシアと原始社会の間に僅かな接触点があると示されるやいなや、いつもすぐさま、冒瀆だと声高に叫ぶのである。

ギリシア悲劇に助けを求めることは、必然的に、科学研究の領域における妥協であり、事柄を《美的に《エステテイツク》》見ようとする態度だ、といった観念を今度こそ決定的に一掃しなければならない。同時にまた、何でもかまわず、文芸作品と科学研究を関係づけることは、必然的に芸術作品の安易な《要約》に行きつく、芸術作品の独自な興味《アンテレ》を作り出すものをすり替えることになる、といった文学者の側の偏見も一掃すべきである。文学と文化研究との間のこうしたいわゆる葛藤は、文芸批評家と宗教科学の専門家の両者における、同一の行きづまり、裏返し《ネガテイヴ》の同じ共謀の上に成り立っている。どちらも、彼らそれぞれの対象が基礎づけられている原理を見定めることができないのだ。悲劇の霊感がその原理をどんなに明確にあらわそうと努力したところで、それは無駄である。その努力は部分的にしか成功していない。そして悲劇の霊感のそうした半分だけの成功は、毎度毎度、ギリシア悲劇を解釈する文芸批評家や社会科学者たちが押しつけるさまざまに異なった多数の読解によって抹消されるのである。

民族学者たちは、儀礼における穢れが〔個人や制度間の〕差異の崩壊に関係があるということを知らないわけではない[10]。けれども民族学は、そうした差異の崩壊に結びついている脅威を理解しない。前にも見たように、現代的思考は、非差異化を暴力として考え、暴力を非差異化としてとらえることができないのだ。ギリシア悲劇をもし徹底して読むことにすれば、ギリシア悲劇は民族学の助けとなり得るであろう。ギリシア悲劇は、とりわけて、燃えあがるばかりの主題を扱っている。それは、能記的《シニフィアン》で差異化された構造の中では、当然、決して直接には問題にされない主題である。その主題とは、そうした同じ諸構造が相互的暴力の中で解体してゆくという主題なのだ。こうした主題がタブーであり、タブー以上のものであって、差異に捧げられた用語《ランガージュ》ではほとんど口にすることのできないものであるが故に、文芸批評は、ギリシア悲劇の諸対立の相対的な非差異化を、自らの差異の網で覆い隠してしまうのである。

現代的思考とは逆に原始的思考にとって、暴力と非－差異化の同一視は直接的で自明な事柄である。そこからさまざまな固定観念が生まれてゆくことになる。さまざまな自然的差異は、文化の差異の関係で考えられている。その逆もまたしかりである。差異の消失は、われわれの目から見れば、人間関係に何ら実際的な反響を及ぼすことのない純粋に自然的な性格を持つように見えるまさにそのところで、原始的思考に真の恐怖をよびさまさずにはいない。多様な差異化の様式間には何の相違もないのだから、差異消滅の多様な様式の間にも同じように相違は存在しない。したがってある種の自然的差異がなくなるということは、人間たちがそれぞれその中に配分されているいくつもの範疇《カテゴリー》の解体を想起せしめるのである。つまりこれが供犠の危機だ。

われわれがひとたびこの事実を理解すれば、これまで伝統的な諸見解《パースペクティヴ》が解明し得なかったいくつもの宗教的現象が、完全に理解できるようになる。まさにギリシア悲劇のものである着想《アンスピラシヨン》がいかに、宗教民族学の領域に関してうまく説明できる力があるかを確証するために、もっとも見事な例の一つを簡単に引用してみよう。

多くの原始的社会の中で、双生児は異常な恐怖を人々に与える。双生児の一方を殺すこともあるし、さらに多くの場合、二人とも殺してしまうこともある。この事は、長い間、民族学者たちの聡明さをなやましてきた謎である。

今日では、われわれはこの双生児の謎の中に分類《クラシフイカシヨン》の問題があることを認識している。その問題は、たしかに現実的なものではあるが本質的なものではない。一人だけ生まれることが期待されていたところに、二人の人間が現われる。それは一つの事実である。彼らが生きのびることを許す社会では、双生児はしばしば、単一の社会的人格を持っているにすぎない。克服できない問題は存在しない。構造主義が定義するような分類の問題では、双生児を殺すことを説明できない。自分の子供のある者を殺すよう親を駆り立てる理由は、たしかに悪しきものであって、取るに足りないものではあり得ないだろう。文化の働きは、図柄ができあがった時、それをくみ立てる遊戯者が余計な断片を何の躊躇もなく捨ててしまうようなはめ《ジグソー》絵《パズル》とはわけがちがう。もしも分類の問題がきわめて重要なものとなるとすれば、それは、それ自体においてではなくて、それが含んでいるもののためである。二人の双生児の間には、文化的段階の領域において、ほんの僅かな相違もないし、しばしば肉体の領域において異常なばかりの類似性がある。差異を欠いたまさにその点で、暴力が人をおびやかすのである。生物学的双生児と、差異が危機に瀕するや否や簇出する社会学的な双生児の間に混同が始まる。双生児が恐怖をひきおこすとしても驚くにはあたらない。双生児は、原始的社会全体の重大な危機、非差異化の暴力を想起させ、それらを予告するもののように思われるのである。

暴力の双生児が出現するや否や、彼らはまるで分裂繁殖によるかのようにきわめて急速に増加し、供犠の危機をひきおこす。大切なことは、そうした奔馬性の伝染を防ぐことである。したがって、生物学的な双生児を前にしても、まず第一の配慮は、感染を防ぐこととなるだろう。生かしておくのは危険であると判断する社会で彼らを殺すやり方以上に、双生児から連想される危険の本性《ナチュール》を見事に明らかにするものはない。双生児の赤ん坊は《外に、置かれる《エクスポゼ》〔exposer　さらす、捨てる〕》。つまり彼らは、共同体の外、死が避け難いようなある場所、ある状況に打ち捨てられるのである。人々は慎重に、「呪われた者《アナテーム》」に一切の直接的暴力を加えることを回避するのである。人々は呪われた感染にまきこまれることを恐れるのだ。双生児にたいして暴力を行使すること自体、すでに、際限のない報復の悪循環に入りこむことであり、不吉な暴力が双生児の誕生をひきおこすことでその共同体に仕掛けた罠にはまることになるであろう。

双生児を恐れる社会での双生児にまつわるさまざまな処理法、諸禁止の多様な習慣の目録は、すべてに共通な一つの事柄を示しているように思われる。つまり、穢れの感染である。ある文化と別な文化との相違は、不吉な暴力にたいするさまざまな予防の、実際に戦慄せしめられたが故にきわめて経験的な性格、上述のごとき宗教的思考と関連させてみれば容易に説明がつく。双生児の場合そうした用心は、たしかに的はずれではあるが、ひとたびわれわれが脅威というものを認知すれば、そうした用心は完全に理解できるものとなる。脅威こそは、たとえ、あちらの社会こちらの社会で多少ずつ異なったように受けとられようとも、根底では、一切の宗教的行為《プラティック》が回避しようとつとめるものと常に同じものなのである。

たとえばニアキウサ族のように、双生児の両親がそもそも悪しき暴力に感染していたと考えても、不条理とはいえない。つまり彼ら自身が暴力を産んだのである。両親は、双生児と同じ言葉、つまり一切の恐ろしい存在、一切の畸型の、恐怖をまきおこす生き物に適用される言葉で呼ばれる。感染を避けるために、両親は、共同体の中にもどる前に、そこをはなれて浄めの儀礼を受けなければならない[11]。

双生児を生んだ夫婦と血縁の者や親類も、すぐそばに住む者と同様、もっとも直接的な感染の危険にさらされていると考えるのも、不条理ではない。不吉な暴力は、肉体や、家族や、社会といったきわめて多様な領域に作用する力であり、それが居坐るいたるところで、同じように繁殖する力と考えられている。それは、油のしみのようなもので、次から次に〔近くから近く、近親者から近親者へ de proche à proche〕侵してゆくのだ。

双生児は、殺戮に酔った戦士、近親相姦を犯した者、あるいは月経中の女と同じように穢れている。そして、あらゆる形の穢れを、暴力に帰着させるべきである。差異の消滅と暴力の原始心性的同一視を知らない故に、われわれはそうした事柄を見逃しているけれども、原始的思考が双生児の存在にいかなるタイプの災厄を連想するかを検討すれば、そうした同一視がいかに論理的であるかが十分にわかるだろう。双生児は、女や動物の不妊をひきおこす恐るべき伝染病、不可能な病気をもたらす危険があるのだ。同様に、なおいっそう意味深く、近親者間の不和、儀礼の致命的な効果喪失、禁止の違犯、別な言葉で言えば、供犠の危機をひきおこすと言ってもよいだろう。

すでにわれわれは、聖なるものが、人間に害を及ぼし人間の平穏をおびやかす一切の力を含み、自然の力と病気は決して、共同体内の暴力的な混乱と区別することができないということを見た。いわゆる人間的な暴力は、聖なるものの活動をひそかに支配し、聖なるものの記述から決して完全にはなくならないとはいえ、それでも人間の暴力は、それが人間の外に置かれるという事実そのものから見ても、いつでも前面から後へひっこもうとしている。まるで、舞台裏へ、実際、人間の外部にある力の背後に、隠れようとしているかのようだ。

双生児の背後にうかびあがってみえるのは、その全体としては不吉な聖なるもの、きわめて多様な形をとりながら同時にまったく一つの力として知覚される聖なるものである。供犠の危機は、共同体にたいする暴力の総攻撃として理解される。双生児の誕生は、もしかしたら、その総攻撃の先触れのしるしなのかも知れない。

双生児を殺さない社会では、彼らはしばしば特権的な地位《スタチユ》を享受する。こうした逆転は、われわれが先に月経の血について確認した逆転と何ら異ならない。穢れた暴力と密接に関係する現象で、逆転して善きものとならないようなものは一つもない。ただし、それは、不変の、厳密に枠組みのきまった儀礼の中でのみ、善きものとなるのである。暴力の持つ浄化と和解をもたらす次元が、その破壊的な次元に立ち勝ることになる。優遇された場合の双生児が、ある種の社会で、あらゆる領域にわたって数々のすばらしい幸運をもたらす元となるのは、こうしたいきさつによる。

***

上述の事柄が正しければ、二人の兄弟があまりに似ているから人に不安を与えるということになるのに、別段、双生児である必要はなくなる。われわれは、ほとんど先験的《ア・プリオリ》に、単なる肉親同士の酷似が警戒心をひきおこすような社会が存在するだろうと推測できる。こうした仮定が実証されれば、双生児に関する常套的な説明では不十分であることが確かめられるだろう。もし、双生児に対する恐れ《ホビー》が、双生児ではないが酷似する近親者にまであてはまるとすれば、われわれはもはや、ただ一つの《分類の問題》だけを拠り所に、それを説明することができない。こういう場合、一人だけを期待していたのに、二人の人間が生まれたということは、事実ではない。恐れをひきおこすのは肉体的な類似であり、不吉だと思われているのは肉体的類似なのだ。

けれどもわれわれは、兄弟姉妹の間の類似のようなありふれた事が、著しい困惑をもたらしたり社会の機能をほとんど不可能にすることはないまでも、何かの禁止の対象になっていないかを考えてみることができる。結局のところ、一つの共同体は、絶対的に不寛容なある状況を作り出さない限り、成員の大部分を幾種類かの社会の除け者《レプルヴェ》にすることができないであろう。それは事実だが、類似にたいする恐れは、すくなからず現実的なものである。マリノフスキーの小著『未開人の心理における父』(ロンドン、一九二六年)は、その点に関して明白な証拠をもたらしている。彼はまた、恐怖が、破滅的な結果をもたらすことなくいかにしていつまでも存続するかについても説明している。人間の精巧さ、むしろ人間の文化体系の精巧さと言った方がいいが、そうしたものは、何の苦もなく難問を切り抜けてしまう。その解決法は、恐ろしい現象の存在、そしてそうした現象の可能性さえ、断乎として否定することにある。

トロブリアンド諸島の社会のような、母親のそばにいる肉親のすべてが〝唯一の同じ肉体〟に所属する者と見做され、父親は逆に〝他所者《エトランジェ》〟である母系社会では、容貌と肉体の類似は母親の家族だけに関わることだと予想されるかも知れない。実際には逆である。その逆であることは、社会的領域で強調される。こう言ってよければ一種の家族としての独断があって、子供は母親にも兄弟姉妹にも、さらに母親の家系のいかなる近親者にも決して似てはいないとされるばかりではなく、そうした類似をほのめかすことは、まったくの見損いであり、ひどい悪口なのである……。

わたしは、自分自身失敗したことから、そうした典型的な処世術の約束に気づいた……。ある日のこと、わたしは、モラデダ〔マリノフスキーの〝ボディー・ガード〟の一人〕に瓜二つのようなある男を見てびっくりして、その男にたずねた。彼は自分がモラデダの兄で、遠くの村に住んでいると言った。わたしは感歎の声をあげて「ああ、そうだろうね。モラデダとそっくりの顔をしているので、あんたにきいたんだよ」と言った。すると、わたしにもすぐに気がつくほどその場に居合わせたみんなが不意に黙ってしまった。その男は、くるりと踵を返して立ち去り、一方、そこに居た一部の人々は、半ば困った様子、半ば怒った様子でそっぽをむいていた。それから行ってしまった。その時、わたしの親しいインフォーマント〔資料提供者〕たちがわたしに、習慣に背いて〝タプタキ・ミギラ〟と現地語で言われることをやってしまったのだと言った。それは、そうした行為だけを示す言葉で〝肉親の一人に顔が似ていると言って、その人を穢し、汚染すること〟を意味する言葉である。わたしをおどろかせたのは、二人の兄弟がおどろくほど酷似していたのにもかかわらず、わたしのインフォーマントたちがそのことを否定したことである。実際彼らは、兄弟や母方の近親者に誰も決して似ることはないかのように、その問題を扱った。それとは逆のことを言ったので、わたしは相手の怒りと敵意を買うことになったのである。

このできごとからわたしは、関係者の居る前では決して似ているなどと言ってはならないという教訓を得た。その後になってわたしは多くの原住民たちと、その基本的な問題を、当り障りのない一般的な形で話し合った。そこでわたしは、トロブリアンド諸島には、どんなに類似がはっきりしていても、母方の縁者の類似を一切否定しない人間は存在しないことを確認した。われわれの社会で、隣人の政治的、道徳的、宗教的偏見、さらにもっと悪いことに、その男の物質的利害に反するような真理を、たとえそれがいかに自明のことであれ、彼に突きつければその男を怒らしてしまうのと同様に、トロブリアンド諸島の住民たちは、ほとんど文句のつけようもないほど似ている場合でも、それを指摘されると、悪口を言われたと思って腹をたてるのである。(六七)

ここでは、否定は肯定と同じ価値をもっている。もし類似が念頭になければ、それに言及したからといって何ら顰蹙を買うようなことではないだろう。二人の血縁者に類似を背負わせるということは、彼らの中に、共同体全体にたいする脅威を見ることであり、悪しき汚染をまき散らすといって彼らを侮辱することなのだ。マリノフスキーは、そうした侮辱が伝統的におこなわれてきたものであることをわれわれに語っている。それはそれだけで特別な類別をされ、トロブリアンド諸島の社会では、それ以上に重大な侮辱はないのである。この民族学者はわれわれに、そうした諸事実をほとんど完全に解き難い謎として提示している。この証人が、いかなる擁護すべき説明も、いかなる提起すべき解釈も持たないだけ、それだけいっそう人々はこの証言を信用する。

逆に、トロブリアンド諸島の住民たちにおいては常に、父親と子供たちの間の類似が容認されるばかりでなく、それは歓迎されることであり、ほとんど切願されることとなのである。ご存知の通り、人間の生殖における父親の役割をあきらかに否定する社会の一つにおいて、こうしたことがあるのだ。父親と子供の間には、何らの血族関係も存在しないのである。

マリノフスキーの描写は、父親との類似が、逆説的に、差異の面から読みとられていることを示している。血族を(六八)互いに異なったものにするのは父親である。文字通り、父親は、なかんずく精神分析が指摘する男根的性格をそこに認めなければならない差異の保持者である。父親が母親と寝ているので、父親がいつも母親と一緒にいるので、父親は《子供の顔を凝固《かた》まらせる》という。マリノフスキーはわれわれに《クリ (kuli) という言葉、凝固まらせる、形をつくる、型を押すという言葉が》、彼が受け取る答の中に《常に現われる》ということをわれわれに知らせている。つまり父親は形であり、母親は材料なのだ。父親は形をもたらすことによって、子供たちを母親と異ならせ、子供たち同士を異なったものにするのである。

そのことは、子供たちが父親に似るにしても、そうした父親との類似が、すべての子供たちに共通であっても、決して子供たち同士の類似を含みはしないということを説明する。

> みんなは、オマラカナの酋長トオルワの息子たちの一人一人が、どの点で父親に似ているかを、しばしばわたしに指摘させたものである。共通の父親に誰もが似ているということは、兄弟同士の類似を意味するとつい言ってしまったわたしは、すぐさま、そうした異端の見方について激しく非難された。(六九)

***

敵対する兄弟という神話の本質的な主題と、双生児への恐れ、そして兄弟間の一切の類似とを接近させてみる必要がある。クライド・クラックホーン(七〇)は、神話の中で、兄弟の争い以上に頻繁にあらわれる葛藤はないと断言している。そうした葛藤は全般的に、兄弟殺しに行きついている。黒人居住地帯のアフリカのある種の地域では、神話の中の敵対関係の主役は常に、相次いで生まれた、つまり《連続して生まれた born in immadiate sequence》兄弟である。もしわれわれが正確に理解すれば、この定義が双生児を意味することは当然であるが、しかしこの定義はそれだけにとどまらない。(12) 双生児のテーマと、一般的な兄弟のモチーフとの間の連続は、ひとりトロブリアンド諸島だけに限られてはいない。

兄弟が双生児でない場合でも、彼らの間の差異は、その他の親族関係における差異よりももっと少ない。彼らは、同じ父、同じ母、同じ性をもっているし、近親から遠縁に至る同じ家系の一切のメンバーにたいして、ほとんどの場合、同じ関係の立場を持っている。兄弟の間には、もっとも多くの共通な権限、共通な権利、共通な義務がある。ある意味では、双生児は、強化された兄弟でしかないのである。彼らの間では、年齢の差という、客観的で最終的な差が取り除かれている。彼らを差別することは不可能になっているのだ。

われわれは本能的に、兄弟の関係を情緒的な単位と考えがちであるが、思い浮かぶ神話、文学、歴史上の例は、ほとんどすべて葛藤の例証である。(七一) カインとアベル、ヤコブとエサウ、エテオクレースとポリュネイケース、ロームルスとレムス、リチャード獅子心王とジョン欠地王(七二)など枚挙にいとまがない。いくつものギリシア神話やそれらを脚色したギリシア悲劇の中で、敵対する兄弟が増加してゆく有様は、唯一の同じ象徴的メカニズムが暗々裡にわれわれに示してやまない供犠の危機の、不断の存在を示唆している。兄と弟の主題は、テキストそれ自体の中での主題としても、それと切り離すことのできない悪しき暴力と同様、《伝染する》ものである。まさしくその主題そのものが暴力である。

ポリュネイケースが、その後にまた自分が支配することを期待して、兄弟にその地の支配を委ねようとテーバイを去る時、あたかも彼の一つの存在の特性が問題であるかのように、兄弟の争いを運び去るのである。彼が行くいたるところで、彼は、自分に逆らうことになる兄弟を、文字通り大地から出現させる。同様に、ギリシア神話の別なところでは、カドモスが、龍の歯を播くことによって、頭のてっぺんから爪先まで武装した戦士を大地から出現させる。彼ら戦士たちは仲間同士、互いにとびかかり、殺し合おうと身構えるのだ。(七三)

二人の娘を、一人はライオンに、一人は猪にめあわせるだろうという神託がアドラストスに下っていた。(七四)この二つの動物は外見は異なっていても、それらの暴力から見れば同一のものである。エウリーピデースの『救いを求める女たち』の中で、アドラストス王は、いかにして彼が二人の花婿を見つけたかを語っている。ある晩、門のところで、二人とも落魄したポリュネイケースとテューデウスが野営用のベッドを力ずくで争っていた。

アドラストス　二人の追放者が同じ夜に我が戸口に来たのだな。
テーセウス　一方は誰で、もう一方は誰でした？
アドラストス　ポリュネイケースにテューデウスだ。あいつらはなぐり合った。
テーセウス　そこであなたは、娘御たちに約束された野獣をおみとめになったのですな？
アドラストス　彼らの戦いは野獣のそれにそっくりだった。
テーセウス　どんな理由から、彼らは祖国からこんなに遠く離れたところまで来ることになったのです？
アドラストス　テューデウスは、縁者を殺したので追放されたのだ。
テーセウス　オイディプースの息子の方は、なぜテーバイを離れたのです？
アドラストス　あの男の父が呪ったのだ。父親はあの男が兄弟を殺すのを恐れていたのだ。

闘争の残忍で非差異化的な性格、それぞれの家庭的状況の対称性、いわゆる《兄弟としての》条件を賦与する二人の姉妹との結婚、それらすべては、この挿話を、エテオクレース対ポリュネイケースのイミテーション、一切の兄弟的敵対関係のイミテーションに仕立てている。

ひとたびわれわれが兄弟の争いの特徴を見定めれば、神話や悲劇の中でそうした諸特徴が、個別的に、あるいはさまざまな組み合わせで、ほぼいたるところに再現していることに気づく。エテオクレースとポリュネイケースのような、いわゆる兄弟の傍らには、ポリュネイケースとテューデウス、オイディプースとクレオーンのような義兄弟(七五)、つまり、ほとんど兄弟と言ってもよいもの、さらにはその他の同世代の近親者、たとえばディオニューソスとペンテウス(七六)のような従兄弟が見つかるのである。近い血族は、結局のところ、いかなる個別的な特異性も持たないのだ。なぜなら、近い血族は、家族内の差異の崩壊を象徴する《サンボリゼ》(symboliser) からである。言い換えれば、それは差異の象徴を取り去るのだ (désymboliser)〔ギリシア語の sum-bolon は、元来の意味では、二人の人間を認識する徴章に役立つように、二人の間で分けられた一つの物の断片、を意味する。したがって物としては同じながら、個別であることも意味する〕。そうして近い血族は結局は、あらゆるテーマの下に常にあるけれども神話の中でははっきりと見えない葛藤の対称性、逆に、暴力をひきおこす非差異化をさまざまな人物に、演じさせているだけなのにそれでも不可避的にそれを暴露してしまう神話の諸テーマの下から、そうした暴力をひきおこす非差異化を見つけ出そうとするギリシア悲劇ではきわめて強調される葛藤の対称性に、結びつくのである。

したがって、ギリシア悲劇は家族内の差異に閉じこもっているから普遍性に達しないといった現代においてしばしば耳にする観念ほど間違っているものはないのである。双生児にたいする宗教的な恐れにおけるとまったく同様、兄弟の争いにおいて問題になっているのは、そうした差異の消滅なのである。この二つのテーマは一つのものでしかない。だが、この両者の間にはやはり差があるのであって、それに足をとめることも必要であろう。

双生児はわれわれに、供犠の危機を特徴づける葛藤の対称性と同一性の、ある点から見れば衝撃的な象徴を提示している。けれども彼らの類似は純粋に不可抗力である。生物学的な意味での双生児と社会学的な意味での双生児の間には、実際的な関係はない。双生児は、その他のすべての人々、すくなくとも他の兄弟以上に暴力にさらされやすいのではない。したがって、供犠の危機と、双生児産出の特殊な本質との間には、ある種の恣意性《アルビトレール》があるが、その恣意性は、表象的要素が常に存在しているが故に、言語学における記号の恣意性(七七)と同じ次元のものではない。象徴についての古典的な定義(七八)が、逆説的ながら、双生児と供犠の危機の間の関係に適合する。

敵対する兄弟の場合、表象的要素はぼやけてしまった。兄弟の関係は、家族の内部に位置づけられる正常な関係である。したがって多少なりとも、そこには常に差異がある。われわれが双生児から兄弟に移行する時、象徴的表象の領域では何物かを失うが、社会的な事実《ヴェリテ》の側でそれを再び取りもどすのである。われわれは事実に再び足をおろすのだ。兄弟の関係は、大部分の社会では、現実には最小限の差異しか含んでいないから、そうした関係は差別的体系の弱点を構成するだろうし、暴力的な非差異化の攻撃にさらされやすいと言える。双生児である限りにおいて、双生児が恐れられるということが紛れもなく神話的であるとしても、だからと言ってわれわれは、それが、兄弟の敵対関係よりも重要でないとは言えない。兄と弟が、二人とも激しく熱望する対象、しかも彼らが、王座、女、もっと一般的に言って父親が残したものの相続といった、共有することもできないし共有しようとも思わない対象の深い魅力によって、互いに相似し、互いに分離するといったことは、単に神話の中でのことだけではない。

双生児の場合とは異なって、敵対する兄弟は、純粋に象徴的な非象徴化《デサンボリザシヨン》と現実の非象徴化、つまり真の供犠の危機にまたがっているのだ。アフリカのいくつもの王国では、国王の死が息子たちの間に、彼らを敵対する兄弟にする相続の争いの火蓋を切る。そうした争いがどの程度に象徴的、儀礼的であるのか、どの程度に不確定な未来、さまざまな現実のできごとにむかってゆくのか見定めることは、不可能でないにしても困難である。別な言葉で言えば、それが本当の葛藤なのか、それとも、それがいささか直接的すぎるほどに表示している危機を、浄化効果で退けようとするだけの模擬的供犠なのか、よくわからないのである。

もしわれわれが、双生児や敵対する兄弟さえもが表象しているものを理解しないとすれば、それはまず第一に、われわれが表象されている現実を全く知らないからである。一組の双生児、あるいは一組の敵対する兄弟だって、供犠の危機の全体を予告し意味すること、それらは常に、形式的なレトリックではなくてまさしく現実的な暴力のレベルで、全体と見做される部分だということを、われわれは疑ってみようともしないのである。つまり、はじめはどんなに過小に見積られても、一切の暴力的非差異化は、まるで火薬の煙のようにあたり一面にひろがり、その社会全体を破壊できるということをわれわれは理解しない。

こうしたわれわれの無理解は、われわれだけの責任とは言えない。いかなる神話のテーマも、供犠の危機の真相にわれわれを導くのに必ずしも適していない。双生児の場合には、対称性と同一性は、きわめて明確に表示されている。非-差異は、非-差異として提示されている。けれどもそうした非-差異は、きわめて例外的な現象として具体化されているので、その例外的な現象が新しい差異を構成することになる。表現された〔登場人物によって上演された〕非-差異は、遂には、優れた差異のように見えてしまう。そうした表現された非-差異が異様なもの《モンストリュー》〔怪物〕を定義し、もちろん、聖なるものの中で主役を演ずる。

敵対する兄弟のケースでは、まったく正常な家族内の文脈の中でそうした現実《レアリテ》が見つかる。つまりわれわれはもはや、不吉な、あるいは興味本位の異常さを相手にしているのではない。けれども葛藤の本当らしさそのものが、その象徴の効力を消しがちである。つまり、単なる挿話的な性格を与える傾向があるのだ。いずれの場合にも、象徴はわれわれに、一切の象徴体系《サンボリスム》の破壊である象徴される物を、逆説的に見えないようにするのである。差異を破壊するものは、いたるところに拡がっている暴力の相互性のゲームであり、このゲームは決して本当には明らかにされない。あるいは、幾分かの差異が残存して、われわれは文化的秩序の内部にとどまり、消去されるはずのさまざまな意味作用《シニフィカシヨン》の中にとどまっている。あるいはまた、もはや一切の差異はないが、しかし、非差異化されたものは、たとえば双生児の異常さのように、極端な差異の形でしか姿をあらわさないのである。

われわれはすでに、一切の差異の消滅を表現することについての差異化した言語のある種の嫌悪とある種の無能を確認した。何を言おうと、言語はそのことについて、たとえ「どんな物も、まったくの敵対の中で出会う」とか「響きと怒りは、何の意味も持たない」といった表現で満足するにせよ、言い過ぎであると同時に言い足りていないのである。

われわれがいかなることをしたところで、供犠の危機の現実は、常に、一方では挿話的な物語、一方では異常なものによっておびやかされて、言葉の間をすりぬけてしまう。神話《ミトロジー》の全体は後者の危険に絶えず落ちこみ、ギリシア悲劇は前者の危険におびやかされる。

異様なるもの《モンストリュー》〔怪物〕は神話全体のいたるところに存在する。そのことから、神話の全体は絶えず供犠の危機を語りながら、しかもそれを偽り隠すためにしか語られないと結論すべきである。したがってわれわれは、さまざまの神話は供犠の危機からほとばしり出るものであり、神話は供犠の危機の回顧的変容であり、そうした危機から生まれた文化的秩序の光による、それら危機の再解釈であると推論できる。

神話の中では、供犠の危機のさまざまな痕跡は、ギリシア悲劇におけるよりもはるかに解読し難い。あるいはむしろ、ギリシア悲劇は常に神話のモチーフの部分的な読解であると言った方がいいだろう。詩人は、供犠の危機のつめたくなった灰に息をふきかけるのだ。詩人は死んだ相互性の散り散りになった断片を再び接合する。詩人は、神話のさまざまな意味作用が均衡を狂わせているものに、再び均衡を回復させるのである。詩人は暴力の相互性の旋風を産み出すのだ。差異は、かつて神話によって変形させられた危機の中で溶解したように、そのるつぼの中で溶解するのである。

ギリシア悲劇はあらゆる人間関係を、同じ悲劇的拮抗作用の単一性に帰着させる。ギリシア悲劇のなかには、エテオクレースとポリュネイケースの《兄弟間の》葛藤と、『アルケースティス』あるいは『オイディプース王』における父と子の葛藤と、あるいは何らの血縁関係によっても結びつけられていない人間同士、たとえばオイディプースとテイレシアースのような人間同士の葛藤の間に、何の差異も存在しない。二人の予言者の敵対関係と兄弟の敵対関係は区別されない。ギリシア悲劇は、神話の諸テーマをそれらの元の暴力の中で溶解しようとする。ギリシア悲劇は、未開人が双生児を目の前にした時に彼らが恐れるものを、部分的に、現実のものとして示す。ギリシア悲劇は悪しき感染を拡散し、暴力の双生児を無限に繁殖させる。

たとえギリシア悲劇が神話と特殊な関連を持っているにしても、だからといって、悲劇が神話と同じ方向に向かって行くということにはならない。悲劇という芸術については、象徴主義《サンボリスム》ではなくて非象徴化作用《デサンボリザション》について語るべきかも知れない。悲劇は、供犠の危機の大部分の象徴、とりわけて敵対する兄弟という象徴が、儀礼と悲劇的事件の二重の働きに見事に適合するのだから、すくなくとも或る程度まで、神話が目指すものとは逆の方向に働くといえる。われわれがすでにアフリカの王位継承について指摘したものがそれで、もはやわれわれは、それが、儀礼上の敵対する兄弟と関わっているのか、歴史と悲劇上の兄弟敵視と関わっているのかわからないのである。

この場合、象徴されている現実は、逆説的ではあるが、一切の象徴主義の喪失である。差異の喪失は不可避的に、異なった言語表現によって暴露される。そこには、象徴主義の普通の諸概念の内部で考えられないほど特殊な現象があるのだ。悲劇の読解だけが、われわれがその現象を理解するのに役立つのである。根本的に《対称的な》読み方が、悲劇の発想《インスピレーション》の源を見出すのだ。もしも悲劇詩人が彼自身、神話の下に常にある暴力の相互性を見出しているとすれば、それは彼が、次第に弱まりつつある差異と次第に増大しつつある暴力という文脈において神話に接近しているからである。彼の作品は、わたしがこの章の冒頭で申しあげた供犠の新しい危機と切り離すことができない。

暴力についての一切の知識と同様、悲劇は暴力と結びついている〔暴力の知識は暴力の体験である〕。それは供犠の危機の娘なのだ。ここで描かれ始めているような悲劇と神話との関係を理解するためには、よく似た関係であるイスラエル〔ユダヤ〕の予言者たちと、彼らがよく引用する「モーセ五書」〔旧約聖書の初めの五巻〕のいくつかの文章との関係を仲立ちにしてみることができる。たとえば次のような「エレミア記」の一節がある。

いずれの兄弟をも信ずる勿れ
兄弟はみなヤコブの役割を演じ〔欺きをなし〕隣《となり》はみなそしりまわればなり
彼らは、一方は他方を欺き……
欺瞞には欺瞞を、いつわりにはいつわりを語る。(七九)

ここでヤコブに関して要約されている敵対する兄弟の概念は、(八〇)まさしく、エテオクレースとポリュネイケースの場合に関する悲劇の読解と同じものである。兄弟の関係を定義するのは葛藤的な対称性であり、その対称性は、ここではもはや、僅かな数の悲劇の主人公だけに限定されていないのだ。そうした対称性は一切の挿話的性格を失っている。前面におどり出ているのは共同体そのものである。ヤコブの引喩は、供犠の危機を描こうとする主要な構造に従ったものだ。全社会は暴力の中で崩壊している。一切の人間関係は敵対する兄弟のそれに類似している。対称性の文体上の効果は、暴力の相互性を表現するために使われている。「彼らは、一方は他方を欺き、欺瞞には欺瞞を、いつわりにはいつわりを語る l'un dupe l'autre … Fraude sur fraude! Tromperie sur tromperie!」

旧約聖書の重要な各巻はいずれも、それぞれに異なった、長い時間の間隔によってへだてられてはいるが、すくなくとも或る種のつながりから見ればきわめてよく似たいくつもの供犠の危機に根を置いているのである。したがって、旧約聖書における初めのいくつかの危機は、その後に続く危機に照らして再び解釈し直される。そしてその逆も然りである。以前の危機の証言は、その後の人々の省察に、有効であることを決してやめない支柱を提供している。それこそがまさしく、エレミアによって示唆されているヤコブの人柄の解釈の中にわれわれが確認するものである。「創世記」と、エレミア自身が通過しつつあるような紀元前六世紀の供犠の危機との間で一つの接点が成立する。そしてその接点が過去とその時代という二つの方向に光を投げかけるのだ。ギリシア悲劇それ自体と同じく、予言者のこの考察は、暴力の相互性への回帰である。したがってそれは、そしてそれもまた、実のところ悲劇による解体以上にはるかに完璧な、神話的差異の解体である。けれどもそれは、別に切り離して扱うべき主題であろう。

それに比べてもっと間接的で不確かではあるが、悲劇の発想の源を、エレミアのテキストと同一の型の上で理解することができる。われわれがたったいま引用した一節は、ヤコブとエサウという「創世記」の敵対する兄弟に関する悲劇の下絵となり得るのであろう……。

こうした悲劇の、あるいは予言の発想力は、歴史や哲学的な認識、百科全書的教養に何物も負うていない。そうした発想力は、文化的秩序の中でも、文化的混乱の中でも、神話の中でも、供犠の危機の中でも暴力が演じている役割についての直接的な直観から噴出するのである。『トロイラスとクレシダ』におけるシェークスピアの発想を養っているのは、宗教的危機のまっただ中にあったイングランドである。教養の進歩が、実証主義的概念が後生大事にしている連続的豊富化のプロセス（八二）によって、そうして解釈を改善することができるなどと信ずる必要はない。そうした進歩がたとえ現実のもので貴重であるにしても、それは、悲劇の解釈とは別の領域に属するものである。さまざまの危機的時代にさえそう広くは行きわたっていなかった悲劇読解の精神は、文化的安定期に、すっかり消滅するのである。

　ある一時期、暴力的非差異化のプロセスは逆流して、神話の精製のプロセスといった逆のプロセスに場所をあけわたす。そして神話の精製は、再び、悲劇の発想の中で逆流する。こうした変身の原動力は何であろうか？　文化的秩序と文化的混乱の循環はいかなるメカニズムによるのであろうか？　こうしたことがわれわれに示されている疑問である。こうした問題は、供犠の危機の最終段階に関わる別な問題とからみ合う。ひとたび暴力が共同体の内部に侵入した時、暴力は自己増殖し激化することをやめない。われわれは、共同体を徹底的に絶滅させるまえに、報復に続く報復の連鎖がどうして絶ち切られるのかわからない。もし現実に供犠の危機があるならそれは歯止めを含んでいなければならないし、自動調整のメカニズムが、一切のものの蕩尽の前に介入してこなければならない。供犠の危機の最終段階において、危険に瀕するのは人間社会の可能性（possibilité）である。そうした最終段階が何によって成り立っているのか、それを可能にするものは何かを見出さなければならない。そうした最終段階が神話と儀礼のための真の出発点となるということはありそうなことである。こうした主題に関してわれわれがやがて学ぶであろうことの一切は、神話と儀礼に関する知識を前進させることになるかも知れない。

　こうしたすべての問題に答えようと試みるために、特に一つの神話、オイディプースの神話に問いかけてみようと思う。これまでの分析は、われわれが『オイディプース王』という一つのギリシア悲劇を手がかりとして、その神話に接近するのが得策であることを示唆している。

第三章　オイディプースと贖罪のいけにえ

文芸批評は、諸形態あるいは諸構造の探究、あり得る限り精密で細緻なさまざまな差異と、常にいっそう微妙な《濃淡《ニュアンス》》の総計、体系、一覧表《グリーユ》、コードと考えられる。文芸批評が《一般概念《イデー・ジェネラール》》(八二)と何らの関係もないとはいえ、われわれが求める道は、差異の道ではない。もしも悲劇の発想が葛藤の相互性の中でさまざまな差異を腐食し分解するとすれば、ギリシア悲劇から遠ざかり、ギリシア悲劇を見誤っていると断罪されないいかなる現代の文芸批評様式も存在しないのである。

とりわけ心理学的解釈において然りである。『オイディプース王』は心理学的考察にとってきわめて豊富な材料を提供するもののように思われている。文学的伝統的な意味での心理学的観点が、その原理そのものにおいて、いかにこの戯曲の読解をねじまげているか、われわれは示すことができる。

きわめて個性的なオイディプースを創造したといってソポクレースは讃めそやされている。なるほど、この主人公は《まさに彼に属する bien à lui》性格を持っているかも知れない。そうした性格はいったいどの点にあるのか？　この問いにたいして伝統的に、オイディプースは《高潔で》ありながら、しかし《衝動的で》あるという答がかえってくる。この戯曲の冒頭では、彼の《高貴な平穏》が讃めたたえられている。臣下の願いにこたえてオイディプース王は、彼らを悩ましている不可思議なできごとを解明しようと決心する。けれどもほんのわずかな失敗、ほんのわずかな遅滞、ほんのわずかな挑発が、王に冷静さを失わせる。したがってわれわれは《怒りにかられやすい傾向》を診断することができる。オイディプース自身がそうした傾向を自ら咎めている。そうした傾向の中には、それなくして彼が悲劇の主人公になり得ないであろうような唯一の、しかし致命的な弱点が指摘できるだろう。《高貴な平穏》がはじめにあり、つぎには《怒り》がやってくる。テイレシアースが最初の怒りの発作に火をつけ、クレオーンが第二の発作の引き金となる。彼が自分の過去について話す物語の中で、オイディプースはわれわれに、彼がいつもその同じ《欠点》の影響をうけて行動してきたことを知らせている。彼は、かつて自分が取るに足りない言葉をひどく重大なもののように思ってきたことで自分を非難する。コリントスで飲み仲間の一人が、彼をコリントス王の本当の子ではないかのように遇したことがある。彼をコリントスから去らせたのも憤怒であった。三叉路で通り道を邪魔した見知らぬ老人を打ち据えるように駆りたてたのも、怒りである。

叙述はきわめて正確であって、主人公の個性的な反応を指示するのに、怒りという言葉は別な言葉以上に悪くはない。ただわれわれは、そうした怒りだけでオイディプースを他の登場人物から本当に区別できるかどうか考えてみる必要がある。言い換えれば、《性格》という概念そのものが示している差異的役割を、それらの怒りに演じさせることができるのだろうか？

事柄を仔細にみるならば、神話のいたるところに《怒り》が存在することに気がつく。おそらくは、コリントスの仲間が主人公の出生に疑惑を投げかけるようにそそのかしていたものだって、すでに怒りである。宿命的な三叉路で、ラーイオスに最初に息子に向かって鞭をふりあげさせたのも怒りである。その同じ息子を捨てようという父親の決心がどこから来たかといえば、それが必ずしも根元ではないにしろ、オイディプースの一切の怒りに先立つ最初の怒りである。

ギリシア悲劇の中では、オイディプースはこれまた怒りの一手販売人ではない。作者の意図がどうであれ、もし他の多くの主役たちが怒りに駆られることがなかったとすれば、悲劇の諍いはないであろう。そうした怒りは、たしかに、いささか遅れてこのオイディプースという主人公の後にやって来る。こうした他の主役たちの怒りの中に《正当な報復》、オイディプースの最初の、言い訳も立たない怒りを前にした第二の無理からぬ怒りを見たい気持になるだろう。けれども、われわれは、まさしく、オイディプースの怒りが決して第一のものではないことをたった今見た。それは常に、もっと根元の怒りに先立たれ、限定されている。それすらもやはり根元的なものではないのである。穢れた暴力の中に、怒りの根元を求めることこそが、まさに神話的である。われわれはこの種の探索にはまり込むことはできないし、とりわけ、暴力の相互性を破壊せず、ギリシア悲劇がつとめて脱け出ようとする神話的差異に再びのめり込まないで、そうした探索に成功するなどと信ずることはできない。

テイレシアースとクレオーンは、少しの間、彼らの冷静さを保っている。けれども彼らの初めの平静は、第一幕の中でのオイディプースの平穏と相対物である。われわれが相手にしているものは、いつだって、実のところ、平静と怒りの交代である。オイディプースと彼の相手との間の差異は、この悲劇のプロットで、オイディプースが最初に論争を仕掛けることから来ている。したがって彼は、或る程度、相手に先んじている。同時ではないからといって、その対称性がないことにはならない。どの主役たちも、一緒ではないが順繰りに、同じ対象に対して同じ立場をとるのである。その対象は、われわれがすでに見た通り、そしてもう少し先でいっそうよくわかるように、疫病《ペスト》と一体をなす悲劇的葛藤以外の何物でもない。はじめは誰もが暴力を制することができると自ら思う。けれども、次から次へと主役たちを、暴力の相互性のゲームというゲームに、彼らの知らぬ間に巻きこんで彼らを支配するのは暴力の方だ。主役たちはいつでも、偶然の一時的な局外者の立場を、本質的にいつまでも続く立場であると見做すが故に、そうしたゲームからまぬかれると思いこんでいるのである。

三人の主役はそうした葛藤から超然たり得ると思いこんでいる。オイディプースはテーバイの出身ではない。クレオーンは王ではない。テイレシアースは天の高みから見下している。クレオーンはテーバイから最後の神託を持ち帰る。オイディプース、とりわけテイレシアースは、見事に未来を見通すすばらしい能力を持っている。彼らは、困難な場合を切りぬけるためにこそわれわれが力を借りる現代の《エキスパート》、《専門家》の威信を持っているのである。それぞれが、自分には何ら関係のない或る状況を、超然とした観察者としてながめることができると信じている。それぞれが、公平無私な審判者、至高のジャッジの役割を演じようと思っている。三人の賢者の威厳は、他の二人の沈黙によってであれ自らの威光が損われたと感じた時、たちまちに盲滅法な憤怒に敗れるのである。

三人の男を葛藤の中に吸い込む力は、彼らの優越性の幻想にほかならない。あるいは、そう言ってよければ、思い上り(hubris)にほかならない。換言すれば、いかなる者も自制(sophrosunè)を持ってはいないのである。そしてこのプロットでもまた、空しい、あるいはたちまちに消滅する差異しか存在しないのだ。平穏から憤怒への移行は、毎度、同じ必然性によっておこなわれる。われわれは、すべての人物に属するものをオイディプースだけにとっておいて、《性格の特徴》と勝手にきめてかかることはできないであろう。とりわけ、そうした共通の属性が悲劇の文脈から必要とされ、そうした共通の属性が可能にする解釈の方が、すべてを心理学的に見ようとする解釈より優れた首尾一貫性を持っている場合にはそうである。

互いに対決することによって、厳密に個体的な存在を際立たせるどころか、これらの主役たちはすべて、同じ暴力の同一性に還元されるのだ。彼らを運び去る旋風は、すべての者を、まさしく同一物に化してしまう。すでに暴力に酔い、《対話》にさそうオイディプースを最初にちらりと見た時、テイレシアースは、自分の誤りに気がついた。だが、そこを利用するにはあまりに遅すぎたのである。

「ああ、何ということだ！　知識がそれを持つものに何の役にも立たない時、知るということは、何と恐ろしいことだろう！　おれもそれを知らなかったわけではない。だが、忘れていたのだ。そうでなかったら、来はしなかったのに……」

***

このギリシア悲劇には、意見の衝突（d'ifférend）といったものは何一つない。悲劇の発想の限界を見せるためでしかないとしても、葛藤の対称性に断乎として注目しなければならないのである。悲劇の諍いの対決者たちの間に差異がないことを確認することによって、われわれは、結局は、《真の》予言者と《偽の》予言者の間に何らの差異も存在しないことを確認する。そこには、何か本当らしからぬもの、考えることさえできないものがある。オイディプースが醜い誹謗を滔々と述べたてている時、最初にオイディプースの真実を述べたのはテイレシアースではなかったか？　テイレシアースが登場すると、われらの悲劇の対称性は無条件の否認に会う。合唱隊はこの高貴な登場人物をみとめるや否や、こう叫ぶのである。

「いまこそ、名高き卜者は来たれり。胸のうちに真理を抱く唯一の人。」

そこに居るのは、無謬にして全知の予言者である。彼は、決定的な真実、長い間熟成された秘密を所有している。差異は、一度だけ、勝利を収める。けれども数行も先にゆけば、それは再び消え去り、相互性が以前にも増して明確に再出現してくるのだ。テイレシアース自身、彼の役割についての伝統的な解釈、たった今合唱隊が言ったばかりの解釈それ自体を放擲するのである。

オイディプース　その真実を誰がお前に教えたのだ？　おそらく、お前の予言者としての仕事なのだな？

テイレシアース　それはあなただ。あなたが、わたしの意志に反して話すように強いることで、そのことをわたしに教えたのだ。

もしわれわれがこの数行の文句を真面目に受けとるなら、テイレシアースがオイディプースの頭上に投げつけた恐るべき呪いの言葉、父殺しと近親相姦の告発は、超自然の託宣と何の関係もない。別な源がわれわれに暗示されているのである。この告発は、引き続く一連の報復と同じものでしかない。それは、悲劇の葛藤の敵意に満ちた応酬に根ざしているのである。テイレシアースに無理やり語らせることによって、われわれ知らずゲームを運んでゆくのはオイディプースである。オイディプースが最初に、ラーイオスの殺人に加担したとしてテイレシアースを非難する。彼はテイレシアースを、彼にたいして報復するよう、彼に非難を返すよう駆り立てるのである。

告発と反対告発の間の唯一の差異は、後者が拠り所とする逆説である。この逆説は弱点でもあり得るが、しかし力にも転ずる。オイディプースの《お前は罪人だ》という言葉にたいして、テイレシアースは、単に、同一で逆方向の《お前は罪人だ》ということで答えるだけでは満足しない。彼は、彼自身の観点から見て、その非難の躓きの石、人を非難することの罪過のもっとも非難されるべきものと思われるものを強調するのだ。《わたしを非難し、自分は潔白だと思いこんでいるお前こそ、おおまさしく、犯罪者なのだ。お前が追跡する者は、お前自身以外の何者でもない》。

もちろん、この論争において、どちらも間違っていない。相手をラーイオスの殺害者だと非難することは、彼の中に、供犠の危機に責任を負うべき唯一の人間を見ることである。万人はひとしく責任を負うべき者である。なぜなら、前にも見た通り、すべての人々が文化秩序の破壊に関与するからである。敵対する兄弟が互いにふりあげた拳は、必ずしも相手を殺しはしないが、しかしそれらの拳は、君主制と宗教をゆさぶるのだ。どちらの側も、自分が告発した相手の真の姿をしだいにうまくあばいてゆく。けれども決して自分の方の真の姿をそこに見ようとはしないのである。

各人は相手の中に、自分が擁護していると信じながら絶えず弱体化しつづけている正当な権利をかすめ取る簒奪者を見るのである。対立する二人の一方の何かを肯定したり否定したりすれば、すぐさま他方のそれを肯定したり否定したりしなければならない。一瞬一瞬、相互性は、互いにそれを打ちこわそうとする各人の努力そのものによって養われる。悲劇の論争はまさしく、エテオクレースとポリュネイケースといった敵対する兄弟の争いの、言語的等価物である。

わたしの知る限り、満足のゆく解釈をまだ誰も示したことのない一連の応酬の中で、テイレシアースはオイディプースに、進行する災厄の純粋に相互的な本質、つまり各人が相手に加えようとしている打撃のまったく相互的な本質を警戒せよと言っている。語る言葉のリズム、対称性の効果が悲劇の論争を予告する。二人の人間の間の差異を消滅させるものは、ここでは、暴力的相互性の働きそのものである。

「さあ、わしを家に帰らせてくれ。言うことをきいてくれたら、わしはわしの運命を、あなたはあなたの運命を、それぞれ担ってゆくのにもう少し楽になるだろう……

「ああ！　わしはあなたが、いまここで言うべきことを言っていないと思うからだ。そしてわしは、こんどはわしが同じ間違いを犯すのではないかと恐れるのだ……

「とんでもない。わしが、あなたの厄災を語らないために、わし自身の厄災を語るだろうなどと、わしに期待しないでくれ……

「わしは、あなたもわしも苦しめたくはないのだ……

「あなた自身の中に巣くう強情さを見ることもできないのに、わしの強情を非難する。つぎにあなたが非難するのは、このわしのすべてなのだ（八三）。」

暴力の非差異化、敵対者同士の同一性が、悲劇の関係の真理を完璧に表現しているこの応酬を、急激に理解しやすいものにする。今日でもなおこの応酬がわかりにくいように思われているという事実は、われわれがそうした悲劇の関係を見誤っていることの証拠である。こうした誤認にはたしかに理由がないわけではない。だれでも、いまわれわれがしているように、神話の基本的な根本思想《ドンネ》に矛盾することなく、こうしたギリシア悲劇の対称性をあくまでも追求することができないのである。

もしギリシア神話が必ずしも明確には、差異の問題を提起していないにしても、神話はその問題を、断乎として冷厳に解決している。その解決法は、父殺しと近親相姦である。いわゆるギリシア神話では、オイディプースと他の登場人物の間に、同一性と相互性が存在しない。オイディプースに関しては、すくなくとも、他の人物にはない一点を確認できる。父殺しと近親相姦について罪ある者はオイディプースただ一人である。オイディプースは唯一の異様な例外のようにわれわれには見える。彼は他の誰にも似ていないし、他の誰も彼に似てはいないのである。

ギリシア悲劇の解釈は、神話の内容と根本的に対立する。われわれは、神話それ自体を放棄せずにその解釈に忠実に従うことはできないだろう。『オイディプース王』の注解者たちは、常に、矛盾を覆いかくす一種の妥協を結論とするために折合ってきたのだ。われわれにとっては、かつてのさまざまな妥協を尊重することも、新たな妥協を求めることも問題にはならない。もっと良い方法がある。それがわれわれをどこに導いてゆくかを見るためだけであろうとも、最後まで、悲劇の見方《パースペクティヴ》に従ってゆけばいいのだ。おそらくそれは、神話の誕生についてわれわれに語るべき何物かを持っているだろう。

なによりもまず第一に、父殺しと近親相姦にもどって、これらの罪を特別な一人の主役にもっぱら受け持たせている点を考えてみなければならない。前にも見たように、この悲劇は、ラーイオス王の殺害、そして父殺しと近親相姦それ自体を、悲劇的な呪詛の交換に変形している。オイディプースとテイレシアースは互いに、町を悩ます災厄の責任をなすりつけ合う。父殺しと近親相姦は、こうした無礼な応酬の極端に誇張されたヴァリエーションにすぎない。この段階では、罪の所在をどちらかにきめるいかなる根拠もない。どちらも平等である。いかなるものも問題を解決させることはできない。けれども神話は、何の曖昧さも残さずに一刀両断にしようとする。ギリシア悲劇の相互性に照らしてみれば、神話がいかなる条件のもとで問題を解決し得るのかを考えてみるべきであろう。

奇妙な、ほとんど幻想的ともいえる考えがこの点で、間違いなくわれわれの心をよぎるはずだ。もしわれわれが、この悲劇の第二部であつめられるオイディプースに不利な証言を取り除くと、われわれは、神話の結論が、罪人を雷《いかずち》で打ち万人を啓発する真理であるどころではなくて、他方にたいする一方の側の偽装的な勝利、論戦の相手にたいする一方の解釈の勝利、初めはテイレシアースとクレオーンだけのものであって、やがて万人のものとなり、神話それ自体の真理となることによって誰にも所属しなくなるさまざまなできごとの一つの解釈が、その共同体に採用されたということ以外の何物でないと想像できるのである。

読者はこの点について、われわれが、いま注解を加えているテキストの《歴史的な》可能性《ポテンシアル》と、そのテキストから合理的に引き出し得るような情報について、奇妙な幻想を持っていると思われるかも知れない。わたしは、読者がやがてその心配が杞憂であることに気づかれることを期待している。けれども、先にすすむ前に、現在のような解釈がきっと巻きおこすにちがいない別なタイプの反論に足をとめなければならない。

文芸批評はただギリシア悲劇にのみ関心を持っていて、ギリシア神話は文芸批評にとって専門外の、侵すべからざる与件にとどまっている。逆に神話学はギリシア悲劇を脇におしやってしまう。つまり神話学はそれに関して或る種の不信をちらつかせるのが当り前だと思いこんでいるのだ。

こうした仕事の分割は事実、アリストテレスにさかのぼる。アリストテレスはその『詩学』の中で、悲劇の良い作家は神話に触れていないし触れるべきでもない。なぜなら誰もが知っているからだ、とわれわれに教えている。つまり悲劇作者は、神話からいくつかの《主題《シュジェ》》だけを借りて来ることで満足しなければならないのである。いまなおわれわれが悲劇の対称性を神話の差異に対決させることを妨げているのは、そうしたアリストテレスの禁止であり、そうすることで《文学》と《神話学》、それにそれぞれの専門家たちを、もしそうした対質がおこなわれたらそれぞれにたいして及ぶであろう壊滅的な結果から守っているのも、そのアリストテレスの禁止である。われわれが身を委ねたいと願っているのは、まさにそうした対質である。実際、いかにして『オイディプース王』を注意深く読んだ読者が、どうしていつも、その点をうまく避けることができたのか疑問である。悲劇の葛藤の極点で、ソポクレースは自らのテキストの中に、われわれには衝撃的に思える二つのやりとりをすべり込ませた。それらは、さきほどわれわれが示唆した仮説を改めて想起させるが故に、われわれにとって衝撃的に思われるのだ。オイディプースの差し迫った失脚は、例外的な醜怪さと何らの関係もない。その失脚の中に、悲劇の対決における敗北が招いた結果を見なければならないのである。クレオーンを許すように懇願する合唱隊にむかって、オイディプースはこう答える。

「これこそ、お前が求めていることだ！　こうした場合に、お前はわたしの死か、わたしの追放を願っているのだということを、よく覚えておけ！」

合唱隊はなおも言い張る。クレオーンは、オイディプースが彼に課そうとしている運命に値しない。彼に、自由にそこから立ち退くことを許すべきだ。オイディプースは譲歩する。だが心の中では後悔する。そしてもう一度、結末がまだはっきりしないこの争いの性格に、合唱隊の注意を促すのだ。敵対する兄弟を追放したり殺したりしなければ、自分自身が追放や死の憂き目にあうのである。

「よろしい！　この男を行かせろ！　たとえこのおれが確実に死ななくてはならないにしても。あるいは、力ずくで、屈辱のうちにテーバイから追放される憂き目をみなければならないにしても！」

これらの台詞《せりふ》を《悲劇的な幻想》のせいにできるのだろうか？　伝統的な解釈ではそれ以外の解釈しか

できないけれども、それでは、この悲劇の全体、そしてそのすばらしい均衡をそうした同じ幻想にはめ込まなければならなくなる。悲劇的なヴィジョン〔展望〕にそれなりの機会を与えるべき時である。われわれは、ソポクレース自身、われわれがそうするように仕向けているのだという朧げな感情をいだいている。だが、それでもなおソポクレース自身はそうすることを避けるだろう。悲劇が既成の観念を一切覆そうとしても、それには限界があるのだ。もしそれが神話の中味を問題にしたところで、ひっそりと、間接的にしかできない。それは、自らの言葉を切り刻み、その外では悲劇が存在しなくなる神話の枠を破砕せずには、それ以上に進めないのである。

　われわれにはもはや案内人も手本もない。われわれは、明確にできるいかなる文化的活力とも関わりを持たない。われわれは、既知のいかなる学をも援用することができない。われわれがおこなおうと望んでいることは、民族学や精神分析とも、悲劇とも文芸批評とも無縁であるのだ。

　もう一度、ラーイオスの息子の《犯罪》にもどらなければならない。都市国家（polis）の秩序における王の殺害者《レジシード》であることと、家の秩序における父殺しであることとはまさしく同一の事柄である。その両方の場合、犯罪者は、もっとも基本的な、もっとも基礎的な、もっとも侵すべからざる差異を侵犯したのである。文字通り彼は差異の殺害者となる。父殺し、それは、父と子の間の暴力的相互性の創設であり、父と子の関係を《葛藤の》兄弟関係に縮約することである。こうした相互性はこの悲劇の中で明確に指摘される。すでに述べたように、ラーイオス王は、オイディプースがやり返す前に、常にオイディプースにたいして暴力を行使しているのだ。

　暴力の相互性は、それが父と子の関係を呑みこんでしまった時、もはや何物も支配圏の外にとどめてはいない。そしてそれは、取るに足りない何かにたいする競合関係ではなく、母親、つまり、もっとも絶対的に父親にだけとっておかれてある対象、息子にはもっとも厳しく禁じられている対象にたいする競合関係を作り出すことによって、そうした父と子の関係を可能な限り完全に無くしてしまうのである。近親相姦もまた暴力である。極端な暴力であって、したがって差異の極端な破壊であり、家庭内のもう一つ別な大きい差異、母親と子供たちとの差異の破壊である。父殺しと近親相姦の二つによって、暴力の無差異化のプロセスは完成する。暴力を、さまざまな差異の喪失と見做す考え方は、その軌道の最終段階として、父殺しと近親相姦に到達するはずである。いかなる差異の可能性も残らない。いかなる生活の領域ももはや暴力から逃れ得ないのである。(13)

したがって父殺しと近親相姦は、それらがもたらす結果との関連でそのように定義されることになる。オイディプースの醜怪さは伝染する。それはまず、オイディプースが産みだす一切のものにひろがる。生殖のプロセスは、本来、それが分離すべきはずの血の厭わしい混合を永続化する。近親相姦からの出産は、不定形《アンフォルム》な二重性、「同一物」の不吉な複製、名づけ難きものの穢れた混合に帰着する。近親相姦の産物は、結局のところ、双生児と同じ危険にその共同体をさらすことになるのだ。原始的宗教が近親相姦のもたらす結果を並べたてる時、それが常に言及するのはまさしく、供犠の危機の、現実にある、そして象徴化さ《トランスフィギ》れ《ユレ》た現われ《エフェ》にほかならない。双生児を産んだ母親たちが、しばしば、近親相姦の関係から双生児を産んだのではないかと疑われるということは、きわめて啓示的である。(八四)

ソポクレースはオイディプースの近親相姦を、ヒュメナイオス〔ヒュメーン〕神に結びつけている。この神は、結婚のさまざまなきまりと、家庭内の一切の差異を司る神の資格で、この事件に直接関わり合っているのだ。

「ヒュメーンよ、おお、ヒュメーン。わたしの誕生はあなたのおかげ、わたしを産んだ後で同じ種子を同じ場所で芽生えさせ、すべて同じ血の父と兄弟と子供、女にして母親である妻たちをこの世界に示されたヒュメーンよ！」

ごらんの通り、父殺しと近親相姦は、供犠の危機の中でしか、供犠の危機との関係においてしか、その真の意味を獲得しないのである。シェークスピアが『トロイラスとクレシダ』の中で父殺しの主題を結びつけているのは特定の個人でもなければ、一般的な個人個人でもない。それは限られた歴史的情況、差異の危機である。暴力の相互性は、父親の殺害に到達する。「かくて粗暴な息子は、その父を死ぬまで打ちすえるだろう。and the rude son shall strike his father dead.」

逆に、オイディプースの神話では——われわれは、ギリシア悲劇の中で、とは言っていない——父殺しと近親相姦は、それが何であれいかなるものとも関係がなく、いかなるものとも共通の尺度を持たない。失敗に終ったラーイオスの子殺しとさえ関係がないのだ。そこには特別なもの、それをとりまく葛藤の対称性のさまざまな要素を併せ考えることの不可能な、並みはずれた罪がある。われわれはそこに、一切の文脈から切り離された災厄を見る。それが、偶然によってか、あるいは《運命》とかその他の聖なる力によって決定されたがためか、ひとりオイディプースにおそいかかるのである。

数多くの原始的宗教においては、父殺しと近親相姦はまさしく双生児の場合と同様である。オイディプースの犯罪は一切の差異の終熄を意味するが、しかしそれが特定の個人に帰せられているという事実から、その罪自体が新しい差異、オイディプース一人の醜怪さとなっている。その罪がすべての人に関わるか、何人にも関わらないはずの場合に、たった一人の個人の問題になるのである。

したがって父殺しと近親相姦は、オイディプースの神話の中では、前の二つの章ですでに考察した別な神話的、儀礼的モチーフと同じ役割を演じている。つまり父殺しと近親相姦は、供犧の危機を指摘する以上に、はるかにそれを覆い隠しているのだ。それらはたしかに、暴力の相互性と同一性を表現してはいる。だがそれは、人を恐怖におののかせるほど極端な形であり、特定の個人をその独占的な一手販売人に仕立てあげるようにである。結局のところ、そうした暴力の相互性が共同体の成員すべてに共通であり、それが供犧の危機を定義づけるようなものとしてはわれわれの目に入らないのである。

父殺しと近親相姦と並んで、供犧の危機を指示するよりは覆いかくすもう一つ別の主題がある。それは疫病《ペスト》である。

われわれはすでに、供犧の危機の《象徴》としてのさまざまな伝染病について語った。ソポクレースが紀元前四三〇年の有名なペスト流行を考えたとしても、テーバイのペストには、同じ名前の細菌性の病気以上のもの、それ以外のものがある。都市の一切の生活機能を中断させる伝染病は、暴力や、差異の消滅と無関係ではあり得ないだろう。神託そのものが事柄をあきらかにしてくれる。神託は、災厄のよって来る原因を殺人者(assassin)の伝染性の存在にあるとする。

この悲劇はわれわれに、汚染が相互的暴力にほかならないことを示している。つぎつぎに暴力に冒されてゆく三人の主役たちの絡み合いは、食いとめようとのぞむ人々をたちまちになぎ倒してゆく災厄の急速な拡大と一体化する。この二種類の連続を明確に同一のものであると言わなくても、このテキストはそれらが平行関係にあることに、われわれの注意を引きつけている。オイディプースとクレオーンに和解するように慫慂して、合唱隊はこう叫ぶのである。

「もしわたしが、いま、昨日の悪にあなた方おふたりから来る悪がつけ加わるのを見なければならないとすれば、死にかけているこの町が、どんなにわたしの魂を悲歎にくれさせることでしょう。」

悲劇の内でも、悲劇をはずれても、疫病《ペスト》は供犠の危機を象徴している。つまり、まさしく父殺しおよび近親相姦と同一物なのだ。われわれは、なぜ一つではなくて二つの主題《テーマ》が必要なのか、そしてこの二つの主題が本当に同じ役割を演じているのかどうか考えてみる必要がある。

疫病と、父殺しおよび近親相姦という二つの主題が、どの点で異なり、その差異がどんな役割を演じ得るかを見るためには、それらを比較してみるとよいだろう。供犠の危機の現実にあらわれた多様な相貌が、この二つの主題にあらわれているが、それらは異なった形で配分されている。疫病では、唯一の面が際立っている。それは、この災厄の集合的な性格、普遍的な感染である。暴力と非‐差異はふるい落されている。逆に父殺しと近親相姦では、暴力と非‐差異ができる限り見事に、集中的に表わされている。ただし、ただ一人の個人の中にである。ふるい落されるのは、今度は、集団的次元である。

一方の父殺しと近親相姦、他方の疫病の背後に、われわれは同一のものを二度、持つことになる。それは供犠の危機の隠蔽であるが、それは同じ隠蔽ではない。供犠の危機を十分に啓示するのに、父殺しと近親相姦に欠けている一切のものを、疫病がわれわれにもたらしてくれる。そして代りに、同じ危機を明確に示すのに疫病に欠けているすべてのものを、父殺しと近親相姦が握っているのだ。われわれがもし二つの主題を融合させたなら、そしてその実体を共同体の成員すべてにきわめて平等に割り当てるならば、われわれは、危機そのものを見つけ出すかも知れない。そうなれば、他のすべての人々について、そうした実体をすぐさま肯定したり否定したりしない限り、何事についてであれ、誰か個人について肯定することも否定することも不可能ということになるだろう。責任は等しく万人によって分担されることになろう。危機が見失われ、普遍的な相互性がふるい落されるとすれば、それは、その危機のきわめて現実的な諸相が、不平等に分配されているからである。事実いかなるものも本当には隠し通せないし、いかなるものも付け加えられない。一切の神話精製の過程は、オイディプースの一身にすべて集中するためにテーバイの人々から離れる暴力の、非差異化の移動に帰着する。この登場人物は、テーバイの人々を包囲するさまざまな不吉な力の掃きだめとなるのだ。神話は、いたるところにひろがった相互的暴力に、たった一人の個人の恐るべき違犯を置き替える。オイディプースは、現代的意味で犯罪者ではない。けれども彼は町のさまざまな不幸について責任があるのだ。彼の役割は、まさしく人間である贖罪の牡山羊の役割だ。

ソポクレースは終幕でオイディプースに、テーバイの人々を安堵させ彼らを納得させるのにふさわしい言葉を言わせている。つまりオイディプースは、彼らの町では、贖罪のいけにえだけで罪を背負えないような、いけにえだけでその結果を償うことのできないような何事もおきなかった、と言うのである。

「ああ！　わたしを信じよ。恐れてはならない。わたしの悪、それを持ち去るために作られた他の人間は決していないのだ。」

オイディプースにはとりわけ責任がある。ほかの人間に背負わせるだけの責任ももはや残っていないほど、事実、責任がある。疫病の観念は、そうした責任の無いことの結果である。疫病とは、供犠の危機からその一切の暴力を空っぽにした時、残った供犠の危機なのである。疫病《ペスト》という言葉はわれわれを、現代世界における細菌学の風土に導き入れる。もはや病人しか存在しないのだ。もちろんオイディプースを除いて、誰も、誰かに返さなければならない貸借勘定を持ってはいない。

この町全体を、その上にのしかかる責任から解放し、その暴力を空っぽにすることで供犠の危機を疫病に仕立てるためには、その暴力をオイディプースの上に、あるいはもっと一般的に言って唯一人の個人の上に、うまく移し変えなければならない。すべての主役たちは、悲劇の論争の中で、この移し変えにつとめている。すでに見た通り、ラーイオスの主題についての調査は、供犠の危機それ自体の主題の調査である。常に問題なのは災厄の責任を特定の個人になすりつけることであり、《災厄を最初に引き入れたのは誰か?》という、すぐれて神話的な疑問に答えることとなのだ。オイディプースはクレオーンとテイレシアースに非難を集中しようとするが成功しない。だがクレオーンとテイレシアースは同じ非難をオイディプースに固定することに完全に成功する。探索の全体が贖罪の牡山羊を駆り出すことであるが、その狩りはめぐりめぐって、結局、それを始めた人間に向けられるのである。

三人の主役の間でゆれ動いた後で、決定的な非難が遂には彼らの一人に集中する。それはまた、別な一人に固定することもあり得ただろう。誰にも集中しなかったかも知れない。非難を固定することのできる不可思議なメカニズムとは何であろうか?

爾後《真実なもの》としてまかり通ることになる非難は、誰であれもはや異論をとなえる声をあげない点を除けば、爾後《偽りのもの》とされる非難と何ら区別できない。さまざまのできごとについての特定の解釈が罷り通ることになる。それは論戦的性格を失って神話の真理、神話それ自身になる。神話の定着は、満場一致の現象として定義される。二つ、三つ、千の対称的で反対の非難がかつて交叉していたところで、唯一の非難が勝利を収め、そのまわりでは一切のものが沈黙する。それぞれの人間同士の敵対関係は、ただ一人の人間にたいするほかのすべての人間たちの連合に場所をゆずる。

この奇蹟は何か？　供犠の危機によって完全に壊された共同体の統一が、どうして突然、回復し得るのだろう？　われわれは危機の絶頂にいる。状況はこうした突然の逆転にとって、あり得る限り不利であるように見える。何についてであれ、意見の一致を見るような二人の人間を見出すことは不可能である。誰もが敵対する自分の兄弟の背中の上に、集団の重荷をおしつけようと努めている。すっかり燃えあがった共同体の中は、筆舌につくし難い混乱が支配しているように思われる。いかなる導きの糸も、あらゆる葛藤、あらゆる憎しみ、あらゆる個人的な眩惑を結び合わせはしないように見える。

一切が失われたように思われるその瞬間、矛盾撞着した無限に多様な意味の中で非ー意味《ノン・サンス》が勝ち誇っているその瞬間に、逆に解決がすぐ近くにあるのだ。町全体が、一足跳びに、町を解放する暴力的満場一致にころがり込むのである。

この不可思議な意見の一致はどこから来るのだろう？　供犠の危機の中では、対立し合う人々はみんな、自分たちが恐ろしい差異で切り離されているのだと思っている。実のところ、あらゆる差異は徐々に消滅している。それは、はるかに完璧な画一性における同じ欲望、同じ憎しみ、同じ策略、同じ恐ろしい差異の幻想である。危機が激化するにつれて、共同体の成員はすべて暴力の双生児となるのだ。われわれは、彼らは互いの分身〔第二存在〕[八五]であると言いたい。

ロマン主義文学や、原始宗教のアニミズム理論[八六]や、現代の精神病学では、分身という言葉は、常に、本質的に想像的で、非現実な現象を指している。だが、ここでは事情は異なる。分身の類似点は、やがて問題になるであろう幻覚的連想の側面を含んでいるとはいえ、想像的な何物も持っていない。悲劇の対称性以上の何物でもなくて、分身という言葉は、それを示す完璧な表現である。

もし暴力が現実に人間を画一化するとすれば、そしてもしそれぞれの人間が、自分との対立者の《分身》あるいは《双生児》となるとすれば、そしてもしすべての分身が同じものとすれば、彼らのうちの誰でも、いかなる時であれ、彼以外のあらゆる者の分身となり得る。つまり、普遍的な幻想と普遍的な憎悪の対象となり得る。ただ一人の犠牲者が、誰でもなり得る可能性のある犠牲者すべての、身代りになり得るのである。それぞれが、放逐しようとつとめる一切の敵対する兄弟の身代りをする。つまり、共同体の内部の、誰もが誰かれのへだてなく、すべての人々の身代りをし得るのだ。お互い同士の疑惑は、ただ一人の者にたいする万人の確信になる。ほとんど何も必要でない。もっとも馬鹿げた手掛り、もっとも取るに足りない臆測が、おそろしい速さで次から次に伝わり、ほとんど瞬時に、否定し難い証拠に変る。確信は雪だるまのようなもので、ほとんど瞬間的な模倣（mimesis）の効果のもとで誰もが他人の確信から自らの確信を引き出す。万人の確乎とした信仰は、彼ら自身の不条理についてのあらがい難い満場一致以外、何の検証も求めないのである。

分身の普及、憎悪を激化させながら、しかも憎悪を完全に相互交換し得るものにする一切の差異の完璧な消失、それが、暴力の満場一致の必要かつ十分な条件である。秩序が再生し得るためには、まず、無秩序が最高潮に達する必要があり、神話が再構成し得るためには、まず、それらが完全に解体することが必要なのだ。

ほんの少し前に、個別的な無数の葛藤、互いに孤立した敵対する兄弟の無数のカップルがあったところに、再び一つの共同体があらわれる。それは、単に構成員の一人がその共同体に吹きこんだ憎悪の中で、完全に一つになったものである。異なった無数の個人の上に分散された一切の悪意、てんでんばらばらに散っていた一切の憎悪は、爾来、ただ一人の個人、贖罪の牡山羊の方に収斂してゆく。

目下の仮説の大雑把な方向ははっきりしているように見える。暴力の餌食になった共同体の全体、あるいは、自らが癒すことのできない何らかの災厄に圧倒された共同体の全体は、盲滅法な《贖罪の牡山羊》狩りに、嬉々として身を投ずる。人々は、耐え難い暴力に効く直接的で暴力的な薬を探し求める。人々は自分たちの災難が、容易に追い払うことのできるだろうただ一人の者の所為だと確信したいのだ。

こうなればすぐに、危機に瀕するさまざまな共同体に同時に荒れ狂う暴力の諸形態、リンチ、集団虐殺《ポグロム》[八七]、《手っ取り早い裁判〔即決裁判〕》などといった類の現象が考えられる。こうした集団的暴力それ自体、たいていの場合、父殺し、近親相姦、子殺しなどといった、オイディプース型の非難告発によって正当化されているということは、きわめて啓示的である。こうした比較は、ある限られた価値しか持たないが、そのこと自体すでに、われわれの無知をあきらかにしている。それは、表面的には全く無関係に見えるさまざまな悲劇の文章の内密な近親性を示しているのである。われわれは、ソポクレースが『オイディプース王』を書いていた時、彼がどの程度までそうした真実を推測していたか知らない。前に引用したいくつかの文章から見れば、われわれの無知と同じ程度に深刻な無知があるとは、ほとんど考えられない。だいいち、悲劇の着想というものは、神話のいくつかの主題の発生について抱くある種の推測と、切り離すことができないはずである。

われわれはここで、『オイディプース王』以外の悲劇、ソポクレース以外の詩人、とくにエウリーピデースを引き合いに出すことができる。

アンドロマケーはネオプトレモス〔ピリュス〕の妾であり、ヘルミオネーは彼の正当な妻である[八八]。まさしく敵対する姉妹のごとき二人の女は、悲劇の葛藤を始める。ますます増大する自らの激昂に引きずられて、屈辱を受けたこの妻は《父殺しと近親相姦》という典型的な非難を恋敵にむかって投げつける。それはまさしく、別な悲劇でテイレシアースがオイディプースにむかって言った言葉である。

「呪われた女よ、お前はどこまで血迷ったらいいのか？　お前の夫を殺した男の息子（ネオプトレモスは、ヘクトールを殺したアキレウスの息子である）と、お前は共に寝て、その人殺しの息子さえもうけている。野蛮人の種族はみな、そう作られるのだ。そこでは父は娘と寝、息子は母と寝、妹は兄と寝るのだ。もっとも近しい血縁が、いかなる掟にもしばられることなく、互いに殺し合うのだ。そうした慣わしをわれらの中に持ちこまないでくれ。」

《投射》（八九）は明白である。アンドロマケーというこの異国の女は、彼女ひとりのうちに、この町をおびやかしている供犠の危機を具現しているのだ。彼女に負わせることができると宣告されたさまざまな罪過は、まさしく神話のかずかずの主題《テーマ》、つまりはギリシア世界の悲劇の主題《シュジェ》の目録を構成している。不吉な《そうした慣わしをわれわれの中に持ちこまないでくれ》という最後の言葉は、それ自体すでに、アンドロマケーにたいする、ヘルミオネーの憎悪が火をつけるであろう集団的恐怖を示唆している。そこに浮かび出るのは、贖罪のいけにえのメカニズムである……。

エウリーピデースがこの文章を書いていた時、自分のしていることを彼が知らなかったとか、自分の作品の主題と、ここに暗示された集団のメカニズムの間の緊密な関係を意識していなかったとか、彼がひそかに観客にむかって警告を発して、観客が目をふさぐ不安感をかき立てようとつとめなかったなどとは信じ難いし、さらに彼がそうした不安感をはっきりさせることにも、霧散させることにも決して成功していないなどと思うことは不可能である。われわれ自身、集団的暴力のさまざまなメカニズムを十分に知っていると信ずる。われわれはまさしく、オイディプースのそれのような一つの神話の精製が保証している集団的原動力の、崩れた諸形態、青ざめた反映しか知ってはいない。この後に続く個所で、暴力的な満場一致がわれわれに、原始的宗教の基本的現象として姿を見せることであろう。つまり、暴力的な満場一致が本質的な一つの役割を演ずるところでは、それが、自らの産み出す神話の諸形態の背後に、完全に、あるいはほとんど完全に姿を消してしまうのである。われわれは、神話と儀礼の領域の上での第二義的で退化した、不毛な諸現象しか、決して手に入れないのである。

普通われわれは、集団的暴力、とりわけ一人の犠牲者にたいする万人の連合といったものは、諸社会の存在において、多少とも病理学的な異常でしかなく、それをいくら研究したところで、社会学に大した貢献もしないだろうと想像しがちである。われわれの合理主義的な無邪気さ――それについては、大いに文句のあるところだろうが――は集団的暴力に、一時的で限定された効果以外の効力、前に儀礼としての供犠について認めたものと類似の《浄化的《カタルシス》》作用を割り当てたがらない。

けれどもオイディプース神話が数千年にわたって何度も生きのびてきた事実、その主題の時効を知らない性格、現代文化がそれにまといつづけるほとんど宗教的と言ってもいい敬意、そういったものはすべてすでに、集団的暴力の効力をひどく過小評価していることを示唆している。

相互的暴力のメカニズムは、一つの悪循環としてあらわすことができる。ひとたび共同体がそこに落ちこむと、もはやそこから出ることができない。この循環は、復讐と報復という言葉で定義できる。それに関して心理学的なさまざまの記述が可能である。共同体の中に蓄積された憎悪と不信の資本がある限り、人間たちはそこから汲みあげて利子を産ませる。各人は、隣人からの攻撃を予想して準備をととのえ、隣人の準備は、彼の攻撃的傾向の確証と解釈する。もっと一般的に言えば、暴力がその共同体の中にひとたび住みつけばもはやひとりでに死滅することを知らないようなきわめて強力な模倣的性格を、暴力に認めなければならないのである。

そうした悪循環の輪から脱け出すためには、未来を抵当においた暴力の恐るべき滞貨を、一掃しなければならないであろう。人間から、絶えず自己増殖して新しい模倣を産み出している暴力のあらゆるモデルを、奪い去らなければならないだろう。

もし人間たちすべてが、自分たちのうちのたった一人が暴力の一切の模倣《ミメーシス》に責任があるということを確信でき、彼らすべてを汚染する《穢れ》をその者の中に見てとるのに成功すれば、そして、彼らが本当に自らの信仰において全員一致していれば、そうした信仰は正しいものとされるだろう。なぜなら、共同体の中のどこにももはや、生き残るいかなる暴力のモデル、あるいは投げすてるべきいかなる暴力も存在しないだろうからである。つまり、模倣し、増加させるいかなる暴力のモデルも存在しなくなるからである。人々は、贖罪のいけにえを屠殺することによって、彼らの災厄を厄介払いすると思いこんでいる。そして彼らは、もはや彼らの間に幻惑的な暴力が存在しなくなるであろう故に、事実、災厄から免れるだろう。

贖罪のいけにえの原理にほとんど有効性をみとめないということは、われわれには不条理のように思える。たしかにわれわれが幻想《イリュジョン》と欺瞞《ミスティフィカシヨン》を相手にしているのかも知れないということを理解するためには、こうしたいけにえが引き受けると見做された悪とか罪といったものを、この試論の中で一定の意味で使われている暴力という言葉で置き換えることで十分である。けれどもこの幻想とか欺瞞は、あらゆる人間の行為《アヴァンチュール》の中で、もっとも恐るべき、そしてさまざまな結果をもっとも多くもたらす幻想であり欺瞞なのだ。

現在もそうであるように、知《サヴォワール》が良きものであると確信しているわれわれは、贖罪のいけにえのメカニズムのような、人間たちに彼らの真実を隠蔽するメカニズムに、最小の重要性しか与えず、あるいは何らの重要性をも与えていない。こうした楽天主義は、まさしく、誤認の最たるものであろう。集団的な転《トランス》移《フェール》(九〇)の効果が文字通り絶大なものであるとすれば、それは、集団的転移が人間たちから一つの知を奪い取るからにほかならない。つまり彼らは、自分たち自身の暴力についての知と、決して共存することに成功しなかったのである。

オイディプースとテイレシアースがわれわれに示したように、供犠の危機のあいだじゅう、暴力についての知は絶えず増大している。けれども平和を連れもどすどころか、その知は常に他の者の上に投射され、他の者から来る脅威のように知覚されて、むしろ葛藤を養い激化するのである。呪わしい汚染のようなこの知、それ自身暴力にほかならないこの明察の後に、集団的転移は、まったくの無知を後釜に据える。それは一挙に過去の記憶を消してしまう。それが、神話や儀礼の中で供犠の危機が決して真実の光のもとに姿をあらわさない理由である。それこそが、本書の冒頭にある二章の中でわれわれが何度もたしかめたことである。そしてオイディプースの神話がもう一度、それを確証する機会を与えてくれたのである。人間の暴力は、常に、人間の外側に置かれている。だからこそ人間の暴力は、死とか病気とか自然現象とかいった人間の外から現実にのしかかってくる力と、聖なるものの中で溶け合い、混合するのである……。

人間は、彼ら自身の暴力に身をまかせる危険を冒さずに、そうした暴力の気違いじみた裸身に立ち向かうことができないのである。彼らは常にそうした暴力を見誤ってきた。すくなくとも部分的に誤解してきた。そして、いわゆる人間社会が成立し得るのは、そうした誤解にもとづいているのかも知れない。

前の数ページで解体され説明されたようにオイディプース神話は、贖罪のいけにえのメカニズムにほかならない構造化的メカニズムの上に成り立っている。いまや、問題のメカニズムが、オイディプース神話以外の別な神話群の中で現われているかどうか考えてみなければならないだろう。すでにわれわれは、そうしたメカニズムが、人間たちが自分らの暴力の真実を放逐することに成功する主要な方策の一つ、おそらくは唯一の方策であり、彼らがただ一人の《罪ある者》の上にそれを厄介払いし、投げつけるのに成功しなかったら現在と未来を殺しかねない過去の暴力についての知である、と推測することができた。

結局のところテーバイの人々にとって、災厄からの治癒は、神話の採用、今や限度を超えた危機の唯一の決定的な解釈、つまり刷新された文化秩序の憲章にその神話を仕立てることにある。言い換えれば、共同体が断じてペスト以外の病気では病まなかったと確信することにある。こうした操作には、贖罪のいけにえに全責任があることを断乎として確信することが必要である。平和が突然回復するといった、まず最初にやって来た諸結果が、ただ一人の罪人が間違いなく罪人だったということを確証する。供犠の危機を、忌わしい穢れが外部からもち込んだ不思議な悪に仕立て、その胚種を持ちこんだ者の追放だけが伝播を中断せしめ得るとする解釈を確乎としたものにする。

この救済のメカニズムは現実的なものであって、事柄を仔細にながめれば、われわれはそうしたメカニズムが何ら隠されていないことに気づく。実際、言葉づかいの中でも、言葉それ自体が浮きあがらせる主題からも、絶えず問題になっているのはそうしたメカニズムである。このメカニズムは、もちろん、クレオーンが持ち帰った神託と一体をなしている。町を治癒させるためには、そこにいるだけで町全体を汚染する穢れた存在の身元を突きとめ、それを追放しなければならない。言い換えれば、万人が、たった一人の罪人がまさに罪人であるということについて合意しなければならない。贖罪のいけにえは、集団的領域で、あたかもシャーマン(九一)〔巫者〕が病人の肉体から引き出すと言い、つぎには一切の悪の根元として提示するものの役割を演ずるのだ。

やがてわれわれは、この二つの場合(九二)で問題になっているのは同一のものであることを見るであろう(14)。けれども、こうした隠喩《メタフォール》の二つの双面は均等ではない。暴力の満場一致は、シャーマンの技法《テクニック》から模写されたものではなく、それは決して隠喩とは言えない。逆にシャーマンの技法は、部分的に注目《マーク》され神話に翻訳された満場一致のメカニズムから範を得ている、と推定するための多くの根拠がある。

　父殺しと近親相姦は、正しく共同体が供犠の危機を消去するために必要とするものをその共同体に得させている。神話のテキストは、そこで問題になっているものは正しく欺瞞のための操作であるが、その作用は、文化の領域では恐ろしいほど現実的で永続的な作用であり、新しい真理を創造する作用であることをわれわれに証明するためにそこにあるのだ。この操作はあきらかに、普通言われる隠蔽《カモフラージュ》、供犠の危機の諸条件を意識的に操作することとは何らの関係もない。暴力が満場一致で認められるが故に、暴力は秩序と平和を回復するのである。そうした事実から、暴力が創始した虚偽のさまざまな意味が揺るぎない力を獲得するのである。そうしたさまざまの意味の背後で、満場一致の解決法は、供犠の危機と共に姿を消す。満場一致の解決法は神話を構造化する原動力であって、その構造が無傷なままであればそれだけ長いこと目には見えない。異端追放《アナテーム》(anathème)の構造化的効力がなければ主題《テーマ》(thème)は存在しなかったであろう(九三)。異端追放の真の対象は、多くの主題の中の一つにすぎないオイディプースではない。異端追放の本当の目標は、いつまでも有効であるためには一切の接触、一切の視線、一切の可能な操作から護られていなければならない満場一致性なのである。このような異端追放は、集団的暴力が注入する忘却、無関心、たとえそれが知覚されたとしても何らの意味もないとわれわれが見做す無意味といった形で、今日でもなお存続しつづけているのである。

　現在もなお、この神話の構造は微動だにしない。この神話の構造全体を想像的なものに入れこんでしまっても、構造を揺さぶることにはならない。むしろ逆である。そうなればいっそう分析し難いものとなる。これまでいかなる解読も本質的なものに近づくことがなかったのだ(九四)。フロイトのそれのようなもっとも天才的でもっともらしい解釈でさえ、この神話の真の《抑圧されたもの》に到達することができなかった。

その《抑圧されたもの》とは、父殺しや近親相姦の欲望ではなくて、それらのあまりにもはっきりした主題の背後にかくれた暴力、贖罪のいけにえのメカニズムが隔離し隠蔽した全的破壊の脅威なのだ。

目下の仮説は、基盤となる暴力を直接に想起させるにふさわしい断罪ないし追放の主題（thème）《テーム》があることを、神話のテキストの中に、決して求めない。まさにその逆である。そうした主題がいくつもの解釈の中に存在しないということが、いま提起した仮説を無価値なものにしはしない。集団的暴力の痕跡は消去し得るし、消去するべきである。だからといって、そうした暴力の効力が枯渇したことを意味しない。むしろ、かつて以上に活発なのである。異端者の追放《アナテーム》がその十全の効果を産むためには、それが姿を消し、それ自体、人々に忘れられる方がいいのだ。

もしわれわれに、悲劇の発想が神話を部分的に解体するということがわからなかったとしても、問題提起をするのは、ギリシア悲劇における異端者追放の不在ではなくて、むしろその存在であろう。宗教的な異端者追放を悲劇がほじくり返すことの中に、われわれは、古きものの残存、古代模倣《アルカイズム》のしるしよりはむしろ、《古代研究《アルケオロジー》》を見るべきである。『オイディプース王』の異端者追放《アナテーム》を、われわれが想像するよりはおそらくはるかに根元的なソポクレースの、神話批判のさまざまな要素の間に並べて見なければならない。この詩人は、主人公の口を借りて、きわめて啓示的な言葉を言わせている。

「神々の名において、疾くわれを、ここから遠いいずこかに隠せ。われを殺せ。さもなくば、お前たちが永劫にわたしを見ることもない場所の海に、われを投げ入れよ。」

神話と、神話の発生について、この詩人が到達している理解の程度は、ここでは、神話の読解に反響を及ぼさない二義的な問題である。神話の読解は、悲劇をアプローチの手段として利用する。けれども神話の読解は、さまざまな主題を相互的暴力の中に分解し、一方的で満場一致の暴力、つまり贖罪のいけにえのメカニズムとの関係においてそれらを再構成するギリシア悲劇の能力、ギリシア悲劇独自の諸結果に左右されるのだ。贖罪のいけにえのメカニズムは、それがさまざまな主題の一切を産み出しているが故に、いかなる特殊な主題にも従属していない。われわれは、単に主題を中心にした解釈、あるいは構造を中心にした読解から出発したところで、そのメカニズムに手を届かせることはできないのである。

***

われわれはこれまで、オイディプースの中に、忌わしい穢れ、普遍的な汚辱の巣しか見てこなかった。集団的暴力がおそいかかる以前のオイディプース、『オイディプース王』の主人公は、本質的にはそうしたものである。もう一つ別のオイディプースが存在する。全体として見た場合の暴力のプロセスから浮かびあがるオイディプースである。ソポクレースの第二のオイディプース悲劇『コローノスのオイディプース』(九五)の中で垣間見るべくわれわれに与えられているのは、そうした終局的なオイディプースの方である。

最初の一、二幕では、問題になっているのは相変らず、本質的に呪われたオイディプースである。コローノスの市民たちは、彼らが自分らの町の領内に父殺しを見出した時、恐怖から後ずさりする。けれども、この戯曲の進行につれて、注目すべき変化があらわれる。相変らずオイディプースは危険なもの、人を恐怖せしめるものであるが、同時にきわめて貴重な存在になるのだ。やがて彼が死んだ後の遺骸が、コローノスとテーバイが手に入れようと激しく競い合う一種の魔除け《タリスマン》のようなものとなるのである。

何がおこったのだろう？　初めのオイディプースは、供犠の危機の呪われた面と結びつけられている。

彼の中には何らの積極的な効力も存在しない。彼の追放が《良いこと《ボン》》であったのは、完全にネガティヴな意味でのことである。つまり、病んだ生物にとって、病根である壊疽の部分を切り取ることが良いように、良かったのである。『コローノスのオイディプース』では、逆に、展望《ヴィジョン》がもっと拡がっている。町に軋轢をもたらしたこの贖罪のいけにえは、そこから立ち去ることで秩序と平和を回復させた。それ以前のあらゆる暴力が暴力を倍加することとしかしなかったのにたいして、このいけにえにたいする暴力は、まるで奇蹟のように、一切の暴力を停止させてしまった。宗教的思考は、必然的に、こうした驚くべき相違の原因について自問せざるを得ない。こうした疑問に淡々としてはいられない。それは、共同体の安寧と存在そのものに密接に関わっている。象徴的思考（九六）、それに実のところ、全体として見た人間の思考が、暴力の満場一致のメカニズムを見定めることができなかったので、象徴的思考は止むなくいけにえの方に目をむけ、いけにえに、それの破滅あるいはそれの追放がもたらす奇蹟的な結果について責任があるのではないかと考えこむことになる。人々の注目の眼は、単に、決定的な暴力の際立った特徴や、たとえば満場一致の敵意を引き出すことになった殺人の形態だけに向けられるのではなく、いけにえの人柄にも向けられるのだ。そうしたいけにえに有利な結論を下すということは、そのいけにえに加えられた暴力が秩序と平和を回復することを目的としていればいるだけ、それだけ論理的であるように見える。

　供犠の危機の最高潮期、絶頂に達した相互的暴力が、突如として、平和をもたらす満場一致に変貌する時、暴力の二つの顔は並存するかのように思われる。極端と極端が相接するのだ。この突然の変身は贖罪のいけにえを軸にしている。したがってこのいけにえは、その一身の上で、暴力のもっとも凶悪な側面と、もっとも恩恵的な側面を結合するかのようである。人間たちが自分に無関係だと信ずることを願い、無関係だと信ずることのできるゲーム、実は人間自身の暴力のゲーム、その主要なルールが決して彼らの目に入らないゲーム、いけにえがそうしたゲームを一身に体現しているといっても、決して馬鹿げているとは言えないのだ[15]。

贖罪のいけにえが、相互的で破壊的な暴力から、一切の基盤となる満場一致への移行を《象徴している》と言うだけでは不十分である。贖罪のいけにえはそうした移行を保証しているのであり、贖罪のいけにえはそうした移行と一体である。

宗教的思考は、必然的に、こうした贖罪のいけにえ《ヴィクチーム》の中に、つまり簡単に言えば最後の犠牲者《ヴィクチーム》、新たな報復をよぶことなく暴力を蒙る犠牲者の中に、暴力を播いた後で平和を収穫する超自然の生き物、人間を病ましめた後で癒す恐るべき神秘的な救い主を見ざるを得ないのである。

現代的思考にとっては、英雄は、悪しきものであることをやめない限り、良きものとはなり得ないし、その逆もしかりである。起ったことをできる限り正確に記録することで満足するが、その本当の原因を見きわめようとはしない宗教的経験主義とは事情が異なる。オイディプースは、はじめは悪しきもので、その後は良きものである。言葉の現代的、教化的な意味で彼を断罪することが決して問題ではなかったのだから、彼の罪を《免除する》ことは問題にならない。あらゆる道徳的見地をかなぐり捨てたと主張する人人が、現代において、やり方を心得ているそうした大袈裟なさまざまの《名誉回復》のどれかを始めることも、やはり問題ではないのだ。宗教的思考は、そんな高みから物事を裁くにはあまりにも謙虚で、恐ろしさをよく知っているのである。自分を超えたものがあることを知っているのだ。もっとも悪しきものと、もっとも良きものの神秘的な合一は、それが最高度に共同体と関係している故に否定することも無視することも問題にならない一つの事実である。けれどもその事実は、まったく、人間の判断や理解を超えている。追放後の良きオイディプースは、以前の悪しきオイディプースに勝るが、だからといって否認してもいない。暴力が町から出ていくようにしたのは罪ある者の追放であるのだから、どうして否認できるだろう？　結果は、オイディプースに父殺しと近親相姦の罪を満場一致で認めたことの正しさを確証している。もしオイディプースが共同体の救い主であるとすればそれは、彼が父を殺し母を犯した息子だという資格においてである。

ソポクレースの二つのオイディプース悲劇から、専門家なら誰でもよく知っている違犯と救済の図式が浮かび出る。それは、無数の神話、伝承、お伽噺、伝説、それに文学作品の中でさえも見出される。人々の間にとどまる限り暴力と混乱のみなもとである主人公が、除去された途端、それもいつも暴力で取り除かれた途端に、一種の贖い主のように見えてくる。

同様に、たいていの場合、横紙やぶりのままである主人公が、実は、怪物を退治する者として姿を見せることがある。スピンクスの挿話におけるオイディプースの場合がそれである。この怪物は、テーバイを襲う疫病《ペスト》といささか同じ役割を果している。怪物は共同体をおびやかす。共同体に、定期的にいけにえを捧げるよう要求する。

直ちにわれわれは、オイディプース神話の主要な挿話について提起した説明が、こうした一切のテキストに同じように適用できないかどうか、言い換えれば、それぞれに異なってはいるが、同じ唯一の操作、贖罪のいけにえを仕立てる操作のさまざまな足跡を相手にしているのではないかと、考えてみなければならない。事実、これらすべての神話の中で、主人公は自己一身に、共同体全体を悩ます暴力を磁石のように引きよせる。そうした伝染する悪しき暴力を、彼の死、あるいは彼の勝利が、秩序と安寧に変えるのである。

いくつかの別な主題もまた、供犠の危機とその暴力による解決を包みかくすことがあり得るだろう。たとえば、ただ一人を犠牲にすることで神あるいは悪魔《デーモン》から手に入れる集団救済の主題とか、怪物や魔物の残忍さの餌食として投げ出され、その《復讐》あるいは逆に《正義》の渇望に委ねられる罪なき者、あるいは罪人といった主題である。

贖罪のいけにえのメカニズムは、オイディプースに関する神話の主要ないくつかの主題を説明する。それは構造の面における同様に神話の発生の面についても有効である。前に述べた分析がわれわれに立証することを可能にしたのもその点である。けれどももまた、この種の分析が、容易に数多くの神話に拡大され得るであろうということも確かだ。いまやわれわれは、この同じメカニズムが一切の神話を構造化する原動力として姿をあらわそうとしていないだろうかと考えたくなる。それればかりではない。もし聖なるものの産出、聖なるものを特徴づける超越性《トランサンダンス》が、暴力の満場一致、贖罪のいけにえの《放逐》の中で何度も作り出される社会的合一に依存しているとすれば、そうしたメカニズムとは別なもの、もっと本質的なものが働いているのである。もしそうだとすれば、単に神話だけではなくて、全体としての儀礼的なもの、宗教的なものもまた問題になるのである。

差し当ってわれわれには単なる仮説しかない。そのいくつもの基本的要素がほとんど形をなしていないか、まるっきり欠けてさえいる。来るべきいくつかの章では、この仮説をもっと精密にし検証し、はっきりしたものにしなければならないだろう。つまり、われわれが当座ほとんど推測するに止まっているその説明的能力を、今後あきらかにしなければならない。そうなればこの仮説が、現在しだいに輪郭をうかび上がらせている見事な役割を果し得るとわかるだろう。まず最初に、この仮説の性格それ自体を訊し、それが現代の知《サヴオワール》の文脈の中でいかに表出しているかをたずねなければならない。

すでに、かなり広汎なテキストが現在のような読解の光のもとであきらかにされる。もしヘーラクレイトスが悲劇の哲学者であるとすれば、彼は彼なりに間違いなく神話の哲学者であり得るし、彼もまた、われわれが引き出そうと試みている構造化の原動力に向かって行くにちがいない。おそらくわれわれ自身は、あまりにも先まわりしすぎているのかも知れない。だが、これまで不透明で解読不可能だったヘーラクレイトスのいくつもの断章が、突如として明白な意味を提示してくることをどうして認めないでいられようか？　この章の締めくくりとして、結局のところ「断章六〇」の中に要約されているのは、神話の誕生、暴力の働きのもとでの神々と差異の産出ではないだろうか？

戦いは一切の父であり王である。戦いは一方の者たちを神々として産み出し、他方の者たちを人間として産み出す。戦いは一方を奴隷となし、他方を自由にする。

第四章　神話と儀礼の発生

原始宗教に関する研究の中では、大分以前から二つの命題が対峙し合っている。一方の古い理論では、儀礼は神話に還元される。それは神話の中に、儀礼のさまざまな行為を生んだ信仰や現実のできごとを探す。第二の理論は、それとは逆の方向にむかう。つまり神話や神々のみならず、ギリシアでは悲劇やその他の文化的形態までも、儀礼に還元される。ユベールやモースは後者に属する。彼らは神の起源を供犠にもとめて、次のように言う。

ある習慣の結果、あるいはその他の理由から、同一のいけにえが一定の間隔を置いて何度も姿を見せるそうした儀式のくり返しが、一種の連続的人格を創造した。供犠が二次的効果を保存するが故に、神の創造は、いくつものそれ以前の供犠の仕業である。(16)

ここでは供犠が、あたかも一切の宗教的なものの根元であるかのように見えている。ということは、ユベールやモースに、供犠それ自体の起源をたずねても仕方がないということである。その他の現象を説明するために或る現象を使うその瞬間から、一般的に言って、誰でもその現象自体を説明しないでもいいと思いがちである。そうした透明性〔自明性〕は一種の暗黙の教義《ドグマ》になる。ものを照らし出すものは、照らされる必要がないというわけである。

ユベールとモースが、供犠の起源について何も語っていないばかりでなく、彼らの著作の表題にその単語があらわれているくせに、供犠の《本性》についても、供犠の《機能》についても、同様にほとんど何も語っていない。われわれが前に見た通り、供犠が《神々》と接触することを主たる目的としているといった観念を真面目に受けとるわけにはいかない。もし神々が、供犠の長期にわたるくり返しの果てに産み出されたとすれば、それではその反復そのものをどう理解したらよいのか？　供犠をおこなう人々は、《交流す》べき神々をまだ持っていない時に、一体何を考えていたというのだろう。いったい誰のために、何のために、彼らは何もない空っぽな天を前にして彼らの供犠をくり返していたのか？　人間の文化における一切の責任を《神々》に転嫁するように現代の反－神論《アンチテイスム》(九七)を仕向ける情念も、それがいかに貪婪なものであっても、もはやわれわれをまどわすわけにはいかない。供犠は人間の問題である。人間との関係においてわれわれは供犠を解釈しなければならない。

供犠の発生と機能の考察におけるユベールとモースの無能さは、供犠の実行についての体系的な描写をいっそう際立たせている。こうした体系的であるという性格を、分析を彩るであろうような何らかの先験的観念に帰することはできない。なぜなら、供犠の体系はいまなおそれ自体の解釈を期待しているからである。供犠を実行する多様な文化における儀礼が、いずれもきわめて類似しているということは驚くべきことだ。文化と文化の相異《ヴァリアション》も、そうした現象の特殊性を十分に覆いかくすことはできない。だからこそユベールとモースは、あたかも一種の技術《テクニック》が問題であるかのように供犠を、あらゆる個別な文化から離れて記述することができるのである。そしてまさしく問題なのはそのことである。けれども、この二人の著者を信ずれば、この技術は、社会的現実の領域においていかなる種類の現実的目的も、いかなる種類の機能も持たないということになる。要するに、空想にまかせて作られた想像的制度がこれほどまでに見事な一致を見せるということが、どこから来るというのだろう？ 《伝播論《ディフュジョニスト》》(九八)の諸理論にすがることは問題にならない。それらはすでにユベールとモースの時代に権威を失ってしまった。それも理由のないことではない。それらは支持し難い理論である。

こうした奇妙な構造的単一性を考えれば考えるほど、それが驚くべきことである以上に全く奇蹟的だといいたくなる。ユベールとモースの記述に感歎しながらも、彼らに先立つ先駆者たちの好奇心を彼らが持ち合わせなかったことに遺憾の気持を禁じ得ない。おそらくは、あるいくつかの形の分析を体系化するためには、相当に多くの問題をカッコの中に置く必要があったのであろう。それがこの二人の著者がおこなっていることである。研究範囲の一時的な縮小は、それまで惜しむべき混乱にさらされていた諸問題と諸領域をはっきり浮きあがらせることに役立ったのだ。

軍事戦略と同様、科学的研究においても、士気に活を入れるために、確実な光〔見通し〕の下に戦略的な退却をすることは良いことである。それでも、そうした退却を勝利と混同してはならない。現在あらゆる社会科学において、すでにユベールとモースが見せていた傾向がすっかり大手をふってまかり通っている。儀礼を神話に嵌めこむことも、神話を儀礼に嵌めこむことさえも、もはや問題にならない。事実、そこには、思考が捉われていた循環の輪、どこか一点を出発点ときめることで脱出できるように思いこんでいた循環の輪がある。われわれはそんな幻想を放棄してしまった。そしてそれは良いことである。これまた良いことに、もし解決法があるとすれば、それは輪の上ではなくて、循環の輪の中心点にあるのかも知れない、ということを確認している。ところが、これはもはや断じて良くないことだが、中心点は近づき難いものであるとか、中心点は見当らないとか、中心点は実在しないとか結論を下すのである。
過去の失敗にもとづいたこうした悲観的な推測が、あたかもきわめて科学的《ウルトラ・シャンティフィック》なものであるかのような顔をしている。だがそうした推測は実のところ哲学的なものなのである。過去の失敗は、失敗それ自体以外の何物も証拠だてない。研究の、おそらくは一時的な足踏みの上に、何らかの世界観を構築すべきではない。反《アンチ》―形而上学的《メタフィジック》推測にしたところで、それは形而上学をやはり作り出すことである。絶えず新しい仮説が浮かび出るであろうし、やがては十分に満足できるような、つまり科学的なやり方で、供犠のみならず、一般的に言って宗教的なものの起源や本性や機能の問題に答え得るかも知れないのだ。

何の抵抗も受けずに科学の中に席を得るためには、純粋に《象徴的な》祝福の言葉で、いくつかの問題が無価値で無効だと宣言するだけでは十分でない。科学は、哲学のさまざまな野心にくらべて、遅れをとった立場ではないし、こざかしい諦めでもない。それは、哲学的野心を満足させる別なやり方である。数数の偉大な発見の源には、今日多くの人々が《子供っぽい》と軽蔑する好奇心があり、やがて《無邪気な》と非難されることになった、もっとも日常的な言語であれ言語というものにたいする信頼があるのだ。(九九)スタンダールが戯画化したブルジョワの伊達男たちによって復活させられた「何事をも驚嘆せず」(nil admirari)が、認識の終局的な言葉(一〇〇)として通用する時こそ、警戒しなければならない時である。フレーザー、フロイト、ロバートソン・スミスのような人々の相対的な失敗が、われわれに、物事を徹底的に理解することへのあくなき欲望が時代におくれたものだと思わせるはずがない。儀礼の現実的な機能と発生に関して考察することには何の意味もない、と断言することは、宗教的言語が役に立たない空文に終る(一〇一)運命であるとか、それが相変らず、たしかにきわめて綿密ではあるが全く意味作用を欠いたアブラカダブラ〔呪文〕のままだろうと断言することである。

時折り、ある声がおこって、供犠のような制度の奇妙さを思い出させ、それに現実的な起源を与えたいという、われわれの精神が感ずる抑え難い欲求をかきたてる。たとえばアドルフ・イェンゼン(一〇二)である。彼は『原始的民族の神話と慣習』(17)の中で、過去のさまざまな偉大な研究を再開しているのだが、まさにそのことのおかげで、ほとんど反響をよばないのである。

人間に、これほど残虐な行為を生活の中に導き入れるよう仕向けるためには、きわめて驚くべきさまざまの体験が必要だったに違いない。その理由は何であったのか？ いったい何が、人間たちが自分らの同類を殺すようになるまで彼らに衝撃を与えたのか？ しかも、ほかのものを認識できずに本能に従う半ば動物的な野蛮人の、非道徳で無反省なやり方ではなくて、文化の諸形態を創造し、世界の奥底の本性を理解しようとつとめ、劇的な形象を作り出すことによって認識を後世に伝えようとつとめる意識的な生命力のもとで、彼らは同類を殺すことになったのか？ ……神話的思考は、ある与えられた事実についてもっとも真実の証言をもたらすと信じて、いつも最初におこったこと、天地創造の行為にもどってゆく。……もし殺人が（儀礼の中で）それほど決定的な地位を持っているとすれば、殺人は（創造の瞬間の中に）きわめて重要な地位を持っていなければならないはずである。

記述の次元における最近のさまざまな寄与の有効性を否定するのではないが、おそらくは今こそ再び、最初に何か決定的なことが現実におこったのかどうか考えてみる時であろう。われわれの時代の方法論的厳密性によって刷新された枠内で、いくつもの伝統的な諸問題を再び提起し始めなければならない。

そうした探究の原則がひとたび容認されれば、一切の仮説が検討に価するために充足しなければならない先験的《ア・プリオリ》な諸条件について考えてみる必要がある。もし現実的な起源が存在し、もし神話がそれなりに絶えずその起源を想起し、もし儀礼がそれなりに絶えずその起源を記念するとすれば、人間が遂には忘却してしまったのだから決して消え難いものとは言えないけれども、すくなくとも強烈な印象を彼らに与えたあるできごとが問題であるに相違ない。そうした印象は、宗教的なものをふくめて一切の文化的諸形態を仲介にして永続しつづける。したがって、それを理解するために、個人的であれ集団的であれ、何らかの形の無意識に頼る必要はない。

異常に多い記念的儀礼が人を殺す《ミーズ・ア・モール》ことで成り立っているということは、最初のできごとが、当然、殺人であることを想定させる。『トーテムとタブー』のフロイトは、そうした殺人への要求をはっきりと感じとった。供犠の驚くべき一致は、問題になっているのはまさにすべての社会における同じ型の殺人であるということを示唆している。そのことは、そうした殺人がたった一度だけおこったということを意味しないし、あるいは、その殺人が或る種の歴史以前《プレ・イストワール》に位置づけられるということも意味しない。それが出発点のできごとであるか、再出発のできごとである個別の社会の立場から見れば例外的なものであっても、このできごとは、すべての社会を比較して見る立場からすればきわめてありふれたものであるに違いない。われわれは、供犠の危機と贖罪のいけにえのメカニズムの中に、考え得る一切の条件を満たす型のできごとをつかまえることができるように思う。

もしそのようなできごとが本当にあったなら、科学がとっくに見つけてしまったはずだ、と言われるだろう。そのように言うことは、そうした科学の、まさしく驚くべき欠陥を考慮に入れていないということである。どの人間社会の起源にも宗教的なものが存在しているということは、疑いようのないことであり基本的なことである。あらゆる社会制度の中でも、宗教は、科学がそれに現実的な目標、本当の機能を賦与することに決して成功しなかった唯一のものである。したがってわれわれは、宗教的なものとは、目標として、贖罪のいけにえのメカニズムを持つものと断言する。その機能は、そのメカニズムの効果を持続し、あるいは更新すること、つまり、暴力を、共同体の外側に維持しておくことなのである。

＊
＊＊

最初にわれわれは、供犠の浄化的《カタルシス》機能を見定めた。つぎにわれわれは、供犠の危機を、そうした浄化的機能と一切の文化的差異の、喪失として定義した。もし、贖罪のいけにえにたいする満場一致の暴力が本当にそうした危機を終らせるとすれば、そうした暴力が新しい供犠体系の始まりに位置するのは当然である。もし贖罪のいけにえだけが無構造化《デスチュリユクラシヨン》のプロセスを中断させるとすれば、それは一切の構造化の起源にある。やがてわれわれは、たとえば祭、近親相姦の禁止、通過儀礼などといった、文化秩序の本質的な形態と規範の段階で、こうした断定を検証できるかどうかわかるだろう。今後われわれは、贖罪のいけにえにたいする暴力が、暴力の悪循環を終らせることによって同時に別な悪循環、つまり、その文化全体の悪循環になりかねない供犠的儀礼の悪循環に火をつけるという意味で、根本的に始祖的《フォンダトリス》なものであると考えるそれ相当の理由を持つことになる。

もしもそれが事実だとすれば、始祖的な暴力は現実に、人間が持っているもっとも貴重なもの、人間がいつまでも守りたいともっとも執着するものすべての根源となる。まさしくそれが、神話中の多くの人物による一人の人物の殺害に帰着する一切の起源神話が、ヴェールをかぶせ、変化した形ではあるが、たしかに語っていることである。このできごとが、文化秩序を創設するものとして受け取られる。この死せる神から、単に儀礼だけではなくて、さまざまな婚姻の規則、さまざまな禁止などといった一切の、人間たちに彼らの人間性を授ける文化的諸形式が出てくるのだ。

ある場合には、神話の中の人物たちは人間たちに、彼らが社会生活を営むのに必要とするものを与えると主張することがあり、ある場合には逆に拒否することもある。人間たちは結局は自分たちに必要なものを与えてもらったり、それを奪い取ったりする。けれども、神話の人物たちの一人が他の人物たちから別れて、彼にとって多少とも異常な事件、つまり、しばしば命に関わる事件、あるいは、時には一見取るに足りない事件のように見える場合でも実は暴力による解決を多少ともにおわせていると思える事件がおこらない限り、手に入れることはできないのだ。神話のその人物が問題の宝物をもって仲間たちから離れて逃げ出すこともある。そんな場合には、捕えられて殺される。時には、ただ、傷つけられるか殴られるかするだけのこともある。あるいはまた、自分の方から打たれることを願う。そして打たれるたびごとに、驚くべき恩恵がやって来る。すべて、文化秩序の調和的な作動と見做すべき豊饒と繁栄に帰着する奇蹟的な結果がやってくるのである。

神話の話は、時には、ほとんどスポーツか喧嘩のような一種の競技ないし競争の形で示されることもある。もちろんそれは、供犠の危機における敵対関係を想起させるものだ。こうした主題総体の背後に、われわれは常に、はじめは相互的であった暴力が満場一致の暴力になってゆく足跡を読みとることができるのである。たとえ一切の人間的活動、それに大自然の本質さえもが、共同体の内部における暴力のこうした変容に従属させられているからといって、驚いてはならない。さまざまな関係が混乱し、人々が互いに理解し合うことも協力し合うこともやめた時、行き悩むことのない人間的活動など存在しないのだ。採取、狩猟ないし漁労の結果さえ、収穫の質と量さえ、影響をこうむるのである。したがって始祖的暴力に帰せられた恩恵は、さまざまな人間関係の枠を驚くほど超えてゆくことになる。集団による殺人は、あたかも一切の豊饒のみなもとのように見えるのである。生殖の原理は集団的殺人に帰せられる。人間に役立つ植物、食べられる生産物の一切が、原初のいけにえの屍から湧き出るのだ。

**

ユベールとモースさえ、やがてわれわれの《革命的》科学を社会的現実に立ち帰らせるかも知れないさまざまな事実を、つねに引用している。事実、始祖となる集団暴行《リンチ》がほとんど読みとれない数々の神話のすぐそばには、その存在がほとんど明白に識別できる別な神話群があるのだ。ほとんど変形されていないそうした神話は必ずしも、われわれのような西欧の人間主義的《ユマニスト》資質の持ち主なら、もっとも《粗悪な》文化と評価したくなるような文化に所属していない。ユベールとモースは、ほとんど申し分のないギリシアの見本を引用している。

> トロイゼーンでは、ヒッポリュトス神殿の境内で、人々は年に一度の祭りリトボリアによって、クレータ島から来た他国の娘、ダミアーとアウクセーシアーの二人の女神の死を記念して祭をおこなっていた。この二人の娘は、伝統に従って、同地の暴動のさなかに石で打ち殺されたのである。この外来の女神は、収穫の祭でしばしばある種の役割を果す他所の者、通行者である。石打ちの刑は供犠の儀礼である。[18](一〇三)

オイディプース神話のすぐ近くにパルマコスやカタルマのそれのような儀礼がある。それらの本当の意図は前記した読解の光のもとで明確に理解できる。アテーナイの町は用意周到に、そうした種類の供犠のために相当数の哀れな者たちを、お金をかけて養っていた。必要な場合に、つまり、疫病、飢饉、外敵の侵入、国内の紛争といった災厄が町をおそったり、おそう惧れのある時には、いつもパルマコスの一人が集団の手に任されたのである。

オイディプース神話の完全な解明、つまり贖罪のいけにえのメカニズムを見定めることは、供犠を行う者たちが目指す目的を理解するのに役立つ。彼らはできるだけ正確に、贖罪のいけにえのメカニズムのおかげで解決した以前の危機のモデルを再現しようとしているのである。現実のものであれ想像的なものであれ共同体をおびやかす一切の危険は、一つの社会の前に立ちふさがる最悪の危険、すなわち供犠の危機と同一視される。儀礼は、共同体の中に秩序を再び連れもどした最初の自然発生的な集団私刑《リンチ》の複製である。なぜなら、それが贖罪のいけにえに向けておこなわれ、その周囲で、相互的暴力の中で失われた合一を再び回復したからである。オイディプースと同様に、いけにえは、その周囲にある一切の物を汚染する汚《よご》れ、その死が共同体に平穏を再びもたらすが故にまさしく共同体を潔める汚れと見做される。これが、さまざまな穢れを吸い取り、それをパルマコスの頭の上に集めるために、少しばかりそのあたりを連れまわる理由である。その後でパルマコスは、下層民すべてが居並ぶ儀式で追い立てられ、あるいは殺されるのである。

もしわれわれの提言が正しければ、オイディプースと同じくパルマコスが二重のコノテーション〔含意〕を持っていることは、何の苦もなく理解できる。つまり一方では、人々はパルマコスの中に、哀れむべき、軽蔑すべき、そして咎むべき人間を見ている。彼は、一切の侮辱、非難、そしてもちろん暴力に曝される。他方では、人々は彼をほとんど宗教的な崇敬で包みこむ。彼は一種の礼拝《キュルト》における主役を演ずるのである。こうした二重性は、儀礼におけるいけにえが、原初のいけにえの後を追って媒介するはずの変容を反映している。つまり、儀礼のいけにえは自らの上に一切の悪しき暴力を引きつけ、それを自らの死によって良き暴力、平和と豊饒に、変えなければならないのである。

古代ギリシア語でパルマコン(pharmakon)という言葉が、毒薬と同時にその解毒剤を意味し、病気と治療薬、さらには遂に、場合と状況と使用法にしたがってはきわめて有利な作用も、きわめて有害な作用も及ぼすことのできる一切のものを意味したとしても、何ら驚く必要はない」のである。パルマコン(pharmakon)とは、普通の人間なら、決して生得のものではない例外的な知識を持った人々、司祭、呪術師、巫女、医者といった人たちに扱いを任せなければならない呪術的な薬、あるいは怪し気な調剤法(pharmaceutique)なのである。(19)

オイディプースとパルマコスとのこの比較は決して、われわれが、とりわけイギリスの研究者たち、ギリシア悲劇を儀礼に関係させて定義した二〇世紀前半のケンブリッジ儀礼学派の見解を採用しているということにはならない。オイディプース神話がパルマコスの儀礼のような儀礼と分かち難いことはあきらかである。けれども、一方の神話と儀礼、他方の悲劇を混同してはならない。すでに見た通り、ギリシア悲劇の発想は、必然的に、反神話的、反儀礼的なものなのだ。それにケンブリッジ儀礼学派とその系統は、彼らのパルマコス解釈を、自然の季節的変化、自然の《死》と《復活》が、儀礼の起源的モデルであり、本質的に儀礼の意味する領域であるという考え方を土台にして作りあげているのである。ところで実際には、パルマコスの虐殺ほど残忍な儀礼的虐殺の形式を指示したり、示唆したりするようなものは自然の中に存在しない。われわれの目から見れば、供犠の危機とその解決法だけが、可能な唯一のモデルであるように思われる。自然が登場するのはその後のことでしかない。儀礼的思考は、自然のリズムの中に、共同体内の秩序と混乱のそれによく似た一つの交替運動がみとめられるように思ったのである。ある時は相互的で邪悪な、ある時は満場一致の良き暴力のこの活動が、森羅万象の活動と化したのである。

ギリシア悲劇の中に、季節的儀礼の採用と再演、一種の春の祝聖を見ることは、あきらかに、悲劇を悲劇、〔山羊の歌〕（一〇四）にしている一切のものをそこから切り離すことである。それは、たとえ悲劇による《破壊作用》が挫折して結局のところ、西欧文化におけるほとんど儀礼的な価値を悲劇に授けることになっているとしても、依然として真実である。この場合問題なのは、やがて先の方で再び申し上げなければならないきわめて格下げされたあるプロセスであって、それはケンブリッジ儀礼学派の概念とはほとんど関係がないプロセスである[20]。

＊＊＊

われわれの仮説は明確になり拡大する。この仮説は、これまで見透すことのできなかった不透明な、パルマコスの虐殺のようなさまざまの宗教的行為の背後に、完全に理解できる或る企図《プロジェ》を見極めさせる。やがてわれわれは、この同じ仮説が儀礼というものを、その総体についてだけでなくもっとも小さな細部についても説明することに気づくだろう。これまでわれわれは、いけにえが人間である場合の供犠についてしか言及しなかった。この場合には儀礼と、暴力的満場一致のメカニズムの間にある関係がはっきりと見える。なぜなら、原初のいけにえもまた人間だからである。儀礼と原初のできごとの間の模写の関係なら理解するのに容易である。

こんどは、動物供犠が創始的な集団的殺人の模倣《ミメーシス》と性格づけていいものかどうか考えてみなければならない。本書の第一章で、われわれは、人間供犠と動物供犠の間には本質的な違いがないことを知った。したがって、先験的《ア・プリオリ》に、答えは「しかり、その通りである」ということになるはずであろう。世に知られたユダヤ教の《贖罪の牡山羊》や、同じ型の一切の動物供犠は、すぐさまわれわれに、事情は同じであると思わせる。けれども、もし可能ならば動物供犠もまた贖罪のいけにえの死をモデルとしているということを示すために、《古典的》と言い得るような動物供犠に、少しの間、足をとめてみるのも悪いことではない。もしもこの動物供犠が再現しようとするものが暴力的満場一致のメカニズムであり、もしも贖罪のいけにえが現実に、一切の儀礼を解く鍵であるとすれば、われわれはこの供犠のあらゆる面を、もっとも強烈な光で照らし出すことができるだろう。もちろんわれわれの仮説の幾分かの運命を決定するのは、その光が本当にあるのかないのかということであろう。

　供犠が今なお残存していて、権威ある民族学者によって記述された、きわめて稀れな社会の一つに目を向けなければならない。『神性と体験』の中でゴドフリー・リーンハートは、ディンカ族において観察された多くの供犠の儀礼を詳細に報告している。われわれはここで、われわれにとって本質的なものと思われるいくつかの点を強調しつつ、それらの儀礼の全体を要約してみよう。

　合唱の形でくり返される呪文が、しだいに、はじめはぼんやりと気を散らしていた群衆を注意深くする。参加者たちは、戦いの真似事に一心不乱になる。同時に、離れ離れになっていた人々が、本当の敵意は持たずに、互いに叩き合う。したがって、予備段階ですでに儀礼の形式ではあるが、なお相互的である暴力が現存するのだ。儀礼的模倣はまず第一に、供犠の危機そのものに基づいている。時々誰かが集団から脱け出し、杭に繋いだ牡牛とか仔牛といった動物を襲って殴りつける。儀礼には一瞬の静止も停滞もない。それは、儀礼のいけにえの上に暴力を集中することによって、分散と分裂の力に徐々に打ち勝つ集団的バイタリティーを明確に示しているのだ。相互的暴力から一方方向の暴力への変身は、あきらかにこの儀礼の中で形象化され、再び体験されているのである。もし観察者が、時には見えにくいにしても相互的暴力から満場一致の暴力への変身を示す手掛りにいつも気をつけていれば、無数の儀礼においても同様のことが確かめられるだろうと思う。著名な例をあげれば、ギリシアのブーポニア（一〇五）の祭では、全員そろっていけにえにおそいかかる前に、参加者たちは互いに争い合うのである。一般に供犠の儀式の冒頭に置かれている模擬格闘、争いの性格を示す形式上の対称性や長く持続する向い合いで始まる儀礼的な舞踊といったものは、どれも、供犠の危機の模写と解釈されるのである。

　ディンカ族の供犠における最高潮は、いけにえの死そのものと共にあらわれるのではなくて、それに先立つ儀礼的な呪いと共にやってくる。その呪いがいけにえを殺すものと見做されるのである。したがって、ギリシア悲劇におけると同様に、本質的には、いけにえは言葉の打撃によって殺されるのである。したがって、たとえ儀礼が必ずしも言葉を保存していなくてもそれらの言葉は基本的に、テイレシアースがオイディプースに投げつけた非難と同一のものであると思われる。時としていけにえの動物を、まさしく集団の殺到によって殺すことがある。こうした最後の手段によって殺す場合、特に生殖に関わる部分が狙い撃ちされる。草本植物〔蔓〕でできた鞭で生殖器を殴打するパルマコスの場合と同様である。動物のいけにえもまた、父殺しと近親相姦、あるいはその他一切の性的違犯について、オイディプースと同様非難された原初のいけにえを再現していると信ずる確かな根拠があるのである。そうした性的違犯のすべては暴力による差異の抹殺を意味し、文化秩序の破壊における重大な責任を意味する。いけにえとして殺すことは、犯罪の性質によってその様式がきまる懲罰ではあるが、その懲罰の再現は、単なる処罰とは比較にならない利益をあてこんだ儀礼的思考にもとづいている。そうした数々の利益は現実的なものだ。儀礼的思考は、なぜそうした利益が得られるのかを理解することができない。儀礼的思考が示す一切の説明は神話的なものである。逆に、その同じ儀礼的思考は、どのようにしてその利益が得られるかをほとんど理解していて、倦まずたゆまず、実り豊かな操作をくり返しやろうとつとめるのだ。

　殺す前に動物に向けられる敵意や軽蔑のしるし、数々の残忍さは、殺した後すぐさま、まさしく宗教的な尊崇を示すものに場所をゆずる。こうした尊崇は、供犠に由来するカタルシス的緊張緩和に符合する。いけにえが死ぬことによって相互的暴力を持ち去るとすれば、いけにえは人々が期待していた役割を果したことになる。爾来いけにえは、かつて敵意に満ちた形態であったように、好意に満ちた形態で「暴力」を具現するものと見做される。つまり、天上から人間たちを支配する「全能者」を具現するものと見做されるのだ。いけにえを虐待した後で、並はずれた栄光を捧げるのは理に叶ったことである。同様に、呪いをもたらしたと思われる時にオイディプースを追いたてることも、町からの彼の出立が祝福をもたらす時に彼をほめたたえることも、理に叶ったことなのである。継起するこの二つの態度は、予盾していながら、第二の態度を十分に享有するために第一の態度を採るというのであるだけに、それだけいっそう合理的なものである。

リーンハート自身いけにえを、《さまざまな人間の情念を運ぶもの》となる贖罪の牡山羊、スケープ・ゴートと定義している。実際、問題になっているのは、まさしく動物のパルマコスであり、贖罪の仔牛、あるいは牡牛であって、それが一身に引き受けるものは、不確かな定義の《罪》ではなくて、多くの場合覆いかくされているにせよ共同体の成員たちが互いに相手に感ずるきわめて現実的な敵意の感情なのである。本書の第一章で明らかにした機能と矛盾するどころか、供犠を、自然発生的な集団暴力の再現と模倣だとする定義は、前にわれわれが見たものと、きわめてうまく合致する。事実、そうした自然発生的な暴力の中には、御存知のように、弱められた形ではあるが儀礼の供犠の中で見出されるような、「十分に堪能させて鎮静化する要素assouvissement」があるのだ。最初の場合には、荒れ狂う暴力があって、それは制御されると同時に、部分的に鎮静化される。第二の場合には、多少とも《潜在的な》攻撃的性向がある。共同体は、それ自身の起源に惹きつけられると同時に拒絶されている。共同体は、ヴェールをかぶせ変形した形で、自らの起源を再び生きたいという不断の欲求を感じている。儀礼は、それが絶えず悪しき諸力に軽く触れているが故に、それらをなだめ、それらをまるめこむ。そうした悪しき力の真の本性とあるがままの姿は、まさしくそれが共同体自身に由来するものであるが故に、共同体の目に見えないし、見えるはずもないのだ。儀礼的思考は、自らが引き受けた任務、明確であると同時に茫漠とした任務を達成するためには、あまり過度でない程度に、多少は、まるで最初の場合のように暴力に自由に振舞わせざるを得ない。つまり、厳密に限定し固定した対象に向けて行った集団的暴力排出について記憶し得たものを、一定の枠内で、反復することによってである。

おわかりのように、供犠が生き続けているところでは、実際、供犠には、浄化作用の面で、われわれが第一章でそれにみとめた有効性がある。そして浄化作用は、構造の中に書きこまれ、そっくりそのままではないにしても細心綿密な暴力模倣以外のものを見るにはあまりにも統合化的〔満場一致的〕である暴力を、たびたび招来するのである。

***

儀礼的なものを、自然発生的な満場一致の暴力の模倣と再演であるとする命題は、いくつかの儀礼の観察に限定する限り、空想の勝ったもの、幻想的なものでさえあると見做されかねない。もっと視野を拡大してみれば、いたるところにその痕跡が見つかり、実際は、この命題を自由に振舞わせるだけで、儀礼や神話の形式の中にあるさまざまな類似《アナロジー》を明らかにすることができるということがわかる。そうした類似は、それが持ち得るであろう共通の意味作用がわからないために、類似であることがほとんど気づかれないでいるのだ。ごく簡単に調べただけでも一切の宗教生活、一切の儀礼の実際、一切の神話精製に、満場一致的性格が異常なほど頻繁にあらわれており、文化の影響力による伝播を絶対に想定し得ないほど互いにかけ離れた諸文化、きわめて多様な形態、多様な性格のテキストの中に出現していることが明らかになる。

われわれはたった今、ディンカ族における供犠の動物屠殺がしばしば、すべての若者たちの殺到によっておこなわれるということを見た。彼らはいけにえの動物を踏みつけ、彼ら集団の重みで窒息させるのである。そんな風にして殺すことができないほどその動物があまりに大きくたくましい場合には、普通のやり方で殺されることになるが、そんな場合でも、まず始めに群衆の殺到の真似事がおこなわれないうちは、普通のやり方で殺されることはない。つまり、すくなくとも象徴的な形で、集団参加の欲求は満足されるはずである。こうして殺すことの集団的性格は、驚くべき数の供犠に見出されるものであり、とりわけ、やがて、われわれが見ることになるディオニューソスのスパラグモス(21)に見出される。すべての参加者は例外なく殺害に加わらなければならない。ロバートソン・スミスが『セム族の宗教』の中で記述している有名なアラブの駱駝の供犠や、一々列挙することなど問題にならない無数に多くの儀礼的儀式においても、同様である。

オデュッセウスとその仲間たちが巨人キュクロープスの眼に焼けた杭を突き刺すのは全員そろってであり、多くの起源神話の中で、神聖な協力者たちが彼らの集団の中の一人をいけにえとして供えるのは、全員そろってである。インドでは、『ヤジュルヴェーダ（祭詞吠陀）』(一〇六)のテキストが、神々によって為された供犠について言及している。殺すことが問題になっているのは、もう一人の神ソーマ(一〇七)である。最初、ミトラ(一〇八)神は仲間に加担するのを拒むが、仲間の神々は彼の抵抗を追いつめる。全員の協力がなければ、供犠はその効力を失ってしまったことであろう。この神話はここで、きわめて明確に、信者たちの供犠が従うべきモデルを提供しているのだ。満場一致であることへの要求は絶対的である。ただ一人の脱落も供犠を、無駄なものというよりも悪しきもの、危険なものにしてしまうのである。

セラム島(一〇九)における始祖の女神ハイヌウェレの殺害を報告する神話の中では、神話中の供犠者たちが彼らの仕事を終えてしまった後で、いけにえを埋葬し、そして全員そろって、その事業の集団的で満場一致の性格を強調するかのように、墓を踏みつけるのである。(22) あちらこちらの一つの神話の中にあらわれている満場一致のしるしが、他の共同体の儀礼の中でもまさしく、同一の形で、再出現し得るのだ。たとえばボルネオ島のヌガジャ＝ダイヤク族では、奴隷の供犠があり、その供犠の終りに、儀礼としていけにえが土に埋められる。参加者全員はその墓を踏みつけなければならない。それに、満場一致の関与が要求されるのは、単にこの供犠の場合だけではなく、ヌガジャ＝ダイヤク族の供犠に関する一切の儀礼においてもそうなのである。心理学的解釈では、奴隷たちを処刑の杭にくくりつけて長いこと責めさいなむことを説明できない。供犠に立ち合う全員が、死ぬまでいけにえを叩かなければならないのだ。反復再現しなければならないのは満場一致ということなのである。こうした儀式は、文化秩序の中における位階的差異に関係する儀礼的に定められた一定の順序で展開する。動物の供犠も、同じようなやり方で展開される。(23)

たとえば、カインガング族のように、相互的暴力の中で分解する社会においてさえも、満場一致への要求は、そうした暴力の段階の退化した形で再出現するであろう。「殺人者たちは決して離れ離れで行動したがらない。彼らは集団の成員たちの協力を大切にする。(24) 犠牲者が他の誰かに殺されればいいと願うことは、カインガングの人殺しでは日常茶飯事の事である。」このような事実の心理学的意味を否定することは問題にならない。まさに逆であって、一切の集団構造化が欠けている場合、人々は心理学的解釈からまぬかれることはできないし、何らかの儀礼の形態に到達することができない。悪しき暴力が際限もなく荒れ狂っているのである。

*
**

少し考えてみさえすれば、本書の第一章で提起した供犠の機能が、贖罪のいけにえの根拠、つまり、暴力の満場一致の土台を準備するだけでなく、その土台を要請しているということに気づくであろう。儀礼上の供犠では、現実に殺されるいけにえは、共同体の内部にいるもっとも《当然な》対象から、暴力の目をそらせる。けれども、もっと特定して言えば、いったいそのいけにえは誰の身代りをするのか？　今までわれわれは、個人の心理学的メカニズムからしかそうした身代りを理解できないでいた。それだけで十分でないことは明らかである。個人同士のさまざまな関係の段階ではなくて、集団それ自体の段階で供犠を設定するために贖罪のいけにえが存在しないとすれば、いけにえは或る種の人々、つまり供犠をする者に個人的な敵意の感情をふきこむ人々だけの身代りをすると考えなければならなくなる。もしもこうした転移が、精神分析におけるように個人的なものだとすれば、供犠が本当に社会的制度であることは不可能であり、供犠が共同体の全成員をまきこむことは不可能である。ところでわれわれは、供犠が今なお残存している限り、それが本質としてそうしたものであり、共同体の一つの制度として残存していることを知っている。供犠を《個別化する》ことを可能にする進化は遅々としたものであり、この制度の真意に反している。

どこにしても事情がみな同じであるようなことが、何故、どのようにしておこり得るかを理解するには、儀礼におけるいけにえが、共同体の中のなにがしという一人の個人の身代りになるのではないし、直接に共同体全体の身代りになるのでさえない、ということを認めるだけで十分だ。つまり、いけにえは常に贖罪のいけにえに取って代るのである。贖罪のいけにえそれ自身が共同体の全成員の身代りであるように、供犠における身代りは、まさしく、われわれがそれに賦与した役割を演ずる。それは共同体の全成員を保護するけれども、いつも贖罪のいけにえを仲介して保護するのである。

ここにおいてわれわれは、一切の心理主義の疑惑をまぬかれる。そして、供犠的身代りというわれわれの理論にたいする真面目な異論の一つを除去できる。もし共同体の全体が、贖罪のいけにえというたった一人の者に包摂されることが決してなかったとすれば、供犠の身代りにわれわれが前にふり当てた重要性を賦与することは不可能であるだろうし、供犠を社会的制度として確立することも不可能であろう。

最初の暴力は唯一のもので自然発生的なものである。儀礼の供犠は、それとは逆に、多数である。人々はそれらの供犠を飽きるほど反復する。創始的暴力の中で人間たちの目に入らなかったもの、殺害の場所や時間、いけにえに何を選ぶかといったことを、人間たちはさまざまな供犠の中で、彼ら自身で決定する。儀礼の企ては、一切の規範《レーグル》からまぬかれているものを整理《レグレ》することを狙っているのだ。つまり儀礼の企ては、現実的に、創始的暴力から、浄化《カタルシス》的鎮静化の一種の技術を引き出そうとつとめるのである。儀礼的供犠のどんな小さな効力も、決して不完全なものではない。儀礼は、鋭い危機の時代の外で機能するように運命づけられている。つまりそれは、治療的役割ではなくて、すでに見たように予防的役割を果すのである。もしそれが、現にある以上に《効果的で》あったとすれば、言い換えれば、普通、共同体の外部にあるいけにえとし得る範疇《カテゴリー》の中からいけにえを選ぶのではなかったなら、そしてもし儀礼が、創始的暴力と同じようにその共同体の一人の成員をいけにえに選んだとすれば、かえって、その儀礼が防止することを目的としたもの、つまり供犠の危機への再落下をひきおこすことになるだろう。供犠は、集団的殺人が常規を逸していると同時に規範的でもあるその機能に適応されるのとまったく同様に、正常なその機能に適応されるのである。供犠のより小さな浄化《カタルシス》作用は、集団的殺人によって明示されるきわめて大きな浄化作用から派生していると想定する理由があるのだ。

　儀礼的供犠は、二重の身代りに基礎づけられている。その一つは、これまで気づかれなかったものだが、ただ一人の者による共同体全員の身代りである。その身代りは贖罪のいけにえのメカニズムに根拠を置いている。第二のものは、それだけが儀礼に独自のものであるが、原初のいけにえの身代りに、供犠し得る範疇に属するいけにえを選ぶことである。贖罪のいけにえは共同体の内部にあり、儀礼のいけにえは外部にある。満場一致のメカニズムが必ずしも自動的に有利に働くわけではないのだから、当然、そうでなければならないのである。

　第二の置き換えがどのようにして第一の置き換えの上につけ加えられるのだろうか？　どのようにして創始的暴力が儀礼に遠心力をおこさせるのに成功するのか？　どのようにして供犠の技術が確立され得るのか？　これらは、やがてわれわれが答えようと試みなければならない問題である。けれども、創始的暴力にくらべて必然的に模倣的な供犠の性格を認識するために、時間をかける必要はない。そうした模倣的要素のおかげでわれわれは供犠の中に、まだ完全に理解し難い技術的側面と、これまた本質的なものである記念の側面とを認識し得るのである。何も儀礼的思考に、それがたしかに持ってはいない先見の明だとか操作上の巧妙さをみとめる必要はないのだ。

　われわれは儀礼を、国家祝祭日の無意味さに還元することなく、精神分析がするように、単なる神経症（二〇）的強迫に帰することなく、或る現実のできごとの記念《コンメモラシヨン》とすることができる。現実にあった暴力のいささかのものが儀礼の中になおも存続している。供儀がその有効性を保持するためには、たしかにいささかの呪縛力がなければならない。けれども供犠は本質的に秩序と平和の方に方向づけられている。もっとも暴力的な儀礼にしても、現実には、暴力を追い出すことをねらっているのだ。もし暴力的な供犠の中に、人間の中にあるいっそう病的で病理学的なものを見るとすれば、それは根本的に間違っている。
たしかに儀礼は暴力的ではあるが、それは常に、もっと悪い暴力にたいする防波堤を作りあげる最小の暴力である。儀礼は常に、殺人の後で贖罪のいけにえのまわりに作られる満場一致がもたらす平和のような、共同体が知っている最大の平和を樹立しようとつとめるのである。共同体の中に常に蓄積する悪しき瘴気を散らすことと、起源の新鮮さを再び見出すことは、唯一の同じ事である。秩序が支配していようと、秩序がすでに混乱してしまっていようと、常に関わりを持つべきは同じモデルであり、再現しなければならないのは同じ図式である。一切の危機を勝利のうちに克服する図式、贖罪のいけにえにたいする満場一致の暴力である。

***

いま輪郭がしだいにあきらかになりつつあるのは、神話と儀礼の理論である。言い換えれば、全体として見た宗教的なものについての理論である。これまでの分析はあまりにも拙速すぎるし不完全すぎるので、贖罪のいけにえと暴力の満場一致に与えられる驚くべき役割の中に、まだ、役に立つ仮説以外のものを見ることはできない。この段階では、われわれは、読者が納得することを期待し得ない。なぜなら、宗教的なものに現実の起源を賦与するこの命題《テーゼ》は、抵抗なく受け入れられるためにはあまりにも普通の概念からかけ離れすぎているし、あまりにも多数の領域に、あまりにも多くの根本的な影響をひきおこすばかりでなく、その同じ命題が、直接間接の検証に耐え得ないからである。もし模倣が、それが模倣するものを必ずしも正確に知ってはいないとすれば、そしてもし原初のできごとの核心が模倣の目からまぬかれているとすれば、儀礼は、後の思想によって取り除かれなかったある形の誤認、そしてわれわれがどこにもその定式を見つけることができないだろう思い違い、すくなくともわれわれがそれを探そうと試みる所では定式の見つからぬ誤認を含むことになる。

いかなる儀礼も、逐一詳細に、われわれが仮説によって一切の儀礼の起源に位置づけた操作を再現することはないだろう。誤認は、宗教的なものの基本的な次元を成している。そしてその誤認の基盤は贖罪のいけにえ以外のものではない。贖罪のいけにえの秘密は決して白日のもとで知覚されることがないのである。儀礼的思考が暴力の満場一致の操作を再現しようとつとめるのは、あくまでも経験的にである。もしわれわれの仮説が正しいとしても、完全にそれを照らし出すいかなる宗教的形態も決して見出すことはないだろうが、しかしある時は一面を、別な時には別な一面を照らし出す無数の宗教的形態を見出すことになろう。そうなれば、もはや疑問の余地のない瞬間が来るにちがいない。

したがって、現在のこの仮説の光に照らして、できる限り多数のさまざまな、できる限り互いにへだたった儀礼や神話の新しい形態を、その表面に見えている内容とその歴史的および地域的な位置づけの両面から、解読することによってこの仮説が正しいことをあきらかにしなければならない。

もしこの仮説が正しいとすれば、それがもっとも目覚ましく検証されるのはもっとも複雑な儀礼の段階においてである。実際、一つの儀礼体系が複雑であればあるだけ、仮りにそうだとすれば、いま分析した働きの中でその体系が再現しようとつとめる要素は、いっそう数多くなる。それら要素の大部分は、原理的に、すでにわれわれの手中にあるのだから、もっとも困難な問題もひとりでに解消するにちがいない。儀礼体系のさまざまに四散した断片が、首尾一貫した全体の中で結びつくはずである。完璧な照明が、もっとも厚い暗闇に一挙に取って代るにちがいない。

地球上のさまざまな理解し難い諸体系の一つに、アフリカ大陸における宗教的専制君主制が常にあげられる。長い間その解読しがたい複雑さが、それら神聖君主制に《奇妙な》とか《異常な》といった品質形容詞を与えることになったのだ。多少とも論理的な範疇《カテゴリー》によってさまざまな儀礼的なものをいくつかの集団にまとめることができると人々が思った時代にも、そうした複雑さのおかげでさまざまの神聖君主制は《例外》のなかに分類されざるを得なかったのである。ファラオ時代のエジプトからスワジランド(二二)にいたるまでの間に位置するこれら君主制の厖大な集団の中では、王は、ある種の盛大な儀式の場合に、とくに即位の時とか周期的な《若返り》の儀礼の中で、実際の、あるいは模擬の近親相姦をするように義務づけられている。さまざまな社会において、王の相手となることのできる女性の中に、普通婚姻の規則が絶対的に禁じているような、母親、姉妹、娘、姪、従姉妹などというほとんどあらゆる女が見られる。時には親族関係が事実である場合もあり、時にはそれが《分類的なもの》(二三)である場合もある。近親相姦が現実には行われなくなったいくつもの社会でも、もしそれがかつて行われていたとすれば、近親相姦の象徴法が依然として残っている。リュック・ド・ウーシュ(二四)が指摘したように、母である女王が演ずる重要な役割は、きわめて多くの場合、儀礼的な近親相姦の文脈の中で読解されることを求めているのである。[25]

王の近親相姦を理解するためには、あっといわせるようなその性格のせいで人々がいつもするように、それを、そうした文脈から切り離してしまうことをやめなければならない。それが一部分をなしている儀礼の全体に結びつけ、なによりも、即位にあたって、王が一身に罪を引き受けなければならないそれ以外のさまざまな違犯と関連させてみなければならない。人々は彼に禁忌の食べ物を食べさせる。さまざまな暴力行為を犯すように仕向ける。時には、文字通り血の湯浴みをさせる。悪しき性格を示す調合——生殖器官をすりつぶし、血のついた臓物をまぜ、あらゆる種類の屑をまぜあわせたもの——の薬を啜らせる。いくつもの社会で、即位式の全過程が血なまぐさい狂気の中で展開される。こうしてみると、王が違犯するように義務づけられているのは、何も特別なある禁止でもないし、あらゆる禁止の中でも決して侵してはならない禁止でさえない。それは、考え得るあり得る一切の禁止なのだ。さまざまな違犯のほとんど百科全書的〔すべてを網羅する〕性格、それに、幅広い意味をもった近親相姦の違犯の本質は、王が具現すべき義務を負うたものがいかなる種類の人格かを、明瞭に示している。それは、この上もない違犯者、いかなるものも尊重することのない存在、残虐極まりないものであれ、「過剰《ヒュブリス》」(hubris)(一一四) のあらゆる形態をわがものにする存在の、人格なのである。

ここでわれわれが関わっているのは、ルイ十四世の寵姫たちに似た王様の単なる《あやまち》、おそらくは感に耐えた気持を込めながら、公的な一切の性格を欠いた寛容さで見られるような対象《もの》ではない。アフリカの人々は、いかなるものにも目をつむることはない。彼らは逆に大きく見開いているのである。そして、近親相姦の行為は、しばしば、王座を昇ることの必要不可欠《シネ・クァ・ノン》な条件を構成しているのである。だからといってそれは、王がその行為をやりとげたとき、そうした違犯が断罪すべき性格を失ったということになるだろうか？　それは逆である。なぜか？　そうした違犯は、それが求められるという性格を保存するからである。つまりそうした違犯は、即位式の象徴法が絶えず関係を持とうとつとめるきわめて激烈な穢れを、王に伝達するのである。《たとえば、鼠がニェック（嫌悪をもよおさせるもの）で、民族的な禁忌であるブション(一一五)グ族〔クバ族〕では、王様は戴冠式の時に、籠にいっぱいの鼠を献上される(26)》のである。時には癩病の主題が、最初にその祖先が占めた王座と結びつけられたように、王が後継者となっている神話上の祖先と結びつけられる(27)。

おそらくは後になって、王の近親相姦に関するイデオロギーが生まれる。たとえば、君主が妻を自分の近い血縁の中から選ぶのは、王の血の純潔を保つためだといったイデオロギーである。この種の説明は退けなければならない。近親相姦やその他の違犯は、なによりも、王を、もっとも極端な穢れの化身にする。戴冠式や蘇りの儀式の際に、その王が群衆から、もちろん儀礼的性格のものではあるが罵声を浴び、手荒く扱われるのは、そうした穢れのためである。敵意に満ちた群衆は、まだ穢れている人格、すべての人から拒絶された真の罪人でしかない人間の不品行をなじるのである。ある場合には、王の兵隊たちが、王をとりまく人々にたいして、時には、王個人にたいして模擬の攻撃を仕掛けることさえある。

　王を違犯者に仕立て、彼に、もっとも聖なる掟《ロワ》、とりわけ外婚の掟を侵害するように強制するのは、決して彼を《許す》ためではない。あるいは、彼にたいして寛大さを示すためでもない。逆にそれは、最後の峻厳さをもって彼を罰するためである。侮辱と手荒な扱いは、もともと王がそのいけにえであるが故に主役を演ずる供犠の儀式の中で、最高潮に達する。前に言った通り、近親相姦をその儀礼的文脈の中に置き直してみなければならないのだ。その文脈は、違犯に制限されるものではない。あきらかにそれは、現実のものであれ象徴的なものであれ、王の供犠を包括している。われわれは、王の供犠の中に、違犯に対応した処罰を見てとることをためらってはならないのである。王が力と強さを失ったが故に供犠されるといった考え方は、近親相姦を王の血の純潔によって説明する考え方と同様、空想がかったものである。この第二の観念もまた、アフリカ君主制についての多少とも後からできたイデオロギーの一部を成しているにちがいない。この二つの観念を真面目にとる民族学者は、今ではほとんど稀れである。それに、民族学上のさまざまな事実は、彼らの正しさを証明している。たとえばルアンダ（二一六）では、あきらかに近親相姦の関係にある王と母親の女王が、王位にある間に何度も、近親相姦にたいする象徴的罰として解釈する以外に解釈できないような供犠的儀礼に、身を捧げなければならない。

王と女王は、あたかも捕虜か死刑囚のように縛られて公衆の面前に姿をあらわした。彼らの身代りの牡牛と牝牛が棍棒で殴られて屠殺された。王は牡牛の腹の上にのぼり、人々は、両者同一化をできる限り推進するために、牡牛の血を王に注いでいた(28)。

こうしてみれば、王が演ずるように義務づけられているのがどんなシナリオであるか、そこで近親相姦がどんな位置を占めているかを理解するのは簡単である。このシナリオはオイディプース神話のそれに極端に似ている。歴史的な繋がりといった理由のためではなくて、二つの場合とも、神話的思考あるいは儀礼的思考が参照しているのは同じモデルであるという理由からである。アフリカの君主制の背後には、相変らず、供犠の危機があり、それが突然、創始的な暴力の満場一致によって締めくくられている。アフリカの王の誰もが、自分自身の神話を最初から最後まで何度も演じなければならない新しいオイディプースなのである。なぜなら、儀礼的思考は、いつも崩壊の危機におびえている文化的秩序の、永続と更新の手段を、この芝居《ジュー》の中に見ているからである。ここにもやはり、最初の集団暴行《リンチ》と結びつき、それを正当化する近親相姦の告発があったことは確かである。近親相姦の告発は、集団的暴力の幸運な結果によって批准されているように見える。したがって人々は王に、最初に彼が非難された事を全部やりとげるよう要求するだろう。そして王は、公衆の拍手喝采のもとでではなく、最初のように、群衆の殺到のもとでそれを完全にやりとげるであろう。近親相姦は、原則的に新しい即位のたびごとに、最初の時と同じように、解放者的な殺人、文化的秩序の勝ち誇った到来に通じるはずの憎悪と集団的暴力の同じ反応を誘発するであろう。

王の近親相姦と、起源のものと思われる近親相姦との関連は、時として、それが描かれている起源神話によって証明される。E・J・クリーゲならびにJ・D・クリーゲは、ロヴェデュ族におけるそうした神(二一七)

話を報告している。[29] 近親相姦はこの社会の誕生に重要な役割を演じている。人間たちに平和と豊饒をもたらすものはそれなのだ。けれども近親相姦は、もっとも優先的なものでもなければ本質的なものでもない。近親相姦がまず最初に供犠を正当化するように見えるとしても、もっとも基本的な段階では、近親相姦を正当化するのは供犠の方なのである。王は、やがて来る彼の死の効力によってのみ支配するのだ。彼は、供犠が差し迫った段階におけるいけにえ、刑の執行を待つ死刑囚以外の何物でもない。そして、供犠それ自体にしても、必ずしももっとも優先的なものではないのだ。それは、最初に自然発生的に獲得された暴力の満場一致の、儀礼化された形態でしかないのである。

人々が王に、厭わしい水薬を腹いっぱい呑ませ、あらゆる種類の暴力的違犯、なかでも近親相姦を犯させるとしても、それは、前衛劇や現代の反文化の精神とはまったく対立する考え方においてである。つまり、腕をひろげて悪しき力の数々を迎え入れるのではなくて、それらを悪魔祓いすることが問題なのだ。最初に放逐された者が、一見したところ、すでにそれに価したのと同じ程度に、王は、彼に用意されている罰に《価する》ことが必要である。その人物のさまざまな悪の潜在力を、徹底的に現実化しなければならない。王を、暗黒の力で光り輝く怪物に仕立てなければならない。それは何も美学的理由からではなく、王に伝染性の一切の瘴気を一身に集中させ、それらを文字通り磁力で引き寄せ、つぎにはそれらを安定と豊饒に変えさせるためである。終局の殺戮の中に在るこの変身の原理は、その後、その王の一切の現世的生活に拡大してゆく。モッシ族（ワガドグ）[二八]の、モローナバの叙任式の歌は、贖罪のいけにえの仮説だけが解読を可能にする救霊の力学を、きわめて古典的な簡潔さで表現している。

お前はごみの山だ
お前はおれたちを殺すために来た
お前はおれたちを救うために来た(30)

王は一つの現実的機能を持っている。そしてそれは供犠のいけにえすべての機能である。王は、不毛で伝染性の暴力を、積極的な文化的価値に変える機械である。この君主制は、一般に大都市の周辺部に置かれていて日常的な生活廃棄物を農業用肥料に変える清掃工場にくらべ得る。いずれの場合にしろ、その過程《プロセス》の結果は、それを直接に用いたり、あまりにも高い含有量のまま用いたりするには、利き目がありすぎて有害なのだ。本当に養分を豊富に含む肥料を用いる時には、適度な利き方かどうかを確かめなければならないし、あるいは混ぜ物をしなければならない。或る程度の距離をおいて王が通りすぎるならば肥沃になる畑も、もし彼が歩きまわったとすれば、すっかり荒れ果てて台なしになるだろう。

オイディプースの神話と、全体として考察されたアフリカの諸事実との間にある平行関係は衝撃的である。どこにも再び顔を見せていない神話やギリシア悲劇の主題は、一つだってないのである。ある場合には、近親相姦の傍らに子殺しと父殺しの二重のモチーフが、すくなくとも、父なる王とその息子を永遠に切り離す絶対的な禁止におけるように暗示的なやり方で姿をみせている。別な社会では、オイディプースの神話にそっくりな神話群が形成されているのが観察される。ラーイオス王の息子と同じくニオロ族の王は《二人の小さな母》を持っているし、ジュクン族の首長は、二人の妻を持っている。リュック・ド・ウーシュはこれと前者の二人の女とを関係づけている(31)。

オイディプース神話と同じく、アフリカのパルマコスの背後にも、贖罪のいけにえの満場一致の殺害で締めくくられる現実の暴力、相互的暴力の活動があるのだ。いたるところで、あるいはほとんどいたるところでの、即位と若返りの儀礼、それにある場合には王の現実の決定的な死もまた、二手にわかれた集団と集団との模擬戦を伴っている。そうした儀礼としての対決、時にはすべての民衆の参加は、あらゆる種類の不和と無秩序な擾乱をあきらかに思いおこさせる。それらに終止符を打つことができたのは贖罪のいけにえのメカニズムだけだったのである。もし、贖罪のいけにえにたいする暴力が普遍的モデルに役立つとすれば、それは、その暴力が現実に平和と統一を回復したからである。そうした集団的暴力の社会的な有効性だけが、単に絶えずその過程を反復するのではなくて、贖罪のいけにえをすべての葛藤の仲裁者と見做し、それを至上権の真の具現者とすることにある政治的‐儀礼的企図を説明できるのである。

　多くの場合、王位の継承は、子と父、あるいはまた子ども同士の儀礼的闘争を伴っている。リュック・ド・ウーシュがその戦いについて書いた記述は次のようである。

> 王位継承の戦いは君主の死後始められる。この戦いの儀礼的性格を過小評価することはできない。王子たちは、競争相手の兄弟たちを排除するために、誰もが等しく呪術的な強い薬を用いると見做される。
> ヌコーレにおけるこうした呪術的な王位の競争の基礎には、敵対する兄弟の主題が見つかる。いくつかの派閥が、王位継承権を主張するそれぞれの王子のまわりに組織される。そして、王位継承を許されるのは最後に残った者である。

　前に言ったように、結末がもはやモデルによって規制されていない争いの現実の姿の中で、儀礼と、それが歴史の中で崩れていったものとを、明確に区別することは不可能である。こうした区別がつかないこと自体、啓示的である。儀礼は、それが一定の方向に、現実の政治的、社会的争いを導く時においてのみ、生きて残っていると言えるのである。他方、儀礼が、厳密にきめられたいくつかの形態の中に、闘争の表現様式を維持する場合においてのみ儀礼であり続けるのだ。

＊＊

若返りの儀礼について十分に詳細な記述を手に入れることができるあらゆるところで、その儀礼もまた、供犠の危機と創始的暴力の多少とも変形したシナリオを再現していることが確認される。若返りの儀礼は、小宇宙《ミクロコスム》が大宇宙《マクロコスム》に属しているように、全体として王の身分に属している。スワジランドの「インクワラ」という王の儀礼が、きわめて完全な形で観察されている。(32)

儀礼の最初に、王は自分の聖なる囲い地に立て籠る。彼は悪しき水薬を思いっきり呑みこみ、分類的〔同族の〕姉妹と近親相姦する。こうしたことすべては、王の「シルウァネ」を高めることをねらったものである。この言葉は《野性の動物のようにあること》とでも訳したらいい言葉である。シルウァネは必ずしも王にだけ適用されるのではないにしても、王であるべき人格を本質的に特徴づけている。王のシルウァネは常に、王の戦士の中でもっとも勇ましい者のシルウァネよりも優っているのである。

この準備期間、人々は「シメモ」を誦する。それは、王に対する憎しみと、王を追放したい願望を表現した歌である。かつてなく野性的になった王が、時おり、姿をあらわす。裸体と、体一面にぬられた黒い塗料は挑戦を象徴する。こうして民衆と王の仲間との間に模擬戦がはじまる。戦いの獲物は王自身である。呪術の水薬によって鼓舞され、首長より低い程度ではあるがシルウァナに満たされた戦士たちは、武器をもって聖なる囲い地をとりまく。彼らは、側近が守ろうとする王を奪いとろうとするかのようだ。

ここで部分的に要約した儀礼の過程でも、王の象徴的な殺害がある。杖をふれることによって暴力の王の化身は牝牛に己れのシルヴァネを伝え、それを《狂った牡牛》に変えて殺すのである。ディンカ族の供犠の場合と同じく、戦士たちはみんないっしょに、素手でおそいかかってその動物を殴り殺すのだ。

こうした儀式の過程で、王と側近と戦士と民衆全体との間の距離は一時的に消える。差異の消失には、別段《兄弟のような睦み合い》といったものは何もない。それは、参加者全員を包んでいる暴力以外の何物でもないのだ。T・O・ベーデルマンはこうした儀礼の部分を「差異の溶暗」(dissolving of distinctions)(33) と定義している。(二一九) ヴィクター・ターナーは「インクワラ」を、シェークスピア的な意味での「王の劇」(play of kingship) として記述している。

儀式は、しだいにたかまりゆく刺激のメカニズム、それが活動させるさまざまな力に養なわれた力学《ダイナミズム》の口火をきる。王は最初はそれらの力の犠牲者のように見えるが、やがてそれらを支配する絶対的な支配者のように見えてくるのである。最初にほとんど彼自身が供犠されるかのような王が、つぎには、儀礼の中で祭式をとりしきり、彼自身もっともすぐれた供犠者となってゆくのだ。こうした役割の二重性に驚いてはならない。それは、全体として、贖罪のいけにえと暴力の活動との同化を立証しているのである。王がいけにえである時でさえ、結局のところ彼は、その活動の主宰者であり、その活動の進行のいかなる点でも介入することが出来るのだ。一切の役割は彼に属している。暴力のさまざまな変貌の中で、その変貌がおこなわれる意味がどんなものであれ、王と無関係な変貌は一切ないのである。

戦士と王との儀礼的闘争の頂点で、王はもう一度、彼の囲い地に引っこむがやがてそこから、一箇のひょうたんを携えて出てくる。彼はそれを、侵入者の一人の楯に投げつける。それが終ると、全員が散ってゆく。H・クーパーのインフォーマント〔資料提供者〕が彼に語ったところによると、戦いの最中にひょうたんが当った戦士は、やがて死ぬ運命にあるということである。この民族学者は、一人だけ当ったその戦士が一種の民族的贖罪の牡山羊となることを示唆している。つまりそれは、彼の前に牝牛がそうであったように、象徴的に王に代って死ぬ王の分身をその戦士の中に認めることに他ならない。

「インクワラ」は、年の終りに始まり新年の初めに終る。儀礼が記念する危機と時間の循環の終りとの間には、一つの照応《コレスポンダンス》がある。儀礼は自然のリズムに従っているが、そうした自然のリズムを、それが一見暴力より勝っているように見える場合でも、儀式における第一の要素と見做してはならない。なぜなら、神話や儀礼は、暴力を変装させたり、向きを変えたり、共同体から立ちのかせたりすることを機能としているからである。儀礼の最後に、過ぎ去った一年間とさまざまな儀礼のあいだに蓄積した穢れを焼く炬火に火がつけられる。清掃と潔めの象徴《サンボリック》が、儀礼の重要な諸段階に付随している。

＊＊

王の近親相姦を理解するには、君主制度そのものと一体をなす儀礼の文脈にそれを置き直してみなければならない。王の中に、未来に供犠されるもの、つまり贖罪のいけにえの代りのものを認めなければならない。したがって近親相姦は、相対的に副次的な役割しか果していない。それは、供犠の有効性を強化することに当てられるのである。近親相姦は供犠なしには理解できないが、供犠は、近親相姦なしにでも、自然発生的な集団的暴力を直接に参照してみれば理解することが可能である。

きわめて派生的な形態の中では、供犠が完全に消滅してしまう場合もたしかにおこるが、近親相姦や、近親相姦的な象徴法《サンボリスム》は依然として存続する。けれども、だからといって供犠が近親相姦にくらべて二次的であると結論してもいけないし、近親相姦は供犠の仲介なしにでも解釈できるし、解釈すべきだと結論してもいけない。むしろ、主要な当事者たちは爾来、起源からきわめて遠ざかっているので、彼ら自身の儀礼を、まるで西欧の観察者たち――というよりのぞきといいたい気になるが――と同じ眼で見ていると結論すべきであろう。近親相姦は、その特異性そのもののためにいつまでも生き続ける。起源となっている誤認を未来に延長し強化しているのだから、ある意味では決して失敗とは言えないのだが、そうした儀礼の破産の中で、ひとり近親相姦だけが生きながらえるのである。近親相姦はまだ記憶されているのに、その他のものは全部忘れ去られる。その点では、アフリカの君主制は今や民間伝承的、観光名物的段階にきてしまったとも言える。現代の民族学もまたほとんどいつも、近親相姦をその文脈から切り離してしまった。現代の民族学は、近親相姦を取りまくさまざまなものを考慮に入れず、それ自身で表示しなければならないような自律的な在り方、巨大さを近親相姦のうちに見ているが故に、それを理解することはできないのである。精神分析もその誤謬を犯す。人々は、精神分析はその最高の開花であるとさえ言うのである。

近親相姦の違犯は王に王たる性格を与えるけれども、それは、その違犯が違犯者の死を要求するが故に、そしてその違犯が原初のいけにえを想起させるが故にのみ、王の違犯と言える。こうした事実は、王が近親相姦を犯すことを要求する諸社会の中での、きわめて注目すべき例外的な型に目を向ければ、きわめて明瞭に見えてくる。ごく単純なことであるがその例外は、王の近親相姦を絶対的に拒否することで成り立っている。そうした拒否は結局のところ一般的規則、つまり、いかなる種類の例外もない近親相姦の純然たる禁止に帰着すると思われるかも知れない。けれどもそうではない。そうした社会での王の近親相姦は、大部分の社会で拒否されるような意味で、単純に斥けられるのではない。それにたいしては特別な配慮がなされるのである。王の側近たちは、王から、その近親の女たちを遠ざける。人々は王に精力をつけず、元気をなくさせる飲み薬を摂らせる。ということは、王座のまわりには、近隣の諸王国と同じ近親相姦のにおいがただよっていると言うことである。(34) 近親相姦にたいする特別な予防手段は、王がとくにそうした種類の違犯にさらされている時にしか正当化されない。したがって、王の王たる基本的な定義はいずれの場合にも同じだということを認め得るのである。近親相姦を絶対的に排除する社会においてさえ、王は、外婚の規則を犯したと見做される原初のいけにえの後任となっている。王が特別に近親相姦におちいりやすいのは、そのいけにえの後継者であり相続者であるからである。人々は、この複製《コピー》に、原画のあらゆる特質を見出すことを期待するのである。

一般的規則、近親相姦の絶対的禁止は、ここで再確認されるが、しかしそれは、まず第一に、例外にたいする例外をそこに見、近親相姦を要求する文化の枠内での近親相姦の拒否と解釈すべきほど特別な形で、再確認されるのである。重大な疑問はこうである。常に変ることなく原初の追放された者、先祖、創始的な神話の主人公に帰せられる近親相姦の再現が、なぜ、ある時は極端に恩恵をもたらすものと思われ、ある時は極端に有害なものと思われるのか？ しかも、きわめて接近した隣合わせの社会においてどうしてそうなのか？ という疑問である。王の近親相姦を除いては、その宗教的視野がきわめて接近している共同体群の中の同じような明白な矛盾は、一見、一切の合理的な解釈の努力を不可能にするかに見える。

何よりもわれわれは、驚くべき広がりを持った一つの文化領域における、王の近親相姦のような宗教的主題《テーマ》の存在は、言葉の伝統的意味でのある種の《影響力》の存在を前提にしている、ということに注目しよう。近親相姦の主題は、それら文化の一つ一つにおける《起源》ではあり得ない。それは否定しがたい自明の事である。ということはわれわれの概括的な仮説が適用可能ではなくなったということであろうか？

われわれは、創始的暴力が、神話と儀礼の意味するものの一切の母型であると断言した。厳密に言えば、それは、いわば絶対的な、完全な、そしてまったく自然発生的な、極端な場合の暴力についてのみ、真実である。

そうした完全な独自性と、もう一方にある儀礼の完全に機械的な再現の間に、われわれは、文字通り無限に多様な中間的集団経験を想定し得る。広大な地域にいくつかの共通な宗教的文化的主題が存在するということは、何も、地域的に言えばそれぞれの中間的形態に応じた創始的暴力の体験があったということを否定するものではないし、その形態が神話や宗教の領域に、限られてはいるが現実の創造的力を持っていたということを否定するものでもない。こうして、これほど多くの異なった町々に、同じ神話と同じ信仰のこれほど多くの焼き直しがあり、同じ神々のこれほど多くの地域的異本《ヴァリアント》、これほど多くの多様な誕生があることの説明がつくのである。

他方、細部では限りなく変化しがちであるとはいえ、神話と儀礼の精製がいくつかの重要な主題、なかでも近親相姦をめぐっておこなわれていることに注目しなければならない。孤立した個人の中に、供犠の危機つまり一切の差異の喪失に責任ある者を見ようとする傾向を持つやいなや、われわれはその個人を、婚姻の規則というそうした基本的な諸規則の破壊者、言い換えれば本質的に《近親相姦を犯す者》として定義づけがちである。近親相姦を犯して追放された者の主題はどこにでもある普遍的な主題ではないが、それでも、互いにまったく独立した文化の中に姿をあらわしている。きわめて多様な場所に自然発生的にそれが出現し得るという事実は、きわめて広範な地域における文化の伝播という観念と相容れないものではない。

贖罪のいけにえの仮説は、一方の伝播《ディフュジオニスト》論的理論のあまりにも絶対的な連続性と受動性、他方の現代の形態論《フォルマリスム》すべての、これまたあまりにも絶対的な非連続との間に、一つならず数多くの中間項を定義することを可能にする。この仮説は、母－文化からの借用を否定もしないが、娘－文化における借用された要素に、ある程度の自立性も認めるのである。その自立性こそがやがて、きわめて隣接した二つの文化の中であきらかに認められる、あたかも王の人格に直接結びつけられているかのような同じ近親相姦が、一方では絶対的に要求され、他方では明確に禁じられているという、さきほどわれわれが確認した奇妙な矛盾をうまく解釈してくれるだろう。近親相姦の主題は、地域的な体験の段階で、絶えず、何度も解釈され直すのである。

儀礼的思考は創始的なメカニズムが何度も反復することを求めるのだ。秩序を与え、鎮静化し、協調させる満場一致は、いつもその逆のもの、つまり、分離し、平等化し、破壊する暴力の絶頂の後を襲う。悪しき暴力から、秩序と平和というこの最高の善へ移行は、ほとんど瞬時におこなわれる。原初体験の対立する二つの顔は直接《じか》に並存している。共同体が再び満場一致にもどるのは、このほんの一瞬の恐るべき《反対なものの一致》の中でである。したがって、暴力のいくつかの形態をまぜ合わせない供犠の儀礼はあり得ないし、それからの治癒よりはむしろ供犠の危機自体にきわめて直接に結びつくいくつかの意味を、自らの意味にしていない供犠の儀礼は存在しない。近親相姦が一つの例である。それを要求する社会体系では、王の近親相姦は、救済のプロセスの一部をなすもののように感じられ、したがって、再現されなければならないものとして感じられるのである。ここには、完全に理解できないものは何もないのだ。

けれども、儀礼は、供犠の危機の再来を避けることを、唯一と言ってもよい本質的な機能としている。ところで近親相姦は供犠の危機の産物である。つまり近親相姦は、それが贖罪のいけにえに当てはまる時、遠まわりながら完全に供犠の危機を表示することができるのだ。したがって儀礼的思考は、その近親相姦が贖罪のいけにえと結びついている時でさえ、その中に集団的救済の一要素を見ることを拒み得るのである。儀礼的思考はあくまでも、近親相姦に、すぐれて悪しき行為、たとえ原初のいけにえの相続者、代理者によって近親相姦が行われるにせよ共同体を伝染性の暴力に沈める危険のある行為を見ようとするのである。

近親相姦は、予防すべき悪と一体をなしている。けれども人々は、その悪の絶頂と解き難く混じり合っている治癒を反復再現することで、その悪を防ごうとつとめる。儀礼的思考は、解決不可能な切り離しの問題、あるいはむしろ、解法に必ず不定要素〔恣意的要素〕が含まれるという問題に直面することになる。儀礼的思考は、われわれ自身が善と悪とは同じ一つの現実の二つの面であるということを認めようとしている以上に、はるかにそうしようとしているが、最後まで認めることができないのである。人間の文化のほかの様式よりはるかに善悪の差の少ない儀礼の中にも、やはり差異があらわれざるを得ない。儀礼の目的は、危機のもたらす恐るべき差異の消去の後で、その差異を復興し強化することである。暴力と非-暴力との間の差異には、何らの任意的なものも想像的なものもないが、人間たちは常に、すくなくとも部分的に、最初から終りまで暴力的なものであるプロセスの中に、差をもうけるのである。これが儀礼の成り立つ理由である。儀礼は、それが悪しき相互性と同化したままでいるが故に《悪しきもの》にとどまる暴力にたいして、ある形の暴力を、あきらかに共同体の統一に必要なもの、《良きもの》として選び出すのだ。したがって儀礼は、依然として《悪しきもの》にとどまっている他の形態にたいして、たとえば王の近親相姦のようなある形態の近親相姦を《良きもの》として選ぶことができる。同様にそれは、一切の形態の近親相姦が悪しきままであるときめつけて拒絶することもできるのだ。つまり、もっぱら供犠特有の行為でないにしても、すくなくとも供犠に関する王の人格の有効性を引き立てるような行為の中に、王の近親相姦を認めることを拒むのである。

人間のあらゆる共同体にとって、悪しき暴力の変身は根元的に重要であり、そしてその変身の秘密を洞察することはあらゆる共同体にとって、同じく根元的に不可能であるが故に、人々は儀礼を行うべく定められ、儀礼はきわめて類似していながら同時にきわめて異なった形態で、姿をあらわさざるを得ないのである。

儀礼的思考が、王の近親相姦を前にして、同じ最初の条件から出発しながら正反対の二つの解決法を採用し得るという事実は、悪しき暴力と、良き、供犠的な暴力との間の差の、恣意的でありながら同時に基本的でもある性格を、見事に示している。どの文化においても、採用された解決法の背後には、それとは逆の解決法が露頭している。近親相姦を要求する社会のいかなるところでも、たとえ王の近親相姦であれ近親相姦というものはそれでもなお依然としてやはり悪しきものである。なぜなら、それが罰を呼び、それが王の殺害を正当化するからである。逆にそれが禁じられている社会のどこででも、王の近親相姦はそれでもなお依然としてやはり良きものと結びつけられている。なぜなら、王は近親相姦にたいして特殊なつながりを持ち、人々に救いをもたらす暴力と切り離し得ないものであり続けるからである。

こうした近親相姦の対立的な意味づけにもかかわらず、それは、構造という将棋盤《チェッカー・ボード》の桝目の上を勝手に動かし得る単なる将棋の駒ではないのだ。近親相姦は、スノビスムや流行が立て続けに作りあげたさまざまなものに付け加えたり取り除いたりできる安物の飾りではないのである。まったく形式的な構造主義といっしょになって、それをすっかり非劇化《デドラマティゼ》してもならない〔劇的な衝撃性を払い落してはならない〕し、精神分析といっしょになって、それをもっとも核心的な意味としてもならないのである。

**

正統的なフロイト主義がもっとも不備なのは一般人類学《アントロポロジー・ジェネラル》(一二〇)の領域においてである。王の近親相姦についても、オイディプース神話についてさえも、精神分析からの解説はない。もちろんアフリカの君主制とオイディプースの神話の間にある驚くべき関連についても何らの解釈もないのである。父殺しと近親相姦に向けられたフロイトの天才的な指摘はあるが、以来、それに類するものは何もないのだ。精神分析にこれほど密接に関わりのある領域においてそれが無力であるということを確認する代りに、多くの研究者たちは、それに敵意を持つ者でさえも、直接間接に近親相姦と関係するすべてのものを、暗黙のうちに精神分析にまかせてしまうのである。現代では、フロイトに向かって恭々しく脱帽せずには、王の近親相姦の問題を誰も思いおこすことができないのだ。ところで、精神分析は、王の近親相姦の主題について決定的なことは何も言わなかったし、今も言うことはできないでいる。われわれの理解したいという渇望をみたすもの、フロイトの中で最良のフロイトを思いおこさせるものは、何も言うことができないでいる。

十九世紀末の西欧文明の中に近親相姦の主題がほとんど絶対といっていいほど存在しないということがフロイトに、人間の文化全体が、母親との近親相姦を犯したいという、普遍的でありながら、それこそ普遍的に抑圧された欲望によってねじまげられていると思わせたのである。原始的な神話や儀礼における近親相姦の主題の存在が、そうした仮説の明白な証明と解釈される。けれども精神分析は、ある一定の社会における近親相姦の不在が、他の数多くの社会におけるその存在とまさしく同じことを意味するのはどのようにしてか、その理由は何かを示すことができなかった。おそらくフロイトも間違っていたのだろうが、それでも彼には、間違うには間違うなりの理由があったのであり、それに反して彼の誤謬をあげつらう人人の方はしばしば、自分が正しいと思いこむ間違いを犯しているのである。

フロイトは、オイディプース神話の父殺しと近親相姦の背後に、すべての人間の文化にとっての何か本質的なものを感じ取っていたのである。彼が自己の業績を創造した文化の文脈の中では、贖罪のいけにえに帰せられる犯罪の中に、全人類のかくされた欲望、人間のあらゆる行為を解く鍵があると信じたい気持になるのはほとんど避け難いことである。フロイトの時代のいくつかの文化現象は、父殺しや近親相姦が存在しないといった、部分的に定義できるある種の不在を手がかりにして説明できる。けれども神話や宗教の面では、精神分析が、たとえ部分的、限定的であれ、それに匹敵するだけの成功を得たと認めることはできない。父殺しや近親相姦が白日のもとに姿をあらわした時、それらが何をうまく包み隠せるであろうか？　もっとうまく隠れている父殺しと近親相姦だというのだろうか？　たとえそんなことを認めたところで、そこには、神話の別な主題をあきらかにするものは何も存在しないし、儀礼の枠内で現実の姿であらわれた時の近親相姦すら、明らかにできるものは何もないのである。(35)

精神分析ができないでいることをほかの解釈ができない限り、精神分析の主張はわれわれを盲目にしつづけることができる。けれどもひとたび、神話と儀礼の下にフロイト流の根拠とは異なる根拠、フロイトのそれときわめて近いと同時にきわめてかけ離れてもいる根拠を置くことができたならば、そしてまた、かつて精神分析が決していささかの光もなげかけることのなかったさまざまの主題が輝きだすのを見たならば、われわれは、彼の理論の涸渇がいままさにあきらかになりつつあるのではないかと考えてみるべきだろう。

アフリカの王国においてもオイディプースの神話においても、母親とであろうとほかの女とであろうと、近親相姦というものは、決して第一の、不可欠の与件ではない。それは、それとは別のものを、判読できるような形でほのめかしているのだ。父殺しもまた然りである。神話群のなかに満ち満ちている一切の罪、一切の倒錯、一切の形の獣性と怪異もまた然りである。これらのテーマのすべて、それにまだいくつかのほかのものも、それらが指摘する以上に、暴力的非差異化をおおいかくし、韜晦させているのである。神話の中の、真に抑圧されたものを成すのはこの暴力的非差異化である。抑圧されるのは断じて欲望ではなくて、恐怖なのだ。絶対的暴力にたいする恐怖なのである。欲望を超え、欲望より強力な、欲望を沈黙させ、欲望に勝つことのできる唯一のもの、そうした名前をもたぬ恐怖の存在を誰が否認できようか？

普遍化された父殺しと近親相姦は、供犠の危機の最終段階を表象している。ただ一人の人間に限定された父殺しと近親相姦は、贖罪のいけにえの上に一切が背負わされた故にすっかり隠されてしまったその危機の、なかば中が透けて見える仮面を作りあげる。神話の隠された基盤は、性ではない。性は、そのモチーフが自然に見えてくるために、本当の基盤になり得ないのである。性は、それが暴力と争い、暴力に荒れ狂う多くの機会を提供する限りにおいて、基盤の一部を成している。さまざまな自然現象と同じく、性も、実際に神話の中に登場している。性は神話の中で自然以上に重要な役割を演じているが、しかしなお、本当に決定的な役割ではないのだ。なぜなら父殺しや近親相姦の中で、純粋に個人的な暴力と結びついて舞台の前面に出てくるからである。それは、暴力の際限もない相互性、もし人間が贖罪のいけにえによって、つまり誤認によってそれから保護されなかったら、全人類を破滅させてしまうだろう絶対的な脅威に、最後の遮蔽幕を提供するためなのだ。

神話の主題群が自然現象を前にした人間の恐怖を底に秘めているといった観念は、二十世紀において、それら主題群は人間の欲望の純粋に性的な真の姿、《近親相姦》的な真の姿を目の前にした時の人間たちの恐怖を底に秘めているという観念に、席をゆずっている。この二つの仮定は共に神話的である。それらは神話の延長上にあり、今日まで提起されたほかの理論と同じく、神話のおこなった業績の追従でしかない。なぜならそれらは、神話がいつも隠してしまったものをもう一度隠すからである。けれどもこの二つの理論を同列に置くべきではない。フロイトはたしかに、彼に先立つ人々よりも《より少なく》神話的なのである。性的生活は、雷鳴や地震よりもはるかに人間的暴力の中にはめこまれているし、一切の神話精製の根拠に接近しているのである。《むき出しの》《純粋な》性は、暴力と連続しているのである。したがって性は、暴力がそれで自らを隠す最後の仮面であると同時に、暴力が暴露される端緒なのだ。このことは歴史的に見て、常に真実である。《性の解放》の時代は多くの場合、何らかの暴力が荒れ狂う時期に先行している。フロイトの業績そのものにおいても真実である。彼の業績の動力学《ダイナミズム》は、初期の性全能主義《パン・セクシュアリスム》を超えて『トーテムとタブー』の両義的な企て、ならびに、死の本能のような概念にむかって展開してゆくのである。したがってわれわれはフロイトに、彼の言う抑圧されたもの以上に本質的な抑圧されたもの、彼が見えないままに手探りで手を伸ばした真に抑圧されたものの、暴露の一段階を見るべきである。それこそは、常に供犠という、いくつもの誤認の形によって今もなお隠されたままである絶対的な暴力なのである。

第五章　ディオニューソス

ほとんどの社会にも、儀礼の性格を長い間保存している祭(fêtes)がある。現代の観察者はそこに、何よりも、禁止の違犯を見る。乱交が大目にみられ、時には慫慂される。ある種の社会ではそれが近親相姦にまでいたって一般化される。こうした違犯を、もっと広い、差異の全般的消失の枠の中に登録しなければならないのだ。家および社会の位階づけは一時的に廃止され、あるいは逆転する。子供たちはもはや親に従わず、使用人は主人に従わず、家臣は領主に従わない。廃止または逆転された差異の主題は、祭にともなう飾り付けにも見られる。不調和な色彩の混淆、仮装、とりどりの衣裳をつけ、どたばたといつまでもふざけちらす道化。祭の最中では、反自然の集会も、思いがけない喧嘩も大目に見られ、鼓舞される。

予想されるように、差異の消失はしばしば暴力と争いに結びついている。下層民は上級者をののしり、社会のさまざまな集団は互いに相手の滑稽さと無価値をあばきたてる。無秩序と口論が猖獗をきわめる。多くの場合、敵対関係の主題はゲーム、競争、多少とも儀礼化されたスポーツ競技の形をとってあらわれる。いたるところで労働は停止し、人々は極度の消費にふけって、数カ月の間蓄積した食料品を、集団で一挙に浪費さえする。

われわれは、祭が供犠の危機の記念であることを疑うわけにはいかない。人間たちがこれほど恐ろしい体験を嬉々として思い出すということがどんなに奇妙に見えようとも、そうした不可思議《ミステール》を解決するのは簡単である。われわれの注意をもっとも強く惹きつけ、ついには祭全体を支配するにいたり、祭の進行の最後まで存続しつづける祭独得の諸要素は、祭が存在するための理由ではない。いわゆる祭は、祭の最高潮と祭の終局を同時に印づける供犠の、いわば準備段階でしかないのである。ロジェ・カイヨワ(二二)は、祭の理論が供犠の理論にただちに連接するはずであることを見事に指摘した(36)。さまざまな差異の危機と相互的暴力が、陽気な記念祭の対象となり得るとすれば、それは、それらがやがて到達することになる浄化的《カタルシス》解決の、必然的な前提条件のように見えるからである。創始的な満場一致の良き性格は、過去にさかのぼり、危機のさまざまな悪しき面をしだいに彩って美しくする。この時、危機の意味は逆転するのだ。暴力的非差異化が恩恵的な含意《コノタシヨン》を獲得する。その含意がやがて暴力的非差異化を、結局のところ、われわれが祭と呼ぶものに仕立てあげるだろう。

　われわれはすでに、同じ種類の解釈のいくつかを見てきたし、それらは、すくなくとも部分的には、祭の枠内に登録し得る。たとえば儀礼的近親相姦は、結局は、供犠とはほとんど独立しているかのように見える良き価値を獲得することになる。ある種の社会では、貴族たちや、それに芸術家たちさえも、とりわけ何らかの困難な企てに取りかかるにあたって、彼らに《幸運をもたらす》よう儀礼的近親相姦に、多少ともこっそりと頼るのである。アフリカの王たちの即位と若返りに結びついた儀礼は、多くの場合、それらを祭に近づける性格を持っている。逆に、本当の王を直接そこに巻きこまない祭では、人々は一時的な王をみつける。時には、供犠間際のいけにえである《道化たちの王様》を見つけるのだ。祭の終りに、いけにえとして殺されるのは彼か、あるいは彼の代理である。現実のものであれ空想的なものであれ、永続的なものであれ一時的なものであれ、王の王たる身分は、常に、贖罪のいけにえに集中した創始的暴力についての解釈の中に根拠を持っているのである。

祭の機能は、その他の供犠的儀礼の機能と異なりはしない。デュルケーム(一二二)が見事に理解したように、問題なのは、創始的体験を反復体験し、一切の活力と一切の豊饒性の起源として知覚される起源を再現することによって、文化秩序に生気を与え更新することなのである。実際、その瞬間こそ、共同体の統一がもっとも緊密で、際限なき暴力の中に再びおちこむことにたいする恐怖がもっとも強烈なのだ。

文化秩序は未開人にとって、どうあっても守らなければならない、そして強化しなければならない、脆くて貴重な良きものであり、どんな場合でも決して投げ捨てたり、変えたり、弱めたりしてはならないもののように見えるのである。したがって祭の背後には、さまざまな《タブー》にたいする懐疑的態度も、恨みに思う感情もありはしない。そんなものは現代人であるわれわれを特徴づけるものであり、われわれが原始的な宗教的思考の上に投射しているだけの感情なのである。現代の精神《プシコ》－社会学《ソシオロジー》のクリーム・タート〔一言目には持ち出すもの〕であるかの有名な「緊張緩和」(release of tensions)、果てしない「息抜き」(relaxation)は、起源の儀礼の精神とは完全に無縁な精神で、祭の儀礼的行為のただ一面しかつかんでいない。しかも不完全にしかつかんでいないのである。

祭は、供犠の危機とその解決との間に連続があるという、暴力の活動についての解釈を基盤にしている。爾来、その幸福な結末から切り離すことのできないものとなった危機それ自体が、お祭り騒ぎの材料になるのである。しかしこうした解釈だけが、可能な唯一の解釈ではない。王の近親相姦の中でわれわれがすでに見た通り、危機とその終局との間の関係に関する宗教的な考え方は、対立する二つの道をたどることができる。注意を惹くのは、ある時は両者間の連続であり、ある時は非連続である。この二つの解釈のいずれも、部分的に正しくて部分的に間違っている。事実は、危機と創始的暴力との間にはある種の連続とある種の非連続が現実にあるということである。宗教的思考は、最初はもう少しで一方の方に向って行きそうだったのに、別な一方の解釈を採用して、それ以後、執拗にそれにしがみついてゆくことになるのだ。

われわれはほとんど先験的《ア・プリオリ》に、第二の選択がいくつかの社会でおこなわれるであろうと推測することができる。われわれがさきほど思いおこしたような祭の傍らには、したがって、反‐祭 (anti-fête) が同様に実在するはずである。つまり、供犠という暴力排泄の儀礼の前に、放縦と気晴らしの期間がある代りに、極端に厳格な期間、さまざまの禁止を尊重して厳しさを倍加させる期間があるのだ。この瞬間、共同体は相互的暴力に再びおちいるまいとして異常に警戒するのである。

事実、それこそ観察すべくわれわれに委ねられている事柄である。ある種の社会には、祭にきわめてよく似ていながら、同時にきわめて異なった儀礼が存在する。よく似ているというのは、それが周期性をもち、平常の諸活動を中断し、それにもちろん、供犠的暴力排泄の儀礼だからであるし、ひどく異なるという点では、それらが民族学的解釈にとって、王の近親相姦がある時は要求され、ある時は逆に否定されるといったことと同じような謎だからである。この場合には、文化的禁止が一時的に緩められる代りに、そのすべてが強化されるのである。

スワジのインクワラの儀礼は、多くの点で反‐祭の定義に照応する。その儀礼が続いている間、もっとも正当な性的関係も禁じられる。朝寝さえ禁じられるのである。人々は肉体の接触を避けなければならないし、こう言ってよければ自分自身の身体にふれることも避けなければならないのだ。身体を洗うこと、顔を掻くことなどもしてはならない。穢れ、つまり暴力の感染の切迫した脅威がすべての人間に重くのしかかっているのである。歌をうたうことも大声をあげることも禁じられる。遊んでいて音をたてれば子供は叱られる。

『金枝篇』の中でフレーザーは、黄金海岸(一二三)のケープ・コーストのそれのような見事な反‐祭の例を記しているが、四週間の間、太鼓《タムタム》も銃も沈黙をまもるのである。商談も許されない。もし急に喧嘩になって声の調子が高くなれば、双方とも王の前に出頭して両者に高額の罰金が課せられる。家畜がいなくなったことで争いがおこるのを避けるために、その動物は見つけた者の所有物になる。元の所有者は苦情を言うこともできないのである。

事柄はあきらかで、こうした一切の方策は暴力的な争いの脅威を予防するためである。フレーザーは何の解釈もしていないが、彼の理論的展望より優った彼の民族学的直観が、この種の現象を祭と結びつけさせたのである。祭の論理と同じように反‐祭の論理は明瞭である。暴力的な満場一致に先立つ点では同じだが、今度は否定的に思い出される恐るべき段階を節約しながら、その満場一致を再現することが問題なのである。潔めの二つの儀礼の間で経過する時間がどの程度であれ、暴力の爆発は、人々が最初の儀礼から遠ざかり第二の儀礼に接近すればするほど大きくなる。さまざまな穢れが蓄積する。儀礼の執行に直接先立つ期間、つまり、いずれにしても供犠の危機と関係する期間では、人々はもはや、きわめて慎重に行動しなければならないのだ。共同体自身がまるで弾薬集積所のように自らを知覚するのである。お祭り騒ぎ(saturnale)(一二四)が逆なものに変わった。無礼講(bacchanale)(一二五)が精進潔斎に変じてしまった。だが儀礼が目的を変えたのではない。

祭と反‐祭の間にはいくつもの《混合体《ミックスト》》が存在し、それに、危機と秩序創設の間の関係をもっと微妙に示す、もっと複雑な解釈が対応している。そうした解釈は連続と非連続とを考慮に入れる。すくなくともある場合では、そうしたいくつもの分岐はおそらく、本質的暴力から遠ざかったことに関係した、後になっての現象であろう。したがって、神話の精製がもっと進んだ段階での現象であろう。現代の観察者はこうした新しい差異化を歓迎する。なぜならそうした差異化が彼自身の偏見に合致する方向に進んでくれるからである。ある場合には、彼はそれに拍車をかける。さもなければそれについての全責任は彼にあるのだ。

もしわれわれが祭の本当の性格を誤解するとすれば、それは、儀礼の背後にあるさまざまなできごとがしだいに見えにくくなってゆくからである。本当のものが見失われる。装飾が本質よりも優位に立つ。この時、儀礼の単一性は、同義的なものでありながらいくつにも分かれて対立しあう目的《パースペクティヴ》に分解してゆきがちである。宗教的思考がわれわれのそれに近い無知におちいった瞬間、儀礼は、事実は後から派生したものであるのにわれわれが本質的で独自なものと判断してしまう特殊性を獲得するのである。禁欲主義やさまざまな苦行がわれわれには祭とはまったく対立的なもののように見えるのだが、それらは同じ起源を持つものであり、二つのものは多くの場合、《弁証法的な》均衡を保っているのだ。儀礼が生き残っているのはそうした均衡の中である。さまざまな儀礼がそれらの真の機能から逸れれば逸れるほど、それらは互いに区別されるようになる。つまり、常にいっそうそれらを区別するためのスコラ的注釈の対象物になってゆきがちである。科学的な記述というものは必然的にそれと同じ道を執拗に歩みつづけるのである。(二二六)

とくにフレーザー以来、現代世界は、ある種の祭が古くは人間供犠を含んでいたということを、もはや知らないでいるわけにはいかない。けれどもわれわれは、そうした習慣のあらゆる特徴とそれが包含する無数の変異体が直接間接に、創始的な集団的暴力、救済的な集団暴行《リンチ》にまでさかのぼるなどと考えてもみないのである。だが、供犠のための一切の殺害が消滅した段階でも事情は同じだということを示すのはそれほど困難なことではない。そうした消失にとって代って、これまた供犠的性格を容易に示すことのできる別な儀礼、悪魔祓い《エグゾルシスム》の儀礼がやって来る。多くの場合この儀礼は、祭の終局でもある祭の最高潮の段階に位置づけられる。ということは、それらが祭の中でまさに供犠の場所を占めているということである。これらの儀礼が直接に供犠と結びつかない場合でも、われわれは容易にそれらが供犠と同じ役割を果しているということを確認する。したがってそれらが供犠の代行をしているということを断言できるのである。

いかにして人は悪魔あるいは悪しき霊を追い立てるのであろうか？　大声をあげ、狂ったように腕を振る。武器や料理の道具を打ち鳴らし、虚空を棒で何度も叩く。一見これ以上に自然なものはないし、悪魔が実在すると信ずるほど人間が愚鈍な場合なら、箒をふりまわして悪魔を追い払うことほど当然なことはない。利口な現代人、フレーザー流の自由人なら、迷信は悪しき霊を、おどかせば逃げてゆく何か大きな動物と同一視しているというだろう。合理主義は、それが、取るに足りないものとはちがうそれ以外の一切の意味を習慣に認めなければ認めないほど、いっそう透明に見えてくる習慣について、ほとんど考えようとはしないのである。ほかの多くの場合と同じように、こうした場合でも、すっかり満足してしまった理解力と《すべて当然である》という思い込みは、もっとも興味あるものをうまく隠し込んでしまいかねない。悪魔祓いの行為は、原則的に悪魔とその協力者たちにむかって振われる暴力である。あるいくつかの祭ではこの終末の暴力に先立って、悪魔祓いをする者たち同士の模擬的戦いが行われる。われわれはそこに、多くの供犠的儀礼のそれにきわめてよく似たシークェンス〔連続場面〕をまた見出すのである。供犠のための殺戮に先立って儀礼の口論があり、供犠をおこなう者たち同士の、多少とも現実の、あるいは模擬の争いが行われる。こうした現象は、どの場合でも、同じ型の説明で片がつくはずである。

フレーザーが言及した例では、村の若者たちは家から家を訪れて、一軒一軒別々に悪魔祓いをしてゆく。この巡回は、どの家を最初に訪ねたらいいかの論争から始まる。（良き実証主義者としてフレーザーは、彼の理論ではもっとも説明のつかない細部さえ言いもらすまいと気をつけている。このことだけでも彼は、われわれの感謝と尊敬に価するであろう。）この予備的諍いが供犠の危機の模倣である。こうした争いに引き続く供犠あるいは悪魔祓いは満場一致の暴力を模倣しているのだ。そしてこの満場一致の暴力はまさしく相互的暴力の上に直接、つぎ木されたものであって、実のところ、その奇蹟的な効果をあらわす点においてしか、後者と区別されないものなのである。

争いがやむや否や満場一致が獲得される。それが贖罪のいけにえの瞬間であり、したがって儀礼の瞬間である。争いの対象は儀礼それ自体である。言い換えれば、追放すべきいけにえの選択である。まさしく危機の間、誰にとっても常に問題なのは、当面の敵を沈黙せしめることによって暴力をやりこめることだ。誰もが決定的な打撃を加えたいと望む。それは別な打撃が後につづくことのない、したがって、儀礼にたいしてモデルの役をするであろう打撃なのだ。

漠然とではあるがギリシアのいくつかの伝説は、町とか軍隊といった何らかの共同体が何らかの神に捧げようと決定した供犠——人間の供犠——について語っている。当事者たちは供犠の原則については同意するが、いけにえを誰にするかについては意見が分かれている。問題の事柄を理解するためには、テキスト解読者はできごとの順序をひっくり返さなければならない。まず最初に暴力が来る。そしてその暴力は理由のないものである。つぎに来るのは供犠の説明である。その説明は、暴力の理由のなさ、暴力のまさに許し難い要素を隠蔽するが故に、本当の意味で供犠的である。供犠の説明は最終の暴力に根を持っている。この最終の暴力もまた、それが争いに決着をつけるという点では、結局のところ供犠的なものである。われわれはここで、神話の精製の最小の形式を語ることができるのだ。秩序を修復する集団による殺人は、ひるがえって、集団の成員の心をつかんだ相互殺戮の野蛮な欲求に、もっとも簡略な儀礼の枠を投げかける。殺人は供犠となる。それに先立つ入り乱れての格闘は、信者の信仰心、あるいは神の選り好みが要求するもっとも良いいけにえについての、儀礼的論争になる。実のところ《誰が誰をいけにえにするか？》という疑問に答えること以外に何の問題もないのである。

悪魔祓いをしなければならない最初の家についての論争は、類似したものを覆いかくしている。つまり、供犠とその解決のすべての過程《プロセス》をかくしているのだ。悪魔祓いは、報復の連鎖の最後の環でしかない。

相互的暴力に身をまかせた後で、参加者はいっしょになって虚空を叩く。ここで、たしかに一切の儀礼に共通でありながら、これまでこの型の悪魔祓いの中ではっきりしていなかった一つの真実が明らかになる。儀礼の暴力は、いかなる敵も生じさせないのである。それはもはや敵対者と出会うことはないのだ。悪魔祓いをする者たちは、彼らがいっしょになって、当然殴り返される心配のない殴打をしている限り、すくなくとも《本気で》また互いに殴り合いを始めることはないだろう。ここで、儀礼はその起源とその機能を暴露している。贖罪のいけにえのメカニズムのおかげで回復した満場一致をこわすべきではない。共同体は、際限のない敵対関係に再びおちこむまいという決意に忠実に、《悪しき霊》に対抗して一致団結していたいと願う。宗教的思考は、絶えず、奇蹟の中の奇蹟、暴力のこの決定版にもどってゆくのである。それはひどく遅れてやって来るものであり、しばしば犠牲を払って得られるものだから、この超越的暴力が、言い争う暴力、もはや《笑うために》存在するのではない暴力、人々を分離し破壊する暴力に再びおちこむことを一切予防するために、もっとも保存するのにふさわしいもの、多種多様なやり方で、思いおこし、記念し、反復し、よみがえらせるのにもっとも価するもののように、人間たちの目に映ずるのである。

＊＊

供犠の危機と暴力的満場一致に関するわれわれの概括的な仮説は、ごらんの通り、今日までかなり解りにくかった祭の多くの面を照らし出す。逆に祭は、この仮説の説明能力を立証する。けれども、祭に関する、そして一般的に言って儀礼に関する現代の無知が、宗教的なものそれ自身の発展にほかならない発展を延長し、支えていることに注目しなければならない。儀礼的な側面が消滅すればするほど、しだいに祭は、これほど多くの現代の観察者が祭の中に見ようときめてしまった、あの脂ぎった緊張緩和の許可だけに限定されるのである。儀礼の段階的消失と、常に深まりゆく誤認とは、ただ一つの同じ事柄である。神話と儀礼の崩壊、つまり全体として見た場合の宗教的思考の崩壊は、すっかりむき出しになった真実の浮上から引きおこされるのではなくて、供犠の新しい危機から引きおこされたものである。

非儀礼化された祭、贖罪のいけにえとそれが修復した統合との一切の関連性を失くした祭の、いかにも陽気で親しみ合った外観の背後には、実際にはもはや、供犠の危機と相互的暴力以外の何物もないのである。まさしくそれが、永遠の休日に姿を変えた祭の無味乾燥の背後に、《余暇の世界》というつまらない理想郷の約束の背後に、現代の真の芸術家たちが悲劇を予感する理由である。休日が味気なく、無気力なもので、俗悪であればあるだけ、われわれは恐るべき醜悪なものが頭をもたげるのを見るのだ。《悪化し始めた》休日の主題はフェリーニ(一二七)のような映画作品を掩う主題で自然発生的に見出されたものだが、それはすでにさまざまな形で多くの芸術家たちによって扱われているのである。

悪化する祭の主題は単に頽廃的な美学的主題ではなくて、魅力的な逆説に満ちあふれている。それは、《頽廃《デカダンス》》全体の現実に行きつく果てにあるものだ。それを確かめるには、いつまでも続く戦いが猛威をふるヤノマモ族（一二八）のようなおそらくは病んだ社会、あるいはもっと悪い、カインガング族のような暴力による崩壊にさらされている文化の中で、祭から何が生ずるかを確かめてみれば十分である。祭は、儀礼的な性格の一切を失ってしまった。それは、もともとの暴力的起源にもどるという意味で悪化する。暴力を食い止める代りに、祭は復讐の新しい循環に火をつけるのだ。もはや祭はブレーキではなくて、前にわれわれが供犠について考察したプロセスに似た逆転のプロセス、あきらかに一切の儀礼が対象になり得る逆転のプロセスによって、悪しき力の同盟者になるのである。

やがていけにえになる者たちは祭に招かれる。人々は彼らに酒をのませた末に虐殺するのである。カインガング族はいつも、喧嘩と殺人と祭の観念を結びつけていた。彼らはいつも、生命を危険にさらすということは知っていたが、招待を断ることは一度もなかった。楽しむ目的で種族の大部分が集まる祭の間に、親族関係が更新強化され、集会がかもし出す熱っぽい雰囲気の中で、お互いに好意の感情が発展するだろうと考えてもおかしくないはずである。

そんな風に事がすすむ場合もあるが、カインガングの祭は、愛着と連帯の表明と同じ程度にしばしば、争いと暴力に印づけられていた。男も女もすっかり酒に酔っていた。男たちは、子供たちのそばで、血腥い手柄を得々として喋っていた。彼らは自分のワイカユ（hubris 自惚れ）を語っていた。彼らは大威張りで歩きまわり、槍や棍棒をふって空を切っていた。騒々しく過去の勝利をのべたて、やがてまた人を殺してやると予告していた。しだいにひどくなる酔いに駆り立てられて、近くの男に向かって喧嘩を吹っかけていた。自分の女を取ったのではないかと疑い、あるいは逆に、自分が相手の女をとったので恨まれているのではないかと思ってのことだ。

カインガング族の民間伝承には、殺戮で終る祭の話が沢山あるし、《誰かのために棺を用意する》とい

う表現には、注釈を必要としない不吉な意味があるのだ。(37)

＊＊＊

祭に関するわれわれの概括的な認識は、『バッカイ（バッコスの信女たち）』というつぎの悲劇を仲介に、ディオニューソスのそれのような、第二のギリシア神話の解釈にわれわれが取りかかることを可能にするだろう。この新たな分析も、部分的には、オイディプースの分析を反復することになろう。この分析はわれわれの根底の仮説を暴力の活動の上で検証することを許すだろうし、そのいくつかの側面を明確化して、われわれを新たな問題に向かわせるであろう。

「バッコスの祭（bacchanale）」は、前の数ページで定義した意味で一つの祭である。その中には、われわれがさきほどあげた本質的な諸特徴が見出される。『バッカイ』は、はじめ、儀礼的なバッコス祭として示されているが、この悲劇詩人は、さまざまな差異の消失を強調する。神は、人間と人間の間の柵も、貧富の柵も、性の柵も、歳の柵もとり払った。すべての者がディオニューソスの礼拝に召集される。合唱隊の中で、老人は若者たちに混じり、女は男たちの間に混じる。

エウリーピデースのバッコス祭は、テーバイの女たちのそれである。アジアにディオニューソス崇拝を樹立した後で、ディオニューソスは、多くの男女に不思議な魅力を及ぼす若い弟子の姿を借りて、生れ故郷の町に帰還する。すっかりその神に取り憑かれた伯母のアガウエー、従姉妹のイーノー、それに、テーバイの女たちはすべて、家をとび出してキタイローン山にむかってさすらい、そこで最初のバッコス祭を祝うのである。

最初は牧歌的であったバッコスの信女たちのさすらいも、急速に、血腥い悪夢に変貌する。荒れ狂った女たちは、本能にまかせて男たちや動物に襲いかかる。ひとり、テーバイの王でアガウエーの息子ペンテウスだけが抵抗する。彼は従兄弟ディオニューソスの神性を執拗に否認するのである。あたかも『オイディプース王』におけるテイレシアースやクレオーンと同じく、ペンテウスは外から町にもどってきたので、その町全員の眩暈に圧しつぶされる前に、事態を明快に定義している。

このわしは、思いがけない災厄がわが町を襲うのを
知らせるために、旅からもどって来たのだ。

《思いがけない災厄》とはあきらかに供犠の危機である。供犠の危機は、その犠牲者たちに常軌を逸した行為を指嗾しながら急速に広がってゆく。それに身をまかす者も、あの二人の老人のように慎重さから、あるいは日和見からそれに譲歩する人間たちも、さいごに、哀れなペンテウスのような、否と言おうとする唯一の人間さえも叩きふせるのである。自由意志で供犠の危機に身をまかせようと、抵抗しようと、暴力は、確実に勝利を収めるのである。

悲劇の筋の運びを通して、バッコスの神《エスプリ》は悪しき伝染と分かち難い。ペンテウスは、奇妙な祭に引きずり込もうとする自分の祖父にむかってこう言うのだ。《わたしを汚染するな (Ne m'infecte pas.)。勝手に行って、バッコスの信徒となれ》。ディオニューソスの侵入、それは諸制度の崩壊である。筋の運びのクライマックスで、宮殿の崩壊がわれわれに明瞭に示すものは、文化秩序の瓦解である。いかに暴力の神を制御しようとつとめても、それは無駄である。ペンテウスは、ディオニューソスが姿をかえた若い煽動者を毒殺しようとするが、その時一切は火炎の中で崩れ去り、神は焼け落ちた残骸から無疵なまま脱出する。

『バッカイ』というギリシアの悲劇は、まず最初は悪化する祭である。そしてわれわれは、こうした痛ましい展開に驚く必要はない。なぜなら、われわれが眺めているこのバッコス祭は、原初のバッコス祭、つまり供犠の危機以外の何物でもないからだ。この悲劇は、それが祭を暴力的なその起源、相互的暴力へと帰着させているが故に、われわれが前に示した祭についての解釈の正しさを立証している。それはともかく直さず、ソポクレースがオイディプースの神話にしたのと同じ処理を、エウリーピデースがディオニューソス崇拝とその神話におこなっている、ということである。神話の表示するものの背後に、そして今度は祭の背後にエウリーピデースは、それらが指摘するのと同じ程度に、それ以上に、覆い隠している争いの対称性を再発見しているのだ。

こうした作業は、差異の消滅にほかならない供犠の危機の本質的な面を、バッコス祭がいつまでも存続させていればいるだけ、それだけ容易である。はじめは穏やかなものであったディオニューソス的非差異が、急激に、きわめて深刻な暴力的非差異化に滑り込むのである。愛と友愛の祭のような儀礼的バッコス祭の中にあらわれる性的差異の廃止は、悲劇の筋書の中で敵対関係に変形する。女たちは男のもっとも暴力的な活動、狩猟と戦争に向かう。彼女らは男たちの柔弱さと女っぽさを嘲笑する。自ら、長い髪の青年の顔立ちでディオニューソスは、無秩序と破壊を醸成する。ディオニューソスの女性的な外見に厭味をいった後で、ペンテウス自身、不健全な欲望にかられてバッコス信女に変装し、キタイローン山の斜面にいる女たちの動静をさぐりに行くのだ。『バッカイ』の中には、人間と動物との間の差異の消滅もあって、それが相変らず暴力に結びつくのである。女たちは、自分らの娯しみを邪魔した男たちと思いこんで、牡牛の群れに襲いかかり、手で牛を八つ裂きにする。怒りに錯乱したペンテウスは、牡牛を牛小屋に括りつけてディオニューソスを縛ったと思いこむのだ。アガウエーはそれと反対の誤りを犯す。バッコスの信女たちが様子をうかがいに来たペンテウスを見つけた時、母親のアガウエーは彼を《若いライオン》と思い込んで、いちばん先に殴りかかるのである。

この悲劇の筋の運びの中で、一見おこりそうもないように見えながら消失してゆくもう一つの差異がある。それは、神と人間、ディオニューソスとペンテウスの間の差異だ。ディオニューソスの中にあるものでペンテウスの中に類似を持っていないものは何もない。ディオニューソスはペンテウスの分身なのである。一方には、マイナスたち（二二九）〔バッカイたち〕が定義したディオニューソスがいる。彼は、法を油断なく見張る番人であり、神と人間の掟の守護者である。他方に、われわれがいま定義したような、この悲劇のプロットにおける秩序転覆者、壊乱者のディオニューソスがいる。このような人格の二重性がペンテウスの中にも見つかるのである。テーバイのこの王は、われわれには、伝統的秩序の敬虔な保存者、保護者の姿を見せている。逆に合唱隊の言葉の中では、彼の反宗教的な意図が全能なる神の怒りをテーバイに惹きよせる違犯者、恐れを知らぬ無信仰者として示されている。そして実際ペンテウスは、彼がふせごうとする無秩序に貢献するのである。彼自身がバッコス信者と同じことをし、ディオニューソスに取り憑かれた者となるのだ。つまり彼は、もっとも激しい対立のさなかに、その対立を仲介にして、《人間たち》も《神神》も含めたすべての存在をひとしなみに同じ似た者とする暴力に、すっかり取り憑かれた者となるのである。

二人の主役の特徴の一切が彼らの対決の中ですくなくとも粗描され、暗示される。たとえばディオニューソスの神性は、若い青年市民の顔つきで出現することによって強調されるように、深奥にひそむ人間性に裏づけられる。同様にペンテウスの人間性は、神性ではないにしても、すくなくとも、ディオニューソスの神に終局的に身をまかせることに示される超人間的な主張にあらわれている〈神になることへの欲求〉

に裏打ちされているのだ。

キタイローン山と、その獣の巣と、それにバッコスの信女たちをも
わが背に乗せて運び去ることができようか？

ディオニューソス的恍惚の中で、神と人との間の一切の差異は消滅にむかう。この戯曲の中にディオニューソスの正統性を言う声があるとすれば、それはリューディアから来たマイナスたちの声である。彼女らは明確にその点を表現している。狂乱は、すべての憑かれた者たちを、もう一人のディオニューソスにするのだ。

踊りを先導《リード》する者は、ブロミオスになる！（一三〇）

もちろん、ペンテウスの恍惚やテーバイのバッコス信女たちのそれは、罪あるうぬぼれ hubris《ヒュブリス》〔過剰〕から来るものであり、それにたいしてディオニューソスやマイナスたちの方では、すべてがまさしく神のものであるという反論があるだろう。後者では、最悪の暴力も合法的である、なぜなら、神は神であり、人間は人間だからだ、といわれるだろう。たしかにその通りである。大筋の上では、神と人間の差異は決して消失していない。悲劇の冒頭から終りまで、その差異は声高く断言されている。けれども、悲劇の筋の運びの過程では、まったく違っているのだ。人間性と神性の差異を含めて、そこでは一切の差異が混淆し合い、消失している。

ごらんのように、悲劇の着想は『バッカイ』の中でも、『オイディプース王』におけると同じような結

果に向かってゆく。それは、神話的および儀礼的な諸価値を、相互的な暴力の中で溶解するのである。悲劇の着想は、一切の差異の恣意性をあきらかにする。それはわれわれを冷酷に、全体として見た神話と文化秩序についての決定的な疑問に向かわせるのだ。ソポクレースはその疑問を提起する以前に足をとめた。危殆に瀕した神話の諸価値は、結局のところ、再確認される。『バッカイ』の場合でも、同じことがおこる。対称性が、われわれがいま見たように、人間と神との間の差異を溶解するほど仮借ない形で確認されている。神性は、もはや、二人の敵対者同士の間で争われる賭金でしかないのだ。

知っているだろう、群衆のすべてがお前の戸口で待ちうけ、町がペンテウスの名を祝福するとき、どんなにお前が嬉しいと思うかを……　バッコスもまた名誉を愛しているのだ。それは確かだ……

けれども戯曲の終りで、神であることの特殊性が、同じように、しかも恐ろしい形で再確認される。ディオニューソスの全能とペンテウスの罪ある弱さの間では、勝負は決して同等ではなかったようである。勝ち誇った差異は、悲劇の対称性を再び覆いにやってくる。この悲劇もまたわれわれには、大胆さと臆病の間をゆれ動く振子の運動のように見えるのである。ソポクレースの場合では、悲劇の筋の運びにおける対称性と神話的内容の非対称性の間の矛盾だけが、われわれに、さらに大きな豪胆さを必要とする事柄を前にしたこの詩人の意識的あるいは無意識的な尻込みを想像させている。『バッカイ』の場合にも、テキストの中に同じ矛盾が存在するし、同じ型の分析が同じ結論へわれわれを導くだろう。つまり、エウリーピデースもまた、さらに大きな豪胆さの前で尻込みしているのである。だが今度は、沈黙した声なき尻込みではない。彼の数多くの悲劇の中に、それを無視するにはあまりにも執拗にくり返されるくだりがあって、この詩人の決定をあきらかにし、それを正当化しているのである。

完全な狂気である知恵というものがある。
人間を超えた思考は生命を縮めるのだ。
なぜなら、あまりに高くを狙う者は一瞬の果実を失うからだ。
そんな風に行動するのは
錯乱か錯誤であるとわたしは考える。
……………
野心に燃えた思考を遠ざけよ。
なんじの心と精神を慎重にせよ。
慎ましい万人の思い、行うこと、
それをわたしは自分のために迎え容れる。

このような数行のくだりの最終的な意味について批評家たちの意見は分れていて、エウリーピデースに関する現代の数多の論議は、この問題のまわりに集中した。けれどもこの問題全体は、すべての注解者に共通した、あらためて言うには及ばないと思われている公準のために、おそらくねじまげられているのだ。その公準とは、この悲劇詩人が尻込みせざるを得なかった知《サヴオワール》の本性に関する公準である。言うまでもなく、ここで問題になっているのはわれわれが所有していない知ではあり得ない。エウリーピデースがそうであるように《現代性《モデルニテ》》から遠くへだたっている詩人は、われわれがまったく知らない何かの危険を察知できるとか、われわれのうかがい知ることのできない真実の存在を推測できるとかいった考えは、あまりに滑稽で、考えてみるには及ばないように思われる。

現代の批評家たちは、彼ら自身がこれほど自慢にしている懐疑主義を前にしてエウリーピデースが、尻込みしたのだと思いこんでいる。それは、宗教的なものの背後にいかなる現実的なものも見定めることができず、宗教的なものを単に《空想的なもの》と断言する懐疑主義である。彼らは、エウリーピデースが道徳上の便宜的理由から、あるいは単なる先入見から、宗教的なものがまったくのごまかし《ミステイフイカシヨン》である、《心慰める》あるいは場合によっては《抑圧的な》(一三一)錯覚、《幻想《ファンタスム》》(一三二)であるということを認めるのに躊躇した、といつも考えるのである。

ロマン主義的な現代の知識人は、自分が、歴史上最大最強の偶像破壊者だと思いこむのだ。彼はエウリーピデースが、伝統的に彼に捧げられてきた尊敬に価するには、いささか《月並の人間》すぎるのではないかと考えるのである。

けれどもエウリーピデースは現代人のように、宗教的な《信心《フォワ》》の言葉で語るよりはむしろ、犯してはならない限界を超えた違犯的言葉、限界の向う側に位置する恐るべき知の言葉で語っているのだ。われわれには、いずれも抽象的な《信仰《クロワイヤンス》》と《不信仰《アンクロワイヤンス》》の間での無益な選択が彼の問題だとは思われない。ここには、神々に関する空虚な懐疑論以上に本質的な別のものが働いているのだ。その別なものは、いまだ見定められてはいないけれども、それでもなおバッカイのテキストそれ自体の中で、すくなからずはっきりと見て取ることができるのである。

＊＊

ペンテウスの殺害は、ディオニューソス神自身が惹起した危機の絶頂であると同時にその清算であり、テーバイの人々の不信仰、とりわけ神自身の親族の不信仰が招いた《復讐》として示されている。ペンテウスの死をひきおこした後で神は、残余の一家を町から追い払う。平和と秩序が、爾来、新しい神にその神が要求する尊崇を捧げるテーバイのような町に、再びやって来るのだ。

殺人は、神の行為の結果であると同時に、自然発生的な狂乱の締め括りのようにも見える。神の行為は、すでに儀礼化された供犠の枠内に納まる。供犠者の役割をつとめるのは神自身である。神は未来のいけにえを準備する。彼が嘉納する供犠は、最後に彼の怒りを鎮静化する復讐にほかならない。髪を揃え、衣服をととのえるという口実で、ディオニューソスはペンテウスの頭、体、足に儀礼をおこなうような態度で触れるのだ。殺人それ自体が、ディオニューソス的しきたり通りに展開する。われわれはその中に「手足《スパラ》の切断《グモス》 sparagmos」をみとめるが、その特徴は、すでに見てきた多くの供犠の諸特徴と同一である。つまり、

㈠ すべてのバッコス信女たちがその殺人に参加する。ここでもわれわれは、数多くの儀礼的なものの中で大きな役割を演じている満場一致の要請を見つけるのだ。

㈡ どんな武器も使用されていない。いけにえが八つ裂きにされるのは素手によるのである。この点でも「スパラグモス」は単独の種類のものではない。すでにわれわれは、一つはディンカ族の供犠で、他方はスワジのインクワラにおける、王の身代りの牝牛の屠殺における、武器を用いないで群衆の殺到による殺戮の二つの例を見てきた。無数の似たケースを引用することもできるだろう。ギリシアのディオニュー

ソス祭にはまったく異質な何物かがあるというルドルフ・オットー（一三三）のような人々の命題には、いささかの根拠もないのだ。さまざまな社会の中に数多くの対応物を見出せないようなディオニューソス神話、ディオニューソス崇拝は存在しないのである。

　自然発生的な面と予め儀礼的に定まっていることとは完全には切り離せないけれども、エウリーピデースの悲劇としての脚色が、儀礼としての予謀《プレメディタション》〔予め計画されていること〕の背後に自然発生性を再出現させているおかげで、われわれは、儀礼と、いささかも想像されたものではない、部分的にエウリーピデースが復原している原初の情景との間の本当の関係に、ほとんど指を触れることができるのである。全員が気をそろえた〔満場一致の〕武器を持たない参加者たちによる、生きたいけにえの八つ裂きは、その真実の意味をここで暴露している。原初の情景を表現した悲劇のテキストはないけれども、われわれにはその情景を想像できるだろう。ここでは組織的な死刑執行が問題ではない。一切がわれわれに示唆していることは、はじめは平静な意図を持った群衆、ばらばらな集団が、（一三四）さまざまな未知の、そして必ずしもいまわれわれが知る必要もない理由から、急速に極端な群衆ヒステリーの段階に進んだということである。この群衆が、なんら本質的な何物も、すべての人々からの訴追の対象に指名してはいない一人の個人、それなのにほんの僅かな時間のうちに、仲間たちの疑惑と苦悩と恐怖を一身に局在《ポラリゼ》させた一人の個人に、遂には襲いかかるのである。暴力による彼の死は、群衆に、それが平静をとりもどすために必要な排泄口を与えるのである。(38)

　儀礼としてのスパラグモス〔八つ裂き〕は、擾乱と無秩序に終止符を打つ集団暴行殺人の情景を、きわめて微細な正確さで再現し模倣している。共同体は、救済をもたらすさまざまな身振り《ジェスチャー》を自己のものとしたいのである。したがって、逆説的ではあるが、儀礼が固定したいと努力するのは絶対的な自然発生的側面である。この点でもまた、この悲劇は、儀礼と、その儀礼が再現しようとつとめる自然発生的なモデルの間の、中間的で両義的な場所に位置している。既成の宗教観からすれば、ペンテウスを死に追いやるのはディオニューソスである。神はこのゲームの支配者である。彼はその長い手で〔ずっと以前から〕最初の供犠、彼に捧げられる供犠、あらゆる供犠の中でもっとも恐ろしく、また、もっとも効果的な供犠、分裂した共同体を本当に解放する供犠を準備する、ということになる。いま形成されつつある宗教観からすれば、ペンテウスの殺害は、誰も予想できず組織できなかった一つの解決法であるということである。

集団的暴力は完全に明らかになったように見えるが、肝心なことは依然隠れたままである。それはいけにえの恣意的な選択であり、統一を修復する供犠のための身代りの問題である。いわゆる〔暴力の〕排泄は隠れ家に引っこんだまま、その有効性を保存している。なぜなら、制度化された供犠の形態でのみ自らの姿を示しているからである。供犠の危機という観点からすれば、ディオニューソスとペンテウスという分身(double)同士の関係は、二重の(double)意味で相互的である。相手をいけにえにするのが、なぜペンテウスではなくてディオニューソスであるのかという理由はもはや存在しない。既成の宗教の観点では、逆に、たとえその相互性が依然として根底にあるにせよ、たとえ供犠をおこなう者と供犠されるいけにえが分身であるにせよ、すくなくともある種の関係、別な、そしてもっと本質的な関係でみれば、その相互性は廃棄される。つまり、供犠の方向性〔意味〕が逆転する惧れはない。供犠の方向は決定的に固定される。〔暴力の〕追放は、すでにして行われたのだということが常に了解されるのである。

儀礼を理解するためには、その儀礼を、意識的であれ無意識的であれ精神的な動機づけ《モチベーション》とは異なる別なものに関係させてみる必要がある。儀礼というものは、さまざまな外見上の類似にも拘らず、動機も理由もない加虐趣味《サディズム》とは何の関係もないのである。儀礼は暴力に方向づけられているのではなくて、秩序と平穏に向けて方向づけられているのである。儀礼が再現しようとつとめる唯一の型の暴力は、暴力を放逐する暴力なのである。実際、現代の心理至上主義が、スパラグモスのような或る儀礼の残虐な性格を楯にして正当化できると思っている空理空論ほど、無邪気なものはないし、実のところ不毛なものはないのである。

あらゆる点で『バッカイ』は、前に述べた供犠の定義の正しさを確証している。そしてわれわれは、神話と儀礼を創始的な満場一致にさかのぼらせる命題の全体が、エウリーピデースのこの悲劇とディオニューソス崇拝の中から、見事な確証を得ることになるだろうということを、すでに予感しているのである。

*****

ニーチェ(一三五)やルドルフ・オットーのような意図をもって『バッカイ』に向かわない、何らの先入見を持たない読者なら、ディオニューソスの醜悪な性格に、常に衝撃を受けるだろう。悲劇の筋の運びを通じて、この神は町中をさまよい歩き、通る道に暴力をまきちらし、悪魔的な誘惑者の巧みさで罪を呼ぶのである。今なおわれわれ自身の世界がそうであるように、本質的な暴力から保護された世界の、被虐趣味《マゾヒスト》のドン・キホーテ的思考だけが、『バッカイ』のディオニューソスに、何か甘味なものを見出し得たのだ。エウリーピデースは、そうした錯覚《イリュージョン》、もう少し憂慮すべきものでなかったならば滑稽なだけのそうした錯覚とは、完全に無縁なのだ。

この神には、暴力を除いては独自の本質的なものはないのである。(一三六)暴力に直接結びつかない彼の属性は一つも存在しない。もしディオニューソスが、デルポイのアポローンやオイディプース神話のアポローン(一三七)と同じく、予言的霊感に関係しているとすれば、それは、その予言的霊感が供犠の危機に依存しているからである。もし彼がぶどうの木とぶどう酒の神として姿をみせているとすれば、それはおそらく、彼をはるかに恐るべき陶酔の神、人殺しの恍惚《ヒュルール》〔fureur 熱狂〕としていた元来の意味が弱まり柔らいだからである。古いディオニューソス伝承の中には、ぶどうの栽培やぶどう酒の製造に関係しているものは何ら存在していないのである。(39) 悲劇の終末直前、この神の唯一の重要な顕現《エピファニー》は、ペンテウスの宮殿の崩壊が意味する供犠の危機のもっとも破局的な諸結末と一致する。


合唱隊《コーラス》　聖なる地震よ、この大地をふるわせたまえ。

ディオニューソス　見よ、いま、ペンテウスの宮殿は揺れ、やがて崩れよう！

　ディオニューソスはここだ。私をあがめよ！

合唱隊　われらはあがめ奉る！

　ああ、この大理石の装飾の帯が割れるのを見よ！

　ブロミオス〔ディオニューソス〕様はこの屋根の下で、勝利の雄たけびをあげようとしておられる！

ディオニューソス　聖なる火が松明をもやす。

　ペンテウスの館を焼くのだ！

合唱隊　おお！　おお！　見よ！　見よ！

　セメレー(二三八)様の聖なる墓のまわりに
　焔が、眼もくらむ光をなげかけるのを！

　揺れよ、大地に倒れよ、マイナスたち！

　そうだ、倒れよ、われらが主はこの宮殿をくつがえすのだ！

　彼こそゼウスの御子様だ！

ディオニューソスがもっとも憎むべき暴力の化身であるとすれば、彼が恐怖の対象であると同じく尊崇の対象となっていることは驚くべきことであり、破廉恥なことであるとさえ思うだろう。だがこの場合、無邪気なのは、そのことについて考えこまない人の方だ。

もしわれわれが、この神の関わっている特殊な型の暴力を仔細に見るならば、一つの全体図がうかびあがってくる。そしてその全体図は、われわれがディオニューソス的供犠としてペンテウスの殺害を解釈した結論と、きわめて正確に対応している。「騒々しく音をたてる者」、「大地を震わす者」という意味のブロミオスの名のもとに、ディオニューソスは、十九世紀の神話学者がもっとも好む大雷雨や大地震とほとんど関係のない、おびただしい混乱無秩序を支配するのである。もっともこうした神話学者も常に、非合理な恐怖によって異常な、ほとんど超自然といってもいい行為に駆りたてられる群衆の存在を求めていたらしいのだが……。テイレシアース(二三九)はディオニューソスの中に、恐慌《パニック》的動揺の神、突如襲う集団的恐怖(二四〇)の神を見つけている。

> 白刃のもと、戦闘隊形についた兵士たちは、
> 槍が彼らに届く以前に、恐慌におそわれて算をみだす。
> この錯乱が彼らのところに来るのはディオニューソスからである。

これらの手掛りを、われわれがすでに積みあげた一切の手掛りと比較し、われわれが別な儀礼から集めた山なす証拠のすべてとつき合わせてみるならば、何らの疑う余地はない。ディオニューソスは見事に成功した集団的暴行虐殺の神なのである。これから先は、何故に一人の神があり、何故にその神が讃美され

るかを理解することが容易である。神の正当性は、彼が平和を攪乱するという事実ではなくて、彼が攪乱した平和を彼自身が修復するという事実によって、承認されるのである。そのことが、平和を攪乱したことについて、後天《ア・ポステリオリ》的に〔経験的に〕彼を正当化するのである。なぜなら、神の行為は、最後に来る創始的満場一致までは何物によっても神の行為と差別されない冒瀆的傲慢〔過剰 hubris〕にたいする、正当な怒りに変化するからである。

いわゆるテキスト分析は、ディオニューソス崇拝を政治的社会的大混乱の結果だとする仮説を立証する。エルヴィン・ローデ〔一四二〕のそれのような著作の背後には、現実についての、不完全ながら深遠な直観があるのだ。この種の命題を支持する人々が援用する歴史的論拠は、たしかに議論の余地は多いけれども、彼らの論敵の立論もまた議論の余地が多いのである。新しい資料考証がないために、伝統的な歴史の方法は足踏みせざるを得ないのだ。ただ、多くのテキストと主要な宗教現象の比較分析——まだあまりにも限定された形でだが、ローデの著作に示されているような——だけがわれわれの認識を前進させ得るのである。(40)

『バッカイ』の神話のような神話の背後に、そして限定的な一切の歴史的内容の外に、暴力の突然の激発と、共同体の存続のためにそれが作りだす恐るべき脅威を見抜くことができるし、それにまたそれを明確にする必要があるのだ。そうした脅威は、全員が参加するが故に全員を協調させる集団暴行のおかげで、現われた時と同じく急速に、去って行ってしまう。平和な市民たちが狂った獣に変る変貌は、あまりにも恐ろしく、あまりにも束の間のことなので、共同体はその中に自らを認めることを承知できないし、それに、ちらりと見えた奇妙な恐ろしい顔を自分の顔として歓迎することができない。奇蹟のように鎮まるやいなや、嵐は、あたかもすばらしい神の訪問のように見えてくるだろう。自分が、未知の者あるいは知らない者として見られたことに腹をたてた神は、まさに神らしいやり方で、自分の不快感を人間たちに表明したのだ。神は、最後のいけにえ、彼が本当に選んだいけにえ、おそらく神の化身であるいけにえを嘉納した後で、近づく時に恐ろしいだけそれだけ遠ざかる時に恩恵をもたらしながら、静かに去ってゆくのである。したがって、宗教的なものは断じて《無益な》ものではない。宗教的なものは、暴力を人間的でないものにする（déhumaniser）(二四二)。宗教的なものは人間から彼の暴力を引き抜いて、それを、適切な儀礼ならびに謙虚で慎重な行動によって鎮静化されることを求める超越的で常に現存する脅威に変えることで、人間をそれから保護するのである。宗教的なものはまさしく人類を解放する。なぜならば、現実に展開したような危機を記憶していたならば彼らを毒したにちがいないさまざまな疑心暗鬼から、人々を救い出すからである。

　宗教的にものを考えるということは、人間が暴力を支配すると思いこんでいればいるだけ、それだけいっそう仮借なく人間を支配する、そうした暴力との関連において、市民全体《シテ》の運命を考えることである。したがって、暴力を離れたところに置き、暴力を放棄するために、その暴力を超人間的なものとして考えることである。恐怖におののく崇拝が弱まり、差異が消失しはじめた時、儀礼としての供犠は有効性を失う。つまり供犠はもはや共同体全体によって受け入れられなくなる。各人が自分自身で個人的に情況を立て直そうとするが、誰も成功しない。つまり、超越性の消滅そのものが、町全体を救おうという願望と、もっとも度はずれた野心との差異、最大限に真摯な信仰心と自ら神になろうとする欲望との差異が、もはやいささかも存在しないようにするのである。各人は、相手の敵対的企ての中に、神を恐れぬ欲望を見るのである。ディオニューソスとペンテウスの間で、一切の差異が消滅するのはまさにその瞬間である。人人は神々の資格で争う。そして相手に対する彼らの懐疑は、新しい供犠の危機に外ならない。その危機は、後に新しい満場一致の暴力の光に照らして振り返ってみれば、神の新たな来訪であり新たな復讐として見えてくるだろう。

もしも贖罪のいけにえがなければ、もしも、言ってみれば暴力それ自体が人間たちに新しい出発でもある休止、暴力の循環の後の儀礼の循環の始まりを巧みに配置してくれなかったら、人々は自分たちの暴力を自分自身の外部、彼らから離れた、至高の、贖い主という実体《アンティテ》の中に置くことができないだろう。暴力が遂に沈黙してしまうためには、そして、暴力の最後の言葉があって、それが聖なるものとなるためには、暴力の有効性の秘密が侵害されてはならず、満場一致のメカニズムが常に知られないままでいなければならないのだ。宗教的なものは、その終局的基盤のヴェールが剝がされなければそれだけいっそううまく人間たちを守護する。怪物をその最後の巣から狩り出すことで、人々はその怪物を永久に荒れ狂わせる危険を冒すのだ。彼らの無知を一掃することで、人々は人間たちを、いや増す破滅に曝らす危険を冒し、誤認と一体である庇護を彼らから奪い取り、人間の暴力に付けられた唯一のブレーキを弾じけさせるのである。事実、供犠の危機は、相互的暴力が激化するにつれて成長はするが、決して完全な真実には通じていかない知と、不可分である。追放排除によって常に《向うの方に《オー・ドゥラ》》投げ出されるのは、暴力であると同時に、暴力のそうした真実である。悲劇作品は、それが神話的なさまざまな意味を解体するという事実によって、詩人の足元に深淵を開くのであり、詩人は常にその深淵を前にして尻込みしてしまうのである。彼の気をそそる傲慢〔過度 hubris〕は、彼の描くあらゆる登場人物のいかなる者のそれよりも大きいのだ。それは、古代あるいは原始的な一切の宗教の文脈においても、近代の一切の哲学思想の文脈においても、限りなく破壊的なものとしてしか予感されざるを得ない知――そうしたものとして理解されないにしても――に、むかってゆくのである。したがってそこには一つの禁止があり、われわれ現代人もまたその禁止の体制の下に居るのであって、現代的思考がその禁止を打ち破ったとはとても言えないのである。エウリーピデースがほとんどおおっぴらにそれを指摘したという事実は、この悲劇の中で、そうした禁止が並はずれて動揺させられたということを示している。

かつてわれわれの思考は、
法《ロウ》に勝るものを何物も想像しなかった。
神が全能の力を持つと
認識することがどんなに高くつくことか？
いつの時代にも真実だと認識されたものは、
その力を自然から得ているのだ。

***

オイディプースの場合と同じくディオニューソスの場合でも、神話の精製、つまり変形の基本は、実際には、神話の背後にある〔神話に先行する〕集団的諸現象に属するいくつかの要素を、再構成することに帰着する。そうした要素といったものは、もしもそれらが全部、平等に全参加者に割り当てられ、暴力の相互性が十分に認識されていれば、神話を成り立たせることのないはずのものである。いずれの場合でも、相互性は失われて差異に席を明け渡している。そしてその時から本質的な差異が、一切の暴力を成極〔集中〕させる神または英雄《ヒーロー》〔半神〕と、共同体を分離するのである。共同体は、純粋に儀礼的供犠的な暴力以外の危機への関与から、受動的な汚染しか記憶にとどめない——それがオイディプース神話の疫病である——か、兄弟同士のような非差異しか記憶にとどめない——ディオニューソスのバッコス祭がそれである。

神話の構成に加わる一切の要素は、そうした危機の現実から得られたものである。余計なものは加えられていないし、削除されたものもない。いかなる意識的操作も介入していない。神話の精製は、贖罪のいけにえを根底にした非-意識的なプロセスであり、暴力という事実を代価として支払うプロセスである。その事実は《抑圧》されずに、人間から切り離され、神聖化される。

悲劇の着想は、架空のさまざまな差異を相互的暴力の中で溶解する。それは、暴力の神性と穢れなき共同体といった二重の錯覚をあばくのである。ディオニューソスの祭における合唱隊の男女の混在も、一時的に女に許される飲酒も、きわめて恐るべき陶酔を啓示している。悲劇の着想はバッコス祭の《真実を暴《デミステ》露する《イフィエ》》のである。結果としてそれは、最良の儀礼が依存する誤認の基盤を破壊してしまうのだ。儀礼は、暴力に向けて方向づけられるのではなくて、平和に向けられているのだ。悲劇の真実暴露《デミスティフィカシオン》は、バッコス祭が暴力への純粋な熱狂、暴力への心酔であることを示している。悲劇の真実暴露それ自身、儀礼を必然的に弱体化し、《悪化させる《マール・トゥールネ》》が故に暴力的なものである。人間社会における暴力の役割が見えないある社会が信ずるように、反-宗教的真実暴露は、平和と普遍的理性の方向に働くどころではない。それは、宗教それ自体と同じく両刃の剣なのだ。もし反-宗教的真実暴露がある型の暴力と闘うとすれば、それは常に、もう一つ別な、恐らくはもっと恐ろしい暴力を養うためである。現代人とは違ってエウリーピデースはその両義性を予感している。それだからこそ彼は、一方にばかり進むのではなくて、引き返したり別な方向に進んだりするのだ。彼は《大胆さ》と《臆病》の間を揺れ動く。したがって彼は、ある時はバッコス祭の擁護者であり、ある時は告発者のように見える。論争の静的な描写や二人の老人によるディオニューソスのための激励では、バッコス祭が好意的な色調で示されている。エウリーピデースは、ディオニューソス的非差異を男女混淆や暴力に結びつける人々に反対して、ディオニューソス崇拝を擁護しようとしているかに見える。バッコス信女たちは、あたかも慎ましさと優しさの典型のように描かれている。この神への崇拝にたいする疑惑は、憤然として投げ捨てられる。

このような断言は、すぐさま数々のできごとによって覆えされるので、ひどく奇妙である。マリー・デルクール＝キュルヴェール夫人がこの戯曲の序文で注意を促しているように、われわれは《最初はいささか滑稽なまでに無邪気であり、次には人を不安におとし入れ、遂には殺人まで犯すアガウエーとその仲間の女たちの狂乱に、この詩人がどんな意味を与えようとしたのか？》と考えこんでしまう。《したがって人々は、『バッカイ』に何かの問題があるということを疑問に思った後でも、その問題にとりつかれているのを感じ、それを解決することができないと感ずるのである[41]》。

儀礼が暴力からやって来るとしても、そして儀礼に暴力が滲みこんでいるとしても、それは平和の方向に向けられている。事実、共同体の成員の間の調和を促進することに積極的に用いられる儀礼しか存在しない。できることならエウリーピデースは、供犠の危機と悲劇の着想が一切の宗教的価値を引きずり込んでしまう破局から、儀礼を救出したがっているのかも知れない。けれども、そうした努力も最初から呪われているのである。悲劇の着想は、この詩人の形式上の意図以上に強力である。つまり、供犠的なものと供犠でないもの――ゴルゴーンの二滴の血〔一四三〕――とがひとたび混淆するや、いかなる人間の意志もそれらを二つに分離することができないのである。

もしもエウリーピデースが完全に、暴力的起源に同意し、終始、暴力が演じている役割を認め、儀礼が保護し、暴力の相互性の中で失われ、贖罪のいけにえのメカニズムの中に見出される創始的な満場一致を承認していたとすれば、《『バッカイ』の難問》なぞ存在しなかったはずである。そうであればエウリーピデースはわれわれに、バッコス祭の良き面と悪しき面が、創始的暴力の両側にひろがる二つの斜面に対応していることを示したかも知れない。それらは、供犠の危機の中でちらりと姿を見せることも、その以前もその以後も儀礼的秩序の相対的な調和の中で生きることもできる同じ一つのものなのである。

もしエウリーピデースが原始宗教の観点《パースペクティヴ》を採用し、聖なるものに素直に帰一し、人間から彼らの暴力を抜き去り、それを完全に神格化できるならば、やはり『バッカイ』の難問は存在しなかったであろう。さらにまたエウリーピデースが、こうした両極端の解法の間にある中間的段階のどこか一点、言い換えれば暴力の全活動を神性に転移させる宗教的図式《シェマ》と、その同じ活動をすべての人間に復帰させることになるであろう完璧な真実との間の中間点に、自己の思想を安定させることができたならば、やはり『バッカイ』の難問は存在しないであろう。

とりも直さずわれわれ現代人の思考体系であるそうした中間的思考体系の中では、暴力的分裂と平和的調和の間の対立、言い換えれば、時間の中で、つまり通時的《ディアクロニック》次元において繰りひろげられるはずの差異が、共時的《シンクロニック》差異に変るのがわかる。われわれは《善人》と《悪人》の世界に入りこむのだ。それが、われわれ現代人にとってきわめて親しい唯一の世界なのである。

われわれは、そうした図式《シェマ》が『バッカイ』の中で素描されていることに注目する。あるいはすくなくとも、そうした図式の発展に必要な一切の要素が、ディオニューソス神にたいする《不敬な反抗》の観念や、リューディアのマイナス信女のような、バッコス祭における嘉納された信女たちと、テーバイの女たちのような嘉納されていない信女たちの二重性の中に配置されている、ということに注目することができる。けれども悲劇の筋の運びの最中で、すでに見た通り、ディオニューソス的《良き》熱狂と《悪しき》熱狂の間で、信者たちへの褒賞であるはずの《神憑《がか》り》と、不信心な者への罰であるはずの《神憑り》の間で、一切の区別が消滅してしまうのである。善玉と悪玉のマニ教的分割は、素描されるが早いかたちまちに崩れ去ってしまうのである。

忘れてはならないことは、そうした分割が、キタイローン山の山腹で終った後でも、その後長い間、文化的およびイデオロギー的分野でおこなわれた贖罪のいけにえ狩りと一体を成している、ということである。

《『バッカイ』の難問》を解決するということは、一目見ただけで崩壊するようなものではない差異化の体系、この戯曲の文学的、心理的、道徳的などの首尾一貫性をわれわれが確認できるような差異化の体系を見つけ出すことであろう。そうした体系もまた、恣意的な暴力に基づいているに違いない。基盤となっているこの基本要素は、『バッカイ』の中ではあばき出されていないけれども、きわめて強烈に音をたてて動揺させられている。この悲劇の首尾不統一をひきおこし、《大胆さ》と《臆病》の間で揺れ動かせている最終的な決定要素は、エウリーピデースの《心理学》ではない。それはいまわれわれが語っているこの動揺なのである。それは暴力の現実《ヴェリテ》の姿なのである。エウリーピデースが理解しようとも望まなかったし、理解することもできなかったこの暴力の現実の姿は、しかし、あまりにも彼の身近にありすぎるので、あらゆる差異を狂わせ、意味のさまざまな可能性をさらに多様化して、それが固定するのを禁ずるのである。

この悲劇は、いかなるところにも自らの均衡を見出すことができない。身を落ちつける場所を持たないのだ。それ故に、非の打ちどころのない知的で美的な、あれほど多くの図式の不毛な首尾一貫性にたいして、この戯曲の豊饒な支離滅裂があるのである。したがって、『バッカイ』の難問を解決しようと試みる必要はないのである。それは、『オイディプース王』における悲劇の筋書の対称性と神話が伝えようとする伝言《メッセージ》の非対称性の間の対立を解消しようと試みる必要がないのと同じである。われわれの凡庸で面白味のないちっぽけな首尾一貫性にこの悲劇を連れ戻す代りに、遂には神話の内奥に入りこんで、いかに神話が構成されるのかを発見するために、この悲劇が暴露する論理的破綻にのしかかっていかなければならないのだ。『バッカイ』の問題を、宗教的であれ非宗教的なものであれ、未開のものであれ西欧的なものであれ、一切の文化の次元に拡大しなければならないのである。この問題こそ、かつては決して見定められることはなかったが今日では、西欧文化における最後の供犠の実行が急速に崩れ去ってゆく中で、辛うじて見定められ得るものとなった暴力的起源の問題なのである。

＊＊＊

もう一度ここで、ディオニューソス信仰における女性の優勢について問い訊してみなければならない。前に述べた点に戻らなくても、ペンテウスの殺害に関する女性の役割、それに、原初のバッコス祭、つまり供犠の危機を通じて女性的要素を特徴づけている人殺しの狂気は、その前にある牧歌的で愛らしいバッコス祭、キタイローン山へののどかなハイキングと同じく、決してごまかしではないのである。

二人の主役は男性ではあるが、彼らの後にはもはや女性と老人しかいない。供犠の危機においては、人殺しの狂気は現実のものであるけれども、それは共同体全体に伝染するはずである。贖罪のいけにえにたいする万人の暴力は、もっぱら女たちに特有の暴力ではあり得ないはずだ。だからこそ、女たちの優勢が、二次的な神話的移動ではないだろうかと考えてみる必要がある。言い換えれば、一般的に言って男たちからの暴力の除去、この場合は男性の大人たち、つまり、唯一の責任ある者たちではないにしても主要な者たちであるが故に、危機の記憶から解放されることをもっとも必要としている男性の大人たちからの、彼らの暴力の除去ではないだろうかと考えてみる必要がある。他方、共同体を再び相互的暴力の中に転落させる惧れのあるのは、彼らであり、彼らだけなのだ。

したがってわれわれは、暴力との関係における、男性と女性の神話的置き換えを仮定してみることができる。だからと言って、それは、キタイローン山に女たちが住みついたことがまったくの作り事だということではない。神話はいかなるものも創作しないけれども、子供たちを伴い、おそらくは老人も連れての、この女たちの集団移住の本当の意味は、悲劇による真実暴露によっても、牧歌的理想化によっても、同じように解きあかすことができるだろう。町からの集団的脱出はわれわれに、神による霊感、ディオニューソス的熱狂によって動機づけられたものとして示される。この脱出は危機と関係づけられるけれども、おそらく、意気揚々たる行列とも、耐え難い重荷を背負ったものとも何ら関係がないであろう。ここで想像しなければならないことは、この脱出が、年齢的にも女性という性から言っても、武器を身につけることのできないすべての人間の、死にもの狂いの逃亡であるということである。もっとも弱い者たちは、共同体の内部に恐怖をまきちらすもっとも強い者たちに場所を明け渡すのである。

民族学的観察が提供してくれるいくつもの情報は、現在のこの仮説が間違ってはいないことを示している。N・A・シャニョンは『ヤノマモ――獰猛な人々』(一九六八年)の中で、互いに緊密な姻戚関係で結ばれた多くの共同体が一堂に会する祭を描いている。さまざま多様な余興のなかに、この家系では伝統的におこなわれる、原則として親密な、胸を拳で打ち合う一連の決闘があった。二組のチームの片方が敗けそうになって殺し合いに発展しかけると、《事態の重大さがわかった女や子供たちは、泣きながら、村の外部に通ずる出口の近くの、家々から遠くはなれた一隅に集まったのである》。やがて、両方の陣営の戦い手が、相変らず村の中で戦いにそなえて毒矢の弓を手にする一方、女や子供たちは、金切声や呻き声をあげながらジャングルに逃げ込んだのである。(42)

宗教的なもの、あるいは文化秩序の中での、一般的に言って女たちの役割に関しては、あるいはむしろ役割がないということに関して、たとえばボロロ族の村のような南アメリカのある種の村落の配置図以上に啓示的なものは、おそらくないだろう。(43) 村はほぼ完全な円形を成している。そしてそれは、社会的な下位区分にしたがって、半円とか扇形とか、さまざまな形で分割されている。中央には男たちの家があって、女たちはそこには決して入らない。文化的宗教的な活動は結局のところ、複雑な往来の儀礼体系《システム》に帰着するが、それはもっぱら男のためのもので、中央の家が常に通るべき交叉点である。女たちは周辺の家々に住んでいて、そこから決して動かない。こうした、女たちが動かないということは、かつては《母権制社会》(一四四)を信じさせた要因《ファクター》の一つである。だがそれは、女の優越した力を決して意味しない。それは彼女たちが、ほとんど決して参加することのない悲喜劇の、多少とも受動的な観客であることを示しているのだ。秩序と平穏の時期における儀礼の優雅な踊りも、儀礼体系全体が解体する混乱の時期におこる暴力的な出会いを避けるための手段と見做されるべきである。ボロロ族の村の配置は、中心部が男たちの暴力のための囲い地と変った場合、もっとも弱者である女たちが示す遠心運動的傾向を具体的に示している。こうした傾向は普遍的なものだ。シャニョンが《ヤノマモ》の祭の最中、行動として観察したものはそれである。ディオニューソス神話の似ても似つかぬ外見の背後に顔をのぞかせているのもそれである。

周辺部の家々における女たちの不動の輪は、普通、喧嘩といった、何か見るものがある場合に公衆の場ですぐできあがる弥次馬の集合を無理なく連想させる。とばっちりを食わないように十分距離をおきながら、何も見逃さないようにしたければ、必然的に、彼らの好奇心をそそる場景を中心にして輪のように並ぶことになる。すると精神分析はわれわれに、本当は男たちの家が女たちの輪の中にまるで男根のように立っているのだ、と言うだろう。だが精神分析は、こうした事物の状態がなぜあるのか、どのようにおこるのかという理由や過程に接近することができない。暴力は性的な象徴体系を超えたところにあるのだ。

暴力が諸要素をそのように配置するのである。暴力は、初めは文化秩序として、つぎはその秩序の背後に位置する性として、そして最後に、可能な一切の意味作用の背後に位置して、何らかの一つの意味作用がそれをわれわれの目からかくせばかくすだけ、それだけ長い間解読不可能なものとなる暴力として、文字通り書きしるされているのである。

ディオニューソスにもどって言えば、町の外部における女たちの存在は、われわれがすでに分析したものと似てはいるが異なる神話精製によって変形された、原初の危機の現実のできごとを、うまく覆い隠している。われわれは、神を産み出す暴力の転移に似てはいるが、それよりは重要でない暴力の転移、言ってみれば二義的なすり換え《グリスマン》を想定することができる。ここで問題となっているのは、ディオニューソスの神がまだ供犠の危機のもっとも暴力的でもっとも険悪な側面をさまざま吸い込んでいない時にさかのぼる、早い時期におこなわれた神話の精製にちがいない。危機があらわすさまざまな特徴的行動が、まだ十分にぼやけていないので、人々はそれらを自分のものとして引きうけることができないのである。

おそらくは暴力の男性的特徴であるものを女に帰することは、性的な差異の消滅の主題といった、『バッカイ』における主役の役を演じている主題と切っても切れない関係にある。供犠の危機のさまざまな現われの中には、すでに見たように、ある種の男の女性化と、女の男性化があるのだ。男が女のように行動し、女が男のように振舞うという観念は、結局のところ、ディオニューソス神にたいする不吉な大騒ぎはもっぱら女たちの仕事である、という観念にすりかわる。それに、ほかの一切の差異と同じく性的な差異の消滅は、相互的な現象であるが、いつもの通り、その相互性を犠牲にして、神話の意味づけが産み出されるのである。危機の中で失われた差異は、神話による差異の再配分の対象となる。対称的な諸要素が非ー対称的な形式のもとに再組織化される。とりわけ、男の尊厳と権威にとって安心できる形、ディオニューソスへの陶酔についてはほとんど女の一手販売であるといった形で再構成されるのである。

この点でもまた、『バッカイ』というこの悲劇は、失われた相互性を回復させているが、しかしただ、部分的にでしかない。それは、ディオニューソス儀礼の起源における女の役割の優勢を疑問視して問題にするまでにいたっていない。もし性的差異の消失が暴力を女にすべり込ませるのに有効に働くとすれば、この悲劇はその点を完全に説明することができないのである。動物や子供と同じく、ただしもう少し低い割合で、女も、相対的な疎外された社会的地位と弱さから、いけにえの役割を演じ得る。まさしくそうした理由から女は、求められると同時に排斥され、侮辱されると同時に《台座》の上に置かれて敬われる、部分的な神聖化の対象となるのである。あり得る限りの性の倒錯について注意深く、ギリシア神話とギリシア悲劇、とりわけエウリーピデースを読解すれば、おそらく、驚くべきさまざまな事柄があきらかになるであろう。

第六章　模倣の欲望から畸型の分身へ

『バッカイ』では、神の来訪は創始的な満場一致の喪失および相互的暴力への滑落にほかならない。超越性は、再び内在性に転落して、いわゆる穢れた immonde 誘惑に変身することによってしか、人々の間におりて来ることができない。暴力（相互的）は、暴力（満場一致の）が構築しておいた一切のものを破壊する。創始的満場一致に依存していた諸制度と諸禁止が死滅する一方、至高の暴力が人間たちの間を気ままにさまようけれど、誰も長いことそれを捉まえておくことができない。この神は一見誰にでも愛想よく媚を売るが、結局はいつもするりと身をかわして、背後に破滅をまきちらす。彼を手に入れようと望む者はすべて、遂には互いに殺し合うのである。

『オイディプース王』の中では、悲劇の葛藤はまだ、テーバイの王座とか、母であると同時に妻である女王とかいったいくつかの限定されたものに基づいている。『バッカイ』では、ディオニューソスとペンテウスは具体的なものを何一つ争いはしない。敵対関係はもっぱら神性それ自身について生ずるのであるが、その神性の背後には暴力しか存在しない。神性のために敵対関係にあるということは、無いもののために〔pour rien つまらぬことで、無駄に〕互いに張り合うということである。神性というものの本質《レアリテ》は超越的《トランサンダン》なものでしかないのだからである。もう一度換言すれば、ひとたび暴力が決定的にすべての人々から抜け出してしまえば、暴力は追放されてしまうからだ。ヒステリー的な敵対関係は、直接、神を産むことはない。神が誕生するためには、満場一致の暴力の仲介が要るのである。神性が現実にある限り、それは、競技によって獲得されるべき懸賞ではない。人々が神性を懸賞と見做す限りにおいて、その懸賞は心をそそる囮《おとり》だが、結局のところそれは例外なく、すべての人々から逃げ出してしまうのである。

要するに悲劇のすべての主役たちが執着しているのは、まさにそうした囮である。人間個人個人である限り、誰でもそうした暴力を具現することに努め、競争相手を作りだし、暴力は相互的なものでありつづける。そこには拳のやりとりしか存在しないのだ。悲劇の争いに加わるまいとする合唱隊が証明しているのはその事である。

したがって、たとえば王座とか女王とかいった対象物の固有の価値がわれわれにどんなに貴重なもののように見えても、そうした対象物から出発して、争いを解釈しないように注意しなければならない。『バッカイ』は、悲劇における敵対関係を解釈するにあたって、現象の通常の順序を逆転させる方がいいことをわれわれに示している。最初に対象物があって、それから、自立的にその対象に集中してゆくさまざまな欲望があり、最後に、そうした諸欲望の収斂の偶然的、偶発的結果である暴力が来る、と普通考えられている。人が供犠の危機の中を突き進めば進むほど、暴力がますます鮮明になってくる。互いに鎬《しのぎ》をけずる渇望をさまざま刺激して争いをひきおこすのは、その対象物の固有の価値ではない。対象物の価値を高め、最高度に荒れ狂うための口実をでっちあげる暴力それ自身なのだ。この時以来、ゲームを運んでゆくのは暴力である。それは、万人が制御しようとつとめながら、結局は次から次に万人が翻弄されてしまう神性なのだ。それがバッコス信女たちのディオニューソス神である。

この暴露された真実に照らしてみれば、供犠の危機のかなり早い段階ですら、暴力によってひそかに支配されていることがあきらかになる。たとえば、『バッカイ』にくらべて暴力との関係があまりはっきりしていない『オイディプース王』のいくつかの主題も、第二の悲劇〔『バッカイ』〕がもたらす観点に立てば、もっと根元的な意味を獲得する。三叉路でのオイディプースとラーイオスの出会いでは、はじめは父も王もない。つまり、主人公の行く手を遮る見知らぬ男の脅迫的行動があるだけである。つぎには、叩き潰したいという欲望がある。その未知の男を打ち倒したい欲望である。その欲望がすぐに王座と女王の方に向かってゆく。つまり、暴力を振う男の所有している対象物に向かうのである。最後に、その暴力を振った男が父親であり王であったという身元の確認がある。暴力を振う男の所有物に価値を与えるのは、別な言葉で言えば暴力である。父親だからラーイオスが暴力を振うのではない。暴力を振う男だから、ラーイオスは父親であり王であると見做されるのである。ヘラクレイトスが「暴力は万物の父であり王である」と断言する時、彼が言わんとしていることはこのことではないだろうか？

ある意味では、欲望における暴力のこうした優位性ほど当り前のことはない。それがわれわれの観察にまかされた時、われわれはそれを加虐的倒錯（サディズム）とか被虐的倒錯（マゾヒズム）とか名づけている。われわれはそこに、暴力とは無縁な、ある規範からの逸脱、病理学的な現象を見ている。われわれは正常で自然な欲望、非暴力的な欲望があると信じこみ、大部分の人々はそれからそれほど離れることがないと思いこんでいるのである。

もしも供犠の危機が普遍的な現象であれば、そうした見方は間違っていると断言できる。供犠の危機の絶頂では、暴力は、すべての欲望の道具であり、対象であると同時に、普遍的な主体でもあるのだ。だからこそ、もしも贖罪のいけにえがなければ、そして、ある種の絶頂期に暴力が文化秩序に化することがなかったなら、一切の社会の存在は不可能だろう。暴力が文化秩序に変化する時、完全に破壊的な相互的暴力の悪循環に代って、創造的で庇護的な儀礼の暴力の悪循環があらわれるのである。

われわれが人間は《暴力の本能》の餌食だといくら断言したところで、供犠の危機において欲望の対象が暴力でしかないという事実、何らかの形で暴力が常に欲望と混じり合っているという、厄介な謎めいた事実を、少しも明らかにしはしない。今日われわれは、動物には個々に、敗者の死にまで戦いが展開して行くことのないようにするいくつもの調整機構がそなわっている[二四五]ことを知っている。種の永続に有利なこうしたメカニズムについて、本能という言葉を用いることはおそらく正当であろう。けれどもそうなれば、人間にはそれらに類似したメカニズムが欠けている事実を指摘するために、その同じ言葉を用いるのは理屈に合わない。

人間を暴力の方に、あるいは死の方に連れてゆく本能――あるいはおのぞみなら欲動[二四六](pulsion)と言ってもいい――という観念（フロイトにおける、かの有名な死の本能、死の欲動）は、後退した神話的態度でしかない。それは、人間たちに彼らの暴力を彼ら自身の外部に置くように駆りたてて、それを神、運命、あるいは彼らに責任のない、外から彼らを支配する本能[二四七](instinct)に仕立て上げる先祖伝来の錯覚の、時代おくれの巻き返しでしかない。またしても問題になっているのは、暴力を真正面に見据えないことなのである。新しい逃げ道を見つけること、ますます行き当りばったりに対処しなければならなくなってゆく状況の中で、代りの供犠的な解決法を見つけることなのである。

供犠の危機においては、たとえどんなに特権的なものに見えようとも、欲望を何らかの限定的なものに結びつけることをあきらめなければならない。欲望を暴力それ自体に向かって方向づける必要があるのだ。けれども、だからと言って死の本能とか暴力の本能を持ち出すには及ばない。探求のためのもう一つ別な道があるのだ。われわれが観察した一切の欲望の中では、単に、対象と主体があるだけではなかった。第三の項、一度だけわたしが優越性を与えようと試みることができたように思う(一四八)競争相手《ライバル》が存在していたのである。この競争相手の身元を早計にきめつけて、フロイトと共にそれは父親だと言うことはここでは問題にならないし、ギリシア悲劇と共に、それは兄弟だと言うことも問題ではない。問題なのは、対象と主体と共にそれが形成する体系の中で、その競争相手の位置を決定することである。競争者は、主体と同じ対象を欲望する。競争者の優位性を確認するために対象および主体の優越性を放棄することは、一つのことしか意味し得ない。つまり、競合関係は、同じ対象への二つの欲望の偶然的な収斂ではないということである。主体は、競争者がそれを欲望するが故にその対象を欲望するのである。競争相手が何らかの対象を欲望することによって、主体に、望ましいものとしてその対象を指示するのである。競争者は、存在の仕方とか観念とかいった皮相的な面でよりも、欲望のもっと本質的な面で、主体の手本《モデル》なのである。

　現代の理論家たちは、人間が自分の欲望するものを完全に知っている存在、あるいは、知らないように見えても、いつも自分のためにそれを知る《無意識》を持つ存在だということをわれわれに示すことで、人間の不確実性がもっとも明白な領域を、おそらく見逃してしまったのだ。彼本来の欲求が満たされるや、あるいは時として、本来の欲求が満たされる前でも、人間は、自分でも正確にはわからない別な何かを激しく欲望する。なぜなら人間は、彼は自分に欠けていると感じ、他の誰かが備えていると彼に見えるものを、欲望する存在だからである。その存在物を手に入れるために、主体はその他者が欲望しなければならないものを自分に言ってくれることを期待する。すぐれたものをすでに与えられていると彼には見える手本《モデル》が、何かを欲望するならば、対象はなおいっそう完全な充実をもたらすものであるはずである。手本が主体に、きわめて望ましい対象を指し示すのは言葉ではない。それは手本それ自身の欲望によるのである。

　われわれはここで、古い、しかしその含意が常に誤解されているように思われる一つの観念に立ち戻る。

つまり、欲望は本質的に模倣的で（mimétique）あるという観念である。欲望は手本となる欲望から写し取られ、欲望は、その手本と同じ対象を選び取るのである。

子供の欲望が模倣《ミメティスム》を中心としたものであることは、普遍的にみとめられている。大人の欲望も、彼らがとりわけ西欧的文化の文脈では、多くの場合、他人を手本にすることを恥じるという点を除けば、子供と何ら異ならない。大人は自己の存在の欠如を見せるのがこわいのだ。彼は声高に自分に満足していると宣言する。彼は自分を手本として示す。誰もが、自分自身の模倣をかくすために、他人に向かって《おれを見ならえ》と絶えずくり返して言う。

同一の対象に収斂する二つの欲望は、互いに相手の障害となる。欲望にもとづく一切のミメーシス〔模倣〕は、自動的に、争いに通ずる。人間たちは、常に部分的に、敵対関係のそうした理由が見えないのである。人間関係における同じもの、似たものは、ともすれば調和の観念を呼びさます。おれたちは同じ趣味をもっている、同じ物が好きだ、理解し合うようにできているんだ、といった具合である。だがもし、本当に同じ欲望を持っているとすると、どんなことがおこるだろう。僅かに何人かの偉大な作家たちだけが、この型の対抗関係《リヴァリテ》に興味をもったにすぎない。(44) フロイトでさえ、こうした次元の事実は、間接的で不完全な形でしか扱っていない。われわれは次章でそのことを見ることにする。

手本となる者とその弟子を結びつける関係の、奇妙ではあるがはっきりとした効果のおかげで、手本も弟子も、自分たちが互いに相手を対抗関係に捧げているということを認識することができないでいる。手本は、それが模倣をそそのかしたのに、自分が競争相手になっていることに驚くのだ。弟子の方は、自分が手本を裏切ったと思っている。つまり自分は《彼と争っているのだ》(二四九)と思っている。弟子の方は、自分が有罪の宣告を受け、辱めを受けていると思っている。彼は、自分の手本が、自分について、手本自身が享受している優越した生活を共にする資格がないと判断しているように思っている。

こうした思い違いの理由は、把握するのにそれほど困難なものではない。ある対抗関係の観念、言い換えれば、二つの欲望が同一であるという観念が、手本と弟子の両方の心をかすめるには、手本は弟子よりあまりにも超えていると自らを思いこみ、弟子は手本よりあまりにも劣っていると思いこんでいすぎる。相互性を完成するには、弟子自身、時には彼自身の手本にたいしてであれ、手本として役立ち得ることがつけ加わらなければならない。手本について言えば、どんなに自らに満足しているように見えようとも、たしかに、ここかしこで弟子の役割を演じているのである。弟子の地位だけが、あきらかに、本質的なものである。根元的な人間の状況《シチュアション》を定義しなければならないのは、そうした弟子の地位によってである。

たとえ弟子が手本に対してさわがしく罵ったとしても、彼を断罪するように見える判決の不当さと馬鹿らしさを告発したにしても、それでもなお弟子は、そうした断罪がもしかしたら不当ではないかも知れないと、苦悩しつつ自問するのだ。彼にはその断罪を反証をあげて論破するいかなる手段もない。試練にあって小さくなって出て来るどころか、手本の権威は、いっそう大きくなって出てくるのだ。したがって弟子は、自分自身の目で自分の姿を見るのでも、手本の目で自分を見るのでさえなくて、理解し難い敵対関係と、その手本の評価について対抗関係が弟子に与える誤った虚像を通して自己を見ることになろう。

人間の中には、欲望の段階で、人間のもっとも本質的なものに由来し、しばしば外部の声によって反復強化される模倣傾向があるのだ。人間は、絶望の中に彼を沈め、ほとんどの場合彼を無意識的な刑罰執行人の奴隷にする説明不可能な《おれの真似をするな》という定言命令にすぐさま送り返されることなく、《おれを真似ろ》というひびきわたる定言命令に従うことはできないのである。欲望も人間も、人間同士互いに罠に自分が落ちかかっていることも、相手に似たような罠を仕掛けていることも意識せずに、相手に矛盾した信号をいつまでも送りつづけるように、作られているのである。ある種の病理学的なケースに限らず、それを浮彫りにしてみせたアメリカの心理学者たちが考えているように、二重拘束《ダブル・バインド》(double bind)、二重の矛盾した定言命令、あるいはむしろ、人間たちが互いに相手を絶えず閉じこめる矛盾した定言命令の網の目といった方がいいが、それはわれわれには、極端にありふれた現象、おそらくはあらゆる現象の中でもっともありふれた現象であり、一切の人間関係の基本そのものであるように見えるはずである。(45)

われわれのいま言及した心理学者たちが、二重拘束《ダブル・バインド》にさらされた場合に子供におよぼす効果はきわめて破壊的であろうと考えるのは正しい。この場合は、あらゆる口調で、《わたしたちに見習え》、《わたしを手本にしろ》、《真の生命、本当の存在の秘密を握っているのはこのわたしだ……》などと繰返して言うのは、父母から始まってすべての大人たちであり、すくなくともわれわれ西欧社会における、文化のあらゆる声である。子供がそれらの魅惑的な言葉に耳をかたむければかたむけるほど、彼はいたるところからやって来るさまざまな暗示に、それだけいっそう大いそぎで熱心に従い、そこでおこらずにはすまない衝突葛藤の結果はそれだけいっそう破壊的であるだろう。子供は、そうしたさまざまな手本の権威を忌避し得るいかなる基準、いかなる距離、いかなる判断の基盤も持ってはいないのである。さまざまな手本が子(一五〇)供に送り返す「いけない《ノン》」は、まるで断罪のようにひびくのである。本当の「仲間はずれ excommunication〔除名、破門〕」が子供に重くのしかかる。子供の欲望の一切の方向づけ、つまり、手本の未来の選択はそのことで強く影響されてゆくだろう。子供の終局的な人格がもてあそばれているのである。

もしも欲望がのぞむところに自由に身を落ちつかせるとすれば、その模倣的な本性はほとんど常に、二重束縛《ダブル・バインド》の袋小路に欲望を引きずりこんでゆく。自由な模倣《ミメーシス》は、競合する欲望にむかって盲滅法に飛びかかる。それは、それ自身の敗北をうむけれども、その敗北はかえって、模倣の傾向を強化することになる。

ここには、それ自体で自らを養ない、絶えず激化し、単純化しつづける一つの過程《プロセス》があるのだ。手本を見習う弟子が自分の前にその存在を見つけたと思うごとに、彼は他人が自分に指し示すものを欲望することによって、それを手に入れようと努める。そして彼はそのたびごとに、敵対する欲望の暴力に遭遇する。要するに、論理的でありながら同時に錯乱した彼は、暴力それ自体が、常に自分の裏をかく存在のもっとも確かなしるしであると、たちまち納得してしまうのに違いない。暴力と欲望とは、それ以来、たがいに結合する。主体は、欲望が目覚めるのを見ずに、暴力を耐えることはできない。われわれは、なぜ『オイディプース王』の中で、存在とか王座とか女王を象徴する財宝《ビヤン》が、三叉路で出会った見知らぬ男のふりあげた腕の背後に顔をのぞかせているのかという理由を、だんだんと理解するのである。暴力は万物の父であり王であるのだ。イオカステーは、オイディプースが、ポボス〔追補訳注一〕つまり災厄、恐怖、混乱、不吉な暴力が語られる時、それを彼に語る者の言いなりになる人間であると断言することで、その事を裏書きしている。ラーイオス、クレオーン、テイレシアースの予言、使者がつぎつぎにもたらすあらゆる悪い知らせは、神話のすべての登場人物たちが服従する「ポボスの言葉《ロゴス》」から発しているのである。そして「ポボスの言葉」は、結局のところ、次から次に伝わるために言葉《パロール》〔音声現象としての〕を必要としない模倣的欲望および暴力の、言語《ランガージュ》なのだ。

　暴力は、絶対的な望ましきもの《デジラーブル》、聖なる自己充足《オート・シュフィザンス》、《美しき全体《トタリテ》》、もしそれが、不可解で近づき難いものであることをやめれば、もはやそうしたものに見えなくなる《美しき全体》の、記号表現《シニフィヤン》となる。主体はそうした暴力を讃美し、そうした暴力を憎悪する。彼はその暴力を、暴力によって制御しようとつとめる。彼はその暴力と腕比べをする。もしたまたま彼が暴力に打ち勝ったならば、暴力が持っている眩惑力はたちまちに消え失せるだろう。主体は、なおいっそう暴力的な何らかの暴力、まさしく乗り超え難い障害を探し求めなければならないだろう。

この模倣的欲望は、穢れの伝染と同じものである。供犠の危機の原動力である模倣的欲望は、それを中止させるための贖罪のいけにえと、それが再び暴発することを妨げる儀礼による模倣《ミメーシス》がなければ、共同体全部を破壊するのである。すでにわれわれは見抜いたことであるが、やがて、あらゆる種類の規範《レーグル》と禁止は、欲望が徒らにさまよい最初にやってきた手本に飛びついてゆくのを妨げるということを確証するであろう。儀礼的形式と儀礼によって認可された諸活動の方向に生命力《エネルギー》を導くことによって、文化秩序は、同一物にさまざまな欲望が集中することを防ぎ、とくに子供たちを、二重束縛《ダブル・バインド》の恐ろしい効果から守るのである。

***

読者は記憶しておられると思うが、わたしはすでに、ギリシア悲劇の主役たちについて、何が彼らを互いに異なるものとしているのか誰もいうことができないでいると指摘した。《心理学的》、社会学的、道徳的、そして宗教的な領域でさえも、彼らのうちの一人を、憤怒、圧制、傲慢 (hubris) などと性格づけることのできるものはすべて、たしかに本当ではあるが同時に、まったく不十分である。こうした性格づけがすべての登場人物にあてはまることに研究者が決して気づかないとすれば、それはおそらく、その性格づけがどれも、順繰りに主役たちが持ち得る性質を帯びているからである。たとえば憤怒は、いつまでも持続し得ないであろう。それは発作的にやって来る。それは静穏の極限に出現する。憤怒の後には、憤怒それ自体存在しない。人々が憤怒をいつも、突然とか思いがけずとか言う理由である。圧制もまた、不安定さによって本質的に特徴づけられる。最初の者が一瞬のうちに権力の絶頂にのぼりつめる。しかし彼は同じ速さでそこから転げ落ちて、彼の敵対者の一人に取って代られる。常に一人の暴君がいて、常に多くの虐げられる者たちが居るけれども、それらの役割は交替する。同様に、常に怒りがあるけれども敵対する兄弟の一人が荒れ狂う時に、もう一方はうまく平静を保ち、彼が荒れ狂う時、他方は平静を保つのだ。

ギリシア悲劇では一切が交互的である。けれどもまた、その交互性を一方の極端で固定しようとする、われわれ人間の、いかんともなし難い常に積極的な精神傾向もあるのである。厳密に言えばこの精神傾向が神話の傾向であって、主役たちの擬似‐性格決定をおこない、めまぐるしく変る対決を、固定した差異に変形するのは、その精神傾向である。

交互という概念はギリシア悲劇の中に姿をみせているが、しかしそれは相互性を切り落されている。逆説的ではあるがこの交互という概念が性格限定〔擬似‐特殊性〕となり、ある特別な登場人物の特徴的性格となっている。たとえばオイディプースは彼自身、自分をフォルトゥーナ(一五一)〔運命の女神〕の子、偶然《チャンス》(運)の子と自称している。今日では、われわれは事柄を《個体化し》(一五二)、荘厳化して、相互性の僅かな手掛りもなくすために《宿命《デスタン》 Destin》(一五三)と呼ぶのである。

テュケー Tukhē つまり運命の女神にオイディプースが帰属していることは、一連の《上《オー》》とか《下《バ》》とかいった言葉で表現されている。「フォルトゥーナはわが母であった。そして、わが生涯につきしたがった年月は、つぎつぎに、わたしを大きくも小さくもしたのだ。」この戯曲の最後の方で、合唱隊は主人公の存在を、彼の変転〔運命の急激な変動 peripeteiai〕という言葉で定義している。つまり、またしても交替である。

この定義は正確である。けれどもそれは、悲劇の他の登場人物以上にオイディプースにあてはまるということではないのだ。そのことは、もし人が、ただ一つの悲劇だけに限定せずに、悲劇の資料体《コルプス》をその全体として見るならば、きわめて明白なものとなる。悲劇の主人公たちは、彼らがすべて同じ役割をつぎつぎに交代で演ずるように約束されているのだから、彼ら同士の関わり合いによって定義づけられないことに、われわれはすぐに気づく。『オイディプース王』でオイディプースが圧制者であるとすれば、『コローノスのオイディプース』では、彼は虐げ（一五四）られた者である。『オイディプース王』でクレオーンが虐げられた者であるとすれば、『アンティゴネー』では彼は圧制者である。結局のところ誰も、圧制者なり、被圧制者なりの本質を具現化していないのである。現代のイデオロギー的解釈はギリシア悲劇の精神にたいする最高の裏切りであり、ロマン主義演劇やアメリカ西部劇への完全な変形《メタモルフォーズ》なのである。善玉と悪玉という固定した仕組み《メカニズム》、獲物をつかまえたら決して放したくない硬直した感情が、ギリシア悲劇の変転する諸対立、ギリシア悲劇の永遠の変動にすっかり入れ替ってしまったのだ。

　ギリシア悲劇の技法がそうした変転に熱中すればするだけ、その技法はそれだけいっそう、その変転が適切である領域について無頓着である。たとえばオイディプースの場合、彼をフォルトゥーナ〔運命の女神〕の子とする定義においては、憤怒と平静の交替も、追放の時期と王位にある時期の交替も同じように扱われるのである。交替のリズム、それにとりわけ交替がおこる領域が、あちらこちらひどく異なったものにわれわれには見えるので、われわれは二つの場合《アシスタンス》を対比してみようなどと思いつかないのだ。わたしの知るところでは、伝統的な批評家たちがそうしたことはなかった。だが、交替運動に注意しさえすれば、すぐさま容易にわれわれは、ギリシア悲劇にはその運動に属していない主題が存在しないことを予想し、確認することができるのである。そのような拡がりをもった現象は、唯一の説明を求めているのである。

　交替が「関わり合い《ラポール》」であることはあきらかである。つまり交替は、悲劇における関わり合いの基本的要素を成してさえいる。したがって交替が、何らかの特別な登場人物の性格づけをすることはできないだろう。ちょっと見た目には、交替現象は、敵対する兄弟が相争う対象物の交互的な所有、あるいは喪失によっておこるかのように見える。そうした対象物がきわめて重要に見えるので、交互にそれを所有することとそれを奪われることとが、完全な立場《スタチュ》の逆転、存在から無へ、無から存在への移行に等しくなる。たとえば、エテオクレースとポリュネイケースは、二人で共有することのできない至高の権力を交替で持つことをきめる。エテオクレースが王である時は、ポリュネイケースは臣下であり、その逆の場合は反対である。

けれどもこの対象物の交替も、それよりははるかに急テンポな悲劇の筋書きと具体的な関係をほとんど持っていない。悲劇の筋の運びの段階における根本的な振子運動は、悲劇の論争または隔行対話《スティコミティ》(二五五)の中に見つかる交替運動である。つまり、一騎打ちの戦いで二人の男が交替で相手を殴りつけるのと同じリズミカルな、非難罵声の応酬に見つかる運動なのだ。すでに見た通り『フェニキアの女たち』では、エテオクレースとポリュネイケースの間の決闘の物語が、悲劇の論争の代理をつとめ、それと同じ役割を正確に演じている。

暴力が肉体的なものであれ言葉の上でのものであれ、或る種の時間的休止がやり取りの間に入りこんでいる。敵対する二人の一方が相手を殴りつけるたびごとに、その男は決闘なり論争なりを勝って締めくくろうとのぞみ、止めの一撃を与え、暴力をやりこめようとのぞむ。打撃をうけて一瞬狼狽した一方は、精神を集中し、相手に応酬する準備をととのえるために、ある種の時間的猶予が必要である。その返報がおくれている限り、殴りつけた方は、自分が本当に決定的な打撃を与えたと想像することができる。どちらにも落ちつくことができないにしても、戦いの続く間中、戦う両者の一方から他方へ揺れ動くのは、つまり、勝利であり、あらがい難い暴力である。御存知のように、集団による追放だけが、暴力を、共同体の外に、決定的に固定することに成功するであろう。

すでに見たように欲望は、勝ち誇る暴力に執着する。欲望は必死にそうした無敵の暴力を手に入れ、具現しようとつとめる。もし欲望が、暴力の後を、影のようについてまわるとすれば、それは暴力が存在と神性を意味するからである。

満場一致の暴力、言い換えればそれ自身を除去する暴力が、創始的なものとして通用するのは、その暴力が定める一切の意味作用、それが安定させる一切の差異が、すでにその暴力に付着凝集し、その暴力といっしょに、供犠の危機の間中、戦い合う男の一方から他方へと揺れ動いているからである。予言者的、あるいはディオニューソス的なめまいとは、ある時は戦う両者の一方に、ある時は他方に味方するかのように見える暴力の意のままに、世界それ自体が揺れ動く恐ろしい振子運動にほかならないのである。最初の暴力が打ち立てたと信じたもの、それを第二の暴力がひっくり返して、新たに打ち立てる。暴力が人間たちの間に現存しつづける限り、暴力が、神性と同じく、すべてか無かの賭金である限り、暴力を、動かないようにさせるわけにはいかないのである。

『バッカイ』がわれわれに垣間見せているのはまさしくそのことである。一方から他方に移ってゆき、その通り道に破壊をまきちらす賭金としての神性、といった観念は、悲劇の諸テーマを理解するのにきわめて本質的なものである。主題の構造化は、悲劇の筋の運びの様式そのものの上でおこなわれる。おそらく読者は、われわれが抽象化を問題にしている、あらゆる点で暴力にそっくりな神性という賭金の観念など、悲劇のテキストと無関係だ、と抗議されるだろう。ギリシア悲劇に無関係である、という（一五六）ことはたしかかも知れないが、けれどもこの観念以上にギリシア的なものはないのである。それはホメーロスの中にも、文学的テキスト、つまりギリシア悲劇に先立つ古いテキストの中にもきわめて明瞭にあらわれているのである。
ホメーロスの中には、暴力と欲望と神性の間の関係を見事に明らかにしている多くの表現がある。今のわれわれの観点から見ておそらくもっとも特徴的なものは、クードス〔栄光、信望、称賛〕という実詞〔名詞〕であろう。これは、ほとんど神のものである魅力、軍事的勝利に結びつけられる神秘的な選択、といった言葉で定義されるはずの言葉である。クードス kudos は、戦闘、とりわけギリシア人とトロイア人との一騎打ちの勝者に与えられる褒賞〔賭金〕なのである。

バンヴェニスト(一五七)は、その『インド・ヨーロッパ語族諸制度辞典』の中でクードスを《覇権の護符》という言葉で翻訳している。クードスとは、暴力が及ぼす魅惑なのである。魅惑があらわれるいたるところで、それは人々を誘惑し、人々を恐怖におとし入れる。それは目的を達成する単なる手段ではなくて、暴力の顕現《エピファニー》なのだ。それがあらわれるや否や、満場一致が、その魅惑に逆らって、あるいはその周囲で成立しようとする。魅惑に逆らおうとも、その周囲にあつまろうとも、それは同じことである。それは不均衡を惹起し、運命を一方に傾けさせる。暴力の僅かな成功も、雪だるまのようにふくれあがって抵抗しがたい雪崩となるのだ。クードスを保持する者たちは彼らの権力が倍加するのを見る。クードスを奪われた者たちの腕は縛られ、麻痺する。相手にもっとも大きな打撃を与えた者、その瞬間の勝者、彼の暴力が決定的に勝利したと他人にも思わせ、自分自身でも信じ得る者は、常にクードスを所有しているのだ。その勝者の敵は、その呪いを脱し、クードスを取り戻すために、異常な努力をしなければならないのである。

敵対関係がきわめて尖鋭化して具体的な対象物がすべて目に入らなくなった時、その敵対関係はそれ自体が目的と化する。それがクードスである。クードスを栄光《グロワール》という言葉で翻訳してもいいが、そうなるとバンヴェニストが注記するように、この語の一切の価値を作りあげている呪術的-宗教的要素を取りにがしてしまうのだ。現代世界においては、われわれはこうした語を持っていないけれども、事柄自体は存在する――エロチシズム、あらゆる種類の闘争、スポーツ、賭け事といったものの中で、勝利する暴力がもたらす精神的効果を観察しなかった人はいない。ギリシア人における神性とは、絶対にまで高められた、こうした暴力の効果に外ならないのである。クードロス kudros という形容詞は、神々には常に存在する、ある種の勝ち誇った威厳を示すのである。人間はそれを一時的にしか、それも常に他人の犠牲においてしか持つことはないのである。神であること、それは、クードスを永続的に所有すること、異議をさしはさまれることのない、クードスの所有者であり続けることである。そうしたことは、決して人間の中でおこり得なかったのである。

そのクードスを、ある時は一方に、或る時は他方に委ねるのは神々である。けれどもまた、それを互いにひったくり合うのは敵対者同士である。闘争の段階における神的なものと人間的なものの相互浸透については、バンヴェニスト自身が二つの領域の分離を放棄するほど、この場合にはきわめて明白である。けれどもバンヴェニストは、別な場合で、両者の混じり合いが、問題の現象の主要な興味となっている場合、そして神格化の過程《プロセス》の本質的な相《アスペ》を見定めるために、その混じり合いが十分あきらかになるであろうと思われる場合には、夢中になって両者の領域を分離することにつとめるのである。[46]

クードス、つまり人間同士が奪い合うことをやめない至高の、非実在の賭金がある限り、平和を回復するための効果的な超越性は存在しない。クードスのゲームがわれわれに観察させてくれるのは、暴力的相互性における神の解体である。戦闘が不利になった時、ホメーロスの戦士たちは時折、已れの《戦略的後退》を正当化して、《ゼウスは今日、わが敵にクードスをお与えになった。明日はおそらく、われわれに下さるだろう》と言う。両者間のクードスの交替は、悲劇における交替といかなる点でも異ならない。われわれは、『イーリアス』(一五八)で神々が両陣営に分かれるということが、比較的遅い時期の展開ではなかったかどうか考えてみることができる。最初は、唯一の神、戦いの様相をうまく変えて一方の陣営から他方の陣営に移ってゆくクードスの擬人化である神しかいなかったはずである。

エウリーピデースのいくつかの作品の中では、《上《オー》》と《下《バ》》の交替がきわめて明瞭にあらわれていて、支配する者と支配される者の関係を逆転する肉体的のみならず精神的な暴力と結びついている。たとえば『アンドロマケー』では最初、ヘルミオネーが女主人公アンドロマケーにたいして極端に横柄な態度で振舞っている。彼女は、ネオプトレモスの正妻であり女王であって、アンドロマケーは単なる妾、征服者の気紛れに服従する哀れな捕われた女で、両者を分かつ隔りを女主人公に感じさせている。けれども少し後になると、悲劇としての急転回がおこるのである。ヘルミオネーは失脚する。アンドロマケーが新たに女王となり、ヘルミオネーが奴隷となったような気さえするのである。

わたしは、懇願して、いかなる神の像に口づけしなければならないのか？
女奴隷の足元に、まるで奴隷のようにひざまずかなければならないのか？

エウリーピデースは、状況に入りこんできた現実的な変化よりも、乳母の指摘で強調されているヘルミオネーの過度な反応の方に関心を払っているのだ。

吾子さま、わたしはあなたがあのトロイアの女にあまりに憎しみをそそがれた時には
あなたに賛成できませんでした。

でもいまは、あなたの過度な怖れに賛成できません。

この過度の反応は、劇の急転の一部をなしている。けれども、それ以外の過度の反応にも、力関係におけるこうした変化を関係づけてみなければならない。ネオプトレモスは留守である。いかなる決定も介入しなかった。けれども、アンドロマケーを殺そうとするヘルミオネーの父メネラーオスと、アンドロマケーの味方である老ペーレウスとの間に悲劇の論争があり、老ペーレウスは相手を打ち負かした。クードスをもぎとったのは彼である。

クードスの振子運動は、単に主観的なものではないし、客観的なだけでもない。それは、絶えず逆転することをやめない支配する者と支配される者との関係なのである。われわれはそれを（一五九）、心理学の用語でも、社会学の用語でも、翻訳することができないのである。それを主人と奴隷の弁証法に帰着させることもできない。なぜなら、それはいかなる安定性も持っていないし、いかなる総合的解決法も含んでいないからである。

結局のところクードスは何物でもない。それは、一時的な勝利、すぐさま疑問視される有利さの空虚なしるしである。それはいささか、つぎからつぎに勝者に受けつがれゆくスポーツのトロフィーを連想させる。トロフィーは何も、彼らの所有に帰するために現実に存在する必要のないものである。けれどもそれこそあきらかに神話的儀礼的修正なのだ。ホイジンハ（一六〇）が『ホモ・ルーデンス〔遊戯的人間〕』においておこなったように、宗教的なものを遊戯に嵌めこむ代りに、遊戯《ジュー》を宗教的なものの中に、つまり供犠の危機に嵌めこんでみる必要があるのである。競技《ジュー》は、それが供犠の危機のいくつかの面を再現しているという意味で、宗教的な起源をもっている。つまり、勝者への褒賞〔賭金〕の恣意的な性格は、競争関係がそれ自体のほかの目的を持たないことをうまくあらわしている。けれどもこの競争相手は、すくなくとも原理的には、それが泥沼の闘争に落ちこまないようルールによって規制されているのである。

　ギリシア語でさえそうであるが、われわれは、神話の方向に屈折修正されない語を見つけることはないであろう。クードスの場合では、暴力の相互性は維持されているけれども、それも騎馬槍試合《ジュート》や馬上武術試合《トゥールノワ》の勝ち負けをおもわせる程度でのことである。勝負の褒賞がいかに取るに足りないものであるかがわかっているので、われわれは、どんなに危険をともなうものであっても戦いが単なる暇つぶしにすぎない、それが敵対者たちに表面的にしか影響を及ぼさないと、考えてしまう惧れがある。

　そうした印象を修正するためには、それ自体やはり部分的には神話的なものであっても同じように使われない、別ないくつかの言葉を引き合いに出してみなければならない。たとえばテュモス tymos という言葉は、魂、精神、憤怒（オイディプースの怒りのような）を意味する。一見したところテュモスは、人が普通、副次的なものと判断しがちな、交替的性格といった特徴を除外すれば、クードスと何ら共通のものを持っていないように見える。ある時、人がそのテュモスを持つと、抑え難い活力《ダイナミズム》を発揮する。逆にある場合にそれを失うと、すっかり意気銷沈して、不安定に陥るのである。テュモスは、煙を出す、いけにえを捧げる、それにまた、暴力と共に行動する、荒れ狂う、を意味するテュエイン thyein という動詞から派生した語である。

　テュモスは、荒れ狂う《テュエイン》暴力の意のままに往来する。じつのところクードスもテュモスも、同じ一つの関係についての、異なった二つの見方、二つの部分でしかないのである。したがって、競技する二人が互いに奪い合うのはスポーツの何らかのトロフィーではなくて、安物の神性なのだ。各人が、唯一の同じ対象に模倣的欲望が収斂するという事実から、相手の暴力に匹敵させるのは、彼らの魂、彼らの生命の息吹き、存在それ自体なのである。

テュモスの交替する存在と不在は、精神病学が循環気質《シクロテイミー》（一六一）と名づけているものを定義している。すべての循環気質の背後には、常に、模倣的欲望と対抗関係の強迫《コンピュルシヨン》が存在するのである。精神病学が循環気質の中に、本質的に個人的な現象を見ているとすれば、それは間違っているのだ。こうした錯覚は神話的次元のものである。つまりそれは、『オイディプース王』の中で、《宿命《デスタン》》、《運命《フォルチュヌ》》、あるいは《憤怒》の急転を主人公だけに取っておこうとする錯覚と同じものだ。すべての個人的な循環気質は、他者との関係、つまり振子運動をする差異の関係の半面でしかないのである。一方が跳ねあがれば他方はさがるシーソーの働き《ジュー》がない循環気質は存在しない。

現代の精神病学が循環気質のさまざまな病理学的形態の背後に、こうした拮抗の構造を見定めることができないとすれば、それは、葛藤の一切の痕跡が消されているからである。もはや肉体的な暴力も、悲劇の論争のさわがしい呪詛も存在しない。他者それ自体が姿をかくしているか、あるいは、彼の演ずる役割の多様さとは裏腹の、単一な形態でしか姿を見せていない。拮抗作用が位置する領域は、まるで一切の競争関係と無縁であるかのように提示される。たとえば現代における文学あるいは芸術の創作がそれである。誰もが、文学創造あるいは芸術創造を、誰からの模倣でもなく自分自身の奥底から引き出したものだと主張し、流行の圧制がこれほどに全体的ではなかった時代では、《自分自身のために》しか創作しないと言い張るのである。

もし何もそれに待ったをかけなければ、悲劇の循環気質はいつでも、もっと多くの人々を、そして結局は共同体全体を狂気と死の方に連れてゆくだろう。したがってわれわれは、合唱隊の恐怖、何にも関わりたくない、感染から逃れていたいという合唱隊の極端な願望を理解できる。普通の人間たちが讃える中庸と均衡は、悲劇的関係の動揺と対立する。わが現代のロマン主義的な知識人たちは、彼らを臆病だと言って馬鹿にするのである。知識人にとって、断乎たる違犯への意志だけが賛同するにふさわしいものとうつるのである。

だから、ギリシアの合唱隊の慎重さを、当時すでにまったくブルジョワ的であった意気地なさ、あるいは、何らかの超自我（二六二）（surmoi）の恣意的で残虐な圧制の所為にしようとする。だがわれわれは、合唱隊に恐怖を与えるのは《違犯》それ自体ではなくて、それがもたらすさまざまな結果であり、合唱隊はそれに関して、諸結果が想像上のものではないことを確かめるのにきわめて相応しい所に位置している、といった注釈をしないように気をつけよう。悲劇の関係の、めくるめくばかりの動揺は、遂にはもっとも頑丈な家を揺り動かし、崩壊させてしまうのである。

けれども、現代の読者の中にも悲劇の《順応主義《コンフォルミスム》》に、われわれがいま言ったような軽蔑の気持を抱かない人々もいる。何人かの例外的な人々は、彼らの天才と彼らの苦しみから、急転という悲劇の概念が含意する一切のものを予測している（二六三）のである。

狂気の瀬戸際でヘルダーリンは『アンティゴネー』と『オイディプース王』に問い訊している。ソポクレースの主人公と同じめくるめく激動に押し流された彼は、ギリシアの合唱隊があくまでも忠実に守ろうとしているそうした中庸を見出そうと必死につとめるのだが無駄である。ギリシア悲劇とヘルダーリンの狂気との関係を把握するためには、この詩人が彼自身の生活《エグジスタンス》について、詩、小説、エッセー、書簡の中で書き記した記述を、厳密に字義通り取りあげる必要があり、またそれだけで十分である。狂気の諸前提は、時には、悲劇時代のギリシアに特有なある種の形の感受性との、特権的な接触でしかない。それは、超人間的な高揚と、空虚と懊悩だけが現存する時間との、しだいに恐るべきものとなってゆく交替である。詩人を訪れた神は、身をまかせたかと思えばするりと身をかわして、おいでおいでをくり返す。神の現存から不在の時へ、不在の時から現存の時へと、記憶は、個人的存在の持続を保証し、酔うばかりの所有の歓びをなおいっそう倍加し残酷な喪失の苦しみをなおいっそう倍加する印《しるし》を与えるのに、まさしく十分なほど存続している。ある時は、永遠に失意のどん底に落ちたと思っていた人間が、恍惚のうちに、自らの復活を目撃する。ある時は、自らを神と見做していた人間が、恐怖のうちに、それが錯覚であったことを発見する。神は他者であり、詩人は、一切の生存理由を永遠に奪われた生きたる死者、供犠者の刃の下の、口もきけない牝羊でしかないのである。

この神性はしばしば固有名詞を持っている。ある時は(二六四)ヘルダーリン自身の固有名詞であり、ある時は、(二六五)他人の誰かのそれである。最初は多くの場合、女性の名であるが、つぎには男の名になる。詩人シラーの名だ。『ヘルダーリンと父の問題』の中でジャン・ラプランシュ(二六六)が考えていることとは逆に、男同士の関係と女との関係との間には本質的差異はない。最初に、敵対する偶像が女性に化身したのであり、つぎには男に化身したのである。詩人の書簡は、この置き換えが性的問題と何らの関わりもないことを示している。まさしくその逆である。恋の成就は、性の領域から、自我と他者との間の試煉〔競り合い〕としての価値をすべて取り去ってしまうのである。

ヘルダーリンと他者の関係における神から無、無から神への振子運動は、詩的、神話的、そしてほとんど宗教的な形式で表現できるし、それにまた、もっとも欺瞞的でありながら同時にもっとも啓示的でもある、完全に合理的な形でも表現し得るものだ。シラーへの彼の手紙は、欲望の手本が障害と競争相手に変貌するのを見る弟子の苦境を、明快に示している。

われわれは始めに、『ヒューペリオン』の最初の草稿である「ターリア断章」からの抜粋を引用した後、シラーへの手紙を引用しよう。

わたしは、これら悲惨な者たち〔人間〕の中の二人が、あたかも生存の一切の悪が原始の単一物の分解から由来したかのように、ただ一つの魂、ただ一つの、わかつことのできない生を作りあげさえすれば、われわれの本性の貧しさが豊かさに変るものだと思いこんでいました。

もう、最初に通りすがった人に愛のしるしの微笑みを乞うたり、わたしの微笑みを受けて欲しいと思ったりしなくていいなんて、なんてメランコリックな喜びでしょう(わたしはまだそんな喜びを感ずることができるのです)! ああ! わたしは単に愛に溺れるために、〝曰く言い難いもの〟を見つけた、自分のものにしていると何度信じたことでしょう! 聖なる交流を得たと何度信じたことでしょう! わたしは何度も、何度も叫び求めていました。だのに、あわれな存在は、そこで、困惑し、茫然とし、多くの場合、いささかむっとしてさえいたのです——彼は、ほんのわずかな歓びしかのぞんでいなかったのです。たしかに、それほど大したことではなかったのです!

わたしは盲目の子供だったのです!……わたしは自分より貧しい物乞いたちのところに真珠を買いに行ったのでした。彼らはひどく貧しく、貧しさのなかにひどく入りこんでいたので、その貧しさの大きさもわからず、身にまとうぼろの中で、ぬくぬくとしていたのです……。

本当のところ、失意の生涯の最後の残りが危くなった時、そして自尊心が再び目覚めた時、わたしは自分が溢れるばかりの活動性でしかない、わたしの中に絶望の全能を発見したと思ったのです。わたしの色あせた、衰弱した本性が幸福を一口飲みさえすれば、わたしは血気に逸って一杯の群衆の中に身を投じ、霊感を得た者として語り、時には、至福の涙が目にあふれるのを感じさえもしたのです。あるいはまた、一人の英雄の思想、一人の英雄の像がわたしの魂の闇に射し込んできた時、驚きにふるえながら、まるで神がわたしの孤独の領土に入りこんできたかのように、それを享受したものでした。そして、一つの世界がわたしの中で形をとろうとしているのを感じていたのです。けれども、そうした眠りこんでいた力の覚醒が突然であっただけ、それだけいっそう、その後におこるその再失墜は深刻だったのです。満たされない本性は、悩みが倍加するのを経験していたのです。

〈シラーへの手紙〉……ほかの師や批評家たちから自由になって、そのことでは、必要なだけ平静に自分の道を進む十分な勇気と判断力がわたしにはあります。ですが、あなたにたいするわたしの従属は超え難いものです。時折わたしが、仕事の間、不安に駆られないために、あなたを忘れようと試みるのは、あなたの一言がどんなにわたしに影響を与えるかを感じているからにほかなりません。なぜなら、そうした不安、そうした拘《こだ》わりがまさに芸術の死であるという確信があるからです。そしてわたしは、芸術家がほとんどたった一人で生きた世界を前にしている時よりも、さまざまな傑作にとりかこまれている時に自然を適切に表現するのがどんなに難しいか、という理由を理解できます。彼は、自然の権威に反抗すべきか、それとも服従すべきかということを考えるためには、あまりにも自然とほとんど距離がなさすぎますし、自然との関係が親密にすぎるのです。けれどもこうした反抗か服従かの恐るべき二者択一は、自然よりもっと強力でもっと理解できる、しかしその事から、もっと人を奴隷化する、もっと積極的な師の完成された天才がそれよりはるかに若い芸術家に影響を及ぼす場合、ほとんど避けて通ることのできない選択なのです。この場合、子供が子供を相手に遊んでいるのではありません。最初の芸術家が彼自身の世界と共に確保し得た均衡はもはや存在しません。子供は、自分よりも数段もまさっていることを忘れることができるほど、おそらくは十分に親しくはない大人たちを相手にしているのです。そして相手の優越性[47]を痛感するとすれば、子供は片意地になるか奴隷になるか、どちらかにちがいありません。そうではないでしょうか？

＊＊

差異が動揺し始めた時、文化秩序の中のいかなるものも、もはや安定してはいない。一切の地位《ポジション》が絶えず交換される。だから、悲劇の対立者たちの間では差異は決して消滅しないのである。それは単に逆転するだけである。敵対する兄弟が作りあげている不安定な体系の中では、彼らは、同時に、同一の地位を占めることは決してないのだ。記憶しておられるように、もっと前のところでわれわれは、この体系を、消滅した差異、対称性、相互性という言葉で定義した。いまわれわれは、差異は決して姿を消さないと言ったが、この二つの定義は矛盾するであろうか？

相互性は現実であるが、それは非－相互的なさまざまの局面《モメント》の総和である。二人の競争相手が同時に同じ地位を占めることは決してない、というのは事実だが、彼らはつぎつぎにその同じ地位を占めるのである。この体系の一方の側には、われわれが十分な時間待っていさえすれば他方の側に見つけ出せないようなものは、何もないのである。報復のリズムが加速すればするほど、待たなければならない時間はますます短くなる。殴り合う拳が早くなればなるだけ、それだけいっそう、交互に拳をふるい合う人たちの間にほとんど差異がないということがはっきりしてくる。どちらから見ても、すべてが同一である。単に、欲望、暴力、戦略ばかりでなく、勝利も、交互の敗北も、高揚も、失意もそうである。いたるところ同じ循環気質《シクロティミー》である。

最初の定義は依然として正しいけれども、振子運動をする暴力のゲームは、われわれに最初の定義を精密化することを可能にする。直接的に観察させてくれるのは、差異の消滅ではなくて、継起する差異の逆転なのだ。相互性もまた、決して直接に知覚できるものではないのである。この体系の一時期の中には、その時間内に引き入れられた人々が、恐るべき差異によって、彼らの対決から切り離されることにならないような局面《モメント》は存在しない。《兄弟》の一方が父親と王の役割を演じている時、他方の者は、みじめな息子でしかあり得ないし、逆の場合もそうである。このことは、原則的にどの敵対者たちも、彼ら自身が関わっている相互性を知覚できないことの理由を説明する。彼らの誰もが、あまりにも激しく非-相互的な局面を生きているので、関係を支配することも、一目で多くの局面を見通すこともできないのである。そしてまた、各人を個人個人としてみれば、誰もが自分以外はすべて月並みで、画一的で、単調に見える世界で自分が唯一の例外であり、自分に相応しいと思っている極端な独自性といったものの馬鹿げた性格を知るよう、諸局面を比較することができないのである。実際、相互性に巻き込まれている時には、相互性に盲目なままのその同じ者たちも、彼らがそこに巻き込まれなければ、相互性をきわめてはっきりと知覚するのである。供犠の危機においてはどの人間も予言的才気、誇り高き知恵を持っているが、その知恵も試煉にかけられる時には崩れ去る、というのもこうした意味においてである。

オイディプースやクレオーンやテイレシアースの誰もがつぎつぎに《疫病を癒す》ことができる、つまりテーバイの人々を引き裂く争いを裁くことができると思い込むのは、彼らが外部から来たものであり、彼らが対立者たちの間で揺れ動く内部の差異を見誤っているからである。彼らは敵対する者たちに向かって、お前たちを分離するようないかなる差異もないということを、示すことができると思いこむのである。ところが彼らはみんなつぎつぎに、感染力を誤認したその争いを、自分の中に吸いこんでしまうのである。

体系の内部から見れば、さまざまな差異しか存在しない。逆に外部からは、同一性《イダンテイテ》しか存在しない。内部からは同一性が見えないし、外からは差異が見えない。けれども、この二つの見方は等価ではないのである。われわれはいつも内からの見方を、外からの見方に組みこむことができるけれども、外からの見方を、内からの見方の中に統合することはできないのだ。この体系の解明のためには、内部からと、外部からの両方の見方の融合を土台にしなければならない。そうした調停はすでに、すべての本物の悲劇、あるいは本物の喜劇の読解の中で輪郭ができあがっている。

外部からの見方、つまり相互性と同一性を見て、差異を否定する見方だけが、暴力による解決のメカニズム、贖罪のいけにえに対して、その周囲で再び形成される満場一致の秘密を見定めることができる。すでに見たように、もはや差異が一切存在せず、同一性が遂に完成された時、敵対者たちは分身になってしまったと言える。供犠のための置換を保証するのは、それら分身たちの互換可能な性格である。

こうしたものが、『オイディプース王』について前に提示した解釈である。この解釈は《外部から》の見方に基礎を置いている。つまり、苦もなく同一性を見定める客観的な視線にもとづいているのである。けれども、創始的な満場一致は、外部からは実現しない。満場一致は、客観的視線とはまったく無縁な敵対者たち自身のおこなう行為なのだ。したがってさきほどの記述は不十分である。暴力の満場一致が可能となるためには、そして供犠のための置き換えが完成するためには、何らかの形で、同一性と相互性が敵対者それ自身に押しつけられ、体系の内部を支配しなければならない。内部の視線と外からの視線が、確実に一致しなければならないのである。しかも、体系の中でその両者が別々に存在しつづけ、誤認が残っていなければならない。もしそうでなければ、贖罪のいけにえへの暴力の集中化は実現できないし、贖罪のいけにえを指定することの恣意的な性格は、あまりにもむき出しになってしまう。

したがって分析を再びやり直さなければならない。危機にある共同体の中で供犠の置き換えを保証するメカニズムを、内部から理解しようと試みなければならないのだ。

くり返して言わなければならないことだが、危機が激化するにつれて、敵対者たちを分かっているように見える差異が、しだいに急速に、しだいに強く、振子運動をはじめる。ある段階を越えると、非-相互的なさまざまの局面が、しだいに短い間隔で継起してゆくので、区別されることがなくなるだろう。それらの局面は幾重にも重層して、合成写真の像を形成してゆくだろう。そこでは、以前の《上》と《下》、その時まで対立し合い、継起しあった両極端が、こんどは混じり合ってゆくだろう。主体は、かつては構造の唯一の局面《モメント》、決して同じではなくて、常に独自であった局面の具現者として、自分の敵対者を見、自分自身を見る代りに、双方とも、あらゆる局面における同時的な二人の具現者を見出すのである。これは、きわめて僅かな間隔で異なる像を継起的に投射して二つの像が同時に存在する画面を構成してゆく映画の効果と同じである。

　これまでわれわれは、この体系を、ただ一つの差異という言葉で記述してきた。《神》と《非-神》との間の差異である。しかしこれは単純化してみせただけのことである。そうした差異だけが振子運動をするものではない。すでに見たように、《ディオニューソス的》眩暈は一切の、家族内的、文化的、生物学的、自然的差異にひろがることができるし、実際、ひろがってゆくのである。あらゆる日常の現実が、こうした眩暈のたわむれの中に捉えられて、普通は分離されているさまざまな存在《もの》の、決して綜合ではなくて、形のない、崩れた、奇怪な混合である幻覚的実体《アンティテ》を産み出すのだ。そうした体験をしたことのある人々のみならず、神話学や精神病学の領域でそれを研究している研究者たちの注意をとりわけ惹きつけることになるのは、そうした奇怪な性格であり、見た目の異様さである。人々は怪物たちを分類しようとする。なるほど怪物たちはどれも異なっている。だが結局のところ、それらはみんなよく似ているのだ。それらを分かつための、確かな差異は存在しない。ある意味では、分身という本質からわれわれの目をそらすためだけにしか存在しない体験のさまざまな幻覚的側面について、とやかく言うことには大した利益はないのである。

常に誤解されているが根本的原理は、分身と怪物とは同一のものでしかないということである。もちろん神話は、一方をかくすために、二つの極の一方、つまり一般に怪物の方を際立たせている。分身を産み出さないような怪物はないし、内にひそかな怪物性を秘めていない分身も存在しない。優先権を与えなければならないとすれば、それは分身の方であるが、だからといって怪物の方を見落してはならない。怪物の二分化の中で、露呈するのはそうした体験の真の構造である[48]。一切の差異の狂ったような振子運動の中で、敵対者たちに迫って来るのは、彼らが執拗に認めまいとしている彼ら自身の関係の真実である。しかしそれは幻覚化された形においてである。敵対する兄弟が、近親者の中でももっとも近い兄弟の親しさとして生きることを望まなかった同一性と相互性は、遂には、彼らの内部と彼らの外で、もっとも異様な形、つまり、あり得る限りもっとも恐ろしい形での怪物の二分化として迫ってくるのである。

医学や多くの文学作品に、分身の探求の中でわれわれを導いて欲しいと願ってはならない。医者は患者と同じで、奇怪な形態がたくさんふえることを楽しみ、その体験の決定的な面、つまり、いたるところにある、暴力の相互性、同一性を無視してしまうのだ。精神病の研究においても、宗教体験の研究においても支配的な、現実性剥奪（déréalisation）的風潮に忠実である精神分析学者や神話学者たちは、さまざまな幻覚現象の全体がまったくの想像的なものであると宣告して、言い換えれば妄想的幻影の下の、現実の対称性の露出を見定めずに、神話を存続させるのである。こうした現実性の剥奪は、人間に、彼の暴力の人間的性格を包みかくす神聖化の過程《プロセス》と直接つながっている。畸型の分身が神であるということ、その分身がまったくの想像的なものであるということは、結局は、異なった手段によって同じ結果に到達することである。かつては宗教的なものに帰属していた機能を見事に果して、現代において宗教的なものの代りをつとめるのは、宗教的なものにたいする完全な無理解である。

わたくしの知る限りでは、ドストエフスキーだけが本当に、最初は『分身』で、つぎには円熟期の傑作の中で、蝟集する怪物たちの背後にある、具体的な相互性のさまざまな要素を見極めた唯一の人である。畸型の分身の集団的体験においては、さまざまの差異は廃止されるのではなくて絡み合い混じり合うのである。分身たちはすべて、彼らの同一性がはっきり認識されないままに、置換可能である。したがって分身たちは、差異と同一性との間に、供犠の置き換えに欠くことのできない、つまり、その他一切の人々を代表する贖罪のいけにえに暴力が集中するのに欠くべからざる両義的な中間項を提供するのだ。畸型の分身は、彼らを分かつ何物もないということを確かめること、つまり和解することのできない敵対者たちに、まさしく彼らが、創始的追放についての満場一致引く一人という最低の和解条件に到達するのに必要なものを、提供するのである。満場一致の暴力の目標になるのは、畸型の分身であり、それはただ一人の人格に結集したあらゆる畸型の分身たちなのだ——これがバッコス信女たちの無数の頭を持つ龍である。

信女たちの前に姿をあらわせ、牡牛よ！
あなたの千の頭を見せよ、龍！
現われよ、火をふく獅子よ！
いざいざ！　若きバッコスよ、微笑みつつ死の罠を投げかけよ、
マイナスたちの群れの中で倒れた、かの狩人〔ペンテウス〕の上に！

畸型の分身を見定めることが、いかなる幻覚と恐怖の風土の中で、原始的な宗教体験がくりひろげられ

ているかを垣間見させてくれる。暴力的ヒステリーがその極に達した時、畸型の分身は、あらゆる場所で同時に姿をあらわすのだ。決定的な暴力が、最高に不吉なその姿にむかってふるわれると同時に、その庇護のもとでおこなわれるだろう。荒れ狂う暴力の後には深い静寂が続く。さまざまな幻影は消え失せ、すぐに弛緩がやって来る。それは、体験の全体をいっそう不可思議なものにする。ほんの一瞬のうちに、あらゆる極端が相接し、一切の差異が混じり合ったのだ。いずれも人間を超えた暴力と平和が、一致したかのようだった。現代の病理学的体験は、逆にいかなる浄化《カタルシス》も含んでいない。二つの体験を同一視することなく、それらを比較すべきである。

＊＊＊

古き新しきを問わず、多くの文学作品の中には、分身や二重人格や二重視覚への言及が見えている。それが何故だか誰にもわからなかったのである。たとえば『バッカイ』の中には、奇怪な分身がいたるところにいるのである。すでに見たようにこの戯曲の冒頭から、動物も人間も神も、狂乱の振子運動に捉えられる。ある時は動物を人間や神と混同し、ある時は神と人間を動物と混同する。もっとも興味深い場面がディオニューソスとペンテウスの間で、後者の殺害の直前に展開する。まさにその瞬間、遂に敵対する兄弟の一方が、奇怪な分身の背後に姿を消すのである。

そしてそれがまさにおこった事である。ペンテウスは語る。すでにディオニューソスの眩暈が彼を捉えてしまっている。彼には二重にものが見えるのだ（il *voit double.* 分身を見る）。

ペンテウス　わしには陽が二つ見えるような気がする。このテーバイも、七つの門をもった城壁も二重に見える。

先に立つお前が牡牛に見える。わたしの見るところでは、二本の角が頭から突き出しているぞ。
ディオニューソス　あなたは、見るべきものを見ているのです。

この異様なくだりの中では、最初に主題と完全に離れた形で、あたかも無機質のものの二重映《ダブル・ヴイジョン》し、一般化された眩暈のように、分身の主題があらわれている。われわれはまだ、幻影のいくつかの基本要素を手にしているだけだ。それらはたしかに、体験の一部ではあるけれども、その全体でもなければ、その本質でさえない。読み進むにつれて、テキストはますます啓示的なものになってゆく。ペンテウスは二重の映像《ヴイジョン》を怪物の姿《ヴイジョン》に結びつけるのだ。ディオニューソスは、人間であり、同時に神であり、同時に牡牛なのだ。牡牛の角の言及は、二つの主題の橋渡しである。つまり、分身たちは常に畸型である、もう一つは、怪物たちは常に二重性をそなえている、という二つの主題である。

なおいっそう注目しなければならないのはディオニューソスの《あなたは見るべきものを見ているのです》という言葉である。分身を見、ディオニューソス自体を、二重性と獣性という二つの刻印を押された怪物と見ながら、ペンテウスは、彼がとらえられたゲームの不変の規則《ルール》に服するのである。このゲームの支配者と見做される神は、自分が考えた計画通りにすべてが展開することを確かめる。この計画こそ、われわれが前に記述した過程《プロセス》にほかならず、満場一致の解決の直前、危機の絶頂期における畸型の分身の出現にほかならないのである。

いまわれわれが引用した数行は、次のくだりにそれを近づけてみると、なおいっそう興味深い。問題となっているのは、もはや今度は、幻影ではない。眩暈ではない。それは、きわめて明確に表現された分身の真実《レアリテ》の姿、敵対者たちの同一性なのである。ペンテウスは相変らずディオニューソスに語りかける。

ペンテウス　おれは誰に似ているかな？　イーノーかな、それともアガウエーかな？　彼女はおれの母上だからな。
ディオニューソス　あなたを見ると、まるでそのお二人を見ているような気がしますよ。

同一性、つまり真の姿は、家族としての類似、それにペンテウスの仮装を利用して導入されている。それは事実であるが、けれども、ここで別な問題があることに気づかない人がいるだろうか？　明らかになるのは、贖罪のいけにえと、彼を追放する共同体の同一性、供犠する者と供犠されるものの同一性といった、あらゆる分身たちの同一性である。すべての差異は廃棄される。あなたを見ると、わたしはまるで彼女らを見ているような気がするのだ。このディオニューソスの神自身がまたしても、彼がその煽動者と考えられ、実際彼がそれに加わる過程《プロセス》の本質的な諸条件を確認しているのである。

＊＊＊

畸型の分身について是非とも言及しなければならないように思われるもう一つ別のテキストは、これまでいかなる満足な解釈も決して提起されたことのない怪物たちの誕生を描いていたエンペドクレースの作品である。もしこの哲学者が描く循環が創始的暴力によって産み出され、儀礼によって維持され、新しい供犠の危機によって破壊されるさまざまの文化世界と対応するとすれば、彼の描いた怪物の誕生が、畸型の分身の登場を暗示していることを疑うことはできない。循環運動は、この思想家によれば、「愛」と「憎しみ」という二つの基本的な力の交替に帰せられる。怪物が誕生するのは、新しい世界が生まれる以前に、愛ではなくて憎しみの作用のもとで、畸型と畸型とが引きあう力によってである。

57 その時、首のない多くの頭があらわれ始め、胴体から離れた腕が、肩もなくてさまよい始めた。そして額も欠いた目が、（「憎しみ」の世界の）惑星のように輝いていた。

58 胴のない手足が、「憎しみ」の意のままに、そこかしこ、ばらばらに、合体することをねがいつつ、さまよっていた。

59 だが、一人の神が他の神といっそう緊密に合一した途端、行き当りばったりに手足が組み合わさるのが見えた。そして多くの手足がやすみなく連鎖をつくっていったのである。

60 歩きながらぐるぐると旋回する脚と数限りない手を持った多くの存在。

61 別な生きものは、二つの顔、二つの胸をもって生まれていた。人間の顔を持つ牝牛と、牝牛の頭を持つ人がいた。それにまた、神秘につつまれた性器をもつ半陰陽の者たちがいた。

わたしがここで提起する解釈は、前ーソクラテス思想を《形而下的《フィジック》》なものとする解釈を斥ける目下の傾向と符合している。（二六七）そうした解釈は、実のところ、神話は自然現象の最高の説明であるという観念に常に根ざしているのである。それがどんなに優れているにしても、最近の解釈は、おそらくまだ、エンペドクレースや前ーソクラテス的思想家たちの思想にある宗教的な諸要素に、十分な場所を与えていないのである。

われわれがさきほど提案した、エンペドクレースのテキストと畸型の分身の体験との結合は、もしそれを、以前すでに引用した『浄め』の重要なテキスト〔第二章「供犠の危機」六九ページ〕に接近させてみれば、それほど無鉄砲には見えないだろう。そのテキストはいまや、その十全の意味を獲得するのだ。

父親は、姿を変えた息子を捉え、
神に祈りながら、気も狂って息子を殺す。息子は
狂った死刑執行人に懇願しつつ……。けれども父は聞かず
息子の喉をかききって、自らの宮殿の中で、恐るべき祝祭の準備をととのえる。
同じように息子は父を捉え、子供は母親をおさえつけて
彼らの生命を奪い、自らのものである肉を貪り食らうのだ。

このテキストを《文字》通り取るべきかどうかは、実のところ、どうでもいいことである。いずれにせよこのテキストは、エンペドクレースの作品が練りあげられた、激化する供犠の危機の雰囲気をあきらかにしているのだ。父は、姿を変えた〔変り果てた〕息子に襲いかかる。同様に、アガウエーは、姿を変えた息子を殺す。アガウエーは息子を若い獅子と思いこんでいるのだ。ペンテウスはディオニューソスを牡牛と思い込む。『バッカイ』の場合と同じように、われわれはここで儀礼が頽廃して、錯乱した暴力の相互性の中に滑り落ちてゆくのを目撃するのだ。その錯乱はあまりに激しいので、畸型の分身、つまり儀礼の起源そのものに引き返してしまうのだ。またしても、前ーソクラテス的思想家たちの心をひきつける宗教的なものの組立てと解体の循環の輪がつながるのである。

＊＊

畸型の分身の出現については、一切の原始宗教の下にかくれたさまざまな現象の全体と同様に、実のところ、直接、経験的に検証する方法がない。さきほどわれわれがテキストをさまざま引用した後でも、畸型の分身は依然として仮説的な側面をいくつもとどめている。畸型の分身によっていくつかの面があきらかになった贖罪のいけにえのメカニズムに関するあらゆる現象もまたそうである。この仮説の価値は、それが解釈できるであろう豊富な神話、儀礼、哲学、文学などといった分野の素材によって確かめられるし、それにまたそれらの解釈の質、そして、現在に至るまで不可解なまま、ばらばらになっている諸現象の間に、その仮説がいかに脈絡をつけるかということによっても確かめられる。

これからわれわれは、この仮説のために、すでに有利に働いている理由に加えて、その他の理由をあげることにしよう。そのためにわれわれは、あらゆる人間の文化の中でもっとも判然としないものを含んでいる二組の現象、つまり神憑りという現象と儀礼における仮面の使用についての、最初の解釈を素描することができる。

われわれは認識されていない相互性が危機の絶頂期に惹起する一切の幻覚現象をこの畸型の分身の項目のもとに配置する。畸型の分身は、それ以前の段階では振子運動をする暴力によって分離される《他者》と《自我》が存在していたまさにその場所で出現する。つまり対称的な二つの巣があって、そこからほぼ同時に、同じ一連の像《イマージュ》が放出される。『バッカイ』によってわれわれは、急速に交代し、互いに移行し合い、多少とも混じり合う二つの型の現象――そしてそれ以外の現象もまたそこにはあるはずだが――を観察できる。『バッカイ』において、主体〔ペンテウス〕はまず初めに、二組の連続する像《イマージュ》を、いずれも自分の外にあるものとして知覚する。それが《二重像〔複視〕現象》である。そのすぐ後では、二組の連続像の一方が《非自我》として理解され、他方が《自我》として理解される。この第二の体験がいわゆる分身体験である。それは、それに先立つ段階の直接的な延長上に位置する。そうした体験は主体の外部にある敵対者の観念を保存している。これは、神憑り現象を解明するのに重要な観念である。

やがて主体は、自己の内と外に異形のものが姿をあらわしていることに気づくだろう。主体は自分におこっていることを、どうにかこうにか解釈しなければならない。そして主体は、自分の外に、それら現象の起源を位置づけなければならなくなる。異形のものの出現はあまりにも突飛であるから、人間世界とは無関係な、外的原因に結びつけざるを得ない。この体験全体は、怪物の急激な他者化によって支配される。

主体は自分が、自分の存在のもっとも内奥のところまで、超自然的な生き物によって侵入されていると感ずる。しかもその生き物は同じように外部から自分を取り囲んでいるのだ。恐れおののきながら彼は、自分が無力な犠牲者となる二重の攻撃に立ち合うのだ。外と内とをへだてる柵も物ともしない攻め手にたいして、どんな防衛も不可能である。こうした、どこにでも動きまわれる自在さによって神、精霊、あるいは悪魔は、好みのままに、人間をおびやかすことが可能になる。いわゆる神憑り現象は、畸型の分身に関する特殊な解釈妄想にほかならない。

しばしばこうした神憑り現象がヒステリックな模倣（ミメーシス）としてあらわれているからといって、驚いていてはならない。主体は外部から来た力に従っているように見える。彼は、操り人形の機械的な動作をする。彼の中では一つの役割が演じられている。彼に侵入しつつある神の、怪物の、他者の役割である。どの欲望も、それらを果てしない暴力に捧げる手本＝障害の罠にかかる。畸型の分身は、危機があまり進行していない段階では敵対者たちを魅了していた一切のものの後を追って、その場所にあらわれ出る。

つまりそれは、それぞれの欲望が吸収したいと同時に破壊したいと思い、具現化したいと同時に追放したいとねがう一切のものの身代りになる。したがって神憑りとは、他者の欲望への自己疎外《アリエナシヨン》の極端な形式でしかない。

神〔悪魔〕に取り憑かれた人間は、牡牛ディオニューソスのように吼え、獅子のように、手のとどくところを通りすがった人間たちを貪り食う身振りをする。彼は生命を持たない物の化身にさえなり得る。彼は一人であると同時に多くの者である。彼は、集団的追放に直接先立つヒステリー的失神状態《トランス》、一切の差異の眩暈的混淆を何度も経験する。全員が列席して、神憑りを祈る礼拝が沢山ある。興味あることには、植民地化された国や、虐げられた集団の中では、多くの場合、手本として使われるのが支配者であったり兵舎の入口に立っている番兵であったり、支配権を表現する人格である、ということである。

原始的な宗教体験に関する一切の事柄と同じように、神憑りも儀礼的な性格を獲得し得る。儀礼的神憑りが存在するという事実は、たしかに、最初に何か激しい集団的神憑りに似たことがおこった、ということを示唆している。いわゆる宗教的礼拝が再現しようとつとめるのは、もちろんそれである。儀礼的神憑りは、その頂点にある供犠の儀礼と、あきらかに分離し得ない。宗教的な諸行事は原則として、再現すべき暴力の循環の流れの中で、それらに対応する諸事件の順序通りにおこなわれるのである。それは、たとえばディンカ族では、とりわけ、神憑りのケースがあらわれる供犠の場合に観察できることである(49)。歌、踊り、模擬戦、儀礼的呪詛によって生み出された興奮が十分に高まるやいなや、それは、神憑り現象によって表現される。ゴドフリー・リーンハートによれば、最初に神憑りにおちいるのは若者たちで、それから大人たちである。彼らは男も女も、仲間たちの間で体をふるわせ、地に倒れ、時には大地をころげまわって呻いたり、金切り声をあげたりする。

神憑りが良いものと見做される信仰もあれば、不吉だと見做される信仰もあり、あるいはまた、ある場合は不吉で、ある場合は良いものと思われている信仰もある。こうしたさまざまな分岐の背後には、前にわれわれが儀礼的近親相姦と祭に関して見定めたものと類似の、解釈の問題が相変らずあるのである。宗教的思考は、ある時は、忠実に再現しなければならないと判断したり、ある時は逆に救済者としての暴力と曖昧な関係を維持するために、危機のあまりにも特徴的な現象を、体系として回避すべきであると判断したりすることもあり得るのである。神憑りの現象は、ある場合には治療の役割を、ある時は病気の役割を、またある時は、時と場合に応じてその両方の役割も演じ得るのである。

儀礼が崩壊した時、それを構成している諸要素は、あるものは消滅し、あるものは、その脈絡から独立して孤立した実体《アンティテ》の形で姿をあらわす傾向がある。原初の体験のその他の一切の面と同じく、神憑りも、宗教的専念《プレオキュパシヨン》の対象になり得るのだ。それだからこそ、《神憑りの信仰》(50)が作られるのである。集団がその礼拝に参加する時、それは、その絶頂を印づける供犠の殺戮に通じてゆく。もっと高まった段階では、供犠それ自体は消滅する。シャーマンたちは、呪術的－治療的目的のために神憑りをおこなおうとつとめる。彼らは、神憑りの真の《専門家《スペシアリスト》》としてのポーズをとるのである。

⁂

さらに、畸型の分身に照らしてあきらかにされる別な儀礼的行為がある。それは仮面の使用である。仮面は、無数の原始的信仰の欠くべからざる小道具に数えられているが、それがあるということが提起する数々の疑問に、われわれは確信をもって答えることができない。仮面は何を表現し、何の役に立ち、その起源は何か？　様式と形態の無数の多様さの背後には、われわれが定義できないとはいえ感得し得る、仮面の単一性があるはずである。事実これまで、一つの仮面を前にして、それを仮面としてみとめるのにためらうことはなかった。仮面としての単一性は外部に由来するものではあり得ない。仮面は、互いにまったく無縁な、空間的にきわめて離れたいくつもの社会に実在している。したがって仮面を、ある唯一の伝播の中心点に結びつけることはできない。ある場合に、仮面のほとんど普遍的な存在は、ある《美学的》欲求に対応していると主張する人もいる。原始人は《逃避》の渇望を持っている、彼らは《さまざまな形態を創造する》ことなしにはいられない、などである。われわれが、芸術に関するある種の考察の非現実的な雰囲気から脱するやいなや、そこには本当の説明になるものが何もないとすぐに気づく。(一六八)原始的芸術には宗教的目的があるのだ。仮面は、あらゆる社会において類似の何物かに役立つに違いない。仮面は《発明創案》されたものではない。仮面には、たしかに文化から文化へと変異はするが、いくつかの特徴がいつまでも変らずにいる一つの手本があるのだ。われわれは仮面が人間の顔を表現していると言うことはできないけれども、それら仮面はほとんど常に、それらが人間の顔を覆い、人間の顔の代りをし、あるいは、何らかの方法で人間の顔の身代りをするという点で、人間の顔と結びついている。

仮面の単一性と多様性については、一般的な神話や儀礼のそれと事情は同じである。単一性といい多様性といい、それは、人類の大部分に共通した現実の体験、しかしわれわれの目からは完全に見えなくなった体験としか結びついていないのである。

仮面がしばしば主要な役割を演ずる祭と同じく、仮面も、自然の秩序ではなくて文化自体の秩序という差異化された秩序とはまったく相容れない形と色彩の組み合わせを見せている。仮面は人間と動物を統合し、神と無生物を合一している。ヴィクター・ターナー(51)は、その著書の一つで、人間の顔と草原を同時に表現するヌデンブの仮面に言及している。仮面は、差異が分離する存在《エートル》と物を並べて置き、混ぜ合わせる。

仮面は、さまざまな差異を超えたところに存在して、それらに違犯し、あるいはそれらを消滅するだけでは満足せず、それらを自己の中に取りこんで、独特なやり方でそれらを再構成する。別な言い方で言えば、仮面は畸型の分身と一体を成しているのだ。

仮面の使用を求める儀礼としての祭は、原初的体験を再現している。参加者たちがそれぞれの仮面をまとい、すくなくとも祭儀の中で主要な役を演ずる参加者たちが仮面をつけるのは、多くの場合、供犠の直前の、祭の最高潮の瞬間である。儀礼はこれらの参加者たちに、彼らの祖先が起源の危機の中でつぎつぎに演じたすべての役割を体験させる。始めに敵対する兄弟、模擬の戦いと対称的な踊りの中で、つぎにはそれぞれの味方が、畸型の分身に変身するために、それぞれの仮面の下に姿を隠す。仮面は無からの（ex nihilo）出現ではない。仮面は、対立者たちの普通の外見を変形するのだ。仮面を儀礼に使う際のさまざまな様式、仮面が挿入されている構造の方が、多くの場合、仮面を使用する者自身がそれについて語ることのできる事柄の全部より、はるかに啓示的である。もし仮面が、儀礼の一連の場面《シークェンス》の一定の瞬間にあらゆる人間の顔を隠すように作られているとすれば、それは最初に事柄がそのようにおこったからである。仮面の中に、われわれ自身がほんの少し前にまったく理論的な形で記述した諸現象の、一つの解釈、一つの表現をみとめなければならない。

仮面が、まだ人間であるもの、あるいはすでに霊となったもの、超自然の存在を表現しているのかどうか考えてみる必要はないのである。そうした疑問は、もっと後になって、差異化がいっそう進んだことから生まれた分類《カテゴリー》においてしか意味を持たない。言い換えれば、仮面が儀礼の中で用いられたことから逆に再構成される現象の誤認、それもだんだん大きくなってゆく誤認から産まれた分類の問題でしかない。仮面は、人間と《神》の間の両義的な境界線に位置する。しだいに崩壊しつつある差異化された秩序と、それを超えた、一切の差異の貯蔵所であって非-差異化された世界、革新化された秩序がやがて出て来るであろう怪物のような全体性の間の、両義的な境界線上にあるのだ。仮面の《本性《ナチュール》》について問いかける必要はない。仮面は、本性を持たないことがその本性である。なぜなら仮面は、あらゆる本性〔自然〕を持っているからである。

祭やその他のあらゆる儀礼と同じく、ギリシア悲劇もはじめは、供犠の危機と創始的暴力の表現でしかない。ギリシア悲劇における仮面の着用は、したがって、特別な説明を要しない。それは、別なさまざまのものの使用と何ら異なるものではない。怪物が再び人間にもどった時、ギリシア悲劇が完全に儀礼的起源を忘れ去った時、仮面は消滅する。そのことは別段、悲劇が、言葉の広義の意味で供犠的役割を演ずることをやめてしまった、ということを意味しない。逆にギリシア悲劇は、完全に儀礼に取って代ってしまったのである。

第七章　フロイトとエディプス・コンプレックス

われわれが前の章でその働きを粗描した模倣的《ミメティック》欲望と、フロイトの業績の中のエディプス・コンプレックス〔二六九〕の分析との間には、さまざまな差異と同時に、さまざまな類似も存在する。ここで提起された図式は、涸れつきることのない葛藤の源を掘り出している。模倣的欲望という概念は、人間の欲望を他人の欲望の模写とすることによって、必然的に、敵対関係《リヴァリテ》に通じてゆく。こうした必然性が今度は、他者の暴力の上にその欲望を固定する。最初、フロイトはそうした葛藤の原動力に気づかなかったように見えるが、実は、逆にそのすぐ傍らを通りすぎているのだ。注意深く著作を読めば、彼がその原動力を何故掘り出さなかったかの理由を示すことができる。

欲望の模倣的本性はフロイトの思想の一つの極ではあるが、その極の引力は、そこから離れると、一切がそのまわりで回転するのに十分ではないのである。模倣論《ミメティスム》に重点を置く直観は、ほとんど稀れにしか花開くことがなかったし、その直観はテキストの見えにくい次元を構成している。そうした直観は、あまりにも微妙な香気をただよわせて四散しがちであり、フロイトからその弟子たちに、あるいはフロイト自身のテキストから、もっと後のテキストへと、教義の伝達があるたびごとに消え失せていきがちである。その後の精神分析が、われわれの興味をひくさまざまな直観から、完全に目をそむけたとしても驚くにはあたらない。もっとも対立する各党派が暗黙のうちに、そうした清掃作業に一致団結したのだ。フロイト説の学問的な体系化をかきみだす一切のものを拒否する人々もいるし、フロイトに忠実であると明言しながら、ひそかに、フロイトの分析の中でももっとも明白で、もっとも具体的なものを、《心理主義》の汚点《しみ》がついているとして削除する人々もいるのである（一七〇）。

模倣の概念はフロイトの中に決してないわけではないが、他を圧倒するほど飛びぬけてもいないのだ。むしろその影響力は、フロイトの主張とは逆方向の、厳密に、外界の対象《オブジェクタール》（一七一）がひきおこす欲望、言い換えれば、欲望に関するフロイト思想の他方の極を構成する母親へのリビドー的愛着のために、行使されるのである。二つの原理の間の緊張があまりに強くなった時、その緊張は、フロイト自身によってか、あるいは彼の弟子たちによって、常に第二の極に有利なように解消されるのである。模倣的欲望の直観は、定義も曖昧、規定も不確か、機能も不安定なままの一連の概念を養う。十分に明らかになっていない模倣論から派生した観念《ノシヨン》の中のいくつかのものは、同一視（identifications）のグループに属する。フロイトの同一視のあらゆる様式の中で現代においてもっとも無視されているもので、しかも『集団心理学と自我の分析』の「同一視」と題された第七章で最初に定義されたものは、父親を対象にしている。

> 幼い男の子が、父親にたいして特別の関心を現わすことがあるが、それは自分も父親とおなじようでありたいし、またそうなりたい、すべての点で父親のかわりになりたい、という関心である。客観的に言うと、彼は父親を理想にするのである。この態度は父親（そしてまた男性一般）にたいする受身的な、あるいは女性的な態度とはなんの関係もなく、むしろすぐれて男性的なものである。それは、よくエディプス・コンプレックスと調和していて、その準備をすすめるものである（一七二）。

父親との同一視と、前に定義した模倣的欲望との間には、明らかな類似がある。つまりどちらも、一つの手本を選んでいることである。この選択は、家族関係によって限定されていない。それは息子の側から言えば、目のとどく限りのところにいる、普通われわれの社会では父親に帰属する地位、つまり手本の地位を占める一切の男を対象にするのである。

前の章でわれわれは、手本が自らそれを欲望することによって、弟子にその欲望の対象を指示することを明らかにした。したがってわれわれは、模倣的欲望が主体にも対象にも根ざしているのではなくて、それ自身が欲望する第三者、そして主体がその欲望を模倣する第三者の中に根ざしていると断言する。いま引用した文章の中では、それほど明確には示されていないとはいえ、この文章を少し掘り下げてみれば、われわれ自身の定義に通ずることがわかる。フロイトは、同一視には受動的なものも女性的なものもないと明言している。受動的で女性的な同一視ならば、息子に、彼が父親の欲望の対象となることを望むように仕向けることだろう。ここで問題になっている積極的で男らしい同一視は、いったい何によって成り立ち得るのか？　そうした同一視はいかなる現実性も持っていないか、あるいは、対象への欲望の形で具体化されるかのどちらかである。同一視とは、持つことという手段によって、つまり父親のさまざまな対象《もの》を自己のものにすることによって、当然、現実化することを求める人間の欲望である。フロイトは、息子はあらゆる点で父親の代りになりたい、と書いている。したがって彼は自分の欲望においても、父親の代りをしたい、父親が欲望するものを欲望したいのである。フロイトが、すくなくとも暗黙のうちに事柄をそのように考えていた証拠は、《それ〔同一視〕はよくエディプス・コンプレックスと調和していて、その準備をすすめるものである》という最後の文章でわれわれに提供されている。この言葉は何も意味していないか、あるいは、同一視が、欲望を、父親の対象《もの》の方に方向づけるということを示唆している。ここには、子供の欲望全体をミメーシス〔模倣〕の作用の下に置く確かな性向がある。従ってフロイトの思想では、この段階で、父親との同一視というこのミメーシスと、欲望は対象によって引きおこされるという考え方、つまり母親にたいするリビドー的愛着の自律性との間に、潜在的な葛藤があると考えられる。

こうした葛藤は、父親との同一視が、対象のあらゆる選択に先立つ完全に最初のものとしてわれわれに示されていればいるだけ、それだけあきらかである。フロイトは分析の最初の言葉でこの点について強調しているが、その分析は、同じ『集団心理学と自我の分析』第七章の中の、エディプス・コンプレックスの説明の中で開花してゆくことになる。父親との同一視の後には、母親へのリビドー的愛着がやって来て姿を現わし、はじめは独立的に発展してゆくと、フロイトはわれわれに言っている。この段階で、母親にたいする欲望は二つの源泉をもっていると言えそうだ。その第一は、父親との同一視、模倣である。第二のものは、母親の上に直接固定するリビドーである。この二つの力は同じ方向に働いて、互いに強め合うことができる。われわれにむかってフロイトが、もっと先の数行で明確にしているものはまさしくそれである。いくらかの期間、それぞれ独立的に発展した後で、同一視とリビドー的愛着は《触れ合い》、そして、補強を蒙る。もし、われわれのしたように、同一視を、父親の欲望にもとづくミメーシスの意味で解釈するなら、きわめて自然できわめて論理的な結論がでてくる。別な解釈は、みとめることは勿論、考えつくことも難しい。われわれが注釈したあらゆる手掛りは、ミメーシスがなければ理解できない不条理なものとなるだろうし、その光に照らしてみれば合理的で首尾一貫したものに見えてくるのだ。

われわれは、フロイトが言わなかったことを無理に言わせようとは思わない。逆にわれわれは、フロイトの前に模倣的欲望の道が開けていたが、フロイトはその道に入りこむのを拒んだと断言する。彼が回避したことを確かめるには、いわゆるエディプス・コンプレックスの定義を読むだけで十分だ。それは、われわれが引用したくだりのほとんどすぐ次に続いている。

子供は、父親が母親の傍にいて自分の邪魔をしているのに気づく。彼の父親との同一視は、いまや敵意のある調子をおびてきて、母親にたいしてさえ、父親の代りになりたいという願望と混じり合って一つになってゆく。同一視には、まさしく最初からアンビヴァレントな〔両価的〕面がある。(一七三)

この文章《テキスト》の中には、すくなくとも、すぐさまわれわれの心にひっかかる一つの手掛りがある。子供は父親の障害にぶちあたる、彼の同一視は、結局は、母親にたいしてさえ父親の代りをしたいという欲望と混じり合う、とフロイトは書いている。この「母親にたいしてさえ même auprès de la mère」という表現はかなり突飛である。フロイトは、前に、同一視を、父親に代りたい欲望と定義した。そして今度は新たに、こんな風に定義している。母親がこの心理過程のプログラムから、明確な形にせよ、暗黙の形にせよ、最初から除外されていると信じなければならないのだろうか？　われわれがもし同一視の定義を思い出してみれば、フロイトはそんなことを何も言っていないし、示唆してもいないことを確認できる。むしろ逆である。例の文章《幼い男の子が、父親にたいして特別な関心を現わすことがあるが、それは自分も父親とおなじようでありたい、すべての点で父親の代りになりたい、という関心である》を思い出してみよう。

いささか不注意な読者なら、最初、母親にたいしてさえもという表現は、筆の運びの粗忽によるものだと思い込むだろう。もし、同一視の段階で子供がすでにすべての点で父親の代りをしたいと思ったとすれば、すくなくとも暗黙のうちに、母親にたいしてさえ父親の代りをすることをのぞんでいたことは、明らかである。けれども、このちょっとした矛盾の背後には、極めて重大な事柄が隠されている。すでに見た通り、父親を欲望の手本とする模倣の図式にそれを通じさせなければ、同一視について、フロイトの思想を明確にすることはできないのである。自分自身が欲望することによって子供に欲望すべきものを指示するのは父親である。したがって父親は、何よりも、母親を間違いなく指示することができる。こうした解釈の方向にすべてが向かっているにも拘らず、フロイトはそれを決して公式化していない。そうした解釈が、実際には彼の心にあらわれなかったということもあり得るが、第七章の冒頭を書いていた時には、何らかの形でそうした解釈がうかんでいたに違いないのである。暗黙に模倣による解釈を示唆した後で、母親にたいしてさえと書きながらフロイトは、これまた暗黙のうちに、そうした読解を退ける。これが、母親にたいしてさえのかくされた意味である。文章のこの部分が、さかのぼって、同一視の模倣論的解釈を、すくなくとも、母親という重要な対象に関する限り、無効にしているのである。オイディプースの近くでふくらみ始めていた模倣的要素を遠ざけようという意志は、さらに後のテキストの中に検証される。そこでは、そうした意志がもっと強められた形で見つかるのだ。たとえば『自我とエス』の中に、次のようなエディプス・コンプレックスの定義がある。

> 非常に幼い時期に、母にたいして対象備給がはじまり(一七四)〔母親に自己のリビドーを集中しはじめ〕、……中略……父については、男児は同一視によって父をわがものにする。この二つの関係はしばらく並存するが、のちに母への性的願望がつよくなって、父がこの願望の妨害者であることをみとめるに及んで、エディプス・コンプレックスを生ずる。ここで父との同一視は、敵意の調子をおびるようになり、母にたいする父の位置を占めるために、父を除外したいという願望にかわる。そののち〔この瞬間から〕、父との関係はアンビヴァレントになる。最初から同一視の中に含まれていたアンビヴァレンツは、顕著になったかのように見える。(一七五)

最初見たところ、ここには『集団心理学と自我の分析』における分析の忠実な要約しかないような印象を抱く（一七六）。だが、もっと注意深く読んでみると、一見きわめて小さく見えるが、実はきわめて重大な相違があることに気づくのである。前に述べたわれわれの分析が、最初のテキストの模倣的要素を浮彫りにしたことで、はっきり示したことなのだが、エディプス・コンプレックスの最初の定義の中で、すでにこっそりと斥けていたその模倣的要素を、ここでフロイトが完全に取り除いてしまったということである。

最初のテキストの中でフロイトは、父親との同一視の時間的優先権を主張していた。第二のテキストでは、彼はその理論を明確には放棄していないにしても、第一に言及するのはもはや同一視ではなくて、母親へのリビドー的愛着である。つまり彼は、唯一にして同一の力であるあらゆる点で父の代りをしたいという気持が、手本との同一視と、欲望を母親に向ける方向づけを養う、と考えることをわれわれに禁ずるのだ。最初の順番の逆転が偶然ではない証拠は、そうした逆転が、そのすぐ後で、同じ結果を産むように、再び行われていることである。第二のテキストの中では、《コンプレックス》の形成の直前に、母親へのリビドー的愛着の《強化》のあることが同じく見られるが、しかしその強化は同一視との初めての接触からもたらされる結果として示されていない。フロイトは諸現象の順序を逆転している。そのことはあきらかに、最初のテキストが示唆した原因と結果の関係を排除しているということを示している。リビドーの強化は、完全に動機づけのないものとなるのだ。結果は維持されるが、それは原因に先行している。それは、両者がもはや何の関係もない、ということである。ご覧の通り、『自我とエス』は、模倣の一切の効果を明確に位置づけているが、それは『集団心理学と自我の分析』の最良の直観を犠牲にして行われ、ある種の首尾不統一と引きかえにしているのである。

なぜこんな風にフロイトは行動するのか？　この疑問に答える最良の方法は、彼が斥けている道を飽くまでも辿ってみることである。初期の分析には無数にありながら、エディプス・コンプレックスの定義が直接、問題になった瞬間に、まるで魔法のように消えてしまったその模倣の効果にもし彼が勝負を賭けたとすれば、フロイトはどこに抜け出たかを考えてみる必要がある。したがって、母親にたいしてさえもという言葉で密かに否定され、無効にされた文章にもう一度立ち帰ってみなければならない。自己を父親と同一視するということは、何よりもまず、父親に取って代ることを望むということだとフロイトはわれわれに言った。幼い子供は《自分も父親とおなじでありたいし、またそうなりたい、あらゆる点で父親の代りになりたい》のである。

このあらゆる点でから母親を除外するためには、彼にやがてその《掟》を教えるのは原則的に父親の介入だというのに、子供がすでに《掟》を知っていて、自らの主題についてほんの僅かな手掛りを得る以前に、その掟に従うことが必要である。母親を除外するためには結局のところ、すでに《コンプレックス》がなければならないはずである。したがって、母親を含むことは当然であって、フロイトが始めにしたのもそのことである。《子供は、あらゆる点で、父親の代りをしたいと思う》というフロイトの言葉の漠然とした普遍性は、きわめて適切なのだ。なぜなら、子供は、母親が父親の対象である限り母親を含めて、父親のさまざまな対象についてははっきりした弁別的認識を持ち得ないからである。もし子供が父親の対象に向かうとすれば、結局のところそれは、自分に与えられた手本を目当てに、あらゆるものに向かってゆくからである。この手本も必然的に、子供の対象、すでに子供のものである対象、あるいは子供が自分のものにしたいと思う対象に向かって進む。母親を含めて手本の対象へ向かう弟子の運動は、すでに同一視の中で始まっている。それは、フロイトが定義しているような同一視の観念そのものの中に含まれている。こうした解釈に水をさすどころかフロイトは、始めは、それを鼓舞するために全力をあげているのである。

弟子と手本が同一の対象に向かっているのだから、両者の間に衝突があるだろう。《オイディプース的》な競合関係が効力を持続する。けれどもそれは、まったく異なった意味をもつ。そうした競合関係は、手本の選択によって事前に予定されているのだ。したがって偶然的なものを持っていない。したがってこの競合関係は、普通の意味における横領の意志とはもはや何らの関係もないのである。まったく《無邪気に〔無罪で〕》弟子は自分の手本の対象に向かうのであり、何の下心もなく彼は、母親にたいしてさえ父親の代りをしたいと思うのである。彼は、あらゆる文化の声と手本自身が彼に伝える模倣の命令に従うのである。

手本に向かい合う弟子の状況についてほんの少し考えてみれば、根元的な模倣という概念と関連して再解釈したいわゆる《オイディプース的》競合関係が、フロイトによってエディプス・コンプレックスに帰せられる諸効果とはきわめてよく似ていながら、同時に、かなり違った効果を、論理的にひきおこすはずであることは、苦もなく了解できる。

前にわれわれは、模倣的競合関係のこうしたさまざまな効果を定義した。それらが、結局のところ常に、相互的暴力に行きつくとも断言した。けれどもその相互性は、ある一つの過程《プロセス》の必然的帰結ではない。相互性がまだ存在せず、報復があり得ない一つの段階が、個人の生存の中にあるとすれば、それはまさしく幼年期の段階であり、大人と子供の間の関係においてである。それは、子供たちをそれほどに無防備にするのである。大人は、せっかちに暴力を予想する。大人は素早くやり返す。逆に幼い子供は、以前に暴力にさらされることがなかった。だからこそ子供は、対象と手本に向かって何の恐れも持たずに進むのである。大人だけが子供の行動を、横領の欲望として解釈し得るのである。大人は子供の行動を、子供の文化体系と異なる文化体系の中で、子供がいささかも思いつかない文化的意味づけから解釈するのだ。

本来、この手本対弟子の関係は、弟子から見て競合関係を理解しやすいものにするはずの平等性を排除しているのだ。弟子は、神を目の前にした信者の地位にある。彼は神の欲望を手本にするが、その中に、自分自身の欲望に似たものを認めることができないのである。つまり彼は、自分の手本と《競争すること〔人の折り枝を利用する〕》(一七七)ができ、手本にたいして脅威となり得るなどということがわからないのである。大人についてさえそうなのだから、子供について、最初の模倣的欲望について、それはもっと当然のことである。

　はじめて扉が閉ざされ、はじめて近づくことが阻まれ、はじめて手本からだめと言われるということは、たとえそれが軽く言われたとしても、たとえ十分に気をつかってなされたにしても、重大な破門、外の暗闇への追放のように見える危険性がある。模倣の二重拘束《ダブル・バインド》によってひきおこされた障害が子供の上に消し難い印象をとどめるのは、最初、子供が暴力によって暴力に答えることができないからであり、暴力に無経験だからである。《父親》は、やっと始まったばかりの息子の行動を、点線で未来にまで延長してみて、それが王座と母親に向かっていることを確かめる。父殺しと近親相姦の欲望は、子供の観念ではあり得ない。それは明らかに大人の観念であり、手本の観念である。神話では、それは、オイディプースが何であれ欲望することができるようになるずっと以前に、神託がラーイオスに吹きこんだ観念である。そしてまたそれはフロイトの観念でもあって、ラーイオスの場合と同様、少なからず誤っている。息子は常に、父殺しと近親相姦に自分が歩みつつあると知る最後の者なのに、神の良き使徒である大人たちは、彼に教えるためにそこに居るのだ。

　もしも、弟子と対象の間に手本が最初に割り込んで来ることが、とりわけ《衝撃的《トロマテイザン》》(一七八)体験に違いないとすれば、それは、大人、とりわけフロイトが弟子に割り当てている知的な操作を弟子自身がおこない得ないからである。それは手本を競争相手として意識していないからであり、横領しようとする欲望がないからである。子供は言うに及ばず大人でさえも弟子というものは、こうした競合関係を、いわゆる競合関係、対称性、平等として解読することができない。手本の怒りに会って弟子は、自分か、手本か、どちらかを選ぶことを、いわば強いられる。偶像の怒りは当然正当化されるはずで、その場合、弟子の未熟さ、かくれた罪過《デメリット》によってのみ正当化され得る。未熟さやかくれた罪過が、聖なるものの中のもっとも聖なるものに近づくことを禁じ、天国の門を閉ざすよう、神に余儀なくさせる、というわけである。したがって、それ以来復讐の神となった神性の眩惑力は、霧散するどころか、ますます強化することになろう。弟子は、何で自分が裁かれるのか正確にはわからないまま、自分に罪があると思いこむ。自分が欲望するものを手に入れることは不当なことだ、と彼は考える。したがってその対象は、かつて以上に望ましいものに見えてくる。他者の暴力によって守られた対象に向かう欲望の方向づけは始められている。いま結ばれた望ましいものと暴力との関係は、それ以後、決して解かれはしないだろう。

フロイトもまた、欲望の段階で子供とその両親の間に結ばれた初期の諸関係が、消え難い印をとどめることを示そうとしている。しかし彼は、まったく異なる形でそれにとりかかる。なぜならフロイトは、僅かに垣間見て食指の動いたさまざまな可能性をもつ模倣の効果を、結局は遠ざけるからである。それではどうやってそれに取りかかるのか『集団心理学と自我の分析』の重要な文章を再読してみよう。

> 子供は、父親が母親の傍にいて自分の邪魔をしているのに気づく。彼の父親との同一視は、いまは敵意のある調子をおびてきて、母親にたいしてさえ父親の代りをしたいという願望と混じり合って一つになる。

フロイトの言葉を信じれば、幼い子供は何の苦もなく自分の父親に、伝統的な通俗劇の意味での恋仇《ライヴァル》、いやな奴、不愉快な第三者《テルツ・インコモド》を認識するはずである。この競合関係をひきおこすのが父親の欲望の模倣でないとしても、息子は、まさしくある競合関係だけが問題になっているという事実に盲目でいるはずである。羨望とか嫉妬とかいった感情を日常観察していると、敵対する大人たちが実際には、自分らの敵対関係を、競合関係という単純な事実に帰することが決してできない、ということがわかる。ところがフロイトは、ここでは幼い子供に、大人のそれと同じどころか、はるかに勝った弁別能力を与えているのである。

よくわかっていただきたいのだが、われわれがここであばいてみせた本当とは思えないことは、フロイトがわれわれに、大人のそれに似たリビドー的欲望を何よりも幼い子供に割り当てることで受け入れるように求めているさまざまな前提と、何の関係もないのであって、それについて異議を申し立てるつもりはない。けれども、フロイトのさまざまな公準によって構成された思想体系の内部でさえ、競合関係についての明確な意識を息子に割り当てるようなことは、甚だしく真実に反することである。

ここでわれわれは、医学的な正統性からの手痛い反撃を受けることになろう。あの名高き《臨床データ》というやつである。白衣を着た人の権威の前では、俗人は頭をさげるよりほかはない。だが、われわれが注釈しているテキストは、いかなる特殊なデータにも基づいていないのである。このテキストの思弁的な特徴は明白である。ある人々がしたようにこれを神聖化することも、あれほど多くの別な人々がしたようにこれらをこっそりと遠ざけてしまう必要もない。（一七九）そのいずれの場合にも、われわれはきわめて貴重な直観を禁じられてしまうし——たとえ、その直観の現実の対象が必ずしもフロイトが手に入れたと考えたそれではないにしても——そしてまたわれわれは、仕事に夢中になっているフロイトの精神、フロイトの思想の紆余曲折した手探りが作り出す魅力的な光景を見ることを諦めなければならなくなるのだ。

われわれは、《臨床データ》がうまい口実であることも承知しているが、それらの御親切にも限度がある。たとえかりそめの意識にせよ、父殺しや近親相姦の欲望の意識のために、そうしたデータに証言をおねがいするわけにはいかない。フロイト自身がそんな意識を捨て去るために大急ぎで、無意識とか抑圧と同じように厄介で疑わしい観念に助けを借りなければならないのは、父殺しとか近親相姦といった欲望の意識がどこにも観察できないからである。

いまやわれわれは、われわれのフロイト批判の中心点に到着した。フロイト主義の神話的要素は、いままで長い間明言されてきたような、個人の魂《プシュケ》を限定する本質的与件《データ》〔基本的衝動《インパルス》〕の、無意識〔的本性〕に何ら関わるものではないのだ。もしわれわれの批判が再びこの主題を取りあげるとすれば、われわれはその批判を、フロイト主義の懐古的な批判の列に加えざるを得ない。いずれにせよ誰かがやがてそうするだろうが、そのことにある種の不信を置く必要があろう。われわれがフロイトを非難する点は、結局のところ、さまざまな外見にもかかわらず、彼がいつまでも、意識の哲学に執着しつづけていることである。フロイト主義の神話的要素は、父殺しと近親相姦の欲望の意識なのだ。それは、最初の同一視の夜と無意識の夜との間で、たしかに稲妻のような意識であるが、それでもやはり現実の意識だとして、フロイトはあくまでも放棄しまいとする。そのことがフロイトを、一切の論理と一切の真実味を裏切るように仕向けるのだ。最初はその意識を可能ならしめるために、つぎにはそれを無効にするために、御存知の、さまざまな意識の集積所としての無意識と、それを吸いあげて圧縮する〔抑圧する〕ポンプの仕掛け《システム》を考え出しての上である。[一八〇] この父殺しと近親相姦の欲望を自我は抑圧する、なぜなら、かつて自我《わたし》は本当にそれをねがったことがあるからだ。ゆえにわれあり《エルゴ・スム》。[一八一]

フロイトが、その上に一切の精神生活を築きあげようと考えた明晰な意識の契機《モメント》におけるもっとも驚くべきことは、その契機が完全に無駄であるということである。こんな契機がなくても、実際、フロイトの本質的な直観、つまり子供とその両親、もっと一般的に言って、弟子の欲望と手本の欲望との間の初期の関係における、批判的で潜在的に破局的な要素にたいする直観は、見出すことができるのである。単に、本質的なものを何ら失うことがないばかりか、フロイトの《コンプレックス》よりもはるかにすぐれた形と脈絡のなかで、見出される一切のものを、われわれは見出すのである。

いまここでは、われわれをあまりに遠くへ連れ去ってしまうような領域に踏みこむことはわれわれにとって問題にならないが、欲望に関する根元的な模倣の概念が、(一八三)フロイト主義のごみ捨て場としての無意識からも、実存的精神分析の仮面をつけたあらゆる意識の哲学からも同じように離れた、第三の道を精神病学的理論にひらいていることを疑うことはできない。この道は、とりわけ、順応という物神《フェティッシュ》からもまぬかれ、現代思想のかなりな部分を特徴づけている、それとは対称的で反対の倒錯という物神に落ちこむこともないのだ。《順応した》個人というのは、二重拘束《ダブル・バインド》——手本のようであれ、手本のようであってはいけない——の二つの矛盾した命令に、異なる二つの適用領域をうまく割り当てることのできる個人である。順応した者は、二重拘束《ダブル・バインド》を無効にするように、現実を分割する。それは、どの原始的な文化秩序も同じようにすることである。個人的であれ集団的であれ一切の順応の根元には、ある種の恣意的な暴力のごまかしがあるのである。調整された者は、自分自身でそうしたごまかしを実現するか、そのごまかしが文化秩序によって彼のためにすでに実現されているなら、それに満足することのできる者のことである。順応しない者は満足しない。《精神疾患》(52)や反抗は、それらによく似た供犠の危機とまったく同様に、問題のごまかしを実現するのにふさわしい大部分の供犠の形態よりもたしかにもっと悪いが、それでももっと真実な虚偽と暴力のさまざまな形態に個人を捧げるのだ。無数の精神的荒廃の出発点には、精神分析が必然的に誤認する真実への渇きがあり、一切の人間の秩序から切り離せない暴力と虚偽にたいする、暗い、しかし急進的な抗議があるのだ。

順応という平板な慣例主義と、父殺しと近親相姦の欲望という神話的重荷を子供が背負うことから始まる間違った齟齬との間でもはや揺れ動くことのない精神病理学なら、観念論の無味乾燥に陥ることなく、いくつもの伝統的なすばらしい直観を、結び合わせることだろう。それらの直観には、《心を安らかにする》ものは何もない、たとえばギリシア悲劇では、『旧約聖書』と同じように、最良の息子は、原則として、最悪の息子に他ならない。それは、エサウよりもヤコブであり、孝行息子よりも放蕩息子であり、オイディプースである。……最良の息子は、父親を自分にとっての障害にし、自分を父親にとっての障害として、それぞれが絶え間なくぶつかりもどってくるほどの情熱をもって、模倣するのである。普通の人間なら、そんなつまずきの石をもっとうまくかわすことができるのだ。

こう言うと、そんなことは全部、フロイトの思想と関係はない、フロイトの思想は、お前が思いつきもしない知識の泉に、直接、根をおろしている、と言われるだろう。模倣の二重拘束《ダブル・バインド》など、フロイトの概念とまったく無縁であり、父親のごとく為し、父親のごとく為すなかれという、お前が本質的なものとして公準化した矛盾した二重の定言命令は、もはや精神分析とは何の関係もない岸辺に、お前を引きずってゆくのだ、と言われるだろう。

それ自体、フロイトの思想が、精神分析に委ねられるにはあまりにも重要だ、ということをうまく示している。われわれがたどる足跡は想像的なものではない。それを確かめるためには、やはり『自我とエス』の中の、「超自我」あるいは「自我理想」「の定義にあたってみるだけで十分だ。【フロイトは次のように書いている。「超自我」の「自我」との関係は、《「お前は（父のようで）あらねばならない」という勧告につきるものではなく、「お前が（父のようで）あることは許されない」、すなわち、「父のなすことのすべてを行なってはならない、多くのことが父の特権になっている」という禁制も含んでいる。（二八三）》

　このテキストを前にして、誰が、フロイトは二重拘束《ダブル・バインド》に無関係であると主張できるだろうか？　フロイトは単にこのメカニズムをきわめてよく理解しているだけでなく、その潜在力が現実化するのに必要な、置くべき場所に、きちんと位置づけているのである。最近の議論でこんな場合はめったにないことである。「超自我」の定義は、競合関係についての神話的意識とはまったく別なものを前提にしているのだ。けれどもそれはあきらかに、手本と障害の同一性、しかも弟子が見定めることのできないその同一性に依存しているのである。「超自我」はそれ以来もはやエディプス・コンプレックス以前ではなく以後に位置づけられる父親との同一視の再現以外の何物でもない。すでに見たようにフロイトは、おそらく前言を取り消したくないので、以前のこの同一視を実際には削除しなかったけれども、それから最初の性格を切り落すことによって、抜け目なく、端役に回してしまったのだ。いずれにせよ、父親との同一視がそのあらゆる効果を及ぼすようになるのは、爾来、コンプレックスの後においてである。それは「超自我」になったのである。

　われわれがいましがた読んだばかりの定義について考えてみれば、誰しも、その定義が模倣の二重拘束《ダブル・バインド》の視角《オプティク》の中で読みとれるということだけではなく、《抑圧された》エディプス・コンプレックス、つまり、はじめは意識であったがつぎには意識であることをやめた父殺しと近親相姦の欲望といった、フロイトが公準化した視角においては読みとることができない、ということに気づく。

　フロイトの記述が含む不確かさと無知の風土の中で、「超自我」の矛盾した二つの命令を理解するには、最初の熱烈な、そして忠実な模倣を思い浮かべてみなければならない。そうした模倣は、それが熱烈と忠実という文脈のなかでおこなわれているだけ、それだけいっそう、弟子の目から見て仰天するほどの、不興を買っているのだ。積極的な命令である《父のごとくあれ》は、父親の活動分野のすべてを覆っているかのように見える。この最初の命令におけるいかなるものも、それにすぐ続いてやって来る《父のごとくあってはならない》――これもまた、可能な全分野を覆うように見える――という矛盾した命令を予告していないし、とりわけ、その解釈を可能にしていない。

差異の原理すべてが欠けているのだ。恐ろしいのは、こうした、わからないということである。息子は自分が何か悪いことをしたのかと考え込む。二つの命令に、それぞれ別な適応領域をきめようとつとめる。自分は違犯者であるような印象を与えてはいないはずだ。すでに知っている法を犯しはしなかった。彼は、自分の行動を違犯だときめつけるかも知れない法は何か、知ろうとつとめる。

「超自我」についてのこの定義からどんな結論を引き出さなければならないのだろうか？　なぜフロイトは、始めは心惹かれながらエディプス・コンプレックスの段階で斥けたミメーシスの効果と、また戯れ始めるのだろう？　この疑問にたいして、あきらかに答は一つしかない。フロイトは、同一視のまわりできらきら光るミメーシスの効果を、決して放棄したくないのである。彼は「超自我」の中でそこにもどるのだ。けれども『自我とエス』の中で「超自我」の定義は、前に引用したエディプス・コンプレックスの第二の定義、つまり、『集団心理学と自我の分析』の中でそれにつきまとっていた模倣の効果を完全に追い払った定義の後に、引きつづいてすぐあらわれている。したがってわれわれは、一九二一年の日付をもつ『集団心理学と……』と、一九二三年の日付の『自我とエス』の間におけるフロイトの思想の発展を再構成することができる。第一の著作ではフロイトは最初、これらの模倣の効果を、支配的観念、エディプス・コンプレックスの観念と一致させることができると信じたのだ。だからこそ、模倣の概念に関係したさまざまな直観が、この第一の著作の諸考察の中にちりばめられている。だが書いているうちにフロイトは二つの命題がどうも両立しないのではないかと予感しはじめたらしい。こうした非両立はたしかに現実である。模倣の概念は、対象全体から欲望を切り離してしまう。一方、エディプス・コンプレックスは、母親という対象の中に欲望を根づかせるのだ。模倣の概念は、一切の意識、それに父殺しと近親相姦の現実的欲望すべてさえも無視する。ところがフロイトの問題体系《プロブレマティック》は反対に、その意識の上にすべて構築されているのである。

あきらかにフロイトは自らの《コンプレックス》を満喫しようときめたのだ。模倣の効果と、すっかり花開いた父殺しや近親相姦の欲望との間で彼が選択しなければならなくなった時、彼は断乎として後者を選んだのである。そのことは、彼がミメーシスの頼もしい可能性を探求することを諦めたという意味ではない。フロイトにおける、賞讃すべき点は、彼が何事についても決して放棄しないということである。彼がミメーシスの効果を差しとめるのは、ただ、それがエディプス・コンプレックスの公的な解釈を覆えすのをやめさせるためでしかない。こんどこそ、ミメーシスの効果と自由にたわむれることができるように、オイディプースの問題を整理したいのである。ひとたびエディプス・コンプレックスを後にやってしまえば、そのコンプレックスの前にあった時点で、再び事柄をとりあげる気になっただろう。

結局のところはじめフロイトは、半ば対象に即し《オブジェクタール》ながら半ば模倣的でもある欲望を基盤にして、エディプス・コンプレックスを発展させようと試みた。そこから、オイディプースの最初の解釈においても、第二の解釈においてさえも、父親との同一視と母親にたいするリビドー的愛着の奇妙な二重性がやって来ている。フロイトが純粋に即対象的な欲望の上にエディプス・コンプレックスを基礎づけ、別な精神の形成、つまり「超自我」のために模倣の効果を保存せざるを得なかったのは、いまいった妥協が失敗したからである。
《諸審級〔心的力域〕(一八四)》の二元性は、欲望についてのフロイトの考察の二つの極、つまり一方の即対象的《オブジェクタール》でオイディプース的な欲望、他方の模倣の諸効果という二極を分離するための努力なのである。けれども、完全な分割を目ざす努力は達成され得ない。それもまた、それに先立つ綜合の努力と同じ失敗に捧げられるのである。

模倣的欲望の中では、同一視、対象の選択、競合関係という三つの項を完全に分離することは決してできない。フロイトの思想が模倣という直観に常に影響されているという証拠は、まさしく、この三つの項の如何ともなし難い結合の中にある。それらのうちの一つが見えてくるや否や確実にほかの二つもその後につづいて来るのだ。エディプス・コンプレックスでは、フロイトはひどく苦労して模倣論を追っぱらうのだが、それだけ真実味を犠牲にしている。逆に、もはや原則的には父親との同一視と矛盾するはずのない「超自我」でも、もちろん母親という対象にたいする競合関係が、再び突出してくるのが見られる。

フロイトが「超自我」に《お前が（父のようで）あることは許されない、多くのことが父の特権になっている》と言わせた時、問題になっていたのは母親のことでしかない。まさしく問題は母親なのである。だから《「超自我」〔自我理想〕のこの二重の面（父のごとくあれ、と、父のごとくあってはならない）は、「超自我」〔自我理想〕がエディプス・コンプレックスの抑圧の労を負わされていたし、「超自我」がこの抑圧の結果生まれたという事実に由来している(一八五)》とフロイトは書いている。

抑圧するものであると同時に抑圧されたものであるこの「超自我」、そして《一切の努力》をした後でしか生まれなかったこの「超自我」は、たしかに、恐るべき難問を投げかけている。否定的な意味においてでさえも、それはあまりにも知りすぎているのである。本当のところは、「超自我」にその意味を与えている父親との同一視の再活性化が、すぐさま《イルリコ》、エディプス・コンプレックス的三角形〔欲望の三角形〕（一八六）の再活性化をひきおこすということなのだ。たったいま言ったように、望もうと望むまいとフロイトは、模倣という布置《コンフィギュラシヨン》〔構図〕の三つの項の一つを呼び出そうとする時、他の二つの項があらわれてくるのを見ないわけにはいかないのだ。エディプス・コンプレックス的三角形の再出現は、プログラムの中で前もって予想されてはいなかったことである。精神分析の設立資本金であり、譲渡不可能な基金であるこのエディプス・コンプレックスは、すでに、精神分析という銀行の地下の、無意識という金庫に、二重に鍵をかけて仕舞いこまれているのだ。フロイトをして、子供は自らのエディプス・コンプレックスを抑圧するのにひどく苦労すると言わしめたのは、エディプス・コンプレックス的三角形のこの思いがけない再出現である！　実際のところ、それを厄介払いできないでいるのはフロイト自身なのだ。模倣の布置になやまされてフロイトは、彼が永遠のコンプレックスの三角形だと信じているが、実のところ、常に必ず邪魔されるミメーシスのそれである一つの三角形を、絶えず素描するのである。いつもフロイトの《舌の先に》あるのは、手本と障害のたわむれであるのに、フロイトはそれが何であるか解明できないのである。

　ここではわれわれは、互いに関連させてみるとかなり啓示的に思える二、三の鍵となるテキストを解読するだけで満足しよう。けれどもその気になりさえすれば、まったく同じ程度に証拠となる結果を伴った、いわゆる《臨床》例を含めて、その他のさまざまなテキストを選び出すことができただろう。われわれが扱うさまざまなテキストの中では、フロイトの問題体系の基本的な或る単語が何度となく繰り返しあらわれる。アンビヴァレンツ〔両価性〕という言葉である。その言葉についてわれわれは、それが、フロイトの思想の中に模倣の布置が存在していたということを表現していると同時に、手本、弟子、それに、対象、といった構図の三つの要素の関係を、この思想家が正しく接合できなかったという無能さも表現していることを、示すことができる。手本と弟子は、一方が他方に、自らの欲望によって対象を指示し、それが共通のものであるが故に両者はその対象を取り合うのである。知っていると思い込んではいるが実際は知らないのだが、欲望においては、共通であるものすべては、調和を意味するのではなくて、葛藤を意味するのである。

アンビヴァレンツという言葉は、われわれが引用したエディプス・コンプレックスの二つの定義、つまり『集団心理学と……』のそれと『自我とエス』のそれの終りにあらわれている。再び二つを引用してみよう。

……父親との同一視は……敵意のある調子をおびてきて、母親にたいしてさえ父親の代りになりたいという願望と混り合い一つになる。同一視には、まさしく最初からアンビヴァレントな面があった。

この時、父との同一視は、敵意の調子をおびるようになり、母にたいする父の位置を占めたい、父を除外したいという願望をうむ。その瞬間から、父に対する態度はアンビヴァレントになる。最初から同一視の中に含まれていたアンビヴァレンツが顕著になったようにみえる。

まず最初に父親との同一視がどんな風に定義されたかを思い出してみよう。《それには受身的な、あるいは女性的な態度とはなんの関係もない》のである。この場合には、われわれは単一の、両義性のない一つのものを相手にしているように思えた。なぜフロイトは、その少し後で、あきらかにそれまで思いつきもしなかった原理的な《アンビヴァレンツ》を、その同一視に与えたのか？　それはまったく単純なことだ。なぜなら彼は、その時から——そして彼の直観は彼をだましはしない——模倣、賞讃、尊敬といった、最初の同一視の積極的感性が、間違いなく、絶望、罪責感、恨みなどといったネガティヴな感情に変る運命にある、ということを予感したからである。けれどもフロイトは、なぜ事態がそんな風になってゆくのかの理由がわからない。彼は、まさしく模倣という欲望の概念に到達できないが故に、その理由がわからないのである。フロイトは同一視の手本の中に、欲望そのものの手本、したがって、潜在的な障害を、公然と認識することができないのである。

模倣的欲望の矛盾がフロイトに圧力をかけ、それが暗々裡に彼にせまってくるたびに、それを明るみに引き出せないフロイトは、アンビヴァレンツの観念の中に逃げ込むのである。アンビヴァレンツは、人間関係の中にある矛盾、あの捉え難い二重拘束《ダブル・バインド》を、伝統的な哲学の主題のごとき孤立した主題に送り返してしまうのだ。

孤独な個人の中にひとたび住みついてしまえば、そうした矛盾はまったく理解し難いものとなる。その結果、人々はそれが《肉体》から生ずるにちがいないと思ってしまう。フロイト自身、アンビヴァレンツを語りながら彼が、精神と肉体が結び合う暗黙の領域に向かって、目もくらむ潜航をおこなっているようにわれわれにも思わせ、自分でも確信するのだ。実の所、相変らず、解読可能なものを解読することを、放棄しているだけのことである。《肉体》は口をきかないから、抗議する惧れはない。何のことはない、今日では誰でも、《肉体》の声に耳をかたむけている、フロイトの後塵を拝して肉体のメッセージを解読できる、と称している始末である。フロイトの一切の著作の中で、結局のところ障害－手本の図式に帰着し得ない、帰着するはずのないアンビヴァレンツの例は、ただ一つもないのである。

この葛藤を主体の物質的厚さ〔肉体〕に帰することは、主体の無能さを美徳だとすることであり、われわれが理解できないからといって〔人間〕関係が解読不可能であると宣言することであるばかりではなく、問題は関係ではないと宣言することである。かくして、主体の《肉体》つまり精神《プシュケ》のもっとも肉体的な領域が存在し、それが、真正面から欲望の障害とぶつかり合う、多少とも肉体的な傾向を背負わされることになるのである。アンビヴァレンツは、それが精神を養う限り、肉体性《コルポラリテ》の原理的な効力《ウエルチュ》となる。それは、欲望についての現代スコラ学の催眠効果なのだ。この観念のおかげで、そしてその他の観念の助けを借りて、精神分析は、それが解体するはずの個人の神話に、その神話をもっと《肉体化》すると称して執行猶予をみとめ、新しい生命の外見を与えさえするのである。

すくなくともフロイトにおいては、アンビヴァレンツの背後に、模倣的欲望についての部分的ではあるが現実的な直観がある。その点が他の多くの亜流とは立場がちがう。われわれは、フロイトがどうして、こんなに単純なメカニズムを見定めようとはしなかったか考えてみる必要がある。そのメカニズムを隠しているのは、ある意味ではその極度の単純さであるが、それ以外のものもある。

そしてその、それ以外のものも、別段、みつけるのに苦労するようなものではない。われわれは、分析の最初からいつもそれにぶつかっているのである。その別なもの、それはもちろん《エディプス・コンプレックス》の核心そのものである。つまり、父殺しと近親相姦の欲望が子供の中で形をとった意図となるとされているあの短い意識の瞬間のことだ。われわれは絶えず、そうしたフロイト的意味における父殺しと近親相姦が、根元的に模倣である欲望という道を辿る際の決定的な障害になっていることを確かめてきた。本当に、父殺しの欲望、近親相姦の欲望があると確信するためにフロイトは、欲望を指示するものとしての手本を遠ざけ、欲望を対象の中に根づかせなければならなかった。つまり、欲望についての伝統的で逆行的な概念を持続せざるを得なかったのである。根元的なミメーシスに向かうフロイトの思想の運動は、そうした奇妙な義務、あきらかに彼が、父殺しと近親相姦に関して自分に課した一種の宿題によって、絶えずブレーキをかけられているのである。

われわれはすでに、模倣による競合関係がフロイトのコンプレックスより、あらゆる次元で優っていることを見た。つまりそれは、父殺しと近親相姦の欲望の意識といったものも、抑圧と無意識の厄介な必然性も除去してしまう。それは、オイディプース神話を解読する一つの解釈体系であって、それを説明する場合に、フロイト説には不可能な首尾一貫性を保証している。しかもフロイトが思ってもみなかった手続きの省略によって、説明に一貫性を与えている。こんな好条件があるのに、なぜフロイトは、模倣的欲望の継承を放棄して父殺しと近親相姦の豆料理の皿に、がつがつと飛びついたのであろう？

たとえわれわれが間違っているにしても、たとえ、われわれのような不信心な者が、《エディプス・コンプレックス》のすばらしい教義が内に隠している財宝の僅かなものにさえ気づかないのだとしても、それでもやはり疑問が残る。われわれがコンプレックスに取り替えるように提案している解釈を、フロイトが本当に拒否したと言えないのだ。彼がそうした解釈に気づかなかったことは事実である。人がひとたび見定めさえすれば、その解釈はきわめて単純で、きわめて自然に見えるはずだから、フロイトにしたところで、斥けるためにせよ、彼がそれにまで到達していたならば、間違いなくその解釈を尊重したはずである。事実は、彼がそれに到達しなかったということである。われわれの解釈は多くの面を説明するし、フロイトのテキストの中に散らばっている沢山の手掛りをひろいあつめている。なぜならこの解釈が彼を超えたところにあり、彼が終らせることのできなかったものを仕遂げているからであり、彼が父殺しと近親相姦の幻影のおかげで途中で止ってしまった筋道を、最後まで進み通しているからである。フロイトは、自分の決定的な発見と見えたものに目がくらんだのだ。その発見が彼の視野を遮った。それが、オイディプース神話と精神分析の中の、父殺しと近親相姦の神話的本質を解明する根元的なこのミメーシスの道に断乎として彼が入りこむのを禁じているのだ。

精神分析の全体は父殺しと近親相姦の主題の中に要約されるように見えるのは事実だ。世間の目から長い間、醜聞と見られてきたのもその主題であるし、したがって精神分析の栄光を作り出したのもそれである。無理解や、ほとんど迫害さえも加えられることになったのもその主題の所為であり、御存知のような異常な熱狂ぶりで迎えられたのもその主題の所為である。それは、この教義の有効性に僅かな疑惑をさしはさむ人々のすべてを、《徹底抗戦《レジスタンス》》で打ち負かすことを可能にする絶対的で即効的な武器である。

模倣的欲望についての直感は、フロイトにおいては、決して勝利を収めなかったが、この思想家を休息させることもなかった。だからこそ、この精神分析の創始者は相変らず同じ主題を何度も取りあげ、倦まずたゆまず、欲望の諸要素を何度も組み合わせて再構成しようとつとめるのだ。けれども対象に即した出発点を決して放棄しようとはしないので、本当に満足できる結論に到達することはなかったのである。多種多様な構成あるいは審級〔心的力域〕、理論的概念——去勢、エディプス・コンプレックス、「超自我」、無意識、抑圧、アンビヴァレンツ——は、決して終らないのでいつもまた始めなければならない努力から、つぎつぎに舞い落ちる落下物にほかならない。

フロイトの分析は、完全な体系としてではなく、ほとんど常に同一の主題に関係する一連の試行〔試論〕と見なければならない。たとえば「超自我」は、エディプス・コンプレックスの二番煎じでしかない。その出生を見破れば見破るほど、「超自我」とエディプス・コンプレックスを分かつ相違が偽りであることがよくわかる。

最良のフロイトは、最良のマルクスがマルクス的でないのと同様に、フロイト的ではない。フロイトが出会った月並みな反対が、彼を、論戦的で不毛な独断論の道に押し込んだのだ。信者たちはそれを盲目的に抱き締め、反対者は盲目的に反発して、かくしてテキストとの単純にして生きた接触はすべて困難なものになってしまった。

フロイト以後の精神分析は、フロイト主義を体系化するためにしなければならないこと、つまり、フロイト主義から、その生きている根を切りとってしまうためにやらなければならないことがよくわかった。近親相姦の欲望の自律性を保証するためには、エディプス・コンプレックスの中にある模倣の要素をすっかり消してしまうだけで十分だ。そうすれば、父親への同一視はすっかり忘れられるだろう。フロイトが『自我とイド』においてすでにその道を示している。逆に、「超自我」の独裁を揺ぎない基盤の上に樹立するためには、「超自我」の定義の中へ対象と競合関係を連れもどしがちなものをすべて除去すれば十分だ。結局のところ人々は、《良識》のそれである事物の秩序、そしてフロイトがただ揺さぶっただけの事物の秩序を、再び完全に打ち立てるのである。エディプス・コンプレックスの中では、父親は恥をかかされた競争相手である。したがって、彼を、尊敬される手本にすることなど問題にならない。反対に「超自我」の中では、父親は尊敬された手本である。それを、恥をかかされる競争相手にすることは問題にならない。アンビヴァレンツは、病人には妥当するが、精神分析医にも当てはまるなんてとんでもない！

したがってわれわれは、前提となる同一視のない競合関係（エディプス・コンプレックス）を持つことになり、つづいて、競合関係のない同一視（「超自我」）を持つことになろう。初期の論文の一つ『精神分析における攻撃性』の中でジャック・ラカン（一八七）は、この一連《シークエンス》の道筋のあきれ返った性格をつぎのように記録した。《〔競争〕相手への同一化の構造的実現《エフェ》は、寓話の筋書きを別にすれば、ひとりでに起こらない》（一八八）のである。寓話はさておいて、すぐさまわれわれは、そうした競争相手との同一視には、何ら認め得る教訓がないことがわかるだろう。ラカンが語っている構造的あらわれ《エフェ》は、これまた、最良のフロイトのものではない。それは、逆に、冷たく硬直した精神分析的教義《ドグマ》を見事に特徴づけている。

フロイトの分析の利益は、それらの結果の中にも、大袈裟な《諸審級》の積み重なりの中にも、うまく仕込まれた弟子たちが見事でもあり無駄でもある敏捷さでよじのぼってはころがり落ちる不安定な足場の中にも、ありはしない。それは、この思想体系の挫折の中にあるのだ。フロイトは決して、手本、弟子、共通の対象の関係を組織化するのに成功しなかった。けれども決して放棄もしなかったのである。彼がこれら三つの項の二つを取り扱う時、第三の項がそれらの傍らに、まるでぜんまい付きの意地悪悪魔のように頭をもたげるのだ。白衣を着た看護夫たち〔フロイトの弟子たち〕は何かの役に立っていると思いこんでその笑い人形を躍起に箱に押し込もうとするのである。そうすることで、聖化された偉大なこの思想家を、いっそう根本的に去勢していることに気づかないのである。

***

フロイト以後、人々はこの《エディプス・コンプレックス》が西欧世界に特有のものであるのか、それともやはり、原始的社会にも見つかるのかどうか、しきりに議論しあったものである。マリノフスキーの著作『原始社会における父』は、この論争の中である役割を演じた。本試論の展望の中でその著作にもどってみることは無駄ではない。

マリノフスキーは初めに、トロブリアンド島の人々が西欧人よりはるかに幸福であると断言する。未開人は、文明人の緊張も葛藤も知らない。けれども、彼らがそれとは異なる別な緊張や葛藤を知っていることが、すぐさまあきらかになる。トロブリアンド島の社会では、母方の小父は、われわれの社会で父親に帰せられるすべての役割を演ずることはおそらくないにしても、その多くの役割を演ずるのである。子供たちが財産を相続するのは、父親よりもむしろ小父からである。部族の教育が任されるのは小父である。一種の避難場所、親しい寛大な友達のように見える父親よりも、むしろ、この小父との間で緊張と葛藤が生まれるとしても、驚くにはあたらない。(一八九)

マリノフスキーは、フロイトとの対話の文脈の中で彼の観察を提示している。けれどもこのテキストからは、混乱した印象を受ける。はじめにこの著者は、エディプス・コンプレックスにはフロイトがそれに賦与する普遍性がないと断言する。つぎには小父に関する考察が来るが、それはむしろ、精神分析にとって有利な結論を暗示する。もはやフロイトに反駁するよりは、彼を豊かにすることが問題となっているのだ。トロブリアンド島の人々の間では、小父は、われわれの社会における父親と似た役割を果している。この流動的な形態もエディプス・コンプレックスにとっては、普遍的な意味を持ち得るように見える。

精神分析学者はこの本をたいそう歓迎した。彼らはそこに、あまりにも特殊な家族関係に捉われているといって精神分析を疑問視する他の民族学者たちへの反証を見ているのだ。精神分析学者たちは、マリノフスキーが、むしろ俄かづくりのフロイト主義から、トロブリアンド島の小父に関して、明白で意識的な緊張関係に言及したにすぎないとは考えないのだ。精神分析のレベルで言えば、ここには、小父それ自身を敵対者とする無意識の劇にこの緊張関係が根ざしていると断言し得るようないかなるものも存在しない。もしこの本の結論が精神分析にとって不利であったならば、おそらくこの矛盾が気づかれないままにはいなかったであろう。

われわれのこの試論の観点から見れば、マリノフスキーのいくつもの観察は重要である。それらは、われわれの興味を惹く諸関係に直接に触れている。われわれの目から見れば、エディプス・コンプレックスの中に現実にある一切のものは、常にその諸関係に帰着するのである。彼自身そこに十分な重要性を与えることができないままマリノフスキーは、未開社会、あるいはすくなくともトロブリアンド島人たちが、模倣的競合関係と二重拘束《ダブル・バインド》に、われわれの社会には存在しない足枷をはめていることを示している。ここで重要なのは、父親の寛大さでもなければ、小父の厳格さでもないし、ある男の登場人物から他の男の登場人物に移行した権威でもない。はるかに興味深い一つの差が数行で公式化される。つまり、父と子は同じ家系に所属していないということ、父親、そして一般的に父親の文化は手本となり得ないということ、父親からは、「わたしのするようにせよ」という命令が来ることはないということである。

> 子供たちは、法律的な観点から見て異国人扱いをする共同体の中で成長する。彼らは、地上で、何らの権利を持たない。彼らはその村の栄光から何らの誇りも引き出すことがない。彼らの本当の住居、郷土愛の極点、相続財産、祖先の名誉も他所のものである。こうした二重の影響から、奇妙な心理的複雑化がおこり、ある種の混乱がやってくる。(二九〇)

子供たちは、自我理想あるいは「超自我」のフロイト的意味で彼らの《理想》を具現してはいない一人の男、つまり彼らの父親と一緒に生きている。そうした理想は実在する。文化が提供する手本はある。それは母方の家系の中でももっとも近い大人であるが、しかし彼らはその手本と一緒に暮してはいないのである。まず第一に、小父はかなり遅れてしか子供の生活に介入してこない。そういう時でも、いつでも傍らにいるということにはならない。多くの場合小父は別な村に住んでいる。とりわけさいごに、小父は自分自身の姉妹、つまり子供たちの母親を避けなければならないという厳しいタブーがある。二重拘束《ダブル・バインド》の概念から見ても、フロイトの概念から見ても、父親から小父への移行は錯覚にすぎない。母方の小父にたいするエディプス・コンプレックスは笑うべき冗談でしかない。

事実、小父と甥との間の緊張関係は、それが子供を背反《コントラディクション》する感情に追い込まないだけ、それだけいっそう明瞭である。障害は手本になり得ないし、手本は障害になり得ないのである。模倣は、欲望がそれ自身の障害を対象と見做すことのないように導かれる。

もしも別なさまざまの未開社会組織を研究してみれば、おそらく、文化的な手本の活動範囲が――その手本がある限定された人物の中に具現されていると仮定して――弟子の活動範囲と決して十分には交錯していないので、彼らの欲望が収斂することはあり得ないということを見出せるだろう。この二つの活動圏は、時が来て、文化の中への弟子の加入〔成人式《イニシアション》〕を保証するいくつかの明確な点でしか触れ合うことがないのである。

マリノフスキーのさまざまな観察は、未開社会が西欧社会よりもうまく、二重拘束《ダブル・バインド》から保護されていると思わせる。実際、トロブリアンド島の社会に比べて、西欧社会はどのように性格づけられるだろうか？われわれの社会では、どんなに遡行してみても族長制の段階から、トロブリアンド島人において父親と母方の小父との間で分担されているようなさまざまな役割を、たった一人の個人が兼務している。したがって、族長制は、トロブリアンド島人の社会体系よりは分化していない。族長制が、現代の家族関係の観点から、任意的構成化の極致のようにわれわれに見えるし、そしてそう見えるのは当然だとしても、それ自体すでに、未開社会の観点から見れば、より劣ったものとして性格づけられるのである。

たしかにわれわれは、誤謬と誤解の尽きない源である《エディプス・コンプレックス》を放棄すべきである。精神分析がこのコンプレックスに関係づけているさまざまな現実の現象を、葛藤をひきおこすミメーシスの周囲に集結せしめるべきだ。そうした諸現象はそこで一貫性を獲得するのである。他方、その同じ現象を通時的図式の中に挿入し、歴史的に位置づけることも可能となるのである。それは単に現象自体ではなく、それらを説明するために浮上してくる諸理論、とりわけ精神分析はもちろんのこと、さまざまな理論を歴史的に位置づけることも可能となるのである。

エディプス・コンプレックスのような理論が出現し得るには、その社会の中に、すでに相互的ミメーシスが存在する必要があり、多くの場合その暴力が明白になっていないにしても、手本と障害のメカニズムが存在しなければならないし、さいごに、そのメカニズムが通常、父親に、その起源と出発点を見出している必要がある。もし二重拘束《ダブル・バインド》の起源に父親がいれば、模倣の魅惑は、主体の全生涯を通じて、父親の色彩を保つことになろう。集団における場合と同じように、個人においても、模倣の魅惑は常に激しくなってゆく。それは常に当初の形態を再生産してゆきがちである。言い換えれば、最初の手本によく似た新しい手本の数々――そして新しい障害の数々――を探し求めるのだ。もし最初の手本が父親ならば、主体は、父親にそっくりの新しい手本を選び出すことになるだろう。

西欧社会で、すでに族長制の時代に父親は手本であった。二重拘束《ダブル・バインド》があるためにはまた、父親が障害にならなければならない。そして父親は、その父親の力が縮小することによってのみ、子供の障害となってゆくのである。父親の力の縮小があらゆる点で彼を息子に近づけ、息子と同じ世界で彼を生活させることになるのだ。《エディプス・コンプレックス》の黄金時代は、父親の地位が完全になくならないけれども弱まった世界、つまり、過去数世紀の西欧社会に位置している。この時父親は、さまざまな差異の崩壊が二重拘束《ダブル・バインド》の機会を増大しはじめた社会における、最初の手本であり最初の障害である。

こうした事態それ自身、説明を要する。現代社会の歴史の動きが諸差異の崩壊だとすれば、それは、われわれが本書の中で供犠の危機と呼んだもののすべてにきわめて類似している。実際、きわめて多くの関係において、現代的 moderne という言葉は文化的危機の同義語のように思える。けれども、現代世界が、ますます緊迫してゆくがこの世界を破壊するには決して十分ではない競合関係を伴った相対的非差異化の段階で、たしかに束の間のものではあるがさまざまの均衡状態を絶えず見出しているということも記しておかなければならない。今までの数章における分析は、未開社会のいずれもが、こんな状況になったら持ちこたえられないだろうと思わせる。そうなれば暴力は一切の節度を失い、その絶頂を通して、創始的な満場一致の引金をひき、同時に、きわめて差異化した何らかの体系を回復することであろう。西欧の現代世界では、そうした事は決しておこらない。差異の消失は、漸進的かつ連続的におこなわれて、徐々に全地球上に拡大してゆく共同体によって良くも悪しくも吸収同化される。

現代人がさらされている緊張と疎外の責任を帰し得るものは、考えられる限りの形態での《法》ではない。それはいつも、あらゆる法の、ますます完全なものとなってゆく不在である。法にたいする絶えざる告発は、現代に典型的な怨念に由来している。つまり、それが主張しているように法に頭をぶつけるのではなくて、主体が優位をみとめたくない手本－障害にぶつかった欲望の返し波から来ているのだ。継起するさまざまな流行《モード》の渦巻の中で、ミメーシスが熱狂的で死にものぐるいになればなるほど、人々は、自分たちが手本を障害にし、障害を手本にしていることを認識しまいと躍起になる。そこには真の無意識があり、その無意識はあきらかにさまざまの姿をとり得るのだ。

こうした場合、フロイトは道案内の役には立たないし、怨念を《弱者》のものとするニーチェもまたそうである。そうした怨念と真に《自発的な》欲望、つまりニーチェが自らのものと言い得るであろう権力の意志との間に、彼が安定した差異を創設しようと努めても無駄である。彼の意図《プロジェ》の中に、一切の怨念の最高の表現を知覚することはできない……。だが、われわれを導く者はおそらくカフカであろう。カフカは、法の不在の中に、狂ってしまった法と同じ物、人々の上にのしかかる真の重荷を認識した稀有な人々のうちの一人である。またしても、おそらく最良の導き手は、科学者たちが無視する直観を持った作家たちの一人なのである。もはや、蹂躙してくる競争相手でしかない父親にたいして、子供は、明確な法を求めるが、答として、意味のききとれない早口しか返ってこないのである。

　原始的体系に比して族長制が、より劣った構造化として定義づけられるべきだとすれば、その後におこったことから判断して《西欧文明》は、その歴史の最初から最後まで、より低次の構造化、あるいは非構造化の原理によって支配されているということになりそうである。それは、ほとんど一種の天命と言ってもいい。ある種の力学《ダイナミズム》が、最初に西欧を、つぎには人類全体を、かつては未知のものであった相対的な非差異化の状態にむかって、つまり、まさしくわれわれが現代と名づける一種の奇妙な非‐文化あるいは反文化にむかって引きずってゆくのである。

　精神分析の登場は、歴史的にみて、現代の到来によってひきおこされた。《エディプス・コンプレックス》の周辺に集められた大多数の現象には、それらに割り当てられる起源が神話であり空想であるにせよ、模倣による解釈が十分に解明し得る現実的なまとまりと、解りやすさがある。《エディプス・コンプレックス》とは、すくなくとも一定の期間、族長制から派生したさまざまな家族構造を部分的に維持する場合にあらわれる相互的模倣《ミメティスム》の増殖である。それは、原始的な供犠の危機におけるのと同じ崩壊ではあるが、しかし、その崩壊は漸進的かつリズミカルで、真の狂瀾をひきおこさず、明白な暴力も伴わず、破局的な空転も、いかなる種類の解決もないままに進行する崩壊である。われわれはそこに現代がますます増大してゆくさまざまな緊張と同時に、現代の驚くべき可動性と驚くべき効能とを見ることができる。

エディプス・コンプレックスは西欧的かつ現代的なものである。同様に、さまざまな足枷から常にいっそう自由になりながら、常にいっそう父親に向かって集中し、ある種の均衡と安定の諸形態に何度も落ちついてゆきがちな模倣的欲望の相対的な中和と不毛化もまた、西欧的かつ現代的な現象である。

もし精神分析が歴史の中に登記されるとすれば、それは、自ら決して語り得ないもの、父親の役割の完全な消滅をうしろに引き摺るいっそう進んだ非差異化の段階を、予告し、準備するからである。

一切の神話的思考と同様に、精神分析も一つの閉じた思想体系であって、いかなるものもそれに反証をあげて論破することはできない。もし父親との葛藤がなければ、エディプス・コンプレックスの無意識的性格について精神分析が求められる。もし葛藤があるなら、もちろん、人々が頼りにするのはそれだ。つまり《露頭している》のはコンプレックスだということになる。もし葛藤が《うまく清算されない》とすれば、またも、コンプレックスがそこにある証拠なのである！

単にいつも精神分析が正しいとされるだけではない。精神分析は、模倣《ミメティスム》が増殖し激化すればするほど、非構造化がいっそう危機的な足取りをとればとるほど、二重拘束《ダブル・バインド》がひしめき合えば合うほど、ますますうまく検証されるのである。父親がいなくなればなるほど、《エディプス・コンプレックス》が仲間を作り出す。爾来、子供の遊びのように、ラーイオスが見つからないオイディプースに、無数の精神的混乱を関係づけることになる。こうなったら、このコンプレックスを本当の父親や、血肉をもった小父や、あるいは特定の個人に引き寄せるのは、心理学的幻想だと言いたくもなる。まさしくその通りなのだ。精神分析が絶対的勝利を得ている。いたるところ精神分析だらけなのである。ということは、もはや精神分析はどこにもないということになる。つまり精神分析は、密教的な形式主義に落ちこむ以外に、大衆的ではあるが誤った自明の理《エヴィダンス》という通俗性から脱却することはないのだ。

＊＊

もしもエディプス・コンプレックスが二重拘束《ダブル・バインド》についての誤った解釈であるとすれば、世の人々や父親の目に子供の父殺しと近親相姦の願望と見える一切の事柄には、そうさせる煽動者として、父親自身がいるのである。あるいはむしろ、手本がいるといった方がいい。

フロイト神話は、現代では、懐疑論者においてさえ、おそらく冗談ではないかと思われるほど根強くはびこっている。したがって、証人を探して証言を頼みこむ必要がある。とりわけ、この領域では無視することのできない一人の作家に証言を依頼しよう。ソポクレースである。また『オイディプース王』に呼びかけることもできるが、この戯曲は、例証の価値が擦り切れるほど役に立ったし、さまざまな目的に使われてきたので、あまり頻繁に参照しなかった作品『トラーキースの女たち』に目をむけよう。

最後の幕で主人公ヘーラクレースは、毒を塗った袍衣《チュニック》の中で苦痛に身をよじる。彼の傍らでヒュロスがうやうやしく父の命令を待っている。その息子に言いつけを守るように言った後、苦しみから解き放すために炬火に火をつけ、自分を生きながら焼くように命ずる。ヒュロスは、己れ自身の父が自分を父殺しにしたがっている、と叫ぶ。ヘーラクレースは、まさしく父親を父殺しの煽動者にし、仮借なき二重拘束《ダブル・バインド》に責任ある者とするつぎのような言葉で、執拗に要求する。

——お前のせねばならぬことを言っただけだ。もししなければ、お前は他人の子となり、俺の子だとは言われないぞ。

——ああ、父上、またなんということをせよと言われるのですか。あなたに手をかけ、あなたを殺せとは。

その続きはもっと驚くべきものである。ヘーラクレースは息子に第二の奉仕を要求しなければならない。それは最初の奉仕より重要ではないと、彼は保証する。(その点でこの原文は、すくなくとも現代的文脈からすれば、精神分析的衒学趣味に満ちた喜劇味を獲得している。) 彼の死は、晩年の《功業》の際に得た最後の妻、若いイオレーから保護者を奪うことになる。

ヘーラクレース ……これこそ俺の命令だ、わが子よ。俺が死んで、もしお前が俺を敬う気持があるのなら、父への誓いを忘れずに、あの女(イオレー)を妻に迎えるがよい。父に背いてはならない。他のどの様な男も、俺とその床を共にしたあの女をお前の代りに妻とすることは許されない。お前自身が、伜よ、この契りを取り交すのだ。俺の言葉をよく聞け。大事に当って俺の言葉通りにした者が、些細なことで背くことは、せっかくの俺の感謝の念までも無にしてしまうことになるのだからな。

ヒュロス ああ、病人の心をいら立たせるのは善くないことには違いないが、こんなことを考えている人を見ることを誰が耐えられようか?

こんなモリエール風の応答の後で、せりふはいっそう注目に価するものとなって続けられる。表面的にはヒュロスは、イオレーを妻とすることを拒む理由として、いままさに終ろうとしている一家の悲劇の中でこの若い女が演じた役割――まさにまったく受動的な役割であるが――をあげている。だが実は、問題になっているのは父親の欲望と息子の欲望との真の関係なのである。つまり、それが父親の意志に完全に服従すること、わしの欲望するものを欲望せよという父親-手本の、時には狡猾で、時には絶対的な示唆への純粋な服従であっても、世間の目から見れば、不敬な反逆と見える同一性〔同一化〕の関係なのだ。

ヒュロス　ああ、情けない。わたしの悲しみは限りもありません。
ヘーラクレース　それは、お前が父の言うことを聞かないからだ。
ヒュロス　それでは、実際わたしに不敬をせよと教えられるのですか、父上。
ヘーラクレース　俺の心を喜ばしてくれるのならば、不敬ではない。
ヒュロス　それなら、そのことをあなたの命令として、無理にでもせよと言われるのですか。
ヘーラクレース　そうだ。その証人として俺は神々を呼ぼう。
ヒュロス　それではお言いつけ通りにいたします——決して拒みはいたすまい——あなたの課したこととして、世の人々に示します。そうすれば、絶対にわたしが悪人とはならないでしょう。ともかくあなたの言われた通りにしたのですから、父上。
ヘーラクレース　それできまった……。

ごらんのように《寓話〔神話〕》は、父親と子供の関係について、精神分析よりはるかに詳しく知っているのだ。そこには、現代の思想にたいする、謙虚であれとの教訓がある。二十五世紀も前のソポクレースは、今なお、数々の神話の中でも最も厄介な神話であるエディプス・コンプレックスの神話のくびきを、われわれが揺さぶる助けをしてくれることができるのである(53)。

第八章　『トーテムとタブー』と近親相姦の禁止

　現代批評は『トーテムとタブー』で展開されたいくつもの命題の評価についてはほぼ意見の一致をみている。つまりそれら命題はどれも受け入れ難いものなのである。あらかじめフロイトは、この本が報告しようとしている一切の問題について予断を下している。ダーウィンの原始群は人間家族の風刺画《カリカチュール》であり、支配者である雄の性の独占はすでに未来の近親相姦の禁止と符合している、といった点である。(一九三) ここには、『親族の基本構造』の中でレヴィ＝ストロースが確認するように《それを仮定する論証に市民権を与える悪循環》があるのだ。

　こうした苦情は、この著作の直接的な内容について、つまり為し得る要約については効果的であるけれども、『トーテムとタブー』には、そうした断定の裏をかく何かがあるのだ。たとえばわれわれは、集団による殺人がこの著作の典型的な諸報告の中に含まれているような印象を持つけれども、それは必ずしも事実ではない。たしかに集団殺人が言及されなかったことはない。それはこの奇妙な試論の第一の興味を構成していて、いささか観光旅行のお目当てのようなものになっている。われわれは、このバロック風な記念建造物のまわりを、それについて語るべきことを正確に心得ている案内人に連れられて歩きまわるのだ。フロイトがこれほどに厖大なことを理解し得たということ自体、この天才自身におこりがちな悪い癖がどんなものかをうまく示している。われわれはこの奇妙な怪物を前にして仰天したままである。われわれは、老ユゴー（一九四）が晩年の小説の中で創造したような無意識的で大規模な笑劇《ファルス》の一つを目の前にしているような印象を持つのである。

少しばかり注意して読みさえすれば、この奇妙さがなおいっそうはっきりする。殺人はたしかにそこにあるのだが、それは何の役にも立っていない。すくなくとも、役立つはずだと予想した場面で役立っていないのである。この本の狙いが性的禁止の起源だとすれば、殺人はフロイトに何ももたらしてはいない。むしろ難問をいくつも作り出しているのだ。実際、人殺しがなければ、恐ろしい父親によって若い男たちに課せられた性的窮乏から、いわゆる文化的な禁止に、何の断絶もなしに移行し得るのである。この連続性を殺人がぶちこわしている。フロイトはこの割れ目をしきりに修理しているがそれほどの確信もない。そして彼の終局の観念も、一般に言われている以上に混乱していると同時に、言われている以上に簡略すぎてもいない。

したがって殺人は、いっそうの便宜であるどころか、《事柄を整理する》どころか、かえって事をこみ入らせているのである。父親が行使する独占から禁止を派生させる仮説は、いささかフロイト的ではあるが、とくにフロイト的とはいえない。フロイト自身、自分が案出者ではないことをわれわれに知らせているのだ。

ダーウィンのいう原始群のこうした状態のために、若年男子の族外婚が実際に行われざるをえなかったのだということを、最初に認めたのはアトキンソン（一九五）のようである。追放された人々〔父親に追われた若い男たち〕は、それぞれまた類似の群れをつくることができたが、その群れの中でも首長の嫉妬のために同じ性交禁止が行われることになるのだ。そして時の経つにつれてこの状態から、いま法律として意識されている、同じトーテム内部での性交禁止という規則がでてきたのであろう。

集団による殺人の方は、まさしくフロイトのものである。けれども、表面にあらわれたその過剰さと突飛さが批評家たちに、集団殺人はいったい『トーテムとタブー』においていかなる役割を果しているのか考え込ませるのである。この疑問に何人もの精神分析学者が一つの答をもたらしたが、それはあきらかに、彼らが一切の疑問に与えている答である。彼らの言葉を信ずれば、『トーテムとタブー』の中でフロイトはきわめて見事な策略で、彼自身の抑圧された欲望によってわれわれを娯しませてくれているというのである。フロイトの追随者なら言いそうな答ではあるが、それでも、フロイト自身が問題になっているという点で、きわめて思いがけない答だとも言える。師の全著作中『トーテムとタブー』だけが、精神分析をすることが許された唯一のもの、むしろそうすることが求められる唯一のものだというのである。

フロイト学者たちは通常、御託宣の取るに足りない言葉を賞揚するのに急で、少しでも疑う者があれば熱くなって激しい非難を投げつけるものだから、(一九六)『トーテムとタブー』をこのようにいとも簡単に処刑することは、フロイトを信奉しない人々にきわめて強烈な印象を与える。こんな扱いを受けるに価するからには、この本がほんとうに出来損いであるに違いないと思うことだろう。

一般的に言って、専門外《アマチュア》の者たちにはもっと寛大な民族学者たちも、『トーテムとタブー』にたいしては、精神分析学者同様、厳しい批判をしている。一九一三年(一九七)には、民族学的調査もまだ、その後おこなわれたようなものではなかった。フロイトが採用している理論、とりわけフレーザーやロバートソン・スミスの理論は、その後、影響力を失ってしまった。トーテミズムの概念はほとんど放棄されている。さいごに、とりわけ、フロイトがそれに与えた形式での主たる命題は、現実にはあり得ないものである。
結局のところ誰もが、隣りの人に倚りかかって、真面目に批評もせずに『トーテムとタブー』を断罪しているのである。フロイトがもし本当に分別を失ってしまったとすれば、それだけいっそう、彼の思想により以上の重要性を与えているのはなぜか、どうしてか、どの程度かを知ることが大切である。彼のせいにされている『トーテムとタブー』の中の錯誤は、ともかくも人々がその破産の場所を見定め、それがもたらすさまざまな結果を見定めることが正確にできないほど長い間、その他の著作の中で規定されてきた彼の無謬性を、再び問題にするはずである。だがある種の新《ネオ》フロイト主義が企てようとしないこと、企てることを拒否していることは、まさしくそれなのである（一九八）。こうした形式主義的先入見はきわめて強力なので、それが爾来、第二の天性と同じものになってしまっているのだ。

知的な思潮が、それに断乎として逆らう一切のものを、精神錯乱のほとんど先験《ア・プリオリ》的な証拠と見做す時、そこには常に生きた思想、現実的な未来があるのではないかと考えてみるべきだ。時代の真実からもっともかけはなれたものであれ、きわめて身近な習慣にくらべてもっとも反感を買うものであれ、不愉快な諸仮説を自由に扱うことのできない科学的精神など存在しない。あるいはむしろ、愉快とか不愉快といったような仮説などない、程度の差こそあれ仮説というものは押しつけがましいものでしかない、と言った方がいい。あたかもフロイトが凡庸なシェークスピア、ソポクレース、あるいはエウリーピデースでしかないかのように、幻覚の積み重ねだといって非難する前に（一九九）、すくなくとも彼の言うことを聞かなければならない。精神分析と民族学の交叉点に調査をすすめようとする研究者たちが、彼の言葉に耳をかたむけることを拒むのは、きわめて奇妙なことである。

結局のところ、すべての人々が共謀して『トーテムとタブー』を笑いものにし、無関心になり、忘れ去ろうとつとめているのだ。われわれがこうした断罪を、受身のまま認可するわけにはいかないのは明らかである。事実、集団殺人と、それを示唆する諸立論は、本書の中で展開している諸主題にあまりにも近いものであるから、もっと詳細な検討を要求しないわけにはいかないのである。

まず始めに、民族学的なある理論、とりわけトーテミズムと呼ばれる理論を、それが努力して集め、解釈することにつとめたあらゆるデータを無にすることなく、批判することもできるし、崩壊させることもできるということを記しておかなければならない。たとえトーテミズムが独立した別個の存在を持たず、それが本質的な次元で分類《クラシフイカシヨン》というきわめて一般的な精神活動の特殊な一部門《セクシヨン》でしかないとしても、それだからといって、トーテミズムによって説明されるであろう宗教的諸現象を、無にひとしいもの、起らなかったものと見做すべきだということにはならないのである。そうした現象を、拡大した脈絡の中に位置づける必要があるのだ。宗教的なものと、全体として見た場合の分類という精神活動との間の関係について考えてみなければならないのだ。さまざまな事物が異なっているということ、そうした相違が安定しているということ、そうしたことが原始的社会においては当然のことなのである。トーテミズムはおそらく幻想であろうが、そうした幻想はすくなくとも、宗教的なものが作り出している謎をくっきりと浮彫りにしていたのである。

フロイトは、トーテムの観念を中心にしておこなわれる諸現象の蒐集と体系づけの試みの中にある不確かなものに、完全に気づいている。彼はその観念の出所を盲目的に信用するどころか、むしろ批判的な目で検討し、トーテミズムにおいてはすべてが謎である(三〇〇)と言っている。フロイトは、彼が《名目論》と性格づけ、実際、トーテミズムの現代における解体に到達するためにはそれを極端に拡大するだけで十分である解答を含めて、提起されたいかなる解答も受け入れないのである。

これまで述べたすべての（名目論的）学説は……たとえば未開人の種族名として動物名が用いられた事実を説明してはいるが、この命名が未開人にとってどんな意味をもったかということ、すなわちトーテム体系についてはまったく説明していない。（二〇一）

ここで重要なのは、トーテムやその他のあらゆる項目との関連ではなくて、人目をあざむく《まったく自然な》外見の背後に存在する、消すことのできない宗教的事実である。科学は、ある種の事実がひきおこす正当な驚きを、精神から奪うことで成り立つのではない。フロイトは、《事柄の情緒的な面を一切考慮に》入れない《あまりにも合理的な》観点の一切を拒否するのである。

　フロイトの注意を促す諸事実は、同じ次元のものである。時としてそれは、この章に先立つ各章でわれわれの注意を引きとめたものとまさしく同じものである。フロイトは宗教的なものの中に、善と悪、悲しみと歓び、許しと禁止の対立といった、もっとも根元的な諸対立が同時に生ずることを見ている。たとえば祭は、《容認されたというよりはむしろ命令された放逸であり、儀式によって禁止を破ること（二〇二）》である。祭における合法的なものと非合法的なものの遭遇は、供犠において観察されるものと正確に重なり合う——《動物が儀礼としていけにえにされた時〔原文では「その行為が終ると」〕、殺された動物のために涙を流し、哀悼するのである》。そしてそれも、結局のところ祭と供犠が一つの同じ儀礼でしかないのだから、驚くには当らないのである。（二〇三）《あらゆる種族において供犠と祭は一致する。いかなる供犠も祭を含むし、供犠のない祭は存在しなかった》のである。

　許可と禁止の同じ遭遇が、たとえ供犠的な要素が明確には存在していないにしても、ある種の動物の取り扱いの中にも見つかるのである。

偶然死んだ動物は哀悼の意を表され、種族の一員と同じ敬意を払われたうえで埋葬される。……日頃かわいがっていた動物をやむを得ず殺す場合には、これに許しをもとめ、タブー違反、つまり殺生の罪をさまざまな術策や遁辞によって緩和しようとする……。(二〇四)

地球上の端から端まで、原始宗教のあらゆる現象の中には、こうした供犠的行為の奇妙な二重性が見つかるのだ。儀礼は常に、きわめて罪深いと同時に必然的でもある殺生の形態、結局のところ、それが冒瀆的であればあるだけ、それだけ願わしい違犯の形式で表現されるのである。

ロバートソン・スミスは、われわれがいま、広い意味で《供犠的》と名づけている事柄の一体性をきわめてよく知覚していた。そしてそれが、彼が《トーテミズム》と名づけていたものなのである。トーテミズムというこの呼称の流行は、民族学的知識のある種の状態と関係があり、今となってはわれわれのそれと異なるある種の知的態度に関係しているけれども、それでも人々は、必ずしもうまくやれなかったにせよ、原始宗教的なさまざまの現象と、それらの単一性についての実際的な直観を知らせようとつとめているのである。そうした諸現象の単一性といったものが気がかりだったので、ロバートソン・スミスや、その後のフロイトは、一切をトーテミズムにまで遡らせないわけにはいかなかったのである。いわゆるトーテム信仰は時として、きわめて逆説的で、きわめて謎めいた宗教的諸特徴、われわれの解釈をしきりにさし招く宗教的諸特徴を豊富に盛りこんだ図柄をいくつも、われわれに提供するのである。そしてそれらは、多くの場合、実際に、真理にわれわれを導くことのできる最大のものなのである。いわゆるトーテミズムの宗教的な面の中に、フロイトは、他のいかなるところよりも強く刻印された、対立するもののあの同時的一致、両立し難いもののあの遭遇、宗教的なものを全体として現実的に定義づけるあの永遠の逆転につぐ逆転を見出したのである。それが宗教的なものを定義するというのは、そうした逆転また逆転のどれもが、絶頂期に、あの集団による殺害の仲介によって逆転する暴力の、同じ戯れにすべて関係しているからである。フロイトはそうした集団殺害の必然性は見事に見て取ったが、贖罪のいけにえのメカニズムに気づかなかったので、集団殺害の手順 modus operandi〔作業の手続き〕を見のがしたのである。

このメカニズムだけが、はじめは犯罪である供犠のための殺害が、なぜ、それが成し遂げられるにつれて聖なるものに、文字通り《変化する virer》(二〇五)のかを理解させてくれる。この変化と、トーテム的共同体のそれぞれの集団がそれ自体の特別なトーテムに対する態度との間には、あきらかに密接な関係がある。いやむしろ基本的な同一性さえあるのである。事実、多くの場合、自らのトーテムを狩り、殺し、食べることは、ある種の儀礼としての祭の期間以外は明確に禁じられている。そうした儀礼としての祭は、そうしたきまり《レーグル》の常に両義的な逆転の期間であり、その時には集団の全員が、普段の時には厳重に禁じられている一切の行為を犯さなければならないのである。

贖罪のいけにえのメカニズムを再現しようとする意志は、《古代ギリシア・ローマ》の供犠におけるよりも、このトーテム信仰においての方が、はるかに鮮明に見てとれる。真の姿が露呈する。たとえフロイトがこの真実に決して接近《アプローチ》しなかったとはいえ、この点で彼がトーテム的なものを前面に置いたことは正しいのである。フロイトの直観は、それが一切の謎をある現実の殺人に関係づけるように示唆した時、彼を欺いてはいない。だが、本質的なメカニズムを欠いていたのでこの思想家は、満足ゆくように彼の発見を練り上げることができなかったのだ。フロイトは、文字通りにとれば全体に幻想的な性格を与えかねない先史時代に犯された唯一的な殺人の主題を、乗り越えて進むことができなかったのである。

フロイトが彼自身の父親を殺すことを夢み、彼の無意識が語るままに書いたと主張する前に、『トーテムとタブー』に集約した恐るべき数々の立論を、彼と共に評価してみた方がいいだろう。フロイトは、われわれが本書でおこなったように、儀礼において全員一致の参加が要求されることについて力説している。禁止の違犯は、もしそれが一斉に行動する全員の行為でなければ、単なる犯罪的、破壊的行為でしかないのである。フロイトは、そうした満場一致の良き効果を見定めることができないとはいえ、行為の神聖化が共同連帯に依存していることを認識しているのだ。他方、数多くの文化では、人ー獣、つまりトーテム的怪物が祖先と定められている。それは裁く者であり導く者であって、仲間や同類に虐殺される犠牲者、なお神話的な共同体でありながら、現実の社会の分身に他ならない共同体の一致した攻撃に、最初に打ち倒される犠牲者であることをやめない存在なのだ。

ここには、深く考えさせる一連の手掛りがないだろうか？　科学的だと自称するある思考様式からの型通りの糾弾をきまって受けることとなしに、こうした事実から集団殺害の仮説を引き出すことができないとすれば、それは、知的領域における由々しき問題である。そしてまた、精神分析が人間精神のもっとも厭わしい性向に、ある種の永遠の優先権を与えるのもまた、重大な問題である。われわれがいま問題にしているのは、いつも語るような誤認の、ほとんど高貴とも言えるような形のことではない。これまで語らなかった誤認の形、つまり、不注意、単なる怠惰、とりわけて、われわれの目にはその内容がわからない一切の論証を一気に否認するような——そしてもっと悪いことに、少しでも流行に乗れば一気にほめそやすような——あの広く行きわたった傾向のことである……。

供犠とトーテム信仰を巧みに接近させれば、一切が集団殺害に収斂するいくつもの力線《リーニュ・ド・フォルス》を出現させることができる。一切の手掛りが示唆していることは、神性と共同体自身が自らの起源を引き出すのは、内部の満場一致の暴力からであり、その共同体に所属する一個の犠牲者からである、ということなのだ。

個人が奪いとってはならない生命、部族全員の合意と参加によってのみ生贄にされる生命、これは種族仲間そのものの生命と同列にあるものである。生贄饗宴の客はみな、生贄動物の肉を食べなければならない、という規則は、罪を犯した種族仲間への刑罰執行は種族全体によってなされるべきだという規定と同じ意味をもっている。換言すれば、生贄動物は種族仲間と同じに扱われたのである。生贄を捧げる団体も、その神も、また生贄動物も、これはみな同じ血をわけたもの、すなわち部族の構成員だったのである。(二〇六)

ごらんのように、フロイトの本質的な結論の中には、トーテム理論の疑わしい諸要素は何ら入りこんでいない。ここではトーテミズムが問題になってさえいない。『トーテムとタブー』の力学は、供犠の一般理論に向かっている。ロバートソン・スミスにおいてさえ事情はすでにその通りであったが、フロイトははるかに遠くまで進んでいる。なぜなら、彼が民族学の理論的な論議と無関係だからである。一点に集中する厖大な量の事実がたった一つの説明、なによりもやがて供犠の理論として姿をあらわすことになる一般理論をさし招くのである。

ロバートソン・スミスは、祭壇の生贄が古代宗教の儀礼の本質的な点であったことをくわしく述べている。生贄は、すべての宗教において同じ役割を演じているのであるから、生贄の発生は、きわめて一般的な、いたるところで同質の作用をする原因に帰せられねばならない。(二〇七)

フロイトの原型《アルケテイプ》的供犠は、すでにロバートソン・スミスで中心的役割を演じている儀礼である。つまり、駱駝の供犠なのである。西暦四世紀の証言はわれわれに、当時、シナイ半島の砂漠では次のような方法で供犠がおこなわれていたことを教えている。

生贄になるラクダは、石の粗末な祭壇の上にしばりつけられる。種族の首長は参加者たちに、歌をうたいながら祭壇のまわりを三度まわらせ、最初の一撃を動物に加え、ほとばしる血をむさぼるように飲むのである。それからみんながこの生贄にとびかかり、ぴくぴく動いている肉を剣で切りとってなまのまま食べてしまう。この生贄を捧げた明けの明星がのぼってくるときから、朝日のためにその光があせてしまうまでのわずかなあいだに、生贄動物の一切が……あっという速さで食いつくされてしまうのである……。(二〇八)

ロバートソン・スミスがこの供犠の中に痕跡をとどめていると思った、いわゆる《トーテムの名残り》は、わたしの意見では、他のもの同様、贖罪のいけにえの不完全な直観に帰着すると思われる。そして、そのトーテムの名残りがフロイトの興味をそそるのは、彼がその残存物を、彼の言う集団殺害に関係づける限りにおいてなのである。われわれがいま要約した文脈の中に入り込んでくるシナイ砂漠のシナリオを前にしてわれわれは、あの殺害の仮説を考えざるを得なかったこの思想家を、果して笑い者にすることができるだろうか？　われわれは、あたかも当然で何の証明も必要としないことのように、ここでは一切の真面目な探求が放棄されている、この仮説全体が個人的な幻影、精神分析の次元の錯覚にもとづいていると、果して断言できるだろうか？

フロイトは、彼の資料に忠実に、ほとんど駱駝の供犠についてしか言っていない。彼が、それぞれ独立したさまざまの文化の劇場における、一切の類似したシナリオを考慮したとすれば、どうなっていただろう？　もし彼が体系的な比較考察に従ったなら、そこで彼は何を見たであろうか？

シナイの供犠では、駱駝は罪人のように縛りつけられ、群衆は棍棒を手にしている。ディオニューソスのディアスパラグモスでは、いけにえは縛られていないし、武器もないが、群衆が居て、大挙していけにえに殺到する点では変りがない。そのほか、いけにえが逃げ出すように仕向ける場合もあり、参加者が逃げる場合もある。それはいつでも集団暴行の場面であるが、必ずしも正確に同じ場面とは言えない。こうした派生的な相違を儀礼としての記憶のせいにしてはならない。問題は記憶の正確さではないのだ。集団による殺害が問題なのであって、その様式は宗教に応じて異なっているのである。むしろそうした細部の相違は、きわめて啓示的だ。それらの写実性こそ元の事件の現実性を示唆していて、形態主義的な解釈を無力にするものだ。そうした細かい相違は、『トーテムとタブー』の中では暗黙の裡にとどまっているとはいえ、フロイトの直観をたすけていると考えられる。そうした相違は本来、明確になり得ないのだ。たった一度の唯一の殺人という主題が、そうした相違を考慮に入れることも、説明することもできるはずがないのである。

儀礼についての研究は、真の解決を得るために何度も再現されることを求めるあの犯罪捜査と同じである——犯罪は、しばしば作り話の小説に描かれているからといって、かならずしも作り事ではないのだ。犯人は手掛りとなる痕跡を残さないように気を配る。けれども、巧妙であればあるだけ犯行を繰り返し、犯行の範囲を広げれば広げるだけ、追跡者たちに追加の手掛りをあたえることになる。同じようには見えない手掛り、最初には見すごしていた、あれほどつまらないように見えた細部が、ほんの少しちがった形でまたあらわれてきた時、その重要性をあきらかにする。彫版の原画を何度も刷り増ししてみると、一枚の版画だけではははっきりしなかったものが、よく見えてくるものである。こうした相違は、あの「さまざまなる射映 Abschattungen」、つまり、フッサール(二〇九)の現象学において、それらの相違の法則が把握されるが故に、結局は、一つの対象の安定した確実な知覚を保証することになる、あの常に部分的で常に相違する諸把握の、民族学的標本を提供しているのである。ひとたび真の対象が正確に知覚されれば、いかなる疑惑も存続し得ない。知覚は揺ぎないものとなる。あらゆる新しい情報も、決定的に見定められた形を充実強化することしかできないのである。

フロイトは『トーテムとタブー』を書いたとき夢をみてはいない。そして彼は、供犠を行う者たちもまた夢をみていないことを見抜いている。フロイトは、供犠を夢にしてしまうこともできただろう。そこには、豊富な民族学的符合物にとりかこまれた形式尊重主義にとって、恰好な逃げ場があるからである。けれどもフロイトはそこで足を止めない。人々は彼を形態主義者にしたがるけれども、すくなくともここでは、フロイトは、夢を構造化するための努力が風を構造化するための努力と同じく空しいことを、はっきり見ているのだ。供犠を何らかの幻想に帰することは、とどのつまり、想像的なものの古びた物置の上にまた落ちることであり、軽く扱わないでほしい、必要な現実の重みを与えてほしいとわれわれに文字通り懇願している見事な一連の、厳密に測定された諸事実、諸観察を、実のところもはや何物も問題になることのないごた混ぜ、混乱の中に再び投げこんでしまうことなのである。そうしたさまざまの現象を夢の中に分解してしまうことは、社会制度としての儀礼を放棄し、社会的単一性を放擲することなのである。

供犠は、それが単に、誰も犯したことのない犯罪の幻影でしかないとするにはあまりにも多くの具体的な要素を含んでいる。供犠の中に、同時に幻影と代償的満足を見ることを否定することなく——これに先立ついくつもの章でそのことを示した——この点については、断言できる。まさしく供犠は、普通の文化的条件においては誰も敢えて犯そうとはしない、そして決して犯したいとは思わない行為の場所に、姿をあらわすのだ。文字通り、起源に《捉えられた》フロイトが、完全に、そして逆説的に、見ることをやめたのはそのことである。われわれはいま逆説的にと言ったが、それは彼が『トーテムとタブー』の中で、ほかの著作の中では絶えずねじまげながらも彼にとって近づき難いものではなかった唯一のもののような真理を、取りにがしているからである。フロイトは、供犠を、それ自体とはまったく別の大規模な一つのできごとにまで遡らせなければならないことを見てとった。そして、彼の心を捉えた起源の直観は、それが最後まで追求されることがなかったが故に、それが完成され得なかったが故に、供犠からその機能の一切の意味を失わせてしまったのである。もしも供犠が、儀礼の中で現在あるようなものであるとすれば、それは、供犠が最初は別なものであったからであり、その別なものを手本にしているからである。ここで機能と発生を両立させ、すっかり互いに解明し合うようにさせるためには、いつもフロイトをごまかしていた普遍的な鍵をつかまえなければならない。つまり、贖罪のいけにえだけが、そうしたあらゆる要請を同時に満足させることができるのである。

　それでもなおフロイトは、一つの恐るべき発見をしている。つまり彼は一切の儀礼行為、一切の神話的意味づけが現実の殺人に起源を持つと断言した最初の人間である。彼はこの提言の無限のエネルギーを自由に振舞わせることができなかった。辛うじて彼は、そのエネルギーが可能にする、文字通り目も眩むような綜合化の、口火をきっただけである。彼の発見は、彼以後、ほとんど完全に不毛なものになってしまうだろう。常に副次的なものにとどまる考察に基づいて、その後の思想は『トーテムとタブー』を抹殺し、この著作を《遅ればせのもの》と見做すのである。この誤解はその後の思想の使命によって部分的に説明できる。その後の思想はまず始めに、前の時期にフロイトや彼以外の人々によって獲得された領土を固めることに専念する。そうした仕事は、『トーテムとタブー』のはるかに急進的《ラジカル》な穿孔と両立し難いものである。したがってこの著作は、あたかも書かれなかったように、遠ざけられていなければならない。フロイトの真の発見、科学の登録簿にその名を記録されるべきであると確信をもって言い得る唯一の発見は、常に、無に等しい、なかったと同じことと見做されたのである。

　手際の悪い素人が民族学的与件《データ》をひねくりまわしているどころではない。フロイトはそれらの体系化に、フロイト自身、均衡を失ってしまうほど恐ろしい飛躍を与えたのである。そして彼の得た獲得物は何らの影響も与えないままにとどまったのである。彼は自分の理論の文字を民族学的与件に接続することができなかった。彼以後、そうした接続が可能であるなどとは誰も本当に信じなかったのである。あまりにも大胆な斥候であるフロイトは、本隊から断ち切られてしまったのだ。彼は最初に目標に達しながら、同時に、道に迷ったのである。なぜなら連絡がすっかり中断してしまったからである。人々は彼が無邪気な歴史主義の犠牲者だと思っている。むしろ逆に、彼の概括的な方向性や彼の研究方法は、彼を、当時支配的だったさまざまの断片的な起源論と反構造的な系統論にたいする配慮から解放しているし、同時に、現代に勝ち誇っている、その反対の行き過ぎにも落ち込ませていない。彼は、まったくの起源探求に閉じこもってもいないし、過去の数々の失敗から、いかなる形態主義的、反-発生論的偏見も得ていないのである。たちどころに彼は、共時的なさまざまの全体性の厳密な把握が、起源に関する完全に前代未聞の新しい理解の可能性を浮かびあがらせるに違いないことを、見てとっているのである。

***

　ここに、きわめてわれわれの興味をそそる『トーテムとタブー』の一節がある。それはギリシア悲劇に関するくだりで、フロイトによって提起された、悲劇というジャンルの全体的な解釈である。

みな同じ名前の、同じ服装をした一群の人々が一人の人物をとりまいている。彼らはすべてその人の言葉や動作に従う。これはつまり、合唱隊と、本来たった一人である主演俳優とである。これはのちに変わって、相手役や主役の分身を演ずるために、第二、第三の俳優が登場することになるが、主役の性格とか彼と合唱隊との関係とかに変化はなかった。悲劇の主人公は苦悩しなければならなかった。これは今日もなお悲劇の本質的内容をなすものである。彼はいわゆる「悲劇的罪過」を担っていた。この罪過はかならずしも容易に根拠づけられるものとはかぎらない。ときにはそれが、市民生活の意味での罪過でないこともある。それはたいてい、神の、あるいは人間の権威にたいする反抗であった。合唱隊は共感の情を抱きつつ主人公につき従い、彼をひきとめ、警告し、なだめようとした。しかし彼が不敵な所業の当然の報いとして罰を受けたあとでは、合唱隊は彼のために嘆き悲しむのであった。

だが、なぜ悲劇の主人公は悩まねばならないのか。またその「悲劇的」罪過とはなにを意味しているのか。手短に答えてこの議論はきりあげることにしたい。彼は原父、つまり、われわれが語った、ここで傾向的に表現されているあの太古の大悲劇の主人公であるが故に苦悩せざるをえないのだ。悲劇的罪過とは合唱隊をその罪から免れしめるために、彼が自ら負わねばならない罪過のことである。舞台の情景は、目的にあうように歪曲されて、なんなら巧みにごまかすためといってよいが、歴史上の場面から取ってきたものである。昔の実際の事件では、主人公を悩ませたのは、ほかでもない、この合唱隊の仲間だったのだが、いま舞台の上では、合唱隊はひたすら共感し同情している。だから主人公の苦悩は自分の責任ということになる。彼に転嫁されている犯罪、つまり、偉大なる権威にたいする不遜と反抗は、現実には合唱隊の人々、つまり兄弟たちにのしかかっているものなのだ。そこで、悲劇の主人公は不本意ながらも合唱隊の救済者にさせられてしまうのである。(二一〇)

多くの点から見てこのテキストは、われわれがフロイトの中で出会ったあらゆるものよりもはるかに、贖罪のいけにえとそれをめぐっておこなわれる神話の構造化の方向に突き進んでいる。ここにある文言の全体が、われわれ自身の読解と正確に重なっている。主人公は、自然発生の大いなる悲劇の犠牲者を表現する者である。彼が非難されている悲劇的罪過は群衆全体のものである。人々は、町を解放するためにその罪過を、彼一身に背負わせなければならない。したがってここでは、この主人公は贖罪のいけにえの役割を演ずるのである。そして、いま引用したくだりの少し先で、フロイトは《ディオニューソスの牡山羊》をほのめかしている。ギリシア悲劇は、傾向的な表現として、つまり、現実におこったできごとの、いわゆる神話的転化〔転倒、逆転〕として、定義されるのだ。舞台の情景は、目的にあうように歪曲されて、なんなら巧みにごまかすためといってよいが、歴史上の場面から取ってこられたものである。

おそらくはこれこそ本質的なことであるが、ただ一人の主人公に向けられた集団的暴力の過程《プロセス》が、前にあれほど力説した非差異化の文脈の中に場所を得ている、ということを記しておかなければならない。爾来、父を失った原始群の子供たちは、すべて、敵対する兄弟たちである。彼らは、もはやほんの少しの同一性〔個体を確認できるそれ自身であること《イダンティテ》〕もないほどに互いに酷似している。彼らを他から区別することは不可能である。もはやそこには、みな同じ名前の、同じ服装をした一群の人々しかいないのである。

けれども、フロイトとわれわれ自身の、二つの読解が収斂していることを誇大に考えてはならない。ある点を超えると、相違がまたあらわれてくる。フロイトは、とりわけ相違にまた執着してくるのである。分身たちの群れに、主人公の絶対的な単独性を対置する。主人公は無辜を独占し、群衆は有罪性を一手に握る。主人公に帰せられた罪過は決して彼のものではない。それは専ら群衆に属する。主人公は、彼とは断じて関係のないその罪過を背負わされた汚れなき犠牲者である。たった一つの意味を持つ、単なる《投射》のこの概念は不十分であり、まやかしである。ソポクレースは深遠にもわれわれに向かって、あたかも後になってドストエフスキーが『カラマーゾフの兄弟』の中でそうしたように、たとえ間違って告発されたにしても、贖罪のいけにえは、ほかのみんなと同じように罪があるということを、語っているのである。神学を永続させているこの《罪過》という耳慣れた概念を、過去、現在、とりわけ現在の暴力、万人がひとしく分け持っている暴力によって置きかえてみなければならない。何といおうと、オイディプースは人間狩り〔ラーイオス殺害〕に加わったのである。この点では、ほかの多くの場合と同じくフロイトは、彼の生真面目な精神と彼の科学的スノビズムが一貫して排斥する直観を持ったある種の作家たちより、はるかに神話に覆われたままなのである。

フロイト的解釈は、それが提起する神話的転化においてまったく現代的である。人が自分の運命を重ね合わせる罪なき犠牲者のおかげで、偽の罪なき者《イノサン》すべてに罪責感を与えることができるようになる。ヴォルテール〔二二〕が彼の『エディップ(オイディプース)』の中でしたことがすでにそれである。それはまた、現代の反演劇《アンチ・テアートル》のすべてが、ますますひどくなってゆく混乱とヒステリー症状の中でおこなっていることである。人々は隣人の《諸価値》を転倒して、彼にたいする武器にすることをやめない。けれども誰もが、実のところ、神話の諸構造を存続するために共謀《ぐる》になっているのだ。誰もが自分の敵愾心をそそるために必要な意味深長な不均衡を存続させるために共謀しているのである。

差異は毎度消滅するかに見えるが、それは、そうした転倒の中で永続するために転倒するだけでもある。ハイデッガーが、プラトンからニーチェに至るあらゆる哲学に関して語っているのは、結局のところその同じ転倒についてである。彼らの中にはそうした同じ転倒が見定められるのである。哲学の諸概念の背後に身をひそめているものは、常に人間の闘争であり、常に、悲劇の敵対関係である。フロイトに見えないこと、それは、彼自身の思想がそうした闘争の内側にとどまっていることであり、悲劇についての彼の解釈自体、フロイトが掘り出すことのできないそうした往復運動の一部をなしている、ということである。フロイトの解釈の動かない一点は、まさしく、唯一的な殺人、つまり真の父、真の主人公、たった一度だけおこった殺人という概念に対応するところである。

生きている間は醜悪な怪物である恐るべき「父親」が、死ぬ間際、そして死後、迫害された主人公になる。完全に解明することができなかったが故にフロイトが、結局はだまされ続けた聖なるもののメカニズムを、誰がここで認めないだろうか？　反道徳に姿を変えたものを含めて道徳から脱出し、反形而上学に脱皮したものを含めて形而上学から脱出するためには、もっとも巧妙に転化したものを含めて善人と悪人のゲームと、決定的に袂を別たなければならないだろう。いたるところに誤認があり、いたるところに暴力があり、われわれがそのゲームを多少とも見定めることができないために暴力は打倒されることがない、ということを認めなければならないだろう。まず始めに、主人公は合唱隊と一緒になり、もはやその合唱隊自体と同じく、特徴のないことによってしか特徴づけられないことが必要なのかも知れない。

フロイトは、われわれ以上にギリシア悲劇の構造に忠実だと反論されるだろう。ある意味では、その通りである。神話と儀礼の後を受け継いだ悲劇の形式の中では、長い間一人であった主人公が、事実、フロイトがそれに認めた主要な中心的地位を占めている。けれども、そここそ、分析の出発点である。最後まで行かなければならないのだ。神話と同時に、悲劇の形式も、本当に解体しなければならないのである。ソポクレースは、彼もまたたしかに最後まで行かなかったけれども、真の誤謬打破においてフロイトよりもはるかに進んで行った思想家であり、捕まえようとするたびに姿を消す主人公の差異について反語的な表現を用いて、一見もっとも個性的であるように見える個体性というものは、それがもっとも強力でもっとも確かだと見える時、つまり他者との暴力的な対立にある時、かえって疑わしいものであることを、われわれに示すのである。他者にしたところで、結局は、同一の者であることが常にあきらかにされるのである。

われわれの解釈は、フロイトが見たもの、フロイトが言ったことをすべて考慮に入れるが、それはまた同じく、フロイトは見逃していたがソポクレースは見逃さなかったことのすべても考慮に入れている。さいごにわれわれの解釈は、ソポクレースが見逃したこと、全体として神話を決定するもの、そして、精神分析やギリシア悲劇を含めて、神話に関してわれわれが持ち得るあらゆる観点《パースペクテイヴ》を考慮に入れているのである。それが贖罪のいけにえのメカニズムである。

ギリシア悲劇に関する現代のあらゆる文献の中でフロイトのこのテキストは、おそらく、理解の深さにおいてもっともすぐれたものである。けれどもこのテキストも破産している。こうした破産は《文学》へ科学的に接近《アプローチ》する、文学の《誤謬を打破する》と主張するさまざまな現代的主張のむなしさを立証している。そうした主張の蒙を開くのは偉大な文学作品なのである。ソポクレースやシェークスピアのような人々は、人間関係について、フロイトが把握できないようなものを数多く知っている。われわれはいま、まだましな方のフロイト、精神分析が同化できないようなフロイトについて言っているのだ。

精神分析は、いまわれわれが目の前にしている壮大で奇妙なテキストを同化吸収することができない。おそらくは間違いだらけのテキストだが、どんな精神分析も及ぶことのできない真実のテキストである。けれども、まずもって是非とも語らなければならないのは、そうした真実についてではない。ギリシア悲劇についてのフロイト的解釈は、全力を傾けている割に、そしてその力の所為でいっそう間違っていて、その対象にたいしていっそう不当なものでしかない。フロイトがギリシア悲劇に向かっておこなった非難はたしかに、無味乾燥なありきたりの賞讃にくらべて最大の美しい讃辞なのである。精神分析が文学に向けてする概括的で型通りの非難よりは、もっと《資料に基づいた》事実、根拠があると言えそうな非難なのだ。けれどもやはりそれは、誤っていて不当なのである。旧態依然の解釈がいつでも、しかも節度を守ることなく告発するのは、そうした誤謬、そうした不当さなのだ。

厳密に言って、ギリシア悲劇を《傾向的〔宣伝的〕》であると性格づけることは不正確ではない。結局のところギリシア悲劇は、これまで完全にこわされたことのない神話の枠内に位置づけられるからだ。けれども、そうした傾向的な性格は、その他の神話的形式、そしておそらくは文化的形式のすべてにくらべれば、ギリシア悲劇においての方がはるかに小さい。つまり、ギリシア悲劇の発想の独自なところは、すでに見たように、報復の相互性を再発見したこと、暴力の対称性を回復したこと、つまり、傾向的なものを再び問題にしたことである。フロイトの解釈も同じ方向に向かっている。それもまたいくつかの相互性の要素を再発見しているが、ギリシア悲劇ほどには前進していない。したがってそれは、ギリシア悲劇よりももっと傾向的だといえる。フロイトの解釈は、それ自身が報復の往復運動、つまり、手本と障害の二重のたわむれ《ジュー》、模倣的欲望の悪循環の中に捉えられているために、他人の暴力を非難するあの現代的怨念にまみれているのである。事実、現在そうであることを認めないためには、そして自己が一切の暴力に汚染されていないと主張するためには、あまりにも本性があきらかになり、あまりにも知られすぎている場合でさえ現代的怨念は、ギリシア悲劇が思いつきもしなかった理想的な非-暴力を、一切の判断、いわゆる一切の批判的評価の基準――これまた暴力を内に秘めた基準――にするのである。

あらゆる偏向裁判の場合と同様に、ギリシア悲劇に向かって行われた告発は、それをした者にふりかかってくる。《手の込んだ詭弁》を弄する張本人であることを示したのはフロイトの方である。一切の宗教的、文化的差異を批判し、結局はそれらの差異を批評家の頭上に移し換えるのは現代的思考である。つまり批評家は、いまだ未公開で常に彼だけのものである何らかの洞察と、今度こそ完全に誤ることのない何らかの方法、過去に潰えた一切の差異をそれ自体の中に要約した方法の告知者にして予言者というわけである。これこそまさにテイレシアースの生まれ変りだ！

　いわゆる傾向的要素とは、各人が他人から奪って自己のものにしようとする聖なる差異、競合する洞察と洞察の対決の中でだんだんと速度を早める振子運動で揺れ動く聖なる差異にほかならない。おそらくはそれこそ、『オイディプース王』の分析をめぐる解釈にあてはまることであり、あるいは、精神分析やその他さまざまな現代の方法論をめぐる論争にもあてはまるものなのであろう。こうした対立関係をひきおこしている当の対象は、危機に瀕している文化以外の何物でもない。対立者たちは誰もが、心の中で、専ら自分だけがそれについて深く憂慮しているのだと思い込んでいる。誰もが、病を治すために診断しようと努力している。だが、実のところその病気は相変らず他人という病気なのだ。病気は他者の間違った診断であり、実は毒薬である他人の薬なのだ。実際上の胴元がいないのに、勝負《ゲーム》が繰り返される。これなら、賭金を根こそぎかっさらうのにこれ以上完全なものはない。競争者たちの誰もが、何かを明らかにしようとするよりもむしろ、隣りの者たちに迷惑をかけても、もっとも強烈な光で目立とうとつとめ、競争相手の洞察を圧倒しようとつとめるのである。

　全体として見れば現代の危機は、すべての供犠の危機と同じように、さまざまな差異の消失として定義することができる。差異を消すものは対立関係の相互作用であるが、真実の姿で把握されることは決してない。つまり、だんだん大きくなってゆくように見えるけれども、実は逆に、互いにそれを奪い合うためにする各人の努力の中で消滅してゆく病んだ差異の、いっそう悲劇的になってゆく無駄なゲームとしては把握されないのだ。一勝負一勝負は、どの競争者にも交代で利益になるようにおこなわれる、常に前より不安定で束の間の部分的再構成によって神秘化される。神話的なものの全般的な崩壊は、互いに破壊し合うことをやめない競合の諸形態、すべて、神話と何らかの両義的な関係を維持している競合諸形態の増殖として、現在化している。つまりそれらの競合形式は、神話的であると同じくいつでも迷信打破的なもの、決して錯覚ではないが常に他の神話に拘束されている迷信打破の運動そのものにおいて神話的な形態なのである。迷信打破という数々の神話が、偉大な集団的神話の屍の上のうじ虫のように増殖し、その屍から自らの養分を吸い上げているのである。

自らが結びつけられていることを見抜いていることの過程について、ギリシア悲劇が、その過程から免れていると思いこんでいる精神分析より、言いたいことがいっぱいあるのはあきらかである。精神分析は、本当に理解できたら自分の基盤をゆるがすことになりかねないテキストの追放の上に、それ自身の確信を作りあげている。それが、芸術作品が非難され同時に賞揚される理由である。芸術作品は、一方では触れるべからざるもの、美という点で物神とされながら、他方では、峻厳で手こずる科学的真理の、空想的、慰藉的、瞞着的な正反対のものとされて、根本的に否定され、去勢されるのである。それは、つぎつぎにダイヤモンドの固さを誇る何らかの絶対的な知《サヴオワール》によってすぐさま秘密を暴露される受動的なものとされるのである。

わたしの知るところでは、作家だけがかつて、神秘化する非神秘化のこの過程《プロセス》を本当に見破ったのだ。精神分析学者も否、社会学者も否である。ここでももっとも注目すべきことは、いわゆる文芸批評の事実上の共犯関係である。文芸批評はしばしば、ある学説の《要約的な》主張に同意せず、その主張の中に現実的に鋭いもの、弁護したいと思う偉大な文芸作品に実はきわめて近いものが含まれているにも拘らず、それらを手厳しく非難して、《文学》の絶対的な無害性と無意味性の一般原理、《文学》というレッテルを付けられたいかなる作品も何らかの現実にほんの少しの影響も与えることはできないだろうという、先験的《ア・プリオリ》な信念におとなしく同意したのである。すでにわれわれは何度も、ソポクレースが精神分析の神話を破壊するのを見た。これから先も、精神分析がソポクレースを非神話化するのを見ることはないであろう。精神分析が本当にソポクレースと重なり合うことはないのである。今のように、もっとも良い場合でも、フロイトはようやくソポクレースに接近できたにすぎないのだ。

　贖罪のいけにえとそのメカニズムの観点でテキストを検討し、集団暴力との関係で《文学》を考察することは、そのテキストが意図するものと同じ程度に、そしてそれ以上に、そのテキストが怠ったことについて考えてみることである。おそらくはそれこそが、根元的な批評という企ての本質的な足どりであろう。一見、それはあり得ない、実行不可能なことのように見える。実際的な批評行為のすべては、きわめて極端な一般性、限られた関心しか惹かない抽象化に終る運命であるかのように見える。

　もう一度、われわれが目下注解しているテキストにもどれば、そうでないことがわかるだろう。そこにはたいへんな見落としがある。それが生み出される文脈を少しでも考え合わせてみれば、仰天するほどの粗漏である。

　一般にギリシア悲劇を語る場合、暗黙にであろうと明白にであろうと誰でもほとんど常に、何よりも代表的な一つの作品、悲劇というジャンル全体の本当の典型であり代弁者である作品を参照する。アリストテレスによって始められたこの伝統は、今日でもなおわれわれの間に生きている。ジグムント・フロイトという名の男だって、その伝統を拒む理由はないし、むしろそれに従う理由こそ多いのである。

　だがフロイトはそれに従わないのである。いまわれわれが考えているのは、もちろん『オイディプース王』のことである。われわれ自身はすでに『オイディプース王』を想起したけれども、フロイトは、われわれが引用したテキストの中でも、その前でも後でも、ただの一度もそれについて示唆していないのだ。アッティスが、アドーニスが、タムズが、(二二)ミトラが、ティーターンが、ディオニューソスが、そしてもちろんキリスト教が問題になっている——非神秘化なら当然のことである！　だが、ギリシア悲劇の主人公としてのオイディプースは問題になっていない。『オイディプース王』など問題ではないのである。

もしかしたらわれわれは、結局のところ『オイディプース』は多くのギリシア悲劇の中の一つにすぎないし、ことさらフロイトが引用しなければならないものでもないと異議を申し立てられるかも知れない。フロイトのテキストの中で特に言及されないからといって、それがことさらに排除されているわけではないと言われるかも知れない。たしかにこの悲劇は容易に他のものと同列にならび、悲劇の資料体《コルプス》の残余のものと一つにとけあうと考えることはできる。

だがこの異論は有効とはいえない。ひとたびわれわれの注意が、原型である悲劇の不在に向けられれば、このテキストのいくつもの細部が目についてくる。それはあきらかに、こうした脱落が決して偶然ではないということを示している。

罪過の定義を読み直してみると、それが決して『オイディプース王』にあてはまらないことに気がつく。主人公は、いわゆる「悲劇的罪過」を担っていた。この罪過は必ずしも容易に根拠づけられるものとはかぎらない。しばしばそれが市民生活の意味での罪過でないこともある。この定義はきわめて多くの悲劇に適合するけれども、オイディプースの罪過は、漠然としたものでも、定義し難いものでもない。すくなくとも、フロイトの言葉が言及している神話の構造の領域ではそうである。

　こうした場合、フロイトがオイディプースを考慮に入れなかったなどということがあり得るだろうか？　フロイトが完全にオイディプースを忘れてしまっていた、オイディプースが文字通りフロイトの心からすっぽり抜けてしまった、などということがあり得るだろうか？　『トーテムとタブー』の足跡を一団となって追いかける現代の鼻のきく新‐精神分析学派の猟犬なら、症候面でのこの忘却をうまく利用するはずである。普通の診断通りに『トーテムとタブー』の中に、型通りの抑圧されたものの回帰(二三)を見るのではなくて、おそらくは、あらゆる無意識の中のもっとも強められた無意識の奥底における、抑圧されたもののもっとも極端な強化を見るべきであろう。もしお好みなら、この「無意識」(二四)というフロイト的記号表現《シニフィアン》の迷路の中での、オイディプース自身の驚くべきスリリングな彷徨といってもいいだろう。『トーテムとタブー』のフロイトは、無意識のうちにオイディプースを抹殺し、オイディプースを抑圧してしまうほどに彼らしくなかったように見える。眩暈がわれわれを捉える。われわれが錯覚をおこすほどわれわれのまわりで、玉虫色にきらめく幻影が濃くたちこめるのである。

　幸いなことに、もう一つ別の可能性があらわれている。われわれが二番目に引用した言葉の中には、有効であるように思われるちょっとした留保がある。フロイトはわれわれに、しばしば、それが市民生活の意味での罪過でないこともある、と言っているが、そのしばしばという言葉である。しばしばということは、ここでは、その断定が必ずしも有効ではないことを認めることであり、おそらくは多くの、すくなくとも一つは、例外的な悲劇があり得ることを認めることである。この場合の最小限はきわめて正当である。たしかに一つのある悲劇の中には、われわれが通常の市民生活における罪過と見做すものと無関係ではない悲劇的罪過がある、ということになるのだ。それが『オイディプース王』の父殺しと近親相姦である。多くの場合という言葉のあきらかな留保は、オイディプースを指しているとしか思えないし、それがオイディプースしか指していないと考える根拠があるのだ。

けれども、問題になっているテキストにおいてオイディプースは、その不在によって、いっそう輝いてみえる。この言い落しは自然ではないし、いわんや無意識でもない。それはあきらかに意識的で計算ずくなのである。この観点で、探らなければならないのは、フロイト自身のコンプレックスなどではなく、ありふれた動機についてである。（それに、動機というやつはコンプレックスよりはるかに面白いし、はるかに多種多様なものである。）オイディプースがなぜフロイトのテキストの中で、突然、まったく組織的に排除されることになるのか、考えてみなければならないのである。

　われわれがこうした排除を、文脈《コンテクスト》のみならずテキストそのものと関連させて検討してみれば、それがどんなに驚くべきものであるかがわかるのだ。『トーテムとタブー』の中で、いったい誰が、何が問題になっているのだろうか？　かつて殺されたと明言されている「原始群の原父」である。したがって父殺しが問題になっているのだ。フロイトがギリシア悲劇の中に見出すと信じたのは、自分たちの犠牲者に殺人者たちが投射したそうした罪それ自体である。ところで、あのあわれなオイディプースを最初にテイレシアースが、つぎにはテーバイの人々が一致して非難するのは、「原父」を殺したことについてである。『トーテムとタブー』の中で擁護されているギリシア悲劇の概念と『オイディプース王』の主題との間の収斂と一致以上に完全なものは考えにくい。オイディプースの場合に言及するのにふさわしいところがあるとすれば、まさしくここである。けれどもフロイトは黙して語ろうとしない。袖をひっぱって「エディプス・コンプレックス（Œdipus komplex）」の輝かしき創設者、彼ジグムント・フロイトに、ほらほら、まさに父殺しに献ぜられたギリシア悲劇がありますよ、と教えてやりたいくらいである。

　なぜフロイトは、こうした完璧な証拠、この一目瞭然たる挿画を自らに禁じたのだろう？　答は簡単である。フロイトは、現実の父殺しにこの悲劇を結びつける解釈の文脈の中では、自己の慣れ親しんだ解釈、つまり『オイディプース王』を、あの無意識的欲望の単なる反映とみて、その欲望が実際に現実のものになることを断乎排除する公式の精神分析的解釈を疑問視せずに『オイディプース王』を利用できなかったのである。この場合オイディプースは、彼自身のコンプレックスと奇妙な関係にある。原父という彼の役割から言ってオイディプースが父を持つことはできない。われわれが彼に父親へのコンプレックスを僅かでも割り当てることになったら、ひどく困ることになろう。こうしたコンプレックスにオイディプースの名前を与えているのだから、フロイトの見当違いもはなはだしいと言わなければならない。

もっと一般的でもっと本質的な面でも、われわれは、本書でわれわれが提起しようと試みている数々の疑問、つぎつぎに一切の精神分析的思考を疑問視することになる多くの疑問をひきおこさずには、オイディプースに向けられた非難の真の意味を理解することもできないし、まだ漠然とした方向ではあるにしてもすでに《贖罪の牡山羊》型の諸現象が循環している軌道上に、父殺しと近親相姦を書き込むこともできないことに注目しよう。

ここに一つの疑問点がある。フロイトは、どうしても解答が浮かんでこないので、その疑問を押し殺そうとしたのだ。用心深い著者なら、ギリシア悲劇に関する一切のテキストを引っこめてしまっただろう。われわれにとって幸いなことに——そして彼自身にとってもそうだが——フロイトは用心深くはなかったのである。彼は自分のテキストの豊かさ、その直観力を楽しんでいる。したがってテキストをそのままにしておこうときめたのである。けれども彼は『オイディプース王』に関する一切の言及を慎重に払拭することによって、心悩ます疑問を遠ざけるのである。(二一五) フロイトは、精神分析的意味においてではなくて、その言葉の普通の意味で、オイディプースを検閲する (censurer)。ということは、彼がわれわれを欺こうとしたということだろうか？　絶対にそうではない。フロイトは、精神分析をいささかも傷つけることなく、どんな疑問にも答えることができると思っているのだ。けれども彼は例のごとく結論をいそぐ。彼は先に行き過ぎて、解答の筋道は後まわしにする。解法がないことを、おそらく知らないでのことだろう。

もしフロイトがこの難問をごまかさず、矛盾を掘り下げたならば、おそらく彼は、オイディプースに関する最初の解釈も、第二の解釈も、ギリシア悲劇やオイディプース神話を本当に理解してはいないということを認めたであろう。抑圧された欲望も、現実の父殺しも、実際、十分なものではないし、フロイトの諸理論《テーゼ》のどうしようもない二重性は、この場合のみならず他の論文においても、同じ一つのゆがみの反映である。本当の問題を遠ざけることによってフロイトは、徹底すれば贖罪のいけにえに到る、潜在的にもっとも豊饒な道に背を向けてしまった。したがってわれわれが今読んできたテキスト〔『トーテムとタブー』〕におけるオイディプースの排除、完全に意識的で戦略的な最初の排除の後には、第二の無意識的で姿をあらわさない第二の排除の横顔がちらりと見えている。しかしそれは、フロイトの仕事全体の構造に決定的な影響を及ぼしている排除なのである。この点でもまた、精神分析は語るべきことを持たない。われわれは、何よりも《精神分析》を基礎づけている排除について、われわれに説明して欲しいとそれに頼んではならないのである。

『オイディプース王』をかこむ括弧は一種の判断中止、精神分析理論を保護するための防護柵をなしている。前にわれわれは、模倣的欲望のケースで、きわめてよく似たものを確認した。その場合もまた、エディプス・コンプレックスにとって脅威になり得るものを遠ざけることが問題であった。またもわれわれは、文字通りこのコンプレックスの侵すべからざる性格を確かめるのである。フロイトのさまざまな命題の位階の中で、このコンプレックスは絶対の優越権を持っているが、それは、思想家としてのフロイトの歴史的限界、それ以上には神話破壊が進めない地点を示している。

そしてここでもまたわれわれは、前の章で見たのと同じ差異が、フロイトとその後継者たちの間にあることを見るのである。フロイトはさまざまのそうした危険な直観を孤立化し、無毒化するのに努力し、そうした直観が教義を汚染しないことを望んでいる。けれども彼は、それを放擲するにはあまりにも才能と情熱にあふれているのだ。自己の最大の大胆さを消し去るには、あまりにも探求心にあふれているのである。精神分析の後継者たちはそれほどの図太さを持ち合わせてはいない。彼らは、生身にメスを入れるように、一寸刻み五分刻みに余計なものを切り落すのだ。彼らは一方では模倣的欲望の生きている尖端を、他方では『トーテムとタブー』を全体として退けることによって、フロイト流の検閲を拡大激化するのである。ギリシア悲劇に関するテキストは、かつていかなる僅かな光彩も放ったことがなかったのである。フロイトに心服する文芸批評家たちも、そうしたテキストを大いに利用することがなかったのだ。けれども、ギリシア悲劇についての唯一のフロイト的解釈を求めるべきところは、そこであってほかの所ではあり得ないのだ。

＊＊＊

『トーテムとタブー』の前方への跳躍が、同時に、脇にとびのいたということになったとすれば、そしてもしこの著作が、すくなくとも形の上で、袋小路につきあたっているとすれば、それは精神分析の所為であり、すでに作りあげた教義、この思想家が自らの最大の財産であると見做すことに慣れて払い除けることもできずに背負って運んでいる独断的見解《ドグマ》の重荷の所為である。何よりも最大の障害は、重要なこの発見を汚しにやって来て、集団による殺人を父殺しに変えてしまう父という意味づけである。そうした意味づけが、精神分析におけるフロイトの敵たちと他の人々に、その主題に不信をいだく論拠を与えているのである。ギリシア悲劇の解釈に干渉し、フロイトなら当然為し得る、近親相姦禁止の問題の見事な整理を彼に禁じたのは、これまた、父という意味づけである。

すでに見たように、彼なりの殺人を導入しながらフロイトは、さまざまの禁止の問題を何ら解決していない。彼はあり得る一つの解答を自らに禁じている。彼は、恐るべき「原父」の性的独占と、さまざまな禁止の歴史的な強さとの連続性を断ち切るのである。始めに彼は、いとも簡単に、自分でも満足していないくせに手品を使って、その連続性を回復しようとつとめる。

以前、父の存在が妨げていたことを今や彼らが自分で禁止するのである。これは、精神分析学によってわれわれがよく知っている「事後服従」obéissance rétrospective という心理状態のためなのである。彼らは父の代替であるトーテムの屠殺を許しがたいこととして、自分らの行為を撤回し、この行為より生ずる果実を断念したのである。つまり自由になった女たちをあきらめたわけである。かくして、彼らは息子の罪意識 culpabilité から、トーテミズムの二つの基本的タブーをつくりだしている。だからこそこの二つのタブーが、エディプス・コンプレックスの抑圧されている二つの願望と一致するにいたったにちがいないのだ。(二一六)

ここでは一切の論拠が哀れなほど貧弱である。フロイト自身、自分のその場しのぎの不十分さに最初に気づいた。したがって彼はすぐに全力を傾ける。証拠の補充をさがす。そして、決して倦むことのない、しかし頭の回転の早いこの思想家にありがちなことであるが、彼がわれわれに提供するのは、もはや前の論拠に重なる追加の論拠ではなくて、精神分析のある種の前提をひそかに疑問視するまったく新しい理論なのだ。

……近親相姦禁止は一つの有力な実際的根拠をもっていた。性的欲求は、男たちを結合させるものではなく、むしろ分裂させてしまうものなのだ。父親を倒すために兄弟は団結したが、女については互いに敵同士になった。各自が父親と同じように、女を全部独占しようとする。こうして互いに争いあっていては、新しい組織も滅びてしまう。父親の役割をうまく演じられそうな絶対の強者ももはやいなかったのである。したがって兄弟たちは、共同生活をしようとすれば、近親性交禁止の掟をつくる――おそらくこれは、多くの困難な事件を克服したのちであろうが――よりほかにしかたがなかった。この禁止によって彼らはみな同じく、自分たちが熱望していた女たちを断念したのである。実は、この女たちのために、何にもまして父親を片づけてしまったのだ。(二一七)

最初の文章《テキスト》では、父親が死んですぐに、彼の記憶がすべてを支配する。第二の文章では、死者は遠くに退けられている。死者は、今度はフロイトの想像力の中で、さらに改めて死ぬと言ってもよい。フロイトの方は、集団による殺人の後の原始群の変貌を追って、共に、時の流れに沿ってくだると信じている。実のところは、彼が捕われている西欧的家族から徐々に抜け出すのである。家族という意味がすべてかすんで消えてしまう。たとえば、血のつながりにたいする欲望の熱気といったものはもはや問題ではなくなる。すべての女は同列にある。各自が父親と同じように〔父親に倣って〕、〔できれば〕女たちを全部独占しようとするのである。《母親》や《姉妹》が競合関係をひきおこすのは、彼女たちが本質的に他の女たちよりも望ましいものであるからではない。単に彼女たちがそこに居るからである。もはや欲望には、特定の特権的な対象物がなくなっているのである。

最初はただ性的な欲望に関係づけられていた葛藤が、その同じ欲望ではもはや正当化するのに不十分な激しい競合関係に通じてゆく。そう明言しているのはフロイト自身である。誰も父親の驚くべきさまざまの威勢を真似ることができない。自らの力によってすべての兄弟を凌駕し、父親の役割をうまく演じられそうな絶対の強者はもはやいなかったのである。競合関係には無数のきっかけがある。なぜならその対象は、至高の暴力を手に入れることだからである。一方にはもはや雌としての女しかいない。他方には、その女を互いに分配することのできない雄としての男しかいない。フロイトが描くこの状態は、また、原則的に、恐るべき「原父」の死によってひきおこされたものとして置かれてある。けれども、すべてはかつて父が存在しなかったかのように展開する。強調《アクセント》が、いかなる差異によっても区別されない敵対する兄弟の方に移行している。フロイトが発見しつつあるのは暴力の相互性の輪であり、供犠の危機の対称性なのだ。

フロイトは、そこから遠ざかると信じながら、実は起源に向って歩いているのである。それがギリシア悲劇の過程《プロセス》そのものであり、決して『トーテムとタブー』と無関係ではない非差異化の過程なのだ。なぜならたった今見たように、フロイトがギリシア悲劇の分析の中で、みな同じ名前の、同じ服装をした一群の人々……と合唱隊について、つまり兄弟たちそれ自体について記した記述が帰着するのは、その過程だからである。

ここ〔第二の文章〕では近親相姦の禁止が《精神分析学によってわれわれがよく知っている精神状態》に関係づけられずに、《社会の破滅》をひきおこしかねない《全般的な争い》を防止する絶対命令的必要性に結びつけられている。ついにわれわれは具体的なものの中に居るのだ。性的欲求は、男たちを結合させるものではなく、むしろ分裂させてしまうものなのである。

フロイトは最初の理論をいささかも述べていない。それと知らずに彼は、禁止に現実の機能を与えようとして、コンプレックスや幻想を舞台から一掃しているのである。他方では、宗教的なものを誤解させるのにあれほど貢献した彼が、『トーテムとタブー』では、さまざまな禁止の真の機能をはっきり明言した最初の人間となるのだ。彼はまた、ひとたび『トーテムとタブー』から脱け出すやいなや、まっさきに自分自身の発見がどんなものであるかわからなくなるのである。

＊＊＊

第二の理論は、機能という面については最初のものよりすぐれている。今や起源の面に関して二番目の理論を検討してみなければならない。それは、兄弟たちが遂にはすべての女たちを合意の上で諦めると明言しているのである。

禁止というものの絶対的な性格は、そうした交渉による意見の一致、制度化された禁制といったものを決して示唆するものではない。もし男たちが互いに了解し得るとすれば、女たちがすべて、時効もなく上告もできない確定的な同じタブーを課せられることはないはずだ。たまたま居合わせた者同士の間で、手に入れた獲物を分け合うといった方が、はるかに真実味がある。

フロイトは、そこでは暴力が支配するに違いないことをはっきりと見ている。それが、決定的な一致にいたるまでの多くの《困難な事件〔重大な食い違い〕》について、自分たちの立っている状況の重大さをあきらかに兄弟たちに知らせる、きわめて衝撃的な論拠についてフロイトが語る理由である。だがそれだけでは十分でない。もし暴力が猛威をふるうならば、たしかに禁止は欠くべからざるもので、禁止なくして社会は存在しなかったろう。だが、人間社会が消滅しないという何かの理由がほかにあり得ただろうか？

フロイトは、こうした和解を必然的なものとするのは何であるか、それを可能にさえするものは何であるかについてはいささかも語っていない。とりわけ、フロイトの言うところによれば、近親相姦の禁止のような《非理性的》で《情緒的》な禁止をめぐってなされる和解を必然的なものにするのは何かについて、語っていないのである。反-近親相姦的社会契約論では誰も説得できない。したがってあれほどうまく口火をきられた理論が、きわめて弱々しい調子で締めくくられるのである。

機能の面でフロイトが第二の理論で得た前進を、禁止の発生の面で再び失ってしまうのである。真の結論があるとすればそれは兄弟たちをうまく避けて通らなければならなかったはずだが、真の結論が避けて通ったのはフロイトその人である。

われわれは、第一の理論から第二の理論にいたる道筋を追うことにつとめた。われわれは、家族と文化という意味を徐々に払拭してゆく思考の力学《ダイナミズム》をつかんだように思った。いまやわれわれは、そうした軌道が完成することはないことを確かめなければならない。事の成り行きは、近親相姦に関する第二の理論も悲劇に関するテキストも同様である。兄弟たちも女たちも、完全な同一性と無名性〔その人間を個別化する名前がないこと〕に還元されるが、父親の方は触れられることなく自立しつづける。父親は死んでいるのだから、結果として、一切の非差異化の過程《プロセス》の外にいるのだ。父親は、その過程の進行中に、家族という殻をはらいおとすことのできない唯一人の人間であり、不幸にして決定的な役割を果す者である。もしこう言ってよければ、フロイトは息子を《非-息子化する》のだが、彼はそれ以上には進めない。ここで中断してしまった軌道を完成させなければならないので、今度は父親を《非-父親化し》なければならないことになる。

フロイトの思考の連続をある結論にまで追ってゆくということは、たくさんの民族学的資料がその重要性を指し示している殺人というものの役割を否定することにはならない。むしろ父の役割を否定し、家族の枠組と精神分析のさまざまな意味づけから脱することになる。最後の瞬間にカードをごちゃごちゃにし、聖なるもののメカニズムを隠してしまう永遠に続く父の存在のおかげで、いつもフロイトは、供犠や祭や、その他一切の与件を現実的に接合することができないでいる。《精神分析学の教えるところによると》、《精神分析学があきらかにしているところでは》という言葉で始まる文章は、きまって、真の説明のすぐ傍らを通りすぎてしまうのである。

精神分析学は、トーテム動物が実は父親の代替だということを明かしてくれた。このことは、トーテム動物を殺すことがふだんは禁じられているのに、その屠殺が祭事になり、その動物を殺しておきながら、悲しんだりするという矛盾と一致している。

父親は何も説明していない。一切を説明するためには、父親を追い払わなければならない。そして、集団による殺人が共同体に与えた恐るべき印象が、犠牲となったものと自己との同一性と関係しているのではなくて、その犠牲《いけにえ》が人々を統合するという事実、その犠牲にたいする、その犠牲のまわりで見出された満場一致と関係していることを示すべきである。聖なるもののさまざまな《矛盾》、いけにえが神性であるとはいえ、いけにえが神性であるが故に、常に新たにいけにえを殺さざるを得ない必然性を説明するのは、このにたいするとのまわりでとの接合である。

『トーテムとタブー』を誤らせているものは集団による殺人ではない。それは、この殺人が前面に出てくるのを妨げているもの一切である。もしもフロイトが、殺人よりも前に乗り出して来て、それを動機づけようとする理由とか意味とかいったものを放擲し、まさに精神分析的な、とりわけ精神分析的な意味を一掃したならば、彼には、暴力には理由なぞないことがわかっただろうし、意味づけに関して、暴力それ自体から何の意味も出て来はしないことがわかっただろう。

父親という外被をひとたび取り去ってしまえば、殺人は、それが共同体にひきおこす恐るべき衝撃の根元、殺人の効果とその儀礼による再現の秘密、殺人についての常に二重の判断の理由といったものをあきらかにしてくれるはずである。そうしたことの一切を理解するということは、第二の理論で敵対する兄弟をうまく避けて通る結論をすでにフロイトが思いついていたということを理解することであり、それが主たる命題にほかならないことを理解することである。つまり、殺人が贖罪のいけにえの純粋な機能となることを妨げるすべてのことは、また、殺人が供犠の危機の前ではなくて、供犠の危機の終局の、当然占めるべき位置に来ることを妨げる、という命題である。

この第二の理論の未完成を完成に導き、暴力を終らせ、近親相姦に関する二つの理論を一致させることのできるのは、贖罪のいけにえだけである。危機を無意味に長びかせ、なおも悲惨な形で長びかせるのではなく、そして決定的《デシジヴ》な暴力の以前にやってくるのではなくて、殺人は、フロイトが粗描している危機の終りと、同時に、文化的秩序の出発点とで、それにまわって来る決定的《デテルミナント》な役割を演ずるであろう。その出発点こそ、近親相姦のあらゆる禁止の絶対的かつ相対的な起源なのである。

＊＊＊

われわれはまだ、『トーテムとタブー』から独立して近親相姦の禁止について考えてみなかった。当然われわれは、文化秩序のその他のあらゆる面同様、そうした禁止が創始的暴力に根ざしていると考えてはいるが、われわれ自身の方法でその結論に到達したのではなかった。われわれをそこに導いたのは『トーテムとタブー』の動的《ダイナミック》な解釈である。近親相姦の問題を供犠の問題に結びつけ、二つの問題を集団による殺人についての彼の解釈によって解決しようと志した最初の人はフロイトである。もし供犠の場合のフロイトの解釈を贖罪のいけにえの方向に修正しなければならないということが本当なら、われわれはまた、近親相姦の場合にも、そうしなければならない。その問題自体を考察する前にフロイトのこの著作を最後にもう一度見てみると、今言った修正がわれわれ自身の研究の方向に向かうにしても、それが批判したこの著作と無関係ではなく、それが外部から持ちこまれるものでもなく、事実、この著作自体のもついっそう動的で、潜在的に豊かなものによって求められた修正であることがよくわかるのである。

『トーテムとタブー』の中の原始群が演ずる役割について、手短にもう一度触れておかなければならない。前に見たように、ダーウィンの仮説は近親相姦の禁止の簡単な発生を示唆している。最初にフロイトがその仮説に誘惑されたことについては、それ以外の理由がないのは明らかである。この仮説が姿をあらわすのは、外婚制についての最初の議論の過程においてだ。集団による殺人という、この本の第二の純粋にフロイトのものである大きな仮説は、著者が民族学に関する資料の読解の影響のもとで、もっと後で姿をあらわすはずであった。二つの仮説は、出発点では互いに独立していた。ダーウィンには殺人がない。集団による殺人の観念は、もっぱら、民族学的資料によって示唆されているのである。逆に、原始群を暗示するものは、その同じ民族学的資料の中には何もないのである。

二つの仮説を溶接したのはフロイトであるが、その結果は歴史的なものと先史的なものの混合であり、その恣意的な性格はしばしば指摘されるところである。それは、比較的最近の文化的資料から、気の遠くなるほど昔におこった、原理的にただ一回のできごとについての情報を引き出そうとしているのだ。

フロイトの操作は何らの真実味を加えないばかりでなく、ちょっと考えてみても、そうした操作自体何の役にも立っていないことがわかる。それは、この著作の真の本質を成す数々の重要な直観に必要な、実際的な要求に何ら応えていないのである。もしフロイトが原始群を、それが第一に性的禁止に向かって展開してゆく可能性の故にのみ採用したとすれば、ひとたび殺人が恐るべき「原父」の性的特権と禁止の間の連続性を破壊して、事実上、その同じ可能性を消滅させた時にも、フロイトが何故その仮説を放棄しなかったのか考えてみる必要がある。

もしフロイトが殺人の仮説を発展させないなら、彼が原始群を保存しておくいかなる理由もない。もし彼が原始群を保存するなら、殺人は、論理の展開に役立つどころか、はるかに厄介なものであることが明らかになる。実のところこの二つの仮説は両立しがたいものなのだ。二つのどちらかを選ばなければならないところだ。もしもそうした選択が彼の心にはっきり浮かんだとすれば、フロイトは殺人を選ばざるを得なかっただろう。『トーテムとタブー』のもっともよいところは、殺人の仮説を引き寄せ、宗教的民族学的資料のすべてがそれを求めていることを示すのに宛てられているのである。逆に原始群は、どの点から言っても必要なものではない。きわめて相対的なものであるが、原始群がはじめに見せた唯一の取り柄はつぎには消滅してしまっている。

けれどもフロイトは選択をしようとしない。彼は殺人をしっかり握りしめているが、原始群も手放そうとはしないのだ。原始群には存在理由がないことに気づかないのである。集団による殺人を、父という意味づけで毒しているのは原始群であり、その主題から豊饒性を奪いとり、先史的隔離によってその主題を不条理であるように見せ、そして、精神分析の諸概念を保護するのは原始群なのである。原始群は精神分析的神話の完全な具体化である。今度こそわれわれは、フロイトの思想が決して超えることのない見えない限界に指で触れているのである。

ここでもまた、精神分析の後継者たちはフロイトの思想の後退的要素を強調するであろう。『トーテムとタブー』の「殺された父親」は弁護し得ないものである。それは事実だが、その事実を言う時、特に強調されなければならないのは父親についてであって、殺されたという方ではない。文字通りに取ればいかに価値あるものとはいえ、この著作を全面的に否認する理由は正しくない。みそもくそも一緒にした論議である。弱点を廃棄すると称しながら、力をたわめてしまっているのだ。効果的な逆説によって、いわば《息子》とも言うべきフロイトの後継者たちは《父親》にある現実、彼の不十分さ、彼らに似た臆病さを利用して、彼らに似ないもの、『トーテムとタブー』の中の彼らをおびやかす豊かなものをうまく清算しようとするのである。彼らは真実と誤謬を分つことを望み、事実、その選別は誤りがない。つまり、帽子から飛び出して来るのは常に誤謬であり、帽子の底に残っているものは常に真理である。何と言おうと、誤謬は父親であり、精神分析学なのだ。真実は集団による殺人であり、そしてそれがどんなに信じ難いことであれ、真理は民族学者としてのフロイトなのである。一歩一歩、漸進的に読みすすめば、精神分析が擁護する一切のものをほとんど放棄し、精神分析が投げ捨てるものはすべて擁護すべきものであることがわかるのである。

***

やがて終ろうとしているこの章の中でわれわれは『トーテムとタブー』という一冊の本が、あらゆる現代の著作よりもはるかに近々と、本書で展開された主題、一切の文化秩序の基盤としての贖罪のいけにえの傍らを通りすぎていることを発見した。こうしてわれわれは、この理論の現実の可能性を発見したのである。われわれは、フロイトの仮説の不完全さが惹き起した、これまで解き難いものであった数々の難問にも拘らず、フロイトの直観の功績を認めることができたのである。

人はわれわれに向かって、われわれがフロイトの思想からはみ出している、われわれがそれを修正したがっていると異議を申し立てるだろう。それはその通りであるが、今提案している修正は、恣意的な変形と何らの関係もなく、これまた奇妙で似ても似つかぬ別な主観性を《併呑する》ような《主観的》批評とは何らの関係もない。

本書で擁護した主題、つまり贖罪のいけにえのメカニズムは、多少とも気の利いた観念とは違う。それはあらゆる宗教的なものの起源であり、やがて、近親相姦の禁止の起源であることもわかるであろう。贖罪のいけにえのメカニズムは、フロイトの仕事全体が手に入れ損った目標であり、その仕事の全体が到達できなかったとはいえきわめて近々と通りすぎていった場所なのである。フロイトの著作における諸理論の二重性、分散性、多様性は、その目標に到達することのできなかった証拠であると解し得るし、また、そう解釈すべきである。贖罪のいけにえを補足し、この著作のあちこちに散らばっている断章をその光の中に入りこませるや否や、それら断章は一気にすべて完全な形をとり、互いに結び合い、調和して、かつて完成し終ることのなかった嵌め絵遊びの細片のように、互いに嵌り合うのである。それらがばらばらであったために力がなかったフロイトの諸分析は、われわれの仮説によってもたらされる統一のおかげで強力になる。そして、そうした統一が外から押しつけられたものだとは誰も言えないのである。フロイトの思想を誤謬なき非時間的教義に凝固させることを放棄するや否や、フロイトの思想がもっとも鋭く迫ってゆくのは、常に、贖罪のいけにえのメカニズムであり、それがひそかに狙っているのは、常に、同じ目標であることがわかるのだ。

しようと思えばわれわれは、別なテキストについてこの証明を続けることができるだろう。フロイトの説明の中を素早く進むためには、儀礼について分析したのと同じやり方で行う必要がある。なぜなら、文化的解釈とは儀礼の別な形態にほかならないからであり、そうである限り、それは贖罪のいけにえのメカニズムに依存し、そのメカニズムの光で照らし出せばすべてが解剖できるからである。

比較研究の方法を適用し、決して反復ではなく、正確には重なり合うこともないが《対《つい》をなす》すべての著作の共通点を掘り出さなければならない。こうしたテキストの分身たちのすべての要素の間では、一致がすぐに見えるためには相違がありすぎ、その一致を把握することを諦めるには相違がなさすぎるのである。

多くの点で『トーテムとタブー』と《対を成す》ものに『人間モーセと一神教』(二二八)がある。前の論文の中で殺人の前にすでに父と子、つまり家族があるのと同様に、後の論文の中では殺人の前にすでにモーセ(二二九)の歴史とモーセ的信仰《ルリジョン》、つまり社会がある。モーセは原始群における父と似た役割を演じている。モーセの殺害(二三〇)の後、予言者を失ったヘブライの民は、『トーテムとタブー』の殺人の後、父親を失くした兄弟たちの集団によく似ている。

この解説者は、今度こそ、集団暴力が産みだすにちがいないあらゆる種類の意味をあらかじめ考えているのである。もしわれわれが、一方では『トーテムとタブー』にしか含まれない一切の意味を、他方では『人間モーセと一神教』にしか属さない一切の意味、つまりこちらは家族、あちらは民衆、民族、それにユダヤ教といった意味を取り除いてみると、二つの著作の両方にあり得るたった一つの共通点が浮かびあがるのがわかる。つまり、もはや特定の人物ではない誰でもいいある人物の殺害という殺人のおかげで、相互的暴力が創始的暴力に変貌するという点である。

同様に、近親相姦の禁止の起源に関する二つの理論を綜合するためには、第一の理論の家族の枠から集団による殺人を引き抜いて、第二の理論の中にそれを移し変えなければならなかったのである。

われわれ自身の諸理論《テーゼ》は、そうした二重の綜合命題《テーゼ》にほかならない。それらは、いま提示したあらゆるフロイトの解釈が収斂する一点に常に位置している。創始的暴力は、フロイトの動力学《ダイナミズム》の延長上であらわれ、僅かばかりの変形を示しているだけである。そうした僅かな修正は創始的暴力に、それが普遍的な構造化の原動力であるが故に何もかも接着する万能な接合手段としての性格を発揮させているのである。

われわれは、印象批評的文芸批評にふけっているのではない。これは客観的探求だと断言しても言い過ぎではないとわたしは信じている。実際上フロイトが敷いた道をフロイトより先に進むということは、彼の業績を、それがかつて照らし出されたことのなかった深みにおいて、明らかにするということなのである。そうすれば、この著者が言いかけた言葉を完全に補足し、いかなるきっかけで、いかなる理由から、どの程度にフロイトが道に迷ったかを正確に言うことが可能になる。この著者を正しく位置づけることが可能になるのである。フロイトは、『トーテムとタブー』や『人間モーセと一神教』の中で創始的暴力のすぐ傍らを通りすぎたと同じように、『精神分析について(三二)』では欲望の模倣の概念にきわめて近いところを通りすぎているのである。どの場合でも、目標からのへだたりは同じであり、誤差の範囲も同じ、基本的な立場も変らないのだ。

欲望の繋留されている場所を対象に求めることを完全に放棄し、暴力的ミメーシスの無限を認めるためには、その暴力の潜在的な際限のなさ《サン・ムジュール》が贖罪のいけにえのメカニズムの中で、制御され得るし、制御されるはずであることを、同時に把握していなければならない。その欲望の面前に、その欲望を食い止めるべきものを設定しなければ、人間の中に社会生活と両立し難い欲望が存在することを公準化することができないのである。ヒューマニズムの諸幻影から決定的に脱出するためには、ただ一つの条件が必要であるけれども、それはまた、現代人が満たしたくない唯一の条件でもある。つまり、人類が宗教的なものに対して根元的に従属している、ということを認めなければならないのである。フロイトがこの条件を満たす気になっていないのはきわめて明らかである。他の多くの人々と同様に、たそがれのヒューマニズムに捉われていた彼は、自らが予告し自らが準備した驚くべき知的革命について、何ら思いつくこともなかったのである。

＊＊＊

さまざまな禁止の誕生をどのように理解すべきであろう？　それは、あらゆる他の文化の誕生と共に考えなければならないものである。神の公現、いたるところでの異形の分身の出現が、共同体を包みこむ。それはあらゆる対決の場に閃光を送りこむ突然の稲妻である。電火の無数の枝が、後ずさりする敵対する兄弟たちの間を走り抜ける。これが禁止だ。食物、武器、土地、女……争いの口実が何であれ、敵対する者たちはそれを手放し、決して再び手に入れようとはしない。聖なる暴力が触れた一切のものは、爾来、神のものとなり、そうである以上は絶対的禁止の対象となる。

迷いからさめて恐れおののく敵対者たちは、その時以来、何をしてでも再び相互的暴力に落ちこむまいとするであろう。そして彼らはしなければならないことを完全に知るのだ。神の怒りがそれを彼らに示したのである。暴力が燃えあがるいたるところで、禁止がそそり立つのである。

禁止は、競合関係に賭金として役立った女たち、したがって身近にいる女たちの全部にのしかかるのである。それは彼女たちが本質的に、他よりもっと望ましいものであるからではなく、手近に居て、競合関係に提供されているからである。禁止は常に、もっとも近い血族の女たちに及ぶけれども、その一番遠い限界は、必ずしも、現実の親族関係と一致しない。

さまざまな禁止は、その原理においても、その多くの様式においても、役に立たないものではない。妄想に吊りさげられているどころか、禁止は、暴力的なミメーシスに人々が落ちこむのを防いでいる。前章で見たように原始的禁止は、暴力と暴力の行う仕業についての、われわれ現代人の理解を超えたある知識の存在を証拠立てている。その理由は簡単である。禁止というものは暴力以外の何物でもないからである。かつての危機の一切の暴力が、文字通りその場で凝固し、それ自身がかつてそうであったものの回帰を阻止するために高く聳える牆壁となったからである。もし禁止が暴力の実体と等しい実体を持つことを示すとすれば、それは、結局のところ禁止が暴力と一体であるからである。そのことはまた、眩暈の精気が共同体の上に吹きつのる時、禁止が暴力のゲームをおこない、嵐をいっそう激しくするようなことのおこる理由でもある。一切の供犠による防禦形式と同じように、禁止は、それが保護するものに向かって襲いかかることもあり得るのだ。

こうしたことすべては、本書の冒頭ですでにわれわれが見出したものを裏書きし、完成する。すなわち、性は暴力の一部をなしている、ということである。あらゆる他の禁止と同じように、性の禁止も供犠的なものである。あらゆる合法的な性は供犠的なものである。ということは、適切に言うと共同体の成員の間には合法的な暴力がない以上に、合法的な性が存在しない、ということである。近親相姦の禁止と、共同体内部での一切の殺人および一切の動物の屠殺に関する禁止は、同じ起源と同じ機能を持っているのだ。それが、両者がきわめて似ている理由である。ロバートソン・スミスが観察したように、多くの場合に、その両者が重なり合っているのである。

流血の供犠と同じく、合法的な性、婚姻による結合は、一緒に生活をしている人々の間から、その《いけにえ》を選ぶことは決してない。供犠のいけにえの選択を決定するきまり――それは復讐の禁止の裏返しである――についても、婚姻のきまり――それは近親相姦の禁止の裏返しである――についても事情は同じである。それらすべてのきまりは、性と暴力に同じ遠心力の方向性を与えている。多くの場合、性が供犠に偏向してゆくことと、暴力が同じく供犠に偏向してゆくこととの相違を見つけることはほとんど困難である。婚姻による女性の交換は、他の儀礼的戦いの形式によく似た、儀礼化された暴力をきまって伴っている。こうした組織化された暴力は、もしそれをまさに外部に向かって移動しなかったとすれば、共同体の内部で猛威をふるったであろうあの際限のない復讐に似ている。それは、性的欲望を外部に移し換える外婚制にほかならない。暴力という唯一の問題しかないのであって、それを解決するには、外部への移し換えという唯一のやり方しかないのである。つまり、性的欲望にも、暴力にも、二重にして一つであるそれらの存在が共同生活という行為そのものと絶対に両立し得ない場所に居着くことを、禁じなければならないのである。

今日でもなお、とりわけ西欧の家族における合法的な性のあらゆる面は供犠的性格を示している。夫婦の性関係はもっとも中心的でもっとも基本的なものである。なぜならその性こそが家族の起源そのものであるからであるが、けれどもそれは決して人目につくものではない。性は、いわゆる家庭生活とは無縁なのである。直系血族、特に子供たちの目には、あたかも存在しないに等しい。時にはそれは、もっとも秘められた暴力、創始的暴力それ自身と同じように隠されている。

合法的な性の周囲には、まさしく禁じられた地域がひろがっている。一切の性に関する禁止を決定する地域である。もっとも本質的な部分ではあるが近親相姦の禁止は、そうした禁止全体の一部でしかない。

この地域の内側では、一切の性的活動、一切の性的刺戟、時には性的なほのめかしすべてが禁じられている。これと同じく、神殿の周囲、供犠が展開される場所のまわりでは、ほかのどこよりも暴力が厳しく禁じられる。儀礼の屠殺の暴力と同じく恩恵的で豊饒な、性の調整された暴力は、まさに防疫線（二二）をはりめぐらされている。その暴力は、ひとたび共同体の内部に自由にひろがれば、悪しき破壊的な暴力にならざるを得ないだろう。

多くの原始的社会は一般に、われわれの社会がかつてそうであった以上にぎっしりと、さまざまな禁止に囲まれている。けれどもその中の多くのものは、われわれに特有な禁止のいくつかのものと無縁である。そうした相対的な自由さを、われわれの社会で常に性が対象になるいわゆる《抑圧》とは対称的な、それとは逆の観念論的高揚と解釈してはならない。ヒューマニストや自然主義者たちが性に過大な価値を与えるのは、西欧的現代的な発案なのである。性的活動が合法的なものでもなく（つまり厳密な意味で、あるいは広義の意味で儀礼的なものだ）、禁じられてもいない原始的社会では、性的活動は無意味なもの、あるいは大して意味のないものといとも簡単に見做されることは確かである。つまりそれは内部の暴力を伝播することのできないものと見做されるのである。それが、ある種の社会の子供たちの性的活動、あるいは未婚の若者たちの性的活動の場合であり、あるいはまた、異種族の者との性関係の場合である。もちろん異種族の者同士の性関係の場合もそうである。

禁止には根元的な機能がある。それらは人間のさまざまな共同体の中心に聖域をとっておくのだ。そこは、共同体の本質的な諸機能、つまり子供の生存、子供の文化的教育、人間の人間らしさを作りあげる一切のものに絶対に欠くことのできない非－暴力の最小限の場である。もしもその役割を演ずることのできる禁止があるならば、そこに「母なる自然」の恩恵を見る必要はない。そんなものは、歴史的なキリスト教の解体によって産み出されたさまざまの楽観主義的神学の最後の後継者、自己満足のヒューマニズムが語るあの摂理というやつだ。爾来われわれには、贖罪のいけにえのメカニズムが、人間性のような何かが実在するという事実に本質的に関わりのあるものとして見えてくるのである。われわれは、動物の生においては暴力の抑止装置が個体的に備わっているということを知っている。同種の動物は、決して死ぬまで闘い合うことがない。勝った動物は負けたものを容赦する。人類はそうした保護の装置を欠いている。個体の生物学的メカニズムに、贖罪のいけにえの集団的文化メカニズムが取り代っている。宗教のない社会はない。なぜなら宗教がなければいかなる社会も存続することが不可能だからである。

数多くの民族学的資料が一点に収斂していたなら、禁止の機能についても、禁止の起源についてさえも、だいぶ以前に、われわれを啓発してくれただろう。儀礼と祭における禁止の違犯は、それが供犠や、いわゆる《トーテム的》儀式に連接するが故に、そうした起源をはっきり指し示している。他方、もしわれわれが、非‐儀礼的違犯に起因する悲惨な結果、あるいは単に厄介な結果を検討するならば、われわれはそれが常に、供犠の危機の、半ば神話的、半ば現実的な徴候に帰着すると気づくのである。したがって、問題になるのは常に暴力なのだ。そうした暴力が伝染病とか、旱魃とか、洪水といった形で表わされたからといって、それだからわれわれがそれを《迷信》だと言ってのける権利はないし、すっかり片のついた問題だと見做す権利もない。現代的思考は、宗教的なものの中から、すくなくとも見かけ上もっとも不条理な要素、一切の合理的解釈を侮るかに見える要素をいつも選び出す。かくして現代的思考は、結局のところ、宗教的なものについての自らの基本的な決定の根拠を確かなものにするために、宗教的なものはいかなる現実ともいかなる種類のいかなる関係も持っていないということを知る手筈をととのえるのだ。

そうした誤認も、もうこれ以上永くは続かないだろう。すでにフロイトが発見し、すぐさま忘れてしまった禁止の真の機能は、ジョルジュ・バタイユの『エロティスム』の中で改めて極めて明確に表明されている。たしかにバタイユは、暴力について、あたかもそれが現代の鈍った感覚を目覚めさせることのできる唯一の、最後に残った刺戟物のように語ってもいるが、それでもなお、それ自身がその極端な表現である頽廃《デカダンス》の美学を超えて、そのはるか上方にこの著作は飛躍しているのである。

禁止は暴力を消去するものであり、そしてわれわれの暴力の運動（そのなかに、性的衝動に対応するものがある）は、それなくして人間の意識が成立しないような平静な秩序を、私たちの内部で破壊するものである。(54)

第九章　レヴィ＝ストロースと構造主義と婚姻の規則

親族関係を構成する単位となる構造は、私が「基本的家族」elementary family と呼ぶものであり、男とその妻と彼らの子供から成る。基本的家族は三種類の特殊な社会関係を作り出す。すなわち親と子の関係、同一の両親をもつ子供同士の関係、同一の子の親としての夫と妻の関係である。基本的家族の内部にあるこの三つの関係が、私のいう第一次 first order の関係である。第二次の関係とは、二つの基本的家族が共通のメンバーを介して結びつくことから生ずる関係であり、父の父、母の兄弟、妻の姉妹などがこれである。第三次の関係には、父の兄弟の息子、母の兄弟の妻などがある。このようにして、系譜上の資料があれば、第四次、第五次、第n次の関係をたどることができる。(二二三)

親族に関する彼自身の研究の原則を引き出しながらA・R・ラドクリフ＝ブラウンは同時に、クロード・レヴィ＝ストロースの業績以前のあらゆる考察の本質的前提を明らかにしている。レヴィ＝ストロースは『言語学と人類学における構造分析』(55) と題した論文の中でこの文章を再録しているが、彼はこのテキストにたいして、親族の領域における構造的方法の根拠である彼自身の原理を対置する。

この基本的家族は、それが婚姻に基礎づけられているが故に、決して絶対的《イレデュクテイブル》な単位ではないのである。

原型的かつ基本的なものであるどころか、それはすでに複合されたものなのだ。したがって基本的家族は出発点ではなくて、到達点なのである。それは、いかなる生物学的必然性も接近させることのない集団間の、交換の結果である。

> 親族関係は、婚姻関係の一定の様式によってのみ、またそれを通じてのみ、存立し存続しうる。いいかえれば、ラドクリフ＝ブラウンが「第一次の関係」として扱ったものは、彼が二次的で派生的と見なした関係の函数であり、それに依存しているのである。ラドクリフ＝ブラウンのいう「基本的家族」同士の関係づけを存在条件として要求することこそ、人間の親族関係の本源的性格なのだ。したがって、真に「基本的」なのは孤立した項としての家族ではなくて、これらの項のあいだの関係である。(二三四)

ラドクリフ＝ブラウンの《基本的家族》の背後に、真の生物学的諸関係が存在することを決して忘れない常識、そして、体系を体系として考えることを拒む常識を、疑ってかからなければならないのである。

> なるほど生物学的な家族は人間社会にも存続している。しかし親族関係に社会的事実としての性格を与えるのは、それが保持している自然的要素ではなく、それが自らを自然から切りはなす際の本質的な仕方である。親族体系は、親子とか血を分けた兄弟とかいう個体間の客観的な関係のうちにはない。それは人間の意識のうちにしか存在せず、事実として与えられた状況の自然な延長ではなくて、表象《ルプレザンタシヨン》の恣意的な体系である。(二三五)

恣意的要素は、ここで体系の《象徴《シンボル》》的性格と名づけられたものに相当する。象徴的思考は、何らの強制も受けることなく、二つの実体《アンティテ》〔存在〕を結び合わせる（二二六）。この場合、象徴的思考は二人の個人を文字通り結婚させるのである。たとえば二人の交差いとこ（二二七）の結婚は、それが普通におこなわれるところでは、その結合が必然的に見えるけれども、実際には何ら真の必然性に応じたものではないのである。その証拠には、ある社会で許される婚姻の型、あるいは求められる婚姻の型が、他のある社会では逆に、厳しく禁じられることになるであろう。

それでは、親族体系はある種の反自然的なものであると結論しなければならないだろうか？　前の引用はすでに、その点についてはレヴィ＝ストロースの考え方が、ある種の解釈の想定する以上に慎重で微妙な色合いをもっていることを示している。著者は、親族体系が「事実として与えられた状況の自然な延長」ではないと記した後で、こう続けている。

> もちろん、事実として与えられた状況に機械的に反抗したり、あるいは単にそれを無視したりするわけではない。ラドクリフ＝ブラウンは、今日では古典的なものとなった研究の中で、婚姻クラスをもつオーストラリアのいくつかの体系のような、見たところきわめて無理のある人工的な体系でさえ、生物学的な意味での親族関係を入念に考慮していることを示した（二二八）。

この文脈で何が強調されているかは明瞭であるが、自分自身の発見のもつ極端で簡明な概念がレヴィ＝ストロースに誤解させるであろうのもその点であり、実際、彼の思想を援用する人々に、それが状況によって前よりはっきりしなくなった途端に誤解させたのもその点である。

前に掲げた数行を、あれほど見事に批判したこのラドクリフ＝ブラウンへの敬意は、素直な形式ではない。けれどももっと先に進んで、問題の指摘が十分であるかどうかを考えてみなければならないだろう。彼はわれわれにこう語っている。親族体系は見たところきわめて無理のある人工的な体系でさえ、生物学的な意味での親族関係を入念に考慮している。この肯定はたしかに正確であるが、本当にそれだけに限定できるだろうか？　ここでは、それ以上の何かを言わなければならないのではなかろうか？

人間は、すでに彼らの精神の意のままになる資料《データ》しか《考慮に入れる》ことができない。この言葉は、生物学的な意味での親族関係が、親族関係の体系の外側、つまり文化の外側にある、人間精神の意のままになるものであることを予想している。こうした概念は、わたしにとって理解し難いものだ。あきらかに異なる二つの現実がおそらく混同されているのであろう。その二つの現実とは

(a)　生物学的親族関係の事実、人間の生殖作用の現実上の過程、

(b)　その同じ過程に関する知識、親子関係および血族関係の認識である。

人間は、彼らが生物学の法則に逆らって自己再生産〔繁殖〕をすることができないという意味で[二三九](a)とは決して無関係であり得ない。その点は《文化的状態》でも、《自然的状態〔未開状態〕》、自然的雑婚でも真実である。その同じ生物学的法則についての知識という段になると、それはまったく別な事柄である。自然的状態や自然的雑婚は、生物学的法則を見定めるのに必要な区別を含んでいない。こう言うとわれわれは無駄な抽象的思弁にのめり込んでいると言われるかも知れない。そうではない。われわれの目的は、逆に、全体として現代的自然主義的な神話に結びついた、常にかくされていて、まったく正当なものとは認められない思弁的段階の前提をあばき出すことである。現代的自然主義的神話というものは、《自然的状態と生物学的真理、あるいは一般的に言って科学的な真理との間に、ある特別な近親性、つながりを想像するのだ。

繰り返して言うが、人間の繁殖という生物学的事実が問題であるとすれば、文化と自然との間に何らの差はない。しかし逆に、知が問題であるのならば、そこには確かに違いがあり、その相違は、自然に損害を与えるように作用する。こうした真理を認めるためには、一腹の子猫を数世代にわたって自由に繁殖させてみるだけで十分だ。確信をもって予言してもいいが、僅かな時間の後では、婚姻関係、親子関係、血族関係の解き難い混乱が引きつづいて、《基本的家族》のもっともすぐれた専門家も、それを解きほぐすことができなくなるであろう。

そうした光景がどんなに当惑させるものであるにしても、だからといってその光景がわれわれの精神から、三つの型の関係が依然として違ったものであり、それらは現実に存在するという考えを奪うことはできないだろう。現代の思想家の中でもっとも進んだ者でさえもわれわれを、父、子、兄弟、母、娘、姉妹といったものの間の相違は、われわれの迷える感覚の幻影である、おそらく何かの超幻覚のなせる効果であり、権力的で、レッテル貼りの、抑圧的な精神の悪い夢であると、説得することはできないだろう。ひとたび生殖の基本的事実が見定められれば、それはあまりにもはっきり見えるので、それらを誤認するなんて考えられないことになる。

こうなったら誰も、基本的な生物学的事実《ドンネ》の認識には、われわれがいま定義した婚姻関係、親子関係、血族関係という三つの型の関係の明確な区別が必要であるということ、そしてその明確な区別は、現実的な分離の基盤、つまり、近親相姦禁止や親族体系の基盤の上でしか可能ではないということを見ないわけにはいかないだろう。

親族体系だけが生物学的事実の認識を保証し得るのであり、どんなに硬直した人工的なものであれ、それを保証しないような親族体系は存在しないのである。その理由は簡単である。レヴィ＝ストロースも断言するように、あらゆる親族体系に共通の基盤は、婚姻と血族関係の間の厳密な区別の中にあるからである。

親族体系がその外側の限界のところでは多様に変化し、思いがけないものであるにしても、その中心部分では決してそんなものではない。一方では親と子、他方では兄弟と姉妹の間の婚姻は禁止である。この場合の例外はきわめて数少なく、きわめて特殊なもので、そのほとんどは儀礼上のものであるから、むしろわれわれはきわめて厳密に、そこに、婚姻規則を裏書する例外を見ることができる。ある種の正《ポジテイヴ》の婚姻の規則がわれわれに、どんなに、極端で硬直したもののように見えようとも、そしてまた、その規則の裏返しである禁止がわれわれに、その最大の外延〔ある概念の適用される対象の範囲、その限界〕でどんなに恣意的なものに見えようとも、親族体系の中心は依然そのままであって、何ら問題を生ずることはない。そこでは常に基本的な効果が働いている。性の次元に合法、非合法を持ちこみ、親子の関係と兄弟姉妹の関係の繁殖機能を選りわけて引き抜き、そのことによって性行為が制御される人々に、生殖の基本的条件を認識し見定める可能性を保証しないような親族体系は存在しないのである。

自然的雑婚では、性行為と子供が生まれることのつながり、そして雑婚という概念そのものが、解っていないにちがいないと考えてよいだろう。近親相姦の禁止だけが人間に、その事実についての認識に必要な、ほとんど体験的な諸条件を提供し、性生活に安定剤になるようなさまざまの要素と、組織的なさまざまの排除項目を持ちこむのである。もしそうした諸要素がなければ、事柄をあきらかにすることのできる比較や対照は不可能である。このような禁止は、必要な制御要素《ファクター》として役立って、人間に、性行為をおこなわなければ子供は生まれないことと、それをおこなえば子供が生まれるということとの対比から、性活動の結果を認識させるのである。

もちろん、そのような歴史過程を再現して示すことは不可能である。どのように事が推移したか考えてみることも必要ない。目下われわれがしようとしていることは、基本的家族についてのレヴィ＝ストロースの批判を、レヴィ＝ストロース自身が進めていった地点より、いっそう先に推し進めることなのである。基本的家族を構成する三つの型の関係とは、いま言った生物学的事実の認識を保証するために区別され分離されなければならない諸関係にほかならない。つまりこの関係は、事実、あらゆる親族関係の中で特別に区別されているのだ。親族関係なしに基本的家族という概念を決して考えることはできない。われわれは常に、すくなくとも理論的にはいかなる親族関係からもそうした概念を推論できるのである。なぜなら、そうした概念の意味を明確にしているさまざまな区別が、あらゆる親族体系の中で、必然的に保証されているからである。したがってわれわれは、基本的家族が、親族関係を作りあげる最小構成単位ではなくて、むしろ、民族学が考える以上に真実な、親族関係のもたらした産物であるといった方がどんなに正しいかわかるのである。これが、きわめて無理のある人工的な親族体系でさえ生物学的な意味での親族関係を考慮に入れている、というだけでは不十分だという理由である。だいいち、生物学的親族関係を発見するのは親族体系であり、親族体系の存在が、生物学的親族関係の一切の知を条件づけているのである。

結局のところ、それが創始する一切の諸関係にたいする親族体系の優位を最後まで受けとめること、いかなる論理の筋道《コンセカンス》もおろそかにしないことが問題なのである。あらゆる事柄を親族体系と関連して考えなければならないとすれば、それは、その体系が、生物学と比べても、なおかつ第一のものだからであって、たとえ結局は矛盾しないにしても、その体系が理論上、生物学に抵触することもあり得るということからではないのだ。親族体系は生物学と矛盾しない。すくなくとも、婚姻と血族関係との厳格な分離としてきめられて以来、長い間そうである。われわれは親族体系を、それが可能にする諸事実、厳密にそれに依存する諸事実から、考えることはできないのである。出発点として生物学を拒否しなければならないのは、生物学が自然に属しているからではない。逆に生物学が完全に文化の領域に属しているからである。生物学が、基本的家族をもっとも小さな共通点とする親族体系から推論されたものだからである。これが、生物学が基礎的なものではない理由だ。親族関係が唯一の主役であって、そうしたものとして理解されなければならないのである。われわれは、本質を見失わせるさまざまな枝葉末節に気をとられてはならないのだ。

基本的家族を構成する三つの関係は、たとえそれらが生物学的な生殖の現実の事実と正確に符合するにしても、もしそれらを区別する近親相姦の禁止がなかったならば、現にあるような形では区別されなかったであろう。言い換えれば、近親相姦の禁止がなかったならば、もはや生物学はなかったであろう。けれども、あきらかに、そうした生物学的真理の発掘が親族体系の存在理由ではない。言わずもがなのことではあるが、生物学的真理だけが掘り出される唯一のものではない。それはもっと広い全体の一部分である。したがって、それを出発点と見做すべきではないのである。

いま展開した観念は、人間の懐妊という生物学的事実に関してある種の文化が無知であったかどうかという、今日、論議がたたかわされている問題に、特別な立場をとろうとすることとは関係がない。敢えて言わなければならないが、われわれの主題《テーゼ》は、現地の証言にたいする過去の信頼と同様、ある意味ではそれ以上に、そうした証言にたいする現在の懐疑的態度をも受け入れることができる。

近親相姦の禁止にも拘らず、いくつかの文化が、性行為と出産との関係を決して見出すことがなかったということも、同じくあり得ることである。マリノフスキーやその他多くの民族学者たちの理論もそうしたものである。彼らの理論は原住民の生活と長い間つき合った結果に支えられている。そうした理論がはたして本当に、今日それに向けられる論拠によって排除されるものかどうか考えてみることもできるのである。かつての研究者たちは、現地の情報提供者の語るにまかせたのであろう。懐妊という問題について無知だと断言することは、控え目にした方がいい。

そういうこともあり得るが、問題の懐疑的態度は、それが見た目には公然と、未開人の知的能力を復権させようとしているにも拘らず、それ自身、また別な形の入り組んだ中華思想〔自民族中心主義〕から生じているようにも思われるのだ。実際、このような領域では、どんなに慎重なものであろうとも、常識に訴えるということは、必ず、いささか煽動的な態度をとりがちなものである。「そら見たまえ！　あなたは、性行為と出産の関係を知らないまったく愚鈍な人間が現に存在するということを信じようとしていない！　いいですか、われわれの文化的地域主義は、多少とも異なる人々を手に入れているんですよ」ということになる。

くり返して言うが、本書の主題体系《プロブレマティック》自体はそうした個別的な論議に本気で関わることはない。ここでの最後の結論はたいして問題ではない。ただわれわれは、未開人が妊娠について無知だったとする断言に寄せられた信仰が、今日、《まったく自然な》風土の中で批判されているが、その風土自体、基本的な生物学的諸真理を文化から取りあげて自然の中に再び置こうとする傾向を存続強化することしかし得ない、ということを指摘するにとどめよう。常識の自明性、《言うまでもなく》の問答無用は、前に記した《基本的家族》についての現在の批判における不十分さと一致するし、もっと一般的に言って、文化よりも自然の方がいわゆる科学的真理を快く受け入れるという当然神話的な観念の中にとどまっている一切の無思慮なものと一致するのだ。たとえ基本的なものであれ、文化に併合されない真理は存在しない。人間は、すべての行がもつれている《自然の偉大な書》から何物も直接に読みとることは決してできないのだ。

**

生物学的な諸関係を親族体系の内部に位置づけることが問題になった時、レヴィ＝ストロースが一切のためらいと一切の曖昧さを振りほどこうとして感じた困難さは、もちろん、現代ではほとんど本能的な感情、つまり科学を精製する思想は、神話や儀礼や親族体系の思想と同じ次元のものではないという感情に根ざしている。いまここで問題なのは明確な教理ではない。だいいちそんなものはおそらく不動のものではあり得ないだろう。それよりはむしろ、われわれがいま注解しつつある一九四五年の論文の思想が従っている暗黙の原則である。この点では、実のところ、もはやレヴィ＝ストロース自体が問題ではなくて、彼が同じ論文中でラドクリフ＝ブラウンのテキストをもとに掘り出すように、われわれが掘り出そうと試みている徐々に普遍化した一つの前提、つまり基本的家族の前提が問題なのである。現在おこなっているわれわれ自身の研究は、その延長上の、もっと深刻なところに位置づけられる。さまざまな親族体系が生物学的意味での親族関係を《知らないわけではない》し、《矛盾することがない》、それどころかそれらが生物学的親族関係を《入念に考慮している》という事実は、現在の思考から見て、言うまでもないことでは決してない。

基本的な生物学的諸事実についてのわれわれの知識が、さまざまな親族体系のもっとも硬直した、もっとも人工的な区別と同じ思考様式に依存していることを認めるのはかなり難しいことである。両者の場合、同じやり方で機能する同じメカニズム、自然界では統合も分離もされない実体《アンテイテ》〔諸存在〕を、接近させたり区別したりする同一の象徴的思考があるのだ。けれども、象徴的思考のあらゆる結実をわれわれが同等のものと見做すことができないのは明らかである。誤った象徴的思考もある。たとえば

(a)　精霊が女にとりついて子供が生まれる、といったものである。
正しい象徴的思考もある。たとえば
(b)　子供が生まれるのは女と男が性的に結合したからだ、といったものである。

構造主義的な意味で《象徴的》でない思考はないのだから、象徴的という形容詞を昨日、正しいの暗黙の同義語にすることが正当でなかったように、今日、誤ったの暗黙の同義語にすることも正当ではない。レヴィ＝ストロースは、一切の文化的獲得物の中には、それが真理に基礎づけられているが故に、無数の役に立つ知識があり、それどころか、そうした知識がなかったなら文化は生き残ることができなかっただろうということを強調した最初の人間である。

したがって、様式がどんなものであれ一切の親族体系は、生物学的真理の点から見て本質的な、さまざまの区別を実行する。けれども未開の諸文化の中では、しばしば、そうしたことで必要以上に行きすぎる場合もある。本質的な生物学的関係は、「過ぎたるは及ばざるがごとし」の原理によってしか掘り出されないように見える。同時にその他の、たとえば並行いとこ（二三〇）と交差いとこの間の区別、あるいは氏族《クラン》（二三一）、下位氏族《スー・クラン》の区別といった、われわれに関係のある面では副次的であるか、ほとんど意味のない別な諸関係も掘り出されてくるのである。

こうしたすべての区別は、ある点までは一つにまとまっている。言い換えればそれらは体系化している。生物学的なものに絶対的な優位を与えようとするわれわれの性向が、親族体系の組織的な面をわれわれが理解するのを妨げる。そうした性向に従うということは、ほとんどいたるところに説明し難い《残りもの》、十分に解明されない構造を示す規格にはずれたもの、例外を生じさせることである。構造主義が民族学に、生物学的事実を出発点としがちな、ほとんど抗し難いこの性向を叩いてもらいたがるのも無理からぬことである。

われわれの中で、まるで第二の天性のように活動するこの傾向はなぜであろう。それはわれわれ自身の親族体系が基本的家族にほかならないからである。もっとも単純な表現にまで還元された外婚制の原理にほかならず、結局のところ、生殖の真理という点から見て、最小限の必要かつ十分な禁止と一体を成しているからである。

そうした一致を明確にすることが重要である。こうした符合がおそらくは、未開社会と向かい合った、われわれの社会の特異性もしくは非特異性についての正に焦眉の問題に、真の脈絡をつけてくれるだろう。今日、現代の家族もその他の親族体系と同じように恣意的なものであると、飽きもせずくり返し言われている。それは事実であるが、同時に間違ってもいる。どんな現象にしても、ある基準体系から見れば恣意的であっても、別な基準体系から見ればそうではない。生殖という単純な事実で諸体系を測る限り、われわれの親族体系も他の諸体系同様、恣意的であることは明らかである。現実の生物学的作用の面でいえば、ある体系が男に

(1) 母親、姉妹、娘、およびX氏族《クラン》のすべての女たち

あるいは

(2) もっぱら母親、姉妹、娘だけ

との婚姻を禁じようと、実のところどちらにしても大した問題ではない。

生物学のメカニズムは第一の場合も第二の場合も同じように作用するだろう。ヴェステルマルク[二三二]の気に入るまいと、禁止がまったくなくても、おそらく同じように機能したであろう。したがって生殖の現実の事実《データ》から見れば、事ははっきりしている。つまり、一切の親族体系はみな同じように恣意的なものである。

その代り、暗黙のうちに一切の親族体系が掘り出したいわゆる知がより少ない場合と、その同じ知が目立っている場合とでは差異がある。もし、一切の親族体系が生物学の領域に関して教育的価値を持っていることが事実とすれば、現代の体系は卓抜した教育的価値をそなえている。もはやここには、本質的関係をあきらかにしないような禁止は存在しないし、禁止によって掘り出されないいかなる本質的な生物学的関係もないのである。

生物学的知の実例に限れば、われわれの親族体系と他の親族体系の差は二次的なもののように見える。禁止の極端な削減は、すでに引き出された知を強調し、他の親族関係よりもいっそうその知を際立たせるけれども、いかなる新しい知も出現させることはない。したがって生物学の実例は、われわれ自身の体系の相対的な特異性を示唆することはできても、それを説明することはできない。

われわれは最初、この領域で事実と知とを区別しないことからおこるつまずきの石を遠ざけるために、生物学的なものの上に力点を置いた。揺ぎない真実を持つさまざまの関係を発見し、神話的および文化的相対論の中にとり込まれることのないさまざまな差異を発見する能力のある象徴的思考、もっとも神話的なものでさえある象徴的な思考を、もっとも単純でもっとも直接的な例によって示さなければならなかった。けれども生物学の例証は、われわれの主題を続けるにはあまりにも初歩的にすぎる。別な例に移る必要がある。それは文化の科学の例である。これまでの考察の延長上に身を置いて、現代の民族学的特殊性が民族学という科学に新しい実り豊かな活動分野を開くことになったことを示さなければならない。

レヴィ＝ストロースの意味における親族関係の言語《ランガージュ》は、外婚的集団間の交換の回路を規定する諸規則の体系をあらわしている。ある集団が別な集団に一人の女を引きわたすたびに、贈られた側の集団は、その体系の求めるところに従って、最初の集団または第三の集団に一人の女を引きわたすことによってそれに答える。この応答は新しい呼びかけであって、同等の答が返されて連続するだろう。その循環の環が広かろうと狭かろうと結局は連鎖が閉じてつながるはずである。問と答がやって来るところは交換体系からであり、その問と答は、すくなくとも原則的には、いつも同じ順序で連続する。そこには伝統的な構造主義の意味での言語《ランガージュ》はあるとしても、チョムスキー的意味での言語はまだ存在しない。(二三三) 言語の本質的な特徴が欠けている。言語の本質的な特徴とは真の言語の無限の創造性であり、新しい文を創り出し、かつて言われなかった事を言う常に現存する可能性である。

　したがって、一方では親族関係の言語が不完全であることを銘記し、他方ではある種の社会、とりわけわれわれの社会がそうした言語を話していないこと、あるいは話すのを止めてしまったということを念頭に置かなければならない。禁止を極度に制限する親族体系は、われわれの体系がそうであるように、現実の場で一切の積極的な婚姻規則を廃棄してしまう。言い換えればそうした体系は、婚姻による交換の言語を無に帰するのである。現代的社会が存在するいたるところで、もはやわれわれは、婚姻を婚姻回路の中に書き込むことができないのである。それは、もちろん、外婚制が消滅したことを意味しない。外婚は現存するのみならず、なおも存続しつづける人種的、経済的、民族的隔壁にも拘らず、きわめて多様な各住民間に、前例もない混淆を実現している。もしわれわれの調査が十分であったならば、服装の流行、娯楽などといった多種多様な文化的媒介を通してそうした結合を決定する諸要因《ファクター》を算定することができるだろう。科学的決定論《デテルミニスム》の言う意味では、確かに外婚は依然として決まって《デテルミネ》いるが、もはやそれは、人々が参照し得る、また参照すべき社会－宗教的婚姻規則の仲介によりはしない。そうした結合に影響する諸要因は、もっぱら婚姻に関する意味だけを持つものではない。もはや親族関係特有の言語は存在しない。(二三四) 各人にその人自身の行為を語りきかせ、各人に、その他すべての人々の行為を教えるためのコードは存在しないのである。なぜなら将来の予測といったものは、せいぜいのところ統計学的性格をもつもので、個人の段階では成り立たないからである。こうした本質的な相違を、言語学的隠喩のおかげで見失ってはならない。けれども、いかに不完全であるにしても、親族体系を言語と同一視することは、原始的親族体系の場合でさえ、われわれがそうした体系の枠内にとどまる限り、貴重なやり方である。実際、外国語を修得する場合の主要な障害が、母国語にほかならないことは誰でも知っている。われわれは、自分がそれを把んでいると同じ程度以上に、母国語の固有言語《イディオム》に捉われている。われわれを捉えている様子はまるで嫉妬深い女のようだ。なぜなら、それ以外のものをわれわれが自由に駆使するのをほとんど完全に邪魔するからである。子供たちは、言葉の修得という点では、きわめて容易に忘れるのと同じようにきわめて容易に身につける能力がある。そしてもっとも偉大な言語学者というものは多くの場合、本当にその人自身の言葉というものをもはや持たないものである。

　われわれが婚姻の言語の最後の痕跡まで消し去ってしまったという事実は、そうした言語を話し続けている人々にわれわれが抱く関心と無縁ではあり得ないし、彼らのあり方を見抜き彼らを体系的に分類することでわれわれが発揮する特殊な能力と無関係ではない。われわれの社会は親族関係のどの言語を話すことも修得することもできる。なぜならわれわれの社会はいかなるそうした言語も話していないからである。われわれは、単に、現実に存在する一切の親族体系を読みとるばかりでなく、実在しない体系を産み出すこともできるのである。われわれは、単に可能的なだけの無数の体系を創案することもできる。なぜならわれわれは、その起源においてあらゆる外婚の言語の原理を把握しているからである。親族体系のそれぞれと、さまざまな体系をまとめる体系との間(二三五)、レヴィ＝ストロースの意味におけるさまざまな親族関係のさまざまな《言語》と、『親族の基本構造』におけるレヴィ＝ストロースの言語との間には、言語についての伝統的な構造主義的概念とチョムスキー的概念との間の相違と同じタイプの相違があるのである。

したがって、われわれの民族学的な本質が、われわれの民族学者、言語学者としての使命、もっと広く言って、文化の領域における探究者としての使命と無関係であるはずはないと結論しなければならない。われわれは、われわれ自身の親族体系だけがわれわれを民族学的研究にむかって方向づけていると言っているのではない。二つの似たような連続的現象が見られるのである。熱心に民族学的研究をおこなう社会はまた、自己の禁止の体系を基本的家族に要約してしまった社会でもある。そうした事実を、偶然的な一致、単なる符合と片づけてしまうことはできない（二三六）。

研究の言語を話し始めるためには——広い意味でのさまざまな《文化活動》の仲介を通して——おそらくはまず最初に、儀礼と親族関係の言語を放棄しなければならないだろう。ある様態から次の様態の間には、断絶は存在しない。つまり、いかなる段階においても《供犠に関する》誤認のさまざまな要素は、完全には消滅しないのである。だからといって認識の諸要素が深化し、増化し、組織化することを妨げるものではないのである。

民族学が真の科学になるためには、民族学はそれ自体のさまざまな土台について検討を加えなければならないし、そうした反省は個々の民族学者ではなくて、小説の主人公などを産みだすのと同じように、さまざまなタイプの人間の間で、民族学者たちを産みだす社会そのものに加えられなければならない。民族学的文献《リテラチュール》の中では、民族学者たちの社会は、たとえそれについて語っている場合でも、特別扱いされている。そうした特別扱いは、かつて、こうした社会には原始的社会と共通なものは何もないと断言されていた時には、きわめて明瞭であったが、今日では、そうした社会は多くの社会の中の一つでしかない、それはたしかに他の社会から区別はされるが、それらの社会が互いに区別される程度でしか違っていない、と言われるようになって以来、そうした特別扱いの態度は、消滅するのではなくて、暗黙のものになってしまっている。こうした見方はあきらかに誤りである。もしわれわれが民族学に、われわれ西欧の、特権を共有する者たちの尊大さを叩きのめすための笞以外のもの（二三七）を求めようとするならば、いつの日か、われわれの親族体系を、オーストラリヤの親族体系やクロウ－オマハ型の親族体系と同じ段階に置くことはできないことを認識すべきであろう。われわれの親族体系は、われわれがどうしても離れることのできない知の諸形態との関連では決して恣意的なものではないのである。本質的なものからわれわれの目をそらすが故に供犠的な性格を持つ反－中華思想《アンチ・エスノセントリズム》、ある種の中華思想の最後の逆説的な、しかし論理的な策略である反－中華思想の恫喝に、その点で決して譲歩すべきではないのである。

＊＊＊

現代の思想は、さまざまな文化体系に姿を現わしているおびただしい数の恣意的なものに注目する。ある一つの親族体系を構成する大部分の命題は、命題(b)の意味で真の範疇にも、命題(a)の意味で誤りの範疇にも並べることはできない〔三六三ページ参照〕。それらはほとんど常に、そうした命題を言う文化の外側のいかなる現実にも対応することのない第三の範疇に所属する。たとえば

(c)　交差いとこは、婚姻のための特殊な姻戚関係である。

といったようなものがそれである。

こうしたおびただしい数の恣意的なものは、結局のところ、人間の思考の《原罪《ペシェ・オリジネル》》であって、われわれがそれを整理分類し解読できるようになるにつれて、ますます数を増してゆくように思われる。思想家たちが恣意的なものにかくされたさまざまな真理や真理の芽を最小限に見積りがちであるとか、完全に

見失いがちであるとか言って非難してはならない。彼らはそうしたものの雪崩の下に呑みこまれてしまったのだ。《象徴的思考》は、その全体から言えば神話的なものに相当する。現実に対する自律性を《象徴的思考》に割り当てて、すばらしいものだと言う人もいるが、その自律性も結局のところ当てにならない不毛なものである。なぜなら、それはもはや現実といかなる関係も持たないからである。人類の文化的な遺産を疑いの目で見ることが行きわたっていて、人々はその《神秘性をひきはがす》ためにしか関心を持たない。つまりそうした文化遺産は、迷信打破者に腕の冴えをみせる機会を提供する場合以外、ほとんど無にひとしい、損益対照表 (combinatoire d'intérêt) に帰することを示すためにしか関心を持たないのだ。

いまや人類は巨大な欺瞞の犠牲者となっている。もしかしたらわれわれはそうした瞞着の発条《ばね》を取りはずす最初の者かも知れない。こうした文化の虚無主義《ニヒリズム》は必然的に科学への物神崇拝に裏打ちされているのである。もしわれわれが、常に人間たちに取り憑く人間の思考の原罪を発見したとすれば、それはわれわれがそれから自由であるはずだからである。いま必要なことは、根元的に別な思考、遂にはあらゆる過去の思考の不条理を発見できる新しい科学を自由に駆使することである。きわめて最近までそうした虚偽が絶え間なく存在したのだから、その科学は完全に新しく、過去とは無縁で、一切の根を断ち切ったものでなければならない。われわれはその科学の中に、普通の人間とも、彼自身の過去とさえも、いかなる共通点も持たない、ある超人間による純粋な発見を見るべきである。父祖伝来の暗黒の虚偽から輝く科学的真理へ、一挙にわれわれを移し換えるためにこの人類の解放者は、あの一切の神話的思考の母胎にわれわれを結びつけていた臍帯を断ち切らなければならなかったのだ。厳しく純粋なわれわれの科学は、何物も予告せず何物も準備しない《認識論的断絶》の結実であるにちがいない。

この科学的純粋主義《アンジェリスム》は、真なるものは恣意的なものと共存し得るし、おそらくはそうした恣意的なものの中に根をおろし得るとみとめることへの、元来、哲学的な、宗教的でさえある深刻な嫌悪から出て来ている。そこには、われわれの思考の習慣にとって、現実的な困難があることを告白しなければならない。真の思考と、いわゆる神話的思考とが本質的には異ならないという考えは、われわれにとって、恥ずべきことのように見える。おそらくそれは、われわれが確信できる真実が文化の領域では、その真実のために、厳密に合理的で完全に手に入れることのできる判然とした起源を求めたくなるほど、数少ないからであろう。

　科学と非《ノン》‐科学《シャンス》の二重性は、実際、科学的時代の始まりからあらわれ、きわめて多様な形をとってきた。そうした二重性は、人が異文化に近づきながら、それを手中に入れることができないでいればいるだけ、いっそう深刻なものとなる。親族体系の中でもっとも人工的なものでさえ生物学的真理を入念に考慮していると考えて、レヴィ＝ストロースが前に記したように軽い驚きを覚えたのも、そうした二重性のおかげである。『野生の思考』の中でレヴィ＝ストロースは、この二重性を、きわめてやわらげた、微妙なニュアンスを含む形で、一方では野生の思考と器用仕事（ブリコラージュ）、他方では技術者たちの思考という名のもとに表現しようとつとめるだろう。（二三八）

　したがってわれわれは、レヴィ＝ストロースには、さまざまな真理を別にしておいて、それらを、あるいは《自然》に、あるいは思考の《技術者たち》に、あるいは、レヴィ＝ストロースが《自然主義的思考》と名づけた両者のはっきりしない組み合わせにとっておこうとする、ほとんど避け難い傾向のあることを確認した。たとえば、構造分析に関する論文の中で、著者は、親族体系の研究のためには《自然主義的な思考》を放棄しなければならないけれども、それはそうした思考が間違っているからではなく、逆に、それがあまりに真でありすぎるからであり、そうであるが故に、《象徴的思考》の諸幻覚を理解できないように思われるからであると断言するのである。(二三九) そのことから、構造民族学は一時的で過渡的なものを持っていることになる。つまり《自然主義的思考》は、象徴的思考による回り道であり、人々は象徴的思考から、それをよりよく《解消する》ために、いわばわれわれの文化の悪しき夢を消滅させ、自然と科学に握手させるようにするための、彼自身の武器を借りて来るのだ、ということになる。

こうした問題のすべては、もちろん、根本的な問題、つまり、象徴的思考の起源にむかって収斂する。もしさまざまの象徴体系が《ある実際の状況の自然発生的な発展》ではないとしたら、もし自然と文化の間に断絶があるとしたら、起源の問題が緊急に提起される。レヴィ＝ストロースや、一般に構造主義者たちは、起源の問題を、純粋に形式的な考察以外のやり方で考察しようとはしない。自然から文化への移行は《人間的自然〔人間の本性〕の不変の与件《ドンネ》》の中に根があるのであり、それについて考えてみるには及ばない、と彼らは言うのである。なるほどそこには、真の科学が背を向ける誤った問題しかないのかも知れない。自然から文化へのその移行を、ある奇怪なできごと、手をつかねているわけにはいかない大規模で怪物的な破局で印しづけているのは神話群である。『トーテムとタブー』は他の多くの神話と同じ、起源の神話でしかない。この著作も好奇心の興味しか示していない。他のすべての神話と同じように扱うべきである。

ここで、すでに引用した『言語学と人類学における構造分析』の言葉を思いおこさなければならない。それは、いまわれわれが要約しようと試みている観点について、その言葉が反映していることと反映していないこと、つまり、われわれの目から見て興味あるその言葉が示す躊躇のせいである。ここではきわめて例外的に、象徴的思考の到来が提起した問題が、すでに解決ずみか、それとも未解決のままかわれわれにはわからないけれども、現実の問題として姿をあらわしているのである。

ところで、シンボルによる思考の出現を理解するために自然主義的な解釈にたよることは、正当であり、またある意味で避け難いとしても、ひとたびシンボルによる思考が与えられたなら、この新たに出現した現象が、それに先行しそれを用意した現象と根底的に異なると同じく、説明もまた根底的にその性質を変えなければならない。

もしも象徴的思考が一つの与件《ドンネ》とすれば、それはわれわれがその出現を把握するからなのか、それとも逆に、それを把握しないからだろうか？ その出現は、気づかれないままにおこるのか？ 問題になっているのは、その後のさまざまな移行が想定させるように、あるいは確認させるように、沈黙の変化なのか、それともあきらかに一つのできごとなのか？ これに先立つ文章は、二番目の可能性の方に向けられているように思える。つまり、これに先立つ言葉はわれわれに、象徴の到来の中に、われわれがそれについて考えてみることが正当であり、避け難いものでさえある何かある物を見ることを許しているのだ。けれども、その到来に《先行し、それを用意した》とわれわれに語ったあの現象とは何であろう？ 《自然主義的な解釈に》とっておかれているように思われる研究を、どのように考えたらいいのだろう？

たとえ間接的な形で、ほとんど不注意からのように見えたにせよ、レヴィ=ストロースはここではじめて本質的な問題を提起している。読者はすでに、われわれがこの問題に何と答えようとしているか、答が何かを御存知である。いまこそ、そうした答だけが、現代的思考のさまざまな矛盾と行き詰りをあきらかにすることのできるものであることを証明すべき時であり、すくなくとも示唆すべき時である。事実、現代的思考は、起源の強力な攻撃のまわりをうろうろとさまよい、それを制圧することもできず、形態主義を余儀なく強いられ、戦うことすら禁じられているのだ。

象徴的思考の起源は、贖罪のいけにえのメカニズムの中にある。それこそ、われわれがとりわけオイディプースの神話とディオニューソスの神話の分析の中で証明しようと試みたものである。象徴的諸体系の中の恣意的なものと真実なものの同時的存在は、ある基本的な調停から理解しなければならないのである。すでに言ったように、集団による殺人は、先行するヒステリー的な絶頂期と見事な対照をなす静けさを回復する。思考に有利な諸条件は、その思考をよびさますのにもっともふさわしいもの、贖罪のいけにえの死と同時にあらわれるのである。人々は、それを永続化し更新するためにその奇跡の方にふり返る。だから彼らには、何らかのやり方でその奇跡を考える必要がある。そうした思考の結果が、神話であり、儀礼であり、親族体系である。

象徴的思考の起源を語るものは、言語の起源、一切の呼称《ノミナシヨン》が出現する真のいない／いた *fort*/*da*（二四〇）暴力と平和の恐るべき交替についてもまた語るものだ。もし贖罪のいけにえのメカニズムが言語を産み出して、自らを言語の最初の対象物として押しつけたとすれば、最初に言語が、最悪のものと最良のものの結合を言い、神の出現を語り、それを記念する儀礼とそれを思い起す神話を述べるということもうなずけるのである。長い間言語には聖なるものが滲みこんでいた。言語が聖なるもののために留保され、聖なるものによって認可されるように見えるのも、理由のないことではない。

さまざまな文化的意味は必然的に恣意的なものを含んでいる。なぜなら文化的意義は、分身たちの完全な対称性が支配していたところに食い違いを作りだし、同一性のまんなかにさまざまな差異を設置し、暴力的相互性に代えて意味の安定性を置くからである。たとえばそれは、一方の範疇に疫病を分類し、他方に父殺しと近親相姦を分類する。差別のメカニズムが、いかなるものによっても区別されない人々の間で働く時はいつでも、必ず間違って働くのである。そして、効果的にそれが働いて、共同体全体の差異的統合を産み出すためには、それが間違った働きをすることが必要なのだ。生きた文化の中では、人々は、文化的意味がそうした知られざるメカニズムから出て来ている限り、それらの意味に含まれる恣意的なものを認識することはできないのである。

生成の過程《プロセス》の中に根をおろしている差別、排除、連結の諸メカニズムは、まずはじめにその同じ過程《プロセス》に適用されて、宗教的思考を産出する。けれども、これらのメカニズムは宗教的なもののためだけにとって置かれるわけではない。それこそはあらゆる思考のメカニズムなのである。われわれは、それ以外のものを持っていないのだから、これらのメカニズムを拒否したり、無視したりするような贅沢は言えないのだ。それにわれわれは、こうしたメカニズムがそうたいして悪いものではないことを確認しなければならない。まだ創始的過程の活動する場面であるにせよ、その創始的過程とは別なところでそれらが作用するやいなや、われわれは、そうした思考のメカニズムがさまざまの現実的差異を引き出し、さまざまな諸現象をそれまでとはちがったように分析し、たとえば人間の生殖の諸事実《ドンネ》のような、決して相対的なものではない諸事実を抱き込むことになるのに気づくのである。そのような諸事実が科学上の諸真理になったのはつい最近のことで、現代的な実験室の設備がととのったおかげで検証されるようになったなどということは間違っている。そうした事実が今日まさに科学的なものであるにしても、かつてもまた常に科学的なものであった。ある種の基本的な諸発見が純粋にして単純な器用仕事 bricolage に依存していることはあきらかである。

さまざまな宗教的諸命題の中に錯誤が多いことは確かだが、それでもわれわれは、合理主義的な現代的傲慢がそう思い込んでいるような、まったくの空想や完全に根拠のないものを相手にしているのではない。原始的宗教は、現代人が捨て去ったと思っている幻覚とか幻影とかいった突飛な感情に委ねられたものではない。それは、われわれ自身がずっと失敗し続けてきたのと同様に、ただ単に、贖罪のいけにえのメカニズムを見定めることに失敗しているだけである。実のところそれがきわめて似ているにもかかわらず、われわれが原始的思考をわれわれの思考とはひどく違ったもののように思うのは、同じそうした挫折が永続化しているからであり、両者に共通の特徴があるからである。原始的なものにたいする恩着せがましい優越的態度は、永続化された原始的なもの、つまり、贖罪のいけにえについての無限に延長された誤認にほかならないのである。

創始的過程が、原始的な文化の中で主役の役割を演じながら、われわれの文化の中では一見消滅してしまったかに見えるという事実は、われわれの生とわれわれの認識の中で事態を大きく変えてしまっているが、われわれを支配しつづけ、われわれを自分自身の暴力、およびその暴力についての知から保護しつづけている根本的な誤認という点では決して何も変えてはいない。もしわれわれがもう少し仔細にながめればわれわれを啓発してくれるであろう一切のものを、われわれが幻影と片づけてしまうのはそうした永続化した原始的なものである。宗教的思考における虚偽はまったくの誤謬とは完全に別のものである、そうした虚偽こそ人間同士が互いに殺し合うことを妨げているのだ、ということをわれわれが認識するのを禁じているのは、そうした永続化した原始的なものなのである。

人間は、これまでわれわれが推測してきた以上に、いまもなお贖罪のいけにえに依存しているのである。暴力に関して欠くべからざる保護を人間に提供した後で、人間に、現実の征服に向かわせる衝動と、彼らのあらゆる知的勝利のための武器を与えているのは、贖罪のいけにえなのである。象徴的思考のさまざまな神話は、幼虫が編んだ繭を思わせる。そうした避難所がなければ象徴的思考は成長を遂げることができないのである。

さまざまな原始的文化の中にあるおびただしい量の恣意的なものを説明するためには、われわれはそれら文化が、われわれ自身よりもはるかに、贖罪のいけにえの創始的な調停行為と密接に関わりを持っていたと想定しなければならない。そうした近さというものは、それら文化の歴史性の浅さにほかならないであろう。われわれはまた、そうした調停行為が余剰的性格を持っていて、ある過程の中で、多様な相違を産み出したと想定しなければならない。歴史社会はその過程に関しておそらくはわれわれに、それら歴史社会が混乱の時期を経過した後でいわば急激に反転して、位階づけが固定して硬直化し、強力に区分され区画されたものとなるたびごとに、弱まったイメージしか与えないのである。そうした類似にそれほど頼らなくても、われわれは、複雑な区分を持った諸文化、儀礼と親族関係の言語をくどくどとくり返すような文化も、もっと可動的で、社会秩序の組織的要素がはるかに消滅している諸社会以上に、調整的力の打撃から遠ざかってはいないということを認めることはできる。(この場合、遠ざかっているという言葉を厳密に時間的な意味で、理解してはならない。) もしも遍在する硬直した差異が安定の母とすれば、それは確かに、知的冒険にとって、とりわけ知が文化の起源に向かって遡行することにとって都合の悪いものである。

　人間が自分たちの文化に関してさまざまな発見をするためには、さまざまの儀礼的硬直が、あたかも宗教的なものと同じメカニズムを、宗教的なものが知らない柔軟さで利用する思考の敏捷さに席をゆずる必要がある。文化秩序が解体し始めなければならないし、過度の差異は吸収されなければならない。ただしその吸収が、新たな差異化の絶頂期が産み出されるほどの強度な暴力をひきおこさない程度でなければならない。われわれにはわからない理由から、さまざまの原始的社会はこれらの条件を決して満たしはしなかったのである。暴力の循環が始まるやいなや、その循環の環は、何らかの重要な結果を認識の領域にもたらし得ないほど急速に、つながってしまったのだ。

すでにこれまでの観察がわれわれに示唆したように、逆に現代の西欧社会は、異常なほどの大きさと持続をもった危機的な循環《サイクル》によって定義される。現代社会の本質は、常に激化する供犠の危機の中にも身を置くことのできる能力であると言っていいだろう。それはたしかに、平和な、いかなる心配事もない暮しではないが、はじめは自然についての科学に、つぎにはさまざまな文化的意味に、遂には、創始的調停にむかって、比べるものなき解明の可能性を開く支配権を、決して失うことのない暮しである。

原始的社会と比べて、われわれの親族体系の極端な縮小自体が危機の要素をなしている。西欧は常に危機の中にいる。その危機は拡大し深刻化することを決してやめないのだ。西欧は、その民族学的本質が崩壊すればするほど、ますますいっそうそれ自体らしくなってゆく。西欧は、われわれの社会に先立つ社会においてさえ、すでにいつも、広い意味で人類学への好みを持ってしまっていた。そうした性向は、われわれの中で、われわれのまわりで、現代社会の超危機的要素が激化するにつれて、常にいっそう圧倒的なものとなるのである。

知の一切の局面、知の論争的本性、知の前進のリズムを支配するものは、現在の危機である。われわれの人類学への好みは、西欧社会の全般的性格によってわれわれに示唆されたものである。そしてその性向は、危機が加速するにつれて、あたかもオイディプースの探索が深刻化するギリシア悲劇的な危機と共に急を告げていったように、強さを増してゆくのである。こうした危機はわれわれに、研究のあらゆる段階や、つぎつぎにおこなわれる発見や、つぎつぎに交代してゆく理論的前提の順序を語ってくれるかも知れない。絶対的な意味での研究が問題であろうと問題でなかろうと、あらゆる領域における知のあらゆる優先権を支配するのは根元的な歴史性である。

あらゆる文化と同じく、われわれの文化も周辺部から中心部の方へ崩壊が進んでゆく。成立の過程でさまざまな社会科学が、合理的、組織的に利用するのは、そうした崩壊である。客観的認識の対象になるのは、いつだって、この解体過程《プロセス》の残骸なのだ。したがって親族の正《プラス》の（positives）規則、もっと一般的に言って、意味の諸体系が、構造民族学の中では、積極的（positives）認識の対象となる。

構造民族学を本質的に特徴づけているのは、それが正《プラス》の規則に力点を置いている点である。禁止と規則が同じものの反対の両面を成しているとすれば、本質的な面はどちらかを考えてみなければならない。あきらかにレヴィ＝ストロースはその問題を提起し、そして彼は規則の方に軍配をあげている。

……外婚は消極的《ネガティヴ》というより積極的《ポジティヴ》な価値を持っている。……それは、他者の社会的存在を肯定し、生物学的家族以外の集団との婚姻を導入し、そして規定するためにのみ、同族内婚姻を禁止している。たしかにそれは、生物学的危険が血族婚姻にむすびついているからではなく、その婚姻から社会的な利益が得られるからである。（『親族の基本構造』五九五ページ）

こうした引用なら、まったくはっきりした宣言を十度も二十度も引用できる。レヴィ＝ストロースの業績の内容そのものがなければ一度きいただけで、彼の著作が《近親相姦への情熱》に彩られているどころか、その問題を色あせさせている点で特徴があると思わせるのに十分だろう。

この禁止は、そうみえるように、つまり禁止の否定面で理解すべきものではない。それは、それだけが生きて現存している積極的な義務の裏返し、あるいは補完物でしかない……。

婚姻の諸禁止は、二義的で派生的な資格の禁止でしかない。ある範疇の人々に課せられる禁止である以前に、それは、別な範疇の人々に向けられた規定である。この点に関して土着の理論は、多くの現代的注解より何と明敏なものであるだろう！　姉妹、母親、娘の中には、禁止から、禁止としての資格を奪うものは何もないのである。近親相姦は、それが道徳的に罪あるものである以前に、社会的に不条理なものである……。

近親相姦の禁止は、母親、姉妹、あるいは娘との婚姻を禁止する規則というよりも、母親や姉妹や娘を、他人に与える義務を負わせる規則である。（『親族の基本構造』五九六ページ）

われわれはすでに、このどちらが先かという問題を、レヴィ＝ストロースとは逆の意味で解決してしまった。つまり、先に来るのは禁止の方である。こうした禁止の優位をわれわれに語っているのは提出された解決法の総体である。積極的な交換は、禁止の裏返しにすぎず、男同士の間で競合関係の機会を避けるためにおこなわれる一連の操作、回避のタブー（二四）の結果でしかない。同族婚の悪しき相互性を恐れた男たちは、一歩退いて、外婚的交換の良き相互性に入りこむのだ。脅威がうすれるにつれて、調和的機能をもつある体系の中で、婚姻の規則の積極面が前面に出て来たとしても驚くにはあたらない。けれども原理的に婚姻の諸規則は、古典劇の作中人物が、嫉妬とか恋の怨みといった、舞踊とはまったく無関係な否定的感情の作用を受けて知らず知らずにおこなう、きわめて整然としてきまりきった踊りの型とそっくりである。

レヴィ＝ストロースが、近親相姦への病的恐怖と、それに対応する居竦みの役割を過大に評価しなかったことはおそらく正しい。そうしたものもまた、すくなくとも文化現象としては、供犠の危機の現われにほかならないからだ。だからといって、近親相姦の禁止が最初のものではないという意味ではない。禁止か規則かの論議で禁止の方に軍配をあげて結着するためには、逆の解決法ではわれわれ自身の社会を普遍的な民族学的展望の中に位置づけることが不可能になってしまうことを確認するだけで十分である。

もしわれわれが婚姻の規則を本質的な要素と見做すならば、われわれは一つの社会、つまり、積極的な婚姻規則を欠き、基本的な外婚のための禁止以外は事実上捨て去ってしまったわれわれ自身の社会を、人類から取りあげてしまうことになる。構造主義は、われわれの社会には特異な何物もないと好んで断言するけれども、もし婚姻規則を強調するなら、結局のところわれわれの社会に、前代未聞の絶対的な特異性を与えることになるのだ。この社会を、それがあるがままよりも過小に評価しようと試みることは、結局は今なお宗教的なものに根を持っている自己否認《オート・エクスクリュジョン》の過程《プロセス》によって、もっと高いところにこの社会を位置づけることになる。われわれを、他の人々と同じ人間にするためには、レヴィ＝ストロースの優先順位を放棄し、われわれの社会の相対的な特異性を甘んじて認めなければならないのである。

レヴィ＝ストロースは何故、婚姻の規則に優先権を与えたのか？　彼は、親族関係の諸構造を体系化する方法を発見したのである。彼は民族学の一分野を印象主義から引き離すことができた。口には出さないがすべてはそうした努力に従属させられている。禁止にたいする親族体系の優先権は、この民族学者自身による民族学の選択を表現している。したがって、多くの理由を数えあげることはできるけれども、結局のところそうした理由のすべては、たった一つの理由、つまり、しだいに精製してゆく知の歴史性という理由に帰着するのである。正《プラス》の婚姻規則が最初に成熟する。構造主義の契機は、さまざまの親族体系がいたるところで崩壊してゆく契機なのである。構造主義の知は、禁止があたかも砂の下に露頭する岩のように、あらわに姿を見せないうちに、そして禁止が再び、今度こそその本質的な姿で濶歩する前に、さまざまな親族体系の崩壊した廃墟を取り片づけなければならないのである。

禁止が最初のものであるという証拠は、禁止が最後のものであり、親族体系が消滅する時でさえ、供犠の危機のもっとも危機的な瞬間まで、それが存続しつづけるということである。禁止は決して陰から出ることはなかった。それは、本質的なさまざまの差異を守る供犠という隠れ家、現代でもなお、違犯の空威張りの中にまで伸びてきている供犠の隠れ家の中にとどまっている。

禁止から出発して文化の本質と起源に迫ろうとする一切の努力は、常に挫折してしまった。挫折しないまでも、それは不毛であり、理解されることもなかった。もっともよい例が『トーテムとタブー』の場合である。フロイトはこの著作の中で明白に、外婚の規則にたいする禁止の優先権を断言している。やがてレヴィ＝ストロースが採用することになる研究方法《アプローチ》は、考えられていなかったどころか、はっきりと退けられているのである。

> 族外婚による性的制限を立法的意図に帰することは、これらの制度をつくり出すにいたった動機を理解するのに、何の助けにもならないのである。族外婚の起源と認めざるを得ない近親性交忌避は、結局、どこから出てくるのであろうか。(二四二)

禁止が最初のものではあるが、ごらんのようにこの優先権は、常に《忌避《フォビー》》という言葉で考えられている。最新のさまざまな発見の脈絡の中でこの禁止の起源を考えるために、構造主義的観点を放棄せずに《フロイトへの回帰》をおこなう必要がある。(二四三)

ジャック・ラカンや、《フロイトへの回帰》を合い言葉に採用して彼のまわりに結集した人々がやろうと望んだのはそれである。そうした企ては欠くことのできないもので、それを考えた事自体重要であるけれども、《フロイトへの回帰》を精神分析への回帰と理解する限り、われわれの意見では、そうした企ても失敗に帰するのである。

レヴィ＝ストロースは、基本的家族を親族体系から考えなければならないことを示した。こうした方法論的逆転は、優先権を、親族体系ではなくて禁止の方に与えるのならば有効であり続ける。前にもすでに言ったように、家族を禁止の函数として考えなければならないのであって、禁止を家族の函数と考えるべきではないのである。欠くことのできない構造主義があるとすればそうしたものであって、結果としてわれわれは、精神分析の構造主義的解釈といったものはあり得ないと信ずる。本章に先立つ二章でわれわれが証明しようと願ったのは、まさしくそのことである。構造主義と精神分析との対決のすべては、同一視の模倣性と『トーテムとタブー』の集団的殺人といったフロイトの本質的な諸直観の自由な発現と同時に、精神分析の破裂と清算をひきおこすにちがいないのだ。

だがラカンは、逆に、精神分析の数々の大きな概念、とりわけエディプス・コンプレックスに顔を向けている。彼はそれを一切の構造化の原動力、象徴的次元〔象徴界〕(二四四)へのあらゆる導入のばねにしたがっているようである。ところでそれは、どんなソースで味付けしようともエディプス・コンプレックスというフロイトの概念では絶対に不可能なことである。人々は、フロイトの片言隻句にも極度に忠実な様子で抗弁しながら、結局は、エディプス・コンプレックスを定義する一切のテキストを暗黙のうちに遠ざけてしまうのである。それはたいへんな間違いである。なぜなら、それらのテキストに満ちあふれている断じて《オイディプース的〔エディプス・コンプレックス的〕》ではない、現実的な諸直観を取りにがしてしまうからである。

これらのテキストや、同じインキで書かれた別なテキスト以外には、(二四五)フロイトの中には、エディプス・コンプレックスに与えられた普遍的な救いの神（デウス・エクス・マキナ）の役割を正当化する何物もないということを思い出すべきである。もしラカンが、師のテキストにも、そのテキストの明確で首尾一貫した訂正にも、いかなる種類の民族学上の解釈にも依存しないならば、たとえ極端にうすめた形で、マラルメ的なやり方で、つまり、捉えがたい形でにせよ《エディプス・コンプレックス》をあらゆる事柄の《王にして父》とすることに執着する理由を、説明しなければならないだろう。

この最初からの基本的な挫折が、もちろん、ほとんどいたるところに影響をおよぼしているのだ。そしてそのことは、現代世界で数を増しているが一般には気づかれずにすぎている鏡像の諸効果が、ラカンのこの場所で、認識され観察されているだけに、残念なことである。(二四六) 残念ながらラカンは、鏡像の諸効果を想像的なもの (imaginaires) として定義し、それらをナルシシズムの理論、(二四七)つまり、いたるところに自己の反映を探し求める欲望に結びつけている。われわれ自身、フロイトのナルシシズムの中にも、それと呼応する十九世紀、二十世紀の文学的ナルシシズムの中にも、そうしたナルシス神話を見るけれども、その神話は、対象を握りしめるためには自己自身の敗北〔自律性を持たないこと〕をいつも隠さなければならないし、実際は必死に他者の中で探しているその最高の自律性をすでに所有しているといつも触れまわっていなければならないことを、その時以来もはや知っている欲望が流布する神話なのである。ナルシシズムは真実の倒立である。ほんとうは、心をそそるのはすべての他者であり、失望させるのはそれ自身であるのに（あるいは、いずれの場合にしてもそう思い込んでいるものすべてであるのにと言ってもいいが）、それ自身によって心をそそられ、他者のすべてに失望させられていると主張するのがナルシシズムなのだ。こうした模倣がひとたび暴力的相互性に閉じこもってしまい、もはや対立者にしかしがみつくことができなくなれば、爾来、自分にとって障害となるものだけが、心をひきとめるものとなる。

社会の統一を体現している一切の超越性の中に、さまざまな構造化の鍵を探すべきであって、そうした超越性を解体し、消去し、破壊して人々を再び、際限のない暴力のミメーシスの中に沈めるものの中に求めるべきではないのである。現代世界の永続的危機は、たしかに、新《ネオ》フロイト主義のいくつかの見解に、部分的、間接的、相対的な真理を与えはする。けれども総体的に言えば、それでもなお事柄をあべこべに解釈するのが落ちである。新フロイト主義の企ては、共時的な諸構造さえ把握することを可能にしないのだ。もし現実にそれが把握されれば、それ自身のさらにその先があきらかになり、それと同時に、『トーテムとタブー』のそれのような、企ての正当性があきらかになるだろうが……。形式主義への独断的な執着は、その形式を完全に読みとることのできない無能さを暴露している。精神分析に忠実であり続けて、親族関係の次元におけるレヴィ＝ストロースの革命のこちら側にとどまるか、精神分析を放棄して、その革命を禁止それ自体の中心部に及ぼし、その起源を現実の問題として取りもどし、『トーテムとタブー』が始めた企てを再びやり直すかのどちらかである。

前進している時はいつでもそうであるように、今日、思考は病んでいる。思考は、それが生きたままでいられるきわめて稀れな場所で、あきらかに病理学的な諸徴候をあらわしている。思考は、エウリーピデースが彼の悲劇の中ですでに描いている循環の輪〔二四八〕のような一つの環の中に捕えられているのだ。思考はその輪の外にいたいと願いながら、実際はますますその中にはまり込んでゆくのだ。輪の半径が短くなるにつれて、ますます縮まってゆくその執念〔固定観念〕の輪の中で、思考はますます急速に循環する。けれども、見渡す限りひろがっている臆病な反‐知性主義が想像するような、完全無欠である執念など、存在しないのだ。思考がその輪からのがれるのは、そこから出ることによってではない。それは、もしできるならば、狂気に落ちこむことなく、輪の中心に到達することによってである。

さしあたって思考は中心がないと断言し、外から輪を制御するためにその輪から脱出しようとつとめる。それがまさしくアヴァン・ギャルド〔前衛派〕の企てであり、それは神話の輪から脱出するために自己の思考を浄化しようと望む。できたなら、完全に人間的でなくなったところである。疑惑がそれを締めつけているので、思考は常に《科学性係数》を強めようとつとめる。立っている基盤がゆらぐのを見まいとして、思考は、粗野で取っつきにくい定理のひげを生やすのだ。思考は、わけのわからない略語をやたらに多くする。わかりやすい仮説にいまだに似ている一切のものを除去する。いかめしい神殿の中庭から、すっかり気落ちした最後の誠実な人間を情け容赦なく追い出すのだ。

　思考が中心部に達した時、思考はそうした最後の供犠の儀礼がむなしいことに気づくだろう。神話的思考が、神話を批判し諸神話の起源にむかって遡る思考と本質的に異ならないことに気づくだろう。けれどもそのことは、そうした思考が、たとえ神話漬けから完全に立ち直ることができないにしても、原理的に疑わしいということを意味しない。起源への遡行が実際におこなわれていないということを意味しない。新しい言語《ランガージュ》を創案する必要はないのである。不安がるのはやめよう。《探求》は必ず達成される。彷徨は長くは続かないだろう。一日一日、すでに、思考することがいっそう容易になっている。あるいはむしろ、考えないことの方がおそらくはだんだん難しくなってきているのだ。いまだに真理をおおいかくしている供犠というスクリーンは、着実にすり切れていっている。それらの遮蔽幕は、それを強化しそれを再び引き受けるためのわれわれの逆の努力のおかげで擦り切れてゆくのだ。こうした探求はいままさに達成されようとしている。いささかは、ある種の蓄積過程が進行中であるからであり、いささかは、論争の諸結果が注意深く蓄積され、組織化され、合理化されているからであり、いささかは、正《プラス》の知のバベルの塔が天に昇りつつあるからであるが、とりわけ、その同じバベルの塔が崩壊しつつあるからであり、爾来何物ももはや、暴力の完全な顕現をとどめることができないからである。暴力それ自体さえも、もはやそれを押しとどめることができないのだ。暴力は、人間たちそれ自身と、巨大な成長によって、かつては創始的メカニズムの効力と真理の抑圧を保証していたその自在な活動手段を奪われてしまったのである。西欧のオイディプースが自らに張りめぐらした罠は、いまこの探求が到達したこの瞬間に、再び閉じつつあるのだ。なぜなら、ここでもまた、罠と探求とは一つのものにほかならないからである。

以来、暴力は公然と科学技術的武装の巨大で残虐な形をとって、われわれすべてを支配している。眉毛も動かさず、至極当然であるかのように《専門家たち《エキスパート》》はわれわれに、全世界を相互尊重の状況に維持するのは暴力であると語るのである。西欧世界の才能ある人々が長い間茶化し、誤認した際限のない暴力が、現代の水平線上に、思いもかけぬ姿で再びあらわれたのである。かつては神々の特権であった聖なる復讐が、いまわれわれのところに、科学の翼に支えられ、正確に重さを測られ、目標に照準されて再びもどって来るのである。地球上の最初の社会を自己破壊から守り、すでに全人類をまとめている社会、あるいはすぐに全人類をまとめるであろう社会を、自己破壊から守るのはあれだ、と人々はわれわれに言うのである。人間たちは、自らがそのたいまつをかかげ持った暴力によってであれ、真理によってであれ、その同じ暴力とその同じ真理の前に位置している、あるいはその前に位置させられていることが、しだいにはっきりしてきている。彼らは、はじめて明確に、完全に科学的に、全的破滅か、暴力の全的放棄かを選ばなければならないのだ。

これら驚くべきできごとと、いわゆる人間科学〔人文科学〕の結局は現実的な進歩、贖罪のいけにえとあらゆる人間の文化の暴力的起源にむかう遅々とした、しかし着実な知の遡行とを符合させているものは、おそらく偶然ではあるまい。

民族学的構造主義は、いたるところに差異を見定める。事柄を表面的に見れば、民族学的構造主義には、どこにも差異を見ることのなかったレヴィ＝ブリュールのそれのような旧い民族学の完全な反対物《アンチテーゼ》しか見れないだろう。神話や宗教のいくつかの面に《原始心性》を発見したと思ったレヴィ＝ブリュールは、たとえばオーストラリヤの土着民における、物を区別することの能力の永続的な欠如を定式化していた。彼は土着民が、人間とカンガルーを区別することがほとんどできないと思っていたのである。構造主義は、カンガルーについてはオーストラリヤの土着民たちはいくらも民族学者たちに教えるものを持っている、とやり返すのである。

＊＊

二十世紀の民族学も、さまざまな美学理論や、普通言う流行の場合と同じようではないかという印象をときおり感ずる。レヴィ＝ブリュールの原始人が何らかの神秘的な昏迷化のもやの中で消失した後で、ポール・ヴァレリーが『若きパルク』を丹精こめて作りあげてゆくのと同じように冷静に諸体系《システム》〔勝負の手順〕を作りあげてゆく器用人《ブリコルール》であるチェス競技者のごとき、構造主義の原始人が交替する。極端から極端へと絶えず揺れ動いて、ひどく違っているような錯覚を覚えるけれども、そうしたやり過ぎはしだいに効果がうすれて、結局は大して変っていないとわかるのである。

たしかに原始的思考には二つの極、差異と非差異の極がある。どちらの場合でも、われわれはその二つの極の一方にしがみつくだけだから、他方の極に引き寄せられるものを頑固に拒否するのである。もっとも、民族学におけるそうした交替は、必ずしも単純なくり返しではない。

レヴィ＝ブリュールと構造主義を同列に置くことはできない。なぜなら、さまざまに差異化された諸構造にはある具体的な自立性があるからである。宗教にはない、あるいは宗教には表面的にしかない文字通りの現実性があるからである。構造分析はすべてを読みとることはできないけれども、それは、それが読みとるものを徹底的に読みとるのである。構造分析には、おそらくレヴィ＝ブリュールの著作が主張し得ない独立した科学的価値があるのだ。

なぜそうなのか？　聖なるものはまず第一に、さまざまな差異の暴力的な破壊であるからであり、そしてそうした非－差異は、非－差異である限り、構造の中に姿をみせることができないからである。すでに本書の第二章で見たように、非－差異は、新しい差異の外見をかぶって姿をあらわすしかない。それはおそらく両義的な見せかけであり、二重の、多様な、幻覚的な、奇怪な、しかし結局は意味のある外見である。『神話研究』(二五二)の中ではさまざまな怪物が、貘やへそいのししの傍らに姿を見せている。まるでそうしたものの同類であるかのようである。実のところ、ある意味ではそんな動物など問題ではないのだ。神話の中で暴力の働きをあらわしているものはすべて、その働きが意味を破壊し意味を産み出す限り、直接に読みとることができないのである。神話をその神話の起源の物語にするものはすべて、謎のような一連の暗示の中にしか織り込まれていない。構造主義は、さまざまな差異的構造にしか関心がないし、文字通り差異的構造しか実在しないのだから、そうした謎を見破ることはできないのだ。

意味が《健康に保たれている》限り、聖なるものは不在である。それはその構造の外にある。構造民族学は自らの進む道で聖なるものに出会うことはない。構造主義が聖なるものを消滅させるのだ。その消去について、構造主義を非難すべきではない。その消滅がはじめて完全で組織的であるからこそ、現実の進歩を構成するのだ。たとえそれがイデオロギー的な偏見を伴ったにせよ、決して偏見の結果ではない。構造主義は、聖なるものの発見における、負《ネガティヴ》の、しかし、不可欠の契機なのである。構造主義は、かつての解き難い混淆からわれわれが脱出することを可能にしてくれるだろう。構造主義のおかげで、一切の差異がその中に落ちこみ、一切の差異がそこから再び出て来ることのない貯水池である聖なるものの無限の上に、意味の有限性、構造の有限性を分節《アルティキュレ》させることが可能である。(三五三)

いまやわれわれは、文化秩序が決して機能しなかったところ、機能しはじめなかったところ、機能することをやめてしまったところのいたるところで、聖なるものが完全に君臨していることを知っている。同様に、聖なるものは構造の上に支配権をふるい、構造を産み、構造を秩序立て、構造を監視し、構造を永続化し、あるいは逆に、構造を痛めつけ、解体し、変形し、わずかな気まぐれのままに破壊するのである。しかもなお聖なるものは、その他のいたるところに存在するものと考えられるという意味で、構造の中には存在していないのである。

構造主義はそうした事柄の一切をはっきりさせるのであるが、聖なるものを語ることはできないのである。なぜなら構造主義自身が依然として構造の中にとどまっているからである。それは共時的なものに捉われていて、変化を暴力として、暴力の恐怖として見ることができないのである。それが構造主義の超えることのできない限界なのだ。聖なるものの消滅を至極当然のように思わせているのは、そうした限界である。構造主義は、《聖なるものはどこに行ったのか?》(三五四)と問う人々に答えることができないし、構造主義にたいして二元論的対立の濫用を非難する人々にも答えることができないのである。答えるとすれば、どんな争いにおいても二人以外の、あるいは二組以外の対立者は存在しないと答えざるを得ないだろう。第三の者があらわれるやいなや、その者にたいしてこれまでの二人が協力することになるか、その第三者が前の二人の一方と協力することになる。

あたかもさまざまな文化体系が耽美主義者の気晴らしのために存在するかのように、あるいはまるで、音域が構造主義者たちの常に爪弾く二つの弦に限られないギターでも問題であるかのように、構造主義は《単調》だといって非難される。つまり構造主義は文化というギターを弾きこなせないのではないかと思われているのである。それでも構造主義は文化体系とギターの違いを理解できないので、返答できないのである。

構造主義の諸限界を超えるためには、たとえば双生児、病気、あらゆる形の伝染病や感染症、説明し難い意味の転倒、予想もしない生長や収縮、こぶや変形、怪物、あらゆる形の奇妙なものを、過度であると同時に不十分に意味するさまざまな、疑わしい意味作用に力点を置かなければならない。もちろん、性およびその他に関するさまざまな違犯も、暴力の行為も、共同体のはっきりとした満場一致に向かって生ずるさまざまな例外ももとより忘れてはならないのだ。

『生のものと火にかけたもの』の冒頭から神話誕生の手掛りがますます数をましてゆくのが見られる。近親相姦、復讐、ある時は兄弟ある時は義理の兄弟の手による裏切り、集団の激変と破壊、そうしたものが社会の創設創造を準備し、すべては文化的英雄の所為にされて彼は侮辱され攻撃される。

あるボロロ族の神話では（M3）、太陽が村人全部に、ひどくもろい橋を通って河を渡るように命ずる。《跛なので足取りの遅かった》文化的英雄を除いて、村人全員が殺される。ただひとり生き残った英雄は、死んだ犠牲者たちをさまざまに異なった形で蘇らせる。《渦に巻きこまれた人々は、波うつ巻き髪を持ち、静かな淀みにはまった人々は細いすべらかな髪を持った》のである。彼は人々をいくつもの集団に分かち、別々の生活条件のもとによびもどすのである。テネテハラ族の神話では（M15）、名付け子が自分の縁続きの村人たちの村から追放されたのを見て怒った文化的英雄は、彼らにこう命ずる。《鳥の羽毛をあつめて村のまわりに積み上げなさい》《彼は羽毛が十分に山積みされるとそれに火をつけた。火にとり囲まれた村人たちは、あちらこちらに走りまわって逃げようとするが脱出できない。彼らの叫び声が徐々に豚の啼き声になってゆく。誰もかれもへそいのししやその他の猪に変ったからである。運よく森に逃げ出した者たちも、今日の猪の祖先になった。テュパンは名付け子マラヤ・イワを豚の主人にした。》

興味ある異本《ヴァリアント》の一つの中では、文化的英雄が《村の中にタバコの煙の雲を吹き込む。村人たちがびっくりしていると造化の神が彼らに「お前たちの糧を食べよ」と叫ぶ。村人たちは造化の神が交接を命じていることがわかったような気がする。そこで彼らは、いつものようにぶうぶうという唸り声をあげながら、恋の行為にふけった。》彼らはみんな猪に変身するのである。

ここには、シャーマニズムの宗礼やその他の宗礼におけるタバコや、一般的に言って麻薬の《神秘的《ミスティク》な》意味が読みとれる。タバコの効力は、供犠の危機の眩暈を強化するのである。最初の神話で《あちらこちらに走りまわる》暴力的相互性に、さまざまな意味の明白な喪失の結果である第二の神話における性の乱交が、つけ加わっている。

ここで、レヴィ＝ストロースが供犠の危機を見ていないとしても、彼はあきらかに、意味の再生ではないにせよさまざまな意味の誕生が問題になっていることを見て取っている。《われわれが比較したこれらの神話が、連続量から不連続量への移行の問題を解決するために、それに見合った数の解法を提供していることは明らかである》(Le cru et le cuit, Plon, 1964, 六一ページ)。したがって、《いかなる領域においても、人が意味の体系を構成し得るのは、ただ、不連続量からである》(六一ページ)が故に、問題になっているのはいくつかの意味産出のメカニズムである。

けれどもレヴィ＝ストロースは常に、意味の産出を純粋に論理的な問題、象徴的な仲介として理解している。暴力の働きは隠されたままである。そうした暴力の働きを再発見しなければならないと言うのは、何も単に、暴力の恐怖とかその神秘とかいった《情緒的な》面を思い出させるためだけではない。それは、暴力の働きが、いかなる関係の下でも、論理とさまざまな意味との関係の下においてさえも、主役を演じているからである。すべての主題が関係しているのは、その暴力の働きである。それだけがすべての主題に、絶対的な首尾一貫性を与えることができ、それらを、今度こそ真に三次元的〔立体的〕な解釈に統合できるのである。なぜなら、そうした解釈は、構造を決して見失うことなく神話の起源を再発見し、それだけが神話に基本的な機能を授けることができるからである。

＊＊＊

ギリシア悲劇から出発して、本書の最初の数章で作りあげた分析方法は、これまで、すくなくとも多少発展された例の中で、ギリシア悲劇が解読の端緒であった神話にしか役立っていなかった。この章を終るにあたってわれわれは、そうした方法がギリシア悲劇やギリシア神話群の外においても有効性を持っていることを示そうと試みよう。

前二章が、すくなくとも部分的に近親相姦と婚姻規則の禁止にあてられ、それらがいまや、これまた仮説によって、創始的暴力に関係づけられている以上、その起源を裏書きすると共に仮説の全体をも保証する神話を見出すことは興味あることだろう。われわれがカナダ太平洋岸に住むインディアン、チムシアン族から借用してこれから分析しようとしている神話は、おそらく、そうした二重の目標に到達することを許してくれるだろう(56)。

若い酋長の息子は自分の母親の兄弟の娘、つまり交差いとこと恋におちる。娘は虚栄心の残酷さから若者にその体を傷つけても愛情の証しをたててくれと要求する。若者は続けざまに右頰と左頰を傷つける。

女は醜くなった男を嘲笑して彼をはねつける。絶望した酋長の息子は、もはや死を想って立ち去る。遂に彼は、不具者たちの主、疫病神の領地に達する。神の周囲にむらがる一群の家来たちは、すべて聾唖者で手足を失っている。彼らとの接触は避けなければならない。なぜなら、彼らは自分たちの呼び声に答える者をすべて、自分に似たものにしてしまうからだ。酋長の息子は答えまいと用心する。こうして、疫病神は、若者が失ったものよりはるかにまさる美しさを彼に回復してやると約束する。若者は魔法の鍋で煮られて、真白くきれいになった骨格だけが引きあげられる。疫病神の娘が何度もその骨にとびつくと、酋長の息子は、まばゆいばかりの美しさで蘇るのである。

自分のいとこに夢中になるのは、いまや、例の娘の方である。今度は酋長の息子が、前に要求された通りのことをいとこに要求する。娘は顔の両頬を傷つけ、若者は嘲笑って娘をはねつける。彼女もまた、美しさを取り戻そうと願って疫病神のところに赴くが、家来たちが彼女を呼ぶと、娘はそれに答えてしまう。こうして不具の家来たちは、あわれな娘を自分たちに似た者にすることが許されるのである。更に悪いことには、彼らは娘の骨をばらばらにし、手足をもぎとり、外にほうり出して死ぬにまかせるのだ。

読者はこうしたいきさつの中で、前におこなった分析によって親しいものになったはずの無数の主題に出会われただろう。この神話のすべての登場人物は他の登場人物を傷つけ、彼らが自らを傷つけることを要求し、徒らに彼らを変形しようと試み、あるいはまた自分自身で変形してゆく。それらはすべて、結局のところ、同じものに帰着するのだ。暴力を蒙ることなく、暴力を行使することはできない。これが、相互性の法則である。この神話では、あらゆる者が互いに似たものになるのである。不具者たちの群れを手先に使う疫病神のところに赴く者をおびやかす危険は、二人のいとこの関係の再現である。疫病も不具も、唯一の同じ現実しか指示していない。すなわち、供犠の危機である。

酋長の息子といとこの娘の関係で、優勢なのは最初は女の方で、男は劣勢である。美を具現するのは女で、男は醜さを具現している。女の方は欲望せず、欲望するのは男である。これらの関係は、つぎには逆転する。そこではさまざまな差異が廃棄され、相変らず対称性が産み出されてはいるが、しかしその対称性は、共時的な瞬間からは見定めることが決してできない。つまり、つぎつぎにやってくる継起的な瞬間がなければ、その対称性は把握できないのである。それこそがまさしく供犠の危機の非‐差異なのである。それこそが、振子運動をする差異の形でその関係を生きている二人のパートナーが、決して近づくことのできない真理なのだ。一方の後で他方が、それぞれ傷つける顔の両頬の対称性は、全体的関係の対称性を強調し再現している。結末を除けば、どちらにも、同じ事実《ドンネ》の数々がまさしく見られるけれども、しかし同一の瞬間においてではない。

　二人のいとこと疫病神の部族たちとの間には、『オイディプース王』における二人の対立者とペストを病むテーバイの人々との間の関係と同一の関係が存在する。感染を避ける唯一の方法は、敵対する兄弟の呼び声に答えることを回避することである。家来たち、つまり集団の段階でこの神話はそのことを客観的に語っている。この神話は、われわれが最初の数章で語ったことを語っているのだ。振子運動をする差異を《短絡《ショート》させ》ている。そして、そうした差異が結局は同一性に帰するが故に、この神話には、そうするだけの権利があるのだ。相互的な傷つけ合いは、直接的に、さまざまな差異の喪失としてあらわされている。暴力によってすでに互いに似たものとなってしまった人々の手によって、似たものとなることとしてあらわされている。この似たものになることが同時に異形畸型のもの〔怪物〕になることであるが故に、問題になっているのが供犠の危機であることを、どうして疑えるだろうか。もしこれらの不具者たちが分身たちであるとすれば、彼らはまた、一切の供犠の危機においてきまりきっている通り、怪物たちなのである。
肉体の損壊は、供犠の危機の仕業を異常なまでに象徴している。実際あきらかにそれは、畸型、恐るべきものの創造と同時に、秀でるもの、超越するもの、飛びぬけるものすべての除去として解釈されるはずである。問題になっているこの過程《プロセス》は、さまざまな存在を画一化し、その存在を差異化するものを廃棄するけれども、決して調和に到達することのない過程である。変形し醜悪にする損壊という観念の中で、相互的暴力の所業がきわめて見事に表現され凝縮されているので、相互的暴力の所業は再び突飛なもの、解読しがたいもの、神話的なものと化してしまうのである。

『アスディヴァル武勲詩』の中でこの神話を持ち出したレヴィ＝ストロースは、これを《恐ろしい短篇小説《プチ・ロマン》〔寓話《フィクション》〕》と性格づけているが、むしろ、相互的暴力における人間関係の恐ろしさに関する異常な物語《ロマン》と言うべきだろう。ロマンという言葉を心にとめておかなければならない。西欧世界にとってどれほど奇異に見えようともこの神話は二人のいとこの関係の中で、もちろんギリシア悲劇の対立関係の原動力、あるいは古典劇における喜劇的誤解の原動力でもあるが、しかしまた同様に、スタンダールやプルーストやドストエフスキーといった近代小説における恋愛－嫉妬にきわめてよく似た原動力を利用している。われわれはそうした主題の背後にかくされたかずかずの教訓を指摘しつくすことはできないであろう。

酋長の息子と相手の娘は、疫病神の家来たちが彼らの仲間になるのに十分なほど我を忘れた者たちに遭遇させる暴力的な差異の同じ喪失を、互いに要求し合い、それぞれが喪失することになる。この神話では一切の差異が消滅し、消失するが、それらは別な関係のもとにいずれも存続しつづける。実のところこの神話は、疫病神の家来たちと二人のいとことの間、とりわけ二人のいとこ同士の間には、何の差異もないとは言っていない。そんなことを何も言っていないばかりでなく、結末では、酋長の息子と相手の娘の間の対称性を決定的にこわして、差異の優位を声高に肯定している。

酋長の息子と相手の娘のさまざまな関係の中には、おそらく、オイディプースの場合におけるのと同様に常に《娘の方が先に始めた》という事実以外に、そうした対称性の消滅を正当化するものは何もないのである。穢れた暴力の次元では、そうした暴力の最初の起こりを確かめてみたところで、決して満足できる答は引きだせない。したがってわれわれはさらにもう一度『オイディプース王』と『バッカイ』の矛盾によって対決させられるのである。さまざまな関係の分析はあらゆる差異の不断の摩滅をあきらかにするし、神話の筋の運びは、非差異化された諸関係の完全な対称性にむかって伸びてゆく。だが、この神話がわれわれに語っているのは、まったく別な一つの物語《イストワール》〔歴史〕なのである。それこそは、まさしくひっくり返しの物語なのである。この神話の教訓《メッセージ》の非対称性は、ここでまた、他のすべての筋立てにある、文字通り満ちあふれた対称性と対立しているのだ。一切がわれわれに示唆しているのは、この矛盾は、神話の結末にかくされたできごと、つまり、あきらかに贖罪のいけにえの役割を演じている娘の殺害と関係づけられるべきである、ということである。ここでもまた、集団的暴力の、満場一致マイナス一人が、さまざまな神話的差異の基礎となっているのであり、そしてその差異はそれ自体、この神話のいたるところに見えて残っている暴力的非差異化から発生しているのである。

疫病神の家来たちの手にかかって娘が蒙る暴力は、それ以前のさまざまな暴力によく似ているけれども、実は根本的に別なものである。なぜなら、それは決定的、終局的なものだからである。この暴力は、いつまでも振子運動を続けるはずであった差異を、二人の対立者の間で、決定的に静止させるのである。娘におそいかかって、手で彼女をひき裂くのは疫病神の家来全員の群れ、つまり危機にある共同体全体である。ディオニューソス的スパラグモスの一切の特徴がここにはあるのだ。われわれがここで見出すものは、満場一致であるが故に創始的である集団暴行なのである。

差異化した調和への復帰は、贖罪のいけにえの恣意的追放に基づいている。酋長の息子の変身は、神話の一連の場面では前に来ているけれども、それは部分的に、相互性のゲームに併合されるから、それもまた創始的暴力に従属している。酋長の息子の変身は創始的暴力のもう一つの面である。つまり、悪しき暴力の極点を経た後での、良き暴力への回帰である。そうした理由で、酋長の息子の変身もまた、贖罪のいけにえのメカニズムを指し示しながら隠蔽するさまざまな要素を豊富に含んでいる。幸運なこの変身をもたらす奇妙な技術は、夢のような、シャーマニズムの通過儀礼《イニシアション》によく似ている。アメリカ・インディアンの民間伝承の中では、人が屍体や骸骨に飛びついたり、その上を踏んで通ったりしたおかげで死人が蘇るといった類いの話に事欠かないのである(57)。おそらくは、こうした技術を、ある種の供犠儀礼において欠くことのできない、前に見たようにいけにえや、いけにえを埋めたばかりの墓を踏んづけるといった儀式《プラティク》と比較すべきであろう(58)。他方、この若者の変身が真白に洗われた骨格から達成されるということ、つまり不吉な一切の解体を超えておこなわれていることに注意する必要がある。酋長の息子の変身は死の中の通過である。それは、見出された満場一致の暴力という至高の暴力の幸運な結果である。美しさの再獲得は文化秩序の刷新にほかならない。疫病神の方は暴力のさまざまな継起する諸側面すべてを具現している。さまざまな畸型とさまざまの変貌の主人にして、至高の働きの絶対主である疫病神は『バッカイ』のディオニューソスに匹敵する者である。

二人の対立者と疫病神の家来たちとの間の差異、つぎには対立者たちの性の差異、彼らを交差いとこにしている限定《デテルミナシヨン》、そういった神話の有意的な一切の差異は、創始的暴力の中に根づいている。神話の筋の運び、暴力的非差異化の過程《プロセス》は、必然的に、神話が創設した規範《ノルム》、言い換えれば、もはや有意的だけではなくなって、性の異なる交差いとこ同士を結婚させるように厳しく命ずる規範的な差異に違背するのである。こうして、非差異化と差異の不安定な結合としてのこの神話は不可避的に、それが創設する〔婚姻〕規則の違犯として提示される。神話が命ずる規則の創設とはそうしたものである。フランツ・ボーアズ[二五]に彼の情報提供者が神話を提示したのはこのようにしてである。酋長の息子に訪れた不幸の後では、人々は若い娘の個人的な好みを考慮せずに、彼女らをそのいとこに娶わせることになるのだ。

　他方、問題の神話を、チムシャン族の酋長の家系における交差いとこ同士の婚姻の儀礼と、比較対照してみることほど興味深いものはない。

　酋長の家系の交差いとこの男女が結び合わされると、若者のおじ《オンクル》の種族《トリビュ》は動揺する。同時に若い娘のおじの種族もまた動揺する。両者の間で戦いがおこる。両陣営に分かれて互いに石を投げ合い、双方、多くの人々が負傷する。傷の痕は……あたかもその契約の証拠のごときもの（である）[59]。

　神話の背後の供犠の危機の存在は、これまで、われわれにとって、一つの仮定でしかない。つまり、手足の切断といった記号表現《シニイフイヤン》の後に仮定すべき現実の記号内容《シニフィエ》なのである。この婚姻神話はそうした仮定を確証し、問題の暴力に場所を提供している。たしかに儀礼的なものではあるが、神話における肉体の損壊の主題とあきらかに結びついた、完全に現実的な暴力なのである。両陣営に分かれて石を投げ合い、双方で、多くの人々が負傷するのである。二十世紀のセルバンテスかモリエールなら、ある種の隠喩が他の隠喩より衝撃的であることを証明するために純粋な《記号表現《シニイフイヤン》》の現代的信仰者を置くだろうと、われわれは想像しがちである。インディアンたちはそんなことは考えない。傷の痕は、契約のしるしのようなもの、つまり彼らが是認しようと用意する婚姻のしるしなのである。この暴力の供犠的な性格は、あきらかに、フランツ・ボーアズに第二の現地人情報提供者が伝えた補足的な事実によって確証されている。婚姻の習慣がチムシャヤン族のそれとよく似ているニカ族では、両集団の間の戦いがあまりに激しく、婚約者に仕える戦闘用の奴隷の一人が時には殺されることがおこるのだ。ここには、たしかに然るべく正当な形で供犠を示すような詳細《ディテイール》はないが、はるかに啓示的な暗黙の様式で示されているように思われる。人々は、犠牲者がどちらの陣営の者か、あらかじめ知っている。犠牲者が奴隷であって、自由人、つまり、共同体の《完全な市民権をもつ》構成員ではないことを、誰もがあらかじめ知っているのである。この死は報復されることはないであろう。それには《本当の》危機を爆発させる惧れがない。予想されているとはいえ、それでもこの死は、贖罪のいけにえのメカニズムの、相変らず予想し難い始まりを思わせる何か偶然的《アレアトワール》なものを含んでいる。必ずしも人間が殺されるわけではない。もし人間が死んだ場合には、人々はそこに恩恵的な徴候、つまり、その夫婦は決して離れることはないというしるしを見るのである。

チムシャヤン族の神話や儀礼のさまざまな肉体の損壊を精神分析的に解釈すれば、いつだって《去勢》〔二五六〕を見ることになろうし、《去勢》しか見えないだろう。われわれもまたそこに去勢を見るけれども、それを一切の差異に結びつけることによって、根元的に解釈するのだ。暴力的非差異化の主題が去勢を包含するのにたいして、去勢は、暴力的非差異化の主題がカバーするものを含むことができないのである。

儀礼における暴力は原初の暴力を再現しようとする。この原初の暴力は神話的なものを何も持っていないけれども、その儀礼的な模倣は必然的に神話の諸要素を含んでいる。原初の暴力は、この二人のおじの集団がそうであるほど明確に差異化された集団をたしかに対決させはしなかった。われわれは原理的に、その原初的な暴力が、外婚関係をもつ二集団に原初的一集団が分割する以前にあったということ、あるいは、婚姻的交換のために、互いに無縁であった二つの集団が結合する以前に先行していたと推定できる。原初の暴力は、ある唯一の集団の内部で起ったのであり、その集団にたいして贖罪のいけにえのメカニズムが婚姻規則を課して、その集団が分割するように強制し、あるいは他の集団と結びつくように強いたのである。それに反して儀礼的暴力は、すでに成立してしまっている集団間で展開されるのである。

　儀礼的暴力は、常に、原初的暴力よりもはるかに内部的ではない。暴力は、神話的 - 儀礼的なものになることによって、外部に移行している。この移行自体、供犠的性格を持っているのだ。つまりその移行は、原初の暴力の存在する場所をかくし、平和が絶対的に支配すべき基本的集団を、その暴力と、その暴力に関する知とから保護するのである。女の交換にともなう儀礼的暴力は、両方の集団にとって供犠的役割を演じている。結局のところ、二つの集団同士は、それぞれの集団の内部で、もうすこしうまく理解し合うために、互いに理解し合わないように申し合わせるのである。これこそすでに、一切の、《外敵》との戦いの原理である。すでに見た通り、集団の凝集、統合に潜在的に付きものの攻撃的傾向は、内部から外部へと方向づけられる。見方を変えれば、神話物語の中で、外敵との戦いとして示されている多くの戦いは、もっと国内的な暴力を覆いかくしていると考えることが(二五七)できるのである。元来、理論的(二五八)に言って互いに無関係な二つの市、二つの民族、たとえばテーバイとアルゴス、ローマとアルバ・ロンガ、ギリシアとトロイを戦わせてみせるテキストは数多いが、それらはあまりにも多くの、供犠的危機とその暴力的解決を特徴づけるさまざまな要素を争いの中に混ぜこんでいるので、《外敵の脅威》という主題の背後に部分的にかくされた、われわれに興味をおこさせる型の神話精製を示唆せずにはおかないのである。

第十章　神々、死者、聖なるもの、供犠における身代り

神々、英雄たち、これまで出会った神話上の人間たち、アフリカの聖なる王からチムシヤン族神話の疫病神にいたるすべてのものは、創始的満場一致が決定づけているように、全体として見た暴力の働きを具現化している。

はじめにわれわれはオイディプースに向かって行った。最初のうちは、『オイディプース王』におけるオイディプースは、ほとんど専ら悪しき暴力を具現していた。ただ、『コローノスのオイディプース』によってこの主人公は、積極的に恩恵をもたらすものとして姿をあらわしてくる。満場一致の暴力は創造的な役割を持っているのである。《父殺しと近親相姦》の罪を負わされた罪人が、そうした共同体の基礎づくりに責任あるものと見做されるのである。われわれは彼が民衆の尊崇の対象となる理由を理解する。

ソポクレースの二つの悲劇は、神聖化の過程《プロセス》の、対立的で継起的な諸契機〔諸瞬間〕を分離することを可能にする。われわれは『バッカイ』の中でそれら二つの瞬間を見出した。そしてそれは、悪しきものであると同時に良きものでもあるディオニューソスの二重の人格を決定する契機でもある。この神性の中では二つの瞬間が互いにめり込み合い、併存しているので、もしわれわれがソポクレースの二つのオイディプース悲劇の検討と、十分に完成されていないと同時に、はるかに直接的に贖罪のいけにえのメカニズムに

問題がしぼられているために宗教的精製過程がすけて見えるオイディプース神話から探索をはじめなかったら、二つの契機〔瞬間〕の歴史的な次元と、その起源を見定めることができなかったであろう。

『バッカイ』の神話の中ではディオニューソスは、犠牲者の役割を演じないで供犠者の役割を演じている。そうした相違にまどわされてはならない。違いは表面的には甚だしいように見えても、実際上、宗教的な領域では取るに足りないものである。つまり、暴力の働きが具現化されている神話的存在あるいは神のごとき存在は、すでに見たとおり、贖罪のいけにえの役割だけに限定されないのである。そうした存在の使命の本質的で最良なものを構成しているのは、悪しきものから良きものへの変身である。そうした存在をいわば礼拝するに値するものとするのはそういった変身である。けれどもすでに見た通り神話的人物あるいは神的存在は逆の変貌もおこなうことができるのだ。暴力に関わるもののいかなるものも、それに無縁ではないのである。神話的、神的存在は、したがって、至高の働きのいかなる点にでも介入することができる。それはいかなる役割も、あるいは一切の役割を継起的にも、同時的にさえも演ずることができるのである。ディオニューソスは、彼の生涯のいくつかの挿話の中では、もはや供犠者ではなくて、ディアスパラグモス〔八つ裂きの刑〕の犠牲者である。彼は、たとえば彼を殺そうとして結集したティーターン神族のそれのような、荒れ狂う群衆に身をまかせて生きたまま八つ裂きにされることもあるのだ。この挿話は、同類たちの満場一致の集団によっていけにえにされたザグレウス、またの名ディオニューソスという神話的人物を示している。〔二五九〕つまるところ、その挿話は前に想起した起源の神話と何ら異ならないのである。

すでにわれわれは、スワジ族の王がインクワラの儀礼の過程でいけにえと供犠者の役割を同時に引き受けるのを見た。同様なものとしては、アステカの神クシペートテックがあり、その神の信仰は、儀礼体系の中でのさまざまな可能性を一身に体現することのできることをきわめて明確に示している。この神は、ある時は、その神の身代りをつとめるいけにえの姿で自らを殺させ、自らの皮を剝がせるかと思えば、ある時は逆に、その同じ神が供犠者の姿に具現するのである。いけにえたちの皮を剝いでそれを身にまとい、いわば、いけにえに姿を変える。そしてそれはあきらかに、宗教的思考が、能動的であれ受動的であれ、暴力の働きに加わる一切の参加者たちを、互いの分身として理解していることを示しているのだ。クシペートテックは《皮を剝がれたわれらが主》を意味する。この名前は、この神の基本的役割が、われわれがすでに確認したものと同じく贖罪のいけにえの役割であることを示唆している。

ある時は相互的であり、ある時は満場一致の創始的なものである暴力という仮説は、あらゆる原始的な神の二重の性格、あらゆる人間社会におけるあらゆる神話的実体《アンテイテ》を特徴づける、悪しきものと良きものとの結合を、本当に理解する最初の仮説である。ディオニューソスこそは、《もっとも恐るべきもの》であり、同時に《もっとも甘美なるもの》なのである。同様に、雷霆をとどろかせるゼウスと《蜜のごとく甘き》ゼウスが存在する。二つの顔を持たない古代の神など存在しないのだ。もしローマのヤーヌス(二六〇)が信者たちに、順繰りに穏やかな顔と好戦的な顔を見せるとすれば、それは、彼もまた暴力の働きを意味しているからである。もし彼が遂には外敵との戦いを象徴することになったとしても、それは外敵との戦いが、供犠のための暴力の特殊な一様式でしかないからである。

原始的社会の中で暴力の完全な活動を見定めるということは、あらゆる神話的および超自然的存在の起源と構造に接近するということである。すでにわれわれは、贖罪のいけにえが畸型の分身という外観のもとに殺されることを見た。したがって一切の聖なる被造物の、あるいは一目瞭然とした、あるいはあまり目につかない畸型の性格を関係づけなければならないのは、そうした畸型の分身にである。悪しきものと良きものとの結合は、もちろん、最初の本質的な畸型であり、その他一切の差異が従属しているように思われる《良き》暴力と《悪しき》暴力との差を、超自然の存在が吸収することである。
オイディプースの畸型とディオニューソスの畸型との間には本質的な差異はない。ディオニューソスは神であり、人であり、牡牛である。オイディプースは、同一の人間たちの息子であり、夫であり、父であり、兄弟である。どちらの異形の者たちも、普通なら異なる者たち、別々な実体《アンティテ》の中で特殊化するはずのさまざまな差異を一身に具現しているのである。宗教的思考は一切の差異を同一面に置き、家族内での差異も文化的な差異も自然的な差異に同化するのである。

したがって、神話の領域で、肉体的畸型と精神的畸型の間に明確な区別をつけることは諦めなければならない。われわれ自身にしたところで、その両方の場合に同じ言葉を用いているのである。すでに見たとおり宗教的思考は、生物学的な双生児と、文化秩序の崩壊が産み出した暴力の双生児とを、区別することはないのである。

事実、オイディプース神話のあらゆる挿話はどれもこれも瓜二つである。ひとたびその事実を認めれば、この神話のあらゆる登場人物が畸型の怪物であり、外見が推測させる以上にはるかに酷似していることがわかるのである。すべての者が分身であり、したがってすべての者が畸型の怪物である。もうすでにわかったようにオイディプースは一個の怪物であり、テイレシアースも怪物である。ヘルマプロディートス（二六一）は、彼の一身の中に、男女両性の差異を持っている。スピンクスは怪物である。人間の女の頭、ライオンの胴体、蛇の尻尾、鷲の翼といったまさしく差異のかたまりである。一見、この幻想的動物と神話中の登場人物との間に差異があるように見えるけれども、事柄をすこし仔細に見さえすれば、そこには何らの差異もないことが確かめられる。スピンクスは、オイディプースにたいする場合、その他一切の登場人物と同じ地位を保っているのだ。つまりオイディプースの行く手をさえぎり、魅了する障害であると同時に密かなる手本となり、不幸の御神託、「ポボスの言葉《ロゴス》」〔追補訳注一〕をもたらす者となるのである。スピンクス以前のラーイオスやコリントスの見知らぬ男、スピンクス以後のクレオーンやテイレシアースと同じように、スピンクスは、オイディプースがその真似をしない限り、オイディプースの真似をするのである。スピンクスはオイディプースにむかって神託にそっくりの罠をかけるのである。したがってこの挿話は、その他一切の挿話に瓜二つなのである。スピンクスは、やがてオイディプースがそうなるように、悪しき暴力を具現しているのである。スピンクスは、アポローンが疫病を送りこむのと同じく、テーバイの人々を罰するためにヘーラーが送りこんだものなのである。スピンクスは、オイディプースの手によって放逐されて市が自由になるまで、数多くのいけにえを食い尽すのである。ここではオイディプースが怪物〔畸型のもの〕を退治する者として姿を見せていることに注意する必要がある。彼は、彼もまた怪物として贖罪のいけにえの役であらわれる以前に、供犠者であったのである。それは、オイディプースの場合も、その他一切の聖なる暴力の具現者たちと同様だということである。オイディプースはつぎつぎに〔継起的に〕あらゆる役を演じ得るのであり、事実、演じているのである。

　アフリカの聖なる王もまた畸型の怪物である。彼は神であり、人間であり、野獣である。単なる修辞《レトリック》に堕しているとはいえ、王の中にライオンや豹を指示する呼称は、あらゆるその他の宗教的意味表示と同じく、畸型の分身と創始的満場一致の経験に根ざしている。そこでもまた精神的畸型と肉体的畸型は混じり合い溶け合っている。オイディプースと同じく王は、異種族のものであると同時に正統な酋長の子であり、もっとも部族内的人間であると同時に、もっとも遠くに離れた外部の人間であり、比べものなき優しさの手本であると同時に、極端に野蛮な手本でもある。犯罪者であり近親相姦者である王は、彼が創設し、人人に尊重させる一切の規範を超えた、その先にいるのだ。彼は、あらゆる人間たちの中でもっとも賢いと同時にもっとも狂った者、もっとも盲目で、もっとも明敏な者なのである。ある種の儀礼の歌は、言葉のあらゆる可能な意味で聖なる怪物に王を仕立てあげるさまざまな差異の、そうした独占をうまく表現している。

王様は自分のもの（いかなる好み）を持つことはない。
王様は悪いものも良いものも持っていない。
客人（異種族の人）は彼であり、村人も彼である。
思慮分別のある人であり、気違いである。(60)

* **

御存知のようにオリュムポス山頂（二六二）が、錯乱と獣性のさまざまな行動はもちろんのこと、無数の暴行強姦、殺人、父殺しと近親相姦を自らの手柄として数えたてる神々でいっぱいであったとしても、何ら驚くにはあたらないのだ。これら神々が、人間、動物、鉱物、宇宙といった多種多様の次元の現実から借用された部分と断片から構成されているように見えるからといって、驚くにはあたらない。これら怪物たちの間に安定した決定的差異を探し求めたり、とりわけ、個人的な心理の領域、あるいは、いわゆる《集団的無意識》（二六三）の領域で有意義であることを望む諸結論をそこから引き出したりするぐらい、無駄なことはない。西欧の歴史の流れの中で発展したあらゆる学問研究の中で、おそらくこれ以上奇妙なものはないだろう。自称合理的な怪物の処理、いくつかの《原型《アルケテイプ》》への分類などは、オヴィディウス（二六四）の『変身譜』の動的で微妙な遊びを、何の諧謔《ユーモア》もなく、受け継いでいるにすぎないし、それ以上に神話の精製をなおも続行しているだけなのである。畸型の怪物について勿体ぶったお説教を垂れるだけなら、つまるところ、〔スリラー映画を見るように〕それをこわがったり娯しんだりすることと変りないのである。怪物にごまかされるだけのことで、怪物の背後にいつもかくれている自分の兄弟を認識しようとしないことなのである。

多種多様な神話上の被創造物の間の差異は、もしわれわれがそれらを共通の起源、創始的暴力に関連づけて、そこに、あるいは事実《ドンネ》そのものの中に一つの差異があることを認識することになれば、きわめて興味あるものとなるだろう。だが、その第二の可能性は研究するのにきわめて困難な事である。

ある種の宗教的な差異は、その差異を創り出す暴力のいくつかの様式に直接に基づいていると認めることはできる。このことは、アフリカのいくつもの王国の儀礼的近親相姦の場合や、ディオニューソスのスパラグモス〔八つ裂きの刑〕のような、ある種の供犠の宗礼ではきわめてはっきりしている。われわれは別な例をあげることもできるのだ。数多くの神話体系《ミトロジー》の中では、神々、精霊たち、あるいは神話の被創造物は明確に二つの範疇に分かれている。一方は《深刻《セリユー》なもの》であり、他方は《滑稽味《コミック》のあるもの》である。ギリシア人におけるヘルメースや古代ローマ人におけるメルクリウス（二六五）は喜劇的な神々である。いくつもの社会で聖なる道化《クラウン》や幇間がいる。北アメリカ・インディアンたちは自分たちの妖精神《トリックスター》（二六六）を持っている。王家お抱えの阿呆たちもいれば、阿呆たちの王もいる。あらゆる種類の一時的な君主がいる。彼らは喜劇的であると同時に悲劇的な人物であって、束の間の栄華の終りにはきまっていけにえに供されるのである。これらの人物たちは、アフリカの王と同じ資格で、しかし別な様式で、あらゆる聖なる暴力のたわむれを具現しているのである。これらはすべて集団的暴力に結びつけて考えなければならないことはもちろんだが、もっと特別に、そうした暴力のある種の様式に関係づけなければならない。《深刻な》追放の傍らには、すくなくとも部分的に滑稽なものの上に成り立つ追放が、常に存在したに違いない。現代においてもなお、社会的追放《オストラシスム》の穏やかにやわらげられた日常的にありきたりの形は、多くの場合、諧謔的な様式で実行される。大部分の現代文学は、明らかにそれとわかるにせよ、暗黙のうちにであれ、そうした現象に関わりを持っている。浮浪者、貧民、弱者などといったパルマコスの種類のような、さまざまな儀礼にいけにえとしての負担金を差し出す社会的範疇や個人の種類をちょっと考えてみさえすれば、あらゆる種類の愚弄と嘲笑の大部分が、供犠によって浄められ、排気されるために供犠の過程で外在化されるあの否定的《ネガティヴ》〔負の《マイナス》〕感情に関わりがあると推測できるのだ。

ここには、詳細な分析を必要とする厖大な事実《ドンネ》が山積みになっている。けれども、それらの事実とわれわれの綜合的仮説との関係が大して原理上の難問を提起するとは思われないので、それらを放置したままわれわれは、これまた同じ仮説と関連づけることによってあきらかになるはずの、別な宗教的諸形態にむかうことにしよう。まずはじめに、一見、われわれがこれまで見てきたものとはひどく違ったもののようだが、実のところきわめて近い一つの宗教的形態について一言したい。それは、祖先崇拝、もっと簡単に言って死者崇拝のことである。

いくつもの信仰の中では神々が存在しないか、消滅してしまっている。一切の神性に取り代っているように思われるのは、全体として見た神話的祖先あるいは死者たちである。彼らはその社会の創設者であり、同時に嫉妬深い保護者であり、そして必要とあらば文化秩序の騒乱者とも考えられている。姦通、近親相姦、あらゆる種類の違犯が蔓延し、近親者間の争いが多発する時、死者たちはいらだって、生きている者たちにやって来て、付きまとい憑依する。死者たちは生きている者たちに悪夢を与え、狂気の発作をひきおこし、悪疫をはやらせる。死者たちは親族と近隣の間に、諍いと争いをかきたてる。彼らはあらゆる退廃をよびさますのである。

危機は、死者と生者の間の差異の消滅としてあらわされる。普段は分離されている二つの王国の混淆である。その証拠に、死者たちは、文化秩序が支配している時には外的、超越的な暴力を、事態が悪化して悪しき相互性が共同体の内部に再び出現する時にはまた内在的なものとなる暴力を、具現するのである。死者たちは、まずもって彼らの秩序である共同体の秩序を完全に破壊しようと望まない。ある種の絶頂期を超えれば、死者たちは彼らに捧げられる信仰を再び嘉納し始める。死者たちは生者につきまとうことをやめて、いつもの棲み家にもどるのである。結局のところ彼らは再び退去するか、共同体の儀礼の励ましを受けて、甘んじて追い立てられることになる。死者と生者の王国の間に、再び差異がうがたれる。

死者と生者の厄介な相互浸透は、ある時は供犠の危機の結果としてあらわれ、ある時は原因として示される。死者が生者に加える罰は、違犯の結果と異ならない。きわめて小さな社会では、ヒュブリス〔過度、傲慢〕は急速にすべての成員に伝染することを想い出そう。したがって神々の復讐と同じく、死者たちの復讐は現実のものであり、同時に仮借ないものである。それは、暴力を振う者の頭上に、暴力が回帰することにほかならない。

ここでは死者たちが神々の代りをしていると断言していい。死者にたいするさまざまな信仰は、オイディプースやディオニューソスなどについてすでに記述した図式に帰着する。ただ、一つの問題が残る。つまり、死者たちは、何故、神々と同じ資格で暴力の働きを具現できるのか、という疑問である。

死は、生きている者が蒙る最悪の暴力である。したがってそれは、きわめて悪しきものである。死とともに、共同体の内部に侵入して来るのは伝染性の暴力であり、生きている者たちはそれから身を護らなければならない。彼らは死者を隔離し、孤立させる〔死者のまわりに空地をつくる〕。生きている者たちはあらゆる種類の予防措置をおこない、とりわけ、葬祭の儀礼を執行する。それらは、悪しき暴力の浄化と追放を狙っている点で、それ以外のあらゆる儀礼と酷似している。

死の原因や状況がどんなものであれ、死んだ者は常に、共同体全体にたいして、贖罪のいけにえの関係とよく似た関係にある。残された者たちの悲しみの中に、善行への決意に好都合な、恐れと励ましの奇妙な混合物がまじり込む。個人の死は、集団生活が継続し得るために支払わなければならない貢物のように、漠然とではあるが見えるのだ。たった一人の人が死ぬと、生きている者たち全部の連帯が強化されるのである。

贖罪のいけにえは、それとともに全部が死ぬ恐れがあるとおびやかされていた共同体が、新しいあるいは刷新された文化秩序の豊饒性の中で再生するために、死ぬのである。神も祖先も、あるいは神話の英雄も、いたるところに死の胚種をまき散らした後で、彼ら自身が死に、あるいは彼らが選んだいけにえを殺させることによって、人間たちに新しい生をもたらすのである。結局のところ、死が、あらゆる生の源泉であり母でないにせよ、いちばん年上の姉であると知覚されたとしても、どうして驚かなければならないのだろう？

学者たちは、死と生の合一の原理にたいするこの信仰を、常に、季節の循環と復活、植物における年ごとの樹液の再上昇に帰してきた。それは神話の上に神話を積み重ねることであり、なおも、人間関係における暴力の働きを真正面に見ようとしないことなのである。死と復活の主題は、季節の変化が存在しない地域、あるいはほとんど最小限である地域にでも花咲いているのである。このような類推《アナロジー》が実在し、宗教的思考がそれを浮きぼりにしている所でさえ、われわれは自然を、こうした問題全体〔信仰〕の本源的領域、それが根付いている場所と見做すことはできないのである。単に季節の周期性は、さまざまな人間関係のそれである一つの変態《メタモルフォーズ》〔形態の変換〕、常に何らかのいけにえの死を回転軸として持つ変態に、リズムを与え、交響楽的に編成するためにやって来るだけである。

したがって、死の中には、死があることはもちろんだが、生もまたあるのである。共同体の水準では、死から出発しない生は存在しないのだ。だから死は、真の神性、もっとも良きものともっとも悪しきものが結び合う場所としてあらわれ得るのである。おそらくはこれが、ディオニューソス、それはハーデース(二六七)と同じものだと断言した時、ヘーラクレイトスが言おうとしたことであろう。われわれは、ヘーラクレイトスのようなスケールの大きい思想家が、挿話的な、地獄の神話とディオニューソス神話を結びつけるいくつかの類似性を単に指摘しようとしているだけだなどということを、認めるわけにはいかない。この哲学者が、注意を惹きつけるのは、そうした関連の存在理由なのだ。

悪しきものと良きものという二重性は、死の物質的面にさえ見出される。腐敗解体の過程がおこる限り、死骸はきわめて穢れたものである(二六八)。暴力によるある社会の解体と同じく、生理学的な腐敗解体は、きわめて複雑な一つの差異的体系を、非差異化された塵埃に帰するのである。生き物の諸形態は無定形《アンフォルム》なものにもどるのだ。言語《ランガージュ》それ自体、もはや、生きていた者の《残したもの〔死骸〕》がどんなものであるかを正確に言うことはできないのである。腐りかけている肉体は、《いかなる言語《ラング》にも、その名を持っていない》(二六九)ものとなるのである。

ひとたびその過程が終了し、腐敗解体の恐るべきエネルギーが涸渇すれば、しばしば穢れもなくなる。いくつかの社会では、真白く乾燥した遺骨は、人々に恩恵をもたらし、すべてを豊饒にする効果を持つものと見做されている(61)。

もしもあらゆる死が、創造的追放に倣って、言い換えれば、暴力の創始的な秘義《ミステール》に倣って知覚され、儀礼化されるとすれば、反対に創始的追放は、死に倣って思い起されることもあり得る。これが、他所では神々にとっておかれている機能を死者たちが果しているどの場合でも、常におこることである。暴力の十全の活動は、ある場合には特定の祖先に、ある場合には死んだ者たちの全体に同化吸収される。創始者としての祖先の怪物的性格、その祖先が祖先であると同時にしばしばある種の動物の化身でもあるという事実は、祖先信仰の起源に畸型〔怪物〕の分身が常に存在する証拠として、読みとるべきである。神々にたいする信仰と同じく、死者信仰は、暴力の働きが共同体の運命を決定するという点で言えば、そうした働きについての、ある特殊な解釈なのである。事実この解釈は、あらゆる解釈の中でももっとも解りやすいものであり、もちろんその解釈が再び見出された満場一致のメカニズムを誤認しているという点を除けば、最初に現実におこったことにもっとも近い解釈なのである。あきらかにこうした解釈は、文化秩序の起源には常に人間の死があり、その決定的な死は、その共同体の一人の成員の死であるということを断言しているのである。

***

われわれはまず最初に、神話の英雄、聖なる王、神々、神格化された祖先といった、暴力の働きを具現すると見做される存在の仲介によって、暴力の働きを把握した。こうしたさまざまな具現者たちは、その働きを理解するのに役立つのである。つまりそれらは、贖罪のいけにえの役割と、暴力的満場一致の基本的な役割を見定めることを可能にしている。そうした具現者たちは、暴力の働きがあらゆる人間たちの中にあり、ある特殊な個人には属していないという意味ではいつだって錯覚であり、虚妄である。どの俳優でも、贖罪のいけにえを除けば同じ役を演じていることは勿論であるが、しかし誰でも、贖罪のいけにえの役を演ずる可能性もあるのである。贖罪のいけにえと、その他の共同体の成員を区別し得るであろうさまざまな差異の中に、共同体救出のこの過程《プロセス》の秘密を探し求めてはならない。そこでは恣意性が基本的なものである。これまで考察してきたさまざまの宗教的解釈の間違いは、いけにえや、その他すべての当事者が至高の暴力の活動を具現しているように見えるために、良きものへの変身が彼らの超人間的な本性によるものであると見做した点である。

このような暴力の活動に関する《人格的な《ペルソナリゼ》》解釈のほかに、非人格的な解釈がある。それは、聖なるという言葉がカバーする一切のものに対応している。もっとうまく言えば、われわれがある時は《聖なる》という言葉で翻訳し、ある時は《呪われた》と訳しているラテン語の sacer《サケル》 という言葉であろう。なぜならこの言葉は、良きものと同じく悪しきものという意味を持っているからである。かの名高いメラネシア語族のマナ[二七〇] mana〔自然霊力〕、スー語族[二七一]のウァカン wakan、イロクォイ語族[二七二]のオレンダ orenda など、大部分の言語の中に、同じような言葉が見つかるのである。

すくなくともある点から見れば、サケル（sacer）という言葉は、あらゆる言葉の中でももっとも人を欺くことの少ない、もっとも神話的でない言葉である。なぜならそれは、超人間的な存在であれ、いかなる儀式・儀礼の主宰者も、特権的な関係者の介入も、仮定していないからだ。サケルが、あらゆる神人同形論的存在を超えた外部でも理解され得るという事実は、宗教的なものを神人同形同性論[二七三]や有霊観[二七四]で定義しようという一切の試みが間違った道筋であることを、十分に示している。もし宗教的なものが、人間ならざるものを《人間化する》こと、あるいは、《魂》を持たないものに《魂》を附与することにあるとすれば、聖なるものの非人格的な把握〔理解〕は存在しないはずである。

もしわれわれが、現在のこの試論の中で言及された一切の主題を要約しようとすれば、『暴力と聖なるもの』と題せざるを得ない。こうした非人格的な把握が基本なのである。たとえばアフリカでも、他のいたる所でと同様に、すでにわれわれが近親相姦をおこなって供犠される王のいずくも変らぬドラマの中で見たような、聖なるものの二つの顔、秩序と文化的無秩序の戯れ、失われた差異と見出された差異の相互作用を指し示すための、唯一にして同じ語しか存在しないのである。この言葉は、一方では、王のあらゆる違犯、禁じられた、そして合法的でさえある一切の性的行為、あらゆる暴力および残忍行為の形態、穢れたもの、腐敗、あらゆる畸型を形容すると同時に、近親間の争い、遺恨、羨望、嫉妬……などを形容するのである。そして他方その言葉は、創造的かつ調整的な力強さ、安定性、晴ればれしさも形容するのだ。王権の活動の中には、矛盾する一切の意味が見出される。王権は、聖なる活動の化身である。しかしその同じ活動は、王権の外ででも展開され得る。こうした王権を理解するためには、それを聖なるものと関係づけなければならないけれども、聖なるものは王権の外部にも実在するのである。

供犠もまた、いかなる神と関係させることなく、唯一の聖なるものとの関わり合いの中で定義することができるのである。唯一の聖なるもの、つまりそれは、いけにえによって偏在せしめられ、その殺戮によって良き暴力に変貌されるか、外部に放逐される（それは結局同じことに帰着する）悪しき暴力のことである。共同体の内部において悪しきものである聖なるものは、それが再び外部に移動するとき、良きものに再び化するのである。「純粋神聖(pur sacré)」という言葉は、神話や宗教の中にある本質的なものを保護する。その言葉は、人間から彼の暴力を引き抜いて、それを、分離した、非人間化した実体《アンテイテ》として措定するのである。それは人間の暴力を、どこにも気ままにあふれ出て、ちょっと触れただけでもすぐにさまざまなものに染み込むことのできる一種の《液体》に変えるのである。きわめて多くの場合、経験的には正確ではあるが、それが暴力の相互性を消去してしまうが故にこれまた神話的でもある汚染という観念を、結びつけ関係させなければならないのは、もちろんこの「純粋神聖」という言葉にたいしてである。汚染という観念は、さまざまな人間関係の生きた暴力を《物化し《レイフィエ》》、ほとんど物体であるもの（quasi-substance）に変えてしまうのだ。神々という言葉よりはある点で神話的ではないこの「純粋神聖」という言葉も、別な点から見れば、はるかに神話的である。なぜならこの言葉が、実際のいけにえたちの最後の痕跡を除去してしまうからである。この言葉はわれわれに、贖罪のいけにえがなければ、聖なるものは機能することができないという事実を、隠してしまうのである。

さきほどわれわれは、「暴力と聖なるもの」と言った。われわれは同様に、「暴力または聖なるもの」と言うこともできるだろう。聖なるものの働きと暴力の働きは一つのものでしかない。民族学的思考は、おそらく、聖なるものの中に、暴力という言葉がカバーすることのできるあらゆるものを喜んで認識するだろう。だが民族学的思考は、すぐさまこうつけ加えるだろう。神聖なものの中には、別なものがある、まさに暴力とは逆のものがあるのだ、と。民族学者たちが言うように、聖なるものは秩序と同じく無秩序を、平和と同じく戦争を、創造と同じく破壊を包含している。実際、聖なるものの中には、専門家たちもその混乱を解きほぐすことを諦めてしまったほど数多くの異質な、対立し合う、矛盾したものがあるように見える。だが、創始的な暴力を見定めることは、きわめて単純な定義に道をひらくのである。そしてそうした定義は決して錯覚ではないのである。それは複雑さをごまかすことなく、事柄の単一さをあきらかにするのだ。それは、聖なるもののあらゆる要素を、理解することのできる一つの総体《トタリテ》に組み立てることを可能にしてくれる。

創始的な暴力を見定めることとは、聖なるものが自らの中に一切の矛盾したものを統合しているということを理解することである。矛盾と見えるのは、聖なるものが暴力と異なるからではなくて、暴力がその暴力自体と異なっているかのように見えるからなのである。暴力は、ある時は、人間たちを救い文化を構築するために、自らのまわりに人々の満場一致を何度も作りあげ、ある時は逆に、自らが構築したものを躍起になって破壊するのだ。人々は、そうしたものとしての暴力を讃美しない。人々は、現代文化が言う意味で《暴力崇拝》を行うことはない。彼らは、それが彼らにいつまでも享受できる唯一の平和を与えてくれるものとして、暴力を崇拝するのである。だから、彼らを恐怖せしめる暴力を通して、信者たちの讃仰が常に目標とするのは、非-暴力なのである。非-暴力は、暴力の無動機な贈物のように見える。こうした外見は理由のないものではない。なぜなら、人々は、第三者の犠牲においてしか、互いに協調することが決してできないからである。人間たちが非-暴力の秩序の中でなし得る、よりましな事は、贖罪のいけにえ一人を除いて、その他全員が満場一致になることである。

　暴力を神とした時、原始的な宗教的思考が間違っていたとしても、社会的統一の原理を人間の意志に帰することを拒んだ点では、間違っていないのである。西欧の近代世界は、現代にいたるまで、本質的暴力、つまりこの世界を完全に無化し得る暴力の、もっとも直接的に人々を拘束する形態から、幸運にもまぬかれ得たのである。こうした幸運な特権は、何人もの観念論的哲学者たちが好んで口にする例の《超克《デパスマン》〔止揚〕》の一つと何らの関係もない。なぜなら現代的思考は、そうした幸運な特権の本質も知らず、そのかくされた理由も知らないからだ。現代的思考は、そんな事があったことさえ知らないのである。したがって現代的思考は、《理性》、《良識》、《相互利益》、《納得ずくの利害》などといったものに根ざす、はっきりしたものであれ暗黙のものであれ、ある《社会的契約》の中に、常に社会の起源を位置づけるのである。したがって現代的思考は、宗教的なものの本質を見定めることができないし、それに現実的な機能を認めることができないのである。この無能さは神話的次元のものである。現代的思考は、宗教の無能さを延長している。つまり、人間の暴力に目をつむり、それがあらゆる人間社会におよぼす脅威を誤認するのである。

もっとも粗雑なものであっても宗教的なものは、もっとも《厭世論的《ペシミスト》な》ものであっても非-宗教的な思考のあらゆる思潮の目には入らない一つの真理を保持している。宗教的なものは、さまざまな人間社会が自明な何か、人間がその功績を自己に帰することのできる何かに基づいているのではないということを知っているのである。したがって、現代的思考と原始的宗教との関係は、われわれが想像する関係とはきわめて異なったものである。暴力に関しては基本的な誤認があって、その点では、われわれは宗教的思考とその誤認を共有している。けれども、その同じ暴力に関して、宗教的なものの中にはさまざまの認識要素があって、それらはまったく現実的であるのに、われわれの目からは完全に見落されているのだ。

宗教的なものは人間たちに向かって、破壊的な暴力の回帰を避けるために、彼らがしなければならないことと、してはいけないことを、まさしく語っている。人々が儀礼をなおざりにし、禁止に違犯する時、文字通り彼らは、超越的な暴力が再び彼らの間におりてきて、再び悪魔的な誘惑者と化するようにそそのかすことになるのだ。それは恐るべき賭金であり、人々はそのまわりにむらがって、互いに肉体的にも精神的にも傷つけ合い破壊し合って、もう一度贖罪のいけにえのメカニズムが働いて彼らを救わない限り、言い換えれば、至高の暴力が《それら罪びとたち》は十分に《罰せられた》と判断して凝縮し、自らの超越性を再び取り戻して、外から人間たちを見張るために、そして彼らに救済をもたらす恐怖の崇敬心をふきこむために、必要な程度の距離を置くことがない限り、彼らは完全な絶滅にまで行きつくのである。

金持ちの子供たち、愚かな特権者たちのようなわれわれの無知が思うほど「天罰（神の怒り）」は幻想ではない。それは恐るべき現実なのだ。その裁きはまさに仮借なく、その公正さは実際、神のごとくである。なぜならそれはすべての敵対者たちの上に区別なくくだるからである。「天罰」とは暴力の相互性にほかならず、暴力を制御できると信じて不幸にもそれに助けをもとめる人々の上に舞い戻ってくる暴力の自動的回帰にほかならないのだ。さまざまな西欧現代社会は、それらの驚くべき大きさとそれらの高度な組織構成の所為で、暴力の自動的な再来の法則をまぬかれているように見えはする。だからそれら社会は、そうした法則は実在しないし、かつても存在しなかったと思っている。そうした法則が恐るべき現実であると実感する思考を、幻想的なもの、幻覚的なものと片づけてしまうのである。そのような思考は、そうした法則の活動を人間の外にある力の所為にするが故に確かに神話的であるけれども、その法則自体は完全に現実的である。諸人間関係において、出発点への暴力の自動的回帰は、断じて空想的なものを含んでいない。われわれがそれについてまだ何も知らないとすれば、おそらくそれは、われわれがその法則から決定的にまぬかれ得たからでもなく、われわれがそれを《超克した》からでもない。そうではなくて、その法則の適用が、現代世界においては、われわれの目に入らない理由によって、長いあいだ、異なっていたからであろう。おそらくそのことが、現代史のいま発見しつつあることなのである。

***

一般的に言って血の、とりわけ月経の血の悪しき効力と良き効力という二重の効力から始まって、ギリシア悲劇や『トーテムとタブー』の構成に到るまで、本試論の中で考察した諸現象の中で、暴力と聖なるものの同一性に帰着しない現象は一つもないのだ。こうした同一視は幻想的で信じ難いもののように見えるので、誰しも反対したくなるけれども、身のまわりをつくづくながめればながめるほど、それが異常なまでの説得力をもつことが確かめられるのである。そうした同一視のもとであらゆる事象が符合し、そうした同一視が確実なものであるとわかるのだ。

これまでわれわれが挙げたあらゆる例に、その点ではとりわけ相応しい例をさらにつけ加えることができる。金属精錬の際に、きわめて厳しいさまざまの禁止を守らなければならない(とりわけアフリカで)のは何故か? 鍛冶屋は、なぜ聖なるものとされるのか? ここには、聖なるものにまつわる厖大な謎の中の特殊な一つの謎がある。われわれの普遍的な仮説はすぐさまその解答を示唆できる。

金属はこの上もなく貴重な財物である。それは無数の労働を容易にする。それは共同体が外部の敵から身を守ることに役立つ。けれどもそうした長所も、恐るべき代償を伴わずにはいない。あらゆる武器は両刃の剣である。それは、社会自体の内部的軋轢がひきおこす危険を、いっそう深刻化する。人々は事がうまくいっている時に得た物を、調子の狂った日には失ってしまう。そして得た物以上に失うのだ。人間たちを、ある時には統一と調和に向かわせ、ある時は分裂と葛藤に押しやる二重の性向は、金属の獲得によっていっそう強められる。

最良のものとして、そして最悪のものとして、鍛冶屋は高度の暴力を司る支配者である。したがって彼は、言葉の二重の意味で聖なるもの《サクレ》(sacré)である。彼はいくつもの特権を享受するが、人々は彼をいささか不吉な人物のように見るのだ。人々は彼との接触を避ける。鍛冶屋の仕事場は共同体の周辺に置かれるのである。

直接的な内容でないにしても、こうした現象に関する現代のある種の注釈の調子は、鍛冶場の恐ろしい魔術的効果が、原住民の中にある漠然とした意識、《高度の文明》、とりわけあらゆる文明の中でもっともすぐれた文明であるわれわれの文明のために取っておかれた領土を、少しずつ蚕食しようとする漠然とした意識をあらわしていると思わせる。そうした解釈に立てば、鍛錬技術は、人間の行動を考慮し、その技術自体の内在的な危険の故に禁じられるのではない。そうではなくて、その技術が白い人の手柄になるためにとっておかれてあるが故に、禁じられるということになる。そうなれば結局のところ、金属崇拝がすくなくとも間接的に、現実の唯一にして終局的な対象であるかのように目指すものはわれわれだ、ということになる。われわれはそれが、技術文化の壮大な自惚れであることを十分に知っている。それは、技術文化がもはや意識しないほど、技術文化がヒュブリス〔傲慢〕を指摘するための言葉さえもはや持ち合わせないほど、長期にわたる不可思議な穢れによって膨張、強化された技術文化の特徴的なヒュブリスなのである。

金属精錬に精通した民族は、いわゆる技術的な領域でそのことにおびえる理由もないし、そのことでわれわれにひそかな尊敬の念を抱く理由もない。なぜなら、彼ら自身がそれを自由にしているからだ。鍛冶場を聖なるものにしているさまざまな理由は、われわれから由来しない。われわれはその理由に関する独占権を持ちはしない。はるかな太古の、火を人間に与えたプロメーテウスのような独占権を持ちはしないのである。われわれの核爆弾と産業汚染がわれわれの上にのしかからせている脅威は、たしかに、おそらく原始的人間が半ばしか理解できなかったが、われわれが空想的なものと思い込んでいるのにたいして彼らが現実のものと見破っている一つの法則の、数ある現実適用のうちの一つである。暴力を操るものは誰でも、結局はやがて操られるであろう。

鍛冶場を外縁に置く共同体はわれわれ自身とほとんど異ならない。共同体は、彼らの活動から利益を得ようと考える限り、鍛冶屋や呪術師を放置しておく。逆に暴力のフィードバック〔帰還〕がおこるやいなや、共同体は、その共同体を誘惑した者たちに責任を負わせようとする。何かのきっかけさえあれば共同体はすぐさま、聖なる暴力を取り扱う者たちを弾劾するのである。共同体は彼らを、彼らが半ばしか所属していないその共同体を裏切り、かねがね胡散臭いと思っていた能力を用いてその共同体に害をなすのではないかと疑うのだ。金属にも、金属の精錬にもおそらくはまったく無関係な災害が村を襲っても、鍛冶屋はおびやかされる。つまり人々は鍛冶屋を殺したい気持になるのである。

聖なるもの、つまり暴力が、共同体の内部にもぐり込むやいなや、贖罪のいけにえの図式が間違いなく描き出される。何もない平穏な時期においてさえも、鍛冶屋を遇する遇し方は、魔法使いとも聖なる王とも類似している。やはり同じことなのだ。いくつもの社会で、鍛冶屋は依然として最下層の賤民であることに変りはないが、最高の審判者の役割を演じている。果てしない争いの場合に、敵対する兄弟を裁くように求められる。これは鍛冶屋が、ある時は悪しき、ある時は逆に調整的で平和をもたらす聖なる暴力のすべてを具現している証拠である。もし鍛冶屋や魔法使いが共同体の手にかかって殺されて、その暴力行為によって共同体のヒステリーが鎮静化することになれば、いけにえと聖なるものとの間の内密な関係が確証されるように見えるはずである。供犠にもとづく一切の思考体系と同じく、鍛冶屋を聖なるものとする思考体系もほとんど閉鎖的であって、いかなるものもそれを論破することはできないのである。

鍛冶屋、妖術師、魔法使い、一般的に言って聖なるものと特別な関係を享受していると見做されるあらゆる人物の、暴力による死は、自然発生的な集団暴力と儀礼の供犠の中間に位置づけることができる。儀礼の供犠から自然発生的な集団暴力まで、どこにも不連続な断絶は存在しないのである。こうした重層性〔多義性〕を理解するということは、創始的暴力と儀礼的供犠の理解、そしてこの二つの現象を結び合わせる関係の理解をいっそう深めることになるのである。

⁂

宗教的なものにたいする現代の無理解は宗教的なものの延長であり、かつて宗教的なものが、いまよりはるかに直接的に本質的暴力にさらされていた世界で果していた機能を、現代世界において果すのである。つまりわれわれは、人間社会に暴力が及ぼしている支配力を誤認しつづけているのだ。それが、暴力と神聖の同一性をわれわれが認めたがらない理由である。こうした同一性に固執しよう。それについては語彙論《レキシコグラフィー》の分野がきわめて適切である。実際、数多くの言語、とりわけギリシア語には、暴力と聖なるものが異なったものではないことをあきらかにする言葉がいくつも存在する。それらは、ここで提起した定義を見事に証言するものなのである。一般的に言えば文化的進歩、特殊的には語彙論の学者たちの努力は、ほとんど常に、未開人たちの言語が統合しているものを解体し、暴力と聖なるものの眉をひそめさせるような結合を完全に消滅させることを目指している。

われわれはそうした例を、われわれがおこない得る批判に重みを与えてくれるような質の高い著作に求めることにしよう。それはエミール・バンヴェニストの『インド・ヨーロッパ諸制度辞典』である。暴力と戦争の道具に、ヒエーロス hieros（聖なる）という形容詞を付することがかなり規則的におこなわれていて、それが研究者の注意をひき、彼らにそれを時には《強い fort》、《激しい vif》、《猛々しい agité》などの言葉で翻訳するように示唆している。ヒエーロスというギリシア語は、一般に《生命力 force vitale》と訳されるヴェーダ語(二七五)のイシラー isirah から来ている。こうした《生命力》という訳語自体、この言葉の中にあるもっと悪しきものともっと良きものの接合を覆いかくす媒概念〔媒名辞〕である。多種多様な言語の中にある「聖なる《サクレ》」という言葉が現代的思考にむかって指し示しているこの問題をうまくごまかすために、人々はこの種の妥協にしばしば助けを求めるのだ。

バンヴェニストは、ヒエーロスは暴力と関係がないと明言し、フランス語でさえ《聖なる》という言葉がおそらくラテン語のサケルから受け継いでいるにちがいないそうした語の多義性には、何らの注意も払うことなく、《聖なる》という言葉で訳すべきであると断言している。この言語学者の目から見れば、ヒエーロスがしばしば、暴力を予想させる言葉と結びついているという事実に、いかなる重要性も与えてはいないのである。この言葉のそうした用い方は、いずれの場合も彼には、その言葉が直接修飾している言葉からではなくて、何らかの神がそのそばにあるということ、完全に暴力とは無関係だと彼が考察している専ら宗教的な意味を表示するテキストの中にその言葉があるということによって、正当化されるように見えるのである。聖なるものに関わるさまざまな用語の中から、彼が不適当で許容し難いと判断する二重性を除去するために、バンヴェニストは主要な二つのやり方に助けを借りている。われわれはその最初のものをすでに見た。それは、文化的発展が弱めた二つの《対立するもの》の一方を完全に消去することである。きわめて稀れに、文化的発展がそうした二重性を腐蝕させずに、対立した意味が依然として同じように生き残っているような場合には、バンヴェニストはためらうことなく、元来二つの語《モ》でありながら偶然同じ使用語《ヴォカーブル》の中で結び合っただけであると断言するのである。これがクラートス kratos とその派生語の形容詞クラテロス krateros の場合に罷り通る第二の解決法である。クラートスは普通《神の力》と訳されている。クラテロスは、ある場合には神を形容することもでき、その場合には「神のごとく強い」、「超自然のように強力な」と訳されるが、逆にある場合には神に関するもののようには思えない物を修飾することもできるので、この語彙学者はギリシア人に、それらを神のものと見倣すことを許さないのである。

クラートスからクラテロスに移行した場合、われわれはその形容詞の中に、(三七六)名詞の場合と意味の同じ記号観念《ノション・ド・シーニュ》を期待する。クラートスは常に、英雄、勇者、首長の資質を外示《デノテ》しているから、クラテロスという形容詞が称讃的価値を持つことは言うまでもないことで、実際に確認されたことである。それだけに、クラテロスが別な用い方、つまり称讃の意味はいささかもない、非難ないし咎立てを意味する用い方の中で使われているのに出会った時には驚かざるを得ない。プリアモスの妻ヘカベーが、自分の息子のヘクトールを殺したばかりのアキレウスに向って〃アネル・クラテロス aner krateros〃と呼ぶ時（『イーリアス』第24巻212行）（二七七）、それはたしかに、アキレウスの戦士としての価値にたいする称讃ではあり得ない。P・マゾンは《残忍な英雄》と翻訳している。（二七八）アレースに付されたクラテロス（同、第2巻515行）を十分に理解するためには、この神のその他の形容詞〃殺人の miaiphonos〃、〃殺人者の androphonos〃、〃人間に不幸をもたらす brotoloigos〃、〃破壊的な aidelos〃などという語と比較してみなければならない。それらの形容詞のどれも、この神を、人に恩恵を与えるようなものとして表現してはいないのである。

こうした不一致はさらにいっそう遠くまでおよんでいて、別な関係であることがわかる。クラートスがもっぱら神々や人間について言われるのにたいして、クラテロスは同様に、動物や物を形容しており、その意味は常に《硬い、残酷な、（二七九）激しい》などである……

ヘーシオドスにおいても一部分、同じ表現の中に、われわれがホメーロスのクラテロスについて区別した二つの意味が見つかるであろう。つまり、その言葉が《非の打ちどころのないもの amumon》に結びつくときには（『神統記』1013行）（二八〇）人に好意的なという意味を、殺人者アレース（『楯』98、101行）や龍（『神統記』322行）やエリーニュスたちを形容する時には、敵意に満ちたという意味を持つのである……》

意味論的な分割の基準はここでは《称讃的価値》であり《人間に好意的であること》である。言い換えれば良きものであることである。バンヴェニストは、聖なる暴力の中で良きものと悪しきものが結合することについて語ることに耳を傾けようとはしないのである。クラテロスという形容詞は、獲物を引き裂いている最中の野獣にも、剣の鋭利な刃にも、鎧の堅さにも、もっとも恐ろしい病気にも、もっとも野蛮な行為にも、もっとも激しい軋轢や争いにも同じように用いることができる。しようと思えば、バンヴェニスト自身が用いた例をことごとく引用することもできるのである。われわれの目の前にもう一度華やかに行進するのは、供犠の危機が引きつれてくるすべての供の者である。したがってわれわれは、聖なるものの中で良くもあり悪しくもある暴力の接合を見事に啓示する用言《テルム》を目の前にしているのである。この言葉の二つの意味が、その一方を消去し得るにはあまりにも明確に示されているので、そこでバンヴェニストは、クラートスのまわりに構成された語彙総体は《きわめて特異な意味論的状況》〔二八一〕を示していると結論するのである。この語彙の総体は、単なる同質語族の外見をもつかのようである。したがってバンヴェニストは、この対立する二つの意味表示《シニフィカシヨン》を《インド・ヨーロッパ語における、まったく同類ではないにしても、形がきわめて近接した、異なる二つの語基《ラジカル》》〔二八二〕に関係づけるように提案するのである。

この提案には、クラテロスのさまざまな使用の仕方の中で完全にあきらかになっている暴力と神々しい《ディヴァン》ものとの同一性を、認めまいとすること以外の根拠がないのである。神々や英雄たちの良きクラテロスは、怪物や疫病や野獣の悪しきクラテロスと同じものでしかないのである。バンヴェニスト自身、彼が考える分割の無意味さをあきらかに示す例を引用しているのだ。「クラテロスなアレース」の例である。アレースは残虐である。それはその通りだが、彼もまたそれでもなお神である。バンヴェニストは、そこで問題になっているのは悪しきクラテロスであると断言する。おそらくはその通りであろう。だがそれでもなお、われわれは一人の神を相手にしているのである。ここで問題になっているのは、古代世界では戦争の神と見做される神である、という事実である。戦争が神格化され得るという事実は、恐らく、アウグストゥス帝〔二八三〕やルイ十四世〔二八四〕に捧げられた詩歌の中で、神話的きまり文句がわれわれに想定せしめるような、意味を欠いたものではないであろう。

合理主義的な辞書の観点からすれば、聖なるものは、まだ十分に粗雑さを脱しきれない意味に属するもののように見えるだろうし、あるいは逆に、後になればなるほど混乱し、もつれてしまう意味であるように見えるのである。この語彙学者は、一切の《多義性》、一切の《混乱》、一切の《不確かさ》が、完全に一義的[二八五]な意味表示の明快さに場所をあけわたすまで、意味の区分け〔差異化〕を押しすすめるのが彼の義務だと考えるようになっているのである。そのような仕事は、いつだってすでに始められているのである。前に見た通り、宗教的な解釈がすでに、聖なるものに基づくさまざまな現象を、あるいは良い方に、あるいは悪い方に、傾斜させようと試みているのだ。人々が進歩すればするほど、聖なるものの二つの顔を、独立した二つの実体《アンティテ》に仕立てあげようとする傾向がますます顕著になる。たとえばラテン語の場合、サケル sacer[二八六] は本来の二重性を保持しているけれども、良い面だけを表現する言葉の必要性が感じられて、その二重語のサンクトゥス sanctus〔聖なる〕があらわれるのである。ご覧のように、現代語彙論の諸傾向は、本源的な経験の痕跡を徐々に消してゆき、暴力の真実を常にいっそう近づき難いものにしてゆく連続した神話精製の中に書き込まれているのである。

それにも拘らず、ある種の著作家たちはそうした傾向に歯向かっている。たとえば、ディオニューソス（バッコス）の女司祭、あるいは一般的にバッコス信女を意味するテューイアス thyias という語について、彼の『ディオニューソス』の中でH・ジャンメールが与えている見事な注解がそれである。このテューイアスは、動詞テュイエイン thyiein〔テュエインの誤植？〕の派生語であって、それからのもう一つ別な派生語テュモス thymos については前にわれわれが述べた通りである〔本書二四三ページ〕。H・ジャンメールの注解は次の通りである。

確かだと思われる語源学は、テューイアスというこの語を、ある種の多義性を含む一つの動詞に関係づけることを許してくれる。多義性を含むと言ったのは、その動詞が一方では、供犠をおこなうという意味をあらわし、他方では、烈しく突進する、あるいは、嵐や、大河や海の水のように渦巻く、大地に流された血のように泡立つ、そしてまた憤怒や激怒のあまり心が煮えくり返る[二八七]、という意味をあらわすからである。今日、時折そうするように、これら二つの語義を分離して、異なった二つの語根の語彙に分割する必要はない[二八八]。とりわけ、もしわれわれが、そうした荒れ狂う渦巻きが、バッコス信者を特徴づけるトランス〔催眠失神〕の状態に到達する興奮様式の一つに対応していること、スパラグモス〔八つ裂き〕であれ、ほかのやり方であれ、供犠はその種の宗礼をいつも伴っていたこと、あるいは、ある種の古代型の供犠は、供犠を行う者たちのエクスタシー的宗礼の機会であり得たことを認めるならば、この二つの語義を分離する必要はないのである。だからこそ現代の研究者たちは、供犠されるいけにえの断末魔の恐怖における痙攣と、憑かれた者の痙攣的な興奮を、二つながら神の存在と神の支配の表現として解釈して、その両者の間にアナロジー〔類似〕を感じとり、アナロジーが明確に表明されていると認めるのである[62]。

＊＊＊

贖罪のいけにえのメカニズムの機能による暴力と聖なるものの明確な同一視は、われわれが本書の冒頭の数章でその原理を提示した供犠の理論を、いまや完全なものにすることを許してくれるだろう。前にわれわれは、供犠を神への貢物とする伝統的解釈、超越性がしばしば《食べる》食糧としての捧げ物であるとする伝統的解釈を拒否してきた。そうした解釈は神話的であることは確かである。けれどもだからと言って、それが単に空想的であると結論すべきではない。爾後われわれは、その点についてさえ、宗教的言説が、現代の研究者がその言説に取り替えようと試みた一切のものよりもはるかに真実に近いということを、理解できるのである。

　暴力が供犠のための殺害によって偏在化されるということから、暴力は鎮まり平穏化する。暴力が放逐されると言ってもいいだろうし、暴力が、決してそれと区別できない神の実体につけ加わってゆくと言ってもいいだろう。なぜなら、供犠の一つ一つは、原初の満場一致の瞬間、つまり、神が初めて最初にあらわれた瞬間に産み出された絶大な鎮静化を、はるかに小規模な形で再現するからである。人間の体が食糧を血と肉に変える機械であるのと同様に、原初の満場一致は悪しき暴力を安定と豊饒に変えるのである。他方、そうした満場一致が産み出されるということから、その満場一致は、もっと弱められた形でそれ自体の操作《オペラシヨン》を際限もなくくり返すための機械、つまり儀礼的な供犠を据えつけるのである。もし神が、最初に大量に排出された暴力以外の何物でもないとすれば、儀礼の供犠がそれにもち込むものは、常に、ほんの僅かな神自体の実質、神自体の暴力である。供犠が、人々の望む効果をあげ、悪しき暴力が良き安定に変貌するごとに、人々は、神がその暴力の供物を嘉納し、それを召しあがると言うことができるのである。あらゆる神学が供犠の作用を神性の管轄下に置いているのは理由のないことではない。うまく成功した供犠は、暴力が再び内在化し、相互的なものになることを妨げるのである。それは、供犠が、外在的で超越的で良きものである限りにおいて暴力を強化するということである。供犠は、神がその力強さを保存し増大させるために神の必要とする一切のものを、神に供給するのである。悪しき内在性を《消化》してそれを良き超越性、つまり神自身の実体に変えるのは、神そのものである。こうした食物との隠喩は、多くの場合いけにえが、習慣的に人間の食べる動物、実際に食べるに適した肉をもつ動物が用いられるという事実によって正当化される。このような栄養摂取の過程《プロセス》の背後に、われわれは、暴力の働きと暴力のさまざまな変貌《メタモルフォーズ》を完全に見定めるのである。したがって、科学的な真理の領域ではどんなに間違っていようとも、供犠に関する宗教的言説は、宗教に関わる唯一の領域、つまり暴力から保護すべきさまざまな人間関係の領域においては、完全に真実なのである。もし人が神に食物を供えることを怠れば、飢えて苛立ち、神自身比類なき残虐さと獰猛さで人間の間に食物を探し求めない限り、神は遂には死滅してしまうであろう。

贖罪のいけにえは、多くの場合、殺されるし、常に共同体の外に放逐される。鎮静化した暴力は、いけにえと共に、放逐されたと見做される。暴力は、いわば、外部に投げ出されるのだ。暴力はその存在を絶えずあらゆるものに浸みこませると見做されているが、文化秩序が内部で尊重されている間は、その共同体は例外である。

ひとたび共同体の境界をこえるやいなや、限界も境界線も知らない野蛮な聖なるものの中に入りこむことになる。そうした聖なるものの王国に属するのは、単に、神々や超自然な生物、あらゆる種類の怪物、死者ばかりではない。文化とは無縁である限りにおいて自然も、宇宙も、他の人間たちさえもそうである。

しばしばわれわれは、未開人たちが《聖なるものの中で》生きていると言う。そのように言うことは、自分たちだけが聖なるものから出現すると信ずる未開人自身と同じように考えることである。彼らは、実は不安定な状態だが彼らを聖なるものの外に維持してくれている聖なるもの自体の命ずるさまざまな掟に、自分たちだけが従っていると思いこんでいるのだ。見慣れぬ者たちはそうした同じ掟に従ってはいないので、完全に人間であるとは見ないのである。見慣れぬ者たちは、ある時はきわめて不吉なもののようにも見え、ある時はきわめて良きもののようにも見える。そうした者たちは聖なるものにまみれているのだ。

いかなる共同体にしても自らを、ある時は平穏無事であり、ある時は脅威にみちて波立つ、海岸も見えない大洋に迷うただ一艘の船のように知覚する。十分ではないにしても、沈まないために必要な第一の条件は、大洋それ自体が課する一切の航海法に服従することである。けれども、もっとも細心な用心さえ、ただ浮いているだけのことさえ保証しはしないのである。船体は水が漏れる。油断のならない液体は絶えず浸み込んでくる。儀礼を何度もくり返すことによって、船が水でいっぱいになるのを防がなければならない……。

共同体が聖なるものについて何もかも恐れなければならないにしても、共同体がすべてを聖なるものから得ていることもまた事実である。共同体は、自らがひとり聖なるものの外に位置していると信じながらも、それ自身、聖なるものによって産み出されたものであると思わなければならない。われわれはいま、共同体が聖なるものの外側に位置すると信じていると言ったが、そう言わざるを得ないからである。すでに見たように、創始的暴力は、人間の行為としてではなく、自己自身の追放を行い、自己自身の外に共同体を存在せしめるために身を退けることを受け入れる聖なるものの行為として、姿をみせているのである。

見ただけでもはっきりした聖なるものの至高性と、あらゆる面に存在する共同体と聖なるものとの極端な不均衡を少しでも考えてみれば、すべての領域で主導権《イニシアティヴ》が聖なるものの側にあるように見えることは、もっとうまく理解される。共同体誕生は、何よりもまず、一つの分離である。これが、断絶のさまざまな隠喩が創始的儀礼の中でしばしばあらわれる理由である。たとえば、インクワラの王の儀礼の本質的な〔重要な〕ジェスチャーは、新年を切り離すこと、嚙み切ること、切り取ることである。つまりそれは、共同体に浸み込む限り必然的に悪しきものである聖なるものと断絶することによって、新しい時間の循環を始めることなのである。浄化《カタルシス》、潔め、みそぎ、悪魔祓いについて語られる時、そこに支配しているものは排泄と分離の観念である。現代的思考は、悪しき要素を部分的に払い落してしまった宗教的なものから原始的現実を解釈しようと試みるために、共同体と聖なるものとの諸関係を、仲介という唯一の様式においてとらえるのである。だがわれわれはすでに、聖なるものが神々や神話上の英雄や死者たちを仲介にして入りこむ共同体と聖なるものとのあらゆる混淆が、すべてもっぱら悪しきことであることを見たのである。

だからと言ってそのことは、仲介的要素が存在しないという意味ではない。共同体と聖なるものとの完全な分離は、もしそれが本当に考えることのできるものだとすれば、完全な混合と同様、恐るべきことである。あまりに大きすぎる分離は危険である。なぜなら、その分離は、聖なるものが力に逆戻りし、致命的な巻き返しをおこなうことによってしか終らないからである。聖なるものがあまりに遠ざかれば、好意から人間たちに、それ自身から身を守ることができるようにと教えたさまざまな掟を、人々が無視し、忘却しさえする恐れがあるのだ。だから、人間の実存はあらゆる瞬間に聖なるものによって支配され、聖なるものによって規制され監視され豊饒化されつづけている。ハイデッガーの哲学における実存《エグジスタンス》と存在《エートル》との関係(二八九)は、共同体と聖なるものとの諸関係ときわめてよく似ているように思われる。

このことは単純に言って、人間が暴力の中で生存できないにしても、暴力を忘却してもまたそれほど長く生きることはできない、あるいは、儀礼の命ずる諸規則と諸禁止を無視して、暴力を単なる道具、忠実な召使いにするといった幻想の中でも生きることはできないという意味である。いまだ弛緩したものを持たない、注意深く秩序立った平穏の中で繁栄するために、あらゆる共同体が聖なるものとの間で保つべき関係の複雑さと微妙な性格は、そのものずばりの真理がないのだから、最適な距離という用語でしかほとんど表現することができないのである。共同体はあまりに近々と聖なるものに接近しすぎてはならない。

そうでなければ共同体は聖なるものにむさぼり食われてしまうだろう。けれどもまた、恩恵を与えてくれる脅威からあまり遠く離れすぎて、豊饒をもたらしてくれるその存在の効力を失う羽目におちいってもならないのだ。

このような空間的解釈は、たとえばアフリカの聖なる王のような、特別な人物に、聖なるものが具現化していると見做すどの社会でも、直接に観察できるものである。共同体の真中に、聖なるものの強く浸みこんだ存在がいるということは、もちろん特別な問題をひきおこすのである。ある場合には、王は家来の死を事実そのままに (ipso facto) 喋りながら決して大地に触れてはならない。そうすれば彼はただちに大地を汚染するのである。時には、王が自分で食事することが禁じられる。もし彼が自分の手で何かの食べ物に触れれば、あらゆる普通の人々にとって、それは危険な食べ物になるのだ。また、同じく聖なる畸型の者〔王〕が注意深く人の目から隠されることもある。それは彼自身を守るためではない。もしその目に見据えられたら、ショックで死ぬかも知れない彼の臣下の保護のためである。

これら一切の用心は、あまりに直接的な接触を予防するためである。そうした慎重さは、それほど異常な人物を部落にとどめておかざるを得ないことが、その社会にとって不幸だということを意味していない。ご存知の通り、王はきわめて不吉なものであり、また、きわめて良きものなのである。つまり、暴力と平和の歴史的な交代が、時間から空間に移行されているのだ。その効果は、現代技術におけるある種のエネルギー転換に似ていなくもない。それはおそらく、宗教的思考がすでに、自然からいくつかの手本を引き出しているからであろう。

王の前で、その権力、つまりそのシルウァネ〔威光〕の過剰に悩まされる思いの臣下たちも、もし王がまったく存在しなければ、恐怖におびえることであろう。われわれの《臆病さ》とわれわれの《尊敬の念》

も、実のところ、それと同じ現象の弱まった形にほかならない。聖なる化身を前にしては、悪しき効果から身を守りながら、良き効果をむかえ入れるための最適な距離があるのである。絶対的なものについても、火と同じである。あまりに近寄れば、焦げたり燃えたりするし、離れすぎては効果がない。そうした両極端の間に、ものをあたため、あたりを照らし出す火があるのだ。

⁂

前に見たとおり、一切の供犠的儀礼は二つの身代り〔置き換え〕にもとづいている。第一の置き換えは、共同体のすべての成員に、たった一人のいけにえを取りかえる創始的暴力によって、提供されている。第二の置き換えは、それだけが儀礼に独自なものであるが、贖罪のいけにえの代りに供犠のいけにえを取りかえる置換である。ご存知のように、供犠することのできるいけにえの範疇《カテゴリー》を本質的に特徴づけているのは、それらがきまって共同体の外にあるということである。逆に贖罪のいけにえは共同体の一部をなしていたのである。したがってわれわれは儀礼の供犠を創始的暴力の不正確な模倣として定義した。そこで、供犠が何故、もっとも相応しいものと思えるいけにえ、原初のいけにえにもっとも似ているいけにえ、つまり共同体の他の成員をいけにえにすることを、きまって避けるのかという理由を考えてみなければならない。

いまわれわれが指摘した原初のいけにえと儀礼のいけにえとの間に差異があることの必要性は、おわかりのように、機能の面で完全に説明できる。供犠のいけにえが贖罪のいけにえと同じようにもし共同体に所属するものであったら、供犠は暴力を抑制するどころか、むしろ荒れ狂わせることになろう。創始的暴力の効果を新たにさせるどころか、新しい供犠の危機の口火を切ることになるだろう。けれども、いくつかの条件が実現されるべきであるということだけでは、それらの条件を実現することのできる諸制度の存在を正当化するのに十分ではない。供犠についての第二の置き換えは、解決しなければならない一つの問題を提起しているのだ。

われわれはまず最初に、元のものとその写し、原初のいけにえと儀礼のいけにえとの間の違いを、人間理性の介入、共同体の内部から外部への移行を容易にするであろう基本的な良識《ボン・サンス》によって説明しようという気になる。そうなれば、いけにえの二つの型の間の安全装置的な食い違いは、現代的なヒューマニズムの意味で、供犠の《人間的な》要素であると容易に見做されるかも知れない。われわれが前に供犠の策略と名づけたものは、実際には、儀礼によるミメーシス〔模倣〕の要求に目をつむり、似而非《えせ》宗教的義務と共に気ままにふるまう供犠者たちの策略だということになってしまう。彼らがそうしたのは、おそらく彼らが心ひそかに、現代人であるわれわれが一切の儀礼の無意味さと甲斐なさを最初に知り、最初におおっぴらに宣言したと思っていることを予感していたからに違いない、ということになる。懐疑という言葉ができる以前の懐疑的態度、われわれの態度を予告する一つの態度の前で、すでに狂信が、供犠の第二の身代りと共に退却したと想像することは心そそられることである。

だが、こんな仮定を本気で信ずることができないのはあきらかである。だいいち、いけにえが、捕虜、奴隷、子供といった人間たちであり、聖なる王やそれに類似する供犠の場合に、共同体の成員とさえ思われるような数多くの社会があるのだ。聖なる王の場合には、供犠に関する第二の身代りがないように見えるかもしれない。だから、贖罪のいけにえを対象とする原初の暴力と、それに引き続くいくつもの儀礼的模倣との関係は、聖なる王の場合にとりわけ明瞭に見えるのである。前に本書の第四章で、贖罪のいけにえと儀礼との関係をあきらかにしなければならなかった時、われわれは、原初のいけにえと儀礼のいけにえの間の極端な近さのために、聖なる王を参考にしたのだ。

けれども、聖なる王のこの例の中には、供犠の第二の身代りが存在しないと結論すべきではない。創始的暴力の本当に正確なくり返しなど、定義上、不可能なのである。やがて供犠されるものが共同体から得られる場合にしても、贖罪のいけにえの役を果すために選ばれるという事実だけでも、彼を、そのまわりに居るすべての者とは異なる者にし、それらの人々との正常な関係から彼を引き離すのである。それは彼を、ただ一人の個人しか含まない範疇《カテゴリー》だが、同時に、他の社会でなら牛や羊の範疇《カテゴリー》とほとんど同じ資格で、供犠し得るものという形容詞に価する一つの範疇に編入するためなのである。

もしも、供犠のための未来のいけにえとして選ばれるということが、選択の対象を変貌させるのに十分だとすれば、言い換えれば、それをすでに聖化された存在にするのに十分だとすれば、多くの場合、われわれの目から見て、原初のいけにえと儀礼のいけにえとの間にあるように見える食い違い、差異の原理を探り出すことは困難でない。いけにえが殺される時、それは聖なるものに属する。自らを放逐させ、あるいは彼自身自らを放逐するのは聖なるもの自体である。したがって贖罪のいけにえは怪物的〔畸型の〕性格を持っている。人々は、共同体の他の構成員の中に見ているものを贖罪のいけにえの中に見ることをやめたのである。

多くの場合、供犠し得るものの諸範疇が、共同体に所属せず、かつても所属したことのない存在によって構成されているとすれば、それは何よりも贖罪のいけにえが聖なるものに属しているからである。逆に、共同体は聖なるものから抜け出て出現する。したがって、共同体の一部をなす者たちは原則的に、贖罪のいけにえを表象するのにもっとも適さないのである。こうして、儀礼のいけにえが共同体の外で、聖なるものが彼らの通常の棲み家であるが故に日頃聖なるものにひたされた存在、動物、見慣れない者たちなどの間から選ばれる理由が納得できる。

われわれのような客観的な観察者の目に、共同体の他の構成員がどんなに原初のいけにえに似ているように見えようとも、したがって、正確な模倣という仮説からどんなに供犠されるのに適しているように見えようとも、原初の宗教的体験によって、創始的暴力それ自体によって産み出された観点では、そうはいかないのである。事実そうした観点では、贖罪のいけにえは変貌しているのだ。暴力から共同体を護り、信ずる者たちに、互いの間から原初のいけにえに代り得る者を見つけることを禁じ、したがって彼らが再び相互的暴力の中に落ちこむことを防ぐのは、その変貌なのである。人々が共同体の外に儀礼のいけにえを見つけ、あるいはいけにえを選ぶということでそれにある種の外在性を与えるとすれば、それは、贖罪のいけにえがもはや今では、それがかつてそうであったもののようには見えないからである。贖罪のいけにえは、他の者たちのように共同体の一員であることをやめてしまったのだ。供犠における第二の身代りの遠心的力学が根づいているところは、宗教的なもの自身、安全装置的誤認の中であり、生まれつつある懐疑的態度の所為にすべきではない。供犠の第二の置き換えの原理は、宗教外への脱出の始まりと何の関係もないのである。共同体がそのことについて容赦されるとしても、それは共同体が正確な模倣の掟から逃げ出すからではなく、共同体がその掟を綿密細心に遵守するからなのである。供犠における第二の身代りの中には、われわれの懐疑論がそれに送ろうとする共犯めいたウインクに価するようなものは何もないのだ。供犠の策略《トリック》はその制度そのものの策略であって、供犠者たちの策略ではない。

けれどもまた、上述のことから、贖罪のいけにえが単に共同体と無縁のものとして知覚されるはずであると結論すべきでもない。贖罪のいけにえは、畸型の分身にほかならないのである。それは一切の差異を吸収し、とりわけ共同体の内部と外部との間の差異を併合してしまった。贖罪のいけにえは共同体の内から外に自由に動きまわると考えられている。したがってそれは、共同体と聖なるものの間の、連結線《トレ・デュニオン》であると同時に分離線《トレ・ド・セパラシヨン》でもある。(二九〇)こうした並はずれたいけにえを表象することができるためには、儀礼のいけにえは、理想的に言えば、共同体と聖なるものの両方に同時に属していなければならないのであろう。

いまやわれわれは、儀礼のいけにえがほとんどいつも、完全には外部のものではなく、しかし共同体の外縁部《マルジナル》にある範疇、奴隷、(二九一)子供、家畜などといったものから引き出されてくる理由を理解する。前に見たとおり、この疎外性《マルジナリテ》〔限界性〕が、供犠に、その機能を果すことを可能にするのである。

いけにえが人々の攻撃的性向を偏極せしめ、その移行が実行されるためには、連続性の切れ目〔断絶〕があってはならないし、儀礼のいけにえへの、共同体構成員たちの《換喩的《メトニミック》》滑り込み(二九二)がなければならず、言い換えれば、いけにえがその共同体からあまりに無縁でありすぎても、十分に無縁でなくてもいけないのである。すでにわれわれは、そうした両義性〔曖昧さ〕が、供犠の浄化的効果にとって必要であることを知ってはいたが、どのようにしてそれが具体的に実現されるのか知らなかった。われわれは、供犠のような複雑で微妙な制度の設置が、その発案者（それはまた利用者でもあるが）もその機能の秘密を理解しないのに、いかなる奇蹟によって実現し得たのか知らないでいた。いまやわれわれは、すくなくとも現在われわれの興味をそそる段階では、いささかの奇蹟もないということがわかる。儀礼的思考は、可能な限り畸型の分身にそっくりのいけにえを供犠しようと望むのである。しばしば供犠のためのいけにえが徴募される縁辺部の諸範疇は、そうした要求に必ずしも完全には答えないけれども、それにもっとも近いものである。共同体の内部と外部の間に位置しているので、そうした範疇は両者に同時に所属すると見做すことができるのだ。

儀礼的思考は、儀礼のためのいけにえを提供するのにもっとも適した範疇を生き物の中に求めるだけでは満足しない。儀礼的思考は、それらのいけにえを、儀礼的思考が原初のいけにえについて抱く観念にいっそう適合するものにするため、そしてまた同時に、浄化作用の面でそれらいけにえの効果を増大するために、さまざまな形で介入する。われわれは、そうした種類の介入にもとづく一切を、供犠の準備と言いたい。なぜならこの場合、供犠の準備という言葉は通常の意味よりもっと広い意味を持つからである。《供犠の準備》は必ずしも、いけにえを殺して捧げるという行為に直接先行する儀礼行為にだけ限定され得ないのである。

いけにえは、内と外に、同時に属さなければならない。内と外との間の完全に中間的な範疇は存在しないから、供犠しようと思うどんな生き物も、常にある程度まで、それに期待する矛盾した資格のどちらかを欠いているだろう。それは常に、外在性の点で、あるいは内在性の点で欠陥があり、同時にその両方の面にまたがっていることはないだろう。目指す目的は一つである。つまり、そのいけにえを十分に供犠するに足るものとすることである。したがって広義における供犠の準備は、きわめて異なる二つの形であらわれるだろう。その一つは、いけにえを、いっそう共同体と関係のないものにすること、つまり、あまりにも共同体に統合されすぎたいけにえに、聖なるものをしみこませることであり、その第二は、逆に、あまりに無縁でありすぎるいけにえを、もっと共同体の中に統合することである。

聖なる王は、第一の型の準備の例である。王として選ばれることは、その未来のいけにえを、彼が再び化身するはずの畸型の分身にするのに十分ではない。人々が聖なる王に近親相姦を行なわせ、考えられる一切の形で悪しき聖なるものを吸収させるのは、彼の中にある過度の人間らしさを除去するためであり、共同体から彼を遠のかせるためである。準備期間の終りには、王は、前に定義した聖なる怪物に彼を仕立てる内在性と外在性を、同時に所有することになるのだ。

いけにえが、内在性ではなくて外在性の過剰のために欠点がある場合に同様の結果を得るためには、逆の方法によらなければならないだろう。『神性と体験』の中でゴドフリー・リーンハートが記述したような大きな家畜の供犠は、第二の型の供犠の準備の例である。[63](二九三)

ディンカ族では、群れから引き出した直後に動物を供犠することは決してない。人々はあらかじめそれを選んで仲間から引き離し、人間の住居に近い特別な場所で飼う。それを繋ぐのに用いる索は、供犠用の動物専用のものである。人々はその動物について、それを共同体に近づけ、もっと緊密に共同体へ組み入れる祈りの言葉を言うのだ。(二九四)すでにわれわれは本試論の冒頭で、いけにえを人間に完全に一体化する同じような祈りを引用しておいた。[64]

結局のところ、普通の場合ディンカ族と家畜の間に存在する親密さがどんなに濃厚であろうとも、それだけでは供犠を権威あるものにするのにまだ不十分であることはあきらかである。原初の追放される者の役割を動物に演じさせ、それが相互的な敵意を自らに引き寄せることのできるものとし、つまるところその動物が《きわめて聖なるもの》に変身しないうちに、共同体の全構成員がそれに彼らの怨恨を集中するのに相応しいものを見るためには、人間と動物の同一視を強化しなければならないのだ。

ごらんのごとく、供犠の準備は、きわめて多様な、時には矛盾する行為によって成り立っているが、どれも求める目的に完全に合致している。宗教的思考は誤りなき洞察によってその目的に向かってゆくのである。宗教的思考は、それと知らずに、浄化的効果の諸条件をすべて実現するのである。それは、できる限り正確に、創始的暴力を再現することしか決して求めないのだ。それは、原初のいけにえの中に認められると思う両義的存在にできる限り似た供犠のいけにえを、手に入れようと努力し、必要とあらばそれを作り出そうとつとめるのである。したがって宗教的思考がまねる手本は、本当の手本ではない。それは畸型の分身によって変形された手本である。その変形要素、つまりその根源的相違が、すべての宗教的思考を、原初のいけにえとはかなり違ったいけにえの方に、ある時はそのまま、ある時は供犠の準備のおかげで向かわせるのである。その結果、儀礼の供犠は原初の集団暴力とずれをおこし、異なったものになる。こうして儀礼としての供犠は、それが機能するように求められる社会のさまざまな要求に釣り合った浄化的効力を、記念的儀礼に保証するのである。

この見事な照応に注目しなければならない。われわれは再び、宗教的誤認というものは、儀礼的供犠、そして一般的に言って宗教的なものが、社会に与えたきわめて現実的な保護にほかならないことを確認するのである。

第十一章　あらゆる儀礼の単一性

前述の分析は、しばしばその残忍な性格のために《標準からはずれた〔異常な〕》ものと判断されている儀礼の諸形態を、われわれの概括的仮説の中に統合することを可能にするだろう。それらは実のところ、創始的暴力を欠いた他の諸形態以上に解釈不可能なものではない。むしろ逆に、われわれの仮説に照らしてみれば、完全に解読可能である。本来、共同体とひどく無縁ないけにえをそれに統合することにある供犠の準備の第二の型は、ブラジル北西部に住むチュピナムバ族がかつておこなっていたような、儀礼的人肉食のもっとも著名でもっとも際立った形態に、容易に近づくことのできる道を開くのである。

　チュピナムバの人肉食習慣は、『南アメリカ・インディオの信仰と呪術』の中でアルフレッド・メトローが注釈を施したいくつかのヨーロッパ人研究者のテキストによって知られている。ここではわたしは、わたしの解釈に関係のある点についてしか触れまいと思う。残りについては、同書および、同じ著者の前の労作である『チュピナムバ族の信仰および他種族テュピグアリニの信仰との関係』を読まれることを読者におねがいしたい。[65]

　人も知るごとくチュピナムバ族は、西欧の文学と思想の中に、きわめて卓越した地位を得ている。[二九五]モンテーニュが『随想録』のある有名な一章の中で言及しているルーアンで出会った二人のインディオはこの種族に属している。西欧的人間主義《ヒューマニズム》のすでに長い歴史の中で誰でもその幸福を知っているこの善良な野蛮人の[三九六]、十八世紀以前のもっとも名高い肖像画のモデルがチュピナムバ人たちであったということを記するのに、無関心ではいられない。

首尾よく捕えた敵をすべてむさぼり食う未開種族間の風土病的な戦争状態と切り離し難いチュピナムバの人肉食は、きわめて異なった二つの形を引き受けている。彼らは、戦いの最中に殺した敵の屍体を、いとも簡単にその場で食べてしまう。共同体とその掟の外側では、儀礼の余地はない。無差別な暴力が完全に支配している。

いわゆる儀礼としての人肉食は、村に生きたまま連れて来られた敵だけを対象にしている。これらの捕虜は数ヵ月、時には数年間を、結局は彼らを食うことになる人々の間で親密に過ごすのである。彼らは村人の仕事を手伝い、村人の日々の生活にとけ込み、村人の娘の一人と結婚する。つまり、やがて彼らを供犠する者たち（なぜなら、やがておわかりのようにこれは一つの供犠なのだから）と、村人たち同士が結び合うのとほとんど同じ関係を作りあげるのである。

捕虜は矛盾した二重の取り扱いの対象である。時にはその捕虜は尊敬の対象であり、崇拝の対象でさえある。性についての特別待遇がなされる。別な時には人々は彼を罵り、侮辱し、暴行を加えるのである。

彼を殺すことに決めた日の少し前、人々は儀礼として捕虜の逃亡をけしかける。この不運な男はすぐに捕えられ、重い綱がはじめて彼の両足にかけられる。彼の主人は食物を与えることをやめる。その結果、彼は食物を盗まなければならない。メトローが注釈した著者の一人は、捕虜が《その時期にはいつでも、「牝鶏」や「鵞鳥」やその他のものを、叩き、ぶちのめし、盗み、誰にも邪魔されずに、自分の死の仕返しとしてできる限りの悪さをしていいという許可》を得ると、はっきり述べている。つまり人々は、その末来のいけにえの非合法なさまざまな活動を奨励し、いけにえを違犯にむかうよう運命づけるのである。現代の大部分の研究者たちは、この段階で、このやり方の目的が《贖罪の牡山羊》への捕虜の変身であることを一致して認めるのだ。

フランシス・ハックスレーは捕虜のさまざまな役割とその運命についてつぎのように要約している。

> 矛盾したさまざまの役割を演じ、具現するのが捕虜の運命である。彼は、人々が共同体内に取り込んだ敵である。彼は、人間の地位を占め、人間の名誉のためにやがて殺されるのである。彼は婚姻による親族であると同時に社会の除け者《オール・キャスト》〔賤民〕である。彼は尊敬されると同時に軽侮される。贖罪の牡山羊であり英雄〔半神〕である。人々は彼をこわがらせようと努めるくせに、もし彼が恐れる様子を見せれば、人々は彼が、彼を待ち受ける死にふさわしくないものと判断するのである。きわめて社会的なこれら一切の役割を引き受けることによって、彼は、言葉の十全の意味で人間となり、その社会がひきおこすさまざまな矛盾を例証するのである。それは、死に到達するしかない、あり得べからざる立場《シチュアシヨン》なのだ。このあり得ないことは、儀礼が彼に、神話的英雄の力と属性を賦与するとき、なおも強化される。彼は、神話的英雄の心中に巣くう別世界を表象するものとなる。人々が彼と共に生きることができないほど余りにも神聖なヤーヌスのごときものとなるのである。[66]

社会の一切の矛盾が投げ棄てられるいけにえが、結局のところ《人間性の充満》としてではなくて、畸型の分身として、神性として姿をみせるという点を別にすれば、ここですべてが見事に定義されている。ハックスレーの言う通りである。ここで姿をあらわしているのは、さまざまな人間関係と社会の真実なのである。だがそれは支えきれないもの〔我慢できないもの〕なのだ。だからこそ、それを厄介払いしなければならない。創始的暴力の本質的機能は、そうした真理を放逐すること、人間全体《ユマニテ》〔人間性〕の外部に置くことなのである。

共同体の結合を現実に創り出す実際的な過程《プロセス》としての贖罪のいけにえのメカニズムに準拠しないかぎり、ここでおこっていることを理解することはできない。ある一つの現実のメカニズムだけが、この儀礼としての人肉食の企図《プロジェ》を本当に理解できるものにし得るのである。《贖罪の牡山羊》の現象を心理学的鍵を手がかりに無理やり解釈しようとする限り、人肉食種族たちは、彼らがまさに手を染めようとする暴力に道徳的な弁明を求めることになると想像される。捕虜が悪事の数々を犯せば犯すほど（それは事実だ）、人人が彼から得る復讐は、それだけいっそう合法的なものとなるだろう。けれどもここで問題なのは決して、何かの神経症（二九七）を鎮めることでは断じてないし、あるいはまた、何かの《罪責感》（二九八）をなだめることではないのである。問題は高度に具体的ないくつかの結果を手に入れることなのだ。現代的思考が、贖罪の牡山羊や、それに引き続く一切の供犠の驚くほど操作的な〔実際的な〕性格を理解しない限り、あらゆる人間文化のもっとも本質的なものは、いつまでもその目からまぬかれ続けるであろう。

贖罪のいけにえのメカニズムは二重の意味で救済的である。それは、満場一致を実現することによって、暴力が語りかける一切の領域で暴力を沈黙させる。それは近親者が互いに争うことを妨げ、人間の真実が、あらわに姿をみせることを妨げる。それは、人間の真実を理解し難い神性として、人間の外に措定する。

捕虜はその一身に、共同体内のあらゆる内的緊張、蓄積した一切の憎悪と怨恨を引き寄せなければならない。人々は彼に、その死によって、そうした一切の悪しき暴力を良き聖なるものに変形することを求め、その力強さを、衰弱し疲労した文化秩序に返すことをねがうのである。したがって、儀礼としての人肉食は、われわれがこれまでに見て来たすべてのそれに類似した一つの儀礼なのである。もしチュピナムバ族がそのように行動しているとすれば、それは、彼らがある手本に従っているからである。あるいはむしろ、その儀礼体系が、チュピナムバ族のためにその手本に従っているからであると言った方がいい。彼らもまた、最初におこったことを再現し、贖罪のいけにえのまわりに過去に何度も成立した満場一致を、もう一度、復活させようと努めるのである。捕虜が二重の扱いの対象となるとすれば、そして彼がある時は貶められ、ある時は尊重されるとすれば、それは、原初のいけにえを表象するものとしての彼の資格においてである。まだ暴力を偏在化せず、まだ暴力を変形しない限り憎むべきものであるその捕虜は、彼が暴力を変形し、彼がもう一度、贖罪のいけにえの共同体統合のメカニズムを働かせるものとなることによって、無限に崇拝すべきものとなるのである。いけにえがまずはじめに醜悪きわまりないもののように見えれば見えるほど、そしてそれによって偏在化された情念が猛烈であればあるほど、それだけそのメカニズムは徹底的に作動するであろう。

結局のところ、チュピナムバの捕虜も、アフリカの王と同じことである。すでに、やがて来る彼の死を後光のように背負った彼は、継起的にではなくて同時的に、聖なるものの二つの顔を具現するのである。彼が引き受けているものは暴力の全体である。そして、彼が生きている時からそうなのである。なぜなら、彼が暴力の全体を引き受けるのは、時間性を超えた永遠性においてだからである。

これら数々のテキストによれば、この捕虜は事実、一人の神話上の英雄の生まれ代りと見られているらしい。その神話上の英雄はいくつかの異本の中では、儀礼として処刑され食われる瞬間の捕虜そっくりの姿であらわれているのだ。したがって人肉食をおこなう人々の目からすれば、儀礼的人肉食は、原初のできごとの再現と見えるのである。

アフリカの王国における近親相姦の側面と同様にこの人肉食の側面は、研究者の目をそらせ、チュピナムバの儀礼的なものの中に、他のいたるところでと本質的に同一のもの、つまり、何よりもまず、供犠というものを認識することを妨げる惧れがある。けれどもそうした危険性は、まだ自らのフロイトを見出さず、まだ現代の大いなる神話の段階に成長することのなかった人肉食の場合では、近親相姦の場合より大きくはないのである。現代映画は人肉食を流行の題材にしようと試みはしたが、大した結果をもたらしはしなかった。

ミルチャ・エリアーデ(二九九)は、まず初めに聖なるものがあり、おそらくその限界では、人肉食は自然的形態では実在しないだろうと、きわめて正しく明言している(67)(三〇〇)。言い換えれば、いけにえを殺すのはそれを食べるためではない、それを供犠するが故に、食べることが問題になるのである。その点では、同じく人が食べることになるあらゆる動物供犠の場合と同様なのである。人肉食の本質は、いかなる特殊な説明も要求してはいないのである。多くの点から見て、もっとわかりにくい儀礼をあきらかにするのはそれである。人間であれ動物であれ、供犠の肉を食べることはすべて、模倣的欲望という光に照らして解釈すべきである。それは、結局は別な暴力、他者の暴力を常に対象とし、それを食べようとする人間精神の人肉嗜食なのだ。激烈なものと化した模倣的欲望は、手本＝障害に化身した暴力、存在《エートル》と神性に常に同一視される暴力を、破壊し、同時に、吸収したいと欲望するのである。

このことから、食人肉者たちが、自ら至高の暴力の現実の化身であることを勇敢にいけにえが証明してくれればいいと望むあの欲望を、納得できるのである。いけにえの肉が食われるのは、必ず、屠殺の後である。つまり、ひとたび悪しき暴力が良きものと完全に変身した時であり、平和と善なる生命力と豊饒のみなもとにすっかり変った時なのだ。

儀礼としての人肉食の中に、他のものと同じ供犠としての儀礼をみとめさえすれば、捕虜の事前の共同体内への取り込み、つまり彼が、やがてそれを食う種族に部分的に同化することは、もはや何らの難問を提起してはいないのである。

未来のいけにえは、外部から、あの非差異の聖なるものからやって来る。それは、供犠の面ですぐに利用するためには、あまりにその共同体と無縁でありすぎる。原初のいけにえを正確に表象できるものにするためには、彼に欠けているもの、その集団へのある種の帰属性を賦与しなければならない。いけにえを《内部》の人間にしなければならない。けれども《外部》の者という彼の資格、彼を本質的に特徴づけているすでに神聖なあの外在性を取りあげてしまってもいけない。

供犠の準備はいけにえを、攻撃的諸性向の転移を保証して結局は《食欲をそそる》ものとするのに十分なだけ、暴力の《当然で〔自然で〕》直接的な目標、つまり近親者に似たものにする。同時にそのいけにえは、その死が共同体を報復の循環の輪の中にひきずり込む恐れのないくらい十分に、共同体と無縁で異ったものであり続けている。ある程度まで、その捕虜の言い分に同調することのできる唯一の人物、おそらくはそうすべき人物は彼の妻である。もし彼女がその役割をあまりに深刻に受けとめれば、彼女は簡単に殺される。もし居ればその捕虜の子供たちも同様に殺されるのである。

ここでわれわれは、贖罪のいけにえのメカニズムの模倣、細心綿密な模倣ではあるが、最初のいけにえの変形によって必然的に食い違いをおこした模倣が、どのようにして、共同体のさまざまな《必要》に応じて暴力の《排泄》を保証する儀礼実行の型を設置するかをはっきりと見てとることができる。そうした儀礼行為の型は、共同体とあまりにも付きすぎず、あまりに付かなすぎることのないいけにえ、つまり共同体からその暴力の重荷を軽減し、共同体を暴力から《浄化する》のに最適な型のいけにえの上に、暴力を発散させるのである。われわれはここで、いけにえの《効率》を改善するのに役立つ供犠の準備を含めてこうした供犠体系の設定が、決して誰によって考えられたものでもなく、共同体の統一を作り出し、あるいは何度も作り出した原初の殺人の模倣以外の何物でもないのに、どのようにして効果をあげるかをきわめてはっきりと見ることができるのである。

したがって捕虜の共同体内への取り込みの中に、前に定義した第二の型の、供犠の準備の例を見るべきである。儀礼としての人肉食は、やがて供犠されるいけにえが生きているうちに聖化されるという点で、アフリカの王制にきわめてよく似ている。二つの儀礼の近親性を理解するには、ジャン・ジュネ(三〇二)の戯曲『死刑囚監視』を思い合わせてみるとよい。この戯曲は、一人の死刑囚の寵愛を争う、下っ端強盗の姿が描かれているが、彼らは実のところ、その死刑囚がやがて近々、処刑されるということに魅せられた敵対する二人の兄弟というべき者たちである。(もっとも、この比較がどれほど示唆的であるにしても、儀礼行為が、この現代戯曲のそれに似た精神に由来するなどと、決して結論してはならない。)

われわれがアフリカの王国とチュピナムバの人肉食習慣との間に緊密な関係を見ることを妨げている理由の一つは、最初の場合には共同体の《内部》から、後者の場合には《外部》からいけにえが得られるといういけにえの徴募の違いである。いずれの場合にも同じ結果に達するためには、供犠の準備が逆方向でおこなわれなければならない。いけにえを共同体に統合する場合にチュピナムバ族は、ディンカ族が供犠用の動物を群れから引き離して彼らの傍らで飼うのと同じように行動する。けれどもチュピナムバ族の場合には、原理の適用はディンカ族よりもはるかに厳密である。あの奇妙な捕虜の組み込み方は、贖罪のいけにえが、共同体《内部》の存在、彼を殺した人々の近親者であるとする本書で擁護された命題にとって、確かにきわめて有力なもう一つの手掛りを提供している。チュピナムバの人肉食習慣は、原初のいけにえとの《近似性》にとりわけ敏感であるように思われる。供犠の効果を損わずに、原初のいけにえをその後の数々のいけにえの中で複製するために、チュピナムバの人肉食はあまりにも仮借ない手段にたよるので、われわれはかえって面食らってしまうのである。

＊＊＊

われわれがこれまで述べたことはすべて、昔からの数々の証言の重要な一面と矛盾することはもちろんである。それらの証言を信ずれば、それぞれの共同体が互いに憎悪から追い回し、むさぼり食うのは、異種族、先祖伝来の敵であって、近親者ではない。儀礼の人肉食それ自体、種族間の段階で展開される際限のない報復劇のように考えられ、観察されている。

こうした解釈が間違いであることはきわめて明瞭だ。そうした解釈が解読不可能にするこの制度の本質的側面がさまざまあるからである。逆にそうした解釈を、われわれが提起している説明の中に取り込むことはきわめて容易である。それはわれわれの説明にとって《邪魔な》ものであるどころか、むしろ必要なものなのである。それは、人肉食という制度の真実とは必然的に食い違っている儀礼的人肉食の、《イデオロギー》と名づけられるようなものを構成しているのである。

前に考察したチムシヤン族の場合と同様に、内部的暴力の、外部への移動があるのである。供犠というものはそうした移動である。そうしてその移動は単なる言葉だけのものではない。なぜなら、共同体は現実に互いに戦い合い、互いの構成員を食い合っているからである。ここでもまたわれわれは、種族間で決して理解し合わないように、互いにしめし合わせている、と言うことができる。永遠の戦争状態は、人肉食信仰にいけにえを供給することを本質的機能としている。双方とも、捕虜の数はほとんど拮抗していなければならないし、女の交換と多少とも関係があるように思われる相互的な準－供給体系を構成していなければならない。女の交換もまた、チムシャン族の場合のように、しばしば敵意を印されているのである。女が問題であれ捕虜が問題であれ、戦いとして儀礼化された交換も、交換として儀礼化された戦いも、内部から外部への同じ供犠的移動のヴァリアントでしかない。それは、暴力が絶対に荒れ狂ってはならないところ、つまり基本的な集団の内部で、暴力が荒れ狂うことを妨げるが故に、相互に利益のあることなのだ。種族対種族の際限のない復讐は、各共同体内において効果的に延期された（différée）復讐の、暗黙の隠喩《メタフォール》(三〇二)〔転送〕(三〇三)として読みとるべきである。この差異《ディフェランス》（différence）、あるいはむしろこの《延期《ディフェールマン》》(déffèrement）といった方がいいもの、この移動には、もちろん、見せかけのものは何もない。異なった集団間の競合と反目が現実のものであるからこそ、この交換体系が有効性を保持するのである。それに、この種の争いが必ずしも一定の許容範囲にとどまり得ないことはあきらかである。

ここにトバジャラ（tobajara）という言葉がある。この言葉のさまざまな意味は、結局のところ、儀礼としての人肉食の経済学を要約している。まずはじめにこの言葉は、ある対立関係、敵意による差し向い《ヴィ・ザ・ヴィ》における、主体の位置と対称的な位置を示している。この語は「互いに向き合う」、「敵対する位置にいる」を意味する動詞の同系語である。

トバジャラについては、捕虜の殺害が、できる限り一対一の一騎打ちに似た形で展開されることに注意しなければならない。犠牲者は綱につながれてはいるが、常にただ一人である彼の相手、つまり彼にとってのトバジャラが彼にふりおろそうとする打撃を、ある時間、避けることのできる程度に、十分な活動範囲が残されている。

トバジャラという言葉が、もっと特殊に、人肉食饗宴の犠牲者を示しているからといって驚くにはあたらない。けれどもこの語はまた、第三の意味、義兄弟の意味も持っている。義兄弟は兄弟に代るもので、もっとも自然な敵対者である。彼に属する女と交換に、人は自分の身内の女の一人を、その義兄弟に譲り渡す。それはあまりにも身近な女であり、もしも同じ基本単位の共同体内の男たちが自分自身の用のために彼らの女を留保しておこうと望むならば、いわゆる兄弟間の競合関係に、ほとんど必然的に賭金となるような女である。供犠的な精神活動は、敵意を注ぐ対象として、兄弟に換えて義兄弟を置く。対立関係の一切の構造は、暗黙のうちに、このトバジャラの三重の意味の中に含まれている。そしてこれは、エテオクレースとポリュネイケース、オイディプースとクレオーン、などといった兄弟、義兄弟をもったギリシア悲劇とそれほど距離をへだてたものではない。

儀礼としての人肉食のイデオロギーは、現代世界のナショナリズム的好戦的神話を連想させる。もちろん、研究者たちが土着民から得た説明を歪めたということもあり得る。けれどもたとえそれが事実だとしても、そうした歪曲も解釈の大筋に何ら影響を与えはしないのである。戦争と、相互の捕虜の殺害にもとづく供犠的信仰は、それなりの《父祖伝来の仇敵》などを持つわれわれの《ナショナリズム》とひどく異なる形の神話的形態に基づいては、考えにくいのである。この種の二つの神話の相違をひどく強調するということは、自ら、神話に身を投ずることなのである。なぜならそれは、そこに真実ふくまれている唯一のもの、つまり、チュピナムバの神話の背後にも現代のナショナリズムの背後にもある、常に同一の現実から顔をそむけることだからである。いずれの場合にしても、外敵との戦いと、それに伴う多少とも見世《スペクタ》物《ル》的な儀礼の本質的な機能は、公然と論議され強力に推進され実行される暴力よりも、当然のことながらはるかに国内的な暴力の脅威を遠ざけることによって、共同体の本質的な内部均衡と平穏を守ることにあるのだ。

『一九八四年』と題した未来小説の中でジョージ・オーウェル(三〇四)は、瞞着される人民への支配をいっそうまく確保するために互いの確執をいつまでも持続させようと皮肉にも決意した二つの超独裁国の支配者を描いている。共同体内の平静を持続するための永続的戦争に基づいた人肉食信仰はわれわれに、現代世界がそうした思考体系の独占権を持ってはいないことを示しているし、それに、そのような思考体系の成立は決して、きわめて洞察力に富んだゲームの進行係、無邪気な群衆を皮肉に操る人間の存在に関わってはいないことを示している。

＊＊＊

ごらんの通り、チュピナムバの人肉食習慣を贖罪のいけにえに基づく儀礼の一般理論と関連させることはさして困難なことではない。こうした関連は、これまで解き難いものとして残っていたチュピナムバ族の行為のいくつかの面をあきらかにする。逆にチュピナムバの諸事実は、前に考察した諸儀礼の中では必ずしも十分にあらわれることのないこの一般理論のいくつかの面を表出させてくれる。

たとえ断片的なままであろうとも、きわめて多様な儀礼に関するわれわれの俯瞰《パノラマ》は、内容と形式の面についても、地理的な配分の面に関しても、きわめて多様な儀礼を考慮に入れることができる。つまり、贖罪のいけにえをあらゆる宗教形態の基盤であるとする仮説を、決定的に確かなものと見做し得るであろう瞬間は近いのだ。けれどもその結論を公式化する以前に慎重を期して、これまでおこなってきた解釈の型から完全にはずれるかも知れないいくつかの儀礼の範疇を、われわれが知らないうちに除外していなかったか検討してみなければならない。

これまでわれわれの注意を引いた儀礼の全体を一言で特徴づけるとすれば、それらはすべて、家族的、宗教的などといったある種の秩序を持続し強化することを狙っている、と言い得るだろう。それらの目的は、事態をあるがままの状態に維持することである。だからこそそれらは、あらゆる文化的固定化と安定化の手本、つまり、贖罪のいけにえにたいする、そしてそのまわりに成立する暴力的満場一致を絶えず求めるのである。

　これらすべての儀礼を、固定的儀礼ないし不動性の儀礼と定義することができる。ところで、いわゆる通過儀礼もまた実在する。おそらくそこには、われわれが向かう結論と矛盾する可能性のある事実があるかも知れない。贖罪のいけにえが一切の儀礼の起源に存在すると宣言する前に、通過儀礼にも同じように贖罪のいけにえが手本の役割を果していることを示さないわけにはいかない。

　通過儀礼は新しい身分《スタチュ》の獲得に関係している。たとえば成人式〔イニシエーション〕は数多くの社会で、それだけが若者に共同体への完全な所属を認めるものである。すくなくとも理論的には、われわれの社会では、一つの身分から他の身分への移行が適応に関して大した問題をひきおこすことはない。小さな適応上の問題も、原理的には、そうした通過に関わる直接の当事者だけの問題である。

　未開社会では逆に、たとえ孤立した個人における変化でさえも、重大な危機をひきおこし得るものとして扱われる。われわれの目から見れば(三〇五)きわめて当り前の、前から予想された、社会の維持にとって欠くべからざる通過の背後には、文字通り黙示録的危難が顔をのぞかせているのだ。

　民族学者にその表現を流布させることになった著作『通過儀礼』の中でヴァン＝ジェネップ(三〇六)は、身分の変更を二つの契機に分解する。最初の時期には、若者はそれまで持っていた身分を失い、第二の時期に新しい身分を獲得する。この分析を、明晰ではっきりした観念を好むデカルト的でフランス的な偏執狂的精神だけの所為にしてはならない。事実、宗教的思考は二つの瞬間を区別しているのである。それはそれらの瞬間を互いに独立したものと知覚するのだ。それらは、文化全体が沈みこむ恐れのある真の深淵にたちまち姿をかえ得る間隙によって、二つに分離されてさえいる。

ヴァン＝ジェネップのこの区別は、通過における危機的要素を理解させてくれる。なぜならこの区別は、身分の喪失を取り出し、そこに、前に定義した意味での差異の喪失を認めさせてくれるからである。それは、その区別がわれわれをよく知っている場所に連れもどしてくれるということである。もし一切の暴力が差異の喪失をひきおこすとすれば、一切の差異の喪失は逆に一つの暴力をもたらすのである。そしてその暴力は伝染する。したがってわれわれは、双生児の場合と同じ不安と関わり合っているのである。宗教的思考は、自然的差異と文化的差異の間に何らの区別も設けない。恐怖を催させる個別的なものについて宗教的思考が正当とは言えないにしても、その恐怖は、宗教的思考の原理からすれば、決して空想的なものではないのである。

通過の最中にいる個人は、疫病の犠牲者と同一視される。あるいは、身のまわりに暴力を伝播する恐れのある犯罪者と同一視されるのだ。たとえ局限されているものであっても、ほんの僅かな差異の喪失は全共同体を供犠の危機に沈め得るのである。織物の中のほつれた編目、僅かなかぎざきも、適切に補修しなければ、衣服全部を駄目にしてしまうのである。

同様な状況の中で採られる最初の手段は、もちろん、犠牲者を孤立させ、共同体の健康な成員とのあらゆる接触を彼に禁ずることである。感染は予防しなければならない。疑わしい個人は即刻追放される。彼らは共同体の外縁に逗留する。時には彼らはもっと遠く、無差異化された暴力が支配する森林、叢林あるいは沙漠に追い払われる。そこは、聖なるものの外《そと》にそれだけが人々をとめておくことのできる安定した差異と定まった身分を奪われたすべての存在の所属する聖なるものの王国である。

現代的な心性は、細菌性の病気の場合以外は伝染といったものを信じないから、身分の喪失を一定の範囲に限定できると思っている。未開社会では事情が異なる。無差異化は油のしみのようにどんどんと拡がるのであって、新加入者は彼自身の病気の感染力の最初の犠牲者なのである。ある種の社会では、やがてそこに加わることになる若者は、名前も過去も親族関係も、あらゆる種類の権利も持っていない。彼は形もなく名もないものの状態に追い込まれる。集団的な成人式の場合、同じ歳の若者の集団全体が同一の通過を余儀なくされる。もはや集団の一人一人を区別するものは何もない。したがってその若者集団の内部には、全的な平等と全的な混淆が見られる。

すでにおわかりのように、聖なるものの中では、さまざまな差異は、すべて混じり合った状態、つまり混乱した形で現存しているが故に、消滅廃棄されているだけである。聖なるものに所属するということは、この奇怪さに加わるということなのである。さまざまな差異を奪われていることと、あまりに多く所有していること、それらの差異をすべて失うことと、それらを不当に自らの中に併合していること、それは常に同じ事である。したがってわれわれは、新加入者が、性のない人間と同じく両性具有《ヘルマアプロディトス》(三〇七)的怪物の姿を呈するであろうということを理解する。

通過が常に恐るべき体験であるとすれば、それは、通過がどんな成行きをたどるか最初から誰も明言できないからである。いま失いつつあるものは誰でも知っているが、やがてまた見出すものが何であるかは誰も知らない。さまざまな差異の恐ろしい混淆がどこに到るのかについては誰も決して知らないのである。それらの事について議論に決着をつけるのは至高の暴力であり、それに関わり合うことは決して気持のいいことではない。結局のところ《構造》は、そうした変化の中に《自己の場所》を設けることはできないのである。たとえ変化が予想されたにしても、結局のところ制御しがたいもののように見えるのである。社会的法則あるいは自然の法則にさえも従う生成といった観念は、原始的宗教とは無縁なものである。

「保守的」という言葉は、聖なるものに悩まされた社会を特徴づける〃動かないでいたい〃という気持、運動することへの恐怖を言いあらわすのにまだ不十分である。社会的‐宗教的秩序というものは、一瞬一瞬、聖なるものが人間から取りあげることのできるこの上もない恩恵、思いもかけない恩寵のように見えるのである。そうした秩序に価値評価を加え、それを改良するために僅かでも《体系》を比較したり、選択したり、操作したりすることなど、思いもよらないことなのである。そんな場合、社会にたいする現代的な考え方のいかなるものも、「暴力」の報復的介入を呼び込むのに相当する不敬な狂気の沙汰なのだ。軽々しい振舞いの一切は、突然の嵐をひきおこし、人間社会全体が消滅しかねない大津波をひきおこし得るのである。

けれども、どんなに恐ろしいものであるにせよ、通過の見通しに希望がないわけではない。かつて共同体が差異化された秩序に抜け出していったのは、さまざまな差異の全般的な喪失と普遍的な暴力を通過してのことであり、供犠の危機とその仲介を通してである。危機が同一であるとすれば、それが同じ結果に到達するであろうと期待することができる。つまり、同じように、差異の創設ないし復原に到達するであろう。新加入者の場合では、彼らが渇望する新しい身分の獲得に通ずるであろう。そうした有利な結末は何よりもまず至高の「暴力」にかかっているが、共同体は、自らがそれに寄与できると考える。共同体は、その集団が切りひらいた道の中に悪しきエネルギーの排水路を掘ろうと試みるだろう。終局の結果が最初の場合と同じであり、あらゆる機会を共同体にとって有利なものとするためには、最初におこったことをすべて一瞬一瞬再現し、新加入者たちに、人々が思い出すままに供犠の危機のあらゆる段階を経験させなければならない。かつての体験の鋳型の中に現在の体験を流し込まなければならないのだ。もし儀礼の過程《プロセス》が原初の危機を正確に再現するならば、それが同一の形で終るであろうことを期待できるのである。

これが、通過儀礼の根本的な企図である。こうした企図を把握すれば、一見きわめて奇妙なさまざまの面、われわれが《病的》であるとか《異常》であるとか判断している細部が、宗教的思考が最後まで辿らざるを得ないきわめて単純な論理にもとづいていることがわかるのである。危機を回避する代りに、新加入者はその危機の中に完全に沈みこまなければならない。なぜなら彼の祖先はそこに沈み込んだからだ。相互的暴力のもっとも苦しい、あるいはもっとも恐ろしい諸結果を避ける代りに、それらを一つ一つ甘受しなければならないのである。加入を志願する者は何故安らかさを奪われ、食物さえ奪われるのか？人々はなぜ彼を手ひどく扱い、時には本当に責めさいなむのか？　なぜなら、最初に、事はそのように推移したからである。ある場合には、暴力を受けるだけでは十分でない。暴力を行使しなければならない。この二重の要求は、供犠の危機の《悪しき》相互性をきわめて直接的に想いおこさせる。ある種の祭では、同じ理由から、別な時には禁じられている多くの行為が要求されるのである。盗み、現実の、あるいは象徴的なさまざまの性的違犯、禁じられた食物の摂取といったものである。別な場合には禁じられている人肉食がイニシエーションの過程の一部になっている社会も存在する。チュピナムバ族においては、捕虜の殺害はその役目を果す人間にとって、イニシエーションの価値を持っている。最高のイニシエーションの行為が動物や人間の殺害である社会は数多くある。

畸型の分身に変身すべく身分を喪失した個人の性向は、完全に外在化されなければならない。時には動物に変身しなければならない。人間を見るやいなや、未来の新加入者は、人間におどりかかりむさぼり食う真似をする。ディオニューソスや聖なる王のように、彼は牡牛になり、ライオンになり、豹になる。ただしイニシエーション的危機の間だけである。人間の言葉を使うことは禁じられる。彼は唸ったり吼えたりすることによって自らを表現する。いくつもの儀礼の中に、危機の最高段階における暴力的な神憑り現象の一切の特徴が見つかるのである。したがって儀礼の一連の諸要素はそうした危機の、現実の、あるいは仮想的な進行をわれわれが追うことを可能にしてくれるのである。

すべてが最初から最後まで危機と危機の解決を手本にしているという証拠は、われわれが列挙した危機自身を真似た一切の儀礼の果てに、結局は贖罪のいけにえにたいして実現された満場一致を再現する儀式《セレモニー》が姿をあらわしているということである。それらの儀式はできごと全体の頂点を構成している。こうした最高の瞬間における仮面の参加は、新加入者たちの仮想的な変身がすでに証明している畸型の分身の存在を、直接に示している。このような儀式はきわめて多様な形態をとり得るけれども、それらが思い起させるものは常に、暴力的な解決であり、危機の終りであり、秩序への復帰である。つまり新加入者による彼らの決定的な身分の獲得である。

したがって通過儀礼は、原初の危機をモデルにして、差異の何らかの喪失が惹起するであろう潜在的な一切の危機を構造化するのである。問題となっているのは、伝染する暴力の出現に常についてまわる恐ろしい不確実性〔不安〕を、確かさ〔確信〕に変えることなのだ。もし通過儀礼が常に成功して必ず目的を達するということになれば、それは徐々に、単なる試し〔テスト〕に変ってゆくだろう。その試しに偶然性が少なくなればなるほどそれはますます《象徴的》なものになる。儀礼の中心的要素である供犠的本質もまたしだいに消滅してゆき、その《象徴》が何に関わりがあるのか、もはやわからなくなる。

***

ごらんの通り、通過儀礼と、われわれが前に固定儀礼と命名した儀礼との間には何らの本質的な差がないのである。手本は同一である。儀礼行動というものは、完全な不動《イモビリテ》 immobilité という一つの目的、そうでない場合には最小限の変化《モビリテ》 mobilité という目的しか決して持っていないのである。変化《シャンジュマン》を受け入れるということは、その向うに暴力と混沌がうごめいている扉を半開きにするということだ。けれども、人間が大人になり、婚姻し、病気になり、死ぬことを、妨げるわけにはいかない。生成におびやかされるたびごとに、原始社会は、文化秩序が準備した排水路を通して辺境に、生成の沸騰する力を導いてしまおうとつとめる。多くの社会では、季節の変化も同様である。危険の由来するものが何であれ、それにたいする治療薬は儀礼である。一切の儀礼は、原初の解決の再現であり、差異化された秩序の新たな産出に帰着する。一切の文化的固定の手本はまた、非－破局的な一切の変化の手本でもある。結局は、通過儀礼とその他の儀礼の間には明確な相違はないのである。

　けれども、ある種の通過儀礼の相対的な特殊性も存在する。危機それ自体から借用された諸要素が、危機の結末とは対照的に、他の多くの儀礼よりも通過儀礼の中で、いっそう重要でいっそう人目を惹く役割を演ずる場合がある。儀礼に独自なイニシエーション的相貌を与えているのは、そうした要素である。したがって、儀礼崩壊の期間に、それだけがいつまでも存続することがおこるのである。一方、その他のもの、つまりもっとも本質的なものは忘却の中におちこんで姿を消すのだ。それは、すでに他の儀礼についてわれわれが確かめた一つの過程《プロセス》である。最初に消滅する傾向をもつのは常に原初の創始的結末であり、そうした消滅が、いわば一切の儀礼を創始的暴力に結びつけている臍の緒を断ち切って、それらの儀礼に絶対的に特殊であるというごまかしの外見を与えるのだ。

　儀礼が生きている限り、それらは、さまざまな差異よりも強い単一性を保存している。たとえば通過儀礼の場合、たとえイニシエーションの試煉が何人かの個人に準備されているにしても、その共同体全体がそれに加わるのである。創始的な満場一致を人に演じさせないような儀礼はないのである。

原理からして通過儀礼の効果は、一般的に、供犠の効果と一致する。多少の微妙な相違はあるが、それに気をとめることは無駄なことだ。

時が経てば経つほど、原初の危機がひきおこした恐怖は消え失せがちである。新しい世代は、禁止を尊重し宗教的秩序をもとのままに守ってゆくことについて、彼らの祖先と同じ理由を持ってはいない。彼らには悪しき暴力の体験がないのである。文化は、新しい到来者たちに通過儀礼を課することによって、つまり、原初の危機の試煉にできる限り似た試煉を課することによって、差異化された秩序の永続にもっとも有利な精神状態を再現しようとつとめる。それは、儀礼と禁止がきわめて細心に守られていた時代に祖先たちを支配していた聖なる恐怖と崇拝の雰囲気を再び創造する。

供犠の危機と創始的暴力の図式がわれわれに啓示したような人間社会における暴力の伝播と防止のメカニズムは、すくなくとも通過儀礼が、苦しい、衝撃的な、時には耐え難い試煉の性格を現在も失っていないほど長期間、現実的な有効性を持っていたことを理解させてくれる。相変らず、若者たちの無知と彼らの若さの血気が解き放つ惧れの大いにある供犠の危機を、《無くて済ますこと》が問題なのだ。

通過儀礼は新加入者たちに、もし彼らが禁止に違背し、儀礼を無視し、宗教的なものから顔をそむければ、彼らを待ち受けているものが何かを前もって予測させるのである。儀礼的なもののおかげで、各々の世代はつぎつぎに、聖なるものの恐るべき仕業《しわざ》にたいする畏敬を心にとめ、必要とされる熱意をもって宗教的生活に参加し、全力をあげて文化秩序の強化に励むのである。肉体的な試煉には強制力がある。その点ではいかなる知的な理解もそれに遠く及ばない。社会－宗教的《ソシオ・ルリジュー》秩序をこの上もない恩恵のように見せるのはそうした肉体的試煉の拘束力である。

通過儀礼は、宗教的社会的な驚くべき保存手段を成している。それらは新しい世代群にたいするもっとも古い世代の支配を保証している。だからといってそれは、《若者たち》にたいする《老人たち》の陰謀、あるいは持たざるものにたいする富裕者の陰謀に帰することができるということではない。事実、通過儀礼についても、前に考察したその他すべての儀礼と事情は同じであって、それらが作動させるメカニズムは決して誰かが考え出したようなものではないのである。実のところ、純粋に社会的な効果の面でそれらを考えようとしない限りにおいて、そしてそれらが現実に、原初の危機の模倣を成している限りにおいて、それらのメカニズムは有効なのだ。儀礼というものの効果は一般的に言って宗教的な態度の帰結である。それは、われわれの目にはその機能が見えない各種の社会的組織の背後にともすればわれわれが想像しがちな、一切の形の計算、予謀、《計画《プランニング》》といったものを、すべて拒んでいるのだ。

＊＊＊

大人への移行、秘密結社、宗教団体への加入、シャーマニズムの憑霊などといったあらゆる型のイニシエーションの中に、これまでわれわれが本試論の最初から最後まで絶えず描いてきた図式の下書きが見つかるのである。たとえばシャーマニズムのイニシエーションは、それに伴う試煉の劇的で緊迫した性格と、恐るべき不思議な体験が贖罪のいけにえのメカニズムを連想させる神性や精霊の明白な一体化によってのみ、もっと一般的なイニシエーションと異なっているにすぎない。

シャーマニズムの呪師《まじないし》〔巫者《みこ》〕はある種の超自然的な力を操作すると主張する。やがて呪師になる者は、たとえば他人の病気を治すことができるようになるために、やがて彼のところにやって来るであろう病人のさまざまな病気、つまり悪しき暴力に身をさらさなければならない。彼は、無事に水から出てくるために、普通の人間よりもっと長く、もっと完全に水の中に潜っていなければならない。つまり彼には、自分が単に「暴力」に保護されている者であるばかりではなく、その力を分け持ち、ある程度まで、悪しきものから良きものへの変身をコントロールできることを証明する必要がある。

シャーマニズムのイニシエーションのもっとも異様《ファンタスティック》な性格も、実際には必ずしも空想的《ファンテジスト》なものではない。それらは、創始的暴力についての何らかの儀礼的見方と関わっているのである。とりわけオーストラリヤやアジアで、時にはきわめて遠く離れたさまざまの文化の中にみられることだが、イニシエーションは四肢の切断の夢で最高潮に達し、呪師の見習は目をさます。むしろ彼はそこから完全な呪師の姿で蘇生すると言うべきであろう。この最高の試煉は、ディオニューソスのディアスパラグモスや、きわめて多様な発生地をもつ無数の儀礼における、集団によるいけにえの八つ裂きに似ている。四肢の切断が復活と勝ち誇った克服の象徴《しるし》だとすれば、それは、四肢の切断が贖罪のいけにえのメカニズムそのものを意味し、悪しきものの良きものへの変貌を意味するからである。呪師は、やがて自らの役目を果す際に彼が頼りとするであろう神話的被創造物と同じ変化を蒙るのである。もし彼がそうしたものたちの援助を受けることができるとすれば、それは彼らと平等の立場で治療するからである。

シャーマニズムの勤行《プラティック》は芝居の上演によく似ている。呪師は一度にあらゆる役をこなすのである。だが、とりわけて総監督と、最後には悪しき力を敗走させてしまう良き力の調整者の役である。悪しき力の最終的な追放には具体的な象徴がつきものである。治療者は、病人の体から取り出したと言う木の小枝、綿屑、何かの破片を示して、それが病気のもとであると断言する。

ギリシア人は、民族学者が世界中のさまざまな地域で観察し得たようなシャーマニズムの儀礼行為におそらく酷似する儀礼行為の過程で、その行為によって排除される悪しき物をカタルマ katharma と呼んでいた。ところでカタルマというこの語は、パルマコスの異語として用いられ、供犠における人間のいけにえを指示している。

シャーマニズムのカタルマの摘出を、危機の儀礼行為と比較してみれば、この行動ははっきりする。病気は危機と同一視されている。病気は人を死に導くこともあり得るし、治癒に導くこともあるが、治癒は常に《穢れ》の追放と解釈されている。《穢れ》は、ある場合には精神化されるし——悪霊——ある場合には物質化される——シャーマニズムで抽出した物である。ここでもまた問題となっているのは、あたかもかつて集団全体が、集団的暴力の中で、それを制御する秩序を産み出したように、最初におこった事を再現し、病人が己れ自身の治癒を産み出すのを援助することである。本来、カタルマが人間の体〔組織体〕の中に入りこむはずはなかったのだ。外部の無秩序をもちこむのはカタルマである。カタルマはまさしく「贖罪〔身代り〕のもの《オブジェ》」であって、想定される侵入者にたいして総動員された人間の組織体全体は、共同体の役割を演じているのだ。よく言われるように原始的な医学が儀礼的なものであるとすれば、それは創始的な過程《プロセス》の再現であるはずであり、そしてまさしくそうしたものなのである。

カタルシス katharsis という言葉は、なによりも、人間のカタルマの殺害から都市が引き出す神秘的な恩恵を意味する。われわれはそれを普通、宗教的な浄化というように訳している。この働きは排膿とか排泄とかの形で理解されている。人間のカタルマ〔パルマコス〕は処刑される前に町の通りから通りへとおごそかに引き回されるが、そのやり方はまるで一家の主婦が住居のすみからすみまで掃除機をかけるようである。いけにえは、あらゆる悪しき芽を一身に引き寄せて、自分自身を排除させることによってそれらを排泄しなければならない。だがわれわれがここで手に入れるものは、きわめてそれに近いとはいえそうした行為の真実ではない。それはすでに神話的な解釈なのである。たしかに、暴力は贖罪のいけにえの上に集められる。だが、いかなる追放、いかなる排泄もおこらないのだ。ここでは、相互的暴力の模倣的本性、いけにえ選択の恣意性、その解決法に見られる、追放ではなくて鎮静化という基本要素といった本質的なものがごまかされている。暴力を、人間や物のカタルマの上に好んであつまる《穢れ》、一種の《汚《よご》れ》、まるで互いに特別な親近感を抱いているかのようにある人間やある物に集中する一種の《汚《よご》れ》と見做すことは、相変らず、暴力を物化する réifier することである。シャーマニズムの呪師が病気を物の形で引き抜いたと主張する時、彼は、すでに神話的なそうした解釈を、病人の肉体と、罪ありと非難された小さな物体の上に移し変え、移し置いているのである。

宗教上の用法とシャーマニズム的用法以外に、その両者の中間として、カタルシスという言葉の医学独自の用法がある。便通薬 remède kathartique〔カタルシスの薬〕は、体内にあれば有害であると判断される体液や物質の排泄をひきおこす強力な薬である。この薬はしばしば、病気と同じ本性を持っていると考えられ、あるいは、すくなくとも、病気の症状を激化する恐れのあるもので、そうすることによって、体のためになる「病勢の急変 crise」をひきおこし、その結果、治癒があらわれると考えられている。結局のところこの薬は、そうした危機を絶頂におしすすめ、それ自身の排泄《エクスピュルシヨン》 expulsion〔追放〕と共に病原因子の排泄をひきおこす、病気の追加物なのである。したがってこれはまさに、追放という意味ではさきほどわれわれが神話的であると言った解釈の中の人間カタルマのそれと同じ作用である。今度は何ら神話的ではない現実のものであるが、これもまた追放〔浄化、下剤〕purge の原理である。

人間カタルマから医学のカタルシスに導く移行は、人間のパルマコスから、毒薬と薬を同時に意味するパルマコン pharmakon という言葉に到る移行と平行している。両方の場合でわれわれは、贖罪のいけにえから、あるいはむしろその表象というべきものから、良きものであると同時に悪しきものでもある二重の薬に移行しているのである。つまりこれは、聖なる二重性の物質的転換なのだ。プルータルコスがカタルチコンーパルマコン kathartikon pharmakon という表現を用いているのは、意味深い冗長性《ルドンダンス》を示している。

暴力の過程《プロセス》を、追放、排泄、外科的切除などという言葉で《翻訳》することは、きわめて多様な文化の中に、異様なほどしばしば現われている。したがって、スワジ族のインクワラのさまざまな効果が、文字通り新しい年を《嚙み切る》、《断ち切る》、《切り取る》ことを意味する名称をもった儀礼行為の中で表現されるのである。この名称は、王のはじめての結婚の床入りから、武器による戦いの決定的勝利にいたるが故にきわめて啓示的な、あらゆる種類の活動を表わす意味論的集合の一つである。これらの活動の共通点は、病気の治癒、何らかの危機の自然な、あるいは人為的な解決を確保するのにふさわしい、鋭いが役に立つ苦痛であるように思われる。同じ意味論的集合は、治療作用を及ぼすと見做される物質の作用も示している。儀礼の最中、王は呪術的医療物質を東と西の方角に口から吐き出す。インクワラという言葉そのものが、排泄による清浄、清掃の観念に関係があるように見える。すべては、さまざまな儀礼行為と、たったいま過ぎ去った一年の穢れた残存物が燃え尽きる巨大な火で終る、ということを思い出していただきたい。さまざまな儀礼の一般的な効果を記述するために、マックス・グリュックマンは《アリストテレース的カタルシス》(三〇八)という言葉を用いている。

カタルマ、カタルシスはカタロス katharos〔浄らかな〕の派生語である。もしこの語根《ラシーヌ》のまわりをめぐる語幹《テーム》(三〇九)を少しあつめてみれば、暴力と聖なるものという二重の題を持つ本試論において扱われたさまざまな主題の真の目録を目の前にするであろう。カタルマは単に贖罪のいけにえ、あるいはもの、と関わっているだけではない。この言葉はまた、神話あるいはギリシア悲劇の英雄の優れた仕事を指示している。プルータルコスはヘーラクレースの功業を示すために、多くの海を浄めたさまざまな怪物退治、ポンティア・カタルマタ pontia katharmata〔海の浄化〕について語っている。カタイロー kathairo は、とりわけ、そこに住む怪物たちから土地を浄めることを意味している。そうした脈絡からすると、《鞭で叩く》というその副次的な意味はいささか奇異であるけれども、パルマコスの生殖器官を鞭で叩いた儀礼習慣を思い出してみれば、それも説明がつくのである。

このような文脈においては、カタルシスのさまざまな意味のうちで、秘法伝授の際に志願者が受ける浄めの儀式を心にとめる必要がある。それにまた、カタルシスのもう一つの意味、月経を指摘することも忘れてはならない。ここまで来られた読者が、もはや、異質なものの集合に関わっているのではないと思われ、われわれと共に、これら一見奇妙な事柄を解く鍵は贖罪のいけにえであり、それがこれらの単一性を明らかにすると信ずるならば、われわれの仕事も終りである。

創始的過程《プロセス》とその供犠上の派生物を追放、浄化、浄めなどという言葉で記述するごとに、われわれは、暴力に依存するが故にいささかも自然のものを持たない諸現象を、自然のモデルを借りて解釈している。自然の中には、たしかに排出〔追放〕、排泄、浄化などといったものは存在する。自然のモデルは現実的なモデルである。けれどもそうした現実も、儀礼的思考やシャーマニズムの医学から現代に至るまで、人間の思考の中で、そうした自然のモデルが演じている驚くべき役割についてわれわれが考えてみることを妨げることはできない。そしておそらくは、第八章で粗描した図式にしたがって事柄を理解しなければならないであろう。そうしたモデルの発見に向かうように、そしてある時には暴力の働きに神話的にそのモデルを適用し、ある時には自然現象について非神話的に適用するように最初の衝撃を与えるのは、暴力の働きそれ自身なのである。最初にモデルが作られたのは創始的暴力からである。それは創始的暴力に基づいている。思考が、自然的なものと文化的なものを一緒に観察する中でモデルを考えついたのは、修復された満場一致の奇跡によってモデルの作成が促されたからである。モデルの精製は、つぎにはいたるところで、その同じモデルに頼ることになる。われわれは今日でもなお、恣意性と非恣意性を分別できず、とりわけ有用なものと無駄なもの、実り豊かなものと無意味なものを分別できないでいる。特に精神病理学的領域ではそうである。

十七世紀の灌腸や瀉血、害のある体液を《追い出そう》《エヴァキュエ》とする不断の配慮の中に、重要な医学上の主題としての排出と浄化の固定観念的存在を認めるのに、われわれは何の苦労もいらないのである。ここにあるのはシャーマニズムの治療法、物体化されたカタルマの引き抜きの、いささか洗練された異体《ヴァリアント》である。

ピュルゴン先生の灌腸〔三一〇〕を笑うことは簡単だが、下剤には現実的な効果がある。それに、現代の免疫やワクチン接種の方法を前にして何と言うべきであろう。いずれの場合にもモデルは同じ物であり、それが知的枠組み〔理論〕とその手段〔技術〕を、ある時には似而非《えせ》＝発見に、ある時は真の発見に供与するのではなかろうか？　患者の抵抗力を強化しなければならないのである。患者が自らの手段によって、細菌の攻撃を押し返すことができるようにすることだ。良きものの働きは常に、侵略を押し返すこと、悪しきものの闖入をその場から追い返すことをモデルにして考えられている。その働きは科学的に有効であるから、もはや誰もそこで笑うことはできない。医学的な介入は、病気の《少し》を感染させることにある。まるでそれは、暴力に抵抗できるようにするために、社会体の中に、暴力の《少し》を注入する儀礼のようなものである。こうしたさまざまの類似《アナロジー》は、その数から言っても、その正確さから言っても目もくらむほどである。《追加の予防接種》〔三一一〕は供犠の反復に照応する。もちろん、《供犠による》防御のあらゆる様式の場合と同様に、破局的な病気の侵入の可能性もある。つまり、あまりにも強すぎるワクチン、言い換えればあまりにも強力なパルマコン〔薬、毒薬〕は、荒療治をしておさえることが問題であった汚染を、ひろげてしまうこともあるのだ。われわれは前に第一章で、供犠がそれと対応する面をさまざま例証するために、予防接種の隠喩に助けを借りることができた。そしていまや、こうした隠喩的な移動が、新しい供犠的置き換え〔身代り〕から分ちがたいことを確認するのである。

＊＊＊

再びわれわれは、科学的思考の中に、神話と儀礼的なものを精製する古代的思考の娘を見出すのだ。われわれは、否定し難い有効性をもつ技術の中に、たしかに精緻にはなっているが、かつてきわめて粗雑であった医学的・儀礼的行為の直線的な延長を見出すのである。たしかにそうした習慣を、われわれ自身の思考様式と異なる思考様式に結びつけてはならないのである。もちろん、両者の思考形態の間には、さまざまな置き換えが行われ、常に新しい移動があるけれども、そうした操作によるさまざまな結果を孤立的に取り扱うべきではないし、そこに決定的な相違を見るべきではない。なぜなら、こうした現象〔思考の成立過程〕はもともと、先立つものの後を追ってゆく（あるいは後を追ってゆかない）さまざまな移動、隠喩的な置き換えから成り立っているからである。そうした置き換えはさまざまで、多様であればあるだけ、本質的にまったく異なる唯一の現象を他の現象から区切ることはできないのだ。

そうした考え方からすれば、カタルシスという言葉の多様な意味の図表を完成するためには、われわれはもう一度ギリシア悲劇に戻らなければならない。われわれはまだ、アリストテレースが『詩学』〔三一〕の中でこの言葉をどう用いているか明確に参照していなかった。いまとなってはそうすることがいささか必要であろう。なぜなら、以前のさまざまな解釈を延長し、形成されつつある全体の中に登録されようとしているある解釈のために、すべてが用意されているからである。すでにわれわれは、ギリシア悲劇が神話的および儀礼的形態から生まれたものであることを知っている。われわれは悲劇というジャンルの機能を定義する必要はない。それこそアリストテレースがすでにおこなったことである。カタルシスという言葉で悲劇の効果を記述しながら、彼は、悲劇というものは儀礼的なものが消滅した世界で、儀礼的なものに帰属していたすくなくともいくつかの機能を果し得るし、果さなければならないと断言している。

すでに見た通り、オイディプースは古代のカタルマにほかならない。原初の集団的暴力に代えて、いけにえを現実に殺す神殿と祭壇を設けるのではなくて、人々はいまや劇場と舞台を置き、その上で一人の俳優が模倣するそのカタルマの運命が、観客たちを彼らの情念から浄化し、〔下剤をかける〕、これまた集団にとって救済的な、個人的および集団的な新しいカタルシスをひきおこすであろう。

もしわれわれが、供犠の儀礼の中に一つの劇、あるいは一種の芸術作品を記述する民族学者に同意するならば（どうしてそうしないでいられよう）——たとえば『災厄の太鼓』の中で「ある一定の儀礼的なものの単一性は劇の単一性である。その意味では、それは一種の芸術作品である」と書いたヴィクター・ターナー——その相互関係は事実である。つまり舞台上で表現される劇は一種の儀礼、宗教的現象の密かな再現であるはずだ。

カタルシスという言葉のアリストテレース的使用は限りない議論を呼んだし、今もなお議論をひきおこしている。人々は、この哲学者にとってこの語が持ち得る正確な意味を見つけだそうと躍起になっている。人々は、アリストテレースの時代にはもはやすでにすたれていて、現代におけると同様にほとんど姿を消してしまったという口実のもとに、それらの宗教的意味を遠ざけてしまう——だいいち、理解できないのだから、信用しないのも当り前である。

カタルシスという言葉が『詩学』の中で供犠の広がりを持つためには、アリストテレースが原初の作用を把握している必要は必ずしもないのである。むしろ彼が把握していないことが必要でさえある。ギリシア悲劇が一種の儀礼的なもののように機能するには、いけにえの殺害の作用と似た作用が、あたかも宗教的、医学的利用の場合にすでにかくされていたように、この哲学者が確認した劇および文学的利用の場合にも、かくされ続けていなければならない。まさしくアリストテレースが供犠の秘密を洞察しなかったからこそ、彼の言う悲劇のカタルシスが結局のところ、すくなくともある点から見れば、ほかのすべての移動と同じく、もう一つ別の供犠の移動となっているのであり、そしてその悲劇のカタルシスがこれまで見てきた供犠に関する展望図《パノラマ》の中に加わる十分な権利を持つのである。それもまた創始的暴力のまわりをめぐっていて、創始的暴力は、それが背後に後退するまさしくそのことによって、その公転運動を支配することをやめないのである。

アリストテレースのテキストをすこし詳細にながめれば、それがいくつかの点でさまざまな供犠の真の手引書のようなものであることに気づく。悲劇の《良き》主人公を作り上げるいくつかの資格は、供犠のいけにえに人々が求める資質を思いおこさせる。供犠のいけにえがさまざまな情念を偏在させそれを排泄する purger les passions ことができるためには、それが共同体のあらゆる成員に似ていなければならないし、同時に、似たものであってはならず、近いものであると同時に遠いもの、同じものであると同時に別なもの、分身であると同時に聖なる「差異」でなければならない、ということを思い出す〔三一三〕。同様に、悲劇の主人公も、もっぱら《善》であっても、もっぱら《悪》であってもならないのである。ある種の善良さは、観客の部分的な同一視を確保するためにそこになければならない。同じように、結局はその《善良さ》を無効にしてしまい、観客に主人公を恐怖と死に引き渡すことを許す何らかの弱さ、《悲劇的な断層〔裂け目、欠点〕》が必要である。フロイトが『トーテムとタブー』の中に見たものはまさしくそれであるが、その見方は不完全であった。観客は主人公に道の果てまでついていった後で、彼の中に別なものを見出し、《恐怖と憐憫》に身をふるわせつつ、二つながら超人間的な、主人公の運命の汚辱と偉大さの中に彼を打ち捨てるのだ。そこにはおそらく、自分自身の均衡状態と、良く調整された生活の安全を思い合わせた、感謝の念が混じっていることだろう。人を感動させる力を持つ真に強力な芸術作品のすべては、それが暴力を予感させ、暴力の所業を人に恐れさせるという点で、弱いながらもすくなくともイニシエーション的効果を持つのである。それは人を慎しみ深くさせ、ヒュブリス〔傲慢〕から遠ざけるのである。

アリストテレースは慎重に、悲劇が浄化するさまざまな情念に関しては曖昧にしている。けれども、もしわれわれが悲劇を、火と戦う火の新しい例と見るならば、共に生きる人々を彼ら自身の暴力から守ることだけが問題となり得るということは疑う余地のないことである。この哲学者は、近親者間の暴力だけが悲劇のプロット〔筋立て〕に適切であるとはっきり断言している(三一四)。

ある種の考証学的理論が主張するように、もしギリシア悲劇が、儀礼の直接的な翻案だとしたら、悲劇それ自体が考証学的作品ということになるだろう。その美学的な、そして浄化的《カタルシス》価値はケンブリッジ儀礼学派(三一五)の価値に勝ることはないであろう。もしもギリシア悲劇が豊富に浄化《カタルシス》効力を持っているとすれば、あるいは長い間持っていたとすれば、それはギリシア悲劇がその最初の着想の中にある反儀礼的なもののおかげでそうした浄化力を持ち得たからにほかならない。ギリシア悲劇は、あたかも自らが相互的暴力であるかのように見せながら、相互的暴力に身をさらしつつ事柄の真実に進むのである。けれどもすでにご覧のように、それもまた結局は後ずさりしてしまうのである。神話および儀礼の差異は一瞬揺らいだ後に、《文化的》で《美学的》な差異の形で復原されるのだ。したがってギリシア悲劇は、さまざまな差異が落ちこむ渦巻に触れたという点で、真の儀礼と等価値のものであり、ギリシア悲劇はそうした試煉に刻印されて残るのである。

ギリシア悲劇に供犠的性格があるとすれば、それは必然的に、その創造と結びついた悪しき面（ニーチェならディオニューソス的と言うだろう）と、人々が文化的動性に入るやいなや調整的なものとなるアポローン的な、良き面とを持つ。（それがさまざまな多くの批評よりもどんなに勝っているにせよ、ニーチェのこの区別は依然神話的なものにとどまっていることは言うまでもない。なぜなら、どんな神も、同時に二つの面に対応するということを、ニーチェのこの区別は見逃している、あるいは十分に見ていないからである。）悲劇の主題に関するプラトーンとアリストテレースの対立する見解は、こうした根元的な二重性に関係づけなければならない。彼が置かれた場所と時代から言えば、アリストテレースが浄化効力によってギリシア悲劇を定義することには理由がある。アリストテレースは常に正しい。それが、アリストテレースがかくも偉大であり、そしてかくも限界があり、その偉大さにおいてかくも一方的である理由だ。アリストテレースはギリシア悲劇の時代の危機を通りすぎた先にいるのである。だから彼は、ギリシア悲劇の時代の危機が見損っているあらゆる理由とあらゆる意味を自らの理論の中に取り入れるのである。彼を自らの師と見做せば、形式主義的文芸批評は決して間違いを犯さないのである。アリストテレースは悲劇を、それが大いに貢献した秩序の唯一の観点から考察しているのである。彼の見方では、悲劇という芸術は、強化され、充実され、守られるに値する一切のものを、強化し、充実し、保護するのである。

逆にプラトーンは、時代的にも精神的にも、ギリシア悲劇の時代の危機にもっと近い。彼が『オイディプース王』の中に読み取ったものは、さまざまの偉大な文化的儀礼の高貴で穏やかな処方箋ではない。それは、さまざまな差異の動揺であり、悲劇的な相互性であり、形式的な、あるいはあまりにも儀礼に密接した解釈が除去してしまう一切のものであり、ウイリアム・アロウスミスと共にわれわれが悲劇的《動乱》と名づけ得る一切のものである。[68] 逆説的にこの哲学者の悲劇に対する反感を動機づけているのは、ギリシア悲劇の発想とのこうしたはるかに直接的な接触であり、こうしたはるかに敏感な知性なのである。プラトーンはギリシア悲劇の中に、一切の社会的価値の恐るべき、見え難い源泉への突破口を見てとり、都市の基盤そのもののひそかな告発を認めているのである。『オイディプース王』では、民衆の期待が、自らのカタルマを追放する都市から、詩人と詩が時折擁護するカタルマそれ自体の方に傾いていっている。多くの現代の知識人のように、この悲劇詩人〔ソポクレース〕は、死に瀕した都市が自らの胸から追放して、自己の統一性を再び見出そうと空しく努力するものすべてを、はっきりとはわからないがある種の憐憫の情をいだいて描いているのである。疑いをかける根拠を示さないにしても、この詩人は、少し前まで尊重されてきた古くからの伝説に疑わしい外観を与えるのである。プラトーンが言うには、そうであれば、都市を壊乱から守るために、風俗壊乱の精神を都市から祓いきよめ、ソポクレースを追いやって、追放中のオイディプースと一緒にしなければならない。この詩人をもう一つ別のカタルマ、もう一人のパルマコスにしなければならないのである。

　合理主義的、人間主義的な批評には、そんな事情は何もわからないのだ。そうした批評は、ギリシア悲劇の着想、無差異化された暴力とは逆方向に(sens)、こういってよければ意味の意味(sens du sens)の中で仕事をしているので、ある種の盲目におちこんでしまっている。つまりそうした批評は、あらゆる差異を強化して、暴力と聖なるものが再び出現する惧れのあるさまざまな間隙をふさいでしまうのである。それは最終的にはきわめてうまくそうすることに成功するので、作品のもつ一切の浄化《カタルシス》効力をあっさり切り捨てるのである。したがってそれは、結局は作品の《文化的諸価値》の俗悪な考察、無教養な俗物にたいする俗物の論争、純粋な考証学的研究ないし分類学に堕してしまうのである。そうした批評は、ギリシア悲劇の作品を、人間の本質的な劇〔ドラマ〕つまり暴力と平和の悲劇、一切の愛と一切の憎しみから、完全に無縁なものにすることによって、結局のところ、それ自身が慨嘆している思潮、都市の中心部に暴力を連れ戻す思潮を助長するのである。『バッカイ』の戦慄すべき恐怖を感じ取っているような解読は、どこを探しても見当らないのである。(69)

偉大な一人の作家があらわれるやいなや、そうした批評の俗悪な平板さは揺さぶられる。文芸に関する賛否いずれのあらゆる立論も両義的なものとなるのだ。たとえば『闘士サムソン』〔三一七〕の序文の中でミルトンは、アリストテレースにはたしかにありながら、むしろ黙殺されてきた、もっとも逆説的な面を際立たせることによって、カタルシスの理論を再び取りあげているのである。ミルトンは、病気と薬とが同一であることを強調するが、もちろん、人の心を安心させる自然というものの仲介によってである。けれども、この自然のモデルは、それが隠せば隠すほど、注意深い人の目にむかって分身たちを啓示するのである。自然のモデルは、この詩人の全作品の中に顔をのぞかせているように、そして、実のところほとんどのいわゆる劇的作品の中にあらわれているように、分身たちが浮かび出ることを可能にするのだ。

昔作られたような悲劇は、その他あらゆる種類の詩のうち、もっとも厳粛で、もっとも道徳的、そしてもっとも有益なものと、昔から考えられている。だから、あわれみとおそれ、あるいは恐ろしさを感じさせることによって、それら、およびそれらに類する感情から人の思いを浄める力があるもの、すなわち、うまく模倣されたそれらの感情を読んだり見たりして喚起される一種の悦楽を以って、適度にそれを和らげ弱くする力を持っていると、アリストテレースがいったところのものである。また自然も彼の主張を立証するために、その効果において事欠きはしない。というのは、医術において、憂うつな色と性質をもつ物は憂うつ症に対して用いられ、酸味は酸味に、塩は塩辛い気質を取り除くために用いられるからである。〔三一八〕〔玉木意志太牢訳〕

たしかに、プラトーン対アリストテレースといった型の一切の対立を、教化的な近代主義《モデルニスム》(三一九)の一義的な鋳型の一つに閉じ込めることを警戒し、芸術や哲学や政治などといった厳格な範疇の中に過度の表示《シーニュ》と過少な表示を割り当てようとする、差異を設け排除をしたがる気持に、譲歩しないよう気をつけなければならない。

他方、有意的な一切の態度が儀礼的なものになり得ることも忘れてはならない。プラトーンとアリストテレースの対立もその例外ではない。それは、たとえば近親相姦が一方の体系からは要求され、他方からは恐怖のうちに否認されるように、解釈すべき全体の中の同じ一つの面について全く反対の解決法を採用する隣接した儀礼体系を思いおこさせる。プラトーンは、さまざまの悪しき面が断固として悪しきものであり続けるので、そのもっとも微細な痕跡も排除しようとつとめる儀礼体系に似ている。プラトーンは、悲劇の無秩序、悲劇の暴力が調和と平穏の徴候となり得ることを決して理解しないのである。したがってプラトーンは父殺しと近親相姦の乱痴気騒ぎを恐怖のうちに否認する。それに反してアリストテレースは、そしてその後の一切の西欧文化は、精神分析を含めて、それらを《文化的価値》に作り直そうとするのだ。今日、ディオニューソス的狂乱は、それ以上に公認されたアカデミズムですらある。もっとも大胆な挑発、もっとも《恐るべき》醜聞も、もはや挑発力も衝撃力も失ってしまった。だからといってそれは、暴力がわれわれを脅かしていないということを意味しない。まさにその逆である。いままた供犠体系は老朽の果てにある。したがってその実体を暴露することが可能になるのである。

⁂

われわれは、安定した対立、安定した差異をつかんだと信ずるや否や、それがひっくり返るのに気づく。

悲劇の暴力にたいするプラトーンの拒絶は、それ自体暴力的である。なぜならそれは、悲劇詩人の追放という新たな追放によって表現されるからである。文学的道徳的立論の背後にある暗黙の、彼が詩人に向ける真の非難という点で見れば、プラトーンは間違いなく自らを、詩人の敵対する兄弟、あらゆる分身がそうであるように自らそれと知らない真の分身と定義しているのである。都市に、彼自身へ暴力を加えるように求めたソクラテス――不敬不忠の者に手を下すということは、それだけで汚れとなるであろう――にたいするプラトーンの同情は、ソポクレースが彼のパルマコス―主人公にたいして抱いた同情と同じく、うさん臭いものである。今日でもそうであり、悲劇の方に滑りこんだ一切の世界でもそうであるように、すでにそこには英雄はあらわれず、もはや反《アンチ》―英雄《ヒーロー》しか存在しない。そして、誰もがその瞬間瞬間の敵対者に逆らって順繰りに自己を同一視する都市は、実のところ、オイディプースやテイレシアースのテーバイのように、すべての人間に裏切られるのである。なぜなら、共同体の擁護と共同体のいわゆる利益なるものがその暴力の狂奔に仮面として役立ち、その口実として役立つまさにその時、いやむしろ、とりわけその瞬間に、共同体の死をひきおこすのはそうした敵対関係からである。

　こうした一切の分身化、人々が徒らに砕こうとすればするだけ、それだけいっそうはっきりと、彼らの前でおこることを映し出すこれら一切の鏡像の中で、日々、ますます明瞭にわれわれが読みとるものは、ポリス〔都市〕の解体なのである。われわれは、同じ型の諸現象の誇張的な増強が再びわれわれの間におこっているが故に、ギリシア悲劇の文脈をますます良く理解するのである。

　ギリシア悲劇と同様に、哲学的テキストもまた、ある段階では、追放の企図として機能している。それは、決して成就[70][三二〇]することがない故に何度も何度も企てられる試みである。わたしの意見では、「プラトーンのファルマシー」と題されたジャック・デリダの論文が見事に証明しているのはそれである。この証明はパルマコンという語それ自体のきわめて啓示的な使用法を軸に展開されている。

プラトーンのパルマコンは、まさしく、人間のパルマコスとして機能し、それによく似た多くの結果を産み出す。この語は、悪しきソピステス（三二）の術〔詭弁術〕と良き哲学との間を分かつ決定的な方向転換の軸であるが、また、殺される前にアテーナイの良き都市の町々を儀礼として引きまわされる贖罪の牡山羊としての人間をいけにえとする暴力と同じく正当化され得ない、そして弁明し得ない反転の軸である。パルマコンがソピステスたちに適用される時、この言葉は多くの場合毒薬という悪い意味で用いられている。ソクラテスやソクラテスの一切の活動に適用される時には逆に、薬という良い意味で用いられている。デリダは一切の差異を消去したり、一切の差異を無効で起らなかったものと見做すことを拒否しているように見えるけれども、彼は、ソクラテスとソピステスたちとの間の対立という点から見て、パルマコンの対立する二つの意味を分ける差異はなく、むしろ、同じ一つの言葉に頼ること自体が暗黙のうちに示唆する同一性の存在を論証している。さまざまな教義と態度の違いは、暴力的な相互性の中で解消している。そうしたものの差異は、さまざまな事実の下にある対称性と、パルマコンという言葉のかくも奇妙に啓示的な、無邪気な用い方によって、ひそかに擦り減らされる。この言葉は、この哲学的な都市から恣意的に追放されることになるある分身の上に、悪しき暴力を偏在させるのである。プラトーンに引きつづいて、一切の哲学的伝統は、とりわけニーチェにいたるまで、ここアテーナイで布告された差異の絶対性を敬虔に再確認するであろう。ニーチェ以後、この差異はひっくり返る。そしてそれは揺ぎはじめて決定的な消滅を準備する。おそらく未来はその差異を消滅へと向かわせるのだ。プラトーンにおけるパルマコンは、アリストテレースにおけるカタルシスのようなものである。二人の哲学者の正確な思想がどんなものであれ、彼らの著作家としての直観が、彼らには示唆的なものであるように見えながら、実は単に隠喩的なものである言葉の方に、彼らの思想を確実に振り向けているのだ。いずれの場合にしても、この隠喩は無邪気に使われている。つまりその利用は、供犠における一切の誤認を特徴づけるあの無邪気さと同じである。われわれがここで見出し得たと信ずるように、これら隠喩とそれぞれが関わっている対象物の背後に、同一のものがかくされていることを見出すならば、そうした隠喩の過程《プロセス》は結局のところいささかも道筋を変えていない、一切の隠喩と一切の置き換え可能な対象物の背後で展開しているのは同じ操作であり、肉体的であれ精神的であれ同じ暴力の同じ活動である、ということがわかるのだ。

デリダの分析は、哲学的操作のある種の暴力的な恣意性が、プラトーンの著作の中で、一つの語から出発して完成してゆくことを見事に示している。その語はそうするためのさまざまな手段を提供している。なぜならその言葉は、はるか以前に、もっと残虐ではあるがつまりはその操作によく似たもう一つの異体《ヴァリアント》を指し示しているからである。すべてが互いに遠くはなれた供犠の諸形式の背後には、哲学をはじめとして西欧の思考のすべての諸形態、たとえば社会学や精神分析が探し求めている意味での《固有な形式》は存在しない。そうではなくて、そこには現実におこった原初のあるできごとがあり、そのできごとの本質は、常に、そして違ったやり方で、西欧的思考を構成する隠喩的翻訳と偏向によって、暴露され続けているのだ。そうした隠喩的翻訳と偏向がまさしく現実に食らいつき、それらの効果が明白であると見える適用分野を見出す時でさえ、それらはできごとの本質を暴露してしまうのである。

デリダは、プラトーンの現代的翻訳が、パルマコンの二つに分かれる単一性を破壊して、パルマコン－薬とパルマコン－毒薬を翻訳するのに、互いに無関係な、異なった言葉を用いることで、創始的な操作の痕跡をいっそう完全に消してしまうことを示している。こうした消去作業は、われわれが前に『インド・ヨーロッパ語族諸制度辞典』について指摘した作業に似ている。したがって、現代では、開始された逆方向への運動、一つの発掘運動、デリダの著作が重要な契機をなしている暴力と暴力の働きの解明を、特記しなければならない。

＊＊＊

本試論の流れの中で、われわれは、創始的暴力の仮説がしだいに一切の神話学的および儀礼的諸形態に及んでゆくのを見た。第八章以降では、その拡大がまだ十分でないことを知った。贖罪のいけにえのメカニズムがもし、一切の象徴化《サンボリザシヨン》〔シンボル表現〕[三二二]の原初的メカニズムにほかならないならば、どんな型《タイプ》に結びつけようとするにしてもさまざまな人間の文化の中には、暴力的な満場一致に根をおろしていないもの、結局は贖罪のいけにえに依存していないものは何もないということは明らかである。まさしくそれは、儀礼から派生したさまざまの文化的活動の多様な諸形態について、われわれが確かめたことである。したがってわれわれはいまや、再びわれわれの仮説を、めくるめくばかりのやり方で拡大しなければならないと思う。

結局のところ、いま始まっている運動は、拡大された供犠的なもののなかに一切の文化的形態を包括させることである。固有の意味での供犠は、もはや、供犠的なもののほんの僅かな一部分でしかないのである。そのような供犠という概念の拡大が恣意的なものでないことをあきらかにするためには、儀礼的殺人がもはや存在しないところ、あるいはかつて決して存在しなかったところでも、それに代るような、創始的暴力と依然関係にある別な制度があることを示さなければならない。本書の第一章は、そうした供犠の殺害の除去と、何らかの法体系の創設の間には、緊密な相関関係以上のものがあることをわれわれに示唆した。法体系の創設は供犠の殺人の除去から展開しているように思われる。第一章におけるわれわれの論証は、それが贖罪のいけにえの発見に先行していたために、創始的満場一致の中に根をおろしていなかった。したがって、その論証はわれわれには不十分であるように思える。

その空隙を埋めなければならない。もしわれわれが、法体系もまた創始的暴力にその起源を得ていることを示すことができなければ、われわれは法的なものが、合理的な形の共通な取りきめ、一種の社会契約につながりを持つということを支持することもできるだろう。そうなれば、人間は、彼らが合理主義においてそうであるように無邪気な意味で、社会的なものを支配する主人に再びなるであろうし、再びそうなることもできるだろう。そうなれば、われわれが本書で主張している命題は危殆に瀕することになるだろう。

『古代ギリシアの人類学』の中でルイ・ジェルネは、ギリシア人における死刑の起源の問題を提起して、贖罪のいけにえとの関係をあきらかにする形でそれに解答した。死刑は、今では互いに何らかの関係もないように思われる二つの形、つまり一方は純粋に宗教的なもの、他方は一切の宗教的形態とは無縁なものという二つの形であらわれている。

> ……死刑は汚れの除去手段として機能している……それは、集団の浄化的解放として表現されて、新たに流された血についての責任は、その集団の中で時には稀釈されて消滅する（すくなくとも投石刑の場合がそうしたものである）。つぎには、暴力による追放、死への恥ずべき呪われた成員の追放は、デウォチオ devotio〔奉献、人身御供、呪い、祈願〕の観念を伴っている。事実、一方では、死刑執行は敬虔な行為としての姿を見せている。これに関しては法の保護を奪われた《オール・ラロウ》者の殺害は清浄を損わないと規定されている古代法の条項、あるいは、同様な殺人を義務とするゲルマン法の規則が思いおこされる。……他方、(三三)刑を執行される者がそうした場合に果たす役割は宗教的役割である。つまりそれは、同様に処刑される祭司－王たちのそれと似た機能であり、ローマにおけるホモ・サケル

〔聖なる人〕、ギリシアにおけるパルマコスのような罪人の呼称の中に十分に表わされている。(71)

ここでは死刑は、創始的暴力の儀礼的延長の中に位置づけられている。このテキストは何らの注解も必要としないほど明白である。ただわれわれは、相変らずジェルネにしたがって、テキスト中にしばしば言及されているもう一つの刑罰が、犯罪者の晒刑であることをつけ加えたい。時には晒される前に罪人は、都市の町々をおごそかに引きまわされる。ジェルネが引用しているグロッツはすでに、その引き回しをカタルマの儀礼に比較している。プラトーンは『法律《ノモス》』第九巻（八五五c）で、理想都市のために《国の境界線で……犯罪人の不名誉な晒刑》をおこなう方がいいとすすめている。ルイ・ジェルネは、この国境線にまで押しやるということを、きわめて有意的であると評価している。そしてそれは、われわれを贖罪のいけにえとその派生体に連れもどすさまざまな理由にとっても有意的である。

宗教的な意味を持った刑罰の中にあらわれている傾向の一つは、除去の傾向である。そしてもっと詳細に言えば――なぜなら除去というこの言葉は、語源的価値で使わるべきであるからだが――国境の外へ追放することである。(三二四)このようにして人々は、神聖を穢すものの遺骸を排除するのである。プラトーンがおろそかにすまいと気をつけた良く知られた宗教的手順で、人間の死をひきおこした無生物の物体にしても人間を嚙み殺した動物の死骸にしてもそのように除去するのである。(72)

(三二五)死刑執行の第二の様式は、最小限の形式しか伴わず、宗教的なものは何も持っていない。それはアパゴーゲー apagoge である。この処刑の手取り早い民衆的な性格はアメリカ西部劇の《裁判》を連想させる。

この刑はとりわけ現行犯の場合におこなわれるとジェルネは明言しているが、それは常にその集合体によって承認されるのである。けれども、その犯罪の公共的な性格だけでは、そうした刑の執行を可能にするには十分でなかった。つまり、ジェルネによれば、多くの場合に犯罪人が外国人でなければ、言い換えればその死が共同体内部に際限のない復讐の引金を引く惧れのない存在でなければ、集団による認可を確保するのに十分ではなかったのである。

この第二の処刑様式は、その形式から見て、あるいはその形式のなさから言ってきわめてかけ離れているとはいえ、最初の処刑執行の様式とまったく関係がないと見做すことができないのはもちろんである。ひとたびわれわれが、さまざまな宗教的形態の発生の場合に贖罪のいけにえが演じている役割を見定めたならば、ここでもまた《ある制度》が独立的であると見ることはできない。両者の場合に働いているのは、創始的な満場一致なのだ。第一の場合には、創始的満場一致が儀礼的な形式を仲介にして死刑を産み出しているのであり、第二の場合には、必然的に弱められ、ぼかされた様式で、それ自体が姿を見せているのである（もしそうでなかったら、それが現われ出ることはないだろう）。けれども、それにも拘らずその様式は野蛮で自然発生的である。われわれはこの様式を、しだいに体系化され合法化された集団暴行として定義できる。

いずれの場合にしろ、法的な刑罰の概念を創始的メカニズムから引き離すことはできないのだ。刑罰の概念は自然発生的な満場一致にさかのぼり、たった一人の責めを負う者にたいして（三二六）共同体全体を立ちあがらせる抗がい難い確信に起源を持つのである。したがって法的刑罰には偶然的 aléatoire 性格がある。そうした性格は、宗教的なものと、いわゆる法的なものの間にあるきわめて多くの中間的形態の中にはっきりあらわれているし、とりわけ「神明裁判（三二七）」の中で示されているので、必ずしも見過されはしないであろう。

⁂

いまこそ、各方面からやって来る訴えに応え、あらゆる徴候の集中に応えて、すべての神話とすべての儀礼的なものの単一性のみならず、宗教的であれ反宗教的であれその全体としての人間文化の単一性が存在することを明確に肯定しなければならない。そして、さまざまな単位をまとめるその単一性全体が、常に誤認されるが故に常に効果的な唯一のメカニズム、つまり、贖罪のいけにえを対象に、そのいけにえのまわりで共同体の満場一致が成立することを保証するメカニズムに、完全に依存していることを断言すべきである。

このような総括的結論はあまりにも行き過ぎで、あまりにも突飛にさえ見えるにちがいないし、当然そう思われるだろうから、それを基礎づける分析の型に再びもどって、あらゆる供犠の儀礼の単一性、ならびに、儀礼には全く関係ないように見えるさまざまな直観とそれら儀礼との完全な連続性を証明できる最後の例を、これまでの読解の延長上で挙げることは無駄ではあるまい。もちろんわれわれは特徴的な例を選ぶ必要があるので、一目見ただけでさまざまな人間社会の組織構成上可能な限り基本的であるとわかる制度を選ぼうと思う。そうしたものとして君主制（三三八）がある。もっと一般的に言って、数多くの社会の中の至上権、いわゆる政治的な権力、中心的権威のようなものが実在し得るという事実である。

アフリカの君主制についての説明の中でわれわれは、儀礼としての近親相姦、言い換えればこの制度の中でもっとも衝撃的な、もっとも瞠目すべき特徴をそれから切り離して孤立させれば、途方にくれざるを得ないことを示した。あたかも独立した現象のように近親相姦を解釈しようとすれば、必然的に、何らかの形の心理主義におちいるのだ。供犠が、儀礼としての近親相姦と同じ好奇心をわれわれのうちによびさますにはあまりにも一般的であり、あまりにもしばしば行われていたものであるにしても、問題にしなければならないのは供犠であり、すべてを解釈しなければならないのはその供犠を中心に置いてのことである。

供犠は、さまざまな儀礼の中でもっとも中心的で基本的なものだ。それはもっともありふれた儀礼である。それが、現代的解釈がその起源を過小評価し、無視し、消去する以前に、儀礼の進化の過程で供犠が消滅し、あるいは形を変えてしまう理由である。

文化の一要素が奇異なものにみえ、他と異なるその性格がわれわれに衝撃を与えればあたえるほど、もしわれわれがそれを真の文脈に挿入することに成功しなければその要素は、本質的なものからわれわれの目を逸らせる惧れがある。逆に、ある要素が頻繁に目につき、人々がそれに執着するだけの価値があればあるほど、はじめに輪郭を描くことがうまくいかなくても本質的なものに到達する幸運な機会があるのである。

われわれはすでに、たとえば祭と、われわれが反－祭と名づけた事柄、あるいは王の近親相姦についてのいずれもきわめて厳しい要請と禁止といった、同じ儀礼の範疇にある二つの異体《ヴァリアント》の間にある目をみはるばかりの対立関係を検討した。そしてわれわれは、これらの対立が危機についての解釈のさまざまな相違に帰することを確認した。儀礼というものが悪しき暴力と良き暴力の根本的な単一性を認めているにしても、儀礼は、はっきりした実際的理由から、両者の相違を見定めようとつとめるのだ。その分離分割は必然的に恣意的なものとなるだろう。なぜなら、悪しきものの最高潮の段階で良きものへの逆転がおこるからであり、いわばそれは悪しきものによって産み出されるからである。

すでにわれわれは、隣接した儀礼と儀礼の間の対立は結局のところ、目をみはらせるほどには、それほど本質に関わらないことを確認した。ある種族が王の近親相姦を要求するのに、そのすぐ近くにいる種族がそれを嫌悪するといった事実に重要性を結びつける研究者、そしてそれから、たとえば一方は幻覚に捉えられて身動きできなくなった種族で、他方は逆にきわめて幸運にも《抑圧から解放された》種族だと結論するような研究者は、何から何まで間違っているのである。

すでに確証したように、大多数の儀礼の範疇について同様のことが言える。それらの自律性は見せかけにすぎない。そうした自律性自体、創始的メカニズムの解釈におけるさまざまな差異に帰するのであり、それは、儀礼が《図星を射なかった》という事実から必然的に生まれた、文字通り無限の差異なのである。多様さを産むものは、そうした失敗である。神話群がつねに狙いながら遂には達することのできないそのことを、われわれがそれ自体として見ない限り、この多様性を単一性に還元することは不可能である。ありきたりの方法にしたがって操作する研究者の頭には、アフリカの君主制、チュピナムバ族の人肉食、アステカ族(三二九)のいくつかの供犠といった、異なるさまざまな行為を関係づけることなど思いもよらないであろう。

アステカ族の供犠の場合には、いけにえの選定とその殺害の間には、ある時間が経過する。その期間、人々は、やがて供犠される者の欲望を満たすために何でもする。彼の前にひざまずいて礼拝し、彼の衣服にさわろうとしてひしめき合う。この未来のいけにえが《真の神性》として扱われ、あるいは《一種の名誉王権》を行使すると断言しても誇張ではない。一切は少し後に、残酷な死刑執行で終る……。

チュピナムバ族の捕虜の場合、われわれはアステカのいけにえやアフリカの王とのいくつかの類似に注目することができる。三つの場合とも、未来のいけにえの立場は偉大と低劣、威信と汚辱を組み合わせている。組み合わせの割合は異なるが、そこにあらわれているのは、結局のところ、プラスとマイナスの同じ要素群である。

けれどもそうした一切の類似は、受容し得る基盤を比較対照に提供するには、あまりにも漠然としすぎているし、あまりにも限定されすぎている。たとえばアステカ族のいけにえの場合では、いけにえが享受する特権はあまりにも一時的で、アフリカの王が行使する持続的な現実の政治権力と比較するにはあまりにも受動的で儀式的な性格を持っている。チュピナムバ族の捕虜にしても同様である。《王》の立場と呼ぶには、たしかに相当な想像力を必要とするし、諸現実を完全に無視しなければならないだろう。この三つの現象をわれわれが比較することは、それらの間の類似がきわめてはっきりしている場合でも、それら三つの制度のもっとも顕著な特徴、つまりアフリカの王の場合では儀礼としての近親相姦、チュピナムバ族の場合では人肉食、アステカ族の場合では人間の供犠といった、それぞれの特殊な相貌を与えるものと関わりがないだけに、それだけいっそう無謀のように見えるだろう。これほど印象的な民族学的な記念物、登山家たちがモンブランとヒマラヤを同時に登頂しようなんて考えないのと同じように専門家たちが同時によじのぼろうなどと考えつかないけわしい頂きを、こんな風に関係づければ、われわれは意図的で印象主義的だと非難される惧れが十分にある。人々は、われわれが最近の研究によって構成され得るような共時的総体を今度は考慮に入れていることを見ずに、フレーザーやロバートソン・スミスの方に逆行するといって非難するだろう。

ここで、慎重な思想家なら、これまでに何百遍も立証された教義、つまりいけにえはいけにえであり、王は王であり、猫は猫であるという教えを忠実に守るだろう。ある種の王が供犠され、ある種のいけにえが《王》のように遇せられる目にあうという事実は、愛すべき趣向、楽しい逆説ではあるが、そうしたことについての考察は才気煥発な軽やかな人々にまかせておかなければならない。たとえば、毎朝、口をそろえて科学は美しい、けれども文字はそれが現実と何らの関わりもないが故にもっと良いと繰り返す運命に従順な、批評のトムおじさん（三三〇）たちの監視のもとで、利口に文学という指定居住区《ゲットー》に閉じこもるシェークスピア（三三一）のような人々にである。

打ちあけて言えばこうした慎重さは、物事を理解したいと貪欲にねがう精神にとって、決して刺戟的ではないけれども、統一的仮説を手中にしていない限り、そうした慎重さも依然、捨て難いものである。けれども、《贖罪の牡山羊》のような型の諸現象の背後に、何らかの漠然とした心理学的気休め薬《プラセボ》ではなく、何らかの貧血症的な《罪責感》でもなく、《精神分析がわれわれに馴染み深いものにしてくれた》そうした状況のいかなるものでなくて、一切の文化を統合化する恐るべき原動力、一切の儀礼的なものと一切の宗教的なものの基礎がひそんでいるのかも知れないと疑う瞬間から、状況は一変するのである。われわれの三つの儀礼制度の間のさまざまな相違は、触れるべからざるものであることをやめる。それは、一酸化炭素と硫酸ナトリウムを分かつような型の違いともはや何の関係もない。それらは、初めは見失われたがつぎには同じ一つのメカニズム（これもまたさまざまに解釈されるのだが）のおかげで再び見出された同じ統合の劇を、異なる三つの社会の中で解釈し再演する三つの異なるやり方を示しているのだ。ここで十分な説明を与えられるのは単に、チュピナムバ族の捕虜の奇妙な特権、アステカ族のいけにえが受ける束の間の尊崇だけではない。三つの儀礼の間の差異と同じく相似が解読可能になる説明が加えられるのは、結局は解読に身をまかせ、単一のものに帰着するそれら儀礼のそれぞれに圧倒的な諸特徴にたいしてである。

われわれの分析がまだ読者を懐疑的にしておくならば、そしてまだ読者には、三つの儀礼の差異が克服しがたいもののように見えるとすれば、そうした差異を無数の中間的な形態で埋めることが可能であることをわれわれは示すことができる。それらの諸型態は、もちろん贖罪のいけにえという鍵の中に《一群の変形》を読みとるならば、互いにきわめてかけはなれたように見える儀礼群の不連続な断絶の一切を消滅させてしまうのである。贖罪のいけにえの効果は実際には決して理解されることのないものであり、したがって、実際、ただ一つの真の解釈を除いて、きわめて多様な一切の考え得る解釈に身をまかせるのである。

無数の社会に一人の王がいるが、供犠されるのは彼ではないか、あるいはもはや彼ではない。動物でもないか、あるいはまだ動物でない。人々は、王の代りをする人間のいけにえを供犠する。そしてそれはしばしば犯罪者、社会的不適応者、ギリシアのパルマコスのような法の保護を奪われた者《アウトロー》の間から選ばれる。供犠執行者の力の下で王の身代りをする前に、似而非の王 mock king(三三二) は短期間、王座の上で王の代りをつとめるのである。こうした王位の短さや現実の権力が一切ないことは、この型の儀礼をアステカ族の供犠に近づけている。けれども全般的な脈絡でいえばあきらかに、依然として王の供犠そのものである。アフリカの王とアステカ族のいけにえの間の差がぼやける。つまりわれわれはここで、それぞれに同じほど関係があり、両者の中間に位置するいけにえを相手にしているのだ。

他方、その似而非の王が祭を支配し、やがて彼の死が祭の供犠としてのしめくくりをつけるということに注目すべきである。祭の主題と、現実の王であれ、もじり《パロディー》の王であれ、王たる者の供犠の主題はいつまでも結び合っている。たとえばスワジ族のインクワラではそうである。そしてそのことは、供犠の危機が贖罪のいけにえのメカニズムの中に解決法を見出している限り、祭がその供犠の危機を再現するに過ぎないのだから、何ら驚くにはあたらない。共同体の統一が個人として彼の所為に帰せられるたびに、その同じ贖罪のいけにえが《神》、《王》、《至高者》として知覚されるのである。われわれが贖罪のいけにえを示すために常に使ってきた、王、至高者、神性、身代りの牡山羊などといった一切の言葉は、それぞれが多少ともずれている隠喩でしかない。とりわけ、それらがどれもしきりにわからせようとしている唯一のメカニズム、つまり創始的満場一致のメカニズムとの間に多少のずれがある隠喩なのである。

さまざまな儀礼は、贖罪のいけにえのまわりにある解釈の連続体を形成しているのだ。儀礼群は決して贖罪のいけにえに手をとどかせることができないし、そうしたさまざまの儀礼の配置は、贖罪のいけにえがおさまるべき場所のちょうどそこに空洞ができた絵を描き出している。さまざまな儀礼をそれらの違いによって分類しようとする努力は、したがって、挫折する運命にある。いかなる定義を加えようとも、儀礼をそれぞれに分類した範疇と範疇との間に、どちらにも入れられない多くの儀礼をいつも見つけることになるだろう。

原初のできごとについての儀礼的解釈のいかなるものにも、他の要素に打ち勝って、創始的暴力の記憶が遠ざかれば遠ざかるほど他の要素を消去してしまう一つの圧倒的な要素があるものだ。祭では、それは、部分的に変形した供犠の危機の、陽気な記念である。すでに見た通り、時と共に、最終的な供犠も除去される。その後、かつて供犠に随伴していた、あるいは供犠にとって代った悪魔祓いの儀式がくる。それと共に、創始的暴力の痕跡が消滅する。こうなった時にのみ、われわれは現代的な意味での祭を目前にすることになるのだ。この制度は、文化史家がそこに自らの対象を認識するために求める特殊性を、その儀礼という起源から遠ざかり、自らをそれから切り離すことによってのみ獲得するのである。実はそうした起源だけが、きわめて進化した形態のもとでさえもその制度を完全に解読することを可能にするのだ。

儀礼が活力を持っていればいるだけ、それらは共通の起源に近づき、それらの間の差異は少なく、区別しにくくなり、分類は不完全になる。もちろん起源以来、儀礼の中には差異が存在する。なぜなら、差異を修復し固定するのは贖罪のいけにえの主要な機能だからである。けれどもその最初の差異はまだほとんど発展していないし、自らのまわりにまださまざまの差異を増殖させていなかった。

創始的暴力の独自な解釈である儀礼は、聖なるものの相互的な諸要素の間で、良きものと悪しきものの二つの面の間で、均衡をやぶる第一の要素を作り出す。その要素は、創始的な秘義から人が遠ざかるにつれて、徐々に際立ち、屈折し、成長してゆくだろう。したがっていかなる儀礼の中にも、最初の均衡をみだす要素から生まれた飛びぬけた特色が、しだいに支配的なものとなり、他の特徴を舞台の奥に追いたて、遂には除去してしまうのである。事柄を合理化する分別は、それがあらわれる時、良きものと悪しきものの連結を単なる論理的《矛盾》と知覚する。この時人々は、際立った諸特色と目立たない諸特徴の間で選択をせまられるように思う。目立たないものの弱体化は、そうした分別に、それらを余分な、余計な、間違って導入されたものと見做させるのである。それがまだ忘れ去られていないところではどこでも、目立たない諸特徴を消去することが義務となる。表面的にはまったく無縁のように見える二つの制度と関わり合う時が来ると、自然についての諸学をせかせかと不器用に真似た結果である西欧的知の原理そのもの、さまざまな差異の絶対的身分がわれわれに、両者の同一性を認識することを禁ずるのである。その禁止はきわめて断固としたものなので、たしかにそれは人々に、一切の儀礼に共通な起源を解明しようとする現在の努力を、幻想的で《主観的《シュブジェクティフ》》であると判断させるだろう。

アフリカの君主制の場合における王の近親相姦は、それが供犠に従属したものであるが故に起源の観点から見ても本当に本質的なものと言えないし、その後の進化、《君主制度》への移行の観点から見ても本質的ではない。そうした観点から言えば、別なものではなくて現在あるようなものに君主制を作りあげているその本質的特徴は、再びやって来るはずの一つの死、しかしながらその効果が毎度、前の死に遡って思い起される死のおかげで、はじめは未来のいけにえにすぎない者に一生を通じて与えられる権威なのである。時が経過するにつれて、この権威はいっそう安定した、いっそう持続したものになる。この権威に逆らう諸特徴は重要性を失う。つまり、人間と動物の別のいけにえが、真の王に取って代る。この至高の権威の裏側、つまり、違犯、違犯から生まれる万人の軽蔑を招くほどの卑しさ、王一個人への悪しき暴力の集中、供犠としての刑罰といったものを作りあげる一切のもの、それらすべては内容を欠いた《象徴》となるのである。それらは、多かれ少なかれある時間の後には消えざるを得ない非現実な劇《コメディ》なのである。儀礼における残存物は、まだへばりついているが徐々に完全な近親相姦が払いおとしてゆく蛹の殻のかけらのようなものである。聖なる王であることが、単純かつ純粋な王位、もっぱら政治的な王権に変貌したのである。

フランスのアンシャン・レジーム(三三三)〔旧政体〕や、まさしく伝統的なあらゆる王権を見る時、われわれは、王位というものについての現代的なイメージを原始的世界に投射するよりはむしろ、原始世界のさまざまな聖なる王(三三四)の身分という光に照らしてすべてを考える方がはるかに実り豊かではないかと考えざるを得ない。神権というものは、臣下を従わせるための、全然でたらめの作り話ではないのである。とりわけフランスでは、王という観念の消長は、聖なる王、道化の王、触れただけでなおす瘰癧《るいれき》(三三五)の治療、それにもちろん、あの最後のギロチンによる処刑(三三六)を含めて、聖なる暴力の活動によって作りあげられて残ったものの全体である。王の聖なる性格、至高者といけにえの同一性は、人々がそれをいっそう完全に見失ってしまっていればいるだけ、それがいっそう馬鹿げたものと見做されれば見做されるほど、再活性化しやすいのである。事実、その時こそ、王はもっとも脅かされるのだ。

こうした一切の逆説の師、すでにわれわれの世界に接近した世界の君主制の原理をもっとも根元的に把握した解説者はシェークスピアである。彼は、もっとも原始的な王位の原理と、もっとも現代的な王位の原理との全空間を満たして、そのどちらかしか知らないわれわれよりはるかに完全に、その両者を熟知しているのである。

王の廃位の見事な場面が、（三三八）あたかも裏返しの即位のように『リチャード二世』（三三七）の中で展開されている。まさしくウォルター・ペーターはそれに逆転した儀礼を見てとった（73）。この王は、ほとんど宗教的に、贖罪のいけにえに変形されている。彼は自分の敵をユダやピラトになぞらえているが、やがて自分もキリストと同一視することはできないと知るのである。なぜなら、彼は罪なき犠牲者ではないからである。彼自身が裏切り者であり、彼は、彼に暴をなす者どもと何ら異ならないのである。

わしの目は涙がいっぱいで、見ることもできぬ……
だがそこに謀反人が大勢いることは見える。
それどころか、わが身に目をむければ、
自分もほかの者たちと同じ謀叛人だということがわかる。
わしはきらびやかな王の式服をはぎとるのに、
みずから魂の同意を与えたのだからな。（四幕一場二四四行）〔菅泰男訳〕

中世法理論における王たる者の二重性についての研究『王の二つの身分』の中でアーネスト・S・カントロヴィッチは、『リチャード二世』のある分析を挿入することが適切であると判断した。他のいかなるところでよりもっとはっきりと浮かびあがっている贖罪のいけにえのメカニズムにまで達することができなかったにしても、カントロヴィッチはシェークスピア的王の二重性を見事に記述している。

リチャードにおけるこの多重性、どちらにしてもいずれも同時に活動的な多重性――〝こんなふうに、わたしは一人でたくさんの人間の役割を演じているのだ〟（第五幕五場三一行）――は、〝王〟にして〝道化〟にして〝神〟の中のそれらの潜在的な現存である。それらは、否応もなく〝鏡〟の中で溶けるのである。〝三つ児〟のそれら三つの原型《プロトタイプ》は、互いに連続的に交差し、重なり、干渉し合っている。ウェールズの海岸の場（三幕二場）では〝王〟が、フリントの城の場（三幕三場）では〝道化〟が、ウェストミンスターの場（四幕一場）では「神」が、各段階における永劫の連れでありアンチテーゼである人間の卑小さと共に、支配的であることが依然として感じとれる。さらにそれら三つの場面のそれぞれの中に、われわれは、同じ滝のように流れおちるものに出会うのである。聖なる王の身分から、王の身分の〝名称〟に、そしてその名称から、人間のむき出しになった悲惨さへと流れ落ちるものを。(74)

おそらくはさらに進んで、いわゆる君主制を超えた先に、そこで活動しているものは至上権の観念そのものであり、そして、贖罪のいけにえからしか発し得ないあらゆる形の中央権力でないかどうか考えてみるべきであろう。おそらくは基本的な二つの型の社会が存在するのである。それら社会はすくなくもある程度までは互いに浸透し合う。一方の社会は、必然的に儀礼に起源をもつ中央権力をそなえた社会であって、本質的に君主制の社会である。他方は、そうしたものを持たず、社会の中心部に、創始的暴力の政治的な痕跡をとどめていない社会であって、いわゆる二元的な組織構造 organisations duelles である。第一の社会では、われわれに解らない理由から、常に社会全体が、多少とも永続的に起源のいけにえを表徴するものの方に集中する傾向があり、その表徴する者の手に、政治的および宗教的権力が集められるのである。後になってこの権力がさまざまな形で分割分離されるにしても、そうした集中化の傾向は存続する。

構造主義民族学がこの種の型の社会にほとんど関心を払わないことに注目することは興味深い。構造民族学はもはやそうした型の社会の中に、すくなくともある種の決定的な場所では、有意的なへだたりを読みとれるような二元的対立を見出せないのである。こうした社会では、《両極端》の対立が王一身の中に内化〔取り込み〕されてしまっている。例えば王と道化といった対立の形でそうした対立が外在化されることもあるが、しかしそれは常に二次的で副次的な重要性しか持たない展開である。《歴史》社会のきわめて不安定な性格は、われわれ各人におけるこうした「王の中への差異の内化」に反映されるだろう。それが悲劇に、徐々に贖罪の王を、永続化した危機におけるさまざまな差異の動揺に捉えられた人類の原型に、仕立てあげることを可能にするのだ。

***

一切の宗教的な儀礼は贖罪のいけにえから出てくるし、宗教的なものであれ世俗的なものであれ人間の偉大な諸制度は儀礼から出発している。われわれは、政治権力、法権力、医学、演劇、哲学、人類学それ自身についてさえも、そのことを確かめた。そして、人間の思考のメカニズムそのもの、《象徴化》の過程《プロセス》それ自体が贖罪のいけにえに根をおろしているのだから、当然そうでなければならないのだ。もしこれらの証明のどれかが確かでないとしても、それらがこのように一点に集中するということは印象的である。実際、これらの証明の一致が、一見もっとも素朴に見える起源神話の語ることとほとんど正確に符合するだけにいっそう印象的である。それらの神話群は、起源のいけにえの体《からだ》それ自体から、人間に役立つ一切の植物、一切の食べ物、さまざまな宗教的、家族的、社会的諸制度が出て来たとしているのである。儀礼の母である贖罪のいけにえは、〝外へ〟〝導く〟 é-ducation という語源の意味において人類の優れた〝教育者〃éducatrice である(三三九)。儀礼は人々が聖なるものから徐々に外へ出て行くようにさせるのである。つまり儀礼は、人間たちが自らの暴力からまぬかれることを可能にするのだ。儀礼は人間たちに、彼らの人間性を決定する一切の制度と一切の思考を授けることによって、彼ら自身の暴力から人々を遠ざけるのである。

われわれが起源神話の中に見出すものが、少し変った形で、供犠についての印象の偉大なテキストの中にも見出される。

はじめ神々は、いけにえとして人間を殺した。人間が殺された時、それが持っていた儀礼の効力はそれから離れて馬に入った。神々は馬をいけにえにした。馬が殺されたとき、それが持っていた儀礼の効力はそれから離れて雌牛に入った。神々は雌牛をいけにえにした。雌牛が殺されたとき、それを持っていた儀礼の効力はそれから離れて牡山羊に入った。神々は牡山羊に入った。それが殺されたとき、それが持っていた儀礼の効力は大地に入った。神は大地をさがすために土地を掘ってそれを見つけた。それは米と大麦だった。それが、今日でも土地を掘って米と麦を手に入れる理由である(75)。

デュルケームは、社会は一つであり、その単一性はまずはじめには宗教的なものであると断言している。そこに自明の理と論点の先取り(三四〇)を見てはならない。宗教的なものを社会的なものの中で解消することも、社会的なものを宗教的なものの中で薄めることも問題ではないのである。デュルケームは、人間が文化の領域で、現在あるようなものになったのは、宗教的なものの中に位置づけられる教育的〔外に連れだす〕原理に負うていることを予測したのである。空間と時間の範疇《カテゴリー》さえ、宗教的なものから由来すると彼は断言する。デュルケームはどの程度自分が正しいのか知ってはいない。なぜなら彼は、暴力がどんなに恐るべき障害を、人間社会の形成の前に置くかを見ていないからだ。けれどもデュルケームは、誰もがそうした障害を見逃さなかったと間違って思いこんでいるヘーゲルのような人以上に、ある点では正確に、その見えない障害を考慮に入れているのである。

はじめ宗教的なものは、すべての人間社会の創造にたいして暴力が置く恐るべき障害を回避するものである。人間の社会は、《主人》の前での《奴隷》の恐怖と共に始まりはしない。そうではなくて、デュルケームが見たように宗教的なものと共に始まるのである。デュルケームの直観を完全なものにするためには、宗教的なものが贖罪のいけにえにほかならないことを理解しなければならない。それは、自らのまわりで、自らにたいして成立する集団の統一を創り出す〝贖罪のいけにえ〟にほかならないのである。贖罪のいけにえだけが、いかなる安定した支配関係も、いかなる真の和解も完成することのできない相互的暴力の中で、そうした差異化された統合――それには贖罪のいけにえが欠くべからざるものであると同時に人間の力では不可能である――を人間たちに得させてくれるのである。

贖罪のいけにえの役割は、空間的な面でさえも、きわめて正確な検証の対象になり得ると信ずる。共同体の構造そのものの中に、その真実が記録されていると考える根拠があるのだ。共同体の構造には、すべてがそこから放射している中心点があり、それが、ほとんどいつも集団的統合の象徴的な場所となっている。われわれは、すくなくとも部分的には考古学的発掘調査によってきわめてしばしば確認された、その場所の起源的性格を、疑ってかかるわけにはいかないのだ。

ギリシアでは、そうした場所はある種の英雄の墓であり、オムパロス〔中心点〕(三四一)であり、広場《アゴラー》の石であり(三四二)、都市《ポリス》の最高の象徴である共同のかまどヘスティアー(三四三)である。ルイ・ジェルネはこの象徴的な場所について一つの論文をあてているが、これまでの分析を背景にしてその論文を読めば、その場所が、贖罪のいけにえの非業の死をとげた場所、もしくはそう見做された場所を示していることを確信しないわけにはいかないのである。

そうした場所にまつわる伝説、そうした場所に関わる儀礼発祥の地としての役割は、聖なる集団暴行を都市《ポリス》の起源におく仮説を、絶えず裏書きするのである。例えば、本書で何度も言及したブーポニア〔牡牛の供犠〕のようなきわめてはっきりとした供犠の形や、あるいは、パルマコスを思わせる違犯者たちの晒刑やその他の型の刑罰が問題になり得るのである。贖罪のいけにえという仮説によって直接に方向づけられた研究が、さらにいっそうはっきりした諸事実を掘りおこすことは確かである。

あらゆる宗教的形態が生まれ、信仰が確立し、空間が組織され、歴史という一つの時間性が創始され、デュルケームが理解したように最初の社会生活が下書きされるのは、集団統合の象徴であるこうした場所からであると、われわれは信ずることができる。一切が始まるのはそこであり、一切が出発するのはそこからであり、軋轢が再燃する時、一切がもどるのはそこであり、一切が終るのはおそらくそこである。われわれがアナクシマンドロス(三四四)から得る唯一の直接的な引用、《西欧思想のもっとも古き言葉》が語るのは、まさしくその地点、そのできごとではないだろうか？　おそらくは、ここでその驚くべき言葉を引用して、何よりも、これまでの考察と定義が合理主義的楽観論の枠内に登録され得ないことを示すために、その言葉をいわばわれわれの言葉とすべきであろう。彼らを儀礼的なものから世俗的諸制度へと導く進化の中で、常に人間たちは本質的暴力からいっそう遠ざかり、それを見失いはしたが、彼らは現実にはその暴力と縁を切ったのではない。だからこそ暴力は、啓示的であると同時に破局的な再来が常に可能なのである。そうした再来の可能性は、宗教的なものが常に、神の復讐として提示した一切のものと対応している。ハイデッガーが慣用的な翻訳を拒んだのは、そうした訳文の背後に、神の復讐という概念がうかび出るのを見ると信じたからである。けれどもハイデッガーは何から何まで間違っているとわれわれは思う。アナクシマンドロスのテキストにあらわれているのは、決して神のものではなく、純粋に人間のものとしての復讐であり、言い換えれば、決して神話的なものではない形の復讐である。したがってわれわれは、アナクシマンドロスの言葉を一般に用いられている翻訳で引用しよう。ハイデッガーは批判しようとつとめているが、それはわれわれには完全に正当であり、満足なものでさえあるように思えるのだ。

万物はそこから生まれ、必然にしたがって、そこにむかって消滅してゆかねばならない。なぜなら万物は、きめられた時にしたがって、それらが犯した邪悪のために、互いに罰を与え合い、互いに贖罪を割り当てあうからである。(76)(三四五)

結論

神話と儀礼的なものに関するわれわれの調査は終った。それはわれわれに一つの仮説を述べることを可能にした。われわれは今後その仮説が確かなものと見做し、原始宗教の理論の基礎に役立つものと考える今後はユダヤ＝キリスト教および文化全般にむけてこの理論を拡大することが問題になる。さらにそれはさまざまな分野で追求されるだろう。

この理論を基礎づけるためのなおいくつかの原理的な考察が必要である。たとえ自然発生的な暴力とその宗教的な模倣の間には無数の中間的形態があり、そして直接的にはそうした宗教的模倣しか観察することができないにしても、創始的なできごとが現実に存在したことを肯定しなければならない。そうしたできごとの、儀礼を超え《エクストラ・リチュエル》、テキストを超えた《エキストラ・テクスチュエル》特殊性を稀釈してはならないのである。そのできごとを多少とも観念的な一種の極限状況に帰してはならない。何らかの調整的な概念、何らかの言葉《ランガージュ》の効果、具体的な諸関係の領域に真に対応するもののない象徴的なごまかしに帰してはならない。われわれはそのできごとを、人間でないものから人間への移行という意味で絶対的な起源として、そして個別的な諸社会の起源という意味で相対的な起源として、同時に見做すべきである。

現在のこの理論は、その体験的性格が体験的には検証され得ない諸事実に基づいていると主張している点で逆説的なものである。われわれはそれらの諸事実にさまざまなテキストを通してしか到達できないし、それらのテキスト自体、間接的で、ずたずたに毀損され、変形された証言しか提供していない。われわれは創始的なできごとに、常に謎に満ちたさまざまの資料の間を何度も行き来した果てにしか近づくことができないのである。そうした諸資料がこの理論の生まれた環境であり、それが検証される場なのだ。

　現在のこの理論に《科学的》という形容詞を付することを拒むさまざまな理由があげられるのは、その点であろうと思われる。けれども、われわれがいま言った一切の制約を受けながら、科学的という形容詞を拒もうともはや誰も考えないような理論もあるのである。たとえば、生物の進化に関する理論である。われわれは、さまざまな資料《データ》、生物体の化石となった残存物——それはわれわれの仮説における宗教的および文化的テキストに対応する——の間で比較対照し、真偽を吟味した果てにしか、進化の概念に到達できないのである。孤立した形で研究された解剖学的事実は、進化の概念に人を導くことはできないのだ。いかなる直接的な観察も可能ではなく、いかなる経験的検証も考えられない。なぜなら、進化のメカニズムは、個々の生存とは何ら共通の尺度を持たない長い持続の上で活動するからである。

　同様に、個別的にばらばらに考察すれば、いかなる神話のテキストも、あるいは儀礼のテキストも、ギリシア悲劇のテキストさえも、暴力的満場一致のメカニズムをわれわれに引き渡しはしない。ここでもまた、比較の方法が不可欠である。もしその方法が現在まで成功しなかったとすれば、それは、あまりにも多くの要素が変数(三四六)〔変化し得るもの〕だからであり、あらゆる変化から唯一の原理を測定することは困難である。さらに、進化論《トランスフォルミスム》(三四七)の場合と同様に、仮説によって処理せざるを得ない。

　贖罪のいけにえの理論は、実のところ、進化の理論より形式上すぐれた点を示している。創始的できごとの近づき難い性格は、そこでは単に、理論面で不毛な、積極的価値を欠いた、避け難い必然のような姿をしていない。それがこの理論の重要な次元である。創始的暴力は、その構造化の効力を保持するためには、姿をあらわしてはならないのだ。誤認は、宗教的構造化および宗教《ポスト・ルリジュー》後の構造化のすべてに欠くべからざるものである。基礎からの後退は、研究者たちが宗教的なものに満足な機能を割り当てることのできない無能さにほかならない。この理論は、原始社会における宗教的なものの原初的役割と、そしてその役割についてのわれわれの無知を道理にかなったものにする最初の理論である。

誤認 méconnaissance という言葉がわれわれをうろたえさせるはずはない。精神分析学者たちがそれを利用しているからといって、そのことから、これまでの分析から引き出された自明のこと〔この隠れたる性格〕が、精神分析の主要な諸概念の持ち出す自明性と同じように問題があると結論してはならない。われわれは、ギリシア悲劇の光に照らして、神話と儀礼的なものをさまざまに比較検討してみれば、それらの対照が、贖罪のいけにえと暴力的満場一致の理論《テーゼ》を証明する prouve と言っているのだ。この断定は、たとえばふとした言葉の言い違えを《抑圧》とか《無意識》のようなものの《証拠》preuve にする断定とは決して比較できない。ふとした言葉の言い違えは、抑圧や無意識を介入させなくても、さまざまに説明できることはあきらかである。逆に贖罪のいけにえの理論は、それだけが、これまでわれわれが言及してきた一切の文化的記念碑について説明してくれるのである。そしてそれは、主要ないかなる主題も放って置きはしない。いかなる不透明なかすも残らない。精神分析ではそうはいかない。

もしそうだとすれば、そして現実にそうであるとすれば、それは、宗教的な誤認が抑圧と無意識の方法に基づいては考えることができないからである。創始的暴力は目に見えないけれども、ひとたびわれわれが神話と儀礼的なものの現実的な連接を見定めたなら、それらから創始的暴力を論理的に演繹することが常にできるのだ。前にすすめば進むほど、宗教的思考はいっそう透明になり、それが隠すべき何物も持たない、抑圧すべき何物もないということが、いっそう確認される。まったく率直に言って宗教的思考は、贖罪のいけにえのメカニズムを探しあてることができないのである。宗教的思考が、それを脅かすかも知れない知を避けると思ってはならない。そうした知はまだ宗教的思考を脅かしてはいないのだ。実際のところその知が脅かしているのはわれわれ自身であり、逃げているのはわれわれであり、われわれが回避しているのは、父殺しや近親相姦への欲望よりはむしろ宗教的思考である。父殺しや近親相姦への欲望といったものは、逆に、間もなくあきらかにされるであろう一切のものをもう少し隠しておくために暴力がわれわれの鼻先でちらちら動かしている、現代における最後の文化的玩具なのだ。

宗教的誤認を精神分析の方法にもとづいて考えなければならないとすれば、宗教的なものの中に、フロイトにおける父殺しと近親相姦の抑圧に照応する何かがあることになる。隠された何物かが常にあり、常に隠される何かがあることになる。だが、そんなものは何もないと簡単に示すことができる。たしかに多くの場合、一つないしいくつかの重要な装置が欠けているか、あるいはあまりにも変形してしまっていて、真実全体がその神話的あるいは儀礼的再現を通して輝き出ることができない。そうした欠落が時としてどんなに大きく、変形がどんなにひどいとしても、そのどちらもが、宗教的態度、宗教的誤認に最終的に避けられないものとは思われない。その機構の全装置をもって対決しようとも、宗教的思考は、悪しきものの良きものへの変貌、暴力の、文化的秩序への逆転の中に、自然発生的で、積極的解釈を求める一つの現象を見ることは決してないであろう。

もしわれわれが、創始的過程《プロセス》のなかでもっともうまく隠され、明白な形であらわれることのもっともできにくい面は何かと考えるとき、おそらくわれわれは、それこそが決定的なものであり、それこそが、敢えてはっきり言えばすくなくともわれわれ西欧人の目に《秘密をもらし》てくれるものだとこたえるだろう。その面を指摘しなければならないとすれば大部分のわれわれの読者はおそらく、いけにえの選択における恣意的要素をあげるかもしれない。そうした恣意性の意識は、その同じいけにえを神格化することと両立しないように見える。

注意深く検討してみると、そうした面さえ隠されていないことがわかる。もしわれわれが、探さなければならないものについてあらかじめわかっていれば、そうした面についての一部始終をわれわれが読みとるのに何の苦労もいらないのである。多くの場合に神話と儀礼的なものは、われわれの注意を、いけにえの選択における偶然 hasard という因子《ファクター》に引きつけようとつとめている。だが、われわれには、それらの言葉を理解し得ないのである。そうした無理解は、対立するが似ている二つの形であらわれている。ある時は、もっとも有意的な細部が驚きの対象になり、仰天驚愕の対象にさえなって、それがわれわれにそれら細部を《異常》だと思わせるし、ある時は逆に、長い習慣がわれわれにそれら細部を《まったく当然なもの》、《当り前》で、考えるまでもないことのように思わせるのだ。

われわれはすでに、いけにえの選択における偶然の役割をあきらかにする多くの儀礼の例を引用したが、おそらくそうした本質的次元に関して十分に力説しなかったように思う。たしかに現代的思考も、それ以前のすべての思考と同じく、暴力と文化のたわむれを、差異という言葉で説明しようとつとめる。それこそはまさしくあらゆる偏見の中でもっとも根深い偏見であり、一切の神話的思考の基盤でさえある。原始の宗教的なものの具体的な読解だけがその偏見を一掃できる唯一のものだ。したがって最後に向かわなければならないのは宗教的なもの自体である。それは、全体として捉えたこの理論の適合性と厳密さを示す最後の機会となり、一見もっとも不透明に見えるさまざまな事実《データ》を、もっとも簡単であると同時に首尾一貫した形で、解読し、組織立てるのにきわめて適したこの理論の驚くほどの能力を、さらに検証する最後の機会となろう。

＊＊＊

きわめてしばしば《異様なもの》と言われ、そのように扱われる儀礼の中には、運動競技のような種類のものを含む儀礼や、偶然のゲームとして指摘しなければならないものさえも含んだ儀礼がある。たとえばインディアン・ウイトト族ではボールのゲームが儀礼の中に編入される。ボルネオのカイヤン族には、同じく宗教儀式である独楽《こま》まわしのゲームがある。

インディアン・カネロス族で、葬儀の通夜の最中催されるさいころ勝負は、すくなくとも見かけ上は、いっそう驚くべき、突飛なことである。男たちだけがそれに加わる。二手に分かれて、死者の両側に並んだ彼らは、屍体をこえて交互にさいころを投げ合うのである。死者の姿で聖なるもの自身が、さいころの目をきめると見做されるのである。勝者のそれぞれが、死者の家畜の一匹を分け前として受けとるのだ。その動物はすぐに殺され、女たちは会食用にそれを焼く。

この事実を引用しているイェンゼンは、この種のゲームが、前にあった信仰に、さらにつけ加えられたものではないことを付言している(77)。もしわれわれが、たとえば、インディアン・カネロス族では《近親者の通夜の間、さいころ遊びをする》と言ったなら、そこでおこっていることについて、根本的に間違った観念を与えることになろう。問題のゲームは葬儀外におこなわれているのではない。世俗的なゲームの観念はそこにはないのである。そうした観念を儀礼に投射するのはわれわれなのだ。そのことは、ゲームが儀礼に無関係であることを意味しない。われわれの主要なゲームがわれわれのところにやって来るのは儀礼からである。けれどもわれわれは、いつものように語義の順序をひっくり返すのである。われわれは、通夜は神聖化された儀式であると思いこむ。すでにわれわれが示唆したように、ホイジンハの理論を逆転しなければならないのである。聖なるものを包含するのがゲームではない。聖なるものがゲームを包みこむのだ。

一切の通過と同じく死が暴力であることは誰でも知っている。共同体の一人の成員があの世に移行することは、いかなる危険にもまして、生き残っている者たちの間に争いをひきおこす惧れがある。分配しなければならない死者の所有物がある。悪しき感染の脅威をのりこえるためには、普遍的な手本、創始的暴力に訴えなければならないのはもちろんであり、聖なるものがその共同体に伝えたさまざまな教訓に助けを求めなければならない。われわれに関係するこの場合、共同体は、それを救うべき決定における偶然の役割を把握し、保存したのである。暴力が荒れ狂うにまかせた時、葛藤を調整するのは、結局のところ偶然である。儀礼は、暴力が荒れ狂う機会を持たないうちに、偶然を活動せしめようとする。もはや猶予することなく意志を表明するよう強制することによって、聖なるものの手をこじあけ幸運を強奪しようとする。儀礼は、暴力を少しでもなしにすまそうとして、最終的な結末にまっすぐ進むのである。

カネロス・インディアンのさいころのゲームは、なぜ偶然という主題が神話や寓話や民間伝承の話の中にしばしばくり返されているのかという理由を理解するのに役立つ。考えてみればオイディプースは、テュケー Tukhè 運命、偶然の息子と呼ばれている。何人もの行政官を選ぶのに籤引きがおこなわれる古代の都市がある。儀礼における偶然から得られる権力は、常に、《正反対のものの統合》という聖なる要素を含んでいる。偶然という主題について考えてみればみるほど、それがほとんどいたるところに姿をあら(三四八)わしていることに気がつくのである。民衆の習慣、仙女物語の中では、人々はしばしば、《王様をきめる》ために、あるいはその逆に、そして逆というのはほとんどいつも《同じ事》なのだが、いやな役目を果さなければならない人、ひどい危険に身をさらさなければならない人、みんなの利益のために身を捧げなければならない人、つまり贖罪のいけにえの役割を演ずべき人を指名するのに、偶然に頼るのである。

食べられるのがだれか知るために、
みんなは、籤引きをした(三四九)

偶然という主題が暴力的解決法の恣意性にまでさかのぼることをどうやって説明しようというのか？ここでは、説明するという言葉によってみんなが了解していることについて、互いに了解し合わなければならないのである。いかなる宗教的なテキストも、ここで提案された解釈を理論的に裏づける確証をわれわれにもたらしはしないだろう。けれども、籤引きが、われわれがそれを位置づける有意的な総体の中の、もはや疑いをさしはさむことができないほど無数のはっきりしたさまざまな面に結び合わされているようなテキストは見つかるだろう。旧約聖書の中の「ヨナ記」はそうしたテキストの一つである。神はヨナに、もし悔い改めなければやがて滅されるであろうと、ニネベの町に知らせるように命ずる。その使命をのがれようとして、その預言者はわれわれにもあらず小舟に乗る。

時にヤハウェ〔エホバ〕(三五〇)大風を海の上に起したまいて、烈しき疾風海にありければ、舟はほとんど破れんとせり。かかりしかば、船夫《びと》おそれておのおの、おのれの神を呼び、また、舟を軽くせんとて、その中なる積荷を海に投げ捨てたり。しかるにヨナは舟の奥に下りいて、臥せ熟睡《うまい》せり。船長《ふなおさ》来りて彼にいいけるは、汝なんぞかく熟睡《うまい》せるや。起きて汝の神を呼べ。あるいは彼、われらをかえりみて、ほろびざらしめんと。かくて人々互いに言いけるは、この災《わざわい》のわれらにのぞめるは誰の故なるかを知らんがため、いざ籤をひかんと。やがて籤をひきしに、籤ヨナに当たりければ……。

（「ヨナ記」第一章四—七）

舟は共同体を表象し、嵐は供犠の危機を表象する。船外に投げ出された積荷は、そのさまざまな差異を空っぽにした文化秩序である。舟人の誰もがそれぞれ自分自身の神を呼ぶ。したがって、ここで問題になっているのは、宗教的なものの葛藤的解体である。遭難船の主題と、悔い改めなければ破滅の危機におびやかされるニネベの主題を対照させるべきである。問題となっているのは常に同一の危機なのだ。人々は、この危機に責任のある者は誰か知ろうとして籤を引く。偶然はヨナを指す。それは神にほかならないのだから、間違うわけがない。彼を問いつめる舟人にむかってヨナは真実をあかす。

ここにおいて船夫《びと》はなはだしく恐れて彼に言いけるは、汝なんぞその事をなししやと。その人々はかれがヤハウェの面をさけて逃れしなるを知れり。そのさきにヨナ彼らに告げたればなり。遂に船夫、彼にいいけるは、我らのために海を静かにせんには、汝にいかがなすべきや、そは海いよいよはなはだしく荒れたればなり。ヨナ彼らに言いけるは、われを取りて海に投げいれよ。さらば海は汝らのために静かにならん。そはこの大いなる疾風《はやて》の汝らにのぞめるは、わが故なるを知れればなり。

（「ヨナ記」第一章十—十二）

船夫《びと》たちは自分たち自身の力で海岸にたどりつこうと全力を尽す。彼らはできることならヨナを救いたい。だが、どうにもならない。そこで善良な彼らは自分たちの神でもないヤハウェに呼びかける。

「ヤハウェよ。こいねがわくばこの人の命のために我らをほろぼしたもうことなかれ。また罪なきの血を我らに帰したもうことなかれ。そわヤハウェよ、汝みこころにかなうところを為したまえるなればなり」と。すなわちヨナを取りて海に投げ入れたり。しかして海のあるることやみぬ。かかりしかばその人々おおいにヤハウェを畏れ、ヤハウェにいけにえをささげ誓願を立てたり。（「ヨナ記」第一章十四―十六）

ここに想起されているのは、まさしく供犠の危機とその解決策である。いけにえを指名するのは籤引きである。いけにえの追放は彼らがヤハウェの信仰に改宗し、ヤハウェにいけにえをささげるが故に、新しい神を啓示された船夫たちの共同体を救う。他から切り離して考えただけでは、このテキストはわれわれに何も教えてくれはしないだろう。だがこれまでの分析の背景布の上に投影してみるとき、このテキストは、ほとんど申し分のないものである。

現代世界では、偶然の主題は神の介入と両立しないもののように見える。だが原始世界では事情が異なるのである。偶然は、聖なるものの一切の特徴を持っているのだ。ある時は、それは人間に暴力を作り出し、ある時は、彼らに暴力の恩恵を投げかける。偶然以上に気紛れなものはなく、聖なるものの訪れに伴うそうした急変、そうした変動に、これ以上うまく予約されたものはない。

偶然の聖なる性格は、神明裁判の制度の中にも見出される。ある種の供犠の儀礼における神明裁判の試煉によるいけにえの選定は、偶然と創始的暴力との間のつながりを、なおいっそうあきらかにしている。ルイ・ジェルネ(三五二)は、その論文『政治的象徴法について――共同のかまど』の中で、ゼウスの祭の際に、コースの町で展開されていたきわめて啓示的な儀礼を引用している。

いけにえの選定は、さまざまな種族のそれぞれのさまざまな分族《フラクシヨン》の一つ一つが別々に差し出して、つぎに、共通の集団の中に混ぜ合わせたすべての牡牛の中から、神明裁判のようなやり方できめられる。最後に指定された牡牛は、翌日になってはじめて屠殺される。だがその牡牛は、最初にヘスティアー〔かまど、炉〕の前に連れて行かれる。そしてそれは、いくつかの儀礼のきっかけである。そのすぐ直前に、ヘスティアー自体は、動物のいけにえの貢物を受け取るのである。(78)

ヘスティアー、共同のかまどが、かつて創始的集団暴行がおこなわれたまさにその場所を示しているにちがいないことを、われわれはすでに前章の終りで指摘した。神明裁判的試煉によっていけにえがえらばれることは、そうした原初の暴行の再現にあてられていることを、いまどうして疑えるだろう？　いけにえの選択は人間に委ねられずに、聖なる偶然にほかならない暴力に委ねられるのである。ここにもまた、そしてきわめて啓示的な詳細がある。それは、はじめに種族や種族の分族によって選抜されたすべての牡牛を、共同の集団に混ぜ合わせることが、神明裁判的試煉に必要な前提となっていることである。動物のいる場所をこのように換えることの中にある儀礼が、原初のさまざまなできごとの正確な順序を再現しようとしていることを、どうしてここで見ずにいられようか？　神明裁判的試煉に手本として役立つ恣意的で暴力的な解決法は、供犠の危機の絶頂期、つまり、最初に文化秩序によって選り別けられ差別された人間たちが、相互的暴力によって共同の集団の中に混入された時に、はじめて入りこんでくるのである。

＊＊＊

ここで提示した理論を正確に評価するためには、この理論が端緒となる知《サヴオワール》の型を、これまで人々が満足してきた宗教的領域の中にある知の型と比較する必要がある。ディオニューソスについて語るということは、これまで、どの点でディオニューソスがアポローンやその他の神々と異なっているかを示すことであった。アポローンとディオニューソスを対置させる以前に——それが対立の終りであろうとも——なぜ、それらを接近させ、二つとも同じ神の範疇の中に置かなければならないのだろう？　なぜディオニューソスを、ソクラテスやニーチェとではなくアポローンと比較するのだろう？　神々の間の差異の手前には、さまざまな神々の間の差異が根づいている共通の土台があるに違いないのだ。そしてその土台の外側では、そうした差異自体、不確かな変りやすいものとなり、一切の現実性を失うのである。

さまざまな宗教学は神々や神的なものを対象にしている。それらはこうした対象を厳密に定義することができるはずである。だが現実にはできないのだ。それらの研究領域に属するものとそうでないものを判断しなければならない時に、宗教学は、一個の科学として自らの対象を切り取って浮かびあがらせるというもっともはっきりした決定の努力を、公衆の噂、風説、《……といわれる》にまかせている。誰かが、どこかで、ある時そう言ったものをすべて、神の概念の中に包含させることは構わないにしても、そして、そうした操作上の方法は結構だとしても、宗教的なものについての自称科学は、そうした方法を放棄することも、それに正当な理由づけをすることもできないのである。

宗教的なものについての科学も、文化についての科学も存在しないのだ。たとえばわれわれはいつも、ギリシア悲劇をどんな固有の信仰に結びつけたらいいかと考えこむ。よく言われるように古代からのディオニューソス信仰に結びつけるべきなのか、それとも別な神にであろうか？　たしかにそれは現実的な問題であるけれども、悲劇と神的なもの、一般的に言って演劇と宗教的なものとの間の関係という容易に語ることのできない、より本質的な問題から見れば、二次的な問題である。なぜ演劇は、それが自然発生的に生まれる場合、宗教的なものからしか発生しないのだろうか？　われわれが最終的にその問題と取り組むとき、具体的な知《サヴォワール》の領域に何物もけっして引き出すことができないのは、きわめて概括的な諸観念を用い、きわめて清純なヒューマニズムの風土の中で事をおこなうからである。

正しいか間違っているかはさておき、ここで提起した仮説は科学的であるという形容詞に価する。なぜならこの仮説は、神性、儀礼的なもの、聖なるもの、宗教などといった根本的な項目について一つの定義を可能にするからである。これからさき、終極的に贖罪のいけにえの殺人に常に根ざした満場一致の想起、記念、永続化に関する一切の現象は、宗教的なものと呼ばれるだろう。

贖罪のいけにえから出発して粗描される体系化は、実証主義であるという自惚れが結局は常に行きつく印象主義からも、精神分析の恣意的な《縮小》図からも、うまくのがれるのだ。

統一的で完全に《総括する》ものであるとはいえ、贖罪のいけにえの理論は、宗教的なものの次元で人間が作り出したさまざまな創造物の《驚くべき豊富さ》を、一つの単純な公式に置き代えはしない。われわれははじめに、その豊富さが人の言うように驚くべきものであるかどうか考えることができるし、ともあれ、ここで提示したメカニズムがその豊かさを損わない唯一のものであり、固有ならざるものをまぎれ込ませた非本質的な目録の段階をわれわれが超えることを可能にしてくれる唯一のものであることを、確認しなければならない。神話や儀礼的なものが無限に多様であるのは、それらすべてが、決して到達できない一つのできごとを目指しているからである。ただ一つのできごとしか存在しないし、それに到達するのはただ一つのやり方である。逆に、それに失敗するやり方は無数なのだ。

是非は別にして、贖罪のいけにえの理論は、一切の儀礼的および文化的解釈学が直接間接の対象とするそのできごとを発見しようとしている。この理論は、そうしたあらゆる解釈学を一貫して解読し、それらを

《解体する》ことをねらっている。したがって贖罪のいけにえの命題《テーゼ》は、新しい解釈学ではないのだ。それがさまざまなテキストを通してしか接近できないものであるという事実から言って、そう思わざるを得ない。この命題は、現代の批評がそれらに与え得る一切の意味において、神学的なものでも形而上学的なものでもない。これは一つの科学的な仮説のあらゆる要求にこたえるものであって、実証的であろうと望みながら神学や形而上学が常に暗に放置したもの一切を、それらの逆転した代用品でしかないためにやはり暗に放置してしまう心理学的および社会学的命題とは反対のものなのだ。

この命題は、すぐれて実証的な研究の部類に属する。言語の中で真理が手に入れやすいものとなる時でさえも、言語は真理を表現することができないと宣言する現代の諸思潮とは反対に、この命題は言語に相対的な信頼を置いてさえいる。われわれの時代と同じく全的な神話的荒廃期における絶対的な言語不信は、言語が決してそうした真理に到達することのできない時代における、言語への絶対的信頼と同じ役割を演じているのだ。

したがって現在の命題を扱う唯一の方法は、他のさまざまな科学的仮定と同様にその命題が説明すると主張するものをそれが実際に説明しているかどうか、その命題のおかげでわれわれが原始的諸制度に、全体の脈絡においても、相互間においても、満足できるような一つの起源、一つの役割、一つの構造を割り当てることができるかどうか、そしてその命題が、《例外》とか《異常》といった伝統的な松葉杖に決してすがることなく、実際的に節度ある手段で、厖大な量の民族学的事実をわれわれが組織立て、統合することを可能にしているかどうかを問う一つの科学的仮定を、その命題の中に見ることである。この理論に向け得る一切の反論も、事実きわめて重要な唯一の疑問から、読者の目をそらしてはならない。その疑問とは、そこかしこだけではなく、いたるところで、その体系が機能しているではないか？　贖罪のいけにえは、下手な大工は投げ出してしまうが、あきらかに要の石ではないのか？　つまりそれは、一切の神話や儀礼の建造物のアーチを支える要石、宗教に関するどんなテキスト（三五二）の上にでも置くだけで、その奥底まであきらかにして、すっかりわかりやすいものにしてくれる解読用の格子ではないのか？　という疑問である。

＊＊＊

宗教的なものにからみついている支離滅裂な先入観は、もちろん、《贖罪の牡山羊》のような諸観念に遠く近く関わっている一切の事柄の中にでも、きわめて執拗に存在する。フレーザーは、その問題、それに彼がそれだと考えるさまざまな例についていくつも著作を書いているが、それらは記述の面では見事だが、明晰な理解の面になると不十分である。フレーザーは、さまざまな宗教的表れの背後にかくれた恐るべき働きについて何も知ろうとはしないのである。彼は序文の中でその無知をむしろ自慢しているのである。けれどもフレーザーは、彼が蒙った不評には相当しない。彼ほどの精力的な研究心、彼ほどの明解な叙述力を持った研究者は、常に稀れだった。逆に、フレーザーのような無知を自慢することしかしない人人は無数にいる。

もしわれわれが間違っていなければ、この観念（贖罪の牡山羊）は、物質的なものと非物質的なもの、他人の肩に実際に具体的な荷物を押しつけることができることと、われわれ人間の代りをつとめる別な誰かに、肉体的および精神的な悲惨さを移し換えることをごっちゃにする単なる混同に帰着する。完全な原始的状況におけるこの概念の大まかな成立以来、文明化した民族の思弁神学におけるその十分な開花にいたるまでの歴史を検討した時、われわれわれは、迷信という黒ずんだ岩滓に、偽りの光で輝く金の光沢を与えるという、人間精神が所有する奇妙な力を確認して、驚きの感情を禁じ得ない。

笑いものにすれば供犠に関する観念論《イデオロギー》をひっくり返したと思いこむすべての人々と同じく、フレーザーもその共犯者にとどまっている。実際、供犠の中心にある暴力を避けて通る以外に、どうすればいいのか？ 彼は、新参の神学者がするだろうように、《重荷》のこと、《肉体的および精神的悲惨》についてしかしゃべらない。したがって彼は、供犠の置き換え〔身代り〕を、あたかも純粋な幻想、現実にはない非－現象のように取り扱うことができるのである。もっと最近の著作家たちもまさしく同じ事をするが、彼らは同じ言い訳を持ち合わせない。フロイトの転移 transfert の観念は、たとえそれが全く不十分であるにしても、われわれをフレーザーの時代よりももっと慎重にしているはずである。それは、われわれに何か見落しはないだろうかと疑わせることができるだろう。

現代的思考はまた、ただ一つの同じ作動で、相互的暴力を終らせ、同時に共同体を構造化する機械〔贖罪のいけにえ〕の中に、本質的部品〔原理〕を見定めることを自らに禁じている。その意図的な盲目のおかげで現代的思考は、宗教的なもの――いつものように別個の実体《アンティテ》として示されながら、こんどは《想像的なもの》と宣告され、そしてある種の蒙昧な社会のため、あるいは現在の社会ではある種の逆行した時代、あるいは特に愚昧な人々のためのものとされた――それ自体に、暴力の活動の責任をなすりつづけることができるのである。その暴力の活動こそ、かつても今もすべての人間の活動であり、あらゆる社会の中で、きわめて多様な様式のもとに、常に存続しつづけてきた活動なのである。そうした暴力の活動は、とりわけ、サー・ジェームズ・ジョージ・フレーザーという名の民族学者である一人の紳士の著作の中でもおこっているのである。フレーザーは、合理主義に身を固めた同僚や弟子たちと共に気をそろえて、宗教的なものを人間のあらゆる思考の贖罪の牡山羊に仕立て、宗教的なものそれ自体の儀礼的追放と根絶にせわしく立ち働くのである。多くの現代の思想家と同じく、フレーザーは、自分が一切の《迷信》と完全に無縁であるといった顔を絶えずしながら、宗教的なものが甘んじて手をそめた汚ならしい活動を、自分の手から洗い落すのである。フレーザーは、そうした手を洗うということがずっと前から、人類のもっとも古いさまざまな習慣の中にある、もっぱら知的な、汚れをおとすという行為の一つとして認識されてきたことを、思ってもみないのだ。まるで自分がどれについても支持できない、どれについてもまったく納得できないでいることを証明するためかのように、フレーザーは、そうした《錯覚》、そうした《甚だしい無知》についての愚劣な解釈をこれでもかとばかり並べ立てるのである。彼はそのことに、彼の人生のもっとも良い部分を嬉々として捧げつくしたのだ。

　こうした誤認に含まれる供犠的な性格は、その死滅の弔鐘がなりひびいたにもかかわらず、今日でもなお、いやむしろかつて以上に今日でこそ、われわれがそうした誤認からのがれようとする時、フロイト説の語るものとよく似たさまざまの抵抗にぶつからずに、その誤認を追いちらすことができないだろうということをわれわれに知らせる。それらの抵抗はむしろフロイト説の語るものよりはるかに激烈なのだ。なぜなら、ここでわれわれが相手にするものは、誰もが競ってひけらかす粗悪な抑圧などというものではないからである。それは、《現代性《モデルニテ》》のもっとも活発なさまざまの神話であり、神話として扱うことなど思いもつかないあらゆるものなのである。

　だが、いま勝負に加わっているのは科学である。この瞬間にわれわれが確認するものの中には、《神秘神学》あるいは《哲学》の影さえない。さまざまな神話とさまざまな儀礼的なもの、つまり、いわゆる宗教的な解釈は、創始的暴力を決して本当には把握することなくその周囲をめぐっているのだ。現代的な解釈、文化についての似而非科学は、神話と儀礼的なものを決して本当には把握することなく、それらの周囲をめぐっているのである。フレーザーを読んで確認したことはそのことである。宗教的なものについての、解釈でない研究は存在しない。結局のところ儀礼自体と同じ根拠、暴力的満場一致に基礎づけられないような研究は存在しない。けれどもその間の関係を儀礼が仲介する。われわれの解釈が儀礼から発する諸制度によって、つぎにはそれらの諸制度から出てきた諸制度によって、二重にも三重にも仲介されるようなことさえおこり得るのである。

　宗教的なさまざまの解釈の中では、創始的暴力が誤認されているけれども、そうしたものがあることは肯定されている。現代的解釈の中では、その存在は否定される。けれども、さまざまな惑星のみならず、衛星や、衛星のそのまた衛星が公転している中心の、はるかに見えない太陽のように、すべてを支配し続けているのは創始的暴力である。それはさておき、その太陽の性質が誤認されることが必要である。あるいはもっとうまく言えば、その存在そのもの《レアリテ》が無かったものと見做されることが必要でさえある。そうした本質的なことが依然として残っている証拠は、フレーザーのテキストのようなテキストの供犠的効果である。そうした効果は、たしかにだんだんに不安定で束の間のものとなり、しだいにいっそう急速に別なテキストにむかって移動し、常に前以上に啓示的でありながら同時に盲目的〔起源についてもはや知ることのない〕なものとなるが、しかし一方で、かつていわゆる儀礼がそうであったように一定の社会の要求に釣り合った現実的なものとなるのである。

　フレーザーの解釈や、現代においてフレーザーの後を継いだ解釈といったあらゆる解釈がまきおこす疑問は、常に解答がないままにいつも残ってしまった。そうした疑問が答のないままである限り、解釈ないし釈義が存在する。答がないということは、その疑問が儀礼的なものであることを示している。解釈というものは、派生した儀礼的形式である。儀礼的思考は、儀礼が生きたものである限り、答は存在しないけれども、疑問はまさしく提起されているのだ。儀礼的思考は、まさしく、創始的暴力について事情はどんなであるかを自問するけれども、その答は、儀礼的思考をうまくごまかして避ける。初期の頃の民族学はたしかに、儀礼的思考について、どんな事情であるかを自問している。フレーザーはたしかに宗教的なものの起源について自ら疑問に思っている。だが答は彼を避けて通るのだ。

今日では逆に、解釈は、真の答を出現させることのできない自らの無力を是認し、その無力が当然であると言いはるような結果におちいっているのである。解釈それ自体、自らが終りなきものであることを宣言している。それは、すでにそれが事実問題としてそこに在る場所に、権利として身を置くことができると信じているのだ。それは、終りなきことの中に平穏に住むと思い込んでいるのだが、それは間違いだ。解釈は常に間違うのである。解釈は、それが終りなきことの中にいれば真理を把握すると絶えず信ずる時、間違いを犯すのだ。同様に、それが終りなきことの中にいると言うために、遂には真理を放棄してしまう時、間違いを犯すのだ。事実もし、解釈が遂に、それ自体が果している役割を予感するならば、それが光明〔知〕に到達するということ自体によって、その機能は発揮され得なくなる。解釈の終焉の徴《しる》しはわれわれのまわりに多数ある。解釈はしだいに《非現実なもの》と化している。それは密教的難解の中で頽廃し、同時に《気難しくなる》。それは積極的な論戦へ向かう。つまりそれは相互的暴力に浸透されるのだ。暴力の追放に寄与するどころか、解釈は、屍が蠅をひきよせるように暴力をひきよせるのである。結局のところ、解釈についても、一切の供犠的諸形態と事情は同じなのである。それが持つ恩恵的効果は、解釈が頽廃《デカダンス》におちいる時、悪しき効果に逆転する傾向があるのだ。

答を伴うことがないように、そうした疑問は下手くそに提示されなければならない。われわれはすでにそんな場合を知っている。すでにわれわれは、その疑問が《聖なるもの》に関わる限りにおいて、現代的解釈の根本的な《誤謬》を指摘した。われわれはそうした疑問がもっぱらわれわれだけに（三五三）取っておかれてあると思い込む。われわれはこのただ一つの社会だけが永遠に、聖なるものから脱して創発したと信じ込んでいる。したがってわれわれは、さまざまな原始社会が《聖なるものの中で》生きていると言うのだ。すでに見たように、いかなる社会も《聖なるものの中で》言い換えれば暴力の中で生きることはできない。社会生活を営むこと〔社会として生きること、社会において生きること vivre en société〕とは、《聖なるものとは何か？》という疑問に直ちに答えるような真の和解の中ではなく、何らかの形で暴力それ自体に常に従属するある誤認の中で、暴力から身を避けることなのである。

すでにご覧のように、自らだけが聖なるものから脱して創発した社会であると信じ込まないような社会は存在しない。それだからこそ、別な人間たちは決して完全に人間ではないのである。われわれは、そうした共通の法則、共通の誤認から免れていないのである。

そしてわれわれは、堂々めぐり《セルクル》から免れてはいない。聖なるものを消去し、聖なるものを除外しようという傾向は、超越的な形ではなく内在的な形で、暴力の形と、暴力についての知という形態で、聖なるもののひそかな再来を準備する。暴力的起源から無限に遠ざかった思考は再びそこに近づくのだ。しかし知らず知らずのうちにである。なぜなら、その思考は、進行方向を変えたことに気づかないからである。一切の思考は、創始的暴力のまわりに円を描く。とりわけ、民族学的思考の中では、その円の半径が再び縮小し始めている。民族学は創始的暴力に接近する。民族学は、そのことに気づかないにしても、贖罪のいけにえを研究対象にしているのである。フレーザーの業績がその良い例である。一見きわめてばらばらで不調和な無数の慣習は、読者に向けて、さまざまな儀礼的解釈の完全な全体を、あたかも扇面のように提示している。そこには業績の統一があるけれども、それは著者自身が位置づけている点には決して位置していない。神話と儀礼的なものを彼が網羅したことの意味は、彼が民族学への自分自身の情熱の意味を見逃したと同様に、彼の目に入らないものである。このような著作について、われわれは、それが神話学についての神話であることを断言できる。扱ったあらゆる主題の現実の共通点を探し求める民族学的批評と、合理主義の神話を超えて、フレーザーのさまざまな固定観念のかくされた核心、贖罪の牡山羊に迫ろうとつとめる広い意味での《精神分析的》批評の間に差はないのである。

われわれがフロイトについてすでに言ったことは、現代的思考全体についてもあてはまることであり、もっと個別的に言って、フロイトが抗がい難く惹かれていった民族学についても真実である。伝統的な解釈の諸様式が死ぬほどに病んでいるというのに、われわれの間に《民族学》のごときものがきわめて生き生きとして存在するという事実それ自体、一般的に言って現代、個別的に言えば現時点において、新しい供犠の危機が存在し、あらゆる点からみてかつてのさまざまな危機とそっくりな過程を辿っているとわれわれが指摘し得るさまざまな徴候の一つである。けれどもこの危機は同じものではない。他のさまざまな社会よりも完全に、聖なるものから別れて創発したのちに、創始的暴力を《忘却し》、創始的暴力を完全に見失った時点で、われわれは再びそれを見出すであろう。本質的な暴力が単に歴史の領域においてのみならず、知の領域においても、われわれの上に劇的に回帰するのである。それ故にこそ、この危機はわれわれに、かつてヘーラクレイトスもエウリーピデースも結局は侵害しなかった禁忌《タブー》に違犯し、完全に理性的な光の中で、さまざまな人間社会における暴力の役割を完全にあきらかにするよう、誘いかけるのである。

原　注

第一章　供　犠

1 Hubert et Mauss, *Essai sur la nature et la fonction du sacrifice*, Extrait de *l'Année sociologique*, 2 (1899).

2 E.E. Evans-Pritchard, *The Nuer* (Oxford Press, 1940); Godfrey Lienhardt, *Divinity and Experience, the Religion of the Dinka* (Oxford Press, 1961).

3 A.R. Radcliffe-Brown, *Structure and Function in Primitive Society* (New York, 1965), p. 158. の引用。

4 原書一三九（訳書一五四）ページを参照。〔これは原書の間違いであろう。英訳本では原書の一五〇―五八（訳書一六六―）ページを参照するように指摘している。〕

5 H. Hubert et M. Mauss, *Essai sur la nature et la fonction du sacrifice*, dans M. Mauss, *Œuvres*, I (Paris, 1968), pp. 233–234.

6 Anthony Storr. 本文中（二ページ）に引用した著書一八―一九ページ。

7 たとえばローラ・マカリウス『鍛冶屋のタブー』「ディオゲネース」《les Tabous du forgeron》, *Diogène*, avril-juin 1968. を参照のこと。

第二章　供犠の危機

8 Radcliffe-Brown, *Structure and Function in Primitive Society* (New York, 1965), p. 159. からの引用。

9 Jules Henry: *Jungle People* (New York, 1941)' 本書は Vintage Books, Random House, 1964. によって再刊された。筆者が翻訳した数行は、その再刊書から借用してある。

10 Mary Douglas, *Purity and Danger* (Londres, 1966). を参照。

11 Monica Wilson, *Rituals of Kinship among the Nyakyusa* (Oxford, 1957).

12 Clyde Kluckhohn, 《Recurrent Themes in Myths and Mithmaking》, in *Myth and Mythmaking*, Henry A. Murray ed. (Boston, 1968), p. 52.

第三章　オイディプースと贖罪のいけにえ

13 『両義性と逆転――オイディプース王の謎の構造について』と題する試論でジャン＝ピエール・ヴェルナンはきわめて見事にこうした文化的差異の喪失を定義した。「父殺しと近親相姦は……それぞれの駒が、互いの関係によって、都市の内部のような碁盤目の定められた場所に位置するチェッカー遊びの基本的ルールにたいする侵害を構成する」と彼は書いている。事実、これら二つの犯罪の結果は、いつも、失われた差異という言葉で表現される。「オイディプースと彼の息子たちが同等であることは、一連の粗野なイメージで表現される。つまり、〝父親は、自分がまかれたと同じ場所に息子を植えつけた〟、〝イオカステーは妻ではあるが妻ではなくて母であり、その畝溝《うねみぞ》は、二度の稔りで父と子供たちを産み出した〟、〝オイディプースは、自分を産んだ女に種子をまき、彼が種子をまかれたその同じ畝溝、その《等しい》畝溝からわが子を得た〟といった表現である。けれども、オイディプースに、《あなた自身を子供たちと等しいものとすることによって、あなたをあなた自身に等しいものとするであろう》災厄が来るであろう、という言葉を投げかけて、この平等という語彙に、その十全の悲劇的な重みを与えたのはテイレシアースである」(in *Echanges et communications*, ed. Jean Pouillon et Pierre Maranda [la Haye, 1970], p. 425.)

14 第九章を参照のこと。

15 もう少し先でわれわれは、こうした神聖化の現象が、原始的な宗教的体験の中にあらわれるさまざまの幻覚的な要素によって助長されることを見るだろう。けれどもそうした要素は、宗教体系全体の主要な原理を理解するのに欠くべからざるものではない。それら宗教体系の論理は今後われわれにとって解りやすいものとなるだろう。

第四章　神話と儀礼の発生

16 マルセル・モース、前掲書二八八ページ。

17 Adolphe E. Jensen: *Mythes et coutumes des peuples primitifs*, Paris, 1954, pp. 206–207.

18 前掲書二九〇ページ。

19 原書四〇八―四一〇（訳書四七五―四七八）ページを参照。〔原書の指定の間違いだろう。原書四一〇―四一二（訳書四七六―四七九）ページを参照。〕

20 フランスでも同様に多くの研究者が、神話のオイディプース、それにソポクレースのオイディプースの中でパルマコスと《贖罪の牡山羊》を同一視した。マリー・デルクールによれば、贖罪の牡山羊は、子供のオイディプースの運命、彼が対象となった両親からの放棄をうまく説明できる。《オイディプースは、ラーイオス、つまり民衆（peuple）の〝象徴語《ルプレザンタン》〟 *Publius* プブリウス〔古代ローマの第一名。男性名〕という名の父親に捨てられる》。病弱な、あるいは畸型の子供を捨てることはきわめて広く行きわたった習慣であり、それを贖罪の牡山羊、つまり、あらゆる供犠の満場一致の基礎とたしかに結び合わせなければならない。マリー・デルクール夫人がここで取り上げているのは、そうした民衆の満場一致の表徴《シーニュ》である（『ギリシアにおける伝説と英雄崇拝』パリ、一九四二年、一〇二ページ）。同様に、『オイディプースと征服者伝説』一九四四年、参照のこと。もっと最近では、ジャン＝ピエール・ヴェルナンもその観念を取りあげて、『オイディプース王』の主題分析の段階におけるそうした観念の豊かさを示した。《神にしてパルマコスである王、オイディプースの二つの顔はそうしたものだ。こうした二つの顔がオイディプースに、あたかも二重の意味を持った文におけるように、それぞれにまったく逆な二つの姿《フィギュール》を彼の中で結合させることによって、謎めいた容貌を与えているのである。オイディプースの本質《ナチュール》におけるこうした相反に、ソポクレースは普遍的な意味の広がりを与えている。つまりこの英雄は人間の条件のモデルなのである》（『両義性と逆転――オイディプース王の謎の構造について』一二七一ページ）。この戯曲と、多くの神話的儀礼的主題との間のこうした関係ほど現実的なものはない。けれども、本当にその関係を理解するためには、単なる主題に関する分析の一切を超え、《贖罪の牡山羊》を根拠のない迷信とか、一切の実効的《オペラティフ》価値を欠いた非《ノン》－構造《メカニズム》にしてしまう偏見を放擲しなければならない。このような第一の主題「オイディプースは贖罪の牡山羊であるという」の背後に、相互的暴力の、満場一致であるが故に調整するものとしての暴力への、現実的変身を認めなければならないのである。この組織者的暴力こそは、背後に身をかくすことによって、一切の文化的価値を構造化し、それに何よりも、真理に限りなく近いものである諸神話と諸儀礼の二重の意味を持つ一切の文言《フォルミュール》を構造化する唯一の原動力なのである。ソポクレースは《贖罪の牡山羊》の主題に何ものも《貸し与えて》いない。その《普遍的な意味の広がり》は、余計なものをつけ加えられていない。この劇作家がオイディプースを《人間の条件の典型》としているのは、決して恣意によるものではない。誰にしても、あらゆる人間の条件の、本当の基盤に到達することがなければ、部分的にであれ、神話を破壊することができないのである。

21 本書第五章、二〇六ページ参照。
22 アドルフ・E・イェンゼン、前掲書一九八ページ。
23 H. Shärer, Die Bedeutung des Menschenopfers im Dagakischen Toten Kult, *Mitteilungen der deutschen Gesellschaft für Völkerkunde* (10, Hamburg, 1940). Adolphe E. Jensen による引用。前掲書一九八ページ。
24 ジュールズ・ヘンリー、前掲書一一三ページ。
25 Luc de Heusch, *Essai sur le symbolisme de l'inceste royal en Afrique* (Bruxelles, 1958).
26 Vansina, J.,《Initiation Rite of the Bushong》, *Africa*, XXV, 1955, pp. 149–150. Laura Makarius による引用。《Du roi magique au roi divin》, p. 677.
27 L・マカリウス、前掲書六七〇ページ。

28 Luc de Heusch, 《Aspects de la sacralité du pouvoir en Afrique》, dans *le Pouvoir et le Sacré* (Bruxelles, 1962). この引用は L. de Lagger からのもの。 Ruanda, I, *le Ruanda ancien* (Namur, 1939), pp. 209–216.

29 《The Lovedu of Transvaal》, in *African Worlds* (London, 1954).

30 Theuws, 《Naître et mourir dans le rituel Luba, *Zaïre*, XIV (2 et 3), Bruxelles, 1960, p. 172. L. Makarius 前掲書六八五ページでの引用。

31 「モローナバ」はJ・ルーシュと、D・ザーアンの映画である。I・F・A・N民族誌学映画委員会製作。これはL・マカリウスの《Du roi magique au roi divin》, p. 685. で引用されたもの。こうした平行関係はおそらく、アフリカ型の神聖君主制がギリシアで、きわめて古い時代に存在したことによるのであろう。けれども、歴史についてのそうした仮説がたとえ正当であり、そして必然的なものであろうとも、オイディプース神話を前にしたとき、その仮説ではまだ、本当の説明にはなり得ない。神話、儀礼、ギリシア悲劇ならびにアフリカの諸事実によって構成される全体を説明するためには、一切のそうした文化的な記念碑、とりわけ、分析の決定的な項には決してなり得ない神聖君主制の背後にかくされた現実のメカニズムを把握しなければならない。つまり、贖罪のいけにえの役割、言い換えれば、最後のいけにえにたいして、その周囲で形成された、あるいは再形成された満場一致における、相互的暴力の危機の終結を捕まえなければならないのである。『両義性と逆転――オイディプース王の謎の構造について』(二七一―七二ページ)の中でジャン=ピエール・ヴェルナンは、その戯曲の周囲に、きわめて多くの神話と儀礼の事実を集めているが、それらの事実は、流行の心理学的諸概念の無能力と、それら諸概念が《贖罪の牡山羊》ならびに、さまざまに結びついた現象一切の正当な解読にいかに妨げとなっているかをきわめて強く示唆している。「……王と贖罪の牡山羊との間の極性*(ギリシア悲劇のオイディプース的登場人物のちょうど中心部に置いた極性)〔* 訳注 物理・電気で極性、磁気学で磁性引力というが、ここでは生物学における極性の意味である。例えば扁形動物のプラナリアは、体は平たく前後に細長く、またその前端は頭といわれて、そこにごく簡単な目があり、後端は尾といわれる。この動物を体の途中で横に切断すると、その切口から間もなく再生が起る。頭部のある前片はその後端に切口があるわけで、そこからは尾が再生される。また尾のある後片はその前端に切口があり、そこから頭が再生される。こうしてプラナリアの各片はそれぞれ一匹のプラナリアになる。このような切断をどの位置で行なったかということとは一応関係なくいつも成り立つ。前片の切口と後片の切口とは元来くっつきあっていたものであるから、特に両方の切口で性質が違うと考えられないのに、一方の切口からは頭、もう一方の切口からは尾を生じるといったぐあいに、結果に著しい違いがおこる。しかも上記したように、切断位置とは関係がないとすれば、この違いは方向と関係していることがわかる。これはちょうど棒磁石を切断した場合、切断位置と関係なしに、いつも北極に面した断面は北極に、南極に面した断面は南極になるのと似ている。それで生物でも上のように方向と関係して定まる種々の性質があるとき、磁石などの場合になぞらえて極性があるといっている〕、そうしたものをソポクレースが創案する必要はなかった。それはすでにギリシア人たちの宗教的行為や社会的思考の中に刻みこまれていたのである。詩人は、それを人間と、人間の基本的両義性の象徴とすることによって、ただそれに新しい意味作用を与えただけである。もしソポクレースが、われわれが逆転の主題と名づけているものを具体的に示すためにこのテュラノスーパルマコス turannos-pharmacos〔訳注 テュラノス turannos は「主人、支配者」を意味するギリシア語。暴君、専制君主をあらわすティラン tyran（フランス語）の語源である〕という一対《カップル》を選んだとすれば、それは、この二つの人格が、その対立の中で対称性をもち、いくつもの点で相互に置換可能であるものに見えるからである。いずれも、その集団が集団として（collectif）救われることを一身に引き受ける個人（individu）として姿をあらわしている。ホメーロス、それにヘーシオドスでは、大地と動物の群れと女の豊饒はゼウスの後裔である王という人格に依存している。王がその至高者の正しさにおいて、非の打ちどころのないもの（amumôn）であれば、王の町で一切は栄える。彼が間違えば王国全体は、たった一人の者の過失にたいして報いを受けるのである。神々《クロニード》〔クロニード Cronide はゼウスの父のクロノス Kronos を含む神々の意味?〕はすべての者の上に、リモスとロイモス、つまり飢饉と疫病をすべて一緒にした災厄をくだすのである。男たちは互いに殺し合い、女たちは子供を産むことをやめ、大地は荒れたままで、動物の群れはもはや増えることがない。したがって、神の殻竿〔からざお〕が人々を叩く時、標準的な解決法は王を供犠することである。もし王が豊饒の支配者であり、そしてその豊饒が涸渇するとすれば、それは、王の支配権が、いわば逆転してしまったからである。彼の正義は犯罪となり、彼の美徳は汚辱となり、もっとも良きもの（アリストス aristos）が最悪のもの（カキストス kakistos）と成ったのである。したがって、リュクールゴス〔訳注 ドリュアースの子でトラーキア王リュクールゴス。ディオニューソスとその乳母たちを追い、神は海中にのがれて、テティスに救われたが、リュクールゴスは神罰によって盲目となり、やがて死んだといわれている。この場合この事件の生じた場所は単にニューサの山とあるのみである。その後この伝説に種々の手が加えられた。これによって彼はトラーキアのストリューモン河付近にいたエードーノス人の王で、ディオニューソスを侮辱し追放した最初の人であるとされている。神は海中へ、ネーレウスの娘テティスの所へのがれ、バッケーたちと彼に従っていたサテュロスらの多くが捕虜となった。しかし彼らは突然解放され、神はリュクールゴスの気を狂わせた。彼は息子のドリュアースを、ぶどうの木の枝を剪っているつもりで、斧で打ち殺し、その身体のはしばしを切り取ったのち、正気に返った。彼の領土は不作に見舞われ、神は、彼が死ねば、実るであろうと神託を下した。エードーノス人は彼をパンガイオン山に連れて行き、ディオニューソスの意志によって、馬に縛りつけ八つ裂きにした〕、アタマース〔アイオロスの子で、ボイオーティア王（コローネイアあるいはテーバイ）。彼にはネペレー、イーノー、テミストーの三人の妻があり継子いじめの伝説がまつわっている。彼はネペレーを妻として男の子プリクソスと娘ヘレーを得た。二度目にイーノーをめとり、彼女からレアルコスとメリケルテースが生まれた。イーノーは先妻の子を憎み、女たちに男にかくれて種麦を焙らせたので、作物が実らない。そこでアタマースはデルポイの神託を乞いに使者を送ったが、イーノーは使者を籠絡して、プリクソス（あるいはヘレーも共に）をゼウスに供犠すれば不作はやむと神託があったごとく言わしめた。アタマースは住民に強請されて、その通りにしようとしたがネペレーはヘルメースから授った金毛の羊に彼らをのせて逃がした」、オイノクロス〔アニオスの娘の三姉妹。アニオスはアポローンの子で、デーロス王。母ロイオーの父スタピュロス（《ぶどうの房》の意）はディオニューソスの子孫。娘がみごもった時、怒って箱に入れて海に流した。箱はエウボイア島に漂着、子供が生まれると、アポローンは母と共にデーロスに住まわせ、その支配者にした。ドーリッペーとの間にエライス、スペルモー、オイノー（《オリーヴ》、《麦》、《ぶどう》の意）のオイノトロポイ（《ぶどうづくり》の意）と呼ばれる三女を得た。三人はそれぞれオリーヴ、麦、ぶどうを地より芽生えさせる力をディオニューソスから授った。トロイア戦争のとき、彼らはギリシア軍に頼まれて食糧を供したが、のちにこれに疲れて逃げ、ギリシア人に追われて、ディオニューソスに願って鳩となった。デーロス島で鳩の殺生が禁じられているのはこのため〕の諸伝説は、ロイモス（飢饉）を追い払うために、王の投石刑、王の儀礼的殺害、さもなければ王の子の供犠を含んでいるのである。けれどもまた、そうした恥ずべき王、あべこべの至高者の役割を引き受ける役目を共同体の個人に委託することもある。王は、自らのイメージの裏返しとしての一人の者に、彼のイメージが含み得る一切のネガティヴなものをすべて転嫁する。パルマコスとは、まさしくこうしたものである。パルマコスは、王の分身〔複製〕であるが、しかし裏返しの分身である。それは、祭の時、王冠をかぶせるカーニバルの王様に似ている。その時、秩序はあべこべになり社会的位階づけは逆転する。さまざまな性の禁止は取り除かれ、盗みは合法的になり、奴隷は主人の地位を得、女たちは男たちと衣裳をとり換える。王座は、もっともいやしい者、もっとも醜いもの、もっとも滑稽なもの、もっとも罪ある者によって占められるはずである。けれども祭が終れば、反-王《コントル・ロワ》は追放されるか殺される。彼と共に、彼が具現した一切の無秩序は除去される。彼はそれら一切の混乱から、共同体を一挙に清めるのである。」ヴェルナンがここでまとめたものはすべて、単にオイディプースやアフリカの諸王のみならず、その他無数の儀礼にあてはまるのである。なぜなら、活動しているのは暴力の現実の働き《オペラシオン》だからである。ここでは宗教的迷信の根拠のない諸構造が問題になっているのではないということを理解するためには、贖罪のいけにえにたいする満場一致というメカニズムをみとめるだけで十分だろう。この理由からしたがって、ソポクレースの役割を意味の新たな持ち込み、意味の補足として解釈すべきではない。そうではなくて逆に、かつての神話の中でそうだったように現代の心理学や社会学の中にもある、相変らず神話的な意味の、貧困化、非構造化として理解すべきなのである。詩人は、王という贖罪の牡山羊にいかなる《新しい意味作用》も《貸し与え》ない。彼はさまざまな意味作用のすべてを包括する根源に接近するのだ。

32 T.O. Beidelman, 《Swazi Royal Ritual》, *Africa* XXXVI (1966), pp. 373–405. Cook, P.A.W., 《The Inqwala Ceremony of the Swazi》, *Bantu Studies* IV. 1930, pp. 205–210.—Gluckman, M., *Rituals of Rebellion in South-East Africa*, Manchester, 1954.—Kuper, H., 《A Ritual of Kingship among the Swazi》, *Africa* XIV, 1944, pp. 230–256.—Kuper, H., *The Swazi: a South African Kingdom*, New York, 1964.—Norbeck, E., 《African Rituals of Conflict》, *American Anthro-*

pologist, LXV, 1963, pp. 1254–1279.

33 前掲書三九一ページ。

34 「ニオカ族は酋長に、彼の余生のために禁欲を課する。彼はすべての女を遠ざけなければならないし、陰茎鞘をつけられて生涯とることはできないし、元気をなくさせる薬を飲むように強制されるのである。カサイのヌジュムバ族では、《女酋長》あるいは酋長の第一夫人は、完全な不妊をひきおこすばかりでなく、月経がすっかりなくなってしまうほど強い薬を飲まなければならない。こうした慣習の極端な性格は、王の近親相姦の伝統と、外婚に関する禁止にいかなる割れ目の入ることも許すまいとする意志との間の葛藤に照らしてみれば説明できる。事実、ペンデ族は、酋長たちの近親相姦にたいして絶対的な不寛容をあらわしている。ある酋長は、治療師であったので姉妹の鼠蹊部の膿瘍を手当してやったおかげで、解任された。〝お前は自分の姉妹の裸を見た——と彼は言われた。だからお前はもうわれわれの酋長ではいられない〟」L・マカリウス、前掲書六七一ページ。ペンデ族に関してはL・ド・スーベルグ L. de Sousberghe, 《Etuis péniens ou gaines de chasteté chez les ba-Pende》, *Africa*, XXIV, 1954; 《Structures de parenté et d'alliance d'après les formules Pende》, *Mémoires de l'Académie royale des sciences coloniales belges*, t. IV, fasc. 1, 1951, Bruxelles, 1955.

35 おそらく精神分析的仮説にもっとも有利なことがあるとすれば、それは全地球上の神話および儀礼の資料体（corpus）の中に、父殺しと近親相姦への一切の言及が完全にないことであろう。けれどもそうしたものがあるわけだから、見どころはやはり、精神分析がいかにしてそのような不断の存在、父殺しと近親相姦への永続的な言及に対処し得るかということであろう。事実はそうした二つの極端と何らの関係もないのである。父殺しは、他のさまざまな犯罪的違犯と同じ資格、あるいはほとんど同じ資格でそこに存在している。近親相姦にしても事情は同じだ。近親相姦のさまざまな型の中でもせいぜい母との近親相姦が、同類のなかで第一位の（**primus inter pares**）役割を演ずるぐらいである。それも、母との近親相姦が姉妹やそのほかの血縁者との近親相姦の関係に追い抜かれなければの話である。もっともそんな場合でも、姉妹や他の血縁との関係が母との近親相姦をそれほど凌駕するわけでも、それほど体系的に追い抜くのでもないから、われわれはそこに、《無意識》が演じてみせるような芸当を見定めることはできないだろう。いくらひねくり返してみたところで精神分析は、九九・八ないし九九・三パーセントの投票をあてこんで選挙に打って出るが翌日目がさめるとそれほど票が集まらず、《決戦投票》ということになって、自らの原理に反する《政策連合》と戦術的な迂回作戦をとらざるを得なくなった全体主義政党の、いささか滑稽な立場に立たされるのである。

マードック〔訳注　一八九七— 。アメリカの文化人類学者。文化の研究において、徹底して文化の比較資料を広範にしかも網羅的に集め、それを統計的な方法で処理した。彼の主導のもとに一九三七年にはじめられた「人間関係地域別ファイル」は、六七年までに四五万ページにのぼる民族誌的資料が集められ、共通の項目で分類されている。……しかし原資料の質はきわめて多様で、多くのあいまいさも含んでいて、資料をコード化してあいまいさを単純化したり捨象したあとでの統計的処理の結果が、文化の研究としてどれだけの意味をもつかを疑問視する者も多い」が定義した六つの大きな文化地域へ多少とも平等に配分される五〇の文化の中に、まるで戦略上位置するかのような多くの《オイディプース型》神話における近親者間の暴力に関わるある統計学的調査の終りで、クライド・クラックホーン〔一九〇五―六〇。アメリカの文化人類学者。多年にわたりインディアンのナヴァホ族の間に生活し、人類学でもっとも権威ある一人といわれる〕は次のような結論を述べている。「近親者間の対立関係を本質的な神話のモチーフとする理論《テーゼ》は、多くのすぐれた証拠にもとづいている。そうした同一の親族間の肉体的暴力に関わる理論もなお支持できる。けれども、父殺しのモチーフも、ラグラン卿の弑《しい》逆罪〔ラグラン卿（一七八八―一八五五）はイギリスの軍人。ウェリントンの参謀、司令官、秘書をつとめた。ワーテルローで右腕を失う。ウェリントンの後をうけついでイギリス軍の総司令官となる。クリミヤ戦争でイギリス軍司令官となるが、冬期作戦では軍の損失が多く本国の非難をうけ、コレラで死す。彼の弑逆罪については不明〕についても、文字通り、たくさんの不自然な解釈がなければ擁護しがたいものである。」《Recurrent Themes in Myth and Mythmaking》in *Myth and Mythmaking*, Henry A. Murray ed. (Boston, 1968). もちろんわれわれは、そうした統計学には、相対的な価値しか置いていない。

第五章　ディオニューソス

36 *L'Homme et le Sacré* (Paris, 1950), p. 127.

37 *Jungle People*, pp. 56–57.

38 差異の消滅としての群衆に関して、エリアス・カネッティの『群衆と権力』（邦訳、岩田行一訳、法政大学出版局刊）以上に示唆的な本はない。Elias Canetti; *Masse und Macht*, 1960.

39 H. Jeanmaire, *Dionysos* (Payot, 1951), p. 23. を参照。

40 E. Rohde, *Psyche, Seelencult und Unterblichkeitsglaube der Grriechen*, 1983. H・ジャンメールは、彼の注目すべき著作『ディオニューソス――バッコス崇拝の歴史』*Dionysos, Histoire du culte de Bacchus* (Payot, 1970) の中で、社会学的理論を批判している。わたしには、恍惚状態《エクスタシー》の面および神がかり現象について執拗に言及している彼自身の理論が、ローデのそれのような思想の大筋と、どの点で両立できないのかよくわからない。

41 Marie Delcourt-Curvers. éd. et trad.: *Euripide*, Gallimard, 1962.

42 N.A. Chagnon, *Yanomamö*, *The Fierce People* (New York, 1968). 一一六ページ。

43 クロード・レヴィ＝ストロース『悲しき熱帯』第二三章。Claude Lévi-Strauss, *Tristes Tropiques*, 1955. 参照。

第六章　模倣の欲望から畸型の分身へ

44 *Mensonge romantique et vérité romanesque*, 1961.〔邦訳『欲望の現象学——ロマンティークの虚偽とロマネスクの真実』、拙訳，法政大学出版局刊〕参照。

45 例えば，Gregory Bateson, Don D. Jackson, Jay Haley and John Weakland, 《Toward a Theory of Schizophrenia》, in *Interpersonal Dymamics*, Warren G. Bennis *et al.* eds (Dorsey Press, Homewood, Illinois, 1964), pp. 141-161. を見よ。

46 Benveniste, Emile: *Le Vocabulaire des institutions indo-européennes*, Ed. de Minuit, 1969, 2 vol. pp. 361-364. を参照。

47 Hölderlin, *Œuvres* (Paris, 1967), pp. 114 et 415-416.

48 〔英語版注〕『真夏の夜の夢』における二組の恋人たちが経験した異常な体験は、夜の怪物たちを産み出すこうした過程《プロセス》の強力な描写である。とりわけ、妖精たちの女王チタニアと、ばか者ボトムの〃結婚〃。ルネ・ジラールの次の本を参照のこと。

René Girard, 《More than Fancy's Images: A Reading of a *Midsummer Night's Dream*》, in *Textual Strategies: Criticism in the Wake of Structuralism*, ed. Josue Harari (Ithaca, N.Y., 1977).

49 Godfrey Lienhardt, *Divinity and Experience*.

50 ジャンメール『ディオニューソス』中のザール (zar) とボリ (bori) の記述を参照のこと。

51 *The Forest of Symbols; Aspect of Ndembu Ritual* (Ithaca, N.Y. and London, 1970), p. 105.

第七章　フロイトとエディプス・コンプレックス

52 この《……》は、《精神疾患》の観念そのものが、現代のある種の医者たちの著作の中でと同じように、問題になっていることを意味している。

53 ここで、その他の文学作品の勝利について一言いうべきであろう。つまり、いわゆる《文学》びいきのある種の文学擁護者たちの無気力と信念のなさや、《神話破壊者たち》の当惑するような単純さを、口には出さないが完全に凌駕した勝利についてである。父親が父殺しをそそのかすという問題に関しては、カルデロンの驚くべき傑作『人生は眠り』*Vida es sueño*（一六三五年）〔カルデロン・デ・ラ・バルカ（一六〇〇—八一年）。スペインの劇作家。僧籍にあって、生涯に多数の戯曲、幕間狂言などを残した〕が特に言及するのに値するし、セザレオ・バンデーラもまた、それに関係した独自な研究を書いている。『葛藤のミメーシス』*Mimesis conflictiva* (Madrid: Gredos, 1975)。わたしが、一見《法》の障害としか見えない欲望と障害の次元に、フロイトを飛びこしてカルデロンを置くべきであると理解できたのはバンデーラのおかげである。

第八章　『トーテムとタブー』と近親相姦の禁止

54 G. Bataille, *L'Erotisme* (Plon, 1965), p. 43.

第九章　レヴィ＝ストロースと構造主義と婚姻の規則

55 Word, I, 2 (1945), pp. 1–21; *Anthropologie structurale* (Paris, 1958), pp. 37–62. に再録。
56 Franz Boas, *Tshimshian Mythology* (Report of the Bureau of American Ethnology, XXXI, 185, N° 25). および Stith Thompson ed., *Tales of the North American Indians* (Bloomington, Indiana, 1968), pp. 178–186. 参照のこと。この神話は、レヴィ＝ストロース『アスディヴァル武勲詩』の中にも要約されている。*la Geste d'Asdiwal*, Annuaire de l'Ecole pratique des Hautes Etudes, VIe section, 1958–1959, et *les Temps modernes*, 1081–1123.
57 Stith Thompson 前掲書、note 261／3. 一四五ページ参照。
58 前掲書、三五五ページ参照。
59 ボーアズ、前掲書、フランス語のテキストは、クロード・レヴィ＝ストロースの『アスディヴァル武勲詩』中の仏語訳である。

第十章　神々、死者、聖なるもの、供犠における身代り

60 T.Theuws, 《Naître et mourir dans le rituel Luba》, *Zaïre*, XIV, Bruxelles, 1960, p. 172. この詩は前掲書、L. Makarius, 《Du roi magique au roi divin》, p. 686. に引用されたもの。
61 原書三四三（訳書三九八）ページ参照。
62 H・ジャンメール、前掲書一五八ページ。
63 ゴドフリー・リーンハート、前掲書一四一―四三ページ。
64 同、前掲書二九ページ。

第十一章　あらゆる儀礼の単一性

65 Bibliothèque de l'Ecole des Hautes Etudes, Sciences religieuses, XLV, Paris, 1928.
66 Francis Huxley, *Affable Savages* (New York, 1966).
67 Mircea Eliade, *The Sacred and the Profane* (New York, 1961), p. 103.
68 William Arrowsmith, 《The Criticism of Greek tragedy》, *Tulane Drama Review*, III, 3 (March 1959).
69 過去、現在を問わず、ギリシア人の古代および古典時代の文化の恐るべきさまざまな相貌を極度に縮小し、完全に遠ざけさえすることを人間主義的世界に許したそうしたやり方について、仔細に研究する必要があるだろう。ジャンメールの『ディオニューソス』はその道を示している。

《そうした恐るべき相貌が、あまりにも稀な証言を通してしか垣間見れないとしても、それは必ずしもまったく偶然ではない。ギリシアの天才が、自らのためにつくり出した宗教と神々についての概念の中で、とりわけ文学と芸術と哲学の競り合いのおかげで、はるかな未開人の過去に起源を持つ諸宗教の大部分に固有の残虐な古き基底に抗して戦ったのは、そのギリシアの天才の名誉である。きわめて多くの場合、人間（とりわけ若い娘や子供たち）の供犠の神話として解釈せざるを得ない神話群だけで、そうした未開の祖先たちの現実を証言するのに十分であった。けれども、われわれが文化の主要な故郷をはなれるやいなや、地域的な宗礼と伝統的な儀礼の中にそれらの痕跡がなおも存続していたことを隠すにはおよばない。ただ、慣れと、恥辱の感情と、遠く離れたところでおこった事柄についての無知と、ヘレニズムについて抱いた観念に反する事柄を語ることへの嫌悪感が、そうした宗礼と儀礼に競ってヴェールを投げかけたのである。贖罪の牡山羊として扱われる哀れな悪魔パルマコイの追放の際の残虐無残な行為は、おそらくペリクレースやソクラテスの時代のアテーナイでは、民衆が行なうようになるにつれて弱まり、もはややわらげられた形のものでしかなくなったであろう。けれども、必ずしもそうではなかったことも推測できるのである。ヘレニズム文化の及ぶ限界のマルセイユやアブデーラ〔アブデーラの名を持つ地名は二つある。一つはエーゲ海に面したトラーキアのギリシア植民地でネストス川の河口近くにある都市。西暦六五四年頃建設された。もう一つはスペイン南海岸に位置するカルタゴ領の町である。おそらくここでは後者であろう〕では、パルマコイが海に投げ込まれたり石を投げられて殺されたときいている。

信ずるに足るいくつかの証言によれば、四世紀でもなお、アルカディア〔古代ギリシアのペロポネスス半島の中央高原の景勝地。住民は牧羊・狩猟を生業として一つの理想郷をつくっていたという〕の中心部にあるリュケイオン山の崇拝の儀式は、儀礼的な人肉食と幼児の肉の飲食を伴ったことをみとめざるを得ない。

これらの諸考察は、難問を一気に解決するとは言いがたいけれども、たしかに後日になって異教との論争のためにキリスト教徒の著作家たちが多くの哲学者たちの著作から引き出してきたさまざまの情報を、われわれが軽々しく扱ってはならないことを命じている。それら哲学者たちは、流血の供犠にたいする彼らの嫌悪を正当化するために、地方地方の碩学たちの著作を編集したのである。これらの情報はディオニューソスへの人間の供犠について一致して語っている……。ゼウスへの人間の供犠はリュクトス〔クレタ島にあった古代都市〕に維持されることになる。島に住むディオニューソスに、サラミスの戦い〔サラミスは古代キプロス島の都市名〕の前に、ある予言者の主張にしたがってテミストクレース〔古代アテネの政治家。西暦前五二五―四六〇〕が同意した二人の若いペルシヤ人の供犠をおこなったことが報告されていることは注目に値する。後日の歴史家によって記録されているので、事の真偽はさだかでないが、この地域のさまざまな古代的性格を知るにはこの事柄は好適である。この主題に関してヘーロドトスが沈黙していることは、この場合、事の信憑性に何の関りもない。この話を創作した者の方が地域的な歴史を知るのに好都合なところにいるのであって、ヘーロドトスの沈黙は慎重な態度というべきであろう。》

いくつかのディオニューソス信仰の中に古代的風習をとどめることのできたものに関するこの着眼は、それがいかに不完全なものであるにせよ、このディオニューソスというすでに多様な権限を荷い、すでに、人々が認める以上に関連性のある多種多様な相貌のもとに姿を見せているわれわれの神に、アテーナイの演劇の守護神となり、次いでヘレニズムの時代を通じて演劇と演劇人の神となるというすばらしい幸運をもたらしたさまざまな状況を検討する場合の、有効な手がかりを提供しているのである。これはわれわれが取り扱う主題の少なからず逆説的な一面であるといえよう》(一二八—一三〇ページ)。

70 J. Derrida, *la Pharmacie de Platon*, *Tel Quel*, 1968.

71 《Sur l'exécution capitale》, in *Anthropologie de la Grèce antique* (Maspéro, 1968), pp. 326-327.

72 Glotz, G. Solidarité de la famille dans le droit criminel, p. 25. 《Quelques rapports entre la pénalité et la religion dans la Grèce ancienne》, 前掲書 288-290. に引用。

73 Walter Pater, *Appreciation* (London, 1957), p. 205.

74 Ernst S. Kantorowicz, *The King's Two Bodies* (New York, 1957), ch. ii.

75 Gatapatha-Brahmana, 1, 2, 3, 6-7. in Sylvain Lévi, 前掲書一三六—一三八ページ。

76 M. Heidegger, *Chemins qui ne mènent nulle part*, trad. par Wolfgang Brokmeier, éd. par François Fédier (Gallimard, 1962).

結論

77 イェンゼン、前掲書七七—八三ページ。

78 ルイ・ジュルネ、前掲書三九三ページ。

訳注

第一章 供犠

一 アンリ・ユベール 一八七二―一九二七年。現代フランスの社会人類学者。

二 マルセル・モース 一八七二―一九五〇年。現代フランスの社会学者。デュルケームの甥にあたる。コレージュ・ド・フランス教授。原始民族における宗教社会学、知識社会学的研究をおこなう。

三 アンビヴァレンツ（両価性）「同一の対象への関係に、相反する傾向、態度および感情、とくに愛と憎しみが同時に存在すること」（ラプランシュ／ポンタリス『精神分析用語辞典』みすず書房刊）。

四 アンソニー・ストー 一九二〇― 。イギリスの精神医学者。ケンブリッジ大学、ウエストミンスター病院医学校に学ぶ。一九七四年来、オックスフォード大学医学部教授。『人間の攻撃』は一九六八年刊。『人間の破壊性』一九七二年。『創造のダイナミックス』一九七二年など多数。

五 コンラート・ローレンツ 一九〇三年ウィーンに生まれる。動物行動学。邦訳書も多数ある。この個所、邦訳、みすず書房刊『攻撃』八七―八八ページ参照。

六 ジョゼフ・ド・メストル 一七五三―一八二一年。フランスの哲学者、文学者、政治家。フランスの伝統主義的、国家主義的思想家。モラリスト的な現実的心理分析によって後世に影響を与えた。

七 E・E・エヴァンズ＝プリッチャード 一九〇二―七三年。イギリスの社会人類学者。研究地域はアフリカ。

八 ゴドフリー・リーンハート 一九二一年― 。イギリスの人類学者。一九三九年―四一年ケンブリッジ大学でイギリス文学を学び、兵役ののち、ケンブリッジ大学にもどり四五年―四七年にかけて人類学、考古学を専攻。スーダンのディンカ族の社会調査。一九四九年オックスフォード大学アフリカ社会学講師。現在、同大学教授。他に『社会人類学』（一九六四年）など。論文多数。

九 フランス語の bovins は牛属を意味する。動物分類学上、偶蹄類牛上科（Bovioidea）には、スイギュウ、ウシ、ヤク、ヤギュウ、カモシカ、ジャコウウシ、ヤギ、ヒツジが属する。

一〇 カインとアベル 旧約聖書「創世記」四章一―一六。

一一 祝福の詐取 「創世記」二七章。

一二　レヴィ＝ストロース　一九〇八年ベルギーに生まれる。両親はフランス人。文化人類学者。著書『親族の基本構造』、『悲しき熱帯』、『神話学』など。なお『野生の思考』は一九六二年刊。このあたりは、大橋保夫訳『野生の思考』みすず書房刊、二六七―二七三ページ参照。

一三　ポール・ヴァレリー　一八七一―一九四五年。フランスの詩人、思想家、評論家。

一四　ヴィクター・ターナー　一九二〇年―　。アメリカの人類学者。イギリス生まれ。マンチェスター大学でグラックマンに師事。同大学講師。のちにコーネル大学、シカゴ大学、ヴァージニア大学教授。中央アフリカのヌデンブー族の調査をおこなう。その後、儀礼と象徴体系の分析に関心を移す。ルネ・ジラールは多くのものをこのターナーに負うている。

一五　転移（transfert）　転移というフランス語 transfert は本来、精神分析の語彙には属していない。この語は実際には輸送という語に近いひじょうに一般的な意味を持つが、事物の物質的移動よりはむしろ、価値、権利、本質の移動をふくむ。心理学ではこの語はいくつかの意味に用いられる。感覚の転移（ある感覚領域から他の感覚領域への知覚の移行）、感情の転移、とくに現代の実験心理学における学習と習慣の転移などである。とくに精神分析では、治療面で用いられて、特定の人にたいする過去の感情を、これと何らかの意味で類似した点をもつ第三者に置き換える、感情についての置き換えを意味している。

一六　『楚語』下巻、一一。「祀《まつり》は孝を昭《あきらか》にし民を息《ふや》し、国家を撫《やす》んじ、百姓《ひやくせい》を定《さだ》むる所以《ゆえん》なり、以て已《や》む可からず」（新釈漢文大系67　国語　下　大野峻著）。なお、ラドクリフ＝ブラウン著『未開社会における構造と機能』の邦訳（新泉社刊、一九八一年）の中で、訳者青柳まちこ氏は「英文ではこれに続けて〝国民の統一が強化されるのはこの犠牲を通じてである〟とある」ことを訳注に記しておられる（同書二一八ページ）。

一七　『礼記』（らいき）　五経の一つ、四九篇。記は雑記、覚書のことで、儀礼に対する記のほかに独立した学説、「大学」、「中庸」のごときをふくむ。元来「礼記」という名称は、礼についての記述という意味であるが、内容はきわめて広義の礼に関する記録の編纂書。漢代に戴聖という人物が当時存在していた礼の記録一三一篇およびその他の文献から抜粋したものである。問題の文章は『礼記』中の「楽記第一九」にある。「……故に礼を以って其の〔人心の〕志を導き、楽を以って其の声を和げ、政《まつりごと》を以って其の行《おこない》を一にし、刑を以って其の姦を防ぐ。礼楽刑政、其の極《きよく》一なり。民心を同じうして治道を出《いだ》す所以なり」

一八　アキレウスとアイアース　ともにトロイア戦争に加わったギリシアの勇将。『イーリアス』に詳しい。

一九　前五世紀のギリシア、大悲劇詩人たちのアテーナイ　アイスキュロス（前五二五―四五六）、ソポクレース（前四九六頃―四〇六）、エウリーピデース（前四八五頃―四〇六頃）といった大悲劇詩人たちはこの頃ギリシアのアテーナイで活躍した。

二〇　パルマコス　ギリシア語の pharmakos は妖術師、魔法使い、毒殺者をあらわす語で、プラトーンが用いているパルマケウス parmakeus と同義語である。

ジャック・デリダは『プラトーンのファルマシー』という論文の中でパルマコスのギリシア文化における機能を論じているが、それについては本書の第十章「あらゆる儀礼の単一性」においてジラールが論じているので（本書四七七―四八〇ページ）参照されたい。なおデリダも『プラトーンのファルマシー』の脚註で引用しているように、ノースロップ・フライは『批評の解剖』〔出淵、他訳、法政大学出版局刊〕の中で、贖罪のいけにえになるパルマコスの姿の中に西欧文学の原型的構造をみている。また、E・ボワザックの『ギリシア語語源辞典』の中では「パルマコンは、魅惑、媚薬、薬、治療薬、毒薬。パルマコスは、魔法使い、妖術師、毒殺者を意味し、ある都市の過失の罪滅ぼしに、いけにえにされる者」と記述されている。

一一　メーデイア　コルキス王アイエーテースとイデュイアの娘。太陽神ヘーリオスの孫。イアーソーンの妻。殺人と奸計に満ちた波瀾の生涯をおくる。エウリーピデースの『メーデイア』は前四三一年に上演された。メーデイアの援助によって金毛の羊を得たイアーソーンは、さらに彼女の力をかりてペリアースを謀殺し、コリントスにのがれる。土地の王クレオーンには娘以外に子がなく、イアーソーンを婿にしようとする。子供らの守役の老人が、クレオーンがメーデイアの魔法による報復を恐れて彼女と子供らを追放にしようとするうわさがあるというところに、王があらわれて彼らの追放を宣告する。王の去ったのち彼女は復讐を誓う。イアーソーンが、追放される妻子が不自由せぬように金子を持参する。メーデイアは彼の忘恩をせめ、偽善をあざ笑う。彼はこの結婚によって富裕となり権力を握って、メーデイアと子供らを助けるつもりだと功利的詭弁をもって答える。メーデイアは猛り狂って、彼の提供するすべてを拒絶する。メーデイアは、子供らに花嫁への贈物と偽って毒をぬった衣裳と頭飾を持参させる。そこへ子供らの追放は許されたとの報せがもたらされる。しかし彼女は子供らを奪われてひとり孤独の追放者たることを肯んぜず、夫から愛する子供を奪わねば気がすまない。子供への愛と復讐心との矛盾にもだえる。使者が登場、花嫁は贈られた衣裳を身につけると、身体を焼かれて死に、救わんとしたクレオーンも同じ運命に陥ったと告げる。メーデイアは子供殺しを決意、家に入る。イアーソーンが子供の生命を救わんとかけつけるがすでに遅い。メーデイアは、龍の引く車に乗ってのがれ去る。

一二　クリュタイムネーストラ　テュンダレオースとレーダーの娘。オレステース、クリューソテミス、エーレクトラー、イーピゲネイアの母。夫の勇将アガメムノーンを殺した。

一三　イーピゲネイアの供犠　エウリーピデースの作『アウリスのイーピゲネイア』の中にある。この作は、前四〇五年に上演された。アルテミス女神の怒りにふれたアガメムノーンの艦隊は順風を得ず、トロイアにむかって出帆することができない。予言者カルカースの言葉により王は娘イーピゲネイアを犠牲にするために、アキレウスとの結婚を口実に后と娘とをアウリスに呼び寄せる手紙を出したあとで、後悔の念にかられ、娘たちが到着せぬうちにと急ぎ取消しの手紙を出すが、メネラーオスに手紙を見られる。兄弟のあいだに激しい論争が交わされているあいだにクリュタイムネーストラとイーピゲネイアの到着が報じられる。万事休すと絶望に沈む兄を見てメネラーオスは慰め、イーピゲネイアの犠牲はやめよう、兄弟の方が不義の妻ヘレネーより大切だ、と言うが、アガメムノーンは軍の怒り、オデュッセウスの扇動を恐れて、娘を助けることができない。なにごとも知らぬ妻と娘の、夫と父への信頼と愛情、良心の呵責に苦しむアガメムノーンとの対面。そこへなにも知らぬアキレウスが来る。クリュタイムネーストラとの初の対面に、一方は婿のつもり、一方はわけがわからず、ついにアキレウスが自分の結婚に関して何も知らないことがあきらかになる。そこへ老僕が現われ、すべてをあきらかにする。アキレウスは直ちに婦人たちの味方となり、イーピゲネイアのために闘うことを誓う。彼のすすめによりクリュタイムネーストラは夫を説く。イーピゲネイアも父にすがるが、アガメムノーンは聞き入れない。そこへアキレウスが来て、ギリシア軍が犠牲を要求して騒ぎ、イーピゲネイアを弁護するアキレウスさえも死の危険に瀕し、彼直属の部下たちまでも彼にそむいたことを告げる。しかし彼は死をおかしても彼女を護るつもりである。イーピゲネイアはギリシア軍のため身を捧げようと決心する。この気高い姿にアキレウスは恋のとりことなるが、彼女の心は動かない。嘆き悲しむ親を振り切って彼女は祭壇へと立ち去る。やがてアルテミスが彼女の身代りに鹿を置いて、彼女は衆目の中に姿を消したことが告げられる。

二四　ヘレネー　前掲引用文の中にあるように、アガメムノーンの弟メネラーオスの妻。絶世の美女。トロイアのパリスに連れ去られて、トロイア戦争の原因となる。

二五　原始心性　近代人の相関的な考え方に、原始人の呪術的な考え方を対立させて、後者においては、思惟過程に感情的要素が強度に介入し、いわゆるカタトニー的様相を呈していると主張し、これを原始心性という。レヴィ＝ブリュールが代表的。しかし今日、多くの人類学者は、近代人と原始人の心性の間に本質的差異をみとめていない。

二六　血讐《けっしゅう》（blood feud）　殺人のために生じた流血と復讐を重ねる二家族間、二族間の不和、怨恨。

二七　マリノフスキー　一八八四―一九四二年。イギリスの人類学者。主著『西太平洋の遠洋航海者』一九二二年、『未開社会における犯罪と慣習』、『未開人の心理における神話』一九二六年、『文化変化の力学――アフリカの人種関係の研究』一九四五年、など。

二八　ラドクリフ＝ブラウン　一八八一―一九五五年。イギリスの社会人類学者。ケンブリッジ大学卒業後、同大のアンダマン諸島実態調査に参加。その後アフリカの原住民調査をおこなう。ほかに『原始人の法律』一九三五年、『原始社会における構造と機能』一九五二年、など。

二九　ロバート・ローイー　一八八三―一九五七年。アメリカの人類学者。ウィーンに生まれ一八九三年アメリカに渡り、ニューヨーク市立大学、コロンビア大学に学ぶ。『未開社会』一九二〇年、『民族学理論の歴史』一九三七年。

三〇　補償　原文では「和議、示談」をあらわす composition である。composition は、ラルース百科事典によると「古代法――個人的被害のため、被害を受けた個人またはその家族に支払われ、復讐の権利を消滅させる金銭的補償のこと。この習慣は、とりわけ中世初期の未開人の間でおこなわれた」とある。キエの百科辞典（六巻本）では、「セム族やゲルマン族において、殺人あるいは傷害を犯した犯人が、被害者の両親、あるいは暴行を受けながらも生き残った場合には被害者それ自身に支払わなければならない一種の損害賠償に、composition あるいは〝血の価 prix du sang〟の名がつけられている。コンポジションは最初は家畜の頭数で支払われていたが、つぎには金銭で支払われるようになった。フランク法には犯罪についての換算表があった。事実、これが違犯抑止の通常の方法であった。基礎となるコンポジションは、殺人の場合に支払われるコンポジションであった（Wehrgeld（独語）中世の殺人賠償金）。それは被害者の性別、社会的地位によって多様であった。さらに、この損害賠償に、治安をみだしたことにより犯人が王に支払わなければならない罰金が加えられていた」とある。英訳書では「目には目を」と意訳されている。

三一　裁きの決闘　キエの百科辞典（六巻本）によれば「決闘の起源は名誉にたいする感情、ゲルマン族の個人的名誉の感情の中に求められる。この戦闘的民族に自ら正義をおこなう習慣があり、武器を用いて争いを清算するのを常とした。というのは、彼らから見れば、正当な権利はつねに勝者の側にあり、手練と幸運にのみ依存する戦いの結果に〝神の裁き〟を見たからである。ここに裁きの戦いの起源がある」という。

三二　批判《クリティク》、危機《クリーズ》　〝分離する〟、〝決定する〟、〝判断する〟を意味するギリシア語 krínein を共通の語源にしている。

三三　呪われた者　後出訳注九三を参照。

三四　フレーザー　一八五四―一九四一年。イギリスの人類学者。未開民族の信仰や習俗の比較研究。『金枝篇』一二巻（一八九〇―一九一五年）、その他。

三五　バルザック流の《磁力》　バルザックの思想や作品の中に神秘的な力にたいする信仰があることを指摘することは当り前のことであるが、彼自身もそうした人を引きつける力があることをバルザック自ら誇っていた。軽々しく信じない同時代の人々も、彼の目から発するこの種の呪術的な力を認めて、《金色にひかる褐色の目》の驚くべき力を賞讃したという。バルザックの個性や文名の高さもさることながら、彼が女性たちの心をとらえたのも、そうした目の輝きと深みによるといわれる。バルザックはそうした動物磁力的力を、彼の多くの作中人物、とりわけヴォートランに与えている。

三六　レヴィ＝ブリュール　一八五七―一九三九年。フランスの哲学者。社会学者。道徳に関し、普遍的規範の存在を否定し、したがって規範学としての倫理学をみとめず、社会的事実としての道徳の科学的研究《習俗の学》を立て、この科学の応用としての合理的技術がいわゆる規範学としての倫理学にほかならないと考える。また文明社会の科学に対応して、未開社会には《神話》があるが、これは論理以前の思惟の所産であるとした。*Les fonctions mentales dans les sociétés inférieurs*, 1910. *La mythologie primitive*, 1935.

三七　《大まかな常識》（gros bon sens）　間違ってはいないが雑駁な判断。ありふれた常識。

三八　ガストン・バシュラール　一八八四―一九六二年。フランスの哲学者、科学批評家。合理性や科学的範疇を固定的にみる見方をしりぞけて理性の可塑性と発展性を強調し、いろいろな形態の理性が人間の諸態度に応じて存在すること、精神分析的方法がかかる諸態度の解明に資することを説いた。

三九　ローラ・マカリウス　人類学、社会学者。夫ラウル・マカリウスとの共著多し。『現代アラブ文学集』（スイユ社、一九六四年）。『外婚制とトーテミズムの起源』（ガリマール社「イデー叢書」、一九六一年）。『聖なるものと禁止の違犯』（ペイヨ社、一九七四年）。『構造主義か民族学か――レヴィ＝ストロースの人類学への根元的批判のために』（エディション・アントロポス、一九七三年）。その他論文多数。

四〇　エウリーピデースの悲劇『イオーン』　上演年代不明。少女の頃アポローン神に操を奪われたアテーナイの王女クレウーサは、罪の子イオーンをひそかに棄てたが、神はその子をデルポイに運び、イオーンはこの地の女司祭に育てられて成人し、日夜神への奉仕に専念する身となっている。そこへ今はクスートスを婿にむかえたクレウーサが、子供がないため、アポローンの神託を求めてこの聖地に来る。イオーンに会った彼女はなんとなしに愛着を覚える。クスートスは神よりイオーンが彼の落胤であるかのごとき神託をうけ、おおやけに自分の子とすべく宴を張る。クレウーサはこれを知り、自分を犯しておきながら、子供を見すてた卑劣な神を罵り、その報復にイオーンを毒殺しようとして、見破られる。追いつめられたクレウーサに、イオーンを育てた女司祭が、イオーンを拾った時に彼の身についていた物や彼を入れてあったものを持参する。クレウーサは直ちにこれをみとめ、自分が殺そうとしていたイオーンがわが子であることを知り、イオーンの父がアポローンであることを明かす。なお、イオーンはイオーニア人の祖。

四一　ゴルゴーン　ポルキュスとケートーの三人の娘、ステンノー、エウリュアレー、メドゥーサをゴルゴーンと呼ぶ。ゴルゴーンたちは醜悪な顔をもち、頭髪は蛇、歯は猪のごとく、大きな黄金の翼をもち、その眼は人を石に化す力があった。三番目の娘メドゥーサだけが不死ではなかったので、ゼウスの息子ペルセウスに首を切り落されて殺された。他の二人のゴルゴーンに追われたペルセウスが、メドゥーサの首を背嚢におしこんで空をのがれる時、メドゥーサの首から血のしずくが地面にたれ落ちて、それがいろいろな色の蛇になったといわれる。

第二章　供犠の危機

四二　接近（contiguïté）　心理学の用語。ある事物・事象が別の事物・事象を想起させることを連想というが、その背景にはそれらの事物・事象に対応した観念の間に連合のあることが想定されるし、その連合にはある法則性が認められる。このことは古くから指摘され、既にアリストテレスは類似・対比・接近の三種の連合を分類していたが、イギリスの連想学派において多くの考察が加えられ、類似・対比・因果といった連合もほとんど経験の時間的・空間的接近に帰せられるとされた。つまり、ある経験の想起に続いて連想されるものは、以前に同時的または継続的に経験されたものであることが多い。

四三 『狂えるヘーラクレース』 上演年代不詳。ヘーラクレースがエウリュステスの命により冥府に降ってケルベロス犬の捕獲に赴いている留守中に、その妻メガラーと子供たちを、暴虐なるリュコスが殺そうとしている。ヘーラクレースの老いたる父アムピトリュオーンは嫁や孫とともにゼウスの祭壇に庇護を求めて遁れるが、リュコスは神をないがしろにし、彼らを祭壇から引き立てようとする。アムピトリュオーンとメガラーはいまは是非なしと、死の装束をするために猶予を乞い、家の内に入る。そこへヘーラクレースが帰って来て、彼らを救う。感謝のいけにえをゼウスの祭壇に捧げようとした時、ヘーラーの命によって《狂気》がヘーラクレースの家の屋根に舞い降り、ヘーラクレースは狂って、妻と子供らを殺してのち、正気に返り、自殺せんとするところへ、彼によって冥府から救出されたテーセウスがリュコスからヘーラクレースの子供らを救わんと兵を率いて来る。事情を知ったテーセウスはなんの躊躇もなく殺人の罪に穢れたヘーラクレースを抱擁し、これは女神の悪意の結果にすぎないとて、ヘーラクレースをアテーナイに招く。

四四 二人の女神イーリスとヘーラー ヘーラーは言うまでもなく、オリュムポスの女神中、ゼウスの正妻として最大の女神。神話中における彼女は、激しい嫉妬心にかりたてられ、夫の恋人やその子供たちを迫害する。イーリスは虹の女神。天地を結ぶ虹として神々の使者と見なされている。ヘーラーにとくに仕えていると思われていた。

四五 「狂気」の女神リュッサ エウリーピデースによって人格化された「憤怒、狂気」。「夜」の娘の「狂暴《ヒュリー》」。

四六 ソポクレースの『トラーキースの女たち』 ヘーラクレースとデーイアネイラの悲劇を扱っている。ヘーラクレースが遠征に出てのち一五カ月の孤閨を守りつつ夫の身を案じているデーイアネイラに、乳母は息子のヒュロスを英雄の消息を探りにやることをすすめる。ヒュロスは、しかし、ただちに英雄の消息と居所を告げる。母の命により彼はエウボイアの父のもとに急ぐ。トラーキースの女たちの合唱隊に后はヘーラクレースが出征の際に、一年と三カ月後に死か、これを遁れたならば光栄ある静かな生か、どちらかを得るであろうとドードーラの神託があったと告げたことを語る。トラーキースの男が来て、ヘーラクレースの使者リカースが捕虜の女をつれて登場、英雄はエウボイアのケーナイオン岬でゼウスを祭るべく準備中であると告げる。デーイアネイラは捕虜の中でもきわだって美しい王女イオレーに気づき、素姓をたずねる。前に来た使者が英雄がイオレーの父エウリュトスの町オイカリアを攻めたのは、イオレーの愛を求めて拒まれたからだと教える。デーイアネイラは不安になり、昔ケンタウロスのネッソスがヘーラクレースに殺された時、その教えにより恋の薬のつもりでとっておいたネッソスの血と精液の混ったものを衣に塗って、リカースにもたせてやる。ヒュロスが帰って来て、父がその衣を着ると毒が全身にまわり、焼けただれ、衣は身体に密着して離れず、彼は苦悶のあまり衣をもたらしたリカースの足を摑んで岩に投げつけ、デーイアネイラを呪ったことを告げる。彼女は家に入り胸を突いて自殺する。ヒュロスが歎く中にヘーラクレースが担架で登場、この苦しみをひと思いに刃によって断ってくれとヒュロスに頼む。ヒュロスは父にたいして母を弁護し、ネッソスの事を話す。英雄はすべてを覚り、オイテー山上で自分を生きながら焼き、イオレーを妻とすべきことをヒュロスに命じて、山上に運ばれる。

四七　ヘーラクレースとネッソス　ケンタウロスのネッソスはエウエーノス河で、神々から渡しの権利を授かったと称し、報酬を取って通行人を渡していた。ヘーラクレースと妻のデーイアネイラが通りかかりヘーラクレースは自分で河を渡ったが、ネッソスがデーイアネイラを渡している間に、彼女を犯そうとしたので、ヘーラクレースはネッソスが河から出て来るところを狙って心臓を射た。ネッソスはまさに死なんとして、デーイアネイラを呼び寄せ、恋の薬が欲しいならば、自分の地上に落した精液と矢じりの傷から流れ出る血を混ぜるとよいと言った。彼女はこれを信じて、そのとおりにして、身につけた。

四八　レルネーのヒュドラー　レルネーは、アルゴリスの、アルゴスからほど遠からぬ沼沢地帯。レルネーのヒュドラーは巨大な身体で九頭を有し（この数は五から百までの諸説あり）、その真中の一頭は不死の水蛇である。ヘーラクレースの十二の功業の中の第二の武勲で、ヒュドラー退治が語られている。

四九　デュメジル　一八九八年―　。フランスの歴史学者、神話学者。インド・ヨーロッパ文明に関する重要な研究、著作多数。主著『神話と叙事詩』など。

五〇　ホラティウスの伝説　紀元前七世紀のテゥルス・ホスティリウス治下、ローマとアルバは戦闘状態にあったが、それぞれ三人の戦士を代表に選んで彼らを戦わせ、その勝敗によって両国の勝敗を決することにした。偶然にもローマ側はホラティウス家の三兄弟、アルバ側はキュリアス家の三兄弟が選ばれて戦うことになる。キュリアス三兄弟は傷つきながらもホラティウス三兄弟のうち二人を殺すが、残る一人は逃げると見せかけて別々にキュリアス三兄弟を殺すことに成功する。帰還した彼は、キュリアス三兄弟の一人と許婚であった妹カミーラが恋人のために涙を流しているのを見て、実の妹を殺す。彼は妹殺しの罪で死刑の宣告を受けるが、民衆の声によって釈放される。しかし父は彼に頸枷をはめる。コルネイユもこの伝説をもとにして戯曲『オラース』を書いている。

五一　前ソクラテス派の哲学者たち　ソクラテス（前四七〇―三九九年）も、ギリシア三大詩人（前掲）と同じ前五世紀にアテーナイに生きていた。前ソクラテス派の哲学者は、それ以前のデモクリトスやアナクサゴラスやピュタゴラスといった人々のこと。

五二　ヘーラクレイトス　前五四〇年―？　ギリシアの哲学者。ミレトス学派と深い関係があるが、俗世間のみならず先人学者にあきたらず孤高独自の道をあるいた。「暗い人」のあだ名を得た。彼の根本思想は、万物の生成を死と生のごとき絶対的矛盾対立の関係として捉え、こうした矛盾対立の間に生ずる調和を強調すると共に、更にこれらの対立物が生成を通じて同一であることを主張するにある。特にその同一性は、生と死の同一性と解され、彼の哲学に宗教的な深みを与えている。

五三　バビロニヤ捕囚　ユダヤの王ゼデキヤの代、バビロニヤの王ネブカデネザルの軍はイェルサレムを攻め、ついに前五八七―五八六年イェルサレムは陥落し、民の大部分は捕虜としてバビロニヤに移され、ここにユダヤは国家として滅亡した。当時現われた予言者エレミヤ、エゼキエルらは、この滅亡をユダヤの罪に対する神の審判と解したが、無名の予言者第二イザヤはこのユダヤの滅亡を、他の罪の身代りとなって苦しむ救済者の苦難の象徴と解した（イザヤ書五三）。なお、ペルシャ王クロスは前五三八年に、ユダヤ人を捕囚より解放した。ユダヤ教はこの捕囚後パレスティナに帰ったユダヤ人によって生み出されたものである。

五四　アモス、イザヤ、ミカ　いずれも前八世紀に生きたユダヤの予言者。みな王国の滅亡と死と捕囚を予言する。アモスは旧約の「アモス書」を残す。イザヤも「イザヤ書」の前半（一―三九章）を予言として残す（なお四〇―五六章は第二イザヤの手になるものと見られる）。ミカは「ミカ書」を残し、ベツレヘムで救い主が誕生することを予言する。

五五　エンペドクレース　前四九三―四三三年、ギリシアの哲学者。パルメニデスにしたがって真にあるものは不生不滅としたが、その数を1とせず4とした。すなわち「万物の根」リゾーマタといわれる地水火風の四つが結合分離して物ができたり、なくなったりするが、この根は「不生不滅」としている。『自然について』、『浄め』は共に詩の形をとり五千行にのぼる大きなものであったが、いまは約四五〇行のこるだけである。

五六　『バッカイ（バッコスの信女たち）』　前四〇五年に上演されたエウリーピデースの作。ゼウスとセメレーの子の酒神ディオニューソスは世界を遍歴したのち、生まれ故郷テーバイに来るが、彼の崇拝は拒否される。神はテーバイ王ペンテウスの母アガウエーをはじめ、その妻や娘たちやテーバイの婦女子を狂乱せしめ、彼女らはキタイローン山中に踊り狂う。合唱隊はアジアより酒神に従って来た狂乱女バッカイである。ペンテウスはカドモスと予言者テイレシアースの諫めの言葉も耳に入らず、酒神に反対し、彼を捕縛しようとする。王は狂える女たちの行動を探るべく山中に入り、見つけられ、八つ裂きにされ、アガウエーはその首をライオンの首と思いつつ狂い踊り、正気に返って驚き悲しむ。カドモスとアガウエーは故国を逋れる。

五七　『ル・シッド』　ピエール・コルネイユ作の五幕の悲劇。

五八　テラメネース　前四五五頃―〇三年。アテーナイの政治家。四百人委員会による寡頭政治設立（前四一一年）の主要人物の一人であったが、間もなくこれを倒した。スパルタに使し、ペロポンネソス戦争の和を講じ、三十人僭主の一人となったが、過激派のクリティアスなどと合わず死刑に処せられた。変節漢と評する者もいるが、アリストテレースは彼を弁護している。

五九　『フェニキアの女たち』　エウリーピデースの作。前四一三年以後の上演。アルゴス軍をテーバイの城外に見る危機に際して母イオカステーはエテオクレース（テーバイ王）とポリュネイケース（王位を要求してアルゴス軍に助けを得た、前者の兄弟）の二人を和解させんものと、ポリュネイケースを城内に招く。アンティゴネーは城の上より敵の軍勢を眺め、七将を老僕に指し示させる。デルポイのアポローンに捧げられたフェニキアの女たちより成る合唱隊の歌。ポリュネイケースが来る。従順な彼は母の言葉を聞いて和睦に同意し、流浪の中にアルゴスのアドラストスを味方に得た話をする。しかし、権力欲と詭弁の権化たるエテオクレースは、和議を拒み、父と妹たちに面会を求めるポリュネイケースを追い帰す。彼らの伯父クレオーンの召に応じて来た予言者テイレシアースは、クレオーンの子メノイケウスが身を犠牲にすればテーバイは勝利を得ると告げる。クレオーンはメノイケウスに城から逃げるように申しわたす。メノイケウスはこれに同意するかのごとくみせかけて父の前を退き、テーバイを救うため塔より身を投ずる。使者が来て、テーバイ軍の勝利を報ずるが、子供らの身の上を気づかうイオカステーに迫られ、ポリュネイケースとエテオクレースの兄弟がいまや一騎打をせんとしていることを明かす。后はアンティゴネーとともにこれを止めようと走り去るが、すでにおそく、両人は相討ちとなり、馳けつけた母は死せる子の刃を取って自殺する。不意を襲われたアルゴス軍は敗走する。戦死した将たちの葬列が舞台を横切りつつあるところへ、オイディプースが登場。いまは王となったクレオーンは彼の追放を宣言し、ポリュネイケースの埋葬を禁じ、アンティゴネーをハイモーンの妻とせんとする。彼女はこの申し出を拒み、父とともに流浪の旅に出る決心をする。オイディプースは妻と二人の子の死骸に別れを告げ、アンティゴネーに導かれて立ち去る。

六〇　ヘルダーリン　後出訳注一六三参照。

六一　『オイディプース王』　ソポクレースの最大傑作と称される悲劇。上演年代不明。前四二九―二〇年のあいだか？　王国を襲った疫病に心悩めるオイディプースは神官にアポローンの神託を伺うべく后イオカステーの兄弟クレオーンをデルポイに遣わしたと告げているところへ彼が帰る。神は先王ラーイオスの殺害者を除くべしと命じた。王は自分こそその人であると知らず、探索を始め、恐るべき呪いを殺害者にくだす。王は予言者テイレシアースを召し、下手人をたずねるが、すべてを知っている予言者は語らない。王は怒って彼を罵り、予言者もここにオイディプースこそその人であると叫ぶ。王はこれは自分の王位をねらうクレオーンの陰謀であるとますます怒り狂う。クレオーンは事実無根を訴え、両人が言い争っているところへ后のイオカステーが現われ、合唱隊の老人とともに取りなす。王は彼らのためにクレオーンを許すが、疑いは晴れない。イオカステーはラーイオスは子供の手にかかって死ぬとの神託があったのに、実は追剥ぎに殺され、赤児は生まれると同時に捨てたから、神託や予言は無に等しいと公言する。しかし后の、ラーイオスが三叉の道で殺されたという話に、古い記憶がオイディプースによみがえってくる。后にその場所、時、ラーイオスの様子をたずね、さてはおのれがと暗い疑惑が心をかすめる。王は事件の報告者たる下僕がいまだ存命なのを聞き、ただちに召し寄せよと命ずる。理由を知らぬ后はなぜかと王にたずね、オイディプースはテーバイに来るまでの半生を語る。コリントスより使者が到着、その王が世を去り、オイディプースが後継者に選ばれたことを告げる。コリントス王を実父と信じるオイディプースは悲しみとともに、父殺しにならなかった喜びに叫び、イオカステーは神託の恐怖に悩む愚かさを嘲笑する。しかしオイディプースはこの使者がかつてオイディプースをコリントスにもたらした者であり、かつ彼はオイディプースをテーバイの羊飼よりもらいうけたことを知る。女王はいまや夫の素姓を知り宮殿内に走りこむ。呼ばれた牧人が来て、使者の言葉を否定するが、王に追及されてついに棄てられた赤子の話をする。いまや自分の真の素姓を知った王は、母にして妻なるイオカステーがみずから縊れて死んだことを知り、われとわが目をくり抜く。

盲目となった王は神人ともに許さざる穢れた自分を追放にしてくれと頼むが、クレオーンは神託に伺うほかはないと言う。王はアンティゴネーとイスメーネーの二人の幼い娘との別れを歎き、クレオーンに託す。

六二　《マニ教》　マニが唱えた宗教で、グノーシス派キリスト教、仏教、ゾロアスター教などの要素を一緒にしたもの。三—七世紀にさかえた。光明〔善、神、精神〕と暗黒〔悪、悪魔、肉体〕の対立を説く二元教。

六三　鏡像効果　自分とそっくりの像を相手の中に見ることから派生するもの。後出訳注二四六参照。

六四　『アルケースティス』　エウリーピデースの前四三八年上演の作品。サテュロス劇の代りに作られたものであるので、滑稽な要素を多分に含んでいる。ペライの王アドメートスが自分の身代りに死んでくれる人を求めるが、自分のエゴイズムを忘れて、身代りを拒む老人の父を責め、ついに妻アルケースティスが彼の身代りとなって死ぬことによって死から救ってもらいながら、その死に際して狼狽する王、喜劇におきまりの大食漢ヘーラクレースが死神と格闘して、アルケースティスを連れ戻す話が、夫の身代りに立つ妻の美談ではなく、アドメートスの恐るべきエゴイズムであるとの新解釈のもとに展開されている。

六五　『トロイラスとクレシダ』　シェークスピアの一六〇一—〇二年の作。ギリシア神話中のトロイ戦争を題材にした悲劇。

六六　「パラノイア的投射」　パラノイアとは「ある程度系統化された妄想を特徴とし、関係づけが目立ち、知的減弱は認められず、一般に痴呆化へと進む傾向をもたない慢性精神病。フロイトは、迫害妄想だけでなく、恋愛妄想、嫉妬妄想、誇大妄想をもパラノイアに分類している」（ラプランシュ／ポンタリス著『精神分析用語辞典』）。「投射」について同書には次のようにある。「(A)神経生理学と心理学できわめて広く用いられる用語で、神経学的事象ないしは心理学的事象が場を変え、外部に局在化される作用を指している……。この用い方にはかなりいろいろな異った意味内容が含まれている。(B)精神分析独特の意味では、主体が、自分の中にあることに気づかなかったり拒否したりする資質、感情、欲望、そして〃対象〃すらを、自分から排出して他の人や物に位置づける作用をいう。これは太古的な起源を有する防衛であり、それはとくに、パラノイアの場合に働くが、迷信のような〃正常な〃思考様式の場合にもみられる。」

　なお、原書にはなくて英語版の翻訳者であるパトリック・グレゴリーが『ジャングル・ピープル』から引用している文章を次に訳出しておく。「ヤクワが私に《いとこがおれを殺したがっている》という時、わたしは、彼の豚がトウモロコシを引っこぬいたといって豚を殺したいとこを、彼が殺そうとしているとわかる。また彼が《エドゥワルド（駐在の警官《エージェント》）がおれに腹をたてている》という時、わたしは彼が、シャツをくれなかったことで彼の方がエドゥワルドに腹をたてていると悟るのである。ヤクワの精神状態は、カインガング族の人々が、自分自身の憎悪や恐怖を、彼らが憎み恐れている相手の心の中に投射するという彼らの習性の、おぼろ気な反映である。けれども、そうした反目の中で、葛藤のある段階から危険な趨勢が外にあらわれてくるし、どんな恐怖にも正当で十分な理由があるという点で、これがまさしく投射であると誰もまだ確信をもっていうことができない」（引用原書五四ページ）。

六七　〔英語版注〕 Bronislaw Malinowski, *The Father in Primitive Psychology* (New York, 1966), pp. 88-91.

六八　男根的性格　「去勢コンプレックスの理論がまた、男性性器に決定的な役割を与えている。それは象徴としてのことであって、男性性器があるかないかということが、解剖学的差異を、人間存在を分つ主要な基準に変えているという意味で象徴的なことであり……」（『精神分析用語辞典』）。後出訳注二六〇「去勢」参照。

六九　〔英語版注〕　前掲書九二ページ（訳注六七）。

七〇　クライド・クラックホーン　一九〇五年―　。現代アメリカの人類学者。人類学と精神医学との交流を研究し、またナヴァホ・インディアンに関する研究がある。

七一　ロームルスとレムス　一般にはアイネイアースの子孫でアルバ・ロンガの王ヌミトルの娘レア・シルウィアとマールス神との子で双子の兄弟とされる。その他異説多し。普通の話では、ヌミトルの兄弟アムーリウスは兄の王位を奪い、これを確保するために、ヌミトルの娘レア・シルウィアから子供が生まれないように、ウェスタの巫女にした。しかしマールス神が彼女を犯したために二人が生まれたという。母を殺され、二人はティベル河岸に棄てられたが、大雨のために上流に流され、牝狼にそだてられた。二人は成長して若者たちの頭になった。やがて素姓を知った彼らはアムーリウスを殺し、ローマの地に新たな一市を建設することにしたが、兄弟の間にいさかいを生じ、ロームルスはレムスを剣で殺してしまったという。

七二　リチャード獅子心王とジョン欠地王　イングランド王ヘンリ二世の子。ジョンは末子であったが、兄リチャード一世（三男。獅子心王）が第三回十字軍に出征中、王位を奪取せんとしたが、リチャードの帰国後屈服し（一一九〇年）、九年後に兄が死ぬと即位した。同時にフランスのノルマンディー、アンジュー、メーヌ、トゥレーヌなども即位したがフランス王フィリップ二世と争ってこれらの地を失った（一二〇五年）。なおリチャードの王位継承者であった甥アーサーもルーアンで殺している。かの有名なマグナ・カルタに署名した王である。

七三　カドモスと龍の歯　カドモスはフェニキアのテュロスの王アゲーノールとテレパッサの子。ゼウスが牡牛に身を変じて、カドモスの姉妹エウローペーをさらった時、父はカドモスとその兄弟と共に、エウローペーの捜索に行かせて、探し出すまで帰国を禁じた。しかし見つけることができずに帰国を断念して、カドモスは母と共にトラーキアに居住した。母が死んだ後、彼はデルポイに来て神託を求めたところ、牝牛を道案内にして、牝牛が疲れて倒れ伏した地に一市を建設せよと命じた。牝牛はのちにテーバイ市のあった所で横になった。牝牛をアテーナーに捧げるために、従者数名をアレースの泉に水を汲みにやると、泉を護っていた龍が従者たちの大部分を殺したので、カドモスは龍を退治し、アテーナーの勧めでその牙を播いた。すると地中から武装した男たちが生えて出た。彼らはふとしたことから、あるいはカドモスが石を投げつけたところ、彼らは仲間に石を投げられたと思い、争い始めて、互いに殺し合った。そのうちの五人だけが生き残って、テーバイの貴族の祖となる。

七四　アドラストス　タラオスの子、アルゴス王、テーバイにむかう七将の総帥。プロイトスがアミュターオーンの二子ビアースとメラムプースにアルゴスの領土を分ち与えたのち、この三家がアルゴスを支配していたが、やがて紛争を生じ、メラムプース家のアムピアラーオスはタラオスを殺した。アドラストスは遁れてシキュオーン王ポリュポスのもとに赴き、のちその王国を譲られ、アムピアラーオスと和してアルゴスに戻り、妹エリピューレーを彼に与えた。オイネウスの子テューデウスとオイディプースの子ポリュネイケースが共に国を追われてアドラストスを訪ねてアルゴスに到着、彼の宮殿の外で争っているのを発見した王は、ライオンと猪に娘を与えよという予言によって（両者の楯にこの紋章があった）アルゲイアーをポリュネイケースに、デーイピューレをテューデウスに妻として与える。

七五　オイディプースとクレオーン　クレオーンは〃支配者〃の意味をあらわすため多くの同名異人がいるが、ここで言うクレオーンはメノケイウスの子で、テーバイの支配者である。イオカステーの姉弟で、ラーイオスの死後、テーバイの執政官となり、スピンクスの謎を解いた者にイオカステーと王国を与える約束をする。この謎を解いた者がオイディプースである。こうしてオイディプースは母と知らずにイオカステーを妻とすることになった。つまりクレオーンとオイディプースは実は伯父と甥でありながら、義理の兄弟ということになる。

七六　ディオニューソスとペンテウス　ディオニューソスは本来トラーキア・マケドニアの宗教的な狂乱を伴う儀式を有する神であったらしく、それがギリシアに輸入されて女たちの熱狂的な崇拝をうけるようになった。バッコス（リューディア語？）である。しかし、ギリシア神話、特にホメーロスではディオニューソスは神々の間で重要な地位をもっていない。神話中では彼はヘーシオドス以来、ゼウスとセメレー（カドモスとハルモニアーとの娘）の子ということになっている。一方、テーバイ王ペンテウスはカドモスの娘アガウエー（つまりセメレーの姉妹）とエキーオーンとの子であるから、ディオニューソスとペンテウスは本当の従兄弟ということになる。ディオニューソスは母セメレー（アガウエーの姉妹）に対するアガウエーの中傷の復讐と、故郷への帰還とを目的とし、アジア遠征の後にテーバイに来た。テーバイの女たちは山中で狂乱のうちに神の秘教を修したが、ペンテウスはカドモスとテイレシアースの忠告を無視して、この神の崇拝に反対し、神を捕えるが、神の鎖はおのずから解け、宮殿は焼かれる。ペンテウスはキタイローン山へ女たちの狂舞のさまを見に行き、女たちに発見され、母のアガウエー、姉妹のイーノー、アウトノエーをはじめとし、彼を野獣と思った女たちに八つ裂きにされる。この話はエウリーピデースその他の作者によって扱われている。

七七　言語学における記号の恣意性　ソシュール理論、さらに一般的には言語学において、〃恣意性 arbitraire〃は、記号表現《シニフィアン》と記号内容《シニフィエ》の間の関係を特徴づけるものとなっている。言語は、それを使用する社会の成員間で結ばれた黙契である限り恣意的である。言語が非《自然的》だというのはこの意味からである。corde「綱」という語が示す概念は、[kord] という一連の音や、corde という書記法、すなわち特定の言語記号と、いかなる必然的な関係ももたない。フランス語とイタリア語ほどに類似した言語でも、同一の対象を全く異なる語で示すのは、その証拠である。同じ自動車がイタリア語では macchina フランス語では voiture と呼ばれる。このような意味で用いられる〈恣意性〉は、ある記号内容を示す形態とか、ある形態のための記号内容の選択が、話し手の個人的意志にまかせられる可能性を含んではいない。したがって、〈恣意性〉のもつ言語的意味と、この語の日常的用法のもつその他の意味合いとは異なる。記号の恣意性は、記号の無動機性と関わっている。いくつかの擬音語や語形成を除外すれば、ある記号表現がある記号内容に照応することには、もともといかなる理由もない。結局、恣意性は、記号における記号表現と記号内容の内的関係を限定する必然的性質から区別されるのである。いったん関係が樹立されてしまえば、記号表現と記号内容の間の照応を変えることは、個人の自由にはならない。規則は全員に課せられている。それが時代とともに変化するにしても、この変化は独立した個人の意志によるものではない（『ラルース言語学用語辞典』大修館書店刊）。

七八　象徴についての古典的定義　エルンスト・カッシラー『象徴形式の哲学』（一九二三年）では象徴という語は感覚的なもの（表示物、記号）と心的なもの（被表示要素）の結合したものをさしており、表示事象をすべて包含している。チャールズ・パース（一九六〇年）によれば、象徴とは、二つの要素間の関係——特定文化では恒常的な——の表示法である。図像《イコン》が他のものに移すことによって再現を目ざし（肖像画の場合、感覚的印象をカンヴァスの上に再現する）、指標《インデックス》が推論によって論じることを許す（火の指標としての煙）のに対して、象徴は約束事によって成立する（正義の象徴としての秤）。

七九　エレミア記の一節　旧約聖書「エレミア記」九章四—五。この節の全文の日本語訳は以下の通りである。「四汝らおのおのその隣に心せよ何《いず》れの兄弟をも信ずる勿れ兄弟はみな欺きをなし隣はみなそしればなり　五彼らはおのおのその隣を欺きかつ真実《まこと》をいわずその舌にいつわりをかたることを教え悪をなすに労《つか》る」。つまり日本語訳では原文の「兄弟はみなヤコブの役を演じ」では意味がわからないので、意味をくんで「欺きをなし」と直接的表現に直してあるわけである。

八〇　敵対する兄弟の概念　前掲訳注参照。ヤコブとエサウの話は「創世記」二七章にあり。

八一　実証主義が後生大事にしている連続的豊富化のプロセス　コントの知識の三段階説によれば、人間の知識は第一の神話的段階から第二の形而上学的段階を経て第三の実証的段階において完結する。この最後の段階においては、現象の背後に架空的、擬制的な存在者または抽象的な実体を仮定することなく、現象を現象によって説明し、現象間の法則をとらえようとする思惟的方法が支配的になるという。

第三章　オイディプースと贖罪のいけにえ

八二　《一般概念》　普遍概念ともいい、単独概念にたいする。不定数の個物のいずれにも同一の意味で適用される概念で、それら多くの個物が共通にもつ若干の属性を指示する。これらの属性に関してそれらの個物は一つのクラスを作るゆえに級（クラス）概念とも呼ぶ。その言語的表現を一般名辞、普通名辞 common term などという。例えば人間、書籍、三角形など。

八三　《さあ、わしを……以下。ソポクレースの『オイディプース王』のテイレシアースの言葉。フランス語訳では次の通りである。この一節の中に見られる一人称を示す Je, me, moi, mon 二人称を示す tu, te, toi, ton の多さと、その対比に注意すれば、ジラールの見解を支持したくなるであろう。

《Va, laisse-*moi* rentrer chez *moi*: nous aurons, si *tu* *m'*écoutes, moins de peine à porter, *moi* *mon* sort, *toi* *le tien* ……

《Ah! c'est que *je te* vois *toi-même* ne pas dire ici ce qu'il faut; et comme *je* crains de commettre la même erreur à *mon* tour ……

《Mais non, n'attends pas de *moi* que *je* révèle *mon* malheur——pour ne pas dire *le tien* ……

《*Je* ne veux affliger ni *toi* ni *moi* ……

《*Tu me* reproches *mon* furieux entêtement, alors que *tu* ne sais pas voir celui qui loge chez *toi*, et c'est *moi* qu'ensuite *tu* blâmes.》

八四　ヒュメナイオス（ヒュメーン）　結婚の式で《ヒュメーン》、《ヒュメナイオス》と叫ぶ習慣から、人はだれか神の名を呼んでいるものと解釈し、ここに結婚の行列を導く神としてのヒュメナイオスが生まれた。この習慣を解釈するために、多くの縁起物語が創り出されている。彼はムーサの一人とアポローンあるいはアプロディーテーとディオニューソス、あるいはピーエロス、あるいはマグネースの子とされている。一説では、彼はアテーナイの、女にみまがう美青年で、ある少女に恋し、近づき得ず、遠くから後をつけるばかりであった。少女たちがある日エレウシースへデーメーテールに供物を捧げるべく赴いたところへ、海賊が来襲、彼女らとともに、ヒュメナイオスをも女と間違えてさらった。ある人気のない岸辺で、海賊どもが疲れて眠っているのを、ヒュメナイオスは全部退治し、一人アテーナイに帰って、恋人を妻にもらう条件で少女たちの返還を約し、かくてめでたく恋が実った。これを記念して彼の名が結婚式で呼ばれるのであると。一説では彼はマグネースの子の音楽家で、ディオニューソスとアルタイアーとの結婚式で歌っているあいだに死んだので、この習慣が生じたと。また一説では彼はヘスペロスの愛した少年で、アリアドネーとディオニューソスの結婚式で歌っている時に声を失ったので、これを記念して彼の歌を歌うのであると。さらに一説では、彼が自分の結婚式で死んだのがこの歌の原因であり、のちにアスクレーピオスが彼を蘇生させたという。彼は花冠をいただき、炬火（ときに笛）をもった美少年として表わされている。

八五　分身〔第二存在〕(double)　二重存在とも言う。ある人物または動植物、器具などのダブル、すなわち、原体の形像を写した複写 replica　別体あるいは副人格としての霊魂。なお、エドガール・モラン著『人間と死』（拙訳、法政大学出版局刊）一一五ページ以下を参照されたい。

八六　アニミズム　霊魂などの霊的、超自然的、神秘的なものが存在して、自然、人間に重大な影響を及ぼす、という世界観。詳しくは後出訳注二七四「有霊観」参照。

八七　集団虐殺（pogrom）　ロシア語から来た語。被圧迫少数民族にたいする組織的、計画的な虐殺。帝政ロシア時代にしばしば行なわれたユダヤ人村落にたいする、時には虐殺にまで至る暴力行為。

八八　『アンドロマケー』　エウリーピデースの上演年代不明の作品。前四三〇年頃か(?)。アキレウスの子ネオプトレモス（彼は父アキレウスがその焔のごとき色の髪の毛からピュラーと呼ばれていたのと同じくピュロスとも呼ばれる）はヘクトールの妻アンドロマケーを捕虜とし、妾にする。メネラーオスの娘ヘルミオネーと結婚するが子なく、ヘルミオネーはアンドロマケーが魔法で呪っているのではないかと疑う。ヘルミオネーの以前の婚約者オレステースは今なお彼女に愛着し、メネラーオスもその同情者である。メネラーオスはネオプトレモスがデルポイに行っている留守中にアンドロマケーとその子供らを殺そうとするが、子供らはネオプトレモスの祖父ペーレウスに救われる。その卑劣な企ての失敗にメネラーオスは立ち去る。使者が来てネオプトレモスがオレステースの部下に殺されたことを告げる。オレステースはヘルミオネーを奪い去る。悲しみに沈むペーレウスを、その妻たる海の女神テティスが現われてなぐさめる。

八九　《投射》　前掲訳注六六「パラノイア的投射」を参照のこと。

九〇　転移　前掲訳注一五参照。

九一　シャーマン　シャーマニズムは原始宗教の一つの型または段階。シャーマン（巫者、日本では「みこ」「いちこ」「いたこ」など）が「神憑り」（憑霊）して「神意」を現示するのが基本形である。シャーマンの語源はツングース族の土語とするのが通説だが、インドで出家を意味する沙門（パーリ語でサマナ、梵語のシュラマナ）から出たとする説、またペルシア語の偶像、祠を意味するシェメンから出たとする説などがある。神霊が実在して人間に憑く（その間、人間は神に領せられ、神として行動する）と信じ、踊りや歌、呪文などの長い単調なくり返しや、太鼓、弓、琴、金属片、鈴などの使用に助けられて、この異常心理がかもされる。酒などの興奮剤の使用もある。

九二　この隠喩の二つの双面　隠喩（メタフォール）とは、一つの観念を表現するために、それと共通の性格を持つ他の観念を表わす語を用いること。例、禿げ山、あいつは狐だ（悪賢い奴）。この場合は、供犠の危機をスケープゴート（贖罪のいけにえ）で隠喩していることと、シャーマニズムで狐憑きといったものであらわす隠喩について言っている。なお双面とは、二つで一対のものを、二つ折りの屏風になぞらえ、その二つの面のそれぞれを指している。フランス語の volet は、窓にとりつけてある観音開きの、二つ一組の鎧戸のそれぞれを示す。

九三　異端追放（アナテーム）　anathème は、「傍にとりのけて」「置く」を表わすギリシア語の ἀνά (à côté) τιθέναι (placer) とから来た ἀνάθεμα である。「呪われたもの」を意味する。ここではアナテームとテーム（主題）〔語源は同じ〕との照応に注意されたい。

九四 《抑圧されたもの》 抑圧については前掲の『精神分析用語辞典』に次のようにある。「(A) 原意では個体が、ある欲動と結びついた表象(思考、イメージ、記憶)を無意識のなかに押し戻すとか、無意識にとどめようとする精神作用。抑圧は、欲動の充足――それ自体は快感を与えるものである――が他の欲求にたいして不快感を誘発する恐れのある場合に生ずる。抑圧はとくにヒステリーにおいて顕著であるが、正常心理や他の精神疾患においてもまた重要な役割をはたしている。それは、その他の精神現象と分離された領域としての無意識の構成を基礎づけているという意味で、普遍的精神過程と考えられる。

(B) 漠然とした意味では、抑圧という語は、時にフロイトによって「防衛」という語に近い意味で用いられている。一方では(A)の意味での抑圧の作用が、複雑な防衛の無数の過程のうちに、少なくとも一つの段階として見出されるからであり(この場合、部分が全体とみなされている)、また他方では、抑圧の理論的モデルが他の防衛作用の原型として利用されているからである。」

なお、オイディプース神話の一つの解釈から、フロイトはかの有名な「エディプス・コンプレックス」理論を構築していることは誰でも知っていることである。後出訳注一六九も参照されたい。

九五 『コローノスのオイディプース』 ソポクレースの遺作。前四〇二―四〇一年に孫によって上演されたという。

テーバイで盲目のうちに不幸な日々を送っていたオイディプースは、クレオーンによってついに国を追われ、二人の娘アンティゴネーとイスメーネーに伴われ、さすらいの身となる。アンティゴネーに手を引かれた王は、長い放浪ののちにアッティカのコローノスに辿りつく。折から来かかる通行人にたずねれば、これはエリーニュエス・エウメニデスの聖なる地である。オイディプースは自分の不幸な生涯を閉じるべきところに来たことを悟る。アポローンが、かつて旅路の果てに恐るべき女神たちの聖なる地に生を終り、彼の死体の埋められた地に祝福を、彼を追い出した地には呪いをもたらすであろうと告げたからである。コローノスの地の市民よりなる合唱隊登場。オイディプースの素姓を知って、彼を追い払おうとするが、オイディプースはテーセウス王の来らんことを求める。そこへイスメーネーが馬で父を求めて登場。ポリュネイケースとエテオクレースが王座を争い、ポリュネイケースがアルゴスの軍とともにテーバイに迫り、かつオイディプースの帰国を求むべき神託のあったことを告げる。父の代りに神々に捧げ物をすべくイスメーネーが去る。合唱隊がオイディプースより昔語りを聞くうちにテーセウスが来る。オイディプースはわが身の与え得る恵みを語り、保護を求める。テーセウスは承諾して去る。クレオーンが部下を率いて現われ、オイディプースに帰国を求めるが、拒絶される。クレオーンはイスメーネーを捕えたと告げ、もし従わずばアンティゴネーをも、と威嚇する。そこへテーセウスが来て、部下の者にただちに乙女らを救いに急げと命ずる。やがて二人が救われて帰って来る。盲目の王は手探りに娘を求め、かき抱く。テーセウスへの礼の言葉のおくれたことを詫びるオイディプースに王は、海神の祭壇に見知らぬ男がいて、オイディプースに頼みたいことがあると言ったと告げる。彼は息子のポリュネイケースであることを覚り、面会を拒むが、アンティゴネーの嘆願に折れる。ポリュネイケースは老人の味方する方に勝利があるべしとの神託を告げ、父に願うが、オイディプースは自分がテーバイから追われた時の冷淡な仕打ちを責め、兄弟はたがいの手でたおれるであろうと呪う。アンティゴネーは祖国に弓を引かぬようにと頼むが、ポリュネイケースは聞かず、二人の妹に自分に代る幸をと、祝福を与えて去る。そこへ雷鳴がとどろきわたる。老王は娘たちとテーセウスを従え、自分のこの地における眠りはアテーナイの無限の祝福となるであろうと言いつつ、聖森に入り、彼の姿は忽然と消える。最後の秘密を知るのはテーセウスのみである。悲しむ姉妹を慰めるテーセウス。アンティゴネーは、兄弟の呪われた争いを止める術もあろうかと、テーバイに急ぐ。

九六　象徴的思考　記号的思考とも言う。思考は、哲学的概念としては思惟と同じである。心理学的にみれば、われわれがなんらかの形で課題解決を要求されるような状況に当面し、しかもそれを習慣的手段によって解決しえないような場合には、手段の探索がおこなわれ、その変形が生じ、あるいは手段体系のあたらしい構成が生じるが、このような課題状況に対処する精神機能を思考という。このように広義に考えると、思考はおそらくあらゆる行動の変容に萌芽的にふくまれている原始的機能といえるが、これが明瞭な形をとってあらわれるのは高等動物および人間においてである。類人猿が木の枝を道具として餌をとったり、子供が知慧の輪をとくときのように、具体的状況が眼前にあたえられ、かつ具体的動作によって解決される場合には、動作的思考または対象的思考といわれる。具体的動作をはなれ、過去や未来に関係した抽象的世界内の事物を取り扱わねばならなくなると、ここに言語的体系の補助が必要とされてくる。人間はこのような言語の手段体系をおどろくほど豊富に発達させるに至った。言語的体系を手段とする思想の世界は、あたかもそれだけが独立にうごいているようにみえるが、じつは常にその背後に足場としての動作的手段が厳存しているのである。ピアジェが「敷き写しの法則」といったのは、動作の世界がはずされた思想の世界が独立すること（児童期七、八歳—十一、十二歳）を表明したものである。現実に思考がはたらくためには過去と経験のはたらきが現在の精神過程の中になんらかの位置を占めなければならない。通例、過去の経験は概念（心像、観念）によって代表される。概念には、たとえば「ねじは右にまわせば締まる」というようなおそらく言語的表現を必要とせずに、自然につくられる動作的概念または手による概念がある。このような原始的なものにたいして、記号をあたえることによって成立する言語的概念が存在する。記号の能動的使用は現に指示身振りにおいても認められるが、このような動作の世界から脱却して言語的概念が成立するに至る。以上のことから知られるように象徴的（記号的）思考とは、動作的思考に対立する思考である。

第四章　神話と儀礼の発生

九七　反-神論《アンチテイスム》　antithéisme というフランス語は、グラン・ラルースの中に「哲学用語——神の本性と人間の本性を、互いに対立し合うものとして考える思想体系」とあるだけで、その他の辞書には見当らない。英語の antitheism は、研究社版『新英和大辞典』によれば「〔哲学〕反有神論《有神論が神の存在を認める立場を意味するときは antitheism は無神論、有神論が一なる創造神を強調する時は汎神論 pantheism, 多神数 polytheism などを指す」とある。

九八 《伝播論》 diffusionisme 文化人類学あるいは民族学において、世界各地域の文化の類似を伝播によって説明する学説・文化の進化主義に対立して起こった。イギリスのG・スミスは、伝播につれて文化は弱体化したとみなしたが、一般に伝播論は人間の発明能力を小さく評価する傾向がある。

九九 〝何事にも驚嘆せず〟 ホラチウスの言葉。

一〇〇 ロバートソン・スミス 一八四六—九四年。イギリス（スコットランド）の東洋学者。物理学、考古学、聖書研究でも一家をなした。著書『古代アラビアの血族関係と結婚』一八八五年など。

一〇一 アブラカダブラ abracadabra この語を三角形に書いた呪文。

一〇二 アドルフ・イェンゼン 一八九九—一九六五年。ドイツの民族学者。フランクフルト大学教授、フロベーニウス研究所所長（一九四六年来）。数度にわたってアフリカおよびインドネシア調査をおこなった。初期人類文化の世界像の再構成を目指した。主著『殺された女神』（一九六六年）など。

一〇三 ダミアーとアウクセーシアー 本文中にある通りだが、付言すれば、彼らは豊穣多産の女神でデーメーテールとペルセポネーと同一とされている。エピダウロスとアイギーナでも祭られている。なおヒッポリュトスはテーセウスの息子で、義母パイドラーとの仲をうたがわれて父に家を追われ、トロイゼーンの海岸で非業の最後をとげた。

一〇四 悲劇を悲劇〔山羊の歌〕にしている…… 悲劇はフランス語では tragédie であるが、この語の語源をたずねれば、ラテン語の tragoedia ギリシア語の tragōidía で「山羊の歌」の意味である。その語は tragōirós「賞品としての牡山手を競争する歌手」← trágos「山羊」+ōidḗ「歌」から来ている。

山羊がいけにえに用いられていることと考え合わせれば、「悲劇」がそれに関係していることをジラールがにおわせていることは明らかであろう。

一〇五 ギリシアのブーポニアの祭 ディポリアの祭とも言う。古代アテーナイの祭。アテーナイの守護神ゼウスをたたえて、六月の終り頃アクロポリースの丘でおこない牡牛をいけにえにする。Bouphonia という語は、「いけにえの牡牛」を意味する bouphónos から来ている。

一〇六 『ヤジュルヴェーダ（祭詞吠陀）』 サンスクリットのヴェーダは、「知識」の意。「見ること」から派生した語。『ヴェーダ』は、インド最古の宗教文学でバラモンの根本聖典である。『リグヴェーダ（詩篇吠陀）』『サーマヴェーダ（詠歌吠陀）』『ヤジュルヴェーダ（祭詞吠陀）』『アタルヴァヴェーダ（呪文吠陀）』から成り、さらに各ヴェーダは次の四つの構成要素から成る。(1)祭式に用いる讃歌・祭詞・呪詞を集録する「サンタヒー（本集）」、(2)その起源・意義・用法を詳説する「ブラーフマナ（梵書）」、(3)特に神聖で村落を離れ森林中で伝授されるべき極秘の秘法を集録する「アーラニヤカ（森林書）」、(4)個人我と宇宙我との一致を説いた当時の哲学思想の最高潮を示す「ウパニシャッド（奥義書）」。

一〇七　ソーマ　インドの神格。元来は植物の名称であるが、ヴェーダ祭式の供物中で最も主要な神酒の原料となるので、ソーマ酒献供のソーマ祭の隆昌に伴って神格化された、といわれる。酒神ソーマ・パヴァマーナに捧げられた讃歌は『リグヴェーダ』にあり、インドラ、アグニにつぎ多数を占めている。全能者、万病の治療者、利財の授与者、諸神の主とされ、最高神とさえ目されるに至った。特にインドラはこの酒の愛好者で、彼の武勇伝には形影相伴っている。『アヴェスタ聖典』では、ハウマがこれに相当し、ブラーフマナ以降の神話では、ソーマは月と同一視された。

一〇八　ミトラ　インド神話の太陽神の一つ。友愛を意味し、太陽が万物を育成して恩恵をたれる作用を象徴した神格。インドでも古くから崇拝されたが、『リグヴェーダ』では、ヴァルナ神と併称され〝ミトラヴァルナ〟と呼ばれることが多く、ヴァルナ神格も加味されて、宇宙の天則の擁護者として天地を支え、太陽の針路を正し、神々を保持する。また声をあげて人々を呼び集めたり、またたきもしないで耕作者を見守るという。「ブラーフマナ」文献の時代には、ミトラは昼の神、ヴァルナは夜の神となり、次第に勢力がおとろえた。

一〇九　セラム島　インドネシア東部モルッカ諸島の島。面積一七一四八平方キロ。

一一〇　神経症的強迫　臨床的に、主体が内的強制によって遂行を余儀なくされるような行動類型。思考、行動、防御的操作、さらに複雑な一連の行動は、それを遂行しないと、不安の昂進を来すような場合、強迫的と呼ばれる。フロイトの用語としては **Zwang** は強制的な内的な力を指すために用いられる。この用語は強迫神経症の場合にもっともしばしばつかわれる。（反復強迫、運命強迫など）

一一一　ファラオのエジプトからスワジランドにいたる間に……　ファラオは古代エジプト王の称号。スワジランドはアフリカ南東部モザンビークと南アフリカ共和国との間にある英連邦内の王国で、もと英国の保護領であったが一九六八年に独立したスワジランド王国。つまり、「古代エジプトから現在のスワジランド王国にいたるまで」という意味である。

一一二　《分類的なもの》　民族学で分類的親族関係 **parenté classificatoire** というのは、社会的諸関係のさまざまな基準を基盤にして、直系親族と傍系親族の間の差を無効にするもの（『ロベール小辞典』）。「いかなる親族関係もあり得ないにもかかわらず、個人を、彼が社会的に結びつけられると感ずる人々に結びつける非生物学的親族関係。（したがって、単系のさまざまな社会では、類似の従兄弟、従姉妹が、兄弟姉妹として分類される。いわゆる《ハワイ型》の社会体系では、自分の母の世代の女の誰をも、《母》と呼ぶようなこともおこる。）〝事実的親族関係〟**parenté réelle** に対立する語。」（『ラルース百科事典』）

一一三　リュック・ド・ウーシュ　ブリュッセル自由大学民族学教授。ブリュッセル社会学研究所文化人類学センター。

一一四　「過剰《ヒュブリス》」**hubris** はギリシア語の **húbris** 印欧語で **ū̆d**〔超〕、**g^{w}er**〔重い〕から出ている。なお研究社『新英和大辞典』

での「(自信過剰などによる) 傲慢、威丈高。〔ギリシア悲劇〕神々に対する思い上り」は、元来の意味から派生した後の用法であろう。それよりも、エドガール・モラン著『失われた範列』(拙訳、法政大学出版局刊) の一三九―四二ページに、「過剰《ユブリス》」に関する記述があるので参照されたい。

「……けれどもホモ・サピエンスに独自なことは、喜びと悲しみがとるその強烈さと不安定さだ。……

ホモ・サピエンスにおけるオルガスムスは、一般に霊長類におけるよりもはるかに痙攣的である……

快楽は、単なる快楽を越えて、強梗症《カタレプシー》あるいは癲癇《エピレプシー》のぎりぎりのところまで達する全存在の発揚状態にも存在するのだ……

そのどれもがたしかにヒトに起源を持ち、あるいは霊長類に起源をもっているが、大きな脳を持つ人間においてふくれあがり、激しくなり、集中し、競い合うこれら一切の特徴を拾いあつめてみる時、ホモ・サピエンスを特徴づけているものは、知性のために情緒性が減少していることではなくて、逆に、心理的・情緒的な真の噴出であり、過剰《ユブリス》の出現、つまり常規の逸脱の出現でさえあることが、きわめてよくわかる。

こうした常規の逸脱はまた、憤怒、殺人、破壊の意味でも発揮されてゆく……(後略)」

一一五　ブショング族(クバ族)　バンツー語を話す中央コンゴ族。

一一六　ルアンダ　アフリカ中央部。一九六二年にルアンダとブルンジの二つに分かれて独立した。

一一七　E・J・クリーゲならびにJ・D・クリーゲ　共にドイツの人類学者。その他は不詳。

一一八　ワガドク　アフリカ西部オートボルタ中部の都市で同国の首都。

一一九　シェークスピア的な意味での「王の劇」　シェークスピアは初めの一〇年間には主として英国王を主人公とした史劇と明るい喜劇を書いていたといわれる。シェークスピアの史劇とは英国王を主人公としてその治績を描いたもので、ローマの『ジュリアス・シーザー』や『アントニーとクレオパトラ』あるいはスコットランドの『マクベス』などはいずれも悲劇の中に入れられて、史劇には入らないのがフォリオ版の編集者の考え方である。一〇編の史劇のうち『ジョン王』と『ヘンリー八世』を除いた八編までが英国の内乱「ばら戦争」に直接関係の深い王たちを主人公にしている。これらの戯曲にはさまざまのタイプの王が描かれている。非道な王(リチャード三世)もいれば、詩人のように心がやさしいが意志も力も弱い王(リチャード二世)もいる。政治家だが人間味のない王(ヘンリー四世)、人間味があって、しかも強力な王(ヘンリー五世)もいる。彼の史劇は国王における人間の研究の書、いわば彼の「君主論」でもある。(三神勲氏の解説)

一二〇　一般人類学 **Anthropologie général**　正確に言えば〝一般人類学〟という人類学はない。「アントロポロジー」という語は、文字通り人間についての学であるが、人間学とも訳される。科学としては人類学と訳されるが、そうした科学的人間学と異なって、それよりも古く、哲学の一部門として人間学なるものがあり、人間性の本質、人間の宇宙における地位などについての論究を含んでいた。人間の身体論と精神論(心理学)をあわせて人間学と呼んだこともある。そしてこのような人間学は、科学的人類学が高度に発展した後にも、やはり固有の意義は失わないのである。
人間学という術語に拘泥しなければ、あらゆる哲学は人間学を含むといえる。（後略）
人類学という訳語に則して言えば、およそ人間なるものの不断に変化する歴史的、現象的な形相においてとらえる学問である。人類学の鼻祖といわれるヘロドトスが非ギリシア的なバルバロス（野蛮人）の奇習に目をみはって、ギリシア的意識を完成したように、人類学は自己認識の学といえる。また地理的発見の時代に多数の異民族に接触したヨーロッパ人が、いままでの中世紀的人間観を根底よりくつがえされて、あたらしい人間の全体像を模索したことは人類学のそなえる危機の科学としての性格を示しているし、一九世紀における部分科学の躍進にともない分裂した人間像の統一が叫ばれて、綜合人類学が成立したことは全体科学としての人類学の性格を雄弁に物語っている。また二〇世紀以降における有、白色人間の全面的文化衝突は立体的、調整的、動的構造を端的に示している。人類学はふつう、自然人類学と文化人類学に分かれる」。（平凡社『哲学事典』）

なお現代では、人類学という学問はすべてを包括する上位に立つものと考えられ、さまざまのブランチを包含している。社会人類学、政治人類学など。また、エドガール・モランは『失われた範列』の前言の中で〝生物－人類学研究ならびに基礎人類学〟(bio-anthroporogique, anthropologie fondamentale) なる語を用いたりしている。

第五章　ディオニューソス

一二一　ロジェ・カイヨワ　一九一三—七八年。社会学的立場に立つフランスの評論家。『神話と人間』（一九三八年）、『人間と聖なるもの』（一九三九年、改版一九五〇年）、『バベル』（一九四八年）など。

一二二　デュルケーム　一八五八—一九一七年。フランスの社会学者。社会学の対象を、個人の心理現象や生理現象に還元し得ない独自な集団表象と規定して、集団表象は個人を拘束する外在的事実であって、物として客観的に取り扱うべきであるとする社会学の方法を確立した。『宗教生活の原初形態』では宗教の本質を追求し、もっともプリミティヴと考えられるオーストラリヤ土人のトーテミズムを研究して、宗教が社会的なものであることを指摘すると同時に、空間、時間、因果律、属など認識の道具である範疇が社会的起源であることを主張して、カントの先験主義を反駁している。

一二三　黄金海岸　現在のガーナ共和国である。アフリカ西部、ギニア湾に臨む。もと英国領で、象牙海岸（コート・ジボワール）に隣接し、黄金海岸と呼ばれていた。一九五七年に独立した。

一二四　お祭り騒ぎ (saturnale)　語源のサートゥルヌスは、ローマの古い農耕の神でその名はラテン語の《播く》に由来するとされていたがこれは誤りで、この神はエトルリアから輸入されたものらしい。ギリシアのクロノスと同一視され、クロノスがその子ゼウスに王位を奪われたのち、イタリアに来住、カピトーリーヌスの丘に一市を建立し、サートゥルニアと呼んだとされている。彼の治世はイタリアの黄金時代で、彼は民に農耕とぶどうの木の剪定を教え、法を発布し、民は太平を楽しんだ。彼の神殿はカピトーリーヌス丘のカピトーリウムへの道路上にあり、その祭（サートゥルナリア）は一二月一七日より一週間つづき、さまざまな贈物が交換され、奴隷は特別の自由が許され、ローソクがともされ、あらゆる愉快な遊びが行なわれていた。これがクリスマスの祭の源であるといわれている。

しかしここでは単に〝ばかさわぎの祭〟といった程度の意味であろう。

一二五　無礼講（bacchanale）　語源のバッコスは、ディオニューソスの別名。バッコスはリューディア語と推定されている。本来トラーキア・マケドニアの（主として女のあいだで行なわれた）宗教的な狂乱を伴う儀式を有する神であったらしく、それがギリシアに輸入され、女の熱狂的な崇拝をうけた。

しかしここではそれほどの内容をもった意味ではあるまい。

一二六　スコラ的注釈　スコラ哲学後期では、信仰と理性の分別はむしろ不調和、分離にまで極端化し、宗教は哲学を排する信仰主義を、哲学は宗教を排する合理主義を要求する形のもとに、近世初頭に接続している。他方、このようにキリスト教の教義を肯定し、その論証と体系化に専念したスコラ哲学の活動は主として形式的な側面に限定されざるを得ず、その結果しばしば論理があまりにも細部にわたり、煩瑣な論証が行なわれたため、通俗的にはスコラ哲学は煩瑣哲学と呼ばれることにもなった。

一二七　フェリーニ　フェデリコ・フェリーニ　一九二〇年―　。イタリアの映画監督。多くの職業を経た後、第二次大戦後ロッセリーニの協力者となり映画に入る。「カビリヤの夜」（一九五七年）、「甘い生活」（一九六〇年）、「サチュリコン」（一九六九年）など多数の映画、テレビドラマ作品がある。

一二八　ヤノマモ族　Yanomamö　本文二二一―二二二ページ参照のこと。

一二九　マイナスたち　バッカイ（バッコスの信女）の別名。テューイアスとも呼ばれる。酒神ディオニューソス（バッコス）の供の狂った女たち。〝狂う〟mainestai から派生した言葉。マニア mania もこの語から派生している。

一三〇　ブロミオス　ディオニューソス・バッコスの呼称の一つ。

一三一　《抑圧的な》　精神分析での意味の抑圧と考えた方がいいと思われる。前掲訳注九四参照。

一三二　《幻想《ファンタスム》》　フランス語では fantasme, phantasme. ラプランシュ／ポンタリスの『精神分析用語辞典』には次のように定義されている。

「そのなかに主体が登場する想像上の脚本であり、そしてその脚本は、防衛過程によって多少とも歪曲されたかたちで、欲望の、つまるところ無意識的欲望の充足をあらわしている。幻想は種々の形態であらわれる幻想、あるいは白昼夢、分析によって顕在内容の基礎構造であることが明らかになる無意識的幻想、原幻想、などがそれである。

ファンタスム fantasme にあたるドイツ語の Phantasie は想像を意味するが、それは哲学的な意味の想像する能力（想像力 Einbildungskraft）というよりはむしろ想像の世界、その内容、そしてそれに生気を与える創造的な活動（空想に耽ること das Phantasieren）である。フロイトはこうした種々の意味でこの語を用いている。フランス語の幻想 fantasme は精神分析によってあらためてつかわれるようになった語である。したがってこれに相当するドイツ語よりはるかに精神分析的な響きがある。他方、意味の幅が狭く限定されているため正確にはドイツ語と対応しない。この語が示すのは、上に述べた特殊な想像形成であって、幻想の世界とか想像活動一般ではない。……」

一三三　ルドルフ・オットー　一八六九―一九三七年。ドイツのプロテスタント神学者、宗教哲学者。『聖なるもの』（*Das Heilige* 一九一七年）によって世界的に著名となった。「聖なるもの」の非合理性、神秘的側面を強調してヌミノーゼと名づけ、その絶対的他者性を力説する。人間は罪ある汚れたもので、ヌミノーゼはこれにたいして聖浄 sanctum である。宗教の非合理的と理性的との二つの先験性が結合されて宗教の先験的な範疇が成立する。

一三四　群衆ヒステリー　ヒステリーの定義はきわめて多様である。ヒステリー反応について『哲学事典』（平凡社）では次のように説明する。「ヒステリー反応は心因反応の一種であって、多くの学派によってさまざまに定義されている。バビンスキーは暗示によっておこり、説得によって治療できるものをヒステリーと定義し、シュナイダーは心因反応で身体的症状をともなうものを、すべてヒステリーとよび、フロイトおよびその影響を受けた多くのドイツ学派は「疾病への逃避」つまり病気になることによって困難な事態からのがれようとする場合をヒステリーと称した。ジャネはヒステリーの本質は意識の視野の狭小化と考えているから、上のような無意識的願望を考えない。一般にはヒステリーは上にのべたように心因反応と考える人が多いけれども、これを器質的（脳に変化のある）病気と考える人がないわけではない。」

『精神分析用語辞典』では「きわめて多彩な臨床像を呈する神経症の一つ。二つの型の症状がとりわけはっきり識別されているが、それは転換ヒステリーと不安ヒステリーである。転換ヒステリーでは、心的葛藤が多様な身体症状として象徴化される。それは発作的（演技性を伴った感情的発作）であったり、持続的（知覚脱失、ヒステリー性麻痺、咽頭「球」感覚など）であったりする。不安ヒステリーでは、不安が多かれ少なかれ外部の対象に結びつけられる（恐怖症）。〔以下省略〕」

なお、よく使われると思われる「集団ヒステリー」といった用語は、今は見つからない。『新英和大辞典』（研究社）では「群集ヒステリー **mob hysteria**」の訳語が見られる。「ヒステリー」の項で「2（個人や集団の）**病的興奮。抑えのきかない恐慌状態**」と説明されている。

『心理学事典』（平凡社）によれば「群衆」について「共通の注意や関心をひく対象にむかって類似の仕方で反応するところの、直接接触しあう諸個人の一時的偶発的な集合状態。……」と定義した後で、「群衆はその行動様式の特徴にしたがっていくつかの型に分類される（以下主にブラウン一九四五年による）。強烈な感情的ふんいきのもとに激しい行動にうったえる群衆はモッブと呼ばれる。ふつう群衆としてはしばしばモッブが考えられ、またこのような行動を誘発する特殊の心理的メカニズム、あるいはそのような状況のもとに諸個人が経験する特殊の心理状態をとくに〃群衆心理〃ということもある。モッブの中にはさらにたとえば次のような種類が区別される。⑴攻撃的なもの。たとえばリンチ、テロ、暴動など。⑵逃避的なもの。たとえば予期しない突発的危険に対する強い恐怖から逃れようとして収拾しがたい混乱におちいった群衆。この型の群衆をパニックとも呼ぶ。⑶表出的なもの……〔以下省略〕

一三五　ニーチェ　一八四四―一九〇〇年。ドイツの思想家。『悲劇の誕生』といった作品でもわかるように、ギリシア悲劇に通暁していたわけで、ハイデッガーやヤスパースのような人々は、ニーチェを実存主義の源流としてキエルケゴールと並置している。つまり、ディオニューソス的混沌や流転を、アポローン的秩序によって限定克服しようとする「権力意志」は、概念的にいえば、「生成にたいして存在の刻印を与える」ことであるが、主体的には生成への自己喪失のなかから自己を決断的に取りもどすことになる。自己喪失を通じて自己に存在をもたらすこと、自己の外において自己に回帰することがすなわち「永劫回帰」である。永劫回帰は対象的世界の対象的出来事ではなくて、主体の決断的な自己回復の行動だとする。

一三六　デルポイのアポローン　アポローンはゼウスとレートーの子で、アルテミスの双子の兄弟。デーロス島で生まれた。音楽、医術、弓術、予言、家畜の神。また光明の神として、ときに太陽と同一視される。要するに彼はギリシア人にとって、あらゆる知性と文化の代表者であり、律法、道徳、哲学の保護者でもあった。彼は贖罪と潔めの神であるとともにまた疫病によって人間を罰することもできる。

彼はヒュペルボレイオイ人のところに一年いたのちにデルポイに来て、ピュートンと呼ばれる、大地から生まれた大蛇を射殺し、これを記念するために（しかし本当はその葬礼の儀として）ピューティア祭競技を始めた。

アポローンはデルポイの神として、その神官たちの巧みな操作によって、しだいに勢力を拡大した。彼の神託所はデルポイのほかに小アジアのクラロス、ディデュアのそれが有名である。

一三七　オイディプース神話のアポローン　前掲訳注六一『オイディプース王』の冒頭参照のこと。

一三八　セメレー　カドモスとハルモニアーの娘。ゼウスと通じてディオニューソスを生む。

一三九　テイレシアース　テーバイの名高い予言者。『オイディプース王』に出てくる人物と同一人である。彼は時代を超越したテーバイの唯一の予言者となっている。ペンテウスにも、ディオニューソスに反対せぬように勧告した。

一四〇　恐慌的《パニック》動揺の神、突如襲う集団的恐怖の神　前掲訳注一三四「群衆ヒステリー」を参照。

一四一　エルヴィン・ローデ　一八四五―一九八年。ドイツの古典文学者、言語学者。ギリシア宗教史学の発展に貢献、とくにディオニューソス宗教とその影響を論じた『プシュケー』（一八九〇年。一〇版一九二五年）は著名。ニーチェの『悲劇の誕生』を弁護してヴィラモーヴィッツ＝メーレンドルフと論争した。

一四二　暴力を人間的でないものにする　フランス語の原文は **Le religieux déhumanise la violence.** 暴力は人間から発するも

のであるが、それを人間から来るものではなくて、人間の外にあるものに仕立ててしまうという意味である。なお英語版では Religion humanizes violence. となっているが、これは「暴力を一個の人格に仕立てる」つまり、その人間とは別な人格として独立させるという意味であろう。

一四三　ゴルゴーンの二滴の血　本文六〇―六一ページ参照。ゴルゴーンについては前掲訳注四一参照。アスクレーピオスはメドゥーサから、人を蘇生させ、また人を害する力のある血を得ている。

一四四　《母権制社会》　家族内において母が権力を持ち、社会政治において女性が権力をもつ社会のことだが、実際は古来どこにも見出されていない。

第六章　模倣の欲望から畸型の分身へ

一四五　動物には……調整機構が備わっている　コンラート・ローレンツ『攻撃』を参照。

一四六　欲動 pulsion　人の心を駆り立てる心迫に存在している力動過程（エネルギー充塡、運動要因）のことであって、この過程が有機体をある目標へ向って努力させている。フロイトによれば欲動の源泉は身体刺激（緊張状態）であり、欲動の目標はその源泉を支配する緊張状態を解消することにある。欲動がその目標に到達するのは、対象においてか、あるいは対象をとおしてである。

死の欲動とは、フロイトの後期の欲動理論においてつかわれた言葉で、生の欲動に対立し、また緊張力の完全な除去に向うような、つまり生体を無機的状態に導くような欲動の基本的範疇を示している。死の欲動は最初は内部に向い、自己破壊を招くが、二次的には外部に向い、攻撃欲動または破壊欲動の形で顕現する。

一四七　本能（instinct）　英語やフランス語の instinct は「扇動すること、刺激、推進力」をあらわすラテン語 instinctus から来ている。

一四八　一九六一年にジラールが出版した *Mensonge romantique et vérité romanesque*（拙訳、『欲望の現象学――ロマンティークの虚偽とロマネスクの真実』法政大学出版局刊）のことである。

一四九　《彼と争っている》　フランス語の原文の Il《marche sur ses brisées》は、「彼（ほかの人）が、獲物の逃げ路のしるしとして折った枝をたどって進む」、つまり他人がねらっている獲物を、その折り枝を利用して捕えようとする、といった意味である。

一五〇　〝仲間はずれ excommunication〟　フランス語の communiquer　英語の communicate は、〝ほかの人たちの仲間入りをする〟をあらわす communicāre から来ている。ex- は除去を示す。

一五一　フォルトゥーナ〔運命の女神〕　ローマの、本来は豊穣多産の女神で、For-tuna の for- は ferre《もたらす》と同語源とされている。しかし彼女の崇拝はセルウィウス・トゥリウスによってローマにもたらされたものと伝えられ、ローマ以外に彼女の崇拝は古くからある。とくにプライネステでは予言の女神として古い時代から神域をもっていた。のち、彼女はギリシアの運命の女神テュケーと同一視されるに至った。次注「テュケー」参照のこと。

一五二　《個体化し》　前注にあるようにフォルトゥーナはギリシアのテュケーと同一視されるが、テュケーがヘレニズム時代までは十分に人格化されていないという点で、この《個体化》という言葉に意味がある。

テュケーは、《運》の擬人化された女神だが、ホメーロスには見いだされない。ヘーシオドスは彼女をオーケアノスの娘の一人に、《デーメーテール讃歌》はペルセポネーの侍女の一人にしている。しかし彼女はヘレニズム時代まではまだ抽象名詞的で、十分に人格化されなかった。この時代に彼女は、量るべからざる《運》の女神となり、ときには盲目の姿で表わされ、崇拝された。彼女には神話はない。

一五三　《宿命 Destin》　Destiner は、《固定する》、《定める》を意味するラテン語 dēstināre から来ている。〝運命、神意によって、あらかじめ、誰それの未来を……するように定める〟の意味。

一五四　『アンティゴネー』　ソポクレース作。おそらく前四四二―四四一年頃に上演。オイディプースの娘アンティゴネーは、兄弟ポリュネイケースの埋葬を禁ずるクレオーンの命に反して葬礼を与えんとし、妹イスメーネーを誘うが、弱い性格の妹は応じない。アンティゴネーは単独でこれを行なう決心をする。彼女は形ばかりの、土を死骸に振りかける葬礼を行なったのち、ふたたび兄弟の死骸の場所に行ったところを捕えられる。クレオーンにたいして恐れる色なく、自分の行為は天の命ずる正義に基づき、人間の律し得るものでないと述べる。イスメーネーは姉の行為を知り、自分もこの罪の仲間であることを希望するが、姉はこれを拒否する。クレオーンは、彼女を地下の岩室で生きながら埋めることを命じ、彼の息子でアンティゴネーの許婚ハイモーンの願いをも容れない。盲目の予言者テイレシアースが神の掟を拒んだこの国にたいして、神は憤っていると告げる。クレオーンはこれに耳を借さず、予言者は、クレオーンの頑迷はやがて彼自身の子の死によって救われると告知する。クレオーンは心を動かし、急ぎアンティゴネーを解放すべく岩室に行くが、すでにおそく、アンティゴネーは縊れ、ハイモーンは刃に伏して死ぬ。使者のこの報にクレオーンの后エウリュディケーは胸を貫く。

一五五　隔行対話《スティコミュティ》　一行おきに書いた対話で、ギリシア戯曲で用いられた一形式である。

一五六　ホメーロス　『イーリアス』と『オデュッセイア』のギリシアの二大国民的叙事詩の著者と伝えられる人。前九世紀頃小アジアのキオスあるいはスミュルナに生まれ、吟唱詩人として各地を旅した以外にはその伝記に関しては不明である。

一五七　バンヴェニスト　一九〇二―一九六八年。現代フランスの比較言語学者、イラン語学者。印欧比較言語学、イラン語学、特にソグド語および古代ペルシア語、古代ペルシア宗教思想などに関する論著が多い。

一五八　『イーリアス』　ホメーロスの作と伝えられるギリシア最古の一五六九三行からなる叙事詩。時はギリシアのトロイア遠征軍がこの町を包囲して以来一〇年目のある日で、全体は四九日ないし五一日の間の挿話である。現在では二四巻に分かれる。問題になっている両陣営への神々の加担が出てくるのは第二〇巻目である。アキレウスのうけた辱めが償われ、テティスとの約束が果されたので、ゼウスは諸神に自由に戦闘に加わることを許す。ヘーラー、アテーナー、ポセイドーン、ヘルメースなどはギリシア側に、アポローン、アルテミス、レートー、アプロディーテーなどはトロイア方である。

一五九　主人と奴隷の弁証法　ヘーゲルの『精神現象学』の中にある有名な比喩。

一六〇　ホイジンハ　一八七二―一九四五年。オランダの文化史家。古代インド文学、文化史、オランダ史、一般史を講ずる。一四―一五世紀の生活、精神様式の探究を通じて中世末期の思想の傾向と内容の上に新しい光をくわえた。『中世の秋』（一九一一年）、『文化史の課題』（一九三〇年）、『ホモ・ルーデンス』（一九三八年）など。

一六一　循環気質 cyclothymie　躁鬱気質とも言う。精神分析で、気分が交互に興奮したり沈んだりする状態を特徴とする気質。cyclo- はサイクル（循環）、thymie はまさしくテュモス（精神、魂）である。

一六二　超自我　フロイトのいう心的装置に関する三つの審級〔心的力域〕（エス、自我、超自我）の一つ。子供は両親から罰をうける。また、してはならないことを教えられるに従って、自分で自分を罰するようになる。こうして道徳的な良心がつくられ、これによって無意識的、良心的な抑圧が行なわれる。このような検閲を行なう精神機構を超自我という。

一六三　ヘルダーリン　一七七〇―一八四三年。ドイツの詩人。チュービンゲン神学校でシェリング、ヘーゲルの友であった。イェーナ大学に学び、シラー、フィヒテの影響をうけた。家庭教師などをして放浪するうち、ゴンタルト夫人との不幸な恋、その死から三〇歳で発狂した。古典主義からロマン主義へうつるドイツ文学史上もっとも独自な地位を占める。当時のみじめな分裂した祖国の改革を熱望し、古代ギリシアへのあこがれを託した。『ヒューペリオン』（一七九七―九九年）、『エンペドクレースの死』（一七九七―一八〇〇年）など。

一六四　女性の名　ゴンタルト夫人のこと。前訳注一六三参照。

一六五　詩人シラー　これも前訳注参照。シラー（一七五九―一八〇五年）はドイツの劇詩人、美学思想家。ヴュルテンベルク公国の下級軍人の子として生まれ、軍医の教育を受け、小絶対君主制の圧制に苦しんだ。シュトルム・ウント・ドラングの革命的劇作家として登場（『群盗』一九八一年、『たくみと恋』一七八四年、など）。放浪の後、イェーナ大学の歴史学教授。カント哲学を研究し、その美学、倫理学を発展して、ゲーテと共に古典主義芸術理論を建設した。これは一八世紀の写実主義から一九世紀の大写実主義への橋渡しをなすものであり、その美学的ヒューマニズムは観念的ではあるが、晩年の歴史劇は、感性と理性との調和を理想とする古典主義的形式のうちに精神的自由と政治的自由の理想を追求している。『ヴィルヘルム・テル』（一八〇四年）、『オルレアンの少女』（一八〇一年）など。

一六六　ジャン・ラプランシュ　一九二四年パリで生まれる。エコール・ノルマル・シューペリウール（国立高等師範学校）で哲学専攻。哲学教授資格者で、文学および人文科学博士。同時に医師でもあり、かつて精神病院内勤医をつとめた。精神分析の実践家で、一九六九―七一年フランス精神分析学会の会長。著書は『ヘルダーリンと父の問題』（一九六一年）、『精神分析における生と死』（一九六七年）など。なお『精神分析用語辞典』（一九六七年）の共同著者でもある。

一六七　前ーソクラテス思想を《形而下的》なものとする解釈……　ソクラテス（前四七〇―三九九年）以前の思想家たちとソクラテスとの相違点については、『哲学事典』（平凡社）には次のようにある。「思想的にかれ〔ソクラテス〕は観念論を意識的に唱道しはじめた点においてすぐれている。タレスにはじまるギリシアの自然学《フィジック》はだいたいにおいて素朴な唯物論であった。これがソピステスにより人間の世界に導入されて功利主義となった。これに対してかれは決然と戦端を開き、プラトン以後、二〇〇〇年にわたって西ヨーロッパに発展した観念論哲学の基礎を置いたのである。」

一六八　宗教的なものと、美学的なものについての分野を定めることは困難である。

次にエドガール・モランの見解を掲げておくので参考にされたい。

「ネアンデルタール人における代赭色の黄土は、単に死者の骨を化粧するのに利用されただけではなく、人間の体に絵を書き、さまざまな物の上にさまざまな象徴や記号を描くにも利用されたと想定できる。いずれにせよ、マドレーヌ文化期における、黄土とブラック・マンガンで書かれた岩窟の壁画は、岩や骨にほどこされた彫刻同様、きわめて進化した芸術であることは確かであり、象徴、記号、手描き絵が、一般に利用されていたことはたしかだ。

こうした現象の中に、人間の第二の誕生、つまりホモ・サピエンスの誕生を読み取る代りに、人はただ、芸術の誕生を読みとっていただけだ。〔中略……〕

他方、芸術〔技法〕、つまりホモ・サピエンスに先立つものたちが、実際活動においてすでに発達させた功妙さ、熟練、正確さ、事をおこなう際の工夫といったものが、新しい分野、ここでわれわれが精神学的《ノオロジック》と名づけようと思う精神に固有のさまざまな生産物の分野で、試みられ展開してゆくのだ。

この新しい現象の意味は何か？　ここで普通、二つの解釈が対立する。一つは、単純率直に、その究極性をそれ自身に見出した芸術的活動性と美学的生活の出現を認める解釈であり、もう一つは、新しい形態芸術を、祭儀的呪術的な目的に合一させる解釈だ。われわれの意見では、呪術的現象は潜勢的に美学的なものであり、美学的現象は潜勢的に呪術的なものであると、別なところで（モラン『人間と死』一九五六年、『できごと――スフィンクス』一九七二年）主張しておいたように、この二つの解釈をうまく組み合わすことができる。〔以下略〕」（モラン『失われた範列』一九七三年）。

第七章　フロイトとエディプス・コンプレックス

一六九　フロイトの業績の中にあるエディプス・コンプレックス　エディプス・コンプレックスは、言うまでもなくオイディプース神話を下敷きにしたものである。エディプスとオイディプースの呼称の相違については「訳者あとがき」に記した通りの理由で御寛恕をねがっておく。なお、『精神分析用語辞典』におけるエディプス・コンプレックスの定義は次の通りである。

「子供が両親にたいして抱く愛および憎悪の欲望の組織的総体をいう。その陽性の形ではコンプレックスは『エディプス王』の物語と同じ形であらわれる。すなわち同性の親である競争者を殺そうとする欲望と異性の親への性的欲望である。その陰性の形では逆になり、同性の親への愛と異性の親への嫉妬と憎しみとなる。実際には、エディプス・コンプレックスの〝完成した〟形では、この二つの形態はさまざまな程度で並存するものである。

フロイトによれば、エディプス・コンプレックスは三歳から五歳の間に頂点に達する男根期に体験される。その凋落は潜伏期への移行を示す。それは思春期に再び復活し、一定のタイプの対象選択により、程度の差はあっても克服される。

エディプス・コンプレックスは人格の構成と人間の欲望の方向づけに基本的な役割を演じる。

精神分析家はこれを精神病理学の重大な関係軸とし、すべての病理学的型態について、その位置とその解決の様相を決定しようとする。

精神分析的人間学はエディプス・コンプレックスの三角的構造を明らかにしようと努める。そしてこのコンプレックスは、単に両親と子供による家庭が主流となっている文化だけでなく、あらゆる文化においても普遍的に認められるものであると考えられている。」

一七〇　フロイト主義の分裂　「フロイトの思想は、なお一九世紀的な生物学主義、実証主義的機械論の枠組にとらわれている面と、これを越えでる問題点の両方を含んでいたし、またときには神秘主義的直観に類する示唆をも含んでいたので、すでにかれの存命中から多くの批判的ないし継承発展を試みるものがあらわれた。一般的にいえば、フロイトが性本能に注目しはじめた一九〇〇年から一九一〇年代にかけての時期以後さまざまに問題とされはじめたが、とくにカトリックの強いフランス、イタリアよりも、ドイツ、アメリカにおいて批判、継承者があらわれ、やがてドイツでナチズムが制覇すると、主としてアメリカがフロイト主義の根拠地となった。最初の批判者はフロイトの弟子A・アドラーで、一九一一年にかれが神経症の性的病因説（リビドー説）を拒否した時に分離がはじまった。（中略）同じころ、やはりフロイトの弟子であったユングもフロイトと離別した。それはユングがフロイトの性的リビドー説に反対して、それをも含むより広い生のエネルギーとしての原初的リビドーを考えたときに決定的となった。（後略）」（平凡社『哲学事典』）。なお、中央公論社刊「世界の名著49――フロイト」、解説四五―五六ページを参照。

一七一　リビドー　フロイトによって仮定されたエネルギーであって、性の欲動は、対象との関連（リビドー備給の移動）、目標との関連（たとえば昇華）、性的興奮の源泉との関連（性感帯の多様性）においてさまざまに変容してあらわれるが、その根底にあるものとしてのエネルギーをいう。ユングの場合には、リビドー概念は拡大して、なにかに「対する傾向」、切望というものにすべて含まれる「心的エネルギー」一般を示すまでに至っている。

一七二　人文書院刊「フロイト著作集」邦訳、第六巻、二二二ページ。小此木啓吾訳。

一七三　同右、邦訳、同ページ。

一七四　対象備給　「備給」とは、フロイトの経済論的な概念であって、ある量の心的エネルギー（ここで言えばリビドー）が、ある表象、表象群、あるいは身体の一部、ある対象などに結びつけられることをいう。

一七五　「フロイト著作集」邦訳、第六巻、二七八ページ。小此木啓吾訳。

一七六　『集団心理学と自我の分析』は一九二一年の五月頃に書かれ、その三、四ヵ月後に刊行された。一方、『自我とエス』は一九二一年九月のベルリンにおける第七回国際精神分析学会の講演中にもその要旨があらわれているが、一九二三年四月に発表されたものである。なお、『自我とエス』はフロイトの理論的著作の代表的なものであり、心と機能に関する、新しい自我心理学の出発点、精神分析の転回点となった論文といわれる。

一七七　《競争する〔人の折り枝を利用する〕》　前掲訳注一四九参照。

一七八　《外傷を与える《トロマティザン》》体験　精神分析でいう外傷（心的外傷）trauma または traumatisme とは、主体の生活中におこる事件で、それが強烈であること、主体がそれに適切に反応することができないこと、心的組織のなかで長く病因となり続けるような混乱やその他の諸効果をひきおこすこと、などによって定義づけられる。

経済的用語でいうと、外傷の特徴とは、主体の許容度と、刺激を精神的に支配し加工する能力にくらべて、そこに集まる刺激の量があまりに多過ぎるということである。

一七九　あれほど多くの人々が……　一九一〇年、ニュールンベルクで第二回の国際会議がもたれたが、その席上「国際精神分析学協会」の設立が定められ、初代会長にユングが選ばれ、機関誌として「精神分析学中央雑誌」の発行が決定され、アドラーとシュテーケルが編集を担当することになった。なおフロイトは、ウィーンの分析学協会長をアドラーにゆずり、シュテーケルを副会長にする。しかし間もなくアドラーは意見の相違からフロイトによって解任されることになる。エディプス・コンプレックスを否定し、劣等感、男性抗議その他の概念を主張するアドラーをフロイトは我慢できなかったのである。分裂はすでに始まったのである。残っていた人々のうちの一人のシュテーケルも一九一二年にウィーンの協会から離脱する。さらに一九一三年にユングとの決定的な訣別も訪れ、ブロイラーもフロイトによって批判されている。アドラーとユングのいずれも、フロイトのいわゆる汎性説として非難される理論からのがれようとする点では共通している。フロイトがノイローゼの発生に意味をもつ抑圧の現象を重視する時に、とくに抑圧の対象となる性の欲動、またはそのエネルギーとしてのリビドーの運動に主として重点を置き、抑圧者を等閑視したのにたいして、アドラーは抑圧者である「自我」にその視点をむける。……ユングは、無意識の性格について、フロイト流の非理性的なものとは異なり、いちじるしく思弁的なものとした。また彼はリビドーを拡大解釈して、性以外の欲動もまた心的エネルギーを含むものとしたのである。（中央公論社刊「世界の名著49――フロイト」懸田克躬氏解説の要約）

一八〇　さまざまな意識の集積所としての無意識と……　後出訳注二一四「無意識」参照。

一八一　ゆえにわれあり　もちろんデカルトの言葉「われ思う、故にわれあり Cogito ergo sum」のもじりである。

一八二　実存的精神分析の仮面をつけた意識の哲学　たとえばランクの精神分析などはその典型ではなかろうか？「ランクはまた、特異な意志論を主張した。彼によれば意志とは、まず、内的、外的な力による強制に対抗する消極的な力として発現するものであった。次いで、他者が身につけ、または、望んでいるところのものを欲する積極性をそなえるようになり、最後に自己を他者の規準にしたがって計ることはせず、自己の欲するところに責任をもつにいたって完成する。彼の性格の類型論も特異であった。彼は三種類に人を分けた。それによると、人々の意志を自分の意志とする〝正常な〟人、積極的に自己を集団と同一化することができず、また独立することに劣等感と罪悪感をもつ「ノイローゼ的な」人、自己を確立して自律的な意志をもって新しいパースナリティーの創造をなしとげる「創造的な」人が存在することになる。彼はいわゆる意志療法を主張し、病人が第一に問題とすべきものは、自己の意志を強化することで、それによって第二の誕生である個性の誕生を助長し、自己主張の際に生じる罪責意識から自己を解放することができると説いた。

　このような主張をもつランクが、今日のアメリカのソシアルワーク理論における二大陣営の一つである機能主義の支柱となっている点は、注目しなければならないであろう。」「世界の名著49――フロイト」懸田克躬氏解説）

一八三　「フロイト著作集」邦訳、第六巻、二八一ページ。

一八四　諸《審級（心的力域）》　心的装置について、局所論的かつ力動的な見方をした場合の、その諸種の下部構造のおのおのを審級という。たとえば検閲という審級（第一局所論）、超自我という審級（第二局所論）。

　フロイトは心的装置という彼の概念を種々説明する際に、その部分すなわち下部構造を呼ぶのに、多く「系」または「審級」という言葉をつかった。稀ではあるが「組織」、「構成」、「区画」といういい方をしていることがある。

　「審級」という用語は法律用語から転用されたもので、審級制度における第一審、第二審などの審に相当する。こんにちまでの邦訳では「審級」とも、「検閲所」、「法廷」または「場」、「心的力域」などと訳されてきた。裁判の階層性とその力動性とに注目して、フロイトはこの用語を転用している。

一八五　「フロイト著作集」邦訳、第六巻、二八一ページ。

一八六　エディプス・コンプレックス的三角形　父、母、息子が構成する三角形。なお欲望の三角形については、ルネ・ジラールの『ロマンティークの虚偽とロマネスクの真実』の第一章を参照。

一八七　ジャック・ラカン　一九〇一―八一年。フランスの精神分析学派に属する精神医学者。パリの高等師範学校で哲学を学び、後、精神医学に転じた。一九三四年『人格との関係からみたパラノイア性精神病』。三〇年代後半から約一〇年間の沈黙ののち、一九四五年以後、ラジカルなフロイト論者として、きわめてポレミックな姿勢で論陣を張る。こうした活動のフランス思想界への影響は、一九五〇年代後半から目立つようになり、同時にラカン自身の関心も本来の精神医学、精神分析を超えて犯罪学、言語論、文学、哲学へと拡散してくる。こうしたラカンの展開は論文集『エクリ』(エディション・デュ・スイユ社刊、一九六六年)にことごとく盛られているといえる。

一八八　『エクリ』一一七ページ(邦訳、弘文堂、I、一五七ページ、一九七二年)。

一八九　『未開社会における父』Malinowski, *The Father in Primitive Society*, pp. 17-18.

一九〇　同右、一八—一九ページ。

一九一　晩年の《功業》ヘーラクレースには「十二功業」と呼ばれるさまざまな怪物退治などがあるが、それとは別に、その後でおこなった功績がある。イオレーを捕虜にしたのは最後の功業オイカリヤの攻略の時である。ヘーラクレースはトラーキースのケーユクスの所について、エウリュトスに復讐せんものと、オイカリヤを襲うべく軍を進めた。アルカディア人、トラーキースのメーリス人、エピクネミスのロクリス人を味方にして、エウリュトスとその息子らを討ち、市を攻略した。戦死者を葬り、市を略奪して、エウリュトスの娘イオレーを捕虜にする。

一九二　前掲訳注四六「ソポクレースの『トラーキースの女たち』」参照。

第八章　『トーテムとタブー』と近親相姦の禁止

一九三　ダーウィンの原始群は人間家族の風刺画であり……　『トーテムとタブー』は一九一二—一三年のフロイトの著作である。その中の一節に次のような文が見られる。「フロイト著作集」邦訳、第三巻、二五二—三ページ、および二六五—六ページ。西田越郎氏訳。少々長いが引用させていただく。

《近親性交禁止の発生を説明するもう一つの試みにふれておかねばならない。それはこれまでに見てきたのとは、まったく異なったものである。これは歴史的由来説と呼んでよいものであろう。

この試みは、人間の社会的原始状態に関するCh.ダーウィンの仮説に関連するものである。ダーウィンは高等猿類の生活習慣から推定して、人間もまたはじめは小さな群れをなして生活し、最年長にして最強の男性の嫉妬によって、その群れの中での乱婚が防止されたと考えたのである。「哺乳動物の多くは恋敵と戦うために、特殊の武器で武装されているのであるが、その嫉妬についてわれわれの知っていることから推定しても、自然的状態において、両性の一般的混交が行なわれていたということは、全然ありえないことであった……。だから、われわれが時の流れを遠くさかのぼって回顧し、現存する人間の社会的習慣にもとづいて推論するとすれば、人間ははじめは小さな社会の中で生活していたのであって、男はそれぞれ一人の女と、男に力があるなら数人の女とともに生活し、その女を他のすべての男から嫉妬深く守っていた、というのがもっとも確実性のある見解である。あるいは、人間は社会的動物ではなかったが、ゴリラと同じように、数人の女をひきつれて単独で暮らしていたのかもしれない。なぜなら、一つの集団は成年男子はただ一人だけでいいというのが、すべての原住民の一致した考えだからである。若い男性が成長すると、支配権をめぐって戦いが行なわれ、最強の男が他の男たちを殺したり追い出したりして、その社会の首長としての地位を確保するのである（『ボストン自然史学会誌』第五巻〔一八四五―四七年〕中のサヴィジュ博士の論文参照）。こうして追放されて、今や流浪をつづけているこの若い男たちが、最後に配偶者をうまく見つけるような場合にも、同一家族の構成員の中でのあまり近しい同族繁殖を避けるであろう*。

* 『人間の起源』、V・カールス独訳、第二巻、第二十章、三四一頁。

ダーウィンのいう原始群のこうした状態のために、若年男子の族外婚が実際に行なわれざるをえなかったのだということを、最初に認めたのはアトキンソン*のようである。追放された人々は、それぞれまた類似の群れをつくることができたが、その群れの中でも首長の嫉妬のために同じ性交禁止が行なわれることになるのだった。そして時の経つにつれてこの状態から、いま法律として意識されている、同じかまどの人間との性交禁止という規則ができたのであろう。トーテミズム成立後この規則は、トーテム内部での性交禁止と形を変えるにいたったのであろう。

* 『原始法』ロンドン、一九〇三年（A・ラング『社会の起源』にもあり）。

A・ラング*は族外婚のこの説明に賛成であった。ところが彼は同じ著書の中で、族外婚をトーテム法律の必然的結果なりとする別の（デュルケームの）説を擁護しているのである。この両解釈を一致させるのは、そう容易なことではない。一つは族外婚はトーテミズム以前に存在していたといい、もう一つは族外婚はトーテミズムの結果だというのであるから**。

* 『トーテムの秘密』一一四および一四三頁。

** 「ダーウィン氏の説にしたがって、トーテム信仰が族外婚の実施に神聖なる承認をあたえるよりも前に、それが実際に存在していたと仮定するならば、われわれの課題は比較的にやさしいものとなる。最初の実践的規則は、嫉妬深い首長が口にする『どんな男もわしのキャンプ内の女に触れてはならぬ』というものであって、これにそむけば、成年に達した若者は追放されることになっている。時の経過とともにこの規則は習慣的となり、《地域集団内の結婚を禁ず》となったのであろう。つぎに地域集団がエミウ、からす、ふくろねずみ、しぎという名をおびている場合には、規則は《同一動物名の地域集団内の結婚を禁ず、しぎとしぎの結婚は不可》ということになるのである。しかし、もし原始的集団が族外婚を行なっていないとすれば、小さな地域集団につけられた動物、植物、その他の名前からトーテム神話やタブーが発生すると同時に、彼らは族外婚を行なうようになったであろう」『トーテムの秘密』一四三頁（注の傍点はフロイトによる）。――さらにA・ラングはこの問題についての最後の発言（『民俗学』一九一一年十二月号）において、族外婚を「一般的トーテム」のタブーから導き出すことを断念したといっている。

〔中略〕

しかしながら、精神分析学から得られたトーテムの解釈を、トーテム饗宴の事実や人間社会の原始状態に関するダーウィンの仮説などと考えあわせてみると、もっと深い理解の可能性が生ずるのである。つまり、空想的と思われるかもしれないが、これまでばらばらだった多くの現象のあいだに、思いもかけぬ統一をつくりあげるという利点を示す仮説への見通しが開けてくるのである。

ダーウィンのいわゆる原始群説には、むろんトーテミズムの発端を解明するだけの余裕はない。ここには、女をみな独占して成長した息子たちを追っぱらってしまう、暴力的で嫉妬ぶかい父親のことがいわれているだけで、それ以上の説明は何もないのである。しかし、こうした原始的社会状態は、まだどこでも観察の対象となったことがない。われわれがもっとも原始的な組織とみなすもので、今日なお、ある種族に行なわれているものは、男子結合体 Männerverband である。これは同等の資格の構成員からなり、トーテム制度の制約のもとにあり、かつ、母系相続をなすものである。その一つが他のものから生じてきたということがありうるだろうか。生じたとすれば、それはいかにして可能だったのか。

トーテム饗宴の祝祭を引合いに出すことが、われわれに解答をあたえてくれる。ある日のこと、*追放された兄弟たちが力をあわせ、父親を殺してその肉を食べてしまい、こうして父群にピリオドをうつにいたった。彼らは団結することによって、一人ひとりではどうしても不可能であったことをあえてすることになり、ついにこれを実現してしまう（これはおそらく、新しい武器の使用のごとき、文化の進歩が彼らに優越感をあたえたのであろう）。殺した者をさらに食ってしまうということは、人喰い人種にはあたりまえのことである。暴力的な父は、兄弟のだれにとっても羨望と恐怖をともなう模範であった。そこで彼らは食ってしまうという行為によって、父との一体化をなしとげたのである。父の強さの一部をそれぞれが物にしたわけである。おそらく人類最初の祭事であるトーテム饗宴は、この記憶すべき犯罪行為の反復であり、記念祭なのであろう。そしてこの犯罪行為から社会組織、道徳的制約、宗教など多くのものが始まったのである。**

* この説明は誤解を招くかもしれないので、次の注の最後の文章を補正としてつけ加えていただきたい。

** 追放された息子たちが団結して、暴君的な父親を征服し殺害するという身の毛のよだつようなこの仮説を、アトキンソンもダーウィンの原始群の状態から直接導きだせる推論であることを認めている。「兄弟たち若い一団は強制的に独身生活を守るか、もしくはせいぜい一人の捕虜の女と一妻多夫的関係を結ぶかして共同生活を送っていた。彼らはまだ思春期に達していない弱い一団ではあったが、時とともに強さをますと、くりかえし集団攻撃を加えることによって、暴君の父親から妻も命も奪いとることになったのは、やむをえないことであった」（『原始法』二二〇―二二一ページ）。そのうえ、ニューカレドニアで暮らし、原住民研究のための絶好の機会をもっていたアトキンソンは、ダーウィンが想定した原始群の状態は野生の牛や馬の群れには容易に観察されるもので、父親が殺されるのは普通のことだということを述べている。彼はさらに論を進めて、父親を片づけてしまったあとでは、勝ちほこった息子たちが激しい争いを演じ、ためにその群れが崩壊するにいたると考えている。もしこのようだとすれば、新しい社会組織が実現することはないだろう。「息子たちはつぎつぎに孤立した暴君たる父親の地位を暴力で相続したわけだが、息子たちの親を殺した拳は、またもやすぐに兄弟同志のたたかいのために、握りしめられるのだった」(二二八頁)。アトキンソンは、精神分析学のヒントを利用できなかったし、またロバートソン・スミスの研究も知ってはいなかったので、原始群から次の社会的段階、すなわち多くの男たちが平和な共同生活を送るような段階への推移がもっと暴力的でないものとみなした。はじめは一番幼い息子たちだけだったのが、後には他の息子たちも群れにとどまることになったのは、母の愛のせいだと彼は見るのである。そのかわりに、とどまることを許された息子たちは、母や妹にたいする欲望を断念するという形で、父親の性的特権を承認することになるというのである。

きわめて注目すべきアトキンソンの説については、このくらいにしておこう。この説が私がここで述べたことと本質的な点においては一致しているが、その他の多くのこととの関連を断念せざるをえない点において、それは私の説とちがっている。

以上に私がくわしく述べたことに見られる不正確さ、叙述を時代的には短縮し内容的には圧縮したということは、対象の性質上やむをえない制約といってよい。こうした素材においては厳密をもとめるのは無意味であろうし、確実を要求するのは不当であろう》

一九四　ユゴー　ヴィクトル・ユゴー、一八〇二—八五年。フランスの詩人、小説家、劇作家。『ノートルダム・ド・パリ』(一八三一年)、『レ・ミゼラブル』(一八六二年)、『諸世紀の伝説』(一八五九年、完成は一八八三年)など多数。

一九五　アトキンソン　『原始法』の著者。前出訳注一九三「ダーウィンの原始群は……」(五六七—八ページの)後半部分参照。

一九六　〔英語版注〕「著者は、主としてフランスのフロイト精神分析学派《トランス》を想定している。」

一九七　一九一三年　『トーテムとタブー』が発表、刊行された年である。

一九八　新《ネオ》フロイト主義　フロイディズムにたいするネオ・フロイディズムとしてあげられる人々には、さまざまな人があるが、やや狭義にとれば、ホルナイ、フロム、サリヴァン、アレキサンダー、カーディナーらを主として考えるのが常例であろう。そして、これらの人々に共通するところは、これまた一致して、フロイトの人間観を一九世紀的な科学主義的傾向と生物学主義的な傾向の批判である。そしてまた彼らは、フロイトが時代の文化的背景からくる制約にたいする反省を欠き、文化人類学的、比較文化学的な見方も欠いている、ということを指摘する(「世界の名著49——フロイト」の懸田克躬氏解説。同書五四—五六ページ参照)。

一九九　幻覚の積み重ね　ドイツ精神医学の碩学ブムケの批判はこうである。フロイトは豊かな才能と芸術家的な鋭い眼光を備えているが、当時の自然科学主義に特色的な唯物論的な立場から離れることができなかった。彼の理論は仮説の上に仮説を重ねるものであり、そのあらゆる主張は真の科学的な意味において証明されることがない。それは科学とはいえないもの、あるいは真に学問的な論議の対象とはなし得ないものである。

二〇〇　トーテミズムにおいてはすべてが謎である　『トーテムとタブー』は四つの論文から成っているが、第四章「トーテミズムの幼児性回帰」の第二節に〝トーテミズムのすべてがおそらく謎なのであろうが……〟とある（『フロイト著作集』邦訳、第三巻、二三六ページ）。

二〇一　同右、邦訳、二三九―二四〇ページ。

二〇二　同右、邦訳、二六四ページ。

二〇三　同右、邦訳、二六〇―六一ページ参照。フロイトの原文には次のような表現がある。「聞くところでは、生贄動物のない種族集合はなかったという。ところが――この場合、重要なことであるが――こうした儀式の場合を除いては、動物の屠殺は行なわれなかったということである。」

二〇四　同右、邦訳、二三一ページ。

二〇五　《変化する virer》 virer は航海術の用語で《旋回させる》の意味があるが、ここではむしろ、写真術の用語として取っておいた方がよいだろう。《ある種のやり方で、写真の映像が蒙る化学的変化》。もう少し大胆に言えば「陰画《ネガ》が陽画《ポジ》に変わる」という意味の変化するといった意味であろう。テレビでもそんな操作がおこなわれるようになっている。

二〇六　「フロイト著作集」邦訳、第三巻、二六一ページ。

二〇七　同右、邦訳、二五八ページ。

二〇八　同右、邦訳、二六三ページ。

二〇九　フッサール　一八五九―一九三八年。現象学を創唱したドイツの哲学者。フッサールは『イーデン』第一巻や『デカルト的省察』においては、「純粋意識」の本質構造を「ノエシスとノエマ」の相関関係としてとらえた分析に基づいて、自然的現象、生命体、人格、社会・文化成体などのいっさいの対象の「構成」を論じ、さらにすすんで「相互主観性」つまり多数の主観の相互的および共同的構成にまで問題を展開した。

二一〇　「フロイト著作集」邦訳、第三巻、二七六―七七ページ。

二一一　ヴォルテール　本名フランソワ＝マリー・アルーエ（一六九四―一七七八年）。フランスの古典主義的劇作家で啓蒙思想家。『エディップ』は彼の処女作である。

二一二　アッティス、アドーニス、タムズ、ミトラ……　「フロイト著作集」邦訳、第三巻、二七四ページ（『トーテムとタブー』）を参照のこと。アッティスは、プリュギアの大地女神キュベレー・アグディスティスの愛した少年。アッティスはアドーニスと同じく植物の枯死と復活を表象した神で、ローマ時代にその崇拝がひろまっている。アドーニスは、シリア王テイアース、またはキュプロス王キニュラーとその娘ミュラーとの不倫の交わりにより生じた美少年。アプロディーテーやペルセポネーに愛された。バビロニヤのタムズもアドーニスと同じ神で、農業の神であり、植物の芽生え、繁茂と冬のあいだの死を表徴する。

二一三　抑圧されたものの回帰　抑圧された諸要素が、抑圧によってけっして消滅させられることなく、再びあらわれようとし、妥協のかたちをとって、歪曲されて、再現するにいたる過程のこと。

二一四　「無意識」　(A)無意識的という形容詞はしばしば現実の意識野に存在しない内容の全体を指すのに用いられる。これは「記述的な意味を持ち、「局所論的」な意味ではない。つまり前意識的内容と無意識的内容との区別がなされていないのである。(B)「局所論的」な意味では、無意識とは、フロイトの心的装置についての第一の理論で定義された系の一つを指す。それは抑圧の働きにより、前意識－意識系へ到達するのを拒まれた、抑圧された内容によって形成されている（原抑圧、事後の抑圧、抑圧）。

系としての無意識の本質的特徴は次のように要約できよう。

(a)その「内容」は欲望の「代表」である。

(b)この内容は一次過程に特異な機制、ことに圧縮と置き換えの機制に支配される。

(c)欲動のエネルギーによって強力に備給されているので、それは意識および行動として復帰しようとする（抑圧されたものの回帰）。しかしそれらは検閲による歪曲を受けたのちの妥協形成の形でしか前意識－意識系に入ることはできない。

(d)無意識に固着されるのは、ことに幼児期の欲望である。

(C)フロイトの第二局所論では、無意識という術語は、主に形容詞的な形で用いられている。無意識的とは特殊な心的力域に固有なものではなく、エスおよび自我と超自我の一部の性質でもある。ただし次のことに注意するとよい。

(a)第一の局所論での無意識系に見られる特徴は、一般に、第二の局所論でのエスの特徴になる。

(b)前意識と無意識との相違は、系の間の区別としてではなく、系のうちでの区別として考えられている（自我と超自我とは両者とも、一部は前意識的であり、一部は無意識的である。）（『精神分析用語辞典』）

二一五　検閲する（censurer）　精神分析でいう検閲とは、無意識的欲望やそれから生じた形成物が、前意識－意識系に到達することを禁止する機能を言う。ここでいう「普通の意味」というのは、たとえばポルノ映画の問題のコマのカットなどのこと。

二一六　「フロイト著作集」邦訳、第三巻、二六七ページ。

二一七　同右、邦訳、二六七ページ。

二一八　『人間モーセと一神教』　『トーテムとタブー』は一九一三年に発表されたが『人間モーセと一神教』は一九三九年に刊行された。執筆時期は一九三四－三八年である。三つの論文より成る。

二一九　モーセ　レビ人。ヘブライ語 Mosheh 濁ってモーゼとも言う。前一五世紀エジプトに生まれる。エジプト圧制下のユダヤ人解放者、予言者。エジプトをのがれてミデアンの地にいる時、神がかれにあらわれ、ユダヤ人の救出を命じた。そこで故国に帰る折の艱難の描写は旧約聖書中の「出エジプト記」にくわしい。またその途次シナイ山で神がかれを通じてユダヤ人に示した「十誡」は、ユダヤの律法であるとともに今日のキリスト教会の戒律にもなっている。

二二〇　モーセの殺害　「やがて一九二二年にゼリン Eduard Sellin がわれわれの問題に決定的な影響を与える発見をした。彼は予言者ホセア（前八世紀後半）において、教祖モーセがその反抗的で頑固な民衆の暴動のさいに非業の最期をとげたという内容をもった伝説が、まごうかたない徴候になっていることを見出したのである。また、モーセの最期とともに、彼が始めた宗教は廃止されたというのである。しかしこの伝説はホセアにかぎったことではなく、後世の予言者においてたいていくりかえされている。そればかりか、ゼリンによると、この伝説こそ、後世における救世主へのあらゆる期待の基礎となったものである。……」（日本教文社刊「フロイト選集」第八巻、「モーセと一神教」一四二ページ）

E. Sellin: *Mose und seine Bedeutung für die israelitisch-jüdische Religionsgeschichte*, 1922.

二二一　『精神分析について』*les Essais de psychanalyse* というフロイトの著作は、おそらく、*Cinq leçons sur la psychanalyse*（原題 Über Psychoanalyse）のことであろう。一九一〇年刊。

二二二　防疫線　伝染病予防のための防疫措置として張りめぐらした網。ここでは良きものとはいえ、性の暴力が外部に伝染してゆかないように予防してある、といった意味。

第九章　レヴィ＝ストロースと構造主義と婚姻の規則

二二三　佐々木明訳『構造人類学』五七ページ、みすず書房刊。

二二四　同右、邦訳、五七—五八ページ。

二二五　同右、邦訳、五七ページ。

二二六　二つの実体を結び合わせる。たとえばトーテム的思考のように、自分とオウムとが同族だと考える関与〔分有〕的発想を指す。

二二七　交差いとこ　親同士が兄妹または姉弟の間柄で互いに異性のいとこのこと。交差いとこの結婚、むしろ優先婚は各地でみられる。『構造人類学』七一ページ（「言語と社会」）など参照されたい。

二二八　同右、邦訳、五七ページ。

二二九　自然的雑婚　雑婚または乱婚とは、いかなる近親婚禁忌も前提としない婚姻をいう。

二三〇　並行いとこ　双方の親が兄弟または姉妹の間柄のいとこ同士。

一三一　氏族《クラン》 **clan**　社会学の用語で、共通の先祖によって結ばれている単系の親族集団をいう。種族社会の構成単位。

一三二　ヴェステルマルク　一八六二―一九三九年。フィンランドの人類学者、社会学者。ヘルシンキ大学、トゥルク大学教授。モロッコ地方に旅行し（一八九八―一九〇二年）、原始民族の社会制度、道徳、慣習などを研究し、婚姻制度、家族制度、道徳観念の起源と発達などの諸問題に関する権威となった。なお彼は、モーガンなどの原始乱婚制に反対している。

一三三　そこには構造主義の意味での言語はあるとしても、チョムスキー的意味の言語は存在しない。「ソシュールや構造主義者たちの考えでは、言語は体系であり、その構造は資料体をもとに研究される。この研究は、体系の諸要素の分類や分類論へと発展するわけである。

チョムスキーは、単に分類的な段階を乗り越えて、言語とことばとの明示的な仮説モデルを練りあげる。彼における言語能力－言語運用の区別は、言語－言《パロール》というソシュールの区別にきわめて近いものである。言語能力（言語）は、話し手の暗黙の知識を表わしている。文法的体系は各人の頭脳に潜在的に存在するものである。言語運用（言）は反対に、この体系が、多数の具体的行為の中に現働化、ないしは表出されたものを表わしている。チョムスキーは、言語能力のモデルと、話し手の言語運用のモデルとをつくりあげる。言語能力のモデルは、話し手が話す言語の一つの文法であり、これは音と意味を関係づけ、音響信号の連続に意味論的解釈を結びつける機構である。（以下略）」（『ラルース言語学用語辞典』大修館書店刊、一一四ページ）

「ここで触れておくべき人間言語の第二の一般的特質は、言語がもつ創造性（すなわち〈無限性〉）である。これは、どんな言語の話し手ももっているこれまでいちども聞いたことのない（実際これまで、だれも発話したことがないかも知れない）文を無限に作り出し、また理解する能力のことである。母国語の話し手が〈創造的〉に自国語を駆使することは、ふつうの状況下では無意識かつ無反省的に行われる点に注意すべきであろう。一般的にいって母国語の話し手は、新しい文や以前に出会ったことのある文を組みたてる際に、何らかの文法規則（体系的形成原則）を適用していることに気づいていない。それでも彼が発する文は一般的に他の母国語の話し手によって正しいものとして受け入れられ理解されるだろう。……この言語を創造的に駆使する力は、われわれが知る限り人類にだけ見られるものである。すなわち、種特有のものだといえよう。人間以外の種によって用いられているコミュニケーション体系は同じように〈無限〉なわけではない。それらの大部分は、有限で比較的少数の、相異なる一組の〈メッセージ〉を伝達することしかできないという意味で〈閉ざされて〉いる。またそのメッセージの意味は固定していて、動物がこれらを変えて新しい〈文〉を組み立てるのは不可能である。……人間言語の創造性という場合、それは、不連続的単位の新しい結合を作りだしてゆく能力のことを意味しているのである。……チョムスキーは、言語の創造性こそ言語のもつ最も顕著な特徴の一つであり、言語使用と言語習得に関する心理学的理論の開発にたいして、特に研究しがいのある問題を提起するものであると考えている」（ジョン・ライアンズ『現代の思想家　チョムスキー』、長谷川欣佑訳、新潮社刊、二七―二九ページ）。

チョムスキー　一九二八年フィラデルフィアで生まれたアメリカの言語学者。主要著作『統合構造』一九五七年、『言語理論における現在の諸問題』一九六四年、『統合理論の諸相』一九六五年、『生成文法理論の諸問題』一九六六年、『言語と精神』一九六八年、など多数。

一三四　コード　あらかじめ定めた約束ごとにより、信号の発信源（あるいは発信者）と宛て先（あるいは受信者）の間で、情報を表示し伝達するための、信号（あるいは記号、シンボル）の体系をいう。

一三五　『親族の基本構造』　レヴィ＝ストロースの初期の大作。一九四四年から四六年にかけて書きあげ、これによって一九四八年、文学博士号を得た。この時レヴィ＝ストロースは四〇歳であった。翌一九四九年、フランス大学出版局より出版され、人類学界のみならず、思想界にも大きな反響をまきおこし、ポール・ペリオ賞を受賞した。

一三六　民族学研究と言語学の関係については、中央公論社刊「世界の名著59――マリノフスキー／レヴィ＝ストロース」の泉靖一氏の〝解説〟に簡明な記述があるので、次に引用させていただく。

《彼の学説を理解するためには、さらにフランスの言語学者フェルディナン・ド・ソシュール（一八五七―一九一三）をはじめとする、構造言語学者による言語の分析方法についてふれなければならない。というのは、レヴィ＝ストロースは、彼の文化人類学の研究方法として、言語学の方法を採用し、理論的基礎としているからである。文化人類学と言語学との関係は、レヴィ＝ストロースよりはるか以前から存在していた。歴史的民族学は、歴史言語学との関係が密接であった。一方、社会構造を考えるためには、通達機関としての言語を無視することはできなかった。また、文化構造論を進めるにあたっては、同じく通達の手段あるいはシンボルとしての言語の役割、あるいは文化と言語の関係について、いくたびも検討が加えられてきたのである。レヴィ＝ストロースは、さらに一歩進んで、言語学を、人類学またはその他の人間の科学が追究しなければならない記号学の礎石だと考える。記号学とは、「社会生活における記号一般のあり方を研究する科学」である。記号には、言語のほかに、のちに述べるようなさまざまのものが含まれている。

　ソシュールは、早くから、言語学から展開した記号学こそは、人間の社会または文化を解明する一つの鍵であるとみていたのである。すなわち、彼によれば、言語は観念を表わす記号であって、それは意味するもの《シニフィアン》（能記）と、意味されるもの《シニフィエ》（所記）との統合体である。しかし、音声言語をともなわない記号も、おびただしく存在する。たとえば、集団のあいだの婚姻関係のシンボルとしての花嫁や、マリノフスキーのところで述べられているクラの財貨から、ハイウェイの道路標識や便所での男女の標示に至るまで、およそ意味の表現、伝達にかかわるいっさいを記号とみることができるわけである。

　それればかりでなく、一見、表現や伝達を目的としない事象も、意味作用をもつ記号と理解できるばあいも少なくない。たとえば、黒衣は喪を、餅《もち》は正月を、七面鳥はクリスマスを、スミレは春を、雪は冬を意味するとすれば、黒衣は喪の、雪は冬の記号と考えてさしつかえないのである。

ソシュールによってひらかれた記号学の基礎は、そののち言語学の面ではいちじるしい進歩をとげ、方法のうえでも厳密さを加えたが、言語学以外の領域では、久しく発展をみなかったのである。レヴィ＝ストロースは、記号学の一つの分野である構造言語学の視角と方法を、そのまま言語以外の記号の研究にも採用できると考える。そのためには、言語学者との密接な共同作業が必要である。彼はとくに、アメリカの言語人類学者シャピロの同僚、ローマン・ヤーコブソン（一九〇〇―）のような言語学者と共同して、「シャルル・ボードレールにおける猫」（一九六二）のような、具体的文体研究も行なっている。

ソシュール学派の言語理論のうちで、レヴィ＝ストロースによって採用された基礎概念を簡単に説明しておこう。まず第一に、言語における「ラング」と「パロール」の基礎概念である。ラングは、伝達を可能とする社会的約束としての言語体系、または言語そのもののことであり、パロールは、その拘束によって実現される言語行為である。

レヴィ＝ストロースでは、たとえば、神話そのものをラングとして理解し、それが語られる状態をパロールとするところから、彼の分析がはじまるのである。さらにラングとパロールの関係を社会構造に採用すれば、社会の制度がラングであり、それにのっとった社会的行為がパロールとなる。また文化全体についていえば、文化に表現を与える「意識されない構造」がラングであり、文化行為をパロールとみることができる。レヴィ＝ストロースは、言語学者のヤーコブソンと共同研究を進めているうちに、とくに現代の情報理論をとりいれて、ソシュール説の若返りをはかった。

ヤーコブソンなどによる情報理論にあっては、ラングとパロールの概念を、コードとメッセージという用語に置き換えた。まず情報が送信者から受信者に伝達されるばあい、両者が共通のコード（符号）をもっていれば、送信者はコードにのっとって情報を符号化し、これを送りとどける。受信者は、コードにもとづいて、これを解読することができるわけである。このさい情報は、コード・システムの原則に準拠して、記号の組合せとして表現され、選択されることによって、現実化したメッセージとなる。したがって、コードがラングに、コード化の作業がパロールに、ほぼ匹敵する。レヴィ＝ストロースは、このような考え方を、ヤーコブソンとの共同研究を通して、社会制度や慣習の研究に用いた。

同じ社会制度（コード）を共有している社会集団のなかでは、その制度にのっとった個人の行動は容易に理解されるが、共通の制度をもたない外部の者には、彼の行動はまったく了解できない。また、コードにも、人工言語や成文法のような明確なものから、慣習や自然言語のようにややあいまいなものもあるから、送信者と受信者のあいだの通達が完全でないばあいもありうるわけである。また、婚姻を集団のあいだの縁組みと理解すれば、その所属している集団から離れて、他の集団に所属を変える花嫁は、婚姻制度（コード）にのっとって、一つの集団から他の集団に送られるメッセージと考えることができる。このような立場からみると、婚姻制度と婚姻の意味が、広く社会構造全体のなかでとらえられることになるのである。

次に、記号の構造にみられる意味するもの《シニフィアン》（能記）と意味されるもの《シニフィエ》（所記）、この二つの対立概念を、他の角度から考えてみよう。能記に音声言語以外のシンボルを含めると、この概念はあらゆる記号に適用できることになる。ただし、言語においては、この二つの関係は、社会的な約束によって強制される。たとえば、トリという音声と、「鳥」そのもののあいだに、必然的な関連はないが、トリという音声は、「鳥」を意味することを強制される。この点、言語学では、音韻論としてめざましい発展をとげている。ところが、その他の記号の世界では、二つの関係が、強制的ではなく恣意《しい》的である。たとえば、黒という記号が、不吉なことを表わすばあいもあれば、高貴なものの表現でもありうる。したがって、言語以外の記号については、理論的な枠《わく》組みはできあがってはいても、それをさらに具体的に展開することはなかなかむずかしい。

しかし、レヴィ＝ストロースは、音韻論にみられる法則が、人間の文化の同じ諸要素である制度や慣習にもあてはまるのではないかと考えた。とくに、言語にみられる法則が、トリの例でいえば、「鳥」を「トリ」と呼ぶことにはなにも理由がないように、無意識的であることに注目した。彼は、「歴史学が人間の意識的表現に関する事象を研究するのにたいして、民族学（文化人類学）は、人間社会の意識されない集合表象を対象とする」ものであると述べている。そこで、文化人類学の新しい境地の開発を、構造言語学の視角からも試みて、神話の構造分析にはなばなしく成功した。

ラングとパロールと密接に関連のある連合（類似—ヤーコブソン）と統合（隣接—ヤーコブソン）の概念を設定したのは、ソシュールであって、これを明瞭《めいりょう》にしたのが、ヤーコブソンである。ソシュールによると、人間はあることばから、これと形もしくは意味の似たことばを連想する。たとえば、「坊や」ということばから、子ども、赤ん坊のように意味の似たことばと、坊主、ボンボンのように発音の似たことばを連想したとする。これが連合（類似）なのである。

一方、意味を表わすためには、ことばを、目で見ることのできない潜在的な言語体系（たとえば、ことばの脈絡や文法）にしたがって結合させなければならない。このような結合は、類似による連合とはまったく異なった作用で、意味によることばの結合を成り立たせるのが統合であり、ラングなのである。

ヤーコブソンは失語症患者の研究を通して、この二つの軸、つまり連合と統合が、単なるモデルではなく、人間の精神作用に密接に対応するものであることを証明した。連合と統合の精神作用は、文字や造形芸術はいうまでもなく、文化の創造と深い関係をもつのである。この点については、レヴィ＝ストロースの具体的研究はまだ十分に示されていない。今後の研究の期待される分野である。

複雑きわまりない構造言語学の概念は、文化人類学ばかりでなく、現代の社会学をはじめ、さまざまの人間の諸科学にとりいれられて、活発な研究が進められている。レヴィ＝ストロースは、貪欲《どんよく》なまでに、あらゆる正統派的学問とともに隣接科学の尖端《せんたん》的理論を吸収して、それらを彼の一身に統合しているところに、その近代的存在価値がある。しかも、さまざまの学者の理論の受けとめ方が、マルクシズムやフロイトの深層心理学にたいして端的に現われているように、彼独特のものである点においても、とくに精彩をはなっている。》

一三七　クロウ＝オマハ型　クロウ族は北米モンタナ州東部平原に住んだスー族に属するアメリカインディアン。オマハ族は北米ネブラスカ州北東部に居住したアメリカインディアン。

レヴィ＝ストロースは『構造人類学』第三章「言語と社会」において、北アメリカ圏ではクロウ－オマハ型の親族体系の例外的発展について述べている。

一三八　野生の思考と器用仕事……技術者たちの思考　レヴィ＝ストロース『野生の思考』（大橋保夫訳、みすず書房刊）二二ページ、および二五ページには次のような文章がある。

「原始的科学というより〝第一〟科学と名づけたいこの種の知識が思考の面でどのようなものであったかを、工作の面でかなりよく理解させてくれる活動形態が、現在のわれわれにも残っている。それはフランス語でふつう〝ブリコラージュ bricolage〟（器用仕事）と呼ばれる仕事である。ブリコレ bricoler という動詞は、古くは、球技、玉つき、狩猟、馬術に用いられ、ボールがはねかえるとか、犬が迷うとか、馬が障害物をさけて直線からそれるというように、いずれも非本来的な偶発運動を指した。今日でもやはり、ブリコルール bricoleur（器用人）とは、くろうととはちがって、ありあわせの道具材料を用いて自分の手でものを作る人をいう。ところで、神話的思考の本性は、雑多な要素からなり、かつたくさんあるといってもやはり限度のある材料を用いて自分の考えを表現することである。何をする場合であっても、神話的思考はこの材料を使わなければならない。手もとに何もないのだから。したがって神話的思考とは、いわば一種のブリコラージュである。……

たしかにエンジニアも問いかける。……器用人が人間の製作品の残りものの集り、すなわち文化の部分集合に話しかけるのにたいし、エンジニアは宇宙に問いかけると言いたいところである。……文明の一状態を要約したものである諸拘束に対したとき、エンジニアはつねに通路を開いてその向うに越えようとするのに、器用人は、好んでにせよやむを得ずにせよ、その手前にとどまる。……」

一三九　《自然主義的な思考》……　レヴィ＝ストロース『構造人類学』「言語学と人類学における構造分析」みすず書房刊、五八ページ。「親族体系はシンボルの体系であるゆえに、人類学に対して特権的な地盤を提供する。すなわちこの地盤の上では、人類学はもっとも進歩した社会科学である言語学と、ほとんど共通の努力をおこなうことができるのだ。この二つの学の出あいから、われわれは人間に関するより進んだ知識を期待し得るのだが、この出あいが生ずるための条件は、社会学的研究においても言語の研究におけると同様、われわれがまさにシンボルの世界にいることを決して忘れぬことである。ところで、シンボルによる思考の出現を理解するために自然主義的な解釈にたよることは、正当であり、またある意味で避け難いとしても、ひとたびシンボルによる思考が与えられたなら、この新たに出現した現象がそれに先行しそれを用意した現象と根底的に異なると同じく、説明もまた根底的にその性質を変えなければならない。……」

一四〇　一切の呼称が出現する真のいない／いた（*fort*/*da*）　fort/da　はいずれもドイツ語である。フロイトは『快感原則の彼岸』の中で（「フロイト著作集」邦訳、第六巻、一五六ページ）一歳半の男の子が、おもちゃなどを遠くへほうり投げてオーオーオーオ（「いない」fort の意味）と叫び声をあげて満足の表情をうかべる様子を見せる例をあげている。糸巻きのひもの端をもって自分の小さな寝台のへりごしに投げてはオーオーといい、それからひもをひっぱって糸巻きをひき出し、それが出てくると、こんどは嬉しそうに「いた」da という言葉でむかえるのである。「これは〔母親の〕消滅と再現を現わす完全な遊戯だったわけである。そのうち、たいていは前者の行為しか見ることができなかった。第二の行為にいっそう大きな快感がともなったのは、疑いないのだが、第一の行為がそれだけでも、倦むことなく繰り返されたのである。」

ジャック・ラカンはこの〝いないいない遊び〟について「精神分析における言葉と言語の機能と領野」（『エクリ』中の論文）の中で言及し、その論文の終りの方で（邦訳四三五ページ）次のように述べている。「フロイトが天才的直観で、われわれがそこにある事実を認識するようにわれわれのために創り出してくれたのは、そのような物を隠す遊びなのである。その事実とは、欲求が人間化される時点は、子供が言語活動を開始する時点でもあるということだ。」

著者ジラールの観点に則して言えば、自然発生的な唯一的殺人が、人間が人間になった時点でおこなわれたのは、あたかも子供の〝いないいない遊び〟の行為であり、そこから一切の思考と認識と言語活動が始まる（つまり〝いた〟の段階）という意味になろう。

二四一　回避のタブー avoidance taboos 英語である。文化人類学で avoidance は、回避慣習の訳語を与えられている。これは無文字社会によく見られる慣習で、ある特定の関係にある相手と口をきかないことなどして互いに避け合うもの。夫とその妻の両親の間に存在することが多く、無用の摩擦を防ぐために起ったと解釈されている。

二四二　『トーテムとタブー』「フロイト著作集」邦訳、第三巻、二四九ページ。

二四三　《フロイトへの回帰》ジャック・ラカンには「フロイト的事象、あるいは精神分析におけるフロイトへの回帰の〈意味〉」と題する論文（副題「一九五五年十一月七日、ウィーンの神経－精神医学臨床講義において行なわれた講演の詳述」）がある。『エクリ』に収録されている（佐々木孝次訳『エクリ・Ⅱ』弘文堂刊）。

二四四　象徴的次元〔象徴界〕《象徴的なもの、象徴界（le symbolique）》。この用語はジャック・ラカンによって、男性名詞形で導入された。ラカンは精神分析の場に、象徴的、想像的および現実的という三つの基本的領域を区別している。象徴的なものは、言語活動のように構造化されているものとして精神分析がかかわりをもつ現象系列を意味する。この用語はまた、治療が有効なのは言〔パロール〕が〔人間存在の〕基本だからであるとする考えにもとづいている。

レヴィ＝ストロースはソシュールの構造言語学をモデルにして、象徴系列が人間関係における現実を構造化しているという考えに立ち、文化事象の研究に拡大応用した。文化事象のおいて作用しているのは記号の伝達のみではない。その構造の特性を彼は象徴体系という用語で示している。「文化というものはすべて象徴体系の総体とみなしうる。その最前列に言語活動、婚姻の規則、経済関係、芸術、科学、宗教が位置するのである。」

ラカンが精神分析において象徴的なものという概念をつかうのは、次の二つの意図に応ずるものと思われる。

(a)無意識の構造を言語活動の構造と関連づけ、すでに言語学において豊かな成果をあげた方法を無意識にも応用する。

(b)レヴィ＝ストロース的意味で象徴的性質をもつ既成秩序に、人間主体がどのようにして組込まれているかを示す。》(『精神分析用語辞典』)

二四五　救いの神(デウス・エクス・マキナ)　ギリシア劇で神が突然、機械仕掛けで舞台に現われて結末をつけたことから由来し、演劇の終幕でもつれた事件を解決する超現実的な力、あるいはその力をもつ人物やできごとを指す。

二四六　現代社会で数を増し……　鏡像の諸効果が……　ジャック・ラカンは一九三六年に「鏡像段階」という概念を報告している。以下はそれについての『精神分析用語辞典』からの引用。

《ラカンによる、人間形成の一時期をさす言葉、それは生後六ヵ月から一八ヵ月のあいだに当る。この時期、子供はまだ無力で、運動調節能力もない状態であるが、自分の身体の統一性を想像的に先取りして我がものにする。この想像的統合は、全体的な形態として同じ姿をもった人間の像への同一化によっておこなわれる。そしてその同一化は、幼児が鏡のなかに自分の像を見るという具体的経験をとおしておこり、現実のものとなってゆく。

鏡像段階において、将来自我となるものの雛形ないし輪郭が構成されるといえよう。

鏡像段階という概念は、J・ラカンの古い業績の一つであり、彼は一九三六年にマリエンバードの精神分析学会でそれを報告している。

この概念は、実験にもとづくいくつかの成果によって裏付けられており、それらは次の二つに類別できる。

(1)　一つは、鏡に映った自分の像を前にした幼児の振舞いに関する児童心理学および比較心理学から得られた成果である。ラカンは「……その鏡像を歓喜の表情で誇らしくひき受け自分のものにすること、また鏡像による同一化を我がものとするさいの遊戯的な自己満足」を強調している。

(2)　第二には、動物の生態研究から得られたもので、ある種の動物は自分と同類の動物を視覚的に知覚することのみによって、一定の生物学的成熟と構造化に達するという事実である。

ラカンによれば、人間の場合、鏡像段階が意味をもつのは、その早すぎる誕生――これは生れた時の錐体路系の解剖学的未成熟によって客観的に証明されうるものだが――と生後数ヵ月間の運動調節不全との関連においてである。

*

1　主体の構造という観点に立つとき、鏡像段階は発達の基本的時期を画するものである。すなわち自我の最初の輪郭を形づくるということである。実際、幼児は、同じ姿をした人間の像や自分の鏡像のなかにひとつの形態《フォルム》(ゲシュタルト)を見て、その形態のなかにこれまで客観的に彼に欠けている身体的統一性を先取りする。そして、そこに「歓喜」が生ずるのである。

つまり幼児は、その像と同一化する。この原初的な体験が、「理想自我」や「二次的同一化の起原」としてはじめに構成される自我の想像的特徴の基盤となっているのである。この観点に立てば、主体が自我に還元されるべきものではないことは明らかとなろう。なぜなら、自我とは想像的な審級であって、主体はそこでは疎外されてゆく傾向にあるからである。

2　ラカンによれば、主体間の関係とは、それが鏡像期の影響をうけているかぎり、想像的かつ双数的関係であり、攻撃的関係に通ずるものである。この関係においては、自我は一人の他者（un autre）として構成され、他人（autrui）はまたもう一つ別なエゴ（alter ego）として構成されている（→ 想像的なもの）。

3　以上の考え方は、自我の生成以前の自体愛からいわゆるナルシシズムにいたる過程の、フロイト的観点に近いものといえよう。ラカンが「寸断された身体」の幻想と名づけているものは、自体愛の段階に相応するし、鏡像段階は一次ナルシシズムの出現と一致する。しかし、これには重要なニュアンスが見落されている。ラカンにとっては、鏡像段階はまた後々まで作用して寸断された身体の幻想を生じさせるものなのである。このような弁証法的関係は、精神分析療法のなかで観察される。すなわち、自己愛的同一化が失われることによって身体が寸断されるという不安が生じたり、また逆の場合のあることは、しばしば認められるところである。》

なお、『エクリ』の中に収録された論文「〝わたし〟の機能を形成するものとしての鏡像段階——精神分析の経験がわれわれに示すもの——一九四九年七月一七日、チューリヒにおける第一六回国際精神分析学会での報告」も、本文のこれ以降の論議を理解するためには参照すべきであろう。

二四七　フロイトのナルシシズム　ナルシシズム〔自己愛〕はナルシス神話にもとづき、自己自身の像にたいする愛をいう。フロイトがナルシシズムの概念を精神分析理論全体に導入したのは、「ナルシシズム入門」（一九一四年）においてである。実際、精神病（「自己愛神経症」）では、リビドーが対象から撤収されて、自我に再備給される可能性があきらかにされている。

二四八　エウリーピデースの循環の輪　相互的暴力のメカニズムは、一つの悪循環としてあらわすことができる。本書一三二ページ以下を参照。

二四九　神秘的な昏迷化　昏迷とは、心理学上の用語で、精神が烈しい制止作用を受けている状態を言う。いっさいの自発的運動がなくなり、全く動かず、外部の刺激にも反応しなくなる状態。しかし意識は清明で外部の状況をよく認識していることが多い。不安性昏迷、弛緩性昏迷、緊張性昏迷などがある。レヴィ＝ブリュールの〝原始心性〟についての一つの心理学的解釈である。

二五〇　『若きパルク』　ヴァレリーが一九一三年から一七年にかけて五年の歳月を費して作りあげた代表的な詩。この作品は、象徴主義の敗退のあと、その袋小路に独自な血路をつくった記念碑的作品と言われている。

二五一　器用人であるチェスの競技者のごとき、構造主義の原始人が交替する。レヴィ＝ストロースは『野生の思考』の冒頭に

「自分のやることをあらゆる角度から徹底的に研究するのは、野蛮人と農民と田舎者だけである。それゆえ、彼らが思考から事実に到るとき、その仕事は完全無欠である」というバルザックの言葉を引用しているが、このように彼は原始人を見ているわけである（前掲訳注二三八を参照のこと）。さらに彼は、『野生の思考』の中で次のように書いている。「思惟面での神話的思考が実用面での器用仕事《ブリコラージュ》と類似性をもち、また芸術的創造が前記の二つの活動形式と科学から等距離に位置するように、ゲームと儀礼のあいだにも同種の関係が見られる。

ゲームはすべて規則の集合で規定され、それらの規則は事実上無限な数の勝負を可能にする。ところが儀礼は、同じようにプレイされるものであるが、それは特別の試合で、勝負結果が両軍のあいだにある種の均衡をもたらす唯一の形であるがゆえに、あらゆる勝負の可能性からとくに選び出されたものである」（同邦訳書、三八ページ）。この文章は、囲碁の名手同士が無限の変化の中から手順を読み切って作りあげていく名棋譜の成立過程を連想させる。レヴィ＝ストロースはそうしたものとして原始人を想定しているのである。

二五二　『神話研究』『生のものと火にかけたもの』（一九六四年）、『蜜から灰へ』（一九六六年）、『テーブル・マナーの起源』（一九六八年）、『裸の人間』（一九七一年）の四部から成るレヴィ＝ストロースの著作。レーモン・ベルール著『構造主義との対話』（拙訳、日本ブリタニカ社刊）を参照されたい。

二五三　分節させる　節足動物の脚のように連接しながらも、それ自体の独立性（まとまり）を持っていること。

二五四　二元論的対立の濫用　レーモン・ベルール『構造主義との対話』中のレヴィ＝ストロースとの対話の中で、ベルールはジョルジュ・デュメジルの三部構造性の方法論と対比させて次のように言っている。「最近のある対談の中で、あなた〔レヴィ＝ストロース〕はいつものように、デュメジルの業績に多くのものを負うていると言うことを忘れてはおられませんが、同時にまた、二つの根本的な違いも強調しておられます。その一つは実際的なもので……中略……　もう一つの相違は理論的なもので、関心の方向の対立についてのものです。デュメジルの関心の方向は〝インド・ヨーロッパ語族の社会および思考の根本的な特徴、つまり三部構造の優勢を鮮やかに証明するために、インド・ヨーロッパ語族の神話を利用する〟のにたいして、あなたの関心の方向は、神話的思考のいくつかの根本的な特性を抽出するために、神話それ自身として研究するということです。……中略……」（前掲邦訳書、六六―六七ページ）。「したがって、あなたの分析に類似した分析は、ひどく閉鎖的なものであるか、あるいは逆に、そうした分析に還元できない全体的研究において、こう言ってよければ、時にはあたかも中継地点のように使用できるものであるか、です。私は、ナタン・ヴァクテルの著作『征服された人々の幻影』をそうした意味で考えています。……中略……　ペルーのインディオたちがスペイン人による征服について作りあげている表象を全体的に研究したこの著書は、……中略……　ペルー民謡の感情表現に関する分析を提示していますが、二つのものを対立させ、物語のヴァリアントをいくつか比較するあなたの方法を厳密に守って進められるこの分析は、土着の思想が含むさまざまな内容をあきらかにすることによって、歴史研究のいくつかの基本的要素を展望させてくれます」(同、七四ページ)。

二五五　フランツ・ボーアズ　一八五八―一九四二年。ドイツ生まれのアメリカの人類学者。ハイデルベルク、ボン、キールの各大学に学び、バッフィン・ランド探検に参加、エスキモー人の生活観察から文化人類学の研究に向い、イギリス領コロンビアのインディアン族を調査した(一八八六―八七年)。彼は民族の文化を研究する手段としてその言語を研究することの必要性を強調し、アメリカの言語学、特に記述的研究の発達に貢献した。また文化が特定の歴史的地理的所在地を基礎として、特殊の様相を呈して発達するという歴史主義的方法を提唱した。

二五六　《去勢》「去勢の幻想を中心とするコンプレックスを去勢コンプレックスというが、これは子供が性の解剖学的相違(ペニスの存在と不在)についてもつ疑問への答えとして生ずる。この相違は子供の考えでは、女児ではペニスが切りとられたものだとされる。

去勢コンプレックスの構造と効果は男児と女児では異る。男児では去勢を、彼の性的活動にたいする父親の脅迫が実現するものとして恐れる。そこから去勢への強い不安が生じる。女児では男根のないことを不公平だと思い、これを否定し、代償し、または修復しようとする。

去勢コンプレックスは、エディプス・コンプレックス、ことにその禁止的、規範的機能と深い関係がある。

〔中略〕

去勢幻想はさまざまな象徴の形で出現する。脅迫された対象は移動し(エディプス王にみられるように盲目になること、抜歯など)、その行為は歪曲され、肉体への他の損傷に移され(事故、梅毒、外科手術など)、時には精神的損傷ともなる(手淫の結果としての狂気)。〔後略〕」(『精神分析用語辞典』)

二五七　テーバイとアルゴス　いずれももちろんギリシアの古代都市であるが、地理的にも、間にコリントスといった強力な都市があり関係が深いとは言えない。アルゴスはスパルタ、コリントスなどと勢力を争った。

二五八　ローマとアルバ・ロンガ　後者もイタリア中部の古代都市。

第十章　神々、死者、聖なるもの、供犠における身代り

二五九　ザグレウスまたの名ディオニューソス　ザグレウスはオルペウス教でディオニューソスと同一視されている神。ゼウスは蛇の姿でペルセポネーと交わり、第一のディオニューソスが生まれた。ゼウスは彼に世界の支配を託すつもりでいたが、嫉妬深いヘーラーにそそのかされて、ティーターンたちが彼を襲い、ザグレウスは身を種々の姿に変えて遁れんとし、牡牛になった時にティーターンに捕えられて、八つ裂きにされて、食われた。ゼウスは怒ってティーターンたちを雷霆で撃って焼き殺し、その灰から人間が生まれた。だから人間には神性が部分的にあるという。アテーナーがザグレウスの心臓だけを救い、ゼウスはこれを嚥下し、そこからセメレーによって第二のディオニューソス・ザグレウスが生まれた。

二六〇　ローマのヤーヌス　ヤーヌスはローマの古い神。彼は門の守護神で、門は前後にむいているところから、彼もまた普段前後にむいた二つの頭を有する姿で表わされている。彼のおもな神殿はフォルム近くにあり、その扉は戦時には開かれ、平和時には閉ざされる習慣であった。門はローマでは古くから象徴的な意味をもち、すべての行動のはじめにあるところから、この神は祈りにおいても犠牲に際しても神々の先頭におかれ、ローマ暦の一月もまた彼の名を冠してヤヌアリウスと呼ばれ、彼は《神の中の神》と称せられ、オウィディウスのごときは、彼は天地の守護者、すべてのものの開閉者と称した。四季の司としての彼は四頭の姿で表わされている。

二六一　ヘルマアプロディートス　男女両性を具えた神（顔は少女、背は少年、胸は少女、腰は後ろが少年で前が少女、ふとももは少女、すねは少年で、男女両性の最も美しい部分を集めている）。ヘルメースと愛の女神アプロディーテーの語尾を男性化した形との合成語である。前四世紀の彫刻では彼は乳房を有する美青年、後代では男根を有する美女の姿で表わされている。

二六二　オリュムポス山　同名の山がギリシア世界の各地にあるが、そのなかで名高いのがマケドニアとテッサリアの国境地帯に聳え立つギリシアの最高峰オリュムポス（二八八五メートル）である。神々はこの山頂に住んでいると考えられていた。

二六三　《集団的無意識》　無意識については前掲訳注二一四を参照のこと。集団的無意識とは、C・G・ユングが古代にさかのぼって仮定した原始的無意識である。たとえば、地球上にたがいに遠く分散している地域にも類似した象徴や、神話が発見されたりしうることにも知られるように、人間としての遺伝的なるもののみならず、動物的過去の痕跡を含むものとしている。フロイトのエス〔イド〕が、個人的無意識であり、盲目的な欲求につきるのに対して、集団的無意識は、あたかも老人の賢慮のような積極的価値と能力を有するものであり、夢や芸術的作品などにあらわにされるものであるという。

二六四　オウィディウス　前四三―後一七年頃。ローマの詩人。スルモに生まれ、法律家としての教育をうけ、ギリシアと小アジアに遊学、法律家として世に出たが、これを嫌い詩作に転じた。『恋愛歌』によって一躍名声を博し、『愛の技術』などを発表。しかし彼に真の不朽の名を与えたのは、神話を材料とした『変身譜』一五巻とローマの暦を一二巻に盛ろうとして最初の六巻のみで未完に終った遺作『行事暦』である。名声が絶頂にあったとき、みだらな詩と、或る不明な罪のために、皇帝アウグストゥスによりローマ追放を命ぜられ、流謫の地トミで客死した。彼の詩は流れる如くに自在流暢であり、苦吟の跡をとどめぬ美しさを持ち、活気、機知にみち、古い伝説、神話を扱いながら、これを当世風に解釈したもので、ここに彼の流行の原因があった。

二六五　ヘルメースとメルクリウス　ヘルメースはギリシアのオリュムポスの十二神の一人であるが、彼を主人公とする神話は少なく、常に第二次的な役割を有するにすぎない。彼は富と幸運の神として、商売、盗み、賭博、競技の保護者であり、智者として、竪琴や笛のほか、アルファベット、数、天文、音楽、度量衡の発明者とされ、道と通行者、旅人の保護者とされる。

メルクリウス（マーキュリー、メルキュール）はローマの商売の神で、ギリシアのヘルメースと同一視されている。彼の名はメルクス《売品》と関係があるらしい。彼はヘルメースと同じ姿で表わされ、ヘルメースの神話がそのまま彼の話としてローマで語られている。

二六六　妖精神《トリックスター》　原始民族の民話や神話に登場する、通例、文化英雄の役をするいたずら好きの妖精神。

二六七　ハーデース　古典時代の発音はハーイデース。死者の国の支配者。彼はこのほかに、プルートーン《富者》、クリュメノス《名高き人》、エウブーレウス《よき忠告者》などの別名で呼ばれ、その崇拝もほとんど常にこれらの別名によって行なわれているが、これは恐ろしい彼の本名を呼ぶことを避けたためであろう。また彼は地下の神として地中より植物を芽生えさせ、地下の富の所有者として、プルートーンという名を得たといわれる。彼は決して帰還を許さない恐ろしい神とされているが、正義にもとることのない正しい神であり、后ペルセポネーと共に冥界の王座に坐し、ミーノース、ラダマンテュス、アイアコスの三人の判官に助けられて冥界を支配する。

二六八　死骸はきわめて穢れたるものである　エドガール・モラン『人間と死』（拙訳、法政大学出版局刊、二一ページ以降参照）・「こうしてわれわれは、死に特有な感情攪乱の中心を予測する。もしわれわれがそれを包囲し、それを認識したいならば、葬儀がひきおこすさまざまな感情攪乱の中で、もっとも激烈な性格を持つものを掘り出さなければならない。というのは、葬儀同様すくなからず普遍的な古代的制度習慣である服喪の中に、そうした感情攪乱がひきつがれているからである。この時われわれは、死骸の腐敗解体についての恐怖が感情攪乱を強いていることを発見する。

人間が頼みにした一切の実際的処理はこの恐怖から出て来ているのだ。そうした処理は有史以前からおこなわれている。あるいは腐敗解体を早め（火葬や同族内人肉食習慣）、あるいは腐敗解体を避け（防腐保存）、あるいはそれらから遠ざかる（死体を他の場所に移したり、生きている者たちがそこから逃げ出したりする）、といった具合である。やがて詳細に論ずることになるが腐敗解体しつつある肉体の不浄が、死骸の埋葬というような処理の仕方をするもとになっている。

自分とは別の人間の恐ろしい腐敗解体は、伝染するもののように知覚される。アラスカのユナリット族の間では……（以下略）」

二六九　《いかなる言語でも、その名を持っていない》もの　ボシュエ（一六二七—一七〇二年。フランスの宗教家）の言葉。

二七〇　かの名高いメラネシア語族のマナ　ポリネシア、メラネシアの住民の間で信じられてきた大自然の地・水・火・風の力。人または物に宿るが、人に宿ったときは威光となり魔力となる。

二七一　スー語族　スー語族は北アメリカインディアン諸語族の一つである。現在の言語人口総数二万五千。

二七二　イロクオイ語族　北アメリカインディアン諸語族の一つ。現在の言語人口総数一万八千。

二七三　神人同形同性論《アントロポモルフィスム》　擬人観とも言う。これは、人間に固有な諸性質を、人間以外の自然力にもちこんで、それを理解しようとする態度をいう。アニミズムよりは狭い概念で、とくに古代ギリシアの宗教中にはっきりあらわれている。クセノパネスは「人々は自分の体に似せて神々を創造した。もし牛が神々を創造するとすれば、牛の姿を描いたであろう」といっている。芸術における擬人もその一例である。

二七四　有霊観《アニミズム》　霊魂などの霊的、超自然的、神秘的なものが存在して、自然、人間に重大な影響を及ぼすという世界観で、宗教的、呪術的意識の基本をなし、観念論、二元論と密接な関連をもつ。ふつうは狭義に解釈して、原始宗教や民間信仰における雑多な神霊の信仰を意味し、精霊崇拝と訳す場合もある。未開人は生物、無生物のすべてに霊魂、生命を認めているといった誤解から、物活論、汎神観、生気論などとも訳された。タイラーは未開社会の宗教を広く観察して霊魂の観念がその基本をなしていると認め、ラテン語のアニマ（霊魂）からとってアニミズムと名づけた。アニミズム説すなわち宗教のアニミズム起源論である。これは広く支持されたが、霊魂の観念が夢などに関する誤解から発生し、それが神観念の基礎であるという説は、護教派の反感を招き、二〇世紀になるとプレアニミズム説などの集中攻撃をうけた。しかし修正された形でなお大きく支持されている。低いアニミズムはメラネシア、マライシア、アフリカその他いたるところの未開社会に見られるが、どこでも、万物に霊魂を認めるのでなく、人間や特別の利害、関心のある動植物などに認めている。また純粋に霊魂だけの信仰は抽象的で、実際は精霊、霊鬼、神、霊質、呪力などの観念が混在している。

二七五　ヴェーダ語　古代インド語の最古層の言語で、紀元前千年以前の『リグ・ヴェーダ』（Rigveda, 歌のヴェーダ）から紀元前数世紀の『ウパニシャッド』（Upaniṣad, 奥義書）の最古層までの言語である。ヴェーダは「知識」の意味。

二七六　外示《デノテ》している　語彙的単位の《外示》は、その単位の記号内容（シニフィエ）を構成する概念の外延によって構成される。記号「椅子（chaise）」は《座席、四脚、座のある、背もたれのある》という概念の連合と、音響映像［ʃɛz］とで成り立つものであるから「a、b、c、……n は椅子 chaise である」がその外示となる。こうした意味で外示は、指示に対立させることができる。外示においては、概念は対象物のクラスを参照させるが、指示においては、全体の部分を成す単独の対象物を参照させる。

二七七　『イーリアス』第二四巻　『イーリアス』は前掲訳注一五八にあるようにホメーロス作と伝えられるギリシア最古の一五六九三行の叙事詩。時はギリシアのトロイア遠征軍がこの町の包囲を開始して以来一〇年目のある日で、全体は四九日ないし五一日の間の挿話である。現在は二四の巻に分れている。その二四巻目は、つぎのような筋書である。パトロクロスの復讐としてヘクトールを殺したアキレウスは、なおも嘆きをやめず、食べも眠りもせず、毎日ヘクトールの死骸を戦車に結びつけてパトロクロスの塚の周囲を馳けめぐるが、アポローンは死体を損傷より護る。ゼウスの命により母親テティスはアキレウスに暴行をやめるように勧め、イーリスはゼウスの使者としてプリモアス王に息子の死骸を贖いうけるようにと言う。老王は夜にまぎれて、ヘルメースに導かれつつ人知れず平野を横切り、黄金にみちた車とともにアキレウスを訪れる。英雄は老王を鄭重に引見し、両者はたがいに自己の不幸に涙を流す。暁にプリアモスは死骸をトロイアに運び戻り、后ヘカベー、アンドロマケー、ヘレネーたちは嘆き悲しむ。

二七八　アレース　ギリシアの軍神。ゼウスとヘーラーの子。彼の性格は兇暴で無計画で、戦というよりは、戦闘の気を表わしている。彼はオリュムポス十二神の中の一人に数えられているが、彼をめぐる神話伝説は少なく、かつ戦の勝利よりは、知性に対する無思慮な暴力の敗北を語ったものが多い。したがって彼にはオリュムポスの神々のごとき静かな智がなく、なんら神としての機能をもたず、いわばならず者のごとく描かれている。神話では彼は戦闘のための戦闘を好み、その正邪は問題にしない。トロイア戦争ではトロイア方であるが、ときにはアカイア人をも助ける。

『イーリアス』第二巻には、一〇年前にギリシア軍がアウリスで勢揃いした時の軍の表と、トロイアとその味方の軍勢の表があり、その中にアレースの名が見える。

二七九　ヘーシオドス　古代においてホメーロスと並び称せられた教訓的叙事詩の作者。前八世紀の人。ボイオティアのヘリコン山麓の小邑アスクラの人。貧しい農民の出で、作風はホメーロスと異なり、現実的で、苦渋にみち、簡潔であるが、ときには壮大の域に達することもある。『労働と日々』は農耕に関する教訓と吉凶の暦を混えたものであり、勤勉が人生の成功の基であることを主張し、はじめて「正義」dikē の概念を提起し、ソロンからアイスキュロスにいたる神の支配の正義の思想の先駆をなした。『神統記』Theogonia は神々の系譜の整理で、中に宇宙創成に関する形而上的考察を含み、初期ギリシア自然哲学者の「宇宙生成論」cosmogonia に影響を与えている。

二八〇　エリーニュスたち　主として肉親間の、しかしまた一般に殺人、その他の自然の法に反する行為に対する復讐あるいは罰の追及の女神。最初はその数は不定であったが、のち、アレクトー、テイシポネー、メガイラの三人と定まった。ウーラノスの男根がクロノスによって断ち切られた時、その血の滴りが大地に落ちて、そこから生まれたとされ、原初の、ゼウス以前の神である。彼女たちは神話伝説では母殺しのオレステースのごとき罪人を追う恐ろしい女神として登場する。しかし一方彼女らは大地との関係から、多産豊穣をもたらす者として、デーメーテール・エリーニュスなる呼称の示すごとく好意ある神として、エウメニデスともセムナイ（おごそかなる女神）とも呼ばれ、両者は混同している。

二八一　《意味論的状況》　言語学で言う場合の状況とは、心理的、社会的、歴史的な条件（すなわち言語外の要因）の総体であり、これがある与えられた時と時間における一回あるいは複数回の発話を限定する。言語学ではむしろ、〈文脈〉あるいは〈状況の文脈〉という名称を用いる。

二八二　語基《ラジカル》　文の各種の実現にあたって、語根のとる形の一つ一つを語基という。語基は、それゆえ、語根とは区別される。語根はあらゆる語基を代表する基底となる抽象形で、語基はその表出である。例えば、語根 **ven**《来る》には、二つの語基、**ven-** と **vien-** があり、**venons**（直説法現在複数第一人称）、**venue**（過去分詞女性単数形、そこから転用した女性名詞形）、

viennent（直説法並びに接続法現在形複数第三人称）などで、文法的屈折語尾を付加して実現される、といえよう。一つの語根に一つの語基だけのこともある。その場合、語根と語基の区別はつかない。語基は、そこから、接辞を備えた形が派生する基底である。

二八三　アウグストゥス帝　前六三―後一四年。ローマ帝政初代の皇帝。ガイウス・ユリウス・カエサル・オクタヴィアヌス。母はカエサルの姪で、彼は父の死後カエサルの保護を受ける。カエサルの死後、さまざまな功績をあげ、元老院からアウグストゥス（尊厳者）の尊称を与えられ、実質上彼によってローマ帝政が創設された。

二八四　ルイ十四世　フランス・ブルボン王朝の全盛期の王（在位一六四三―一七一五年）。大王、太陽王と呼ばれる。その治世五四年間はルイ十四世時代、大御世（グラン・シエクル）と言われた。

二八五　一義的《ユニヴォック》な　包括妥当な、つまり、一つの語が異なった適用を通じて同一の意義を保つ、ことをいう。

二八六　二重語（doublet）　同じ語源核から出た一対の語で、一方はその言語の他の言語から帰納し得るような音韻法則の働きによる結果であり、他方は祖語の語から直接写しとられて最小限の適応変化しか受けていないものを〈二重語〉と呼ぶ。例えば**livrer**「引渡す」と**libérer**「解放する」（ともにラテン語の**liberare**から来ている）、**natal**「生まれた（国など）」と**Noël**「クリスマス」（ともに**natalis**から来ている）。一般的発展を経た形は《民衆形》と呼ばれ、直接に写しとられた形は《学者形》と呼ばれる。ソシュールは《二重語》という用語は、二つの語のうちの一つだけが通常の音韻発展を経ており、他は最初から固定した形であるが故に、不適切であると考えている。

二八七　語根　ある言語、あるいは言語族の中で、同一の族の語のあらわれであるすべての語に共通の、それ以上還元不可能の基底要素を一般に〈語根〉と呼ぶ。語根はそれで構成されるあらゆる辞項に共通の、本質的な意味素をになっている。したがって語根は抽象的な形であって、それがさまざまな具体化をもつのである。

二八八　トランスの状態　トランスとは、催眠やヒステリー、法悦、霊媒などに共通に用いられる一種独特な意識状態で、受動性が目立ち、会話その他の自発的な意志行動が減退して、無意的自動性や常同的思考が優勢になり、ラポールやカタレプシーが現われやすくなっているような精神状態をいう。

二八九　ハイデッガーの哲学における実存と存在との関係　ハイデッガーは『存在と時間』におけるみずからの立場を現象学的存在論と規定し、実存哲学とは一線を画する。したがって彼の意図はあくまでも存在そのものの意味の解明にあるわけだが、しかしやはりそこでも存在への通路となるかぎりでの人間的実存の分析が基礎的存在論の名のもとに企てられており、そのかぎりにおいて広義の実存哲学に数え入れられる。彼はわれわれが現にここにあるという事実から出発する。それが彼の言う現存在《ダーザイン》であり、現存在のあり方が実存《エグジスタンス》である。世界内存在という構成をもつ現存在の存在の根本構造をなすのは「関心」であるが、日常性においてはこの関心はもっぱら物や他人との交渉となり、そうした交渉のなかで人は自己に無関心な「ひと」

の状態に頽落している。しかしその底につねにひそむ不安のなかでおのれが無にさしかけられていることを自覚するとき人は本来の自己への関心をとりもどし、世界の内に投げ出されつつも良心の呼び声にこたえて自己の存在を引きうけ、自己を未来に向かって企投する。こうして現存在の関心という存在構造は、過去をにないながら未来へ向かうことによって現在を成り立たしめる根源的な時間性へと還元されてゆく。この場合超越はまったく時間の地平で行なわれるのであるが、ここで消極的に規定された無が、とくに後期においては、存在するものを照らし出す超越存在の性格をつよめ、実存の超越も存在の光のうちに立ち出でることと考えられるようになる。そこにヤスパースらの有神論的実存哲学への近接を認めることもできるだろう。

二九〇　連結線《トレ・デュニオン》と分離線《トレ・ド・セパラション》　原文では un trait d'union et de séparation とある。トレ・デュニオンは英語のハイフンであるが、符号としての分離線で考えられるのは（／）であろう。したがってここでは communauté-sacré, communauté/sacré の二つの符号を思いうかべればよいだろう。

二九一　疎外性《マルジナリテ》〔限界性〕　フランス語 marginalité は、道の縁、書物の余白をあらわす marge《マルジュ》 から造られた新語である。社会の枠の外に置かれること、あるいは社会の枠の外にはみ出す（あるいははみ出される）性格。

二九二　《換喩的《メトニミック》》滑り込み　換喩（メトニミー métonymie）とは、比喩のうちの隠喩（メタフォール）の一種で、あるものをあらわすのにその属性、またはそれと密接な関係のあるもので表現する技法である。原因で結果を、容器で内容物をあらわすなどがそれである。例えば「冠」で王を、「びん」で飲み物や酒を、「羽根と毛皮」で鳥とけものをあらわすなど。
　この場合は、共同体の構成員が「いけにえ」に「自分」を感ずることが必要だということであろう。

二九三　大きな家畜の供犠の例　本書第四章一五六ページ参照。

二九四　祈りの言葉を言うのだ　本書第一章二一ページ参照。

第十一章　あらゆる儀礼の単一性

二九五　モンテーニュの『随想録』のある有名な一章……　モンテーニュ（一五三三―九二年）はフランスの文学者。これは『随想録』第一巻第三一章「人食い人種について」のことを指す。なおジラールは「二人のインディオ」と書いているが、モンテーニュのこの個所では「三人の男」とある。

二九六　誰でもその幸福を知っているこの善良な野蛮人　モンテーニュの前掲の章の中で、彼はこれら野蛮人について、プラトーンの想像した国家よりも完全だと書いている。〝わたしはプラトーンにこう言ってやりたい。「この国には、どのような種類の取引きも、文芸の知識も、数の知識も、偉い役人とかその筋の権威とかいう言葉もいっさいなく、ひとを使うことや貧富をならわしとすることもなく、契約も、相続も、分配もない。また、何もしないでいる以外に仕事はなく、共同社会としての尊敬以外に親への特別な尊敬はなく、衣服も、農業も、金属もなく、ぶどう酒も麦も用いない。嘘、裏切り、ごまかし、けち、妬み、悪口、勘弁などを意味する言葉は耳にはいったことがないのだ」と。〃（中央公論社刊「世界の名著19――モンテーニュ」一七一ページ、荒木昭太郎訳）

二九七　神経症　心的葛藤の象徴的表現として症状を示す心因性疾患をいう。そして、その心的葛藤の根源は患者の幼児期の生活史のうちに見出されるものであり、症状は欲望と防衛との妥協形成である。神経症という語に包括される範囲は変化してきた。こんにちでは通常、神経症をもっぱら、強迫神経症、ヒステリー、恐怖症と呼ばれる臨床形態にたいして使用しているようである。

二九八　《罪責感》　精神分析でつかわれるひじょうに幅広い意味をもった言葉。この言葉は、主体が非難されて当然だと考えるような行為をなした時――というのは、そこで理性が多少なりともそれなりの働きをするからだが――その結果おこる〃情動の状態（犯罪者の悔恨から、外見上不合理と思える自責まで）〃や、あるいは、その故に主体が自己を責めねばならないような具体的な行為とは関係なく、自分は無価値な人間だと思う漠然とした感情を指す。

他方、精神分析は、この罪責感を、失敗行動や、犯罪行為や、主体が自らに加える苦痛などを説明する、無意識の動機づけの体系としている。後者の意味においては、罪責感の「感」あるいは「感情」(sentiment) という語は、つねに慎重につかわれなければならない。なぜなら主体は、意識的経験の水準では、自分を罪あるものと感じないでいることもありうるからである。

二九九　ミルチャ・エリアーデ　一九〇七年―　。現代ルーマニアの宗教学者、インド学者。一九四六年ソルボンヌ大学講師、一九五七年シカゴ大学主任教授。『聖と俗』（一九五七年）、『永遠回帰の神話』（一九四九年）など。

三〇〇　人肉食は自然的形態では実在しない……　ミルチャ・エリアーデは次のように述べている。「食人儀礼が登場するのはこの文化段階である。人食い人種の真の関心は形而上的な事柄にあると想われる。すなわち人食いはそのかみ生起したことを忘れてはならないのである。……（中略）……首狩り、人身御供、人食い、これらすべては植物の生命を確保するために人間が引き受けたものである。フォルハルトが次のことをくり返し強調したのは正当である。すなわち食人者は世界における責任を負う。人食いは決して原始人の〈自然的〉振舞いではなく、（実際それは最古の文化段階には現われない）、すでに文化に属する宗教的生命観にもとづく振舞いである」（風間敏夫訳『聖と俗』法政大学出版局刊、九四―九五ページ）。

三〇一　ジャン・ジュネ　一九一〇年―　。フランスの現代作家。娼婦の私生児として生まれ、盗癖のため一五歳の時感化院に送られ、以後二〇年間、男色者、泥棒としてヨーロッパ各地を放浪した。『花のノートルダム』（一九四四年）、『泥棒日記』（一九四八年）など。

三〇二　隠喩《メタフォール》〔転送〕　メタフォール (métaphore) は今では修辞学上の隠喩をあらわす語として用いられているが（〃隠喩〃については前掲訳注二九二を参照）、ラテン語やギリシア語で metaphora は、〃運搬、輸送〃を意味する。

三〇三　この差異（différence）、あるいはむしろこの《延期》（différement）と言った方がいいもの　少し前にある《延期された》（différée）は、動詞 différer の過去分詞であるが、動詞 différer には「延期する、後日に延ばす」（他動詞）の意味と「異なる、別なものである」（自動詞）の両方の意味がある。怨恨があって復讐があるが、その意味では〝復讐を後日に延ばす〟わけだが、その後日にまわした復讐を外部に向けるという意味で〝暗黙裡の転送〟となる。ところで différer から連想される名詞は différence（「差異、相違」）であり、本書で重要な意味を持つ言葉であり、共同体の内部と外部の差異、時間的差異という意味では、たしかにその通りであるからジラールはここでも用いているわけであるが、différence には「延期」という意味がないので、《différement（延期）》という différer の名詞形を用いたわけである。これはジラールの造語であって、現代のフランス語には存在しない単語である。

三〇四　ジョージ・オーウェル　一九〇三―五〇年。本名エリック・ブライヤー。イギリスの小説家。スウィフト流の風刺家で『動物農場』（一九四五年）などがある。『一九八四年』は一九四九年の作品。

三〇五　黙示録　啓示文学とも言う。後期ユダヤ教の紀元前二〇〇―一〇〇年頃および初期キリスト教の五〇―三五〇年の時期に成立した著作。戦禍や迫害など民族的苦難のうちに書かれたものが多く、その内容は、現世の終末とメシアの王国の到来による、罪人の決定的な滅亡、義なる者の救済、栄光の御代の描写であり、その時に起る天変地異が、イスラエルやペルシアなどの神話的、宇宙論的伝承にもとづいて描かれている。旧約聖書「ダニエル書」、同外偽典中の「エノク書」、新約聖書「ヨハネ黙示録」などは代表的なもの。

三〇六　ヴァン＝ジェネップ　一八七三―一九五七年。フランスの民族学者、民間伝承研究家。『通過儀礼』（一九〇九年）をはじめ数多くの著作がある。

三〇七　男女両性具有的怪物《ヘルマアプロディトス》　男女両性具有者（ヘルマアプロディートス）の名はヘルメースと愛の女神アプロディーテーの語尾を男性化した形との合成語。プラトンの対話篇『饗宴』にも出て来る男女両性を具えた神。前掲訳注二六一と同じ。

三〇八　《アリストテレース的カタルシス》　アリストテレースは前四世紀のギリシアの哲学者（前三八四―三二二年）であることはいうまでもない。カタルシスについてはすでに本文中で見られるように、すでに宗教的浄化を問題にしたエンペドクレースの詩「カタルモイ（浄化）」や、魂をこの世の事物の汚濁からピロソピアによって浄化する必要を説いたプラトーンの『パイドン』の中に見出すことができ、またヒッポクラテスの著作の中では、病的な体液を排泄によって浄化する意味で用いられているけれども、しかし一般的には、アリストテレースが悲劇の人間に与える効果を説いた語として知られている。つまり劇中の事件や人物に対する共感が、人間の生理的、心理的鬱積を浄化、排泄するのに役立つという。

三〇九　語幹《テーム》　語根と幹母音（e／o）とから成る基体を〈語幹〉と呼び、名詞や形容詞では格屈折語尾が、動詞では動詞屈折語尾が、これに直接に付加される。ラテン語の dominus「主人」（dominos が元来の形）では、語根は domin-　幹母音は o　屈

折語尾が ω であり、ギリシア語の λύετε「きみたちは解く」では、語根が λυ 幹母音が ε 屈折語尾が τε である。

三一〇　ピュルゴン先生の灌腸　ピュルゴン先生は、モリエール最後の作『気で病む男』に出て来る医者で、医学とくに灌腸にたいする盲信と、医者としての自尊心以外には何も持っていない藪医者の典型。ピュルゴンの名自身が「灌腸」の意味。

三一一　《追加の予防接種》　種痘にしてもその他の予防注射にしても、一定期間の後にもう一度（または数回にわたって）予防剤を接種して免疫性を維持し、高める。

三一二　『詩学』　アリストテレースの生涯の比較的初期の頃（前三四〇年頃）に執筆したと考えられる。三大悲劇作家最後のエウリーピデースの没後六〇年、アッティカ喜劇の頂点をなすアリストパネースの死後四〇年たって、文学の歴史がいわゆる新喜劇の時代に入っていた頃のもの。

三一三　もっぱら《善》でも、もっぱら《悪》であってもならない。『詩学』の中の「物語における人物設定と運命の転換に関する諸原則」参照（中央公論社刊「世界の名著8――アリストテレス」三〇七―三〇八ページ）

三一四　近親者同士の暴力だけが悲劇のプロットにふさわしい。「しかし、そうしたむごたらしい出来事が近親関係のうちに起る(1)の場合――たとえば、兄弟が兄弟を、息子が父親を、母親が息子を、息子が母親を、殺害したり、まさに殺害しようともくろんだり、あるいは、他の何かその種のことをおこなったりするような場合――このような場合をこそ、作家は求めるべきである。」（「世界の名著8――アリストテレス」三二一―三二二ページ）

三一五　ケンブリッジ儀礼学派　英国のケンブリッジ大学の歴史研究グループ。

三一六　文化的動性　フランス語では mouvance culturelle である。mouvance は「封土、勢力圏」を意味するが、さらに「変動し、変化するものの性質」の意味があり、ベルクソンは「実存の動く性質」と規定している。ここでは「人々が文化を作り出そうとする動勢をもつ」の意味と考えられる。

三一七　『闘士サムソン』　ミルトンの作品（一六七一年）。ミルトンはギリシア悲劇の形式を借りて、盲目のサムソンに託して、逆境に呻吟する彼自身の苦悩と神の摂理への信仰とを歌っている。サムソンは旧約聖書「士師記」（一三―一六章）にあらわれているイスラエルの士師。怪力によってペリシテ人と戦ったが、敵の女デリラのために毛髪の秘密を知られて力を失った。その名は太陽を意味し、太陽英雄神話に関係があるといわれる。

ミルトン（一六〇八―七四年）はイギリスの詩人。クロムウェル時代に生きて波瀾に満ちた生涯をおくった。過労のため失明するにいたる。旧約聖書にあらわれる楽園喪失の物語を詩化した叙事詩『失楽園』（一六六七年一〇巻、一六七八年一二巻）などの著作あり。

三一八　この訳文は繁野天来訳『力士サムソン』の巻末にある解説中で玉木意志太牢氏が訳出されたもの。

三一九　近代主義《モデルニスム》　聖書や教義を近代的科学思想によって解釈しようとするもの。

三二〇 「プラトーンのファルマシー」 この論文はエディション・デュ・スイユ社から発行されている「テル・ケル叢書」の中の一冊『播種』*la Dissémination*, 1972. に収録されている。

三二一 ソピステス ギリシア語の sophistēs（単数形）という単語は前五世紀以前に使われていなかったらしく、その初期の用法ではただ「賢き人」「あることに熟達した人」の意味ではあったが、前五世紀の後半になって、町から町へと巡回しながら人々に知識をさずけて謝礼金をとる一群の人々をさすことになった（sophistai は複数形）。その代表的な人々はプロタゴラス、ゴルギセス、ヒッピアスらである。プロタゴラスのように徳を教えさずけると主張した人もいるが、共通の傾向として弁論術を教えることで、弁論に秀ることが立身出世の近道であったから、彼らのまわりに集まる青年たちは多かった。ところでソピステスたちは一定の哲学的見解というよりも常識的な立場に立ってこの世での成功、真偽にこだわらず自分に有利になるように弁じたてる才能に重点をおいたため、真理の問題や倫理道徳の規準について、いきおいスケプティクな空気をかもし出し、よい意味で批判的精神を養いはしたが、いわゆる後期のソピステスたちに見られる悪風、自己の利益をはかり、その野心をみたすためにはいっさいの道徳を無視するという風潮を助長したことも否定できない。アテーナイの文化発展につくした啓蒙的功績を高くかわなければならないはずの彼らがとかく悪評の的になり、白を黒といいくるめる詭弁の徒、道徳の破壊者ということになるのである。

三二二 象徴化《シンボリザシヨン》〔シンボル表現〕『精神分析用語辞典』には symbolisation については解説がないが、「象徴性《サンボリスム》」について次のような記述がある。「(A)広い意味では、無意識的思考、葛藤、欲望を間接的かつ形象的に示す表現様式。この意味では、精神分析においては、代理形式をすべて象徴的と考える。(B)狭い意味では、象徴と無意識に属する象徴されるものとの関係の恒常性を主な特徴とする表現様式、この恒常性は同一個人においても、個人と個人の間においても認められるのみならず、ひじょうに多様な分野（神話、宗教、民間伝承、言語活動など）および互いにかけ離れた文化圏の間にも認められる。」

三二三 祭司－王たち フランス語で rois-prêtres 英語では priest-kings 原初的には民族や部族の指導者がそのまま、彼らの運命を支配する神の声をつたえ、また下の声を神にとりつぐ役目を担うことが多かった。

三二四 除去というこの言葉は……「除去」élimination は、ē- という〝分離、離脱〟を示す接頭辞と、〝敷居、入口〟をあらわす limin-（limen）からできている。つまり「外に出す」ことである。

三二五 アパゴーゲー apagoge 「正しい道から逸れさせる」を意味するギリシア語。三段論法で「相手の説の逆が正しいことを証明して相手を論破する間接帰謬法」として用いられる。ここでは〝別な方に導く、死へ追い込む〟といった意味で民衆による罪人処刑を意味する。なお、ラテン語に apage（立ち去れ、行っちまえ）という語がある。

三二六 偶然的（アレアトワール） トランプの札、さいころの目、マージャンの牌など、どれが出るかわからないが引いた時、ふった時に出てくるものは全く偶然である。出合いがしらに人と人が衝突するのも全くの偶然である。これがアレア alea であるが、こうした「偶然の概念」は二〇世紀になって自然科学の中で発展する。

三一七 〃神明裁判〃 封建法で言う試罪法。熱湯に手を入れても害を受けぬ者、戦って勝った者などを無罪とした。探湯（くがだち）の類である。前掲訳注三一「裁きの決闘」を参照のこと。

三一八 君主制 monarchie 語源的に言えば「たった一人の者の支配」の意味である。ギリシア語の monarkhia←monarkhos.

三一九 アステカ族 中央アメリカインディアン。一五一九年にスペイン人コルテスに征服されるまで、一二世紀頃からメキシコ中央部に高度の文明を築いていた。

三二〇 トムおじさん ストー夫人の『アンクル・トムの小屋』にでてくる奴隷の運命を甘受する従順な黒人の主人公。

三二一 シェークスピア シェークスピアは、はじめはレスター伯に仕え、やがてジェームズ一世お抱えとなった俳優団に加入し、俳優として出演するかたわら、座付き作者をつとめ、およそ二〇年、劇作にのみ専念し、劇作家として名を成すとともに収入も増加して、故郷の宅地を買い、余生を送った。

三二二 似而非の王 mock king 英語の mock はフランス語の moquer から来た語で、「あざける、ばかにする、なぶる」、「まねる、似せる」という意味がある。形容詞としては「まがいの、にせの」という意味をもつ。

三二三 フランスのアンシャン・レジーム 一七八九年のフランス革命以前、つまり市民革命以前の旧政体を言う。ブルボン王朝の絶対主義王政のこと。

三二四 神権 神が定めた権利。王の権利は神が授けたものであるという神授王権。

三二五 触れただけで治す瘰癧の治療 戴冠式の日に国王が触れるとこの病気が治ると信じられていた。

三二六 最後のギロチンによる処刑 フランス・ブルボン王朝最後の王ルイ一六世は、フランス革命の結果一七九三年一月、断頭台上で処刑された。

三二七 『リチャード二世』 シェークスピアの史劇の一つ（一五九五—六年）。歴史上のリチャード二世は、イングランドのプランタジネット王朝最後の王（一三七七—九九年）。タイラーの率いる農民一揆を辛うじて鎮圧したが、治世の後半は専制的となり国民の反感を買い、ランカスター公ヘンリー（後のヘンリー四世）の挙兵があり、捕えられて議員により廃位され、翌年暗殺された。

三二八 ウォルター・ペーター 一八三九—九四年。イギリスの批評家。折々の大陸旅行のほかはオックスフォードで静かな一生をおくった。洗練された散文で高踏的な唯美主義哲学を展開した。『ルネッサンス研究』（一八七三年）はその代表作。*Appreciation*（一八八九年）には文体論のほかイギリスの諸作家の鑑賞がある。

三二九 〃外に〃〃導く〃という意味で…… フランス語の éducation（英語の education）「教育」は、ラテン語の接頭辞 ex-（「外に、外へ」、「…から、…から離れて」を意味する）と、動詞 ducō（「引き動かす、引き出す」）を語源としている。éducatrice「教育者」は éducateur の女性名詞。

三四〇　論点の先取り　論証を要するものをすでに論証されたものとして前提のうちに加えること。

三四一　オムパロス　ギリシア語 omphalos は「へそ、中心」の意味。デルフィのアポロ神殿にあった半円形の石の祭壇を言う。これは地球の中心とされていた。

三四二　広場《アゴラー》　ギリシア語 agora は広場、市場のこと。市民集会がおこなわれた。

三四三　ヘスティアー　ギリシア語 hestia は「かまど、炉」の意味。炉は犠牲を捧げる所でもある。炉の女神もまたヘスティアーであって、あらゆる犠牲の分け前はまずこの女神に捧げられた。

三四四　アナクシマンドロス　西暦前六一〇—五四六年。ミレトス学派の哲学者。タレスの弟子にして後継者。はじめて散文で著作したがその題名は不明。

三四五　アナクシマンドロスの言葉　この訳文は訳者のものである。『哲学事典』（平凡社）の「アナクシマンドロス」の項の中には次の訳文がある。「万物の生じてきたもとのものへ有るものどもは必然性にしたがって消滅していかねばならない、なぜなら時の順序にしたがいそれらはみずから犯した不正ゆえに互いに罰をうけ償いをしなければならない」（断片1）。

結論

三四六　変数　数学や物理で、「与えられた範囲のどのような値もとりうる量、条件の変化によって値の変化する量」のこと。常数に対するもの。

三四七　進化論　英語では evolution theory　フランス語では transformisme　現在までに提出された進化学説には、隔離説、定向進化説、交雑説、ラマルク説および新ラマルク説、ダーウィン説および新ダーウィン説、突然変異説などがある。

三四八　《王様をきめる》　フランス語で tirer les rois　たとえば、御公現（一月六日）の祝日の平たいケーキの中にそらまめまたは陶製の人形を入れておき、切り分けて食べるとき、それにあたった者が王様もしくは女王様になる遊びがある。

三四九　食べられるのが誰か……　フランスの民謡　《Il était un petit navire》「昔々、一そうの小さな舟がありました」の中の一節。

三五〇　ヤハウェ〔エホバ〕　ヘブライ語 Yahweh　神名を表わすヘブライ語子音字 YHWH の発音を学問的に再構成したもの。ヘブライ語の旧約聖書に現われる神の名。伝統的には Jehovah の形が用いられる。

三五一　コース Kos　コース島はトルコ南西海岸沖のドデカネセ諸島の一つ。さまざまなギリシア神話の舞台になっている。

三五二　解読用の格子　暗号文の上に置いて、あいている穴の部分に出てくる文字をつなぐと解読できる格子のこと。

三五三　聖なるものから脱して創発した「創発する émerger」は、〃水面上に浮かびあがる〃の意味であるが、生物学では〃進化の過程で新しい形質を獲得する〃の意味をもち、創発という。ここでは「聖なるもの」を土台にして、そこから分れ、新しい社会として成立したという意味。

追補訳注一　ポボス　ポボスは軍神アレースとアプロディーテーの子で、デイモス〔恐慌〕の兄弟。ポボスは元来、パニック、または敗走、潰走を意味し、恐怖、恐れは後代の解釈とのことである（呉茂一氏による）。ここではポボスが軍神アレースの子である点がポイントで、訳注二七八に記したように、アレースは、武神、軍神で「人間に禍を加える」、「（殺人の）血にまみれた」、「忌わしい」などと詩人たちに形容されていて、兇暴な暴力のシンボルである。自らの血族を殺し、またそのアレースにたいして人間供犠がおこなわれるなど、血にまみれた神である。したがって、こうした暴力的神の子であるポボスは、災厄、恐怖、混乱などを意味する。

訳者あとがき

本書は René Girard: *La Violence et le sacré*, Éditions Bernard Grasset, Paris, 1972 の全訳である。なお翻訳には一九七七年四月刊の第二刷を底本とした。また、英語版 René Girard: *Violence and the Sacred*, translated by Patrick Gregory, The Johns Hopkins University Press, Baltimore and London, 1977 を参照した。

リュシアン・ゴルドマンは、ルカーチと同等の資格でルネ・ジラールを論じながら、ロマネスク形式（小説的形式）とそれが醸成発達した社会的環境の構造との間に厳密な対応関係があることを指摘し、それが、その一つの時代全体がふくむ内容を見事に表現すると言い、とりわけ小説という文学ジャンルと近代個人主義社会との関連について、この文学形式が、市場のための生産の社会における人間たちと、一般的に言ってさまざまな財物との間の関係、さらに拡張して言えば彼らと他の人間たちとの関係を表現すると書いている（『小説の社会学のために』一九六四年刊、第一章）。たしかにジラールは『ロマンティークの虚偽とロマネスクの真実』（一九六一年刊）では、セルバンテスからスタンダール、フロベール、ドストエフスキー、プルーストといったいわゆる近代個人主義社会の作家群を扱っていることから、ゴルドマンの評価が資本主義社会と小説との関係に限定されているのも止むを得ないが、この〝ロマネスク形式〟なるものをもう少し拡大して〝さまざまなエクリ〟としてみたらどうであろうか？事実ジラールは、人間の存在様態、とりわけ形而上的欲望の構造を、落下の速度をはやめるにつれて形を変えてゆく物体にたとえて「異なる段階に置かれた小説家はそれぞれ、眼に映じたようにその物体を描写する。もっとも多くの場合、彼らはその物体がたったいま蒙ったばかりの変形と、なお蒙るであろうはずの変形を推測するにすぎない。彼らは自分自身の観察と彼以前の人々のそれとの間にある諸関係を必ずしも見てとるわけではない。こうした関係を明確にする役割は、ロマネスク的作品の《現象学》に負わされている。この現象学はもはや、種々の作品のあいだに境界線を考慮すべきではない。全く自由に一つの作品から他の作品に移行し、形而上的構造の動きそのものに応ずるようつとめる」(『ロマンティークの虚偽とロマネスクの真実』、邦訳名『欲望の現象学』一〇六ページ)と書いているが、こうした観点から近代個人主義社会をはるかに古く遡って、聖書、ユダヤ古文書、ギリシア悲劇群、前ソクラテス派の著述を考察し、さらにさまざまな神話、儀礼、宗教を検討してみれば、そうしたものと、人間たちとさまざまな財物の関係、人間たちと他の人間たちの関係との間に、厳密な対応が見つかり、人間の本来的な存在様態が見つかるのではなかろうか、これがジラールの『暴力と聖なるもの』に取りかかる姿勢であったろう。

聖書の中にもギリシア悲劇の中にも、あるいはさまざまな宗教、儀礼の中にも、必ずといっていいほど見出されるものは供犠である。人々は供犠を何らかの《象徴的》制度と見做してすませてきたが、果してそうだろうか。供犠は、つまりは殺人であり暴力ではないのか？　これまで人々は、供犠と暴力との間の関係について、なぜ考えようとしなかったのであろうか？　ジラールはこうして供犠の持つ意味についての徹底的な検討から始める。ジラールは、供犠が、バタイユの言うような人間の中にある連続性への希求としての〝聖なる行為〟あるいは過剰なエネルギーの激発とは見ていないし、モースのようにいけにえの神聖な性格を論じて「いけにえを殺すということは、それが聖なるものであるが故に犯罪的である……けれども、いけにえが殺されなければ、それは聖なるものとならないだろう」といった循環的推理におちいることもない。ジラールは最新の心理学や動物行動学、現代の民族学の報告を引用しつつ、供犠における暴力回避の作用に注目する。動物（あるいは或る種の人間）をいけにえにするということは、保護したいと思う生き物、あるいは人間から、死んでも大して惜しくない別な生き物、あるいは死んでも一向にかまわない別な生き物に、暴力の鉾先を向けさせることである、と考える。「フィールド・ワークと理論的考察は、供犠の説明に関して、身代りという仮説にわれわれを引きもどす」とジラールは書いている。つまり供犠は、社会が保護したいと望む人々に襲いかかる危険性のある暴力を、相対的に社会と無関係ないけにえ、《犠牲にしてもかまわないいけにえ》の方に振り向けようとつとめる集団的・社会的レヴェルの行為なのだ。

それでは暴力とは何か？　ジラールがヴィクター・ターナーなどの民族学的フィールド・ワークに依拠しつつ「いけにえを使うことによって、共同体の内的緊張、怨恨、敵対関係といった一切の相互間の攻撃傾向を吸収する」作用を供犠にみとめているように、ジラールの指摘する暴力は社会的レヴェルのものである。何らかのきっかけで、共同体内の成員同士、あるいは共同体と共同体の間で血が流される。その血にたいして復讐しなければならない。なぜなら、殺人が恐怖をよびさますからであり、人間たちが人を殺すのを妨げなければならないからである。けれども復讐によって罰する行為と、復讐それ自身との間に差異はない。復讐は復讐をよび、報復は報復を求める。したがって復讐は無限の終りなきプロセスを構成する。復讐が共同体の何らかの或る一点にうかびあがる度ごとに、それは拡散して社会全体を掩おうとする。小規模の社会なら致命的な結果をもたらすだろう。したがって、その暴力の連鎖を断ち切らなければならない。それが宗教的社会においては供犠なのである。つまり供犠は、いたるところにひろがった軋轢のたねをいけにえの上に偏在させ、暴力に部分的な満足感を与えることで軋轢のたねを解消し、共同体自身の暴力から共同体を保護するのである。暴力の目をごまかし、暴力のはけ口をあたえて（いけにえ）、共同体にとっては当り障りのない〝良い〟方向に導いて、暴力を排泄するのである。供犠が殺害という意味では暴力に違いないとはいえ、その暴力は、暴力の拡散、伝染（復讐の無際限な連鎖、ジラールはこれを本質的暴力と名づけている）を防止し、暴力を解消すると言う意味で供犠は〝けがれなき暴力〟なのである。これが身代りのいけにえのはたす贖罪のメカニズムである。共同体に災厄をもたらすと見做される者が事実そうであるか否かは問題ではない。万人がそうであると見ることができればそれでよいし、真の犯罪者をいけにえにすることが復讐の連鎖を続けることになれば彼をいけにえにすることは不適当である。この場合にもまた身代りのメカニズムが働くのである（いけにえ選択の恣意性）。共同体の秩序維持のためには、一人のいけにえにたいして共同体構成員の全体が結束する瞬間がなければならず、また、一人のいけにえがそうした結果をもたらすように機能するのである（供犠における満場一致性）。「宗教的なものはつねに、暴力を鎮静化し、それが荒れ狂うのを防止することを狙っている。宗教的道徳的権威は、日常生活では直接的に、儀礼の場ではしばしば暴力の逆説的な介入を通して間接的に、非暴力を目指している。供犠は、道徳的宗教的生活の全体に結びつくが、それはかなり、異様な迂回の末においてである」とジラールは書いている。

ジラールは、際限のない復讐から身を守るために人間がかつて使った方策はどれも似通ったものであるとして、次の三つの範疇をあげている。

第一に、復讐の気持をいけにえの方にふり向けることに役立つ予防的手段（供犠がその例である）、

第二に、その治療的効果が依然不明なコンポジション〔補償〕とか裁きの決闘のような復讐の緩和あるいは拘束、

第三には、治療的効果がそれらとは比較にならないほど大きい法体系（つまり、現代のわれわれがその保護のもとにあるもの）の確立、である。

供犠のような宗教的手段が、復讐をさまたげ、復讐を回避し、復讐の目を副次的なものの方にそらせようとする

のに対して、法体系は、復讐を合理化し、思い通りにそれを切りとって限定する。法体系だけが復讐についての絶対的な独占権を所有しているが故に、大胆に暴力を叩きふせようとする。そうした独占権のおかげで、一般的に言って、復讐を激化したり増殖したりせずに、それを根だやしにする。その点では法体系の方が供犠よりもはるかに有効ではあるが、それはしかし、まさに強力な政治権力と結びつかない限り存在し得ない。このように、法体系の根底には、儀礼としての供犠と同じ暴力が持ち越されているのである。

「忘れてならないのは、供犠が有効なものであり続けるためには、宗教的生活のあらゆる面を特徴づける敬虔の心で実行されなければならないことだ」とジラールは書いているが、万人の敬虔の心に亀裂が入る時が来る。生物や人間を分類し位置づける仕方における一切の変化が供犠体系を狂わせることがあるのだ。文化秩序におけるさまざまな差異化の変化、あるいは非差異化がおこるやいなや、供犠体系における〝穢れた暴力〟と〝浄化の暴力〟の混乱がおこる。それが〝供犠の危機〟である。「他の暴力によってしか暴力に対抗できない瞬間が、いつもやって来るように思われる。そんな時、それに成功するか失敗するかなど問題にならない。暴力には、ある時は直接的で積極的な、ある時は間接的でマイナスの異常な模倣効果がある。人々が暴力を制御しようとつとめればつとめるほど、彼らは暴力に餌を与えることになる。……聖なるものとは、人々がそれを制御できると思いこめば思いこむほど、それだけ確実に人間を制圧する一切のもののことだ。したがって人々をおびやかすものは、……なかんずく、はるかに目立たないとはいえ、人間それ自身の暴力なのだ」とジラールは言う。〝供犠の危機〟における一方の正義の主張は、その敵対者の正義の主張と拮抗し、対立関係の激化をもたらす。「神性」の競い合いである。ジラールはこうした〝供犠の危機〟の時代の一つを、紀元前五世紀のギリシアに見ている（ギリシア三大悲劇詩人の時代であり、前ソクラテス派の時代である）。この敵対関係は、一方が共同体の維持のためにいけにえとなって殺されたり追放されることによって解消するが、いけにえとされる何らの合理的な根拠はない（いけにえ選択の恣意性）。そしてそれがいけにえになることによって、いままでばらばらであった共同体内に、いけにえに対して、いけにえの周囲で、突如として満場一致性が成立する。ジラールはギリシア悲劇を供犠の危機の状況を洞察した表現と見ているし、ギリシア神話をはじめさまざまな神話は、それ以前の太古の昔にもたびたび訪れた供犠の危機が、同様の〝贖罪のメカニズム〟によって回避された後、うまれつつある秩序の側から成された、つまり、供犠を実行した集団による殺人の合理化と見るのである。父殺しと近親相姦が多くの神話にあらわれているのも、そうしたいけにえの殺害を合理化する口実にすぎない。こうした観点から、ジラールはフロイトのエディプス・コンプレックスの虚妄性を暴露してゆく。〝父親のようでありたい〟と〝わたし（父親）のようであってはならない〟という二重束縛《ダブル・バインド》は、欲望のミメーシス性〔欲望の三角形的構造〕にもとづくものであって、それは何も父親である必要はなく、母親にたいするリビドーが存在する必要もない。子供の中に、父殺しの願望や母親への性的欲望を見る必要はないのである。ジラールはエディプス・コンプレックスの虚妄を指弾はするが、欲望の三角形的構造を発見したフロイトの天才を高く評価しているし、精神分析学が忘れたいと願う著作『トーテムとタブー』における、一切の謎を或る現実の殺人に関係づけるべきであることを示唆した直観を高く評価するのである。「それでもなおフロイトは、一つの恐るべき発見をしている。つまり彼は一切の儀礼行為、一切の神話的意味づけが、現実の殺人に起源を持つと断言した最初の人間である」とジラールは明言している。こうしてジラールは大胆に、原初におこった創始的集団暴行に、神話や儀礼の起源を見、宗教的なるものは贖罪のいけにえの持つ効用を目標とし、その機能は、贖罪のメカニズムの効果を持続し、あるいは更新すること、つまり暴力を共同体の外側に維持することであると定義してゆくのである。

訳者が書くべきあとがきとしては、いささか原書の論旨を詳述しすぎた観がある。こうした読解はむしろ読者諸氏の自由にゆだねるべきであろう。ただ、なお一言申し添えたいことは、ジラールの現代西欧批判である。西欧は常に危機の中にいる、その危機はますます拡大し深刻化することを決してやめないのだ、とジラールは診断を下している。一見強固に見えた法体系も、今やその基盤が復讐の合理化であるという認識がはっきりとあらわれ、法体系が政治権力と結びついて、それに支えられていることが明確に意識され始めている。体制のいかんを問わず現に活動しつづけてやまない反体制運動は、そうした意識の表われであろう。今日、暴力の支配は明白になったとジラールは指摘している。

＊

今から数えて既に十三年も昔のことになるが、一九六九年、フランスから帰ったばかりのわたしに、機会があって法政大学出版局の稲氏から、当時まったく無名のルネ・ジラールの処女評論『ロマンティークの虚偽とロマネスクの真実』（一九六一年刊）の翻訳出版について相談があった時、一読してわたしは、その精密的確な分析、人間心理についての深い洞察、欲望の三角形的構造というユニークな着眼などといったものに、すっかり魅了されてしまった。ゴルドマンが『小説の社会学のために』の中でルカーチと同等の地位を与えてジラールを激賞していることは承知していたが、そうした感動に引きずられて、その翻訳を手掛けることになったのはわたしの幸せであった。同書は『欲望の現象学――文学の虚偽と真実』という邦訳名で、一九七一年一〇月に刊行されたが、これがわたしの、法政大学出版局から出した最初の訳書であった。（邦訳名については多少問題があるように思われるが、わたしとしては当時の状況で原タイトルのままで世に出すことはむずかしいと思われたし、今となってみればむしろこのタイトルでよかったのではないかと思う。その理由の一つは、当時の「訳者あとがき」にも書いたように、ジラールの著作の意図を、単なる文学ジャンルとしての小説論だけに限定することは誤りだからである。この訳書は比較的早く売れて、ほどなく品切れになり、そのまま十年もたってしまった。この間、わたしはエドガール・モランにかかりきりになっていた。）

こうした因縁があったから、十年後の一九七八年にジラールの第二作とも言うべき（もっとも、『ドストエフスキー——二重性から単一性へ』という新書判、二〇〇ページ足らずの論文が一九六三年に出ているが）大部の著『暴力と聖なるもの』を手にした時、ものの見事に成長して深みと幅を増した旧知の人と久しぶりに再会したと同じ驚嘆と感激を覚えた。この本の初版が一九七二年に出ているのに気づかなかった迂闊さを恥じながらも、これはジラールの主著だと思った。

一九七八年といえば、ジラールの『世の初めから隠されていること』がグラッセ社から刊行されて、現代の碩学ミッシェル・セールの見事な書評で、それまでフランスではほとんど無名に近かったジラールの評価がようやく定まり始めた年である。今から四年前のことにすぎない。あるレポーターの紹介によれば「今日のフランスで最も脚光を浴びている思想家はもうジャック・デリダではなく、ましてベルナール＝アンリ・レヴィなどではない。それは現在アメリカで教職に就いているルネ・ジラールであると断言しても、おそらく反対する人は少ないだろう」ということだそうである。急上昇の人気とか流行とかはさておいて、感慨をこめて言わしていただければ、この『暴力と聖なるもの』はわれわれを戦慄せしめる本である。われわれがその庇護のもとにあり、安住し得ると信じていた法体系が、その本質は実は暴力にほかならないことを指摘し、世界的に言えば軍備拡張競争や核抑止論、予防戦争論、外敵の脅威による国論統一から、集団リンチ、さまざまな差別、校内あるいは家庭内暴力、子供たちの間に流行のシカトにいたるまでの一切の暴力のメカニズムをあきらかにしてくれるような記述に満ちている。われわれの文明の中心部にあるさまざまな文化的社会的構築物の基盤にあるものは〝暴力〟なのである。

ルネ・ジラールの略歴については『欲望の現象学』の訳書刊行の折に問い合わせたものを、同書の「訳者あとがき」の中に記しておいたので参照されたい。

これまで出版された単行本は次の通りであるが、これらのほかに多数の論文を英語で書いていて、そのいくつかは、一九八一年来、雑誌『現代思想』(青土社刊)に翻訳掲載されている。

* *Mensonge romantique et vérité romanesque*, Éditions Bernard Grasset, 1961. (古田幸男訳『欲望の現象学——ロマンティークの虚偽とロマネスクの真実』法政大学出版局刊、一九七一年)
* *Dostoïevski, du double à l'unité*, Éd. Gérard Monfort, 1963. (鈴木晶訳『ドストエフスキー』法政大学出版局刊、一九八三年)
* *La Violence et le sacré*, Éditions Bernard Grasset, 1972. (本書)
* *Critique dans un souterrain*, L'Age d'Homme, Lausanne, 1976.
* *Des Choses cachées depuis la fondation du monde*, Éditions Bernard Grasset, 1978. (小池健男訳『世の初めから隠されていること』法政大学出版局刊、一九八四年)
* *To double business bound*, The Johns Hopkins University Press, 1978. (法政大学出版局より刊行)
* *Le Bouc émissaire*, Éditions Bernard Grasset, 1982. (法政大学出版局より刊行)

*

前にも記した通り原書を手にしたのは四年前のことであったが、それ以前に依頼されていた原稿もあって着手がおくれ、約一年がかりでようやく翻訳を脱稿したのが一九八一年六月末日である。その後、本訳書が刊行される一年半ばかりのあいだに、作田啓一氏、今村仁司氏、その他の方々の尽力によってジラールの評価が日本でも定着し始めた折柄、訳書の出版を待たれた方も居られると聞いているので、本書刊行の遅延をお詫びしたい。

訳出にあたっては多くのものを参照させていただいた。とりわけギリシア神話、ギリシア悲劇の固有名詞については、岩波書店刊、高津春繁氏著『ギリシア・ローマ神話辞典』に依って表記を統一するようにつとめた。（したがって、精神分析の用語でエディプス・コンプレックスという呼称と、ギリシア名のオイディプースの日本語表記に食い違いがあるわけである）。また、前に記したギリシア神話とギリシア悲劇の社会的機能の相違から、ギリシア悲劇詩人の作劇した戯曲を紹介する必要を感じて訳注にその梗概を掲げたが、そのほとんどは同辞典に拠っている。高津先生に衷心から御礼を申し上げたい。同様のことは次に掲げた各書にも言える。列挙して感謝の意を表したい。


『ギリシア悲劇全集』I～IV巻。呉茂一、高津春繁、田中美知太郎、松平千秋各氏編集。人文書院刊。

『フロイト著作集3』（「トーテムとタブー」西田越郎氏訳）人文書院刊。

『フロイト著作集6』（「快感原則の彼岸」、「集団心理学と自我の分析」、両論文とも小此木啓吾氏訳）人文書院刊。

ラプランシュ／ポンタリス『精神分析用語辞典』村上仁氏監訳。みすず書房刊。

クロード・レヴィ＝ストロース『構造人類学』（「言語学と人類学における構造分析」佐々木明氏訳）みすず書房刊。

世界の名著49『フロイト』懸田克躬氏訳（とくにその解説）。中央公論社刊。

世界の名著59『マリノフスキー／レヴィ＝ストロース』（泉靖一氏の解説）。中央公論社刊。

J・デュボワ他『ラルース言語学用語辞典』伊藤晃氏ほか編訳、大修館書店刊。


それにまた無知浅学の故に、いつものように数多くの方々に不明の個所を問い合わせては御迷惑をおかけした事をお詫びしたい。とりわけ白井健三郎先生には、数多くの御教示をいただいた。厚く御礼申し上げる。校正その他について大川加世子さんの協力を得たことを感謝する。また、いつもながら絶えざる御鞭撻と激励をいただいた法政大学出版局の稲義人氏と藤田信行氏に謝意を捧げる。

一九八二年九月——ベイルート難民大虐殺のニュースを聞いた日

訳　者

追記　この「訳者あとがき」には、『現代思想』一九八二年二月号所載の拙稿「バタイユとジラール」の一部を書き改めた部分があることをおことわりしておく。

第一刷の刊行後、平川俊彦氏の御指摘により、第二刷では誤植の訂正と悪文の修正、また脱落個所を補うことができた。同氏に深く感謝する。（一九八四・四）

参 考 文 献

ARROWSMITH, William : "The Criticism of Greek Tragedy", *The Tulane Drama, Review* III, 1959.

BATAILLE, Georges : *L'Erotisme,* Ed. de Minuit, 1957.

BATESON, Gregory, DON D. JACKSON, Jay HALEY and John WEAKLAND : "Toward a Theory of Schizophrenia", *Interpersonal Dynamics,* Warren G. Bennis *et al.* eds, Homewood, Illinois, Doresey Press, 1964, pp. 141-161.

BATTISTINI, Yves : *Trois Présocratiques,* Gallimard, 1970.

BEIDELMAN, T. O. : "Swazi Royal Ritual", *Africa* XXXVI, 1966, pp. 373-405.

BENVENISTE, Emile : *Le Vocabulaire des institutions indo-européennes,* Ed. de Minuit, 1969, 2 vol.

BOAS, Franz : "Tsimshian Mythology", *Report of the Bureau of American Ethnology* XXXI, 185, N° 25.

CAILLOIS, Roger : *L'Homme et le sacré,* Gallimard, 1950.

CANETTI, Elias : *Masse und Macht,* Hamburg, Claassen, 1960.

CHAGNON, Napoleon A. : *Yanomamö, the Fierce People,* New York, Holt, Rinehart and Winston, 1968.

COOK, P. A. W. : "The Inqwala Ceremony of the Swazi", *Bantu Studies* IV, 1930, pp. 205-210.

DELCOURT, Marie : *Légendes et cultes des héros en Grèce,* Paris, 1942, *Œdipe et la légende du conquérant,* Paris, 1944.

DELCOURT-CURVERS, Marie, éd. et trad. : *Euripide,* Gallimard, 1962.

DERRIDA, Jacques : *La Pharmacie de Platon,* coll. *Tel Quel,* Seuil, 1968.

DIELS, HERMANN et Walter KRANZ : *Die Fragmente der Vorsokratiker,* Berlin, 1934-1935.

DOSTOÏEVSKI, Fiodor : *The Double,* in *Three Short Novels of Dostoevsky,* tr. by Constance Garnett, revised and ed. by Avrahm Yarmolinsky, Garden City, New York, Anchor Books, 1960.

DOUGLAS, Mary : *Purity and Danger,* Londres, Penguin Books, 1966.
DUMÉZIL, Georges : « Lecture de Tite-Live » (chap. IV de *Horace et les Curiaces,* 1942) et « Les Transformations du troisième triple », in *Cahiers pour l'Analyse* 7, 1967.
Mythe et Epopée, Gallimard, 1968.
DURKHEIM, Emile : *Les Formes élémentaires de la vie religieuse,* Paris, Presses Universitaires, 1968.
ELIADE, Mircea : *Aspects du mythe,* Gallimard, 1963.
Rites and Symbols of Initiation, New York, Harper, 1965.
The Sacred and the Profane, New York, 1961.
ELKIN, A. P. : *The Australian Aborigines,* New York, Doubleday, 1964.
EVANS-PRITCHARD, E. E. : *The Nuer,* Oxford Press, 1940.
Social Anthropology and Other Essays, New York, Free Press, 1962.
FARBER, Bernard, éd. : *Kinship and Family Organization,* New York, Wiley, 1966.
FRAZER, J. G. : *The Golden Bough,* Londres, Macmillan and Company, Limited, 1911-1915, 12 vol.
Totemism and Exogamy, Londres, Macmillan, and Company, Limited, 1910, 4 vol.
FREUD, Sigmund : *The Standard Edition of the Complete Psychological Works,* éd. et trad. par James Strachey, Londres, Hogarth, 1953-1966, 24 vol.
Essais de psychanalyse, trad. par S. Jankélévitch, Payot, n. d.
Totem et tabou, trad. par S. Jankélévitch, Payot, 1951.
GERNET, Louis : *Anthropologie de la Grèce antique,* éd. François Maspero, 1968.
GLUCKMAN, Max : *Order and Rebellion in Tribal Africa,* Free Press of Glencoe, 1960.
Politics, Law and Ritual in Tribal Society, New York, Mentor, 1968.
HEIDEGGER, Martin : *Chemins qui ne mènent nulle part,* trad. par Wolfgang Brokmeier et éd. par François Fédier, Gallimard, 1962.
HENRY, Jules : *Jungle People,* New York, Vintage Books, 1964.
HEUSCH, Luc de : « Aspects de la sacralité du pouvoir en Afrique », in *le Pouvoir et le sacré,* Bruxelles, Institut de sociologie, 1962.
HÖLDERLIN : *Hypérion,* trad. par Ph. Jaccottet et *Lettres,* trad. par D. Naville, in *Œuvres,* éd. par Ph. Jaccottet, Gallimard, 1967.
HUBERT, Henri et Marcel MAUSS : *Essai sur la nature et la fonction du sacrifice,* in Mauss, Marcel, in *Œuvres,* I, *les Fonctions sociales du sacré,* Paris, Ed. de Minuit, 1968.
HUIZINGA, Johan : *Homo Ludens,* Boston, Beacon Press, 1955.

HUXLEY, Francis : *Affable Savages,* New York, Capricorn, 1966.

JEANMAIRE, H. : *Dionysos, histoire du culte de Bacchus,* Payot, 1970.

" Le Traitement de la mania dans les 'mystères' de Dionysos et des Corybantes ", *Journal de psychologie,* 1949, pp. 64-82.

JENSEN, Adolphe E. : *Mythes et cultes chez les peuples primitifs,* trad. par M. Metzger et J. Goffinet, Payot, 1954.

KANTOROWICZ, Ernst H. : *The King's Two Bodies,* Princeton University Press, 1957.

KLUCKOHN, Clyde : " Recurrent Themes in Myth and Mythmaking ", in Henry A. Murray, ed., *Myth and Mythmaking,* New York, Georges Braziller, 1960.

KUPER, H. : " A Ritual of Kingship among the Swazi ", *Africa* XIV, 1944, pp. 230-256.

The Swazi : a South African Kingdom, New York, Holt Rinehardt and Winston, 1964.

LACAN, Jacques : *Ecrits,* Seuil, 1966.

LAPLANCHE, Jean et J. B. PONTALIS : *Vocabulaire de la psychanalyse,* Presses Universitaires, 1967.

LAPLANCHE, Jean : *Hölderlin et la question du père,* Presses Universitaires, 1961.

LEACH, Edmund, éd. : *The Structural Study of Myth and Totemism,* London, Tavistock, 1967.

LÉVI, Sylvain : *La Doctrine du sacrifice dans les Brahmanas,* Presses Universitaires, 1966.

LÉVI-STRAUSS, Claude : *Les Structures élémentaires de la parenté,* Presses Universitaires, 1949.

" La Geste d'Asdiwal ", *Annuaire de l'école pratique des hautes études, VI*e *section,* 1958-1959.

Tristes Tropiques, Plon, 1955.

Anthropologie structurale, Plon, 1958.

Le Totémisme aujourd'hui, Presses Universitaires, 1962.

La Pensée sauvage, Plon, 1962.

Le Cru et le cuit, Plon, 1964.

LÉVY-BRUHL, Lucien : *La Mentalité primitive,* Presses Universitaires, 1963.

La Mythologie primitive, Presses Universitaires, 1963.

LORENZ, Konrad : *L'Agression,* Flammarion, 1968.

LOWIE, Robert : *Primitive Society,* New York, Liveright, 1970.

MAISTRE, Joseph de : *Eclaircissement sur les sacrifices,* in *les Soirées de Saint-Pétersbourg,* II, 321-405, Lyon, Vitte et Perrussel, 1890.

MAKARIUS, Laura : " Les Tabous du forgeron ", *Diogène* 62, 1968.

" Le Mythe du trickster ", *Revue d'histoire des religions,* 175, N° 2, 1969.

" Du Roi magique au roi divin ", *Annales,* 1970, pp. 668-698.

MALINOWSKI, Bronislaw : *Argonauts of the West Pacific,* New York, Dutton, 1961.
Crime and Custom in Savage Society, Totowa, New Jersey, Littlefield and Adams, 1967.
The Family among the Australian Aborigines, New York, Shocken, 1963.
The Father in Primitive Society, New York, Norton, 1966.
Magic, Science and Religion, New York, Doubleday, 1954.
Sex and Repression in Savage Society, New York, Meridian, 1955.

MÉTRAUX, Alfred : *Religions et magies indiennes d'Amérique du Sud,* Gallimard, 1967.
La Religion des Tupinamba et ses rapports avec celles des autres tribus Tupi-Guarini, Bibliothèque de l'école des hautes études : sciences religieuses, XIV, Paris, 1928.

NILSSON, Martin P. : *A History of Greek Religion,* New York, Norton, 1964.

NORBECK, E. : " African Rituals of Conflict ", *American Anthropologist,* LXV, 1963, pp. 1254-1279.

OTTO, Rudolf : *Le Sacré,* traduit d'après la 18e éd. par André Jundt, Payot, n. d.

OTTO, Walter F. : *Dionysos, le mythe et le culte,* Paris, Mercure, 1969.

RADCLIFFE-BROWN, A. R. : *The Andaman Islanders,* New York, Free Press, 1964.
Structure and Function in Primitive Society, New York, Free Press, 1965.

RADCLIFFE-BROWN, A. R. and Daryll FORDE : éds. *African Systems of Kinship and Marriage,* Oxford Press, 1950.

Ed. coll. par Giunta Centrale per gli STUDI STORICI, Rome : *La Regalità Sacra,* Leiden, E. J. Brill, 1959.

RHODE, Erwin : *Psyche, Seelencult und Unterblichkeitsglaube der Griechen,* 1893, trad. par A. Reymond, 1928, Payot.

SHÄRER, H. : " Die Bedeutung des Menschenopfers im Dajakischen Totenkult ", *Mitteilungen der Deutschen Gesellschaft für Völkerkunde,* X, Hambourg, 1940.

SMITH, W. Robertson : *Lectures on the Religion of the Semites,* 2e éd., Londres, 1894.
Kinship and Marriage in Early Arabia, Londres, 1903.

Texte établi par Alphonse DAIN et trad. par Paul MAZON : *Sophocle,* Les Belles Lettres, 1962-1965, vol. I et II.

STORR, Anthony : *Human Aggression,* New York, Bantam, 1968.

THOMPSON, Stith : éd. *Tales of the North American Indians,* Bloomington, Indiana University, 1968.

TURNER, Victor : *The Forest of Symbols, Aspects of Ndembu Ritual,* Ithaca, Cornell University, 1967.
The Drums of Affliction, Oxford, Clarendon, 1968.
The Ritual Process, Chicago, Aldine, 1969.

VAILLANT, George C. : *The Aztecs of Mexico,* New York, Pelican Books, 1950.
VAN GENNEP, Arnold : *Les Rites de passage,* E. Nourry, 1909.
VERNANT, Jean-Pierre : *Mythe et pensée chez les Grecs,* Maspero, 1966.
WILSON, Monica : *Rituals of Kinship among the Nyakyusa,* Oxford, 1957.

《叢書・ウニベルシタス 115》
暴力と聖なるもの

1982年11月20日　初版第1刷発行
2012年11月15日　新装版第1刷発行

ルネ・ジラール
古田幸男 訳
発行所　財団法人　法政大学出版局
〒102-0073 東京都千代田区九段北3-2-7
電話03(5214)5540 振替00160-6-95814
製版，印刷：三和印刷／製本：ベル製本

Printed in Japan

ISBN978-4-588-09962-5

著　者

ルネ・ジラール（René Girard）

1923年南フランスのアヴィニョンに生まれる．パリの古文書学院，アメリカのインディアナ大学で学業を修め，同大学をはじめジョンズ・ホプキンズ大学，ニューヨーク州立大学などを経て1981年からスタンフォード大学のフランス語学・文学・文明の教授．独自の模倣理論・三角形的欲望の理論・暴力理論をもとに，文学・社会学などの分野で注目すべき評論を行なっている．本書のほかに，『欲望の現象学』，『ドストエフスキー』，『世の初めから隠されていること』，『このようなことが起こり始めたら…』，『身代りの山羊』，『羨望の炎──シェイクスピアと欲望の劇場』，などが邦訳〔法政大学出版局刊〕されている．

訳　者

古田幸男（ふるた　ゆきお）

1930年生まれ．東京都立大学大学院仏文学科修士課程修了．法政大学名誉教授．2010年秋，瑞宝中綬章を受章．訳書：E. フォール『約束の地を見つめて』，E. モラン『ドイツ零年』『人間と死』『失われた範例』，R. ジラール『欲望の現象学』，S. モスコヴィッシ『群衆の時代』『神々を作る機械』，J.-P. デュピュイ『秩序と無秩序』，マフェゾリ『小集団の時代』『政治的なものの変貌』，カプフェレ『うわさ』〔以上，法政大学出版局刊〕，ほか．